西田典之先生献呈論文集

山口 厚
佐伯仁志
今井猛嘉
橋爪 隆
編

西田典之先生

謹んで　故　西田典之先生に捧げます

執筆者一同

目　次

犯罪論における「構成要件の重なり合い」の
　規範的・機能的分析 …………………………………高橋則夫　1

実行行為概念について ……………………………………樋口亮介　19

西田教授の身分犯論 ………………………………………小林憲太郎　53

犯罪の成立要件と非刑罰法令 ……………………………伊藤　渉　65
　──特に要保護性について

欺きによる殺人罪（刑法 199 条）成否の判断 …………鈴木左斗志　91
　──法益関係的錯誤説とは何だったのか？

業務上過失・自動車運転過失の加重根拠 ………………古川伸彦　115

中止の共犯について ………………………………………和田俊憲　137
　──真摯な努力と中止の任意性

過失共同正犯再考 …………………………………………山口　厚　155

絶滅危惧種としての教唆犯 ………………………………佐伯仁志　171

刑法理論から見た死刑存廃論 ……………………………井田　良　199

中国における量刑標準化改革 ……………………………金　光旭　221
　──最高人民法院の「多発する犯罪に関する
　　　量刑指導意見」を中心に

狭義の「暴行」概念について ……………………………只木　誠　243

PTSD の発症と傷害 ………………………………………林　美月子　265
　──最高裁平成 24 年 7 月 24 日決定を契機として

現行刑法下戦前期における性犯罪規定の
　立法・判例・解釈論 ……………………………………嶋矢貴之　283

児童に対する性犯罪について ……………………………深町晋也　305

欺罔行為について………………………………………	林　幹人	347
──最高裁平成26年3月28日決定を契機として		
詐欺罪における交付の判断の基礎となる重要な事項の意義……………………………………	上嶌一高	361
詐欺罪における損害の意義………………………………	齋野彦弥	383
──経済的損害概念の再評価		
横領罪の一考察……………………………………………	京藤哲久	417
担保権侵害の擬律（類型的考察）………………………	須藤純正	437
強制執行妨害罪における行為状況要件について………	鎮目征樹	455
相場操縦罪における追徴額の量定………………………	髙山佳奈子	481
過失運転致死傷アルコール等影響発覚免脱罪について………………………………………………………	橋爪　隆	501
自動車の自動運転と刑事実体法…………………………	今井猛嘉	519
──その序論的考察		
判例と捜査手法の適正化…………………………………	植村立郎	537

西田典之先生略歴　　563

西田典之先生主要著作目録　　565

あとがき　　577

細　目　次

犯罪論における「構成要件の重なり合い」の規範的・機能的分析
高橋則夫

- Ⅰ　はじめに
- Ⅱ　「異なる構成要件間の錯誤」について
- Ⅲ　「共謀の射程」について
- Ⅳ　「異なる構成要件間における共同正犯の成否」について
- Ⅴ　「行為規範における故意」と「制裁規範における故意」の連関
- Ⅵ　おわりに

実行行為概念について
樋口亮介

- Ⅰ　はじめに
  - 1　従前の状況
    - (1)　一般的な定義
      - (a)　現実的危険性の要求　　(b)　疑問点
    - (2)　学説の状況
      - (a)　個別領域に応じた検討　　(b)　横断的検討の必要性
  - 2　本稿の課題と検討方法
- Ⅱ　基本的視点の析出
  - 1　実行行為概念の中核にある思考枠組み
    - (1)　前提──ドイツ法の規定形式
    - (2)　実行正犯者と教唆・幇助者の区別基準──心中事案を素材に
      - (a)　判例・学説　　(b)　発想の析出
    - (3)　故意作為犯における実行行為概念の中核
      - (a)　実行行為の中核の解明　　(b)　従前の議論との関係
    - (4)　道具理論の再定位
  - 2　被害者に対する欺罔・脅迫による間接正犯

(1)　検討対象の設定
　　　　(a)　偽装心中における被害者を利用した間接正犯の成否　　(b)　第三者利用との対比
　　　(2)　アメリカ模範刑法典の規定
　　　(3)　理論化の試み
　　　　(a)　第三者利用との非対称性の是認　　(b)　被害者に対する欺罔
　　　　(c)　被害者に対する心理的圧迫
　　3　実行行為概念の中核と拡がり
Ⅲ　実行の着手論・不能犯論・早すぎた構成要件の実現の再定位
　1　実行の着手論と不能犯論の二元化
　2　不能犯論における危険性
　3　実行の着手論の再構成
　　(1)　密接性の判断対象としての実行行為の中核
　　(2)　密接性基準の基礎づけ
　　(3)　最終的作為に至る危険性
　　　(a)　犯罪結果に至る危険性と最終的作為に至る危険性の区別
　　　(b)　最終的作為に至る客観的な危険性の位置づけ
　　(4)　ATMでの暗証番号のランダム入力事例の処理
　4　既遂犯における実行行為——早すぎた構成要件の実現
　　(1)　既遂犯における実行行為の開始時点の前倒し
　　(2)　クロロホルム事件の再定位
　5　小　括
Ⅳ　再検討が可能になる更なる領域
　1　無形的方法による傷害罪の実行行為
　　(1)　処罰範囲を限定する要素としての現実的危険性
　　(2)　批判的検討
　2　共謀共同正犯論
　　(1)　共謀の位置づけ
　　　(a)　共謀に固有の意義を認めない学説　　(b)　共謀固有の意義
　　(2)　共謀の射程の位置づけ

(3) 共謀の記載方法
　　　(a) 刑法解釈に基づく主要事実の記載　　(b) 共謀の内実の記載が求められる局面
　3　過失犯論
　　(1) 実行行為の相違――故意作為犯との非パラレル性
　　(2) 過失犯の単独正犯
Ⅴ　おわりに
　1　本稿の成果
　2　今後の課題

西田教授の身分犯論　　　　　　　　　　　　　　　　　　　　　　　小林憲太郎

Ⅰ　はじめに
Ⅱ　第1のテーゼ
Ⅲ　第2のテーゼ
Ⅳ　第3のテーゼ
Ⅴ　第4のテーゼ
　1　形式的検討
　2　実質的検討
Ⅵ　第5のテーゼ
Ⅶ　第6のテーゼ
Ⅷ　第7のテーゼ
Ⅸ　おわりに

犯罪の成立要件と非刑罰法令　　　　　　　　　　　　　　　　　　　伊藤　渉
　　――特に要保護性について

Ⅰ　問題領域
Ⅱ　非刑罰法令の規律が犯罪の成否に与える影響
　1　処罰の外在的制約となる事由
　2　法的権限の有無

    3　義務違反の有無
    4　侵害利益の要保護性
  Ⅲ　個人の自由に対する罪と非刑罰法令
    1　害悪の内容の違法性
    2　義務のない行為の強要
  Ⅳ　業務に対する罪と非刑罰法令
  Ⅴ　財産に対する罪と民事法上の規律
    1　刑法上の財産概念
    2　いわゆる禁制品の財物性
    3　違法取引と財産罪(1)――違法目的の実現を装った財物の詐取
    4　違法取引と財産罪(2)――違法取引に係る請求の免脱
    5　違法取引と財産罪(3)――違法目的で委託された財物の横領
    6　他人が占有する自己の財物に対する財産罪の成否
    7　権利行使と財産罪
    8　他人性の要件
  Ⅵ　国家作用に対する罪と公法上の規律
    1　公務執行妨害罪と職務の適法性
    2　その他の国家作用に対する罪
  Ⅶ　総　括

欺きによる殺人罪（刑法199条）成否の判断　　　　　鈴木左斗志
　　――法益関係的錯誤説とは何だったのか？
  Ⅰ　問題の分析
  Ⅱ　欺きによる殺人罪（刑199条）の成否
    1　最高裁昭和33年11月21日判決（刑集12巻15号3519頁）をめぐって
    2　錯誤と「外の行為を選択することができない」（最決平成16・1・20刑集58巻1号1頁）の関係
    3　欺きによる殺人罪成否の判断

Ⅲ　結　語

業務上過失・自動車運転過失の加重根拠　　　　　　　　古川伸彦
　Ⅰ　問題提起
　　1　緒　言
　　2　具体的事例
　　　(1)　裁判例（ドア開け事例）
　　　(2)　裁判例以外（消防車事例・試乗会事例）
　Ⅱ　業務上過失（刑211条前段）
　　1　序　説
　　2　判例における業務概念
　　　(1)　大審院判例
　　　(2)　最高裁判例
　　3　本罪の加重根拠をめぐる議論
　　　(1)　特別なのは行為者か行為か
　　　(2)　政策的な加重処罰の意味
　　4　中間的帰結
　Ⅲ　自動車運転過失（自動車運転死傷行為処罰法5条〔平成25年改正前の刑211条2項〕）
　　1　序　説
　　2　本罪の犯罪論的な実質
　　　(1)　本罪の導入経緯
　　　(2)　本罪の加重根拠
　　3　自動車運転過失の厳罰の矛先
　　　(1)　「重かるべき」ものは何か
　　　(2)　限界的な事例の解決指針
　Ⅳ　結語と展望

中止の共犯について　　　　　　　　　　　　　　　　　　　　和田俊憲
　　　――真摯な努力と中止の任意性

Ⅰ　はじめに
Ⅱ　中止減免の政策的・法的根拠
　1　中止減免規定の政策的根拠と個別の中止犯における減免の法的根拠
　2　事後的行為に基づく減免事由における予防政策の構造
Ⅲ　中止犯の成立要件の基本枠組
　1　裏がえしにした犯罪論／逆向きの構成要件
　2　客観的要件
　3　主観的要件
Ⅳ　他人の結果防止行為に対する加功と「真摯な努力」
　1　作為態様の中止行為と他人の助力
　2　「真摯な努力」と「共同正犯性」
Ⅴ　他の共犯者と共同した既遂防止と任意性
　1　共犯者による共同の中止
　2　東京高裁昭和51年7月14日判決
　3　任意性の機能・概念
Ⅵ　おわりに

過失共同正犯再考　　　　　　　　　　　　　　　　　　　　　山口　厚

Ⅰ　はじめに
Ⅱ　過失共犯と処罰規定
Ⅲ　過失共同正犯の基本的視点
Ⅳ　結果回避義務の根拠と共同
Ⅴ　おわりに ―― 過失共同正犯の成立

細目次

絶滅危惧種としての教唆犯　　　　　　　　　　　　　　　　佐伯仁志

Ⅰ　はじめに
Ⅱ　教唆犯はいつから絶滅の危機に瀕するようになったか
　1　判例における教唆犯の変遷
　2　統計から見た教唆犯の変遷
　3　教唆犯が減少した原因
Ⅲ　教唆犯の生息領域とその将来
　1　犯人隠匿等罪・証拠隠滅等罪
　2　犯人による犯人隠避罪・証拠隠滅罪の共同正犯
　3　自手犯の教唆犯
　4　その他の教唆犯の事例
　5　横浜地裁平成25年9月30日判決
　6　教唆の概念について
　　(1)　意思伝達行為としての教唆
　　(2)　教唆犯と意思の連絡
　　(3)　準正犯としての教唆犯
　7　犯行の指示が一般的な場合
Ⅳ　おわりに

刑法理論から見た死刑存廃論　　　　　　　　　　　　　　　　井田　良

Ⅰ　はじめに
Ⅱ　2つの応報刑論
　1　物的応報刑論とその帰結
　2　物的応報刑論と重罰化・厳罰化の傾向
　3　いわゆる規範的応報刑論とその帰結
　4　実害報復的な処罰要求の刑法理論上の位置づけ
Ⅲ　規範的応報刑論の量刑論における帰結

Ⅳ　遺族の被害感情と死刑
　1　被害感情をめぐる2つの問題
　2　被害感情の量刑への影響
　3　被害感情と死刑
Ⅴ　おわりに

中国における量刑標準化改革　　　　　　　　　　　　金　　光旭
　　　──最高人民法院の「多発する犯罪に関する量刑指導意見」を中心に

Ⅰ　量刑標準化改革の背景
Ⅱ　量刑標準化の内容
　1　量刑指導意見の概要
　2　量刑の指導原則
　3　量刑の方法と手順
　　(1)　概　説
　　(2)　量刑起点の決定方法
　　　(a)　量刑起点幅の設定　　(b)　量刑起点の決定
　　(3)　基準刑の決定方法
　　(4)　宣告刑の決定方法
　　　(a)　頻出量刑情状の調整比率　(b)　基準刑の調整方法　(c)　宣告刑の確定方法
Ⅲ　若干の考察
　1　量刑事実の段階的判断について
　　(1)　行為責任主義の原則との整合性
　　(2)　基準刑に対する調整方法における問題点
　　(3)　予防以外の刑事政策目的の考慮
　2　量刑判断における数値的基準について
　　(1)　量刑起点をめぐる論争
　　(2)　数値的基準と裁判官の裁量
Ⅳ　今後の展望

細目次

狭義の「暴行」概念について　　　　　　　　　　　　　　只木　誠

 I　はじめに
 II　暴行概念についての学説
 III　暴行罪についての（裁）判例
 IV　争いのある事例
 V　脅迫による傷害
  1　問題提起
  2　脅迫による強盗致傷罪
  3　認識していない客体への強盗致死傷罪の成否
  4　脅迫による暴行・傷害
 VI　おわりに

PTSDの発症と傷害　　　　　　　　　　　　　　　　　林　美月子
 ——最高裁平成24年7月24日決定を契機として

 I　はじめに
 II　最高裁平成24年7月24日決定
 III　精神的障害と傷害
 IV　診断名と傷害
 V　専門医によるPTSD鑑定の尊重と傷害
 VI　二次的被害と傷害
 VII　結語にかえて

現行刑法下戦前期における性犯罪規定の立法・判例・解釈論
　　　　　　　　　　　　　　　　　　　　　　　　　　嶋矢貴之

 I　はじめに——本稿の目的
 II　仮案の規定とその経緯
  1　仮案の性犯罪規定

2　仮案の成立に至るまで
　　　(1)　立法の展開――臨時法制審議会への諮問
　　　(2)　刑法改正主査委員会での議論と「刑法改正の綱領」
　　　(3)　その間の判例および解釈論の展開
　　　(4)　刑法改正予備草案の起草
　　　(5)　刑法竝監獄法改正調査委員会・刑法改正起草委員会での議論
Ⅲ　仮案後と立法課題への取組
　　1　仮案の評価
　　2　その後の立法課題への取組
Ⅳ　まとめと今後の課題
　　1　仮案の経緯
　　2　性犯罪の処罰範囲について
　　3　仮案の研究について

児童に対する性犯罪について　　　　　　　　　　　深町晋也

Ⅰ　初めに
Ⅱ　ドイツ語圏各国における議論状況
　　1　問題となる犯罪
　　　(1)　概　説
　　　(2)　分　析
　　2　保護法益
　　　(1)　各国の比較分析
　　　(2)　検　討
　　3　「利用」要件
　　　(1)　各国の比較分析
　　　(2)　検　討
　　4　法　定　刑
　　　(1)　各国の比較分析
　　　(2)　検　討

5　まとめ
Ⅲ　我が国における議論状況
　1　比較法から得られる類型化の視座
　　(1)　基本的な視点
　　(2)　絶対的保護年齢の分析
　　(3)　相対的保護年齢の分析
　　　1)　相対的保護年齢内での更なる年齢による類型化の当否
　　　2)　相対的保護年齢において更に考慮すべき要素
　2　児童福祉法の児童淫行罪
　　(1)　従来の議論とその問題点
　　(2)　判例の紹介・分析
　　　1)　事案と決定要旨
　　　2)　検討すべき課題
　　　(a)　淫行概念について　　(b)　淫行を「させる行為」について
　　(3)　「淫行」概念について
　　(4)　淫行を「させる行為」について
　　　1)　三者関係型と二者関係型
　　　2)　事例の検討
　　　3)　困窮状況の利用
　3　条例上の淫行罪
　　(1)　青少年保護育成条例における「淫行」概念
　　　1)　福岡県青少年保護育成条例最高裁判決
　　　2)　実体的適正の問題
　　　(a)　基本的な視点　　(b)　第1類型について　　(c)　第2類型について
　　(2)　長野県条例の処罰規定
　　　1)　長野県条例の特徴
　　　2)　長野県条例の検討
　　　(a)　長野県条例の立場　　(b)　処罰規定の内容
　4　監護者性交等・わいせつ罪
　　(1)　本罪の概観

(2) 監護者性交等・わいせつ罪の具体的要件の検討
　　　1)　本罪の内容
　　　2)　「現に監護する者」について
　　　3)　「影響力があることに乗じて」について
　　　4)　法定刑について
　　　5)　限定解釈の指針とその内容
　　(3) 児童福祉法の児童淫行罪との関係
Ⅳ　終わりに

欺罔行為について　　　　　　　　　　　　　　　　　　　林　幹人
　　──最高裁平成 26 年 3 月 28 日決定を契機として
Ⅰ　財産的損害について
Ⅱ　「重要な事項」についての錯誤
Ⅲ　欺罔行為

詐欺罪における交付の判断の基礎となる重要な事項の意義　　上嶌一高
Ⅰ　はじめに
Ⅱ　詐欺罪における法益侵害
Ⅲ　交付の判断の基礎となる重要な事項
　1　最高裁平成 22 年 7 月 29 日決定
　2　平成 26 年の最高裁判例
　3　判例の理解
Ⅳ　交付の判断の基礎となる重要な事項と偽ることの関係

詐欺罪における損害の意義　　　　　　　　　　　　　　齋野彦弥
　　──経済的損害概念の再評価
Ⅰ　問題設定
Ⅱ　形式説と実質説

1　バイブレーター事件とその後の展開
　　(1)　条文の構造
　　(2)　判　例
　　(3)　形式説と実質説
　2　全体財産と個別財産
　　(1)　文理上の根拠
　　(2)　背　任　罪
　　(3)　その他の領得罪
　3　実質説における損害概念の拡張
　　(1)　経済的価値の落差と損害
　　(2)　実質説の修正
　4　形式説における欺罔要件による処罰範囲の限定
　　(1)　形式説における修正
　　(2)　欺罔概念の実質化（目的不達成理論）
　　(3)　法益関係的錯誤説
　5　形式説と占有説の関係
　　(1)　占有説とその根拠
　　(2)　判例理論
　6　小　括
Ⅲ　経済的損害概念
　1　経済的損害の意義
　　(1)　経済的損害概念による柔軟化
　　(2)　価格相当の提供と損害
　　(3)　期待価値における期待と欺罔における期待との相違
　　(4)　背任罪における損害との関係
　2　小　括
Ⅳ　経済的損害概念の応用局面
　1　損害と利得の非対称性
　　(1)　利得と損害

(2) 損害の意味
　2　損害と交付の異同
　3　2項詐欺における財産上の損害
　4　未遂の成否
V　結　語

横領罪の一考察　　　　　　　　　　　　　　　　　　　京藤哲久

I　横領罪とフランス刑法の信頼濫用罪
II　背任罪との関係
III　旧刑法と現行刑法の断絶面と連続面
IV　フランスにおける信頼濫用罪
　1　「仮の資格」に基づく占有
　2　契約類型の限定
　3　代替物に対する所有権
　4　横領行為（détourner）の意義
　5　信頼濫用罪の行為客体
V　ボアソナードの改正提案
VI　日本の横領罪規定の沿革
　1　前　史
　2　旧刑法制定まで
　3　旧刑法の改正案と現行刑法までの諸案　その1
　4　旧刑法の改正案と現行刑法までの諸案　その2
　5　旧刑法から現行刑法への変化
VII　刑法252条への示唆

担保権侵害の擬律（類型的考察）　　　　　　　　　　　須藤純正

I　はじめに

Ⅱ　前提となる私法上の法律関係
　1　株券発行会社
　2　株券喪失登録制度
　3　株式の担保化
Ⅲ　質権侵害の態様
　1　質権設定者による質権者からの質物の取戻し（窃取）
　　(1)　窃盗罪の成否
　　(2)　窃取後の質物の譲渡
　2　質権設定者による質権者からの質物の取戻し（詐取）
　　(1)　詐欺罪の成否
　　(2)　詐取後の質物の譲渡
　3　質物の横領・背任
　　(1)　質権設定者が質物占有者と共謀してする質権者からの質物の取戻し
　　(2)　横領罪の成否
　　(3)　背任罪との区別
　　(4)　横領後の質物の譲渡
　　(5)　単独犯である質物占有者による横領
　4　質権設定者による質権者の占有する質物の毀棄・隠匿
　5　担保権侵害に対する処罰範囲拡張の要否
　6　株券喪失登録制度を悪用した質権侵害
　　(1)　質物たる株券の無効化
　　(2)　株券の再発行
　　(3)　類型的考察に基づく結論
Ⅳ　最高裁平成15年3月18日決定（刑集57巻3号356頁）の事案の分析検討
　1　除権判決
　2　事実関係
　　(1)　第一審判決書が認定した事実
　　(2)　関連事実

3 類型的考察
     (1) 総　説
     (2) 株券の無効化
     (3) 株券の再発行
     (4) 類型的考察に基づく結論
   4 本件最決における法令の適用
 V　おわりに

強制執行妨害罪における行為状況要件について　　　　　　　　鎮目征樹

 I　問題の所在
 II　裁判例における行為状況要件の運用状況
   1 分析の前提
   2 強制執行開始以前に債権者側の動きがある場合
     (1) 債務の履行請求訴訟等が提起された場合
     (2) 債権者から債務者への通告
   3 債権者側の動きが見込まれる場合
   4 問題の設定
 III　行為状況要件の根拠と内容
   1 平成23年改正による変更点の確認
   2 目的要件と行為状況
   3 罪質・保護法益と行為状況
     (1) 保護法益をめぐる議論の概況
     (2) 公務妨害的性格と行為状況要件
     (3) 限定理論の根拠——なぜ早すぎる介入は過剰なのか
     (4) 小　括
   4 本罪の基本構造と行為状況
     (1) 公務妨害の意義
     (2) 強制執行の内容的に適正な実施の意義
   5 若干の検討

(1)　要保護性の根拠としての強制執行の機能
　　　(2)　裁判例の評価
　Ⅳ　おわりに

相場操縦罪における追徴額の量定　　　　　髙山佳奈子

　Ⅰ　はじめに
　Ⅱ　事実の概要
　Ⅲ　量刑に関する意見書
　　1　結　論
　　2　本結論に至る理由
　　　(1)　量刑の原則
　　　(2)　犯　情
　　　　(a)　法益侵害性　(b)　態　様　(c)　故意・違法性の意識　(d)　動　機
　　　　(e)　考慮できない要素
　　　(3)　一般情状
　　　　(a)　犯行前の事情　(b)　犯行後の事情　(c)　再犯のおそれ
　　　(4)　罪刑の均衡
　　　　(a)　刑罰法規の内容的適正　(b)　財産刑における罪刑均衡
　　　　(c)　相場操縦の犯罪収益　(d)　他の事件との間の公平性
　　3　結　語
　Ⅳ　判決と検討
　Ⅴ　結　語

過失運転致死傷アルコール等影響発覚免脱罪について　　　橋爪　隆

　Ⅰ　はじめに
　Ⅱ　発覚免脱罪の概要
　　1　本罪の構造
　　2　危険運転致死傷罪との関係

    3　本罪の罪質
Ⅲ　「免れるべき行為」の意義
　1　客観的要件について
　　(1)　例示列挙の行為類型について
　　(2)　「その他」の「発覚することを免れるべき行為」
　2　目的要件について
Ⅳ　共犯関係について

自動車の自動運転と刑事実体法　　　　　　　　今井猛嘉
──その序論的考察

Ⅰ　はじめに
Ⅱ　問題の発現状況──自動運転のレベルとの関係
　1　レベル4以上とそれ未満との区別
　2　レベル4未満の「自動運転」車両
　3　レベル4以上の自動運転車両との関係
　4　小　括
Ⅲ　AV自体の可罰性
　1　総　説
　2　行　為　性
　3　責任能力
　4　刑　罰
　5　小　括
Ⅳ　AVの背後にいる人（NP）の可罰性
　1　総　説
　2　レベル4未満の「自動運転」車両との関係
　3　レベル4以上の自動運転車両との関係
Ⅴ　展　望

判例と捜査手法の適正化 植村立郎

Ⅰ　はじめに
Ⅱ　留め置きの問題状況と検討の視点
　1　問題状況
　2　検討の視点
Ⅲ　関連事項の先行的な検討
　1　強制採尿令状の請求時期の位置付け
　2　留め置きを違法とする意義の明確化
　3　留め置きには終了させる契機がないこと
Ⅳ　留め置きの時間的短縮化に関連した事項
　1　見極めの早期化
　　(1)　見極めの時間的な目安
　　(2)　早期の見極めの副次的なメリット
　　(3)　嫌疑の程度についての確認
　2　令状請求手続の簡略化
　3　令状請求に着手してから令状執行までの間の留め置きの位置付け
　　(1)　裁判所に令状請求書を提出してから令状発付までは，捜査機関にとっては待機期間
　　(2)　被告人側から見た令状請求手続開始から令状発付，さらには令状執行までの時間の位置付け
　　(3)　令状請求手続開始から令状発付，さらには令状執行までの時間の総合的な位置付け
　　(4)　任意捜査における有形力の行使の限界は具体的状況のもとでの相当性判断
　　(5)　令状請求手続を開始したことを告げることと，被告人の意思決定との関係
　　(6)　立法論との関係
Ⅴ　おわりに

執筆者紹介（執筆順）

高橋 則夫（たかはし のりお）	早稲田大学教授
樋口 亮介（ひぐち りょうすけ）	東京大学准教授
小林 憲太郎（こばやし けんたろう）	立教大学教授
伊藤 渉（いとう わたる）	上智大学教授
鈴木 左斗志（すずき さとし）	慶應義塾大学教授
古川 伸彦（ふるかわ のぶひこ）	名古屋大学准教授
和田 俊憲（わだ としのり）	慶應義塾大学教授
山口 厚（やまぐち あつし）	東京大学名誉教授
佐伯 仁志（さえき ひとし）	東京大学教授
井田 良（いだ まこと）	中央大学教授
金 光旭（きん こうぎょく）	成蹊大学教授
只木 誠（ただき まこと）	中央大学教授
林 美月子（はやし みつこ）	立教大学教授
嶋矢 貴之（しまや たかゆき）	神戸大学教授
深町 晋也（ふかまち しんや）	立教大学教授
林 幹人（はやし みきと）	学習院大学教授
上嶌 一高（うえしま かずたか）	神戸大学教授
齋野 彦弥（さいの ひこや）	横浜国立大学教授
京藤 哲久（きょうとう のりひさ）	法政大学教授
須藤 純正（すどう すみまさ）	法政大学教授
鎮目 征樹（しずめ もとき）	学習院大学教授
髙山 佳奈子（たかやま かなこ）	京都大学教授
橋爪 隆（はしづめ たかし）	東京大学教授
今井 猛嘉（いまい たけよし）	法政大学教授
植村 立郎（うえむら りつろう）	学習院大学教授

犯罪論における「構成要件の重なり合い」の規範的・機能的分析

髙橋則夫

I　はじめに

　犯罪論上,「構成要件の重なり合い」は,とくに,刑法38条2項(以下,「刑法」は略す)における「抽象的事実の錯誤(異なる構成要件間の錯誤)」において問題とされている。それぞれの構成要件が重なり合うか否かが問題とされていること自体から,すでに構成要件と条文とはイコールではないことが示されているが,そもそも,構成要件は,条文(の文言)を解釈した結果として獲得される観念形象であり,まさに,「条文は目に見えるが,構成要件は目に見えない」のである。すなわち,条文は異なっても,構成要件は,たとえば,基本類型と加重類型という形で重なり合っているのみならず,法益や行為などの点で共通項を有していることは一般に認められている。したがって,「異なる構成要件間の錯誤」の場合に直ちに故意が否定されるわけではなく,構成要件間に共通項がある場合には,その共通項の限度で故意が肯定されることになる。すなわち,「構成要件の重なり合い」の存在を前提として,「異なる構成要件間の錯誤」が処理されるわけである。

　もっとも,「構成要件の重なり合い」は,38条2項だけにおいて問題とされるわけではなく,機能的に見ると,たとえば,「共謀の射程」や「異なる構成要件間の共同正犯の成否」などの問題においても一定の役割を果たしているように思われる。

　本稿は,この「構成要件の重なり合い」というものを,機能的に分析するとともに,規範論的にいかに位置づけるかという基本的な問題について若干の検討を加えるものである。

1

Ⅱ 「異なる構成要件間の錯誤」について

　異なる構成要件間の錯誤である「抽象的事実の錯誤」については，かつて，抽象的符合で足りるのか，法定的（構成要件的）符合でなければならないかという「抽象的符合説 vs. 法定的符合説」の争いがあった。しかし，現在では，構成要件の故意規制機能さらには罪刑法定主義の観点から，構成要件を超えて故意を肯定する抽象的符合説は支持されておらず，法定的符合説の内部において，構成要件的符合の内実が問題とされている。すなわち，「構成要件の重なり合い」をハードに把握するか，ソフトに把握するかがこれである[1]。この「構成要件の重なり合い」の意味内容を確定する前提として，まずは，38条 2 項を規範論的に分析する必要がある。結論を先取りすれば，38条 2 項は，行為規範ではなく，制裁規範に位置づけられるべきものである。この点は，条文の文言に如実に現れているといえよう。すなわち，「その重い罪によって処断することはできない。」と。したがって，本来は，刑罰目的によって基礎づけられるべきものであるが[2]，認識していない重い犯罪につき「処断することはできない」ことは当然の帰結であり，これだけの意味では，いかなる刑罰目的からも基礎づけられることになろう。そして，この帰結（「処断することはできない」）が生じる場合として，38条 2 項は，制裁規範の発動要件として，一方で，「重い罪に当たるべき行為をした」ことを，他方で，「行為の時にその重い罪に当たることとなる事実を知らなかった」ことを要件として設定している。前者は客観的要件，後者は主観的要件であり，両者とも，行為時の同時存在要件と解されるが，前者は，「行為をした」こと，後者は，「行為の時」であることという表現に注目するならば，前者は，事後判断として実現された構成要件（これをB構成要件と称する）が問題とされ，後者は，事前判断として（行為者によっ

---

1) 　西田典之・刑法総論〔第 2 版〕（2010）235 頁以下，高橋則夫・刑法総論〔第 3 版〕（2016）202頁以下参照。
2) 　高橋・前掲注 1 ）12 頁以下，高橋則夫・規範論と刑法解釈論（2007）10 頁以下参照。もっとも，「その重い罪によって処断することはできない。」の趣旨につき，現在の判例・通説によれば，重い犯罪の「成立」を否定するものとされているが，制裁規範に属することには変わりはないであろう。

Ⅱ 「異なる構成要件間の錯誤」について

て）表象された構成要件（これをA構成要件と称する）が問題とされているのである。

すなわち，第1に，行為時の故意によってA構成要件が仮設される（この意味で，故意は客観の反映ではなく，自己の行為から結果を発生させようとする認識・実現意思である。したがって，不能犯においても故意は存在する）。第2に，客観的に実現されたB構成要件が仮設される。そして，第3に，事前判断によって仮設されたA構成要件と，事後判断によって仮設されたB構成要件とを比較検討して，共通項があれば一定の範囲で，B構成要件の中から一定の範囲を切り取り，行為者の認識に帰属させるわけである（主観的帰属）。これを規範論的に見れば，たとえば，人を犬と錯誤した場合（器物損壊の認識で殺人を実現した場合），「犬を殺すな」という規範と「人を殺すな」という規範とを比較検討して，後者の規範の中に前者の規範違反として，行為者に主観的に帰属できるかを問題とすることになる。もちろん，これは否定され，B構成要件の中から一定の範囲を行為者の認識に帰属することができない結果，故意は不存在となり，過失犯の成否の問題となる。これに対して，前例とは逆に，犬を人と錯誤した場合（殺人の認識で器物損壊を実現），両規範を比較検討して，前例と同様に，B構成要件の中から一定の範囲を行為者の認識に帰属できないこととなる。もっとも，この場合は，認識した規範違反が問題となることから，A構成要件の未遂が成立する可能性もあり（殺人未遂），それが否定された後に，B構成要件の帰属問題が生じることになる（これは否定される）。これが，「構成要件の重なり合い」の規範論的構造であり，それによって，38条2項は，構成要件を修正する機能を有するわけである。[3]

次に，それでは，「構成要件の重なり合い」がどのような場合に肯定されるかが問題となる。結論を言えば，法益符合説という意味でのソフトな構成要件的符合説が妥当である[4]。構成要件は，行為規範の中から，可罰的なものを抽出したカテゴリーである。そして，行為規範は法益保護のために設定され，その中から，制裁規範として創設したものが構成要件である。したがって，構成要

---

3) 後述のように，故意は，行為規範のカテゴリーに属すると同時に，制裁規範のカテゴリーに属する。
4) 高橋・前掲注1) 204頁参照。

件の基礎には法益が存在し，この法益の共通性が構成要件の共通性を判断する基準になると解することができる。構成要件的行為，構成要件的結果は，各構成要件ごとに異なるのであり，この意味で，不法・責任符合説の指摘は正しい側面を有していた[5]。すなわち，構成要件それ自体の符合ではなく，構成要件の設定の根拠に遡り，その符合を求めるべきであり，それが法益なのである。しかし，不法・責任符合説は，責任の符合をも包含させたことによって，罪質符合説とほぼ同じ内容になってしまったところに問題があった。さらに，規範的符合説は，行為規範の視点から解決する方向性は妥当であるが，行為規範と法益とを結局のところ分離する点に問題がある[6]。

他方，「構成要件の重なり合い」の基準につき，一般に「行為の共通性」があげられているが，ここでは，「行為と構成要件の関係」が問題とされなければならない。ここにいう「行為」とは，行為論における自然的あるいは社会的な行為ではなく，構成要件的行為，すなわち，実行行為のことであり，これは，各構成要件ごとに異なるのである（たとえば，窃盗罪と詐欺罪とは，その実行行為の内実は異なるのである）。したがって，実行行為という意味での「行為の共通性」を持ち出すことは，ハードな構成要件的符合説（基本類型・加重類型）に至らざるを得ないように思われる。

以上，法益の符合という共通項が存在する結果として，異なる構成要件間において，構成要件的行為や構成要件的結果などにつき，「構成要件」が「重なり合う」と擬制されるわけであり，「構成要件の重なり合い」とは，法益の符合の結果そうなるのであって，構成要件がはじめから重なり合っているわけではない。

このような規範分析の具体的な適用につき，近時の「ダイヤモンド原石事件」を素材にして，若干の検討を加えたいと思う。

東京高裁平成25年8月28日判決（高刑集66巻3号13頁〔判タ1407号228頁〕）は，被告人（ラトビア国籍の大学生）が，氏名不詳者らと共謀の上，営利の

---

[5] 町野朔「法定的符合について(上)(下)」警察研究54巻4号（1983）3頁以下，5号（1983）3頁以下参照。
[6] 井田良・刑法総論の理論構造（2005）108頁以下参照。もっとも，法益概念それ自体は伸縮自在であり，基準として不明確な点があることはいうまでもない。しかし，構成要件創設の根拠および行為規範の目的が法益保護にある以上，法益を出発点とするべきであろう。

II 「異なる構成要件間の錯誤」について

目的で，英国から空路，輸入禁制品でもある覚せい剤約600グラムを隠匿したボストンバッグを本邦内に持ち込んだが，税関で発見されて通過に至らなかったという覚せい剤取締法違反及び関税法違反の事案につき，原判決（千葉地判平成24・11・5判タ1396号377頁）が，被告人は，ダイヤモンド原石を無許可で輸入する意思で，輸入してはならない貨物である覚せい剤を輸入しようとしたことになるから，輸入してはならない貨物の輸入罪の故意を欠くものとして，同罪の成立は認められないが，両罪の構成要件が重なり合う範囲内で軽い貨物を無許可で輸入する罪の故意およびその限度での共謀が成立し，貨物の無許可輸入罪（未遂）が成立するとしたことを維持し，次のように判示した。すなわち，「……関税法は，関税の確定，納付，徴収及び還付と並んで，貨物の輸出及び輸入についての税関手続の適正な処理を図るための法律であり（1条），税法であると同時に，貨物の輸出入に関する通関法としての性格を有するものであって，このような通関法としての輸出入の適正な管理を図るため，貨物の輸出入について，一般に通関手続の履行を義務づけている（67条）。そして，同法111条は，貨物の無許可での輸出入を処罰する規定であって，密輸出入犯に対する原則的規定であり，109条は，弁護人が指摘するとおり，本来，社会公共の秩序，衛生，風俗，信用その他の公益の侵害の防衛を目的とするものではあるが，これが関税法中に規定されたのは，公益の侵害の防衛という目的を達成するためには，公益を侵害する物品の輸入を禁止することが特に重要であり，かつ，その調査処分を，輸出入にかかる貨物について直接にその取締りの任にあたる税関職員に行わせるのが最も適当であると考えられたことによるものである。すなわち，111条と109条は，いずれも関税法の目的の一つである貨物の輸出入についての通関手続の適正な処理を図るための規定であって，111条が無許可での輸出入を禁止する密輸出入犯に対する原則的規定であり，109条は，特に取締りの必要性が高い禁制品の密輸入につきその責任非難の強さに鑑み，特にこれを重く処罰することとした規定であると解することができる。……以上からすると，111条の無許可輸入罪と109条の禁制品輸入罪とは，ともに通関手続を履行しないでした貨物の密輸入行為を処罰の対象とする限度において，犯罪構成要件が重なり合っているものと解することができる。」と。[7]

本判決において，無許可輸入罪と禁制品輸入罪とは，「犯罪構成要件が重な

り合っている」とされたことの根拠が問題となる。本判決は，第 1 に，無許可輸入罪は原則規定であり，禁制品輸入罪は特別規定であるという関係にあり，「通関手続を履行しないでする貨物の密輸入行為を対象とする限度で」重なり合っており，第 2 に，最高裁昭和 54 年決定における「類似する」とは「貨物の密輸入行為の類似性」のことであると判示した。本判決において，構成要件の「実質的な」重なり合いは問題とされておらず，基本類型・加重類型という構成要件の「形式的な」重なり合いが問題とされており，この点は，最高裁昭和 54 年決定と同様である。ここでは，「行為の共通性」が根拠とされていることは明らかであろう。

前述のように，「行為の共通性」を重なり合いの根拠とすることには疑問があるが，その点はさておき，無許可輸入罪における行為は，許可を受けないという不作為と輸入するという作為との複合形態であるのに対して，禁制品輸入罪における行為は，輸入するという作為である。「輸入」という作為の点で重なり合っていることは認められるが，それは，構成要件外の自然的行為を問題としており，実行行為については，前者は「不作為と作為」を切り離すことはできないのであり，2 つ合わせて実行行為性が肯定されるのである。したがって，「行為」の共通性はあるが，「実行行為」の共通性を認めることは困難なように思われる。前述したように，「構成要件の重なり合い」で対象とされるのは，「実行行為」の共通性なのである。[8]

さらに，客体や結果などの構成要件要素も，各構成要件ごとに異なるのであり，これに重なり合いを認めることは，基本的に困難である。本判決では，物質（すなわち，客体）の相違がある事案であり，最高裁昭和 54 年決定は「貨物」

---

7) 本判決の評釈として，佐藤拓磨・刑ジャ 40 号（2014）152 頁，前田雅英・捜査研究 766 号（2014）19 頁，長井長信・平成 26 年度重判解 155 頁，金子博・近畿大学法学 63 巻 1 号（2015）45 頁参照。

8) 山口厚・刑法総論〔第 3 版〕（2016）241 頁は，同一の法益侵害の惹起態様を異なった構成要件で区別して捕捉しただけと解すれば，符合を肯定することは可能であり，侵害態様の相違が副次的な保護法益の相違にまで高まると解される場合であっても，処罰限定のために要求される副次的な法益侵害であると解される限り，侵害態様の相違の場合と同様であるとする。しかし，侵害態様こそ実行行為に他ならず，それは，構成要件要素の中核的地位を占める。実行行為の重なり合いは基本的に肯定できないのであり，別の観点（すなわち法益）から構成要件の重なり合いが肯定される帰結として，構成要件的行為である実行行為や構成要件的結果などの重なり合いを認めることができるのである。

の類似性を重視したと解することができよう。また，前述のように，本判決は，構成要件の「実質的な」重なり合いではなく，「形式的な」重なり合いを問題としたが，「形式的な」重なり合いも，その基礎には，「実質的な」重なり合いがなければ符合を肯定することはできないのである。

結局，「構成要件の重なり合い」を肯定するためには，「法益の符合」が必要であり，それで十分なのである。それでは，本判決において，「法益の符合」が認められるであろうか。本判決は，無許可輸入罪と禁制品輸入罪は，いずれも関税法の目的である「貨物の輸出入についての通関手続の適正な処理を図るための規定」であることから，基本・加重関係を導き出している。しかし，「関税法の目的」と「関税法で規定された各構成要件上の保護法益」とは必ずしも一致しない。前者は後者の指針とはなるが，各構成要件においては，具体的な法益が問題とされなければならない。法益は，客体関係的であり，客体の侵害を通して，法益を侵害するという関係が基本であることを確認しなければならない。無許可輸入罪は，貨物の輸入が諸法令上の規制に違反していないかを確認する機会を税関に与えない行為を処罰するものであり，その保護法益は，「通関手続の適正な処理」にある。これに対して，禁制品輸入罪は，社会公共の秩序，衛生，風俗，信用その他の公益の侵害防衛するために処罰規定が設けられたものであり，したがって，その保護法益は，「社会公共の秩序，衛生，風俗，信用その他の公益」である。この点からみれば，両者の保護法益は異なっているといわざるを得ない。本判決は，両者の保護法益を「通関手続の適正な処理」として「法益の共通性」を肯定し，さらに，両罪の自然的行為である「通関手続を回避した貨物の輸入」という「行為の共通性」を肯定することによって，両罪の「構成要件の重なり合い」を認めたのであるが，なお疑問の余地があるように思われる。

---

9) 木村亀二・刑法総論〔増補版〕（1978）229頁によれば，構成要件に重なり合う点があるからではなく，同種の法益侵害を内容とする構成要件であるというきわめて抽象的な面における重なり合いが重視されるのであり，判例も法益符合説に立脚すると指摘しているのは，正当であろう。
10) この点につき，曽根威彦・刑法における正当化の理論（1980）247頁以下，関哲夫・講義 刑法総論（2015）38頁参照。
11) これに対して，橋爪隆「構成要件的符合の限界について」法教407号（2014）106頁は，本判決の判断を妥当であると解している。

III 「共謀の射程」について

　共謀共同正犯が成立するためには，一部の者の実行が「共謀に基づく」ものでなければならない。これが，「共謀の射程」の問題である。[12] 共謀の射程は，まず，共謀と実行との因果性が前提となり，私見によれば，さらに，相互利用・相互補充関係が必要となる。[13] この「共謀の射程」の判断において，「構成要件の重なり合い」が一つの基準になっているのではないかというのがここでの問題意識である。たしかに，因果関係は錯誤論の前提であり，因果関係の判断の中に，錯誤論が入り込むのは奇異に思われるかもしれないが，たとえば，詐欺を共謀したところ，実行者が殺人を遂行した場合，一般に因果性が否定され，共謀の射程外とされるが，その際，詐欺罪と殺人罪とは構成要件的にまったく重なり合わないという判断が前提とされているように思われる。この場合，共謀の射程の問題の前段階として当然に共謀の射程外とされるべき類型と解される。

　このように，「共謀の射程」を議論する前に，いわば「構成要件の射程」ともいうべきものによって排除される類型が存在する。詐欺を共謀したところ，実行者が殺人を遂行した場合，共謀の射程の判断の前に，構成要件の射程の判断によって，共謀者に殺人罪の成立は認められないことになる。ここでは，「構成要件の重なり合い」の問題が，共謀の射程の問題の前に存在することが認められ，38条2項の規定が，「構成要件の射程」の問題を包含していると考えることができるであろう。すなわち，従来，構成要件の射程の問題は，因果関係，過失犯，量刑論などにおいて問題とされてきたが，38条2項においても問題となるのである。

　「構成要件の射程」は，構成要件的規範（Tatbestandsnorm）の妥当範囲の問題と考えることができる。行為規範は，禁止・命令規範と許容規範とによって構成されるが，犯罪論体系上，前者は，構成要件該当性，後者は，違法阻却に

---

[12] 共謀の射程につき，橋爪隆「共謀の射程と共犯の錯誤」法教359号（2010）20頁以下，十河太朗「共謀の射程について」川端博ほか編・理論刑法学の探究(3)（2010）73頁以下参照。
[13] 高橋・前掲注1）452頁参照。

III 「共謀の射程」について

位置づけられる。このうち，前者が構成要件的規範である。すなわち，行為規範としての禁止・命令規範は，制裁規範化されて，構成要件的規範となるわけである。そして，いわゆる「規範の保護目的」とは，この構成要件的規範の保護目的のことである。

「共謀の射程」の必要条件として因果性が要求されるが，この因果性の前提として構成要件の射程が問題となるということは，「構成要件の射程」においては，「類型的な」因果性が問題となっていることを意味する。すなわち，各構成要件には，一定の「類型的な」因果性が包含されているわけである。たとえば，詐欺罪は，欺罔行為→錯誤→処分行為→財物・財産的利益の移転という類型的な因果関係が必要とされているが，これは，詐欺罪に限ったことではなく，殺人罪の場合においても，殺害行為→人の死亡という類型的な因果関係が前提され，その上で，具体的な因果関係の存否が問題とされているのである。殺害行為→財物奪取というのは（殺人罪としては）非類型的な因果関係であり，当然に構成要件上排除されているわけである。

東京高裁昭和60年9月30日判決（判タ620号214頁）は，暴力団組長の被告人が，Ｘら配下の組員に対して，反目していたＡの拉致・監禁を指示したところ（なお，被告人は拉致・監禁の際に暴行が行われることは認識していた），Ｘらはこれに失敗し，このままでは面子が立たないと考えて，翌日，Ａ宅に押し入って同人らを殺害した事案につき，暴行の故意で殺人が実現された点について，暴行の限度で傷害致死罪が成立するか否かが問題とされ，「Ｘ以下の者の実行した行為態様は，Ｂの自宅に侵入し，有無を云わせずＢ及び抵抗した同居人を殺害するというものであって，最早，拉致の謀議に基づく実行行為中における殺害という類型にはあてはまらないものである。客観的な行為態様のみならず，実行担当者の主観的な意識の面をも併せ見れば，そのことは一層明瞭に看取することができる。」と判示した。暴行と殺人の関係については，共謀の射程の問題として位置づけられ，この点については異論のないことではあるが，判文中の「殺害という類型にはあてはまらない」という「類型判断」を行っていることに注目すべきである。この「類型判断」こそ，本稿でいうところの「構成要件の射程」の意味である。もっとも，本事案では，類型という用語を用いるべきではなく，端的に「共謀の射程」を問題とすべきだったように思わ

れるが，この類型判断がまさに「構成要件の射程」というものであり，その判断において，「構成要件の重なり合い」が機能しているわけである。

Ⅳ　「異なる構成要件間における共同正犯の成否」について

　以上の「共謀の射程」が肯定された後に，「共同正犯の錯誤」が問題となる。最高裁昭和54年4月13日決定（刑集33巻3号179頁）は，暴行・傷害を共謀した共犯者のうちの1人（甲）が殺人罪を犯した場合における他の共犯者（乙ら）の罪責につき，次のように判示した。すなわち，「殺人罪と傷害致死罪とは，殺意の有無という主観的な面に差異があるだけで，その余の犯罪構成要件要素はいずれも同一であるから，暴行・傷害を共謀した被告人乙ら7名のうちの甲が前記福原派出所前でX巡査に対し未必の故意をもって殺人罪を犯した本件において，殺意のなかつた被告人乙ら6名については，殺人罪の共同正犯と傷害致死罪の共同正犯の構成要件が重なり合う限度で軽い傷害致死罪の共同正犯が成立するものと解すべきである。」と。本決定によって，いわゆる完全犯罪共同説（甲・乙らは殺人罪の共同正犯となり，乙らは38条2項により傷害致死罪の刑で処断される）は否定され，（実行）行為共同説（殺人罪（甲）と傷害致死罪（乙ら）の共同正犯となる）か，部分的犯罪共同説（結果的加重犯の共同正犯を肯定かつ結果的加重犯と故意犯との共同正犯を肯定し，甲・乙らは傷害致死の限度で共同正犯が成立し，甲は単独犯としての殺人罪，乙らは傷害致死罪の共同正犯となる）のいずれかが採用されたと評価された。

　しかし，シャクティ治療殺人事件（最決平成17・7・4刑集59巻6号403頁）において，被告人による不作為の殺人罪を成立させるに際し，殺意のない者との間では，保護責任者遺棄致死罪の限度で共同正犯になると判示し，部分的犯罪共同説の立場が明らかに採用されたのである。

　ところで，この部分的犯罪共同説は，38条2項の趣旨を共同正犯の成立に解消した考え方であると解することができる。したがって，本説によれば，共同正犯の錯誤の問題は，共同正犯の成立の問題として処理されることとなる。すなわち，「構成要件の重なり合い」が，共同正犯の成立範囲を画する機能を

Ⅳ 「異なる構成要件間における共同正犯の成否」について

有するのである。したがって,「異なる構成要件間の共同正犯の成否」の問題は, 部分的犯罪共同説によるならば, 共同正犯の成立要件の問題として処理すれば足りることになる。

もっとも, 部分的犯罪共同説に対しては, 行為共同説を支持する側から, 次のような批判がなされている[14]。

第1に, 軽い罪の意思を有する者の行為から結果が発生した場合, あるいは, いずれの行為者の行為から結果が発生したかが不明な場合, たとえば, Xが殺人の意思, Yが傷害の意思で共謀の上, それぞれAに発砲したところ, Yの弾が命中して死亡させた場合や, いずれの弾がAに命中したか分からない場合, 部分的犯罪共同説によると, 軽い罪の限度でのみ共同正犯が成立するため, Xには, 傷害致死罪の成立は認められるが, 殺人罪については, 未遂にとどまり, この結論は妥当でないとされる。

問題は,「構成要件の重なり合い」を肯定して, その限度で共同正犯が成立するということの意味である。これは, 実在として成立する意味ではなく, その限度で,「一部実行全部責任の法理」が機能することによって, 結果帰属が肯定されることを意味するにすぎない。「傷害致死罪の限度で重なり合う」ということは, 死という結果を客観的にXとYに帰属できることから, Yには傷害致死罪が成立し, Xには, 殺意があることから, 殺人既遂罪が成立するわけである。最高裁昭和54年決定が, 傷害致死罪と殺人罪が, 傷害致死罪の限度で重なり合っていることを認めたのはこの趣旨である[15]。

第2に, 重い罪の意思を有する者に成立する罪の罪数関係が不明であるとされる。すなわち, Xは殺人の意思, Yは傷害の意思で共同して被害者を死亡させた場合, 部分的犯罪共同説によると, Xには殺人罪の単独正犯と傷害致死罪の共同正犯が成立することになり, 両者の罪数関係が明らかではないというのである。

この点は, 前述したように, Xに傷害致死罪が実在として成立するわけで

---

[14] 十河太朗「共同正犯における抽象的事実の錯誤」大谷實先生喜寿記念論文集 (2011) 307頁以下参照。さらに, 西田・前掲注1) 398頁参照。
[15] 井田・前掲注6) 352頁, 井田良・講義刑法学・総論 (2008) 466頁以下, 佐伯仁志・刑法総論の考え方・楽しみ方 (2013) 381頁も同旨である。

はないことに注意しなければならない。Xに死の結果を帰属させるために，どこまで「共同正犯関係」が認められるかを観念的に考慮するだけであることから，罪数問題は生じないのである。かりに，罪数を問題としたとしても，傷害致死罪は殺人既遂罪に吸収すると解すれば，死の二重評価を避けることができるであろう。[16]

　むしろ，行為共同説の側からの「実行行為の共同」を判断する場合，「構成要件の重なり合い」を問題とせざるを得ないように思われる。すなわち，実行行為は，故意が認められてこそ，何罪の実行行為か決定されるのであり，抽象的，一般的に実行行為が存在するわけではない。その意味で，実行行為は，主観と客観が結合した「主観的・客観的構成要件要素」ともいうことができる。すなわち，「実行行為の重なり合い」を問題とする場合には，「構成要件の重なり合い」を問題とせざるを得ないのである。[17]

V 「行為規範における故意」と「制裁規範における故意」の連関

　前述Ⅱで言及したように，「構成要件の重なり合い」を規範論的に分析していくと，行為時に事前判断によって存在が仮設されるA構成要件と，結果時に事後判断によって存在が仮設されるB構成要件との比較を行うことにより，A構成要件における故意とB構成要件における故意という2つの故意が認められる結果となる。前者を，「行為規範における故意」，後者を，「制裁規範における故意」と称することができよう。前者は，行為時に存在しそれで完結す

---

16) 佐伯・前掲注15) 381頁参照。
17) ちなみに，私見によれば，結果的加重犯の共同正犯は肯定されるが，結果的加重犯と故意犯との共同正犯は否定されることから，最高裁昭和54年決定の事案については，甲・乙らは「傷害」の限度で共同正犯が成立し，甲は，単独犯として殺人罪，乙らは，傷害致死罪の共同正犯となる。もっとも，「傷害罪の限度」の意味は必ずしも明らかではない。すなわち，死亡結果については，各自の単独犯として帰属可能性が判断されることになり，たとえば，甲によって死亡結果が発生した場合には，甲は殺人既遂となるが，乙らは，死亡結果との間の因果関係の成否の問題となり，因果関係が欠ければ，それぞれ傷害罪しか成立しない。これに対して，乙によって死亡結果が発生した場合には，乙らには傷害致死罪の共同正犯が成立し，甲は，因果関係の成否の問題となり，因果関係が欠ければ，殺人未遂罪にとどまることになろう。この点につき，高橋・前掲注1) 434頁以下参照。

Ⅴ 「行為規範における故意」と「制裁規範における故意」の連関

る故意であるのに対して，後者は，行為時に存在するものの，結果を行為に主観的に帰属できるかという「主観的帰属」という意味での事後判断の際に問題となる故意である。そして，両者に符合が認められる場合に一定の故意が肯定されることから，この問題は，「事前判断と事後判断との対応原則（Korrespondenzprinzip）」の一適用場面であると解することができよう。[18]

この対応原則は，因果関係論，過失犯論などに適用されることについては，すでに論じたことであり，ここでは，故意論においてどのように展開されるかを問題としたい。

事前判断と事後判断の対応原則とは，刑法上の帰属において意義を有するすべての事後判断（ex-post-Urteil）には，事前判断（ex-ante-Urteil）が前提とされ，事前判断によって，事後判断が行われ得る枠組みが設定され，事後判断は，事前判断によって設定された枠組みを超えることは許されない，という原則である。[19]

このような対応原則は，まず，客観的帰属論の枠組みの問題である。すなわち，「結果が客観的に帰属可能となるのは，行為者が法的に重要な危険を創出し，それが構成要件的結果に実現された場合である。」[20]と。そして，法的に重要な危険が存するか否かの判断は，その危険がその後の因果経過において法益侵害に至り得る蓋然性判断であるという意味で事前判断であるのに対して，発生した結果が危険の実現といえるか否かの判断は，結果がすでに発生した場合の判断であるという意味で事後判断なのである。[21]

その結果，事前判断の対象と事後判断の対象は異なることになる。すなわち，事前判断の基礎は，外界の将来の仮定的な状態であり，事後判断の基礎は，外界の現実的な（現在および過去に存する）状態である。このことから，事前判断

---

18) この「対応原則」については，高橋・前掲注2) 92頁以下参照。
19) Rudolph, Das Korrespondenzprinzip im Strafrecht -Der Vorrang von ex-ante-Betrachtungen gegenüber ex-post-Betrachtungen bei der strafrechtlichen Zurechnung, 2006, S. 1, 17f., 29ff., 44f. 参照。
20) Wessels / Beulke /Satzger, Strafrecht, A. T., 45 Aufl., 2015, §6 Ⅲ 1, Rn. 179 参照。
21) Wolter, Strafwürdigkeit und Strafbedürftigkeit in einem neuen Strafrechtssystem, in: ders., (Hrsg.), 140 Jahre Goltdammer's Archiv für Strafrecht, 1993, S. 272, 286; ders., Objektive Zurechnung und modernes Strafrechtssystem, in: Ordeig, u.a. (Hrsg.), Internationale Dogmatik der objektiven Zurechnung und der Unterlassungsdelikte, 1995, S. 10 参照。

と事後判断との不一致が生じてくるのであり、したがって、両者が対応しているか否かが重要な視点となるわけである。その際、事前判断に対応する枠内でのみ事後判断は機能する。すなわち、事前に義務が存しないのに、事後に義務違反が存するという事態を回避するために、この対応原則は有効な原理といえるだろう。

　以上のような、対応原則が、故意という主観的帰属の場合にどうなるかが、ここでの問題である。一般に、故意は、構成要件要素である結果の認識と解されているが、構成要件要素それ自体は制裁規範に属し、その名宛人は、もっぱら、裁判官であり、行為者ではない。法律家だけが、構成要件的結果を知っているとさえいえるであろう。行為者は、一定の法益侵害が発生するであろうという将来の事象を認識するだけであり、この認識は、「結果発生の蓋然性」の認識に他ならない。この点は、前述のように、事前判断における危険が、法益侵害に至り得る蓋然性判断であることから根拠づけられる。このように、行為者に、「結果発生の蓋然性」の認識がある場合に、行為者に「構成要件的結果」の認識、すなわち、「故意」があるとされるのである。たとえば、離隔犯の場合、危険が実現されるかどうかの問題よりも早い行為の段階で、その行為が故意か過失かを問題としなければならない。この場合における行為者の認識は、「結果発生の蓋然性」の認識といわざるを得ないだろう。

　以上のような理解につき、いくつかの解釈論的問題を素材にしてさらに検討を加えることとしたい。

　第1に、因果関係の錯誤の問題について、事前の行為時においては、行為者の「結果発生の蓋然性」の認識としての因果経過が問題となり、実際に生じた因果経過がその枠内に包含されていれば、故意は阻却されないことになる。したがって、因果関係の判断において、危険の現実化が肯定された場合には、その因果経過は、通常、行為者の危険創出の認識の枠内にあると評価できるのである。しかし、危険の現実化が肯定されたとしても、因果経過が、行為者の危険創出の認識の枠外にあると評価される場合もあり得る。たとえば、甲が殺意をもってAに切りかかったところ、傷害自体は軽いものであったが、Aが血友病を患っていたため出血が止まらず死亡してしまったという場合、危険の現実化が認められ、因果関係は肯定されるが、甲がAの血友病を認識していな

い場合には，殺人未遂の限度でしか故意責任を問われないと解するべきであろう（未遂故意は残るから，殺人未遂罪と（重）過失致死罪が成立する）。故意には，構成要件的結果の認識という要素と，実行行為の性質の認識という要素の2つが必要であり，前者は，「結果発生の蓋然性」で足りるが，後者は，自己の行為がどのように展開していくかという実行行為の性質の認識であり，これが行為時に存しなければ，危険の現実化の認識を欠くことになる。ここでは，客観的な「危険の現実化」と自己の認識していた「危険の現実化」との間に本質的な差異が認められるか否かが問題とされることになる。

このような「実行行為の性質の認識」は，行為時に存在すべきものであるが，結果を主観的に帰属する際の対象となる故意であることから，「制裁規範としての故意」のカテゴリーに属するものと解することができる。[22]

第2に，「遅すぎた構成要件の実現（ウェーバーの概括的故意）」の問題である。この問題を条件関係で解決したのが，大審院判例（大判大正12・4・30刑集2巻378頁）であり，本判決は，後妻である被告人が，夫の連れ子である被害者が病気のため家計を圧迫していたことから被害者を殺害しようとして，その就寝中に麻縄で首を絞めたところ，被害者が動かなくなったので死亡したものと思い，犯行発覚を防ぐ目的で海岸の砂の上に運んで放置して帰宅したところ，砂末を吸引して死亡したという事案につき，本来，最初の殺人目的の行為がなければ，砂上の放置行為も発生せず，第1行為と死との間には原因結果の関係があり，死体遺棄の目的による第2行為はその因果関係を遮断するものではないと判示した。

この問題につき，相当因果関係による解決や客観的帰属論による解決も行われているが，第2行為（被告人の行為）を第1行為の因果経過（介在事情）としてアプリオリに位置づけることができるかは疑問であり，他方，第1行為と第2行為とを一連の（殺人の）実行行為とアプリオリに位置づけることもまた疑問である。殺害後の死体遺棄という通常事例において，一連の実行行為とすることはできないからである。もっとも，第1行為と第2行為とは相互関連性を有しているのであり，問題はその関連性であり，この問題は，第2行為（過失

---

22) 高橋・前掲注1）183頁以下参照。

行為）による結果発生を第1行為（故意行為）の既遂故意に包含できるか否かという視点によって解決されるべきであり，このような意味で，「原因において故意ある行為」の法理が有用であろう。すなわち，第2行為を第1行為の既遂故意に包含できるか否かは，第1行為時に第2行為を予定していたか否かに依拠することになる。なぜなら，第2行為を予定していた場合には，実現意思に取り込んでいたと評価できるからである。

実現意思は，行為時に存在しなければならないことはいうまでもないが，結果の主観的帰属の対象となる「制裁規範としての故意」に位置づけられることになる。

第3に，方法の錯誤の問題について，たとえば，Aを殺す認識でピストルを発砲したところ，Bに当たりBが死亡した場合，危険の現実化は肯定されることが前提とされ，さらに，「Aを殺す認識」は，数故意犯説によれば，「およそ人を殺すな」という規範が設定されることから，Bに対しても故意が及ぶことになる。「およそ人を殺すな」という規範は，「結果発生の蓋然性の認識」に適合することになろう。これも，「Aを殺す認識」という「行為規範における故意」が，「Bを殺す認識」という「制裁規範における故意」を包含すること，すなわち，「後者は前者の枠内（バリエーション）にある」という対応原則が妥当するのである。

しかし，この場合，AとBの2人を殺害する故意はないのであるから，それとは区別して判断する必要がある。これを，量刑上の問題として，故意責任を限定すべきと解したのが，東京高裁平成14年12月25日判決（判タ1168号306頁）である。本判決は，被告人甲・乙が，被害者Xを殺害すべく共謀し，被告人乙がけん銃で弾丸1発を，被告人甲がけん銃で弾丸3発をそれぞれ発射し，乙の発射した弾丸1発をXの頭部に，甲の発射した弾丸のうち1発をXの右側胸部に命中させて，甲の発射した弾丸によってXを死亡させ，一方，甲の発射した弾丸のうち1発を被害者Yの左背面部に命中させて，Yを死亡させ，甲の発射した弾丸のうち1発を被害者Zの右膝に命中させて，Zに重傷を負わせた事案につき，「本件は，打撃の錯誤（方法の錯誤）の場合であり，いわゆる数故意犯説により，2個の殺人罪と1個の殺人未遂罪の成立が認められるが，Y及びZに対する各殺意を主張して殺人罪及び殺人未遂罪の成立を

主張せず，打撃の錯誤（方法の錯誤）の構成による殺人罪及び殺人未遂罪の成立を主張した以上，これらの罪についてその罪名どおりの各故意責任を追及することは許されないのではないかと考えられる。したがって，……周囲の参列者に弾丸が命中する可能性が相当にあったのに，これを意に介することなく，Xに対する殺害行為に出たとの点で量刑上考慮するのならともかく，Y及びZに対する各殺意に基づく殺人，同未遂事実が認められることを前提とし，これを量刑上考慮すべきことをいう所論は，失当といわなければならない。」と判示した[23]。

このような東京高裁平成14年判決の結論は妥当であると評価できる。故意責任を1個として量刑上考慮することの意味について，中野教授は，かつて「故意犯に対する過失責任」を認めるものと解されたが[24]，なぜ「過失責任」を認めることになるのかが明らかではなかった。私見によれば，この場合，責任段階における「義務規範としての故意」（規範的責任）と「制裁規範としての故意」（可罰的責任）の量の減少，すなわち，行為規範の視点から故意犯が複数成立し，違法段階における制裁規範の発動によって複数の故意犯成立を基礎づけるとしても，責任段階においては，1人を殺す意思しかないので，非難可能性としての規範的責任（義務規範違反）が減少し，かつ，刑罰目的としての可罰的責任（制裁規範の発動）も減少することから，故意責任の量が全体として減少し，「構成要件的故意」に対する一種の「責任過失」という評価が可能となるように思われる[25]。

VI おわりに

以上のように，故意の内容が基本的に「結果発生の蓋然性」の認識であると解するならば，「未必の故意」こそが「故意の原則型」という帰結に至り得ることになろう。そして，「認識ある過失」との区別は，私見によれば，実現意

---

23) 本判決につき，小島透・セレクト2005，31頁参照。
24) 中野次雄「方法の錯誤といわゆる故意の個数」団藤重光博士古稀祝賀論文集(2) (1984) 217頁〔中野次雄・刑事法と裁判の諸問題 (1987) 46頁所収〕参照。
25) この場合，複数の故意犯が成立するが，観念的競合として一罪となり，その中で量刑責任として責任過失という評価をするのであり，過失犯が成立するわけではない。

思の有無によることになる[26]。すなわち，実現意思は，行為をコントロール意思であり，それが存する限り，故意を認めることができる。その下位基準は，たとえば，①認識事実の実現可能性の程度，②計画を実現する意思の存否と程度，③結果を計算にいれる意思の存否と程度，④結果の回避意思の存否と程度，⑤結果回避措置の存在と程度などが考えられるであろう[27]。

　前述のように，実現意思は，行為時に存在すべきものであるが，結果の主観的帰属において，「制裁規範としての故意」として機能するのであり，まさに，上述の下位基準はそれを明示するものといえよう。

　本稿は，通常は客観的帰属のレベルで展開される「行為規範と制裁規範の対置」を，主観的帰属のレベル，すなわち，故意論において展開することを試みたものである。その結果，客観的帰属のレベルに対応して，主観的帰属のレベルにおいても，構成要件的故意の内容として，「行為規範（規範的違法）としての故意」と「制裁規範（可罰的違法）としての故意」が区別され，責任故意の内容として，「義務規範（規範的責任）としての故意」と「制裁規範（可罰的責任）としての故意」が区別されることが示されたように思われる。

---

26)　高橋・前掲注1）179頁以下参照。
27)　高橋・前掲注1）180頁参照。

実行行為概念について

樋 口 亮 介

I　はじめに

1　従前の状況

(1)　一般的な定義
(a)　現実的危険性の要求

　実行行為については，構成要件実現，特に結果犯については結果発生に対する現実的危険性を帯びた行為といった定義が一般的なものであろう[1]。最高裁平成17年3月29日決定（刑集59巻2号54頁）（以下，平成17年決定）の1審（奈良地判平成16・4・9刑集59巻2号67頁）は，「傷害罪の実行行為は，人の生理的機能を害する現実的危険性があると社会通念上評価される行為」と判示しており[2]，その後の下級審裁判例においても，同様の定義を採用するものは少なからず見受けられる[3]。

---

[1] 大塚仁・間接正犯の研究（1958）121頁以降の大塚仁の一連の業績の影響が大きいであろう。大塚仁・刑法概説（総論）〔第4版〕（2008）149頁は，「挙動犯の実行行為は，当該構成要件的定型を充たす行為」，「結果犯の実行行為は，所定の犯罪的結果を惹起する可能性，すなわち，その現実的危険性を含んだもの」と論じている。
　　同様の定義として，大谷實・刑法講義総論〔新版第4版〕（2012）125頁（「形式的に構成要件に該当するとともに，実質的に結果発生の類型的・現実的危険を有する行為」），佐久間修・刑法総論（2009）63頁（「それぞれの犯罪規定が予定した法益侵害の類型的危険性を含むもの」），山口厚・刑法総論〔第3版〕（2016）51頁（「構成要件的結果を惹起する現実的な危険性が認められる行為」）など。

[2] 2審（大阪高判平成16・9・9刑集59巻2号73頁）でも同様であり，調査官解説でも同様の説明が行われている（大野勝則・最判解刑事篇平成17年度64頁）。

[3] 殺人の実行行為として，例えば，東京地判平成27・4・30判時2270号131頁（オウム関係者による爆発物の郵送），名古屋高判平成26・12・16 LEX/DB 25506122（一酸化炭素中毒にさせる行為），金沢地判平成17・8・10 LEX/DB 28135278（ファンヒーターの熱風を当て続ける行為）。

(b) 疑　問　点
① 既遂犯

結果発生に対する現実的危険性を帯びた行為が行われている場合，犯罪成立を認めることに躊躇いは生じないであろう。しかし，現実的危険性を帯びているとまではいえない程度の行為について，結果を生じさせる意思に担われているにもかかわらず，実行行為を欠いているとして既遂犯の成立を否定するという議論には学説から強い疑問が提示されている。[4]

殺害を意図した行為による死亡の可能性が仮に低くても，現に被害者が死亡した場合に殺人既遂罪を否定してよいかに議論の余地があるのは確かであろう。しかし，この点を議論するのであれば，死亡の現実的危険性を帯びていなくても殺人罪の実行行為としてよいかを検討する必要が生じる。

② 未遂犯

未遂犯については，既遂結果惹起の具体的危険性を求める理解が広く流布している。具体的危険性と現実的危険性の意味するところが相違するかは必ずしも明らかではないものの，裁判例においては未遂成立には既遂結果惹起の現実的危険性が必要との一般論を前提に未遂の成立を否定するものも存在する。[5]

しかし，未遂の成立には既遂結果惹起の現実的ないし具体的危険性が必要という理解がどこまで妥当しているかにはなお疑問の余地がある。その一例として，ATMでの不正引出しが失敗した場合について，窃盗未遂罪を認める裁判例を挙げることができる。[6]

ATMカードを不正に入手した者がATMで試しに暗証番号を「1111」と入

---

[4] 現実的危険性を定義に含めることに強い批判を加える教科書として，高橋則夫・刑法総論〔第2版〕（2013）101頁。さらに，中森憙彦「実行行為の概念について」鈴木茂嗣先生古稀祝賀論文集(上)（2007）192頁，高山佳奈子「『実行行為』概念の問題性」論叢162巻1＝6号（2008）209頁，仲道祐樹・行為概念の再定位（2013）38頁，橋爪隆「実行行為の意義について」法教424号（2016）99頁など。
　批判への反論として，奥村正雄「実行行為概念について」大谷實先生喜寿記念論文集（2011）149頁以下。
[5] 保険金請求手続の依頼行為について詐欺未遂の成立を否定したものとして，福岡地小倉支判平成27・2・20 LEX/DB 25505946。
[6] 裁判員による死刑破棄が問題になったいわゆる松戸事件の第1審では，キャッシュカードの暗証番号が合わなかった場合に窃盗未遂が認められている（千葉地判平成23・6・30刑集69巻1号168頁の罪となるべき事実第7。同様に，東京地立川支判平成26・2・7 LEX/DB 25503235, 同平成26・3・4 LEX/DB 25504809。

力したものの，実際の暗証番号はランダムな数字であったという場合，窃盗が既遂に至る確率は1万分の1であって結果惹起の可能性はあまりに乏しく，現実的危険性は認められないであろう。また，危険判断を事後的判断ではなく行為時を基準に行うことで，暗証番号が「1111」である可能性を想定したとしても，現実的危険といえるほどの高度さを備えているとは思われない。

それにもかかわらず，この事例で窃盗未遂罪を認めるのであれば，既遂結果発生の現実的ないし具体的危険性は未遂成立に不要という理解が成り立つかを検討することが要請される。

(2) 学説の状況

(a) 個別領域に応じた検討

実行行為について結果発生の現実的危険性を帯びることを要求しない場合，新たな定義を模索すべきという問題関心が生じる。そこで，学説に目を移してみると，実行行為について新たな定義を模索するという動きは，積極的になされているとは言い難いことに気づく。学説では，抽象的危険で足りるといった形で実行行為に要求される危険の程度を引き下げるべき，と指摘されるにとどまっている[7]。

実行行為の新たな定義にさしたる関心が寄せられない原因として，実行行為概念で扱われてきた問題を個別の問題に解体するという学説の傾向を挙げてよいであろう[8]。すなわち，①実行の着手については，不能犯論と表裏一体のものとして，結果発生の具体的危険性の存否が基準になる，しかし，構成要件該当行為との密接性という限定も必要である，②早すぎた構成要件の実現については，故意の存否が問題であって，特に，既遂故意と未遂故意を区別すべきかが問題になる，③間接正犯については，道具理論ないし行為支配説に基づいて解決すれば足りる，という形で，個別領域ごとの解決基準が論じられている。このような議論からすれば，実行行為概念を一般に論じる必要性はなく，結果発生の危険性を全く帯びていない行為を予め排除しておけば足りる，ということになる。

---

7) 例えば，高橋・前掲注4) 106頁。
8) 影響を与えたのは，平野龍一「正犯と実行」同・犯罪論の諸問題(上) (1981) 127頁であろう。

(b) 横断的検討の必要性

しかし、このような個別的検討を徹底することの妥当性にはなお疑問の余地がある。その一例として、最高裁平成16年3月22日決定（刑集58巻3号187頁）（以下、クロロホルム事件）が挙げられる。

クロロホルム事件においては、殺人既遂成立という判断を行うにあたって、実行の着手を論じた上で、故意を論じて既遂の成立を認めるという枠組みが採用されている。この枠組みに対して、個別領域に応じた検討を徹底する学説からは、実行の着手論と早すぎた構成要件の実現は別個の問題であるとして、「もっぱら故意の存否という観点から検討を加えるべき問題であり、それとは無関係な未遂犯の成否に関する基準が決定的なファクターとなるというのは、問題の本質をすり替えている」との批判がなされている[9]。

しかし、クロロホルム事件の判断枠組みは、①実行の着手論と②早すぎた構成要件の実現を横断的に論じる必要性があることを示しているとみるべきではなかろうか。この点、①実行の着手論における実行行為概念の意義を明らかにするとともに、②犯罪結果が生じ、既遂成立が問題になっている早すぎた構成要件の事例においても、実行行為の見地から議論を組み立てるという形で、実行行為概念を基礎に置けば横断的検討が可能になる。

2　本稿の課題と検討方法

本稿では、まず、構成要件実現ないし結果発生に対する現実的危険性から切り離した形で実行行為概念の基礎にある視点を析出する。その上で、当該視点から犯罪論の様々な場面を横断的に再検討することを課題とする。

基本的視点を析出するにあたっては、横断する領域のいずれもが素材になりうるところ、本稿では、自殺関与・同意殺人・被害者を利用した殺人の間接正犯に関するドイツ法・アメリカ法に手掛かりを見出したため、ここから検討を開始する。ただし、比較法に関する客観的叙述を目指すものではなく、網羅的

---

9) 橋爪隆・ジュリ1321号（2006）237頁、238頁。
　橋爪の現在の理解については、橋爪隆「遅すぎた構成要件実現・早すぎた構成要件実現」法教408号（2014）114頁。橋爪の議論を支持する実務家の論稿として、斎藤正人「早すぎた結果の発生、遅すぎた結果の発生」池田修＝杉田宗久編・新実例刑法〔総論〕（2014）199頁。

な紹介ではないことを断っておく。

II 基本的視点の析出

1 実行行為概念の中核にある思考枠組み

まず，ドイツ法を手掛かりに実行行為概念の中核にある思考枠組みを明らかにする。

(1) 前提——ドイツ法の規定形式[10]

同意殺人と自殺教唆・幇助を並列して処罰対象にする我が国とは異なり，ドイツでは判断能力がある者が自殺行為を行った場合，それに教唆・幇助的に関与した者は原則として不可罰である。一方，被害者の承諾がある殺人の正犯行為について，通常の殺人罪（謀殺罪・故殺罪）になるのが原則である。ドイツ刑法216条は被害者が真摯であって行為者がその真摯さを動機にしている場合に限って減軽する旨を定めているが，216条の要件を備えていない場合には，被害者の承諾があっても通常の殺人罪になるということである。

【ドイツにおける事例の処理手順】[11]

自殺行為への教唆・幇助→原則不可罰　例外：217条（業としての自殺幇助）[12]
被害者が承諾している殺人の正犯行為→殺人罪で処罰　216条の要件があれば減軽

このような規定上，被害者自身による自殺行為に教唆・幇助として関与した

---

10) ドイツ刑法の生命に対する罪を邦語で要領よく概観するものとして，ハロー・オットー（鈴木彰雄訳）「自殺の幇助と自殺の介助」比較法雑誌50巻1号（2016）117頁。
11) ドイツ刑法とスイス刑法とでは規定ぶりは異なるものの，クリスティアン・シュワルツェネッガー（神馬幸一訳）「自殺の誘導及び介助（スイス刑法第115条）における利己的な動機」静法13巻2号（2008）312頁の図式がわかりやすく，参考にした。
　なお，不作為犯の成否については，別途，複雑な議論があるが本稿の関心から外れるため割愛する。
12) 217条の成立前の議論の紹介として，佐藤拓磨「ドイツにおける自殺関与の一部可罰化をめぐる議論の動向」慶應法学31号（2015）347頁，ヘニング・ローゼナウ（甲斐克則＝福山好典訳）「ドイツにおける臨死介助および自殺幇助の権利」甲斐克則編訳・海外の安楽死・自殺幇助と法（2015）83頁。

だけか，行為者自身が殺人の正犯行為を行ったか，が処罰範囲を画する上で，極めてシビアな問いになる。

(2) 実行正犯者と教唆・幇助者の区別基準——心中事案を素材に

(a) 判例・学説

正犯行為と自殺行為への教唆・幇助との区別に関する基本判例は，心中を試みて片方のみが生き残った BGHSt 19, 135（1963 年 8 月 14 日）である。

そこで採用された議論の大枠は，死亡した者が生き残った者の手に自らを委ねたか，それとも，最後まで自らの運命に対して自由な決断を留保していたかというものである。

学説においては，この大枠は前提にしながら，生き残った者の行為後に死亡した者がなお生きるか死ぬかを選べたかを基準にすべきとの議論が有力である[13]。これは，関与者が死に向けた行為を行った後，そこから脱出できる可能性を有している限り，死亡した者の自殺行為と評価できるという議論である[14]。

これに対して，自殺への畏怖心という障壁によって生命が保護されていることに注目し，他人の手に自らを委ねることで自殺に対する障壁を乗り越えた場合には自殺行為ではなく 216 条の適用対象にすべきとして心理面に注目する主張がなされている[15]。また，心理的障壁に注目することに賛意を示しつつ，死亡した者からみて直接に生命を終結させる行為に対する支配を基準とすべきと論じるものもある[16]。さらに，関与者の行為の後，死亡した者が死を受け入れて何もしていないといった不作為の介在が正犯性に影響することはないという議論もなされている[17]。

(b) 発想の析出

ドイツの議論を通覧すると，死亡するか生き残るかを選ぶという決断が重要

---

13) 学説の整理として，F. C. Schroeder, Beihilfe zum Selbstmord und Tötung auf Verlangen, ZStW 106 (1994) S. 575-577。
14) Schönke/Schröder, Strafgesetzbuch Kommentar (29 Aufl. 2014), §216 Rn. 35 (Eser/Sternberg-Lieben)。
15) G. Arzt/U. Weber, Strafrecht Besonderer Teil (2000) §3 Rn. 40, 41。
16) C. Roxin, Die Sterbehilfe im Spannungsfeld von Suizidteilnahme, erlaubtem Behandlungsabbruch und Tötung auf Verlangen, NStZ 1987, S. 347, Ibid., Tötung auf Verlangen und Suizidteilnahme, GA 2013, S. 318。
17) Schroeder, a.a.O. An. 13 S. 578 は，行為者による行為前でも行為後でも，死者が死亡結果を受け入れていた場合には 216 条が適用できると論じる。

であること，死亡に向けた決断には心理的障壁があること，心理的障壁の乗り越えという見地からは現に手を下す作為が重要であって，不作為という消極的態度は重要ではないといった発想が見受けられる。

こういった発想のうち，どの点を重視するかによって議論は分かれてくるが[18]，行為者自身が心理的障壁を現に乗り越えたと評価できるかという発想に立つと，死亡させるという意思決定の下，死亡に結び付く最終的な挙動を作為形態で行ったことを重視すべきという議論を導出できる[19]。

この議論は，故意作為犯について，実行行為概念の中核を析出することを可能にする。

(3) 故意作為犯における実行行為概念の中核

(a) 実行行為の中核の解明

人間は内心で色々考えていたとしても，逡巡する生き物である。犯意を抱いても，他人を害することへの抵抗感や逮捕されることへの恐怖感から心理的障壁の前で揺れ動く。刑法はこのような心理的障壁を抱くことを規範的に期待している。そして，このような心理的障壁の突破は，消極的な態度である不作為ではなく，積極的な行動である作為によってこそ示されるのが典型的である。また，犯罪実現意思に担われたそれ以上の作為が予定されていないという意味での最終的な段階での作為こそが心理的障壁突破の最たるものである。

そうすると，行為者の犯罪実現意思からみて，既遂構成要件実現のためにはそれ以上の作為は不要という意味での最終的な作為が行われた場合にこそ，刑法が設定する心理的障壁が完全に乗り越えられたとの評価が可能というべきである。そして，心理的障壁を完全に乗り越えたことを示す態度は重い刑法規範違反性を帯びることに鑑みると，犯罪実現に向けた決断を完全に現実のものと

---

18) ドイツの議論を参照しつつ，被害者が自殺するか否かを最終的に判断する機会を有したかを基準とするものとして，野村和彦・刑ジャ49号（2016）175頁。この議論はいわゆる遡及禁止論と類似する（遡及禁止論については，島田聡一郎・正犯・共犯論の基礎理論（2002）があり，批判については，宮川基「『遡及禁止論』の批判的検討」阿部純二先生古稀祝賀論文集〔2004〕97頁がある）。

19) 我が国の判例でも，嘱託殺人は受託者が自ら手を下す行為をいうと解されている（大判大正11・4・27刑集1巻239頁）。
　なお，近時，同意殺人か自殺幇助かが争われた事案で自殺幇助を認めたものとして，東京高判平成25・11・6判タ1419号230頁がある。

する最終的作為を実行行為概念の中核に位置づけるべき，との議論が導出される。

(b) 従前の議論との関係

行為者の犯罪実現意思からみた最終的な作為に実行行為概念の中核を求める場合，客観と主観を分割することはできず，行為者の内面と作為が一体となったプロセスに注目することが必要になる[20]。したがって，このようなプロセスを欠く不作為犯・過失犯には本稿が提示する実行行為概念の中核は妥当しえず，故意作為犯に限定されたものになる。

犯罪の最終的実現意思に注目するという議論は独自のものではなく，例えば，早すぎた構成要件の実現を故意論で解決する学説において論じられている[21]。もっとも，こういった学説は，客観と主観を分けるという思考を所与のものとして理論構成に腐心しているように見受けられる。しかし，刑法解釈にあたって重要なのは，いかなる事態に刑法が介入すべきか，重い評価を与えるべきかという実質論であって，客観・主観の分割を所与のものにするドグマを維持する理由は見当たらない。

このような考えから，本稿は一部の学説が故意論で展開していた議論を実行行為概念の中核に位置づけ直しつつ，その議論を故意作為犯に限定するものである[22]。

(4) 道具理論の再定位

故意作為犯の実行行為概念の中核を行為者の犯罪実現意思からみた最終的な作為に求めると，間接正犯について道具理論が支持されるが，その妥当範囲は故意作為犯に限定されることになる。

責任無能力者や意思自由の抑圧を利用した場合に間接正犯が成立することは

---

20) 行為の特定にあたり，行為者の主観を基礎にすべきであって，故意犯において「法益侵害を志向する行為意思」を基準にすべきと論じる仲道・前掲注 4) 75 頁，77 頁は妥当な方向性を示すものである。
21) 町野朔・刑法総論講義案 I〔第 2 版〕(1995) 208 頁，248 頁は，結果発生を最終的に実現する行為をする意思が必要と論じる（同様に，林幹人・刑法総論〔第 2 版〕〔2008〕248 頁）。小林憲太郎「実行の着手について」判時 2267 号 (2015) 6 頁は，行為者の不法への傾向性の徴表という見地から，「ポイント・オブ・ノーリターン」の乗り越えが求められると説明する。
22) 伊東研祐「故意と行為意思の犯罪論体系的内実規定」川端博先生古稀記念論文集[上] (2014) 275 頁は，目的達成意思は行為を構成するものとして要求される，と分析する。

古くから認められている。このような場合，本稿の理解からすると，介在者には犯罪実現に向けた意思決定を欠くため，既遂構成要件を実現することをわかっていながら利用行為に出る背後者にこそ犯罪実現意思からみた最終的な作為が認められるのであって，利用行為こそが実行行為になる。そして，このような犯罪実現意思からみた最終的な作為が客観的にも実現した場合に，間接正犯の成立が認められる。

この理解による場合，介在者を道具として利用する意思に基づき，現に道具として利用したという事実があれば間接正犯の成立には十分であって，支配性といった限定要素は不要と解される。

この点，横浜地裁平成25年5月10日判決（判タ1402号377頁）は，未承認医薬品の広告禁止違反について，未承認医薬品の記載がある書籍の出版発行が取次店・書店の店員らを道具として利用した間接正犯といえるには「本件書籍の出版発行によってその販売・陳列が現実に起こり得る蓋然性が相当高くなければならないと解するべき」と判示し，販売・陳列の可能性が低い部分について間接正犯の成立を否定している。

この判示は，実行行為が結果発生の現実的危険性を帯びることを要求する立場に忠実なものである。しかし，個別事案の結論の当否はともかく，その一般論は妥当ではないと思われる。このような限定を行うと，背後者によって相当に杜撰な利用行為が行われたものの，介在者も杜撰で犯罪になることに気づかなかったという場合，背後者に間接正犯が成立しえないことになろう。杜撰な利用行為は介在者がその犯罪性に気づき，結果発生を阻止するのが通常であって，現実的危険性を帯びていると言い難いからである。しかし，そのような帰結が妥当とは思われない。

---

23) 例えば，大判昭和9・11・26刑集13巻1598頁。
24) 実行行為の定義に大きな影響を及ぼした大塚・前掲注1) 間接正犯の研究119頁〜121頁は，背後者の犯罪的意思が，直接正犯の場合と異ならないという主観面を出発点にしつつ，背後者による誘致行為には犯罪結果に向かわせる現実的な危険性が包蔵されているとして客観面も合わせて考慮するというものであり，法益侵害に対する現実的危険性だけを基準にするものではなかった。
25) 行為支配論を間接正犯に適用する議論として，橋本正博・「行為支配論」と正犯理論（2000）172頁以下。支配性の有無を検討する裁判例として，大阪地判平成18・9・29 LEX/DB 28135037。

2 被害者に対する欺罔・脅迫による間接正犯

(1) 検討対象の設定

(a) 偽装心中における被害者を利用した間接正犯の成否

犯罪実現意思からみた最終的な作為とその実現という基準で間接正犯の道具理論を支持する場合，心中の偽装によって相手方に自殺に向けた最終的な作為を行わせて死亡させたという事案について，殺人罪の実行行為を欠くため，自殺教唆罪が成立するにとどまるのではないかが問題になる。[26]

この点，BGH GA 1986, 508（1985年12月3日）は，被告人が配偶者を欺罔し，しかも，計画した事態を手中に収めることを意欲し，現に成功もしたという事実関係を挙げて，謀殺罪の成立を認めている。これに対して学説上は，単なる動機の錯誤であって自由な意思決定が否定されることはなく，殺人の間接正犯足りえないと批判する見解も存在する。[27]

このようなドイツでの議論と同様の対立は，我が国でも見受けられるため目新しさはない。[28] もっとも，動機の錯誤については，第三者利用の間接正犯と被害者利用の間接正犯は別個の基準を採用してよいと明示する議論が存在する点は目を惹くところである。[29]

(b) 第三者利用との対比

第三者利用との対比を考えてみると，例えば，心中する気がないにもかかわらず，心中する前に豪遊するための金を得ようと相手に持ちかけて相手一人で銀行強盗に行かせる場合に強盗罪の間接正犯を認めないのが大方の理解であろう。本稿からみても，行為者の犯罪実現意思からみた最終的な作為は，銀行強

---

26) 心中の偽装によって被害女性を毒で死なせた事案としては，最判昭和33・11・21刑集12巻15号3519頁が著名である。ただし，毒を飲ませた方法は判文からは判然としない。
　仮に，被告人が喉の奥まで毒を押し込んだ場合には，最終的作為は被告人が行っているため，専ら被害女性の同意を論じれば足りる。本文において検討するのは，被害女性が毒を自ら飲み込んだような場合である。
27) A. Charalambakis, Selbsttötung aufgrund Irrtums und mittelbare Täterschaft, GA 1986, S. 485, 499.
28) 議論の概観として，佐伯仁志・刑法判例百選 II〔第7版〕(2014) 5頁，若尾岳志「偽装心中」松原芳博編・刑法の判例各論 (2011) 12頁。
29) U. Neumann, Die Strafbarkeit der Suizidbeteiligung als Problem der Eigenverantwortlichkeit des „Opfers", JA 1987, S. 249, 251.

盗行為であって背後者は間接正犯になりえない。

しかし、ここから直ちに、偽装心中による被害者を利用した殺人の間接正犯を認めることが不当とみるのはなお論理に飛躍がある。ドイツでの議論に示されているように、被害者利用の間接正犯と第三者利用の間接正犯とで、その成立基準を相違させるという議論は十分にありうるからである。[30]

(2) アメリカ模範刑法典の規定

第三者利用の間接正犯と被害者利用の間接正犯に非対称性を認めるという見地からは、アメリカ模範刑法典の規定が興味を惹く。模範刑法典210.5条は1項においては実力・強制・欺罔による自殺の惹起を通常の殺人と同様に扱う一方、2項においては自殺教唆・幇助を通常の殺人よりも軽い罪として規定している。[31]

この規定を論評する学説においては、自殺の惹起について被害者に不当な影響を与えて生への欲望を排除したといえるかという視点を提示し[32]、模範刑法典210.5条1項の欺罔は実力行使同様、被害者の生きる意思を奪ったといえると論じるものがある。[33]

このように、自殺に至る過程に不当に被害者の意思決定に干渉したといえる場合に通常の殺人と同等の重みを認めるという立法を行うことは可能である。そして、殺人罪と同意殺人及び自殺教唆・幇助罪という2つの条文しか持たず、間接正犯を完全に解釈で賄っている我が国において、同様の発想を解釈レベルで取り込むこともまた可能というべきである。

(3) 理論化の試み

(a) 第三者利用との非対称性の是認

第三者を利用する間接正犯の場合、犯罪実現意思からみた最終的な作為のみを基準としても、十分な処罰価値を表現することに支障はない。第三者に欺罔や脅迫で働きかけるなど不当な手段を利用し、当該第三者の心理的障壁を除去

---

30) 橋爪・前掲注4) 109頁は、第三者利用と被害者利用を異なった基準にする可能性を認めつつも、原則として同一の基準を採用すべきと論じる。
31) 解説も含めて、American Law Institute, Model Penal Code and Commentaries Part II (1980) p. 91。
32) S. W. Brenner, Undue Influence in the Criminal Law: A Proposed Analysis of the Criminal Offense of "Causing Suicide", 47 Albany L. R. (1982) p. 87, 88.
33) Ibid., p. 91.

したり，心理的障壁を乗り越えさせるような心理的拘束を及ぼしたりした場合であっても，共謀共同正犯による処罰の枠内で重い量刑が可能だからである。[34]

これに対して，被害者を利用する間接正犯の場合，犯罪実現意思からみた最終的な作為のみを基準にすると，処罰価値に応じた法令適用に難が生じる。まず，自殺以外の局面では不可罰な自己加害行為についての共同正犯・教唆・幇助という法令適用が考えられない点で処罰に間隙が生じる。また，刑法199条と202条の法定刑の大きな差異に鑑みると，被害者自身が自殺に向けた最終的作為を行っていても，なお199条の法定刑がふさわしい事案が考えられる。

そうすると，犯罪実現意思からみた最終的作為を自ら行う場合に匹敵するような形で，被害者自身が自己を加害する最終的作為を行う過程において，被害者の有する心理的障壁を除去したり，被害者に対する心理的拘束によってその心理的障壁を乗り越えさせたりした場合，その処罰価値にふさわしい法定刑が規定された条文を背後者に適用すべきと考えられる。

このように，最終的な作為に匹敵するような被害者が有する心理的障壁の除去ないし被害者に対する心理的拘束を問題にして199条の適用を認めることについて，言葉の問題として「被害者を利用した間接正犯」と呼ぶことに支障はない。ただし，この場合の被害者を利用した間接正犯は，第三者を利用した間接正犯よりも成立範囲が広く，被害者に道具性を認めることが困難な場面まで包摂していることは自覚されるべきである。[35]

(b) 被害者に対する欺罔

以上の見地から被害者に対する欺罔による間接正犯についてみると，欺罔が被害者の有する自殺に対する心理的障壁を除去したり，心理的拘束によって心理的障壁を乗り越えさせたりする点において最終的作為に匹敵するかが問題に

---

34) このような態度決定を行うかは法域によって異なってよい。現にドイツでは，実行正犯者の背後に間接正犯を認めるという判例法理が存在する（詳細な紹介として，後藤啓介「間接正犯論の新展開」慶應法学24号〔2012〕163頁）。
　　現在の我が国では，共謀共同正犯による重い処罰が可能であるため，間接正犯を拡げるという解釈にさしたるニーズはない。しかし，何らかの理由でニーズが生じるのであれば，間接正犯による処罰範囲の拡張を行うことは可能というべきである。
35) Brenner, supra fn. 32 p. 91 は，強制による自殺惹起について，直接の行為者を責任非難から免責する強制（duress）と比べて，通常殺人と同等に扱われる自殺の惹起をもたらす強制はより広く認められると指摘する。

なる。[36]

　この点，自殺する気など初めからないのに一途な信頼を裏切って，積極的かつ執拗に策を弄し，密着誘導までして自殺させた場合には199条の適用を認めることが可能と論じる学説が存在する。[37] 本稿の見地からみても，このような事案について，被害者を利用した199条の間接正犯を認めることは可能である。[38]

　これに対して，最高裁昭和33年11月21日判決（刑集12巻15号3519頁）の事案は，被害女性に対し別れ話を持ちかけたところ，女性側から心中を持ちかけられて，渋々心中の相談に乗り，その後，心中する気持ちがなくなっていたものの，被害女性に心中を装って毒を与えて飲ませたというものである。この事案では，被告人が消極的態度に終始していた点からは202条にとどめるという考えもありうるが，被告人が心中に応じることが被害者の有した自殺に対する心理的障壁の除去に決定的であったといえる限りで199条が適用可能と考えられよう。

(c) 被害者に対する心理的圧迫

　被害者に対する脅迫などの不当な働きかけによって，被害者を自殺に至らしめた場合にも同様の分析が可能である。

　この点，最高裁平成16年1月20日決定（刑集58巻1号1頁）の調査官解説は，具体的事案に対して「自殺教唆（未遂）にとどまるとするのは，常識に反する」と述べた上で，「暴行・脅迫あるいは欺罔行為などによって，自殺するように仕向け，これを実行させる行為が，物理的な殺害行為に匹敵するものとして，殺人の実行行為に当たるとされることがあろう」「意思決定の自由が完全に奪われていた場合，あるいは，絶対的強制下にあったといえる場合に限り，被害者を利用する殺人（未遂）罪の間接正犯が成立する，という法理は採り難

---

36) 本稿は，被害者利用の間接正犯の成立範囲を論じるものであって，被害者の同意の成立範囲については別途，検討を要する。本文においては，差し当たり，真実を知れば同意しなかったであろう場合に同意を無効とする判例の立場を前提に議論を進めている。
37) 斎藤信治・刑法各論〔第4版〕(2014) 14頁。さらに，経験則上一般に，行為者の意思通りに本人を死なせるかを基準にするものとして，大谷實・刑法講義各論〔新版第4版補訂版〕(2015) 19頁。前田雅英・刑法各論講義〔第6版〕(2015) 18頁は行為者側の働きかけの態様も考慮要素にする。
38) 199条適用にあたっては，錯誤がなければ同意しなかったという場合には被害者の同意を無効とする重大な錯誤説が前提になることは無論である（前掲注36)参照）。

い」と論じている。

　道具理論を支持し，第三者利用と被害者利用に同一の基準を当てはめると，この解説に賛同することは困難であって，強い批判を行う学説は理論的に一貫したものといえる。これに対して，本稿のように，最終的作為に匹敵するほどの被害者に対する心理的拘束に注目する場合，暴行・脅迫その他の心理的圧迫の程度が問題であって，絶対的強制を不要とする立場は支持すべきものになる。

3　実行行為概念の中核と拡がり

　故意作為犯における実行行為概念の中核には，行為者の犯罪実現意思からみた最終的作為がある。しかし，被害者に最終的作為を行わせる事案においては，最終的作為に匹敵するような被害者の有する心理的障壁の除去ないし被害者に対する心理的拘束力をもたらす背後者の行為についても実行行為性を認めてよく，被害者に対する不当な干渉の過程全体が実行行為になる。

　このように，行為者自身の最終的作為に加えて，被害者利用事案に限ってではあっても最終的作為に匹敵するほどの心理的障壁の除去ないし心理的拘束をもたらす行為という基準を実行行為概念に導入する場合，その限界は不透明なものになる。しかし，これは個別事案の積み重ねの中で適正な基準を定めていくしかない問題とみるべき，と考える。

Ⅲ　実行の着手論・不能犯論・早すぎた構成要件の実現の再定位

　故意作為犯に限定する形で，犯罪実現意思からみた最終段階の作為に実行行

---

39)　藤井敏明・最判解刑事篇平成 16 年度 27 頁，28 頁。
40)　例えば，吉川真理「被害者を利用した間接正犯について」東北学院法学 64 号（2006）304 頁以下。
41)　井上宏・警論 57 巻 11 号（2004）189 頁は，「直接正犯と同等の実行行為性」という見地から，諸事情を総合考慮すべきとする。
42)　川島喜弘「被害者の行為を利用した間接正犯形態による傷害致死事案の捜査処理」捜査研究 52 巻 5 号（2003）54 頁は，被害者が川に飛び込んだ経緯としての，川縁での暴行，川で泳ぐか暴行継続かを迫る行為，早く行けと急き立て，追従して威圧する行為という一連の行為全体を実行行為として捉える他ないと論じる。

為の中核を認めるという考え方からは，実行の着手論・不能犯論を早すぎた構成要件の実現も含めて大幅に見直すことが可能になる。

1　実行の着手論と不能犯論の二元化

未遂犯について，結果発生の現実的危険性ないし具体的危険性にその成立根拠を求める議論を徹底すると，実行の着手と不能犯を区別する必要はないとして一元化が志向されることになる。[43]

これに対して，実行行為概念の中核に犯罪実現意思からみた最終的作為があると考える場合，実行の着手は犯罪実現意思からみた最終的作為からどの程度の前倒しが可能か，また，どの程度後ろ倒しを要するかという問題領域と位置づけられる。これに対して，不能犯論は，既遂構成要件が充足される可能性という意味での危険性を問題にする領域になり，実行の着手論とは別個のものとして二元的に整理されることになる。[44]

2　不能犯論における危険性

犯罪実現意思からみた最終的作為と，既遂構成要件が充足される可能性，特に法益侵害発生の可能性という意味での危険性は別個のものである。そして，法益侵害を生じさせる可能性が刑罰を基礎づける要件になるとの理解は，全く無害な事象を刑罰の対象にすることを否定すべきとの発想から基礎づけられる。

このような整理を行う場合，不能犯論における危険性について高度の危険ないし具体的な危険を未遂処罰に求める必然性はないことになる。全く無害とはいえない事象である限り，刑事罰の対象にすることの正当性は失われないからである。空気注射について殺人未遂を認めた最判昭和37年3月23日刑集16巻3号305頁においても，「死の結果発生の危険が絶対にないとはいえない」との原審・第一審の判示を肯認しており，未遂処罰に高度の危険を求めていない。

---

43)　実行の着手と不能犯を「一つの同じ問題」と明言するものとして，佐伯仁志・刑法総論の考え方・楽しみ方（2013）348頁。

44)　二元的な整理を主張する近時の論稿として，佐藤拓磨「間接正犯・離隔犯の着手時期」刑雑50巻2号（2011）157頁。

未遂処罰に高度の危険を不要とする考え方が実践的意義を有するのは，「Ⅰ はじめに」で挙げた ATM での不正引出しの失敗時に窃盗未遂を認めるという議論である。すなわち，まず，ATM から出てきた現金の占有移転という最終的作為の前段階に位置する ATM にカードを差し込んで暗証番号を入れるという作為に実行の着手を認める。次に，このような事案で絶対に結果発生がない，すなわち現金の占有移転の可能性がないとまではいえず不能犯にはならないという順序で検討を行うことで，窃盗未遂の成立を基礎づけるのである。

不能犯をめぐっては危険性の判断方法に議論が集中している。しかし，実際の処罰範囲を大きく分けるのは，危険の程度ではなかろうか。現実的危険性という言葉はかなり高度の危険をイメージさせるが，全く無害な事象を刑罰の対象から排除するという要請からすると，高度の危険を要求する理由はないというべきである。

3　実行の着手論の再構成

(1)　密接性の判断対象としての実行行為の中核

クロロホルム事件は，実行の着手について密接性という基準を採用した上で，密接性の判断要素として①第1行為の必要不可欠性，②障害の不存在，③第1行為と第2行為との間の時間的場所的近接性を挙げている。

ここでいう密接性基準の意義について，調査官解説においては，「構成要件該当行為に密接な行為がなされた時点で実行の着手を認め」ることと説明されている[45]。そうすると，密接性の判断の前提として，この解説にいう「構成要件該当行為」をいかにして定めるかが問題になるところ，この点への言及はなされていない。

しかし，殺人罪のように結果を実現する手段が多岐にわたって考えられる罪の場合，「構成要件該当行為」とはそもそも何を意味するのかは自明のものではない。特に，クロロホルム事件では，クロロホルムを吸引させて昏倒させるという第1行為の時点で被害者が死亡していた可能性がある以上，既に死体の可能性がある被害者を海中に転落させる第2行為を殺人罪の「構成要件該当行

---

45)　平木正洋・最判解刑事篇平成 16 年度 161 頁。同 163 頁も同様。

為」とみることは不自然とさえいいうる。このような問題があるにもかかわらず，密接性基準に基づく判断の前提にあるはずの本体になる行為をいかにして定めるかという問題設定は学説でもなされていない。

このような問題状況に対して，実行行為概念の中核を犯罪実現意思からみた最終的作為に求める本稿の立場からは，密接性の判断対象になる本体の行為は犯罪実現意思からみた最終的作為であるとの解決が与えられる。クロロホルム事件では，行為者らの犯行計画上，海中に転落させるという第2行為が最終的作為であったため，この行為が実行行為の中核になる。そして，この中核部分から実行行為の開始時点を前倒しにするのが密接性基準と位置づけられる。[46]

(2) 密接性基準の基礎づけ

実行行為概念の中核を，犯罪実現意思からみた最終的作為に求める理解は，刑法が設定する心理的障壁を乗り越えたことを作為によって現実化したという発想に基づいている。このような発想を基礎として最終的作為が実行行為の中核にあるとみても，実行行為の開始時点はそれより前倒しすることが可能であるし，そうすべきである。[47]

犯罪が衝動的・突発的に行われる場合には，犯罪実現意思が生じると同時に犯罪実現意思からみた最終的な作為が行われるため，このような前倒しはそれほど問題にならないであろう。しかし，犯罪が計画的に行われる場合には，犯罪実現意思が生じる時点と犯罪実現意思からみた最終的な作為が行われる時点が乖離する。このような場合，犯罪実現意思からみた最終的な作為より前の時点での作為でも，刑法が設定する心理的障壁を決定的に乗り越えたとの評価が可能な時点が存在する。それにもかかわらず，最終的な作為まで未遂処罰を認めないことはあまりに厳格であって，心理的障壁を決定的に乗り越えたといえ

---

46) なお，本文のような分析に立脚する場合，「構成要件該当行為」を実行行為の中核のみを指すとするか，密接性基準によって前倒しした時点の行為まで包含するかは概念整理の問題になる。

　クロロホルム事件では第1行為から直接的に死亡結果が生じても殺人既遂罪が認められることに鑑みると，第1行為を殺人既遂の構成要件該当行為と呼称するほうが適切であろう。そうすると，犯罪実現意思からみた最終的作為だけではなく，それと密接な関係にある作為についてまで構成要件該当行為と整理すべきということになる。

　もっとも，いかなる概念整理を行うにせよ，密接性の判断対象になる本体の行為をいかに確定するかが本質的な問題設定というべきである。

47) なお，最終的作為からの後ろ倒しも問題になりうる点については，「5 小括」(41頁) を参照。

る時点まで実行行為を前倒しすることは，刑法規範の通用力の確保という見地から要請されるというべきである。当該作為を行えば最終的作為も行うことが当然といえるような関係にある場合，刑法が設定する心理的障壁による抑止が強く機能するのは当該作為時点までであり，これを超えた後は心理的障壁を決定的に乗り越えたと評価すべきとの説明も可能であろう。

(3) 最終的作為に至る危険性

(a) 犯罪結果に至る危険性と最終的作為に至る危険性の区別

クロロホルム事件においては，密接性に加えて，「殺人に至る客観的な危険性が明らか」と判示しており，客観的危険性も要求している。この判示は，一見，死亡結果に対する現実的危険性を要求しているかのようにみえ，実行行為に既遂構成要件が充足される現実的危険性を不要とする本稿の理解は成り立たないかのように思われる。

しかし，クロロホルム事件の調査官解説においては，「危険性の基準における『ある犯罪の既遂に至る客観的な危険性』は，通常，①『実行の着手に当たるかどうかが問題とされている行為から当該犯罪の構成要件該当行為に至る客観的な危険性』を意味しており，②『実行の着手に当たるかどうかが問題とされている行為自体から当該犯罪の既遂の結果に相当する結果……が発生する物理的な可能性』を問題にするものではない」と論じられている。

これを本稿の枠組みから分析すると，①犯罪実現意思からみた最終的作為に至る可能性と，②犯罪結果発生に至る可能性は別物として区別できるということになる。

(b) 最終的作為に至る客観的な危険性の位置づけ

(i) 問題の所在

犯罪実現意思からみた最終的作為に至る客観的な危険性の法的意義は一見，明らかに思える。しかし，例えば，ここでもATMでキャッシュカードの暗証番号をランダムに入力して合わなかったという事例を考えてみると，そうはいえない。この事例において，犯罪実現意思からみた最終的作為はATMに出てきた現金の占有を移転する行為である。そうすると，暗証番号が合致する

---

48) 平木・前掲注45) 170頁。

可能性の低さ故に当該最終的作為に至る客観的危険性は低いことを理由にして，最終的作為に至る客観的な危険性は否定されるのか，ひいては未遂の成立が否定されるという帰結に至るのかは必ずしも明らかではない。

したがって，最終的作為に至る客観的な危険性の法的意義を検討することが必要になる。

(ii) 検　討

① 結果発生に対する現実的・具体的危険性を要求することに収れんさせる立場

この問題については，最高裁平成20年3月4日決定（刑集62巻3号123頁）（以下，平成20年決定）が重要である。平成20年決定は，覚せい剤取締法上の輸入罪及び関税法上の禁制品輸入罪について「回収担当者が覚せい剤をその実力的支配の下に置いていないばかりか，その可能性にも乏しく，覚せい剤が陸揚げされる客観的な危険性が発生したとはいえない」として，クロロホルム事件と同様の「客観的な危険性」という表現を用いつつ，両罪の未遂の成立を否定するという判断を下しているからである。この平成20年決定を踏まえると，結果発生に対する客観的危険性と最終的作為に至る危険性を区別することは観念的には可能であっても実際上の意義はなく，結局は，結果発生に対して現実的・具体的危険性が求められると考えれば足りるとの理解がありうる。[49]

② 実行の着手の意義に立ち返った位置づけを行う立場

しかし，実行の着手論と不能犯論における危険性の判断とはそもそも別個の問題であると考える立場からは，最終的作為に至る危険性について，実行の着手の意義に立ち返った検討が要請される。

この点で参考になるのが，不能犯を処罰する点で実行の着手論に純化した議論が可能なドイツの判例である。[50] ドイツの判例では，実行の着手をめぐる基準として，主観的に「さあ始まった」という段階を超え，かつ，客観的に構成要

---

49) 鹿野伸二・最判解刑事篇平成20年度137頁参照。
50) 結果発生の現実的危険性を未遂処罰に要求する学説からは，不能犯を処罰するドイツ法が参考になる理由は明らかではない（金澤真理「実行の着手判断における行為計画の意義」法学75巻6号〔2012〕113頁，114頁注1参照）。これに対して，実行の着手論と不能犯論を切り離し，最終的作為を実行行為の中核に置きつつ実行の着手時点を検討する本稿の立場からは，実行の着手に関するドイツ法の議論を参考にすることに障害はない。

件に該当する攻撃行為を開始した，という定式が採用されている[51]。このようなドイツ法を参照しつつ，我が国でも，構成要件行為に至る経過の自動性，又は，時間的近接性を基準とすべきとの主張がなされている[52]。

このような議論を参考にしつつ，心理的障壁を決定的に乗り越えたと評価できる時点に実行行為を前倒しするという思考枠組みを基礎にすると，犯罪実現意思からみた最終的作為に対する密接性の程度と最終的作為に至る客観的な危険性の高さを相補的に考慮すべきと考えられる[53]。

本稿の考え方は平成 20 年決定とも十分に整合する。平成 20 年決定では覚せい剤取締法及び関税法上の輸入罪の未遂が否定された事案であるが，輸入罪における既遂時期は覚せい剤の陸揚げ時点であり，犯罪実現意思からみた最終的作為は陸揚げ行為である。したがって，陸揚げ行為に対して密接な段階にまで至っているか，陸揚げ行為に至る客観的な危険性が認められるかを相補的に考慮して実行の着手に至っているかという判断を行うべきである。そして，密接性の判断にあたっては，陸揚げ行為と一体になった行為の開始の前提として，覚せい剤を回収して陸揚げすることを担当する者が輸入対象物である覚せい剤を実力支配下に置いていることが重要というべきであって，覚せい剤を実力支配下に置いていないという平成 20 年決定の事案では密接といえる程度は低い[54]。そして，覚せい剤を実力支配下に置く可能性も乏しかった以上，犯罪実現意思からみた最終的作為である陸揚げ行為に至る危険性も低く，密接性・危険性双方の観点からみて実行の着手が否定される，との理解が可能である。

---

51) 例えば，BGHSt 28, 162（1978 年 10 月 26 日）。近時の紹介として，金澤・前掲注 50）の他，佐藤拓磨「実行の着手と実行行為」法研 82 巻 1 号（2009）346 頁以下，二本柳誠「ドイツ未遂犯論における直接性について(1)」名城ロースクール・レビュー 37 号（2016）41 頁。
52) 塩見淳「実行の着手について(三)・完」論叢 121 巻 6 号（1987）18 頁，19 頁。塩見は，さらに，被害者領域への介入という視点も付加しており，これは特に離隔犯・間接正犯の実行の着手時点で意義を発揮する。
53) 宮崎礼壹「覚せい剤取締法」伊藤榮樹ほか編・注釈特別刑法(8)（1990）208 頁は「犯罪に向けた犯人の決定的な意思が客観的行動にあらわれた時点はどこであるかを追究すべきもの」と論じており，本稿と同様の思考枠組みといえる。
54) 鹿野・前掲注 49）139 頁は，陸揚げ行為を行う瀬取り船に乗っている者らが「現実に覚せい剤を手にしていない以上，陸揚げと一体となった行為を始めているとはいえない」と指摘する（同 140 頁も参照）。

Ⅲ 実行の着手論・不能犯論・早すぎた構成要件の実現の再定位

(4) ATM での暗証番号のランダム入力事例の処理

　ここまでの検討を踏まえてはじめて，ATM で暗証番号をランダムに入力する行為に窃盗未遂を認める実務の説明が可能になる。

　まず，①実行の着手についてみると，ATM においてランダムに暗証番号を入力する行為は，犯罪実現意思からみた最終的作為である現金の占有移転行為に時間的場所的に極めて近接している上，不可分性も認められる。さらに，いったん暗証番号入力に成功すれば障害がないことも明らかである。そうすると，最終的作為に対する密接性と最終的作為に至る客観的な危険性を相補的に考慮するという観点からは，暗証番号入力の成功確率が低いという点で最終的作為に至る危険性は低くても高度の密接性を理由として実行の着手が認められるというべきである。[55]

　そして，②不能犯にならないかについて考えると，2 (33頁) で論じたとおり，暗証番号が合致して窃盗既遂に至る可能性がおよそないとはいえない程度の危険で未遂処罰は基礎づけられる。したがって，ATM での暗証番号のランダム入力行為には窃盗罪の未遂が成立する。

4　既遂犯における実行行為——早すぎた構成要件の実現

(1) 既遂犯における実行行為の開始時点の前倒し

　実行の着手を不能犯と一体のものとしてみる学説からは，そもそも既遂結果が生じた早すぎた構成要件の実現の事例において，結果惹起の具体的危険性を論じることの意味づけが問われることになる。

　これに対して，本稿では，心理的障壁の最終的な乗り越えという観点から，犯罪実現意思からみた最終的作為を実行行為の中核に据えており，これは既遂・未遂を問わず妥当する議論である。このように考えると，未遂犯だけでなく，既遂犯においても，心理的障壁の決定的な乗り越えが認められれば足りるとして，最終的作為に密接性・危険性が認められる作為にまで実行行為の開始

---

[55]　平木・前掲注45) 172頁〜174頁は，密接性及び危険性判断の考慮要素として，①準備的行為と構成要件該当行為の不可分性，②時間的場所的近接性，③準備的行為終了後の障害の有無，④準備的行為自体が成功する可能性を挙げる。
　　これらの考慮要素は，密接性と危険性を相補的に考慮するという本稿の主張からみても参考になるので，ATM 事例の当てはめにおいて依拠している。

時点を前倒ししてよいかが自然と問題になる。

　この点，学説では，未遂の故意と既遂の故意は異なるとして，早すぎた構成要件の実現を未遂にとどめる議論も有力である[56]。しかし，犯罪実現意思からみた最終的作為よりも，心理的障壁の決定的な乗り越えといえる時点にまで実行行為を前倒しするという未遂犯の議論は，既遂犯にまで妥当させてよいと考えられる[57]。既遂と未遂の重みの相違は結果発生の有無によって基礎づければ足りるのであって，心理的障壁の決定的突破という見地からは，既遂と未遂を同様に理解してよいからである。

(2) クロロホルム事件の再定位

　本稿の理解からは，クロロホルム事件の判示を再定位することが可能になる。すなわち，(i)「実行犯3名の殺害計画は，クロロホルムを吸引させてAを失神させた上〔筆者注：第1行為〕，その失神状態を利用して，Aを港まで運び自動車ごと海中に転落させてでき死させる〔筆者注：第2行為〕というものであって」(ii)「①第1行為は第2行為を確実かつ容易に行うために必要不可欠なものであったといえること，②第1行為に成功した場合，それ以降の殺害計画を遂行する上で障害となるような特段の事情が存しなかったと認められることや，③第1行為と第2行為との間の時間的場所的近接性などに照らすと，第1行為は第2行為に密接な行為であり，実行犯3名が第1行為を開始した時点で既に殺人に至る客観的な危険性が明らかに認められるから」「その時点において殺人罪の実行の着手があったものと解するのが相当」という判示（①②③は筆者による）は，(i)犯罪実現意思からみた最終的作為である第2行為を確定した上で，(ii)①②③を考慮しつつ，第1行為が第2行為に対する密接性及び第2行為に至る危険性が認められるとの判断を示したものと位置づけられる。

　このような理解からすると，判示の(i)で殺害計画に言及されている点について，結果発生の可能性という意味での危険性の判断の一要素になることを認めたものと位置づけるのは妥当ではない[58]。実行行為を規定するにあたっては，行

---

56) 例えば，高橋・前掲注4) 181頁。
57) 構成要件実現の意思で決定的段階を突破したという点を重視するものとして，安田拓人・平成16年度重判解158頁。
58) 例えば，佐伯・前掲注43) 346頁。

為者の犯罪実現意思が検討の基礎になることの現れというべきである。

5 小 括

　実行の着手論，不能犯論，早すぎた構成要件の実現について多岐にわたった検討を行ったため，ここで故意作為犯に関する本稿の立場を図示しておくことにしたい。

【未遂犯の構成要件該当性の検討ポイント】
1. 実行の着手
    (1) 行為者の犯罪実現意思からみた最終的作為
    (2) 最終的作為からみて密接性・危険性が認められる作為まで前倒し可能
    (3) 最終的作為後にまで処罰時点を後ろ倒しすることの要否：離隔犯・間接正犯
2. 不能犯でないこと―結果発生の危険性がなくはないこと

【早すぎた構成要件の実現事例での既遂成否の判断ポイント】
1. 実行行為
    (1) 行為者の犯罪実現意思からみた最終的作為
    (2) 最終的作為からみて密接性・危険性が認められる作為まで前倒し可能
2. 結果
3. 実行行為と結果の因果関係
4. 故意―因果関係の錯誤は故意阻却しない　∵構成要件レベルで符合
    ＊　結果の惹起が前提になるため，結果発生の危険性と最終的作為後への後ろ倒しは問題にならない

　実行の着手論は，行為者の犯罪実現意思からみた最終的作為を確定するという作業によってその中核が確定される。その上で，最終的作為からどの程度前倒しできるかが，密接性・危険性によって問題とされる。また，本稿では扱わなかったものの，離隔犯・間接正犯の実行の着手は，最終的作為の後に犯罪実現意思からみて事態が一定の段階まで進行したことを要求することの当否という問題領域になる。

　不能犯論における結果発生の危険性判断は実行の着手論とは趣旨が異なり，危険性の程度は大幅に引き下げてよい。

早すぎた構成要件の実現においては，専ら故意を問題にするのではなく，実行行為を論じる必要がある。そして，実行行為については，犯罪実現意思からみた最終的作為を中核としつつも，実行の着手論における最終的作為及び密接性・危険性による前倒しと同一の判断を行ってよい。

IV 再検討が可能になる更なる領域

故意作為犯の実行行為概念の中核を犯罪実現意思からみた最終的作為に求める本稿の議論からは，犯罪論の多くの問題に再検討を行うことが可能になる。本稿ではその全てを扱うことはできないが，無形的方法による傷害罪の実行行為，共謀共同正犯論，過失犯論について若干の検討を行うことにしたい。

1 無形的方法による傷害罪の実行行為

(1) 処罰範囲を限定する要素としての現実的危険性

本稿のここまでの検討からすると，傷害罪の成立要件としても，生理的機能を害する現実的危険性を帯びる行為に実行行為を限定する必要はない。そうすると，1審が「傷害罪の実行行為は，人の生理的機能を害する現実的危険性があると社会通念上評価される行為」と判示した平成17年決定との関係が問題になる。

平成17年決定の当否を考えるには，実行行為が大音量による精神的ストレスで頭痛などを生じさせるというものであり，暴行によらない無形的方法による傷害が問題になった事案であることに注目する必要がある。

現在の社会生活において，音響による精神的ストレスなどを通じて心身の健康状態に何らかの不良変更が生じることは避け難い。しかも，精神的ストレスを感じる度合いには個人差が大きく，無形的方法による傷害の成立要件に何らかの限定を行わない限り，傷害の成立範囲が過剰になるおそれがある[59]。したがって，傷害罪の実行行為について，健康状態の不良変更が生じる現実的危険性を帯びる行為に限定するというのは，犯罪論全般に妥当するものではないことは

---

[59] 林幹人「精神的ストレスと傷害罪」判時1919号（2006）7頁（同・判例刑法〔2008〕所収）。

勿論，傷害罪全てでもなく，無形的方法による傷害という限られた局面における限定解釈と位置づけるべきである。

(2) 批判的検討

このような位置づけを行う場合，傷害罪の過剰拡張を回避するために現実的危険性を基準にすることが果たして適切といえるのかという批判的検討も可能になる。

精神的ストレスに敏感な者もいる社会において，刑法の過剰介入を避け，ストレス原因を生む社会活動の許容範囲を確保するという視点からすると，生理機能を害する危険性という確率論だけを判断基準にする理由はないはずである。したがって，無形的方法による傷害罪の実行行為性の判断にあたっては，生理的機能を生じさせる危険性の大小以外に，生活に必要のない嫌がらせを執拗に繰り返すという行為態様の不当性も考慮要素としてよい[60]。平成17年決定は，1年以上の長期にわたる嫌がらせを全体として傷害罪の実行行為と捉えるという事案処理を是認しているが，危険性だけを問題にするのではなく執拗な嫌がらせという生活上の有用性が欠如する不当な行為態様をも捉えているとみるほうが実態に即しているように思われる。

この考えによる場合，行為者が被害者に傷害を負わせるという犯罪実現意思を抱いて以降で，生理機能障害に結び付くおそれがあって不当との評価を受ける行為全体を実行行為として特定すべき[61]，となる。

2 共謀共同正犯論

(1) 共謀の位置づけ

(a) 共謀に固有の意義を認めない学説

共同正犯の処罰要件として意思連絡と重要な寄与を掲げる議論は，共犯の処罰根拠を因果関係に求めるとともに，共同正犯も同一の原理で一元的に説明するというアプローチに立脚する[62]。自らの関与が結果に影響したことが正犯・共

---

60) 東京高判平成21・11・18東高刑時報60巻1〜12号190頁は，飲酒の強要による死亡事案において，飲酒させる行為が傷害罪の実行行為にあたるのは，「社会的に許容された態様，量等の飲酒の範囲を明らかに超えた飲酒をさせた場合」と判示している。
61) 平成17年決定における実行行為の捉え方の難しさを指摘するものとして，江口和伸・研修685号（2005）26頁，大野・前掲注2）・75頁注18。

犯に共通する処罰原理であるとの考えを徹底すると，同一の原理の枠内で寄与度に応じて処罰の軽重を振り分けるほかないということである。

このような議論を徹底し，共謀共同正犯における共謀を，因果性・正犯性・故意の問題に解体すべきとの主張もなされている[63]。

(b) 共謀固有の意義

心理的障壁の最終的乗り越えという見地から，犯罪実現意思からみた最終的作為に実行行為の中核を認める場合，心理的障壁の乗り越え方という見地から共謀に固有の位置づけが与えられる。

人間は一人では決断を行動に移すことに躊躇しても，複数人になると途端に心理的障壁が外れるということがある。この人間の性質からは，対等型の共謀共同正犯における共謀には，心理的障壁を除去する程度の緊密な意思連絡との位置づけを与えることができる[64]。一方，支配型の共謀共同正犯における共謀については，心理的障壁を乗り越えることを強く義務づけられると感じるような心理的拘束力が問題になっているというべきである。

実行行為を行っていない関与者であっても，共謀によって実行行為者の心理的障壁を除去したこと又は，実行行為者に心理的障壁の乗り越えを強く義務づけたことについて共同正犯という重い処罰形式に値する，と考えることができる[65]。

このような考え方は，古くから主張されている共同意思主体説は無論，精神関係を基準にする[66]とか，合意の拘束力に注目すべきといった近時の学説と発想において類似する。また，共同性の基礎づけとして双方的な因果的影響力や関与者間の強い関係性を重視する議論も有力であるが[68]，これらの議論も共謀に固

---

62) 因果的共犯論からの帰結として論じた代表的文献として，西田典之「共謀共同正犯について」平野龍一先生古稀祝賀論文集(上)（1990）375頁。
63) 亀井源太郎「共謀共同正犯における共謀概念」法研84巻9号（2011）115頁，同「共謀共同正犯を巡る議論の在り方について」慶應法学31号（2015）165頁。
64) 緊密な意思連絡という表現は，小林充「共同正犯と狭義の共犯の区別」曹時51巻8号（1999）12頁による。
65) このような発想は自然なものであるからこそ，系譜的に明治期から共謀共同正犯理論が発達したのかもしれない。詳細な系譜研究として，黄士軒「共謀共同正犯理論の形成に関する一考察(一)，(二・完)」法協129巻11号2715頁，12号2958頁（2012）。
66) 林幹人・刑法総論〔第2版〕（2008）397頁，409頁。
67) 松原芳博「共謀共同正犯論の現在」曹時63巻7号（2011）11頁～13頁。

IV 再検討が可能になる更なる領域

有の位置づけを与えるという本稿の議論に示唆を与えるものである。[69]

(2) 共謀の射程の位置づけ

共謀を因果性・正犯性・故意に解体する学説からすれば，いわゆる共謀の射程は仮象問題に過ぎないことになる。[70]

これに対して，共謀共同正犯における共謀を固有の要件と位置づける場合，共謀の射程について，緊密な意思連絡・強い心理的拘束力の範囲内で犯罪が実行されたといえるかという評価の問題であって，共謀共同正犯の成立要件の一つという位置づけが与えられることになる。[71] この評価にあたっては，心理的障壁の除去・強い心理的拘束という作用が及んでいるかが問題になるため，共謀によって形成された犯罪実行への動機づけが実行段階でも維持されているかが[72]重要な要素になろう。

(3) 共謀の記載方法

(a) 刑法解釈に基づく主要事実の記載

重要な寄与を問題にしようが緊密な意思連絡・強い心理的拘束力を問題にしようが，実際の事案で共謀共同正犯が認められるかという結論に差異は生じにくい。[73] しかし，共謀共同正犯が認められる要件解釈が異なれば，主要事実も異

---

68) 嶋矢貴之「過失の共同正犯論（2・完）」法協 121 巻 10 号（2004）1697 頁，橋爪隆「共謀の意義について(2)」法教 413 号（2015）97 頁，100 頁。
69) 介在者が背後者に精神的に依存しているという意味での強い心理的影響を共謀の実体とするものとして，梶山太郎「共同正犯の正犯性」法学政治学論究 60 号（2004）53 頁，54 頁。
　　集団による心理的拘束力に注目して共謀の意義の解明を試みる伊藤嘉亮「共謀共同正犯の構造(1)」早稲田大学大学院法研論集 158 号（2016）22 頁，23 頁は，心理的障壁を乗り越えさせたことへの責任を問うという発想の展開を期待させるものである。さらに，犯罪計画を基礎に据えるドイツの学説を紹介する伊藤嘉亮「クリスティーナ・シュテッカーマイヤー『共同正犯の所為決意（ドイツ刑法 25 条 2 項）』」早法 91 巻 4 号（2016）211 頁は，心理的障壁の除去の内実を深める素材を提供している。
70) 亀井源太郎「『共謀の射程』について」法学会雑誌 56 巻 1 号（2015）437 頁（前掲注 63）も参照）。しかし，共謀に固有の位置づけを与えることを拒絶するという前提に問題がある。さらに，嶋矢貴之「共犯の諸問題」法時 85 巻 1 号（2013）33 頁も参照。
71) 共謀の射程を共謀共同正犯固有の問題とするものとして，十河太朗「共謀の射程について」川端博ほか編・理論刑法学の探究(3)（2010）73 頁，同「共謀の射程と共同正犯関係の解消」同法 67 巻 4 号（2015）369 頁，鈴木彰雄「共謀共同正犯における『共謀の射程』について」立石二六先生古稀祝賀論文集（2010）509 頁。
72) 動機の同一性が重要である旨の指摘として，橋爪隆「共謀の意義について(1)」法教 412 号（2015）131 頁（ただし，橋爪は因果性の問題に位置づける），樋笠尭士「共謀の射程の判断」中央大学大学院研究年報 45 号（2016）220 頁（ただし，樋笠は行為計画に基づく故意の範囲という問題に位置づける）。

なることになり，ひいては罪となるべき事実の記載方法に差異が生じる。

　この点，公訴事実や罪となるべき事実に「共謀」とのみ記載する実務の運用に対しては，重要な寄与という評価を支える事実を記載すべきという批判が向けられている[74]。重要な寄与を共同正犯の成立要件にするという刑法解釈を主要事実に反映するという見地からみれば，正当な批判である。

　これに対して，緊密な意思連絡・強い心理的拘束力を共謀共同正犯の成立要件にするという刑法解釈に立脚する場合，主要事実は複数人の間で形成される心理状態と当該心理状態に基づく犯罪の実行であるため，「共謀に基づき〜を実行した」と記載すれば足りることになる[75]。

(b)　共謀の内実の記載が求められる局面

　もっとも，「共謀」との記載によって実行行為に向けた緊密な意思連絡・強い心理的拘束力を表現するだけで常に足りるとまではいえないのではないか，という問題は生じる[76]。

　例えば，共謀の射程が争われる場合，共謀の内容に照らして実行行為が共謀に基づいているといえるとの評価の根拠になる主要事実を示すべく，共謀の内容を記載することが要請されてよいのではなかろうか。

　同様の議論は順次共謀の成否が争われる場合にも妥当する。順次共謀について，当初の共謀の射程がその次になされた共謀に及ぶ場合に成立するという刑法解釈に立脚する場合[77]，共謀の射程が及んでいるという評価を根拠づける事実

---

73)　例えば，村瀬均「共謀(1)」小林充＝植村立郎編・刑事事実認定重要判決50選(上)〔第2版〕（2013）267頁。

74)　後藤昭「訴因の記載方法からみた共謀共同正犯論」村井敏邦先生古稀記念論文集（2011）464頁。

75)　小林充「共謀と訴因」大阪刑事実務研究会編著・刑事公判の諸問題（1989）31頁，32頁は，共謀共同正犯における共謀について緊密な意思連絡と解する刑法解釈の帰結であると論じており，正当である（小林を支持する近時の実務家による論稿として，稗田雅洋「訴因の特定」刑事訴訟法の争点（2013）117頁）。

76)　堀江慎司「訴因の明示・特定について」研修737号（2009）8頁，同「訴因の明示・特定について：再論」研修793号（2014）10頁。

77)　順次共謀について，共謀の射程から再検討を行うべきとの指摘として，水落伸介「共謀の射程について」中央大学大学院研究年報44号（2014）168頁。

　緊密な意思連絡という点からはアメリカの共謀罪における共謀の成否をめぐる議論は我が国の共謀共同正犯においても参照可能である（永井善之「共謀罪の成立要件について——アメリカ共謀罪の分析を中心に」法学75巻6号〔2012〕168頁）。この点，アメリカにおいては共謀について，車輪型と鎖型に分けた議論がなされており（ヨシュア・ドレスラー〔星周一郎訳〕・

として，当初の共謀の内容の記載が求められうる。

共謀の内容の詳細を具体的に判示する必要はないとした練馬事件（最大判昭和 33・5・28 刑集 12 巻 8 号 1718 頁）の 1 審の罪となるべき事実の第三（同 1800 頁）をみると，順次共謀における当初の謀議の内容について，「被告人 Y 及び同 F は，同年十二月二十四，五日頃肩書被告人 F 方等において，当時日本共産党員で北部軍事委員会構成員であつた H こと T と相謀り，前記 K 及び I 巡査に対する第一組合員の反感を利用し，K に暴行を加えて第二組合を抑圧すると共に，当時の情勢に乗じ所謂権力闘争として I 巡査に暴行を加えようと企図しその実行を被告人 F が指導連絡することと定めていた」とかなり具体的に記載されている。そして，最高裁も順次共謀を是認するにあたって，「被告人 Y が昭和二六年一二月二五日夕被告人 F 方を訪れ，同人に対し北部地区の党員らが協力して同月二六日夜二班に分れ I 巡査および K を殴打すること，および参加人員，集合場所，実行方法等について指示し共謀したというのであり，その指示を受けた右 F が順次各被告人と共謀していつた」という形で，当初の共謀の内容に立ち入った判示を行っている。

これらの判示についてたまたま詳しめに記載されただけと理解するにとどめるべきではない。共謀共同正犯の成立要件に関する実体法の解釈に基づいて，共謀内容の記載が要請される局面を理論化することが迫られているとみるべきである。

3　過失犯論

(1) 実行行為の相違——故意作為犯との非パラレル性

実行行為を構成要件実現，結果発生の現実的危険性を帯びる行為と定義する場合，それはあらゆる犯罪類型に妥当する一般的な定義であり，故意犯・過失犯問わずに妥当することになる。

しかし，本稿の理解からは過失犯の実行行為は定義からして異なってくる。[78]

アメリカ刑法〔2008〕656 頁），我が国でも包括的共謀・順次共謀の成立範囲という見地から参考になる。

78)　故意犯と過失犯の実行行為がパラレルでないとする藤木英雄・刑法講義総論（1975）93 頁，井田良・講義刑法学・総論（2008）209 頁（同・刑法総論の理論構造〔2005〕112 頁）の主張は正当である。

犯罪実現意思からみた最終的作為によって心理的障壁を最終的に乗り越えるというプロセスはそもそも過失犯には存在しえないからである。

我が国の実務では，過失犯の実行行為は注意義務違反行為とされており，故意作為犯とパラレルには理解されていないし，作為・不作為の区別もあまり行われていないが，これは本稿の理解からすれば妥当なものである。したがって，過失犯の実行行為は注意義務に違反する行為と定義し，故意作為犯の実行行為とは異なることを正面から認めるべきである。[79]

このような考え方には，故意作為犯と過失犯で実行行為概念を相違させることは妥当でなく，故意犯・過失犯にまたがった実行行為概念を構築すべきという批判もありえよう。しかし，異なる局面に無理に統一的要素を見出して全体に妥当する概念を構築するのは，パンデクテン思考を自己目的化するものとして批判されなければならない。基本概念は，具体的な事件に法的規律を適切に及ぼすために論じられるものであって，統一的要素を闇雲に探索する態度は妥当でない。

(2) 過失犯の単独正犯

故意作為犯と過失犯のパラレル性を否定する場合，実行行為概念だけでなく単独正犯の規律が相違してもよいということになる。

心理的障壁の乗り越えという視点が欠如する過失犯においては，故意作為犯における道具理論は問題になりえず，広範に単独正犯を成立させてよい。例えば，防火対策が不十分な建造物に，故意で放火がなされて死者が生じた場合，放火した者に殺人罪が成立しても，注意義務違反及び義務違反行為と結果の因果関係が認められる限り，防火管理者に業務上過失致死罪を単独犯として認めることは可能というべきである。[80]

この場合，故意があれば殺人罪の片面的幇助になるため，関与形式としてはより軽くなるものの，殺人幇助の処断刑と業務上過失致死罪の法定刑の軽重の相違に鑑みると，過失の際に過失犯の単独正犯を認めることに適正な処罰価値

---

79) 過失犯の実行行為の特定にあたっては，注意義務の内容の確定が重要な課題になる。この問題については，樋口亮介「注意義務の内容確定基準」山口厚先生献呈論文集（2014）195頁。
80) 賛否両論の詳細な紹介と検討として，松宮孝明「過失犯における正犯概念」同・過失犯論の現代的課題（2004）265頁（本文の議論との関係としては，同312頁参照）。

の表現という点から何ら問題はない。[81]

V おわりに

1 本稿の成果

　本稿では故意作為犯に限定する形で実行行為概念を検討した。そして，刑法が設定する心理的障壁を現に乗り越えたと評価できるかという視点から，実行行為概念の中核は犯罪実現意思からみた最終的作為に求められることを示した。また，適切な条文適用という見地から，最終的作為に匹敵するような被害者に対する欺罔・脅迫については実行行為が拡張されることを論じた。

　そして，犯罪実現意思からみた最終的作為を実行行為の中核とみる立場を基点として，実行の着手論，不能犯論，早すぎた構成要件の実現の再構成を図った。また，無形的方法による傷害罪の実行行為，共謀共同正犯における共謀の意義，過失犯について横断的に検討を加えた。

　今後，実行行為概念に基づく横断的検討が行われる場合はもちろん，個別領域の検討に際して実行行為概念が論じられ，その際に本稿の議論が取り上げられれば，それが本稿の成果と考える。

2 今後の課題

　本稿では横断的検討を試みたため，個別領域について立入った検討が十分でなく，個別領域ごとに改めて検討する機会を俟たねばならない。

　さらに，本稿で取り上げなかった問題についても新たな分析が要請される。例えば，一連の実行行為について，犯罪実現意思からみた実行行為の継続・終了という視点からの分析が可能であろう。また，不作為犯について，犯罪実現意思からみた最終的作為との処罰価値の同等性という視点から，作為と不作為

---

81) 過失犯の共同正犯についても，故意犯とのパラレルな理論構成は不要であって，共同注意義務という注意義務の構造に注目する最決平成28・7・12裁時1656号5頁は妥当な方向性を示したといえる。
　　共同注意義務の共同違反説を含め，我が国の議論状況を整理するものとして，今井康介「過失犯の共同正犯について(3)」早稲田大学大学院法研論集148号（2013）25頁。

の同価値性というキーワードを見直すこともできる。原因において自由な行為についても同様に，心神喪失・耗弱に陥った原因について，最終的作為と同程度の処罰価値が認められるかという観点から議論を見直すことが考えられる。

多くの課題を残したものの，従来の問題に新たな分析視点が提供されたとすれば幸いである。

［追記①］脱稿後，佐藤拓磨・未遂犯と実行の着手（2016）に接した。

本稿とは立場を異にする点があるのは勿論ではあるが，未遂犯＝具体的危険犯というモデルを批判し（9，40頁），実行の着手と不能犯論を別個の問題と位置づける（46頁）という基本的な思考枠組みは共通している。

さらに，不能犯論について，実害に近い現実性を帯びた危険に固執すべきではないとして（82頁），結果が発生するおそれの程度を従来の学説よりも切り下げる点（84頁も参照），実行の着手について，行為の規範違反性の観点から説明するとの立場から行為者の認識事情を基礎にすべきと主張する点（109頁）も，本稿と方向性として類似している。

本格的な研究書によって，このような議論が本稿に先立って提示されたことを心強く思う。

［追記②］脱稿後，いわゆるオレオレ詐欺であることに気がついた被害者が警察に協力して騙されたふりを続けたという事案において，被害者が詐欺に気づいて以降に詐欺グループに加担した受け子に無罪を言い渡した福岡地裁平成28年9月12日判決（LEX/DB 25543872）に接した。実際の事案を踏まえた評価は今後の課題としたいが，このような事案類型について，詐欺未遂の成否の検討順序に関して一般的なコメントを記しておくことにする。

この問題については，(i)欺罔行為後の財物の受領への加担のみで詐欺罪の承継的共同正犯ないし幇助を認めるか，あるいは(ii)財物の受領自体を挙動による欺罔と構成して詐欺罪の実行正犯を認めるという解釈が前提になる。

これらの解釈を前提としつつ，未遂の成否についてみると，①実行の着手については，(i)承継的共同正犯ないし幇助構成による場合，欺罔行為という詐欺罪の実行行為が開始されている以上，既に実行の着手段階に至っており，詐欺罪の遂行中の状態といえる。財物を移転させる段階において被害者に看破されていても，共同正犯者間の犯罪実現意思からすれば詐欺罪の遂行中であること

Ⅴ　おわりに

に変わりはなく，詐欺罪への加担と評価できる。また，財物の受領行為も詐欺罪の実行行為の一部をなすと考えて承継的共同正犯を基礎づける場合，犯罪実現意思からみれば受け子は実行行為を行っているといえる。(ⅱ)財物の受領を挙動による欺罔と構成できる場合，それは犯罪実現意思からみた最終的作為であって実行行為の中核が行われているといえる。[82]

　その上で，②不能犯にならないかを考えると，欺罔行為が行われていることに被害者が気がつかないまま詐欺既遂に至る可能性がおよそないとはいえないという事情があれば，未遂処罰の基礎づけに必要な危険が認められるため，ほとんどの事案において不能犯にはならない。このような危険判断の方法は，被害者が詐欺に気がつく前に加担した場合でも，被害者が詐欺に気がついた後に加担した場合でも異ならないというべきである。

　したがって，被害者がオレオレ詐欺に気づいて以降に詐欺に加担した者についても，詐欺罪の承継的共同正犯ないし幇助の未遂，または詐欺罪の実行正犯の未遂が成立する，と考える。

---

82) 振り込め詐欺の未遂時期についてであるが，二本栁誠「振り込め詐欺の法的構成・既遂時期・未遂時期（2・完）」名城ロースクール・レビュー34号（2015）45頁以下も参照。

西田教授の身分犯論

小林憲太郎

I　はじめに

　西田典之教授は私の指導教員であったが，私が教職を得てからも，公私にわたって懇切な指導をして下さった。その内容をここで個別にあげることはできないが，私の記憶によく残っているエピソードを2つだけ紹介させていただきたい。

　その1つ目は，私が千葉大学に奉職し，はじめて大講義を担当することとなったときのことである。私がそのことを教授に報告すると，教授は「では，久しぶりに私の学部の講義を傍聴して参考にしなさい」とおっしゃった。そこで，私は指定された日時に東京大学の駒場キャンパスを訪れ，あらかじめ知らされていた講義室の最後列で，教授が登壇されるのを懐かしく眺めていた。講義のテーマは身分犯論であった。いうまでもなく，教授のデビュー論文のテーマでもあるが，私は当時，そのようなテーマの重なりを単なる偶然にすぎないと思っていた。

　2つ目のエピソードはその7年後のことである。そのころ，私は立教大学に移籍し，法学部と法科大学院において講義を担当していた。ある研究会後の懇親会の席において，教授は突然，私に「君の大学で私が模擬講義をしてみたいと思っているのだが，どうかね」とおっしゃった。むろん，私は二つ返事でアレンジをお引き受けし，当日は，（教授があまり大人数でないほうがよいとおっしゃったこともあって，）法科大学院生と私の学部ゼミ生をあわせた合同講義のかたちで実施させていただいた。そこでのテーマもまた身分犯論であった。

　このようなことがあって，鈍感な私もさすがに気づき始めた。すでに刑法体系論上の重要問題のすべてに確固とした回答を与えられている教授ではあったが，それは外部から客観的に観察した場合のことであって，教授自身は，ここ

ぞというときは必ず，最も自信のあるテーマである身分犯論に頼られていたのである。そして，そのような教授から指導を受け続けてきた私は，ごく自然な流れとして，このテーマについては一種の思考停止状態に陥り，独自の見解を論文のかたちで公にしたことは一度もなかった。

　しかし，教授が逝去され，身分犯論について何か疑問が生じたとき，教授から回答を得るということができなくなってしまった。そのため私は，みずから進んでというよりも，むしろ，やむなくこのテーマについて勉強を始めたのであった。ところが，勉強が進むにつれて，このテーマが刑法の基礎理論全体に根本的にかかわっている，非常に興味深いものであることが分かってきた。そして，それと同時に，自分のなかでは不動の地位を占めていたはずの教授の見解に対し，いくつかの重大な疑念をも抱くようになってしまった。

　もっとも，煎じ詰めれば，そのこともまた，私が教授の見解から自由でないことの証左なのかもしれない。身分犯論に惹かれるというプログラムが，私のうちに埋め込まれているともいえるからである。こうして，私がどれほど痛烈に教授の見解を批判しようと，結局，私は教授の弟子である。

　以下では，身分犯論に関する教授の見解を大きく７つのテーゼに分節し，そのおのおのについて批判的な検討を加えていくこととしたい。これらのテーゼは刑法学者にとっての「教養」であり，いちいち出典は明示しないが，主として参照される文献は，西田典之・共犯と身分〔新版〕（2003）および同・刑法総論〔第２版〕（2010）である。ただし，とくに引用を要する場合には，それぞれ，西田・身分，同・総論と略記する。

II　第１のテーゼ

　　身分は違法（不法）身分と責任身分に区別される。

　多数説は，構成的身分（真正身分）と加減的身分（不真正身分）を知るだけである。しかし，ある身分が構成的であるか，それとも加減的であるかは，刑法理論とは無関係な偶然であるにすぎない。したがって，そのような身分の別に，刑法上の効果，具体的には，身分者と非身分者が協働した場合の擬律を結びつ

けるのは不合理である。むしろ，その身分が行為の不法にかかわるのか，それとも責任にかかわるのかを問題とし，その別に従って前記効果を定めるべきである。

　この第1のテーゼこそ，教授の身分犯論の出発点をなすものであり，この点に関しては私もいっさいの異論がない。ただし，これはあくまで各論の問題にすぎないが，教授は責任身分を安易に認定しすぎるきらいがある。

　たとえば，業務上横領罪（刑253条）における業務者は，「眼鏡違い」という委託に関する帰責性を減少させ，それによって，所有者の要保護性を高める違法身分である（たとえば，いい加減な知り合いにお金を預けるのは自分が悪いともいえるが，銀行に預ける場合にはそのようにいえない）。さらに，旧・尊属殺人罪（旧刑200条）における直系卑属もまた，尊属に対する報恩という道徳観念に挑戦的なメッセージを発する違法身分である。だからこそ，同罪は法益と区別された道徳を保護するものとして，憲法違反とのそしりを免れないのである。

　ところが，教授は特段の論証もなく，これらの身分を責任身分に分類される（西田・身分282頁以下，317頁，318頁）。その背景には，もしかすると，多数説と異なる，しかも，非身分者の刑がより重くなる結論に至ることを本能的に避け，加減的身分をそのまま責任身分へとスライドさせようとする意図があったのかもしれない。しかし，そうすることによって，違法身分と責任身分の区別が不分明となる——具体的には，「一般的な不法と責任の区別とは異なる」との誤った印象を与えてしまう——のでは，かえって本末転倒であろう。非業務者を業務上横領罪の，非直系卑属を尊属殺人罪の共犯とすることが理論的に正しいのであれば，それを堂々と主張すべきだと思われる。

III　第2のテーゼ

　違法身分とは，身分が自手的な不法実現の事実的条件となっている場合を指す。したがって，強姦罪（刑177条）も違法身分犯である。

　この第2のテーゼが，教授の見解のなかで最も批判を受けている部分であろう。そして，この点に関しては，私も批判者のほうに分があると考えている。

そもそも，身分者を通じてしか不法を実現しえないことと，自手的に不法を実現しえないこととはまったく異なる。そして，後者には特別な規範的意義がない。自手と他手とは，同一の不法を実現する場合の現象面に着目した区別にすぎないからである。しかも，そのことは，自手実行のみに特別な不法が認められる犯罪，すなわち，自手犯を教授が否定される（西田・総論76頁）ところに象徴的にあらわれているように思われる。

こうして教授の言に反し，強姦罪は身分犯ではない。教授は，単なる現象面に着目する自身の違法身分の定義を採用しなければ，必然的に義務犯論に至ると考えているようであるが（西田・総論405頁），それは根拠のない決めつけであろう。

Ⅳ　第3のテーゼ

> ただし，違法身分には第2のテーゼで述べたような通常の型のほか，特別な政策的考慮に基づく秘密漏示罪（刑134条）型がある。

たとえば，病院で患者のカルテを盗み見て，その内容を他人に漏らすというだけであれば，それは医師等の身分者でなくても可能である。換言すると，患者のプライバシーという保護法益を（秘密の漏示をとおして）侵害することだけが同罪の不法を構成するのであれば，それは（教授の見解を前提とすれば）自手的に，あるいは，（私見を前提とすれば）身分者を通じてしか実現しえないというわけではない。そして，そうであるとすれば，同罪が違法身分犯であることを説明するためには，Ⅲで述べたのとは異なる方法を用いなければならないというのである。

しかし，厳密に考えると，そのような違法身分の特別の型を承認する理論的な必然性はない。同罪においてもまた，たとえば，患者は（治療を受けようとすれば）医師にだけは病気を知られざるをえないという意味で，プライバシー侵害の高度の危険の実現という特別な不法は医師を通じてしか犯しえないからである。要するに，同罪は不法の内容が特別なだけであって，違法身分犯であることそのものの論法は通常の型とまったく同じである。

そして，教授が今日の不法論の発展を目にされていたならば，私見に賛成して下さることであろう。というのも，それは教授が合目的的な立法裁量の中身としてあげられた，「典型的な類型，要保護性の高い類型……いわば密度の高い法益侵害」（西田・身分194頁）を敷衍したものにすぎないからである。

V　第4のテーゼ

> 非違法身分者も身分者を通じて違法身分犯の不法を実現しうる以上，当該違法身分犯の間接正犯となりうる。

1　形式的検討

この第4のテーゼのうち，前半部分はそのとおりである。Ⅳで見た秘密漏示罪を例にとれば，一般人が医師を「その患者は病気が公になることに同意している」とだまし，秘密を漏示させた場合においては，同罪の不法が完全に実現されている。まさに，医師による治療を受けようとする患者の，自己のセンシティブ情報を守るにあたって脆弱な状態を利用して収集された秘密が漏らされているからである。

一部の学説は，このような場合においてもなお同罪の不法は実現されきっていないという。それは，同罪の保護法益に医師の業務の適正やこれに対する信頼を含め，医師が「患者の意思に反する」ことの認識を欠く以上，当該保護法益はおびやかされていないと解するためであろう。しかし，そのような保護法益の解釈は「身分刑法」につながりかねないものであって，教授とともに私も反対である。蛇足ではあるが，私は贈収賄罪の保護法益に関しても，特定の身分者の職務についてのみ高い倫理を要求することにつながるような解釈は採用すべきでないと考えている。この点に関する教授の見解には反対であるが，これについては別稿を予定している。

つづいて，第4のテーゼの後半部分である。Ⅲで述べたように，教授は違法身分に関し，「非身分者による自手実行不可能性」という，もっぱら現象面に着目した定義を採用している。それは畢竟，違法身分の有無そのものには規範

的な意義がないということであるから，違法身分犯の不法が実現されている限り，非身分者が当該違法身分犯の間接正犯となりうるのは当然のことであろう。

しかし，引き続き同所で述べたように，違法身分とは，身分者を通じなければ不法を実現しえない場合をいうものと解すべきである。だからこそ，立法者は不法類型の要素として身分を掲げているのであり，非身分者による違法身分犯の間接正犯が（教授の批判者により）罪刑法定主義違反と評される理由も，まさにここにある。

2 実質的検討

もっとも，ひるがえって考えてみると，この第4のテーゼの前後半，おのおのの部分に関する私の論述には大きな矛盾のあることが分かる。というのも，前半部分に関して述べたように，もし非身分者もまた違法身分者を通じて違法身分犯の不法を完全に実現しうるならば，当該非身分者を当該身分犯の規定を用いて処罰することが合理的であるはずだからである。裏からいうと，後半部分に関して述べたところに反し，当該身分が不法類型の要素として条文に規定されていることこそ，処罰にとって不合理な桎梏を形成することになるはずである。

それでは前後半，いずれの部分に関して譲歩すべきであろうか。

結論からいえば，やはり，後半部分に関する論述を後退させるのが筋であろう。というのも，前半部分に関する論述，たとえば，一般人もまた医師を通じてであれば秘密漏示罪の不法を完全に実現しうるというのは，不法という刑法解釈論上の基底的概念から直截，導かれる解釈であって，これを否定すべく刑法体系そのものをいじることは，その崩壊か，少なくとも，その大きな変貌をもたらすことになるからである。

反対に，後半部分に関する論述，すなわち，違法身分が身分者を通じてはじめて身分犯の不法を実現しうるという意味で不法類型の要素であるというのは，違法身分犯の規定が存在するという現行法をア・プリオリに前提としつつ，これをできる限り合理的に説明しようと試みたものにすぎない。したがって，そのような説明が刑法体系全体と十分に整合的でないならば，むしろ，違法身分などという処罰の足かせを外す，いいかえれば，違法身分犯を非身分犯化する

立法論を主張するのが学者の進むべき正しい道であろう。秘密漏示罪でいえば，医師が業務上，収集した患者のプライバシー情報を漏らすことを処罰するのではなく，医師によって業務上，収集された患者のプライバシー情報を漏らすことを処罰する条文に改めればよいのである。

これはややうがった見方かもしれないが，違法身分を単なる現象面に着目して定義するとともに，非身分者による違法身分犯の間接正犯を肯定する教授の，いわば「違法身分犯，あってなきが如し」の解釈もまた，究極的には私見と同様，違法身分犯を非身分犯化する立法論を企図したものといえるのではなかろうか。

VI 第5のテーゼ

> 因果的共犯論を出発点とすれば，広義の共犯の処罰根拠もまた正犯のそれと同根であるから，非違法身分者は当該違法身分犯の広義の共犯ともなりうる。この当然の事理を確認的に規定したのが刑法65条1項であり，それは原理的にはなくてもかまわない条項である。

この第5のテーゼについては，私も全面的に賛成である。もちろん，非身分者が間接的にであれ，身分犯の不法を実現しえない場合もありうる。保護法益が非身分者に対しては保護されていなかったり，身分者の行為態様が非身分者による加功対象を超えた反覆継続性を備えるなど，特別な不法を担っていたりすれば，非身分者は間接的にであれ，身分犯の不法を実現しえないのである。しかし，そのような場合には，教授自身，非身分者に身分犯の間接正犯も広義の共犯も認めないのであるから，教授がこれを認めることを前提に，その見解を批判するのは失当であろう。[1]

---

[1] そのような場合には，共犯の処罰根拠がみたされないことを詳細に論証した重要な文献として，豊田兼彦・共犯の処罰根拠と客観的帰属（2009）を参照。論者およびこれに影響を与えた松宮孝明・刑事立法と犯罪体系（2003）は，教授を主たる論敵のひとりととらえているようであるが，本文で述べたように，両者は実質的に対立していない。対立が生じるのは，非身分者が間接的にであれば身分犯の不法を実現しうる場合において，論者が提唱する特別な「共犯の処罰根拠」をめぐってである。

これに対して一部の学説は、行為媒介者が自律性を失えば通常の場合には背後者が間接正犯となるにもかかわらず、行為媒介者が身分者である場合には身分をもたない背後者が共犯にもならないことに着目する。そして、それは身分犯の不法が特別な義務の違反に求められるからであり、その共犯の処罰根拠は当該義務違反の促進という、因果的共犯論とは別のところに求められるというのである[2]。しかし、それは当該身分犯の不法が、その性質上、自律性を欠く身分者によっては実現しえないというだけである。たとえば、公務員が賄賂と気づかずにこれを受け取っても、職務の不可買収性は害されないというだけのことであろう。こうして、身分犯用の特別な「共犯の処罰根拠」などはじめから不要である。

VII 第6のテーゼ

他方、責任身分の効果は本来、それを備える者に対してのみ及ぶべきであり、罪名従属性を緩和してこれを可能とする（いわゆる共犯構成要件を形成する）のが刑法65条2項の役割である。したがって、それは創設的な規定であり、削除することは許されない。

この第6のテーゼは、第1文の前半だけが正しく、それ以外の部分は支持できない。そもそも、教授は罪名（罰条）従属性を、共犯の従属性、すなわち、従属的共犯が成立するために正犯が備えなければならない要件のひとつととらえているようであるが（西田・身分318頁、同・総論402頁、403頁）、すでにそのことが理論的な誤りである。従属的共犯は正犯の不法を前提とするだけであり、だからこそ、たとえば、正犯が傷害致死（刑205条）、教唆犯が殺人（刑199条）といった、故意というもっぱら責任要素にかかわる罪名の超過は、刑法65条2項のような特別の規定を適用せずとも認められるのである[3]。

---

2) 松宮孝明・刑法総論講義〔第4版〕（2009）306頁、307頁。同様の問題意識から書かれた詳細な論文として、佐川友佳子「身分犯における正犯と共犯(1)～(4・完)」立命313号（2007）675頁以下、317号（2008）53頁以下、319号（2008）782頁以下、320号（2008）930頁以下がある。

3) このような解釈が条文の文言にも反しない点について、松宮・前掲注1）262頁、263頁を参照。

そして，そうであるとすれば，教授が同条同項のぜひとも必要となる典型的な場面とする，常習者が非常習者に賭博を教唆したような事例（幇助の事案であるが，大連判大正3・5・18刑録20輯932頁を参照）においても，これを適用することなく常習賭博の教唆犯の成立を肯定することが可能である。というのも，常習者とは——教授自身がその主唱者のひとりである（西田・総論72頁）——客観的責任要素，すなわち，その客観的な存在自体が責任に影響を与える要素の一にすぎず，不法類型である構成要件には含まれないからである。

こうして教授の言に反し，刑法65条1項にとどまらず，2項までもが理論的には不要な規定である。

なお，以上は従属的共犯の話であるが，共同正犯に関しては，教授も採用する行為共同説を前提とする限り，2項が理論的に不要な規定であることはすでに承認されている（西田・身分270頁）。そして，既述のように，私自身は罪名従属性という観念に反対であるが，かりにこの点を措くとしても，教授は特段，矛盾を犯されているわけではない。罪名従属性と，異なる罪名間の共同正犯の成否とは，その理論的位置を異にしているからである。後者は，複数人の行為をあわせて構成要件該当性を判断すれば足りることを基礎づける，複数人間の一体的なつながり，すなわち，共同性にかかわるにすぎない。

Ⅷ　第7のテーゼ

　このような違法身分の連帯性と責任身分の個別性は，制限従属性と同値である。

教授の見解が全体として誤解されがちな最大の原因を構成しているのが，この第7のテーゼである。私自身，かつて教授に対し，「このテーゼは主張されないほうがよいのではないか」と，僭越ながら何度も申し上げたことであった。そして，制限従属性がその定説としての地位を失いつつある今日においては，教授の見解が（その必要もないのに）共倒れになってしまうことを何としても回避するため，このテーゼを放棄する緊要性はますます高まっているといってよい。

そもそも制限従属性とは、従属的共犯の成立にとって、正犯の不法すなわち構成要件該当性にとどまらず（最小限度従属性），優越利益の実現等，当該不法に対する否定的評価を止揚する事情の存在しないことまで要求する考え方である。そうすると、それは、これまで論じてきた違法身分の連帯性と責任身分の個別性とは理論的位置をまったく異にしている。だからこそ——私も同意見であるが——教授自身は最小限度従属性を要求されるにとどまり（西田・総論395頁），なおかつ，そのことがこれまで論じてきた教授の見解と矛盾するとは一般にも理解されていないのである。

IX おわりに

以上で、教授の見解を構成する7つのテーゼを簡潔に検討してきた。その結果，その一部はそのままのかたちで支持し，他の一部は修正のうえ支持し，残部は過誤として棄却することとなった。もっとも、そこでの検討ができる限り身分犯論および共犯論という理論領域をはみ出さないよう行われたこともあって、なぜ教授の見解と私見との間にそのような違いが生じてしまったのか、ただちには理解されにくいかもしれない。そこで、当該理論領域を離れ、違いの生じた原因を求めてさらにさかのぼると、それは教授が責任構成要件などという観念を承認されてしまった（西田・総論73頁）せいだと分かる。そのようなものを従属的共犯の従属対象に含めるから、話がややこしくなるのである。

そもそも責任とは，行為者が不法を犯したことを前提として，これをやめるべく自身の行為を制御する可能性があったことを意味する。そして、そのような原則的な意味における責任（いわゆる責任主義にいう責任）がみたされることを前提として、さらに、そのような不法を犯すこととなる行為に出たことにあらわれる、行為者の不法に対する傾向性という例外的な意味における責任（特別予防の観点からくる責任）が付け加わる、という基本的な解釈図式が存在するのである。そうすると、元来、不法類型としての位置づけを与えられてきた構成要件の概念のなかに、責任などというまったく異質の要素が入り込んでくるのは明らかにおかしい。

もちろん、教授自身も理屈のうえでは、責任要素が構成要件にとって異質な

ものであることは十分に理解されていたことであろう。にもかかわらず，往年の教授をして責任構成要件などという概念を提唱せしめた強力な誘因とは，おそらく，各則の条文にはっきりと書かれ，罪名にまで含まれている要素を構成要件から除くのは不自然であるという感覚だったのであろう。常習賭博罪（刑186条1項）における常習者しかり，覚せい剤営利目的輸入罪（覚せい剤41条2項）における営利の目的しかりである。

しかし，教授も自認されるとおり，条文や罪名そのものと構成要件とは原理的に異なる。後者が犯罪論体系上，特定の理論的位置を与えられた，教授のことばを借りれば，特定の法的性質（西田・身分157頁）を備えた概念であるのに対し，前者は立法技術的な考慮をも含んだ，いわば「不純」な概念にすぎないのである。教授が他説を批判する（西田・身分305頁）際に用いられた論法を逆手にとるならば，常習性や営利の目的が総則の加重規定に移されたとたん，その法的性質自体はなんら変わっていないにもかかわらず，突如として構成要件から外れるというのは明らかに不合理であろう。

唯一，教授が不自然という漠然とした感覚を超え，不当な結論とならないよう具体的に配慮されたのは，犯人自身に対し，その刑事事件に関する証拠を隠滅するよう唆した者の罪責である。そして，責任構成要件を認めない結果，責任の観点から要求される，いわゆる証拠の他人性が刑法104条の構成要件要素ではなく，純然たる責任要素にすぎないとするならば，そのような者は証拠隠滅罪の教唆犯として処罰されることになってしまい，結論において不当であるとされるのである。

しかし，それは端的にいって杞憂であろう。というのも，証拠の他人性は，犯人は自己を訴追する者による身柄の確保や証拠の保全に協力する必要はないという原理，すなわち，不法の観点から要求される不法要素だからである。したがって，証拠の他人性は責任構成要件などという観念を認めずとも立派に構成要件要素であり，それゆえ，前記の者に証拠隠滅罪の教唆犯が成立しないの

---

4) 具体的には，十河太朗・身分犯の共犯（2009）であり，次のように批判される。すなわち，同じく責任を加重する要素でありながら，総則に規定されていれば個別化する一方，各則に規定されていれば連帯するというのは不合理である。なぜなら，加重類型を総則に規定するか各則にそうするかは，立法技術的な偶然によるところが大きいからである，と。

は当然のことといわねばならない。

　こうして，教授の刑法体系は現在，その入り口のところからすでに補修を要している。そして，私は教授の学恩に報いるため，全力でその任にあたる所存である。

犯罪の成立要件と非刑罰法令
―― 特に要保護性について

伊藤　渉

I　問題領域

　およそ犯罪が成立するためには，当該行為が構成要件に該当し，違法で，かつ有責でなければならない。すなわち，当該行為を処罰する刑罰法令が存在するとともに，当該行為は，刑罰をもって抑止することを必要とするだけの害悪をもたらすものであり，かつ，他の行為に出る可能性があったがゆえに刑罰という非難になじむものであることが必要なのである。そこで，ある行為が犯罪に当たるといえるかは，所定の刑罰法令に規定された要件を充足するか否かという形式的判断及び，刑罰の本質・目的に鑑み，当該行為が処罰されるべきものといえるか，という実質的判断によって決せられることになる。このような判断は，刑罰法令及び刑罰制度に内在する固有の基準に従ってなされるべきものであり，ここに（広義の）刑法の独自性ないし独立性が認められるといえよう。

　しかしながら，他方で，各種刑罰法令が規定の対象とするさまざまな生活領域においては，同時に，民事法・行政法・訴訟法等による規律がなされている。これらの規定は，そこに規定された義務違反に対する罰則規定が置かれている場合を別とすれば，それ自体においては何らかの刑罰を科す根拠となるものではない。それにもかかわらず，刑法典上の犯罪の成否を判断する場面において，少なからず，これらの法令の規律が犯罪の成否に影響するのではないか，と考えられる。すなわち，第一に，個人法益に対する罪及び各種偽造罪においては，

---

1) 本稿においては，犯罪の成否と「非刑罰法令」との関係を問題とするが，他の法領域の規律との関係が問題となるのであれば，当該法令自体に罰則規定が置かれている場合をも含めて考察の対象とする。

多くの場合において民事上の損害賠償責任等が同時に発生するとともに、これらの場面において前提となる財産・親族関係について、民事上の詳細な規律がなされている。第二に、国家法益に対する罪においては、問題となる公的主体の活動は、行政法ないし訴訟法の根拠に則って、権原を有する公務員によってなされるべきものとされている。第三に、各種の行政法・経済法・社会法によるさまざまな規律が、生命・身体・財産等の刑法上も保護されるべきさまざまな利益の保護に向けて、必要な規定を置いている。

このような規定の存在が、犯罪の成否に当たって、いかなる場合にいかなる形で影響を及ぼすであろうか。その場合の対処のしかたとしては、一方で、犯罪の成否は刑法独自の基準に従うべきであるとして、その影響を否定する（いわゆる「刑法の独自性」）ことが考えられる。他方で、これらの法令は、犯罪の成立要件にとっても重要な意味を有するとして、これらの規律を根拠として犯罪の成立を肯定し、あるいは逆に否定する（いわゆる「法秩序の統一性」）こともあろう。しかしながら、どのような場面においては刑法独自の基準によるとして影響が否定され、あるいは犯罪の成立要件と連動するとしてもどのような形で連動するのか、その点については必ずしも十分に検討されてこなかったように思われる。

本稿では、刑法典上の犯罪において、各種非刑罰法令の規律との交錯が問題となりうる場面を取り上げながら、以上の問題について検討を試みるものである。

II　非刑罰法令の規律が犯罪の成否に与える影響

犯罪の成否に関して、非刑罰法令による規律が問題となる場面は多いが、大別すると以下の状況が考えられよう。

1　処罰の外在的制約となる事由

犯罪自体が成立し、あるいは犯罪構成要件に該当することについては問題なく認められる場面において、非刑罰法令に依拠した要件のもとで処罰ないし犯罪の成立が制限される場合である。その代表的な場合としては、刑法105条・

244条・257条所定の，一定の親族関係が認められることを要件とする可罰性の限定が挙げられよう。

これらの場合においては，その法的性格をめぐる対立が見られる。例えば244条所定の親族相盗については，成立する犯罪の内容自体には何ら影響せず，単に刑罰権の行使を制限しているにすぎないとする見解，親族関係に起因する責任減少を理由とする見解，親族における共同生活の実態に照らして法益侵害性が低下するととらえる見解とが対立している。しかしながらいずれの見解も，少なくとも犯罪の成立を認めるべき類型的な法益侵害の実体は具備されていることを前提とした上で，所定の親族関係の存在を根拠として外在的に処罰の制限を行うものであることから，基本的には民法上の親族関係の存否によってこれらの規定の適用がなされるべきこととなろう。したがって，例えばいわゆる内縁関係は，ここでいう親族関係に含まれないものと解されることとなる[2]。もっとも親族関係の実質がおよそ問題とならないものではなく，例えば相手方の財産を詐取する目的で婚姻届がなされた場合においては，親族関係の変動自体が犯罪の遂行手段としてなされたものと認められることから，244条の適用はないものと解されている[3]。

2 法的権限の有無

犯罪構成要件要素の充足の有無を判断するに当たり，当該犯罪の保護法益との関係で，行為者において，非刑罰法令によって規定されたところの法的権限が認められるか否かが問題となる場合がある。すなわち，第一に，職権濫用罪や賄賂罪といった職務犯罪は，職務の公正に対する信頼を害する行為として位置付けられているところ，これらの罪の成否を問題とするに当たっては，相手方に不利益をもたらす行為あるいは賄賂の対価とされた行為が，所定の職務権限に関するものと認められることが必要とされる。第二に，これとは逆に，文書・有価証券等の取引手段に対する信用を害する行為としての各種偽造罪のう

---

[2] 最決平成18・8・30刑集60巻6号479頁。同旨の見解として，西田典之・刑法各論〔第6版〕（2012）165頁，前田雅英・刑法各論講義〔第6版〕（2015）181頁，山口厚・刑法各論〔第2版〕（2010）210頁。反対の見解として，大谷實・刑法講義各論〔新版第4版〕（2013）225頁。
[3] 東京高判昭和49・6・27高刑集27巻3号291頁。

ち，有形偽造の成否が問題とされる場面においては，行為者において当該文書等を作成する権限が認められないことが，犯罪の成立にとって必要だということになる。第三に，他人の財産を管理すべき地位を有する者が，当該財産を不適切な形で処分した場合においては，横領罪ないし背任罪の成立が問題となるところ，行為者の権限を基準として，権限を濫用したにとどまる場合は背任罪，権限を逸脱した場合は横領罪だとされる場合がある。

これらの場面においては，非刑罰法令の規律に基づき，行為者にある権限が認められるか否かが，犯罪の成否を左右することになる。しかしながら，それは，当該行為自体が非刑罰法令の規律に照らしていかなる評価を受けるか，ということとは必ずしも一致しない。例えば，職権濫用罪の成否は，当該行為が外形上職務行為としての性格を有するか否か[4]，すなわち，職務上正当性を有しない行為であるにもかかわらず，職務行為の外形を有するがゆえに，国民の側においてあたかも正当性を有するかのように不当に受け入れられてしまうものといえるかに左右されるのであって，当該行為につき違法な公権力の行使として国家賠償法上の損害賠償責任を認めるべきか否かとは異なる問題である。賄賂罪にいう職務行為は，当該行為が特定の者の利益のためになされるならば当該公務員の公正中立性に影響を及ぼすものとして，国民の側における信頼を損なう場合に認められるのであって[5]，当該行為自体が公法上何らかの効果を有するか否かが重要なのではない[6]。すなわち，これらの罪は，公務員によって本来なされるべきであったところの（正当な）権限行使自体を保護する趣旨ではない。

---

[4] 警察官による政党幹部宅の盗聴につき，本罪の成否が問題となったところの最決平成元・3・14刑集43巻3号283頁は，本罪にいう職務は相手方の意思に働きかける性質のものであることを要しないとする一方で，職務としての外形を有するものであることは必要だとしている。もっとも，具体的事案においては，本件警察官は何人に対しても警察官の職務ではないように装って当該行為に出ていたことから，職務としての外形を否定したが，これに対しては私人に成りすました上でなされた行為はそれだけで本罪にいう職務権限から外れることにならないか，という問題があろう。

[5] 判例・通説は，賄賂罪の保護法益を，公務の公正及びこれに対する国民の信頼として理解しており，単なる廉潔義務違反ではないとする反面，具体的な職務行為に対し現実に影響を及ぼすことは必要ではないと解している。大谷・前掲注2）633頁，西田・前掲注2）492頁等。

[6] 厳密な意味での職務行為とはいえないところの，いわゆる密接関連行為について，賄賂との職務関連性が認められているのもそのためである。

また，有形偽造の成否を左右するところの作成権限の不存在は，当該文書等の作成について責任を負う者がないことから，証拠等取引手段としての価値を欠くものが使用されることにより，これらの客体への信頼が失われるという意味において問題とされるべきであって，例えば当該行為者によってなされた取引自体が法的に有効とされるかとは必ずしも一致しない。同様に，ある財産処分が横領罪となりうるか背任罪のみが問題となるかは，それぞれの罪の行為客体ないし行為の態様・意図によって定まるのであって，当該財産処分がいかなる法的効果を有するかとは別問題である。

すなわち，これらの場面における権限の存否は，当該行為の非刑罰法令上の効果が問題となるのではなく，刑法固有の判断により，それぞれの罪における保護法益ないし行為態様との関係において合理的に解釈されるべきものであるといえよう。もとより，法的な権限を認めるに当たっては，何らかの法的根拠となる法令ないし契約の存在は必要であろうが，それはあくまで手掛かりとしての意義を有するにとどまるものといえよう。

3 義務違反の有無

犯罪の成否が行為者における一定の義務違反に係るものである場合において，当該義務違反の存否を判断するに当たって，非刑罰法令の規律が問題とされる場合である。例えば，不作為犯における作為義務の存否，過失犯における注意義務違反の存否，詐欺罪における欺く行為ないし告知義務違反の存否等を問題にするに当たり，非刑罰法令の規律が問題とされる場合が多い。ここでは，構

---

7) 有形偽造の処罰根拠については，大谷・前掲注2) 437頁，西田・前掲注2) 354頁，山口・前掲注2) 438頁等。
8) 例えば会社名義で手形を振り出す権限のない者が，会社名義を用いて手形を作成した場合において，手形取得者を保護する見地から当該振出が有効とされる場合があるが，このことは，手形に記載された通りの権利が発生するという，客体の記載内容に係る問題であって，有形偽造の成立に消長をきたすものではないものと解される。西田・前掲注2) 338頁，山口・前掲注2) 463頁。
9) 横領と背任の区別をめぐる問題については，大谷・前掲注2) 335頁，西田・前掲注2) 266頁，山口・前掲注2) 335頁。とりわけ，委託者側にとって法的に行いえない支出であることを理由に横領罪を認めてよいかが問題となる。最判昭和34・2・13刑集13巻2号101頁はこの点を積極に解したが，最決平成13・11・5刑集55巻6号546頁は，そのことだけでは横領罪の成立に必要な不法領得の意思を認めることはできない，としている。

成要件に該当する行為態様（いわゆる実行行為）が存したか否かを判断するに当たって、行為者が一定の法的義務に違反する行為に出たといえるかが、非刑罰法令の規律を考慮して判断されることとなるのである。

　しかしながら、これらの場面においても、義務違反の存否は、これらの罪の保護法益との関係で、特定の者に対し特定内容の配慮を求めるものであって、行為主体及び行為態様を限定する見地から判断されるべきものであるところ、当該非刑罰法令自体が本来予定しているのは民事上ないし行政上の制裁、あるいは違反行為自体に定められているいわゆる法定犯による処罰であって、上述の各種犯罪の成立要件と形式的に一致させる必然性はないものと思われる。これらの法令は、上記のような生命・身体・財産に対する危険が類型的に問題となりやすい場合について、主体及び行為態様を規定しているにすぎず、そこに定めのない事柄だという理由で、およそ義務違反に当たらないとしたのでは、相手方の生命・身体・財産の保護にとって十分でない。他方、当該義務違反があったからといって構成要件的結果との関係で帰責が認められるとは限らない。いわゆる不真正不作為犯における保障人的地位、あるいは保護責任者遺棄罪における保護責任は、法令上の義務が規定されていない場合においても認められうる一方、そのような規定があることにより直ちに認められるわけではない。行為者の側に交通法規違反があったからといって、直ちに交通事故に係る過失責任が認められるわけではなく、他方、交通法規に違反する行為がない場合であっても、注意義務に違反したものと認められる場合もある。同様のことは、各種公害法令や、消防法等の防災法令に係る違反についてもいえよう。また、いわゆる悪質商取引においては、特定商取引に関する法律等の各種業法により、所定の事実について説明しあるいは書面を交付する義務が課されているところ、これらに規定する事実につき虚偽の説明ないし黙秘がなされたからといって直ちに詐欺罪が成立するものではなく、他方でこれ以外の事実についての虚偽の説明ないし黙秘であっても、詐欺罪の手段行為となりうる場合が考えられる。

　ここでも、非刑罰法令あるいは形式犯の規律は、これらの規定自体が定める制裁の根拠規定にすぎず、当該犯罪の成立要件としての作為義務・注意義務・説明義務等の存否は、行為者において、他人の法益を害さないための配慮をどこまで求めるかという独自の見地から判断すべきものであって、各種法令の規

律はその手掛かりとしての意味を有するものといえよう。

4　侵害利益の要保護性

　以上の場合に対し，刑法上の犯罪の成否を判断するに当たり，当該行為によって侵害されたとされる利益につき，何らかの法的な問題が認められる場面においては，関連法令との関係をより詳細に検討する必要がある。すなわち，およそ犯罪は，何らかの法的に保護されるべき利益の侵害であるがゆえに処罰に値するものであるところ，当該利益が法的に保護に値しないと判断されるのであれば，当該行為は類型的にその罪による処罰から外れることとなるべきだからである。ここでは，非刑罰法令による規律が，所定の利益に関して及ぼされていることにより，これを刑法上保護することが，当該法令の趣旨と矛盾しないか，ということが問題となるのである。したがって，犯罪としての実体は問題なく認められるが外在的な理由により処罰が制約される1の場面のように[10]，非刑罰法令の規律が直接的に持ち込まれる場面と異なる一方，非刑罰法令の規律を手掛かりとするとはいえ，犯罪の成立の限界づけについては刑法固有の判断に基づいてなされるべき2，3の場面とも異なるのである。まさに，犯罪の成立要件と非刑罰法令の規律とをどのように整合させるかが問われるのである。

　このように，刑法上の犯罪の成否を判断するに当たり，当該行為の保護法益につきその要保護性が問題となる領域としては，以下の場面が挙げられよう。

　第一に，個人の自由が問題とされる場面において，当該自由が保護に値するかが問題となる場面である。具体的には，脅迫罪・強要罪と相手方の権利・義務との関係である。

　第二に，業務に対する罪については，当該業務の適法性が問われる場面が問題となる。

　第三に，財産に対する罪においては，財産に関する民事法的規律との整合性がさまざまな場面で問題となる。いわゆる禁制品に係る財産罪の成否，違法な取引に係る財産罪の成否，他人の占有する自己の財物に対する窃盗罪等の限界，

---

10)　さらに，刑法35条前段所定の法令行為，すなわち構成要件該当性自体は認められることを前提とした上で，他の利益の実現の必要上，非刑罰法令の規律に基づいて処罰を回避する場合についても，同様のことがいえる。

権利行使の目的で他人の財物を詐取ないし喝取する行為等について問題となる。

　第四に，国家作用に対する罪においては，国家作用は本来的に法律の根拠に基づいてなされるべきものであることから，根拠規定の規律との整合性が問題となる。その中心をなすのが公務執行妨害罪における職務の適法性をめぐる問題であるが，民事司法ないし刑事司法を妨害する行為についても，同様の問題が存するものといえよう。

　以下では，これらの場面において，それぞれ取り上げる対象となる罪に関し，当該行為によって害される利益につき，何らかの法的な問題が存する場合に，それによって当該犯罪の成立を否定すべきか，それともそのような問題は当該利益の要保護性を妨げるものではないとして，その罪の成立を認めるのか，という点を検討したい。

Ⅲ　個人の自由に対する罪と非刑罰法令

　自由に対する罪において，相手方の利益の要保護性が問題となる場面としては，第一に，脅迫・強要罪において，告知に係る害悪の内容は，違法な加害行為に限られるか，という問題がある。第二に，強要罪についてはさらに，義務のない行為の強要及び権利の行使の妨害の意義が問題となる。

1　害悪の内容の違法性

　脅迫・強要罪における加害告知の内容については，適法に行いうる加害行為は含まれないとする見解[11]と，そのような内容であっても，相手方の意思決定の自由を侵害しあるいは相手方にいわれなく不安を与えるために当該告知を行うことは許されるべきでないとして，本罪の成立を肯定する見解[12]とが対立している。

　当該告知に係る行為自体は適法である場合，例えば刑事告訴を行いあるいは民事上の提訴を行う，行政当局に通報を行うという場合であっても，それによっ

---

11) 中森喜彦・刑法各論〔第4版〕(2015) 49頁，曽根威彦・刑法各論〔第5版〕(2012) 54頁。なお，山口・前掲注2) 76頁は，脅迫罪は成立しないものの，強要罪の手段たりうるとする。
12) 大谷・前掲注2) 87頁，西田・前掲注2) 68頁，山中敬一・刑法各論〔第3版〕(2015) 137頁。

て相手方の自由を不必要に制約することは許されないものといえよう。したがって，当該告知により，無関係な行為を行わせるのであれば強要罪が成立することはもとより，単なる告知にとどまる場合であっても，それに伴い相手方が不安定な状況におかれることにより，不必要な対応を余儀なくされる等の不測の不利益を生ずるおそれがある場合には，脅迫罪の成立する場合も考えられよう。これに対して，当該告知に係る行為を行うに当たり，相手方にとっても不意打ちにならないよう図り，当該権利行使の目的を円滑に実現する目的でなされた場合においては，相手方には当該権利行使そのものを拒む自由はないものとして，脅迫罪の成立を否定することとなろう。

2　義務のない行為の強要

　強要罪については，義務のない行為を強要したといえるためには，法的義務がないことで足りるのか，社会通念上行う必要があるといえないことまで必要か，という点で争いがある[13]。他方，法的には義務が認められる行為であっても，暴行・脅迫を手段としてこれを実現せしめる場合，本罪の成立は問題となりえないのかが問われる[14]。これらの場合，本罪の成立を否定したとして暴行・脅迫罪の成否がさらに問題となりえよう。

　おもうに，法的義務を負うところの行為については，条文の規定に照らしても，あるいは相手方の意思決定の自由という見地からして，法的に履行すべき義務を拒む自由は認め難いことからすれば，本罪は成立せず，暴行罪・脅迫罪が成立するにとどまろう[15]。他方，法的義務ではないが社会的に相当な行為については，これを拒絶することも一律に否定すべきではないことから，本罪の構成要件該当性は否定できないものの，当該行為を行わせることによって実現される利益と当該強要行為により害される利益との衡量いかんによっては，違法性阻却を認めるべき場合があるといえよう[16]。

---

13)　社会的に相当な行為をさせる場合はなお不成立としうるとする見解として，前田・前掲注 2) 80 頁。
14)　成立可能性を認める見解として，前田・前掲注 2) 80 頁。
15)　曽根・前掲注 11) 56 頁，山口・前掲注 2) 80 頁。
16)　曽根・前掲注 11) 56 頁，山口・前掲注 2) 80 頁。

Ⅳ　業務に対する罪と非刑罰法令

　業務妨害罪は，相手方の社会的地位に基づいて反復・継続してなされるべき活動に対し，偽計もしくは威力を用いて，これを妨害する罪であるところ，ここでは業務が何らかの意味において法的に問題がある場合，本罪の成立を認めるべきかが問題となる。

　判例は，業務妨害罪における業務は，事実上適法に行われていれば足りるとして，非刑罰法令上必ずしも適法とはいえない活動に対しても，業務としての保護を認めている。例えば，所有者の許可を得ずに転借した上，当局の許可を得ずになされた営業[17]，耕作権のない者による営農[18]，義務のない者に行わせている臨時小包便の搬出[19]，取締法規に違反するパチンコ景品買取営業[20]等が，本罪による保護の対象とされている。

　もっとも，公務に対する業務妨害の成立が争われた場面については，地下通路の段ボール撤去作業の遂行に当たり，当該業務が法令の規定する適法性要件を具備することを適示した上で，当該業務の法的要保護性を肯定した事例もある[21]。

　学説は，業務は事実上平穏に行われていれば保護に値するとして，以上の場合については判例の結論を支持するものが多い[22]。反面，拳銃の密造等の場合においては，平穏に遂行されうる活動とは言い難いことから，本罪による保護の対象から外すべきだとする。

　おもうに，私人が自由に営むことを原則とする業務においては，それが各種行政取締法規に違反するものであったとしても，かかる違法性は権限を有する公務員によって是正されるべきものであるにとどまり，無関係な第三者による妨害を許すべきものではないであろう。また，例えば，業務遂行の前提となる

---

17)　東京高判昭和27・7・3 高刑集5巻7号1134頁。
18)　東京高判昭和24・10・15 高刑集2巻2号171頁。
19)　最判昭和53・3・3 刑集32巻2号97頁。
20)　横浜地判昭和61・2・18 判時1200号161頁。
21)　最決平成14・9・30 刑集56巻7号395頁。
22)　大谷・前掲注2）142頁，中森・前掲注11）72頁。

私法上の契約が無効であるといった事情があるからといって，第三者がみだりにこれに干渉することを放任すべきではあるまい。

それゆえ，業務妨害罪における業務の要保護性が否定される場面としては，第一に，拳銃の製造のように，当該活動の反社会性が顕著で，私人の自由な活動の範囲に属さないことが明らかな場合である。判例・学説は平穏を欠くことに要保護性を否定する根拠を求めているが，むしろ，そのような活動は私人の自由な活動として社会的に容認される余地のない活動であることを理由に，法的保護を否定すべきであろう[23]。第二に，当該活動が権限のある公務員ないしその補助者によってなされるべき公務であって，強制力の行使を内容とするものではないにせよ，国民の権利義務との調整の要請に照らし，関係法規の規定する要件を具備することが求められるにもかかわらず，その具体的要件を具備していない場合である。公務員の活動は，個人の職業活動の遂行として保護に値する側面を有する一方，国民全体の利益に奉仕すべきものとして，法的権限に基づき，法律の定める要件に則って行われるべきものであるから，単に外形上平穏に行われていれば足りるものではなく，所定の具体的要件を充足するものでなければならないものと解される[24]。

V 財産に対する罪と民事法上の規律

刑法上の犯罪の成否を判断するに当たり，保護法益の要保護性が問題となる領域の中で，争いが最も大きいのは，財産犯の領域であるといってよいであろう。すなわち，財産犯において保護の対象となる財産については，各種の民事法の規定が詳細な規律を定めている上に，これらの規律も，公法上の法令により，契約の効力や権利移転に制限が加えられる等，さらなる修正を受けることが少なくないからである。ここでは，これらの規律と，刑法上の財産の保護との間で，整合性が認められるか否かを常に問題とする必要がある。他方，財産に対する侵害行為は，損害を生ぜしめるすべての場合が犯罪とされるのではな

---

[23] 西田・前掲注2) 126頁，曽根・前掲注11) 72頁，前田・前掲注2) 135頁以下，山中・前掲注12) 236頁，山口・前掲注2) 157頁。
[24] この点では，後述の公務執行妨害罪における要保護性の議論と同じことが妥当するといえよう。

く，刑罰をもって抑止することが相応しいところの行為態様の場合に限って処罰されていることから，その限界づけには刑法独自の判断も不可欠であるといえよう。

そこで，財産犯の成否を判断するに当たり，民事法その他の非刑罰法令との整合性が問題となりうる場面について，以下に検討していきたい。

1 刑法上の財産概念

刑法上保護されるべき財産のとらえ方については，法的な権利をもって財産とする法的財産概念，当該主体が事実上保有する財産価値をもって財産とする経済的財産概念，当該主体が適法に保有しうる財産価値をもって財産とする法的・経済的財産概念とが対立するとされている[25]。法的財産概念のもとでは，財産は法的な権利として保護されていることを要し，かつそれで足りることとなる。経済的財産概念のもとでは財産の保護にとって，適法性は必ずしも要求されないこととなる。法的・経済的財産概念のもとでは，財産は実質的に見て法的な要保護性が認められることが必要とされる。

ただ，これらはそれ自体において財産犯をめぐる具体的な問題の解決に直結するものではないが，以下に見る個別の論点において，刑法上の財産の保護を民事上の法的規律に係らせるべきか否か，もしそうであるならば当該法的規律を形式的な権利の存否としてとらえるか，あるいは実質的な要保護性の要件としてとらえるか，という基本的な考え方の対立と結びつくものといえよう。

2 いわゆる禁制品の財物性

各種偽造・不正作出に係る物件，わいせつ物，規制薬物，拳銃等は，各種法令によりその所持が規制されているところ，これらの物件を財産罪にいう財物に含めてよいかが問題とされることがある。かつての判例は偽造に係る物件につき，何人の所有ないし所持をも許さないものであるとして，財物性そのものを否定したものもあったが，その後，隠匿に係る軍用物品[26]，密造酒等につき[27]，

---

[25] この問題全般について論じたものとして，林幹人・財産犯の保護法益（1984），木村光江・財産犯論の研究（1988）．
[26] 最判昭和 24・2・15 刑集 3 巻 2 号 175 頁．

財物罪の客体となることを妨げないとされるに至った。

　学説においても，これらの物品は平穏に所持されている以上は保護に値し，あるいは国家が正式の手続きによりその所持ないし所有権を奪うことができるにすぎないものであるとして，財物罪の客体に含まれうるとする[28]。

　おもうに，死体・受精卵等，人格の尊厳に照らして財産的評価の対象とすること自体が許されない物件と異なり，ここで問題となっているのは，所持することにより何らかの効用を享受すること自体が禁じられるのではなく，一定の資格を有しない者あるいは一定の目的を有する者による所持が禁止・処罰の対象となっているところの物件である。それゆえ，無関係な第三者がかかる物件の所持をみだりに侵害することが許されるものではなく，これらの物件も当然に財物罪の客体となりうるものと解されよう。

　ただし，これらの物件が取引の対象として取り扱われている場合においては，次に述べる違法取引における財産罪の成否という形で問題が生ずることに注意すべきであろう。

3　違法取引と財産罪(1)――違法目的の実現を装った財物の詐取

　ある行為が財産罪の成立要件を充足しているように見えるところ，それが違法取引の場面においてなされたものであることから，財産罪による保護が適切といいうるかが問題となる場合がある。そのような場面としては，まず，相手方に対し，違法な取引をもちかけた者が，当該違法目的を当初から実現する意図を有することなく，相手方から金品の交付を受ける場合が挙げられよう。この場合，金品を交付した者において取引の目的は実現されていない者の，当該取引を内容とする契約は民法90条により無効であるばかりか，交付に係る金品の返還等の請求が，民法708条にいう不法原因給付に当たることを理由に排

---

27)　最判昭和26・8・9裁判集刑51号363頁。
28)　大谷・前掲注2)188頁，中森・前掲注11)107頁，曽根・前掲注11)114頁，西田・前掲注2)141頁，山中・前掲注12)265頁，林幹人・刑法各論〔第2版〕(2007)158頁，松宮孝明・刑法各論講義〔第4版〕(2016)193頁，木村・前掲注25)490頁。なお，同様の問題は，窃取等の手段により目的物の占有を取得した無権利者より，同じく無権利である第三者が目的物を窃取する場合にも生ずる。ここでも，目的物の占有者は，正当な権利者に対しては目的物を返還すべき地位にあるに止まり，無関係な第三者による所持の侵害が許されるのではないから，窃盗罪の成立を認めて問題はないであろう。

斥される場合が考えられるが，それにもかかわらず，当該財物の取得が財物詐欺罪に当たるかが問題となる。判例は，経済統制法規に違反してなされている物資の取引を装ってなされた代金の詐取につき，そのような違法取引の場合であっても，不法原因給付の成立等の民事法上の効果と刑法上の犯罪の成否とは無関係であるとして，財物詐欺罪の成立を認めている。

学説は，詐欺罪の成立を肯定する見解として，当該取引の民事法上の効果は刑法上の財産罪の成否とは無関係であるとする説，当該財物自体は相手方が適法に所有ないし占有するものであって，交付の結果として不法原因給付の適用があったとしてもそのような事情はすでに成立した財産罪の成立を左右しないとする説，詐欺目的で違法な取引を持ち掛ける場合においては不法原因給付には該当せず，交付目的物の要保護性は失われないとする説が見られる一方，違法な取引の目的物であって少なくとも交付すれば不法原因給付に当たるような場合には当該財物は保護に値しないとして，財物詐欺罪の成立を否定する見解もある。

おもうに，詐欺罪における実質的被害の内容が，取引における相手方の目的の失敗と関連付けられるものであるにせよ，保護の客体はあくまで交付に係る財物だと解するのであるならば，当該財物が相手方において適法な所有・占有の対象となっていたものである以上，当該取引自体の法的効果としての不法原因給付の成否を問わず，本罪の成立を肯定すべきであろう。

4　違法取引と財産罪(2)——違法取引に係る請求の免脱

一方，何らかの違法取引がすでに行われ，相手方より行為者に対し取引の対価に係る請求がなされるべき場合において，行為者が詐欺等の手段により，請求を免れた場合，利益詐欺罪等の成立を認めるべきかが問題となる場面がある。例えば詐欺の手段により売春代金の支払いを免れた場合であるが，判例は代金

---

29) 最判昭和25・7・4刑集4巻7号1168頁。同旨の判例として，闇米に係る代金につき最判昭和25・12・5刑集4巻12号2475頁，売春の前借金につき最決昭和33・9・1刑集12巻13号2833頁，詐欺賭博につき最決昭和43・10・24刑集22巻10号946頁。
30) 前田雅英・刑法各論講義〔第6版〕(2015) 234頁，木村・前掲注25) 500頁。
31) 林・前掲注28) 154頁，山口・前掲注2) 272頁。
32) 中森・前掲注11) 135頁，西田・前掲注2) 212頁，山中・前掲注12) 374頁。
33) 瀧川幸辰・刑法各論 (1951) 157頁。

請求権が無効であっても詐欺罪の成否には無関係であるとして利益詐欺罪の成立を肯定するものと，そのような違法無効な請求権は刑法上も保護に値しないとして，本罪の成立を否定するものとがある。学説は，請求権の民事上の効力を問わないとして本罪の成立を肯定する説もあるが，無効な請求権については財産上の利益には当たらないとして本罪の成立を否定する説が現在では有力だといってよいであろう。

おもうに，違法な取引において相手方の請求を免れる場合においては，売春のように当該取引の反社会性が明白な場合においては，代金請求権のみならず不当利得返還請求権等いかなる理由による請求も法的に認められる余地はないのであるから，本罪の成立を認める余地もまたないものといえよう。しかしそれは，相手方の請求に理由がないことによるものであって，違法な取引であることから直ちに導かれるのではない。したがって，違法な取引の対価を免れる場合であっても，相手方に何らかの請求の余地がある場合において，一方的に相手方の請求を免れる行為に出たのであれば，本罪の成立は可能であろう。

5 違法取引と財産罪(3)――違法目的で委託された財物の横領

争いが大きいのは，すでに何らかの違法な目的のために行為者に委託されている財物につき，行為者が領得意思を生じてこれを目的に反して処分した場合

---

34) 名古屋高判昭和 30・12・13 高刑特 2 巻 24 号 1276 頁。
35) 札幌高判昭和 27・11・20 高刑集 5 巻 11 号 2018 頁。
36) 大谷・前掲注 2) 282 頁，前田・前掲注 2) 234 頁，山中・前掲注 12) 310 頁。
37) 平野龍一・刑法概説（1977）220 頁，曽根・前掲注 11) 156 頁以下，西田・前掲注 2) 213 頁，山口・前掲注 2) 248 頁，林・前掲注 28) 156 頁。
38) 大津地判平成 15・1・31 判タ 1134 号 311 頁は，利息制限法を超える金利を約定した上で金員を借り受けた者が，債権者の殺害によりその支払を免れた事案につき，利益強盗に係る強盗殺人罪の成立を認めている。なお，逆に，違法取引とは関係のない場合であっても，外形上は債権が存在するように見える場合において，消滅時効期間が経過している場合や，当該債権につき準占有者に対する弁済が有効に成立している場合において，相手方の請求を免れる行為については，同様に利益詐欺罪の成立を否定すべきでないかが問題となりうる。もっとも，消滅時効の場合においては，債務者であるところの行為者による援用がないのであれば債務の存在自体は否定できないのではないかという疑問が生じうるが，行為者において効力を否定しうる請求権については，実質的に請求権者に帰属する利益とはいえず，利益詐欺罪による保護の対象とはなりえないであろう。また，準占有者に対する弁済がすでになされている場合においては，当該弁済の有効性が明白とはいえず債権の存否に争いを生じうる場合もあり，そのような場合において直ちに当該請求権の失効を前提に利益詐欺罪の成立を否定するのは必ずしも妥当でないともいえよう（後述 6，7，8 参照）。

である。

判例はここでも，賄賂として供与する目的で委託した資金を無断で費消した事案について，当該資金の委託が不法な目的でなされたものであっても，横領罪の成立を妨げるものではない[39]，としている。

学説においては，横領罪の成立を認める見解としては，当該財物が違法目的で委託されていること，あるいはそれによる民事上の返還請求の可能性の有無は，横領罪の成否には影響しないとする説[40]，違法目的であっても，当該財物が委託されているにすぎない場合[41]は，不法原因給付は問題とはならないとする説[42]がある。もっとも，後者の見解に対しては，民法上の不法原因給付は最終的に所有権を移転させる意図である場合に限られないとの指摘がなされている[43]。これに対し，違法目的で委託されている財物は刑法上も保護に値しないとし，あるいは，この場面で問題となっている財物は，民事上返還請求が排除されるものであるとして，このような財物について横領罪の成立を認めるのは，法秩序の統一性に反するとして横領罪の成立を否定する説[44]も主張されている。

ここでも，当該委託の趣旨が違法な目的に向けられていること自体は，横領罪の成立に影響するものとはいえない。本来，何らかの目的で委託された財物は，その趣旨がたとえ不適法なものであるからといって，無断で処分するのではなく返還するのが本筋であるからである。それにもかかわらず，この場面において，委託者への返還自体を排除すべきだというならば，それは当該財物の委託自体にすでに反社会性が認められ，それ故に法的に委託者に属するものとして扱うこと自体が不適切であるものと認めるに足る場合であろう。そのような場合としては，単に違法な目的に供する金品を占有するにとどまらず，当該不法目的を実現するための具体的・現実的な行為が開始されている場合，例

---

39) 最判昭和 23・6・5 刑集 2 巻 7 号 641 頁。
40) 前田・前掲注 23) 267 頁，木村・前掲注 25) 504 頁。
41) 違法な目的で相手方に不動産の所有権を移転した場合において，不法原因給付であることを理由に相手方に所有権が帰属することを認めた判例として，最大判昭和 45・10・21 民集 24 巻 11 号 1560 頁。
42) 大谷・前掲注 2) 307 頁，西田・前掲注 2) 242 頁，山中・前掲注 12) 427 頁，林・前掲注 28) 152 頁。
43) 佐伯仁志＝道垣内弘人・刑法と民法の対話（2001）43 頁以下。
44) 中森・前掲注 11) 149 頁以下，曽根・前掲注 11) 173 頁，山口・前掲注 2) 303 頁。

えば裏口入学に向けられた相手方との接触といったすでに反社会性が明らかな活動に及んでいる場合が考えられる。このような場合，当該金品は不法目的を実現する手段として支出されたと認められるのであって，不法目的に向けられた支出が支出者に帰属することを否定する不法原因給付の趣旨に照らすならば，当該委託者はいかなる意味においても保護されるべきでないといえるのであって，その限りでは横領罪の成立は否定されることになろう。これに対し，単に違法目的に供する意図で委託された金品を保管しているにすぎない者については，いまだ不法原因給付とはいえず，横領罪の成立は妨げられないものと解される。

6 他人が占有する自己の財物に対する財産罪の成否

刑法242条は，自己の財物であっても他人が占有するものについては，これを窃取した場合に，他人の財物と同様に窃盗罪の成立を認めるところ，ここにいう占有はいかなるものであることを要するか，という点が問題とされてきた。いわゆる窃盗罪の保護法益をめぐる争いである。

この問題については，窃盗罪は（所有権その他の）民事法上の本権を保護するものであるとして，本権に基づく占有に限るとする本権説[45]，厳密な意味での本権は必ずしも要求されないが一応法的に正当な理由に基づくものと認められる占有は保護の対象とする修正本権説[46]，窃取等の行為により取得された占有は除かれるものの，賃貸借等の契約に基づき，平穏に取得された占有であれば，その後契約が失効してもなお保護の対象とする平穏占有説[47]，相手方に事実上の所持が認められる以上，原則として保護の対象とする所持説[48]とが対立している。

判例は，大審院においては本権説に立っていたが[49]，戦後の最高裁判所においては，相手方の占有下にある以上窃盗罪ないし詐欺罪の成立を免れないとされている。すなわち，担保に供することが法的に認められない年金証書を，債権

---

45) 曽根・前掲注11) 112頁，林・前掲注28) 164頁，松宮・前掲注28) 197頁。
46) 西田・前掲注3) 155頁，山中・前掲注12) 266頁。
47) 平野・前掲注37) 206頁。なお，山口・前掲注2) 193頁は，法的手段によらなければ侵されない利益があれば保護されるべきものとするが，これも同旨と考えられよう。
48) 前田・前掲注23) 152頁，木村・前掲注25) 507頁。
49) 大判大正7・9・25刑録24輯1219頁，大判大正12・6・9刑集2巻508頁。

者のもとから詐欺の手段により取り戻した場合[50]，譲渡担保の目的物となっており，相手方が債務を履行しないまま行為者が目的物の所有権を取得したが，その後会社更生手続きが開始されたことから，更生管財人のもとから目的物を無断で運び出した場合[51]，いわゆる自動車金融において債務者が履行遅滞に陥り，債権者である行為者が当該自動車を直ちに無断で引き揚げた場合[52]につき，それぞれ窃盗罪ないし詐欺罪の成立が認められている。もっとも，下級審においては，同種の事案において，窃盗罪の成立を否定したものも見られる[53]。

以下各説について検討する。所持説は，相手方の占有全般を保護の対象とした上で，ただ相手方による権利行使として社会的に相当な行為であれば自救行為としての違法阻却を認めるというものであるが，ここで問われているのは当該目的物を使用・収益・処分すべき地位が行為者と相手方のいずれに属するか，という問題であって，ある利益自体は明らかに保護に値するが別の権利を実現するためにはその利益を犠牲にすることを認めるべきだとする自力救済が問題となる場面とは異なっている。行為者においてこれを使用・収益・処分する権利を認める一方で，占有者に対し，同一目的物に係る利用可能性を保護するというのは論理的に矛盾するものといわなければならない。

同様の批判は，平穏占有説にも妥当する。たしかに平穏占有説においては，窃取等の違法な手段により開始された占有については要保護性を否定するが，そのような違法性は占有の取得自体が刑罰等の別個の制裁に値するかという問題であって，当該占有自体の要保護性の問題ではない。

その意味において，本権説が基本的には妥当であるが，実際上の問題として，この種の事案においては，前提となる民事上の権利関係自体に争いがあり，あるいは不明確な場合が少なくない，ということが考えられる。前提となる賃貸借契約の解約事由に該当するか否かが不明確であるとか，債務が履行遅滞に陥ったが，当該債務の担保目的物について，その経済価値が明らかでないことから，行為者に清算義務が認められるか否か，それゆえに直ちに引き揚げることを認

---

50) 最判昭和 34・8・28 刑集 13 巻 10 号 2906 頁。
51) 最判昭和 35・4・26 刑集 14 巻 6 号 748 頁。
52) 最決平成元・7・7 刑集 43 巻 7 号 607 頁。
53) 東京地判昭和 42・6・30 判タ 211 号 187 頁。

めるべきか否か明らかでないような場合において，厳密な意味における本権の存在を要求したのでは，相手方において自己の法的利益を主張し保護を求める機会を欠いたまま，その占有に係る利益が不当に害されるおそれがあろう。犯罪の成否を明らかにすべき刑事手続きにおいては，結局，占有者に正当な法的権原を認めるに足りる一応の事情があれば，当該占有は相手方の正当な利益に属するものとして扱うのが妥当であろう。以上の理由により，修正本権説を支持したい。

7　権利行使と財産罪

　類似の問題は，相手方が所有しかつ占有する財物につき，相手方に対する債権を有する者が，詐欺又は恐喝の手段により，当該財物の交付を受けることによって自己の債権を実現する場合についても現れる。ここでも相手方は目的物を所有しかつ占有するのであるが，同時に，当該目的物を相手方に交付する義務を負っていることから，当該目的物の要保護性が問題となりうるのである。それが認められるのであれば詐欺罪ないし恐喝罪が成立するのに対し，認められなければこれらの罪は成立せず，手段として用いられた暴行・脅迫につき，別個の罪が成立するにとどまるのである。

　ここでも，大審院は正当な権利行使の範囲内であれば詐欺罪・恐喝罪は成立せず，超過した場合においては権利が可分な場合は超過分につき，不可分な場合は全体についてこれらの罪が成立する，ただし，権利行使に藉口した場合はこれらの罪の成立を妨げない，としていたが[54]，戦後の最高裁判所は，恐喝の手段により債権額を上回る金員を交付させた事案につき，その全体について恐喝罪が成立するとした[55]。

　学説は債権の範囲内の場合において詐欺罪・恐喝罪の成立を否定する説[56]と肯定する説[57]とが対立している。前者の説は 6 における本権説の考え方を前提とし

---

54)　大判大正 2・12・23 刑録 19 輯 1502 頁。なお，手段が不相当な場合において脅迫罪の成立を認めたものとして，大判昭和 5・5・26 刑集 9 巻 342 頁。

55)　最判昭和 30・10・14 刑集 9 巻 11 号 2173 頁。なお，債権額の範囲内であった事案において，手段の相当性を理由に恐喝罪の成立を否定したものとして，東京高判昭和 36・11・27 東高刑時報 12 巻 11 号 236 頁。

56)　中森・前掲注 11) 135 頁以下，曽根・前掲注 11) 164 頁以下，林・前掲注 28) 166 頁。

57)　大谷・前掲注 2) 295 頁，前田・前掲注 2) 260 頁，山口・前掲注 2) 286 頁，木村・前掲注 25)

て，負担する債務の限度では相手方の財産は要保護性が失われるとする。なお，修正本権説からは，債権の存在及び額が明確な場合に限ってこれらの罪の成立を否定することとなるが，不法行為による損害賠償請求権のように，存否・内容に争いのある債権についてはこれらの罪の成立を妨げないとする[58]。後者の説は 6 における所持説ないし平穏占有説の考え方を前提として，ともかく相手方の（平穏な）占有下にある財物を交付させた以上，保護されるべき財産の侵害としたうえで，権利行使であることから自力救済としての正当性が認められうるにすぎないとする。他方，6 の場面では（修正）本権説を前提としながら，ここでは相手側の本権たる所有権が害されていることは否定できないとして，債権の存在はこれと別個の利益の実現が問題になっているとして，自力救済の問題とすべきだとする見解[59]もある。

おもうに，ここでも，目的物の所有権は相手方に属する一方で同一目的物に係る債務を負担しているという，同一の利益に係る法的帰属が問題となっているのであるから，所持説ないし平穏占有説を前提とし，あるいは所有権侵害を理由とする詐欺罪・恐喝罪成立説は支持し難いように思われる。そして，権利の存否・内容が不明確な場合にまで争う機会を与えないまま，相手方に権利行使を甘受させるという負担を負わせることが妥当でないとするならば，ここでも修正本権説に基づく原則不成立説を採るべきであるように思われる。

8 他人性の要件

財産に対する罪は，客体が他人に属することを要件とする場合が多いところ，その前提となる民事上の権利関係に争いがある場合，他人性の要件を充足しているかが問題となる場合がある。判例は所有権の帰属をめぐって争われているところの建造物を損壊した場合において，将来民事訴訟において当該客体が行為者に属すると認定される可能性があっても，本件客体を刑法上他人に属するものとして建造物損壊罪の成立を肯定することを妨げないとしている[60]。ここで

---

507 頁以下。
58) 西田・前掲注 2) 228 頁，山中・前掲注 12) 408 頁。
59) 松宮・前掲注 28) 201 頁。
60) 最決昭和 61・7・18 刑集 40 巻 5 号 438 頁。

も，民事上の権利関係を全く無視して，当該物件に対する外形的支配・管理状況といった事実関係のみを基準として他人性要件を判断するのは，行為者ではなく相手方に帰属する財産客体を保護するという財産罪の趣旨に反することになろう[61]。しかしここでも，終局的な民事上の法律関係の帰趨が不明確である場合においては，刑事手続きにおいて判明した一応の法的帰属を前提に，本罪の成否を判断すべき場合もあろう[62]。その限りでは，6，7で述べた修正本権説からの帰結と同様，刑事手続きにおける財産の帰属と，民事訴訟によって認定される最終的な民事上の権利関係とが必ずしも一致しない場合はありえよう。

VI 国家作用に対する罪と公法上の規律

以上に見てきたところの個人に対する罪の場合と比べ，以下に検討するところの国家作用に対する罪の場合においては，判例・学説ともに，問題となる国家作用の法的要保護性について，常々意識されてきたといってよい。すなわち，公務員によって担われるところの国家作用は，国民全体の利益を図るべく，法定の権限を有する者により，かつ，所定の要件・様式に則り，適切に利害調整を行いながら遂行されるべきものであって，それゆえ，国家作用に対する妨害行為が問題となる場面においては，それが保護に値するだけの法的裏付けを有するかが問題とされてきたものと思われる。

1 公務執行妨害罪と職務の適法性

国家作用に対する罪のうち，公務一般を保護の客体としているのが公務執行妨害罪であるところ，判例・学説は本罪における公務は適法であること，すなわち法的な要保護性が認められることが必要であるとしてきた[63]。そして，その要件としては，第一に当該公務員に一般的な権限が認められ，第二に当該行為が具体的な法的要件を充足しており，第三に法令の規定する様式・手続きを具備することが必要であるとされている。これらの要件を充足しない場合，暴行

---

[61] 林・前掲注28) 171頁，松宮・前掲注28) 189頁。
[62] 西田・前掲注2) 284頁。
[63] この問題全般について論じたものとして，村井敏邦・公務執行妨害罪の研究（1984）。

罪・脅迫罪の成立することはあっても，本罪は成立しないものと解されている。

　このうち第一の要件は，当該活動が公務としての性格を有するといえるために必要とされるものであって，これを欠く場合，例えば警察官が私人間の料金支払いをめぐる争いの示談を行うような場合[64]，本罪が成立しないのは当然であろう。

　第二の要件は，主として警察官による職務執行に対し，相手方が暴行・脅迫により抵抗した場合における本罪の成否という形で問題とされている。例えば職務質問に際して，行為者に協力を求めるべく，何らかの有形力行使に及んだ場合におけるその限界[65]，行為者を逮捕するに当たり，刑事訴訟法上の要件を具備しているか否か[66]，といった点が争われている。ここでは，その場の状況に照らして，当該警察官において，当該措置をとることが警察官職務執行法や刑事訴訟法上許されるか，という点が直截に問われている。警察官が相手方の権利利益を制約することを内容とする職務であって，国家作用と国民の利害対立が顕在化する場面であることに鑑みるならば，その適法性判断は厳格になされるべきものといえよう。

　第三の要件については，やはり逮捕に際しての手続きの不備が問題とされた事例が多く，逮捕状を提示しない[67]，逮捕に当たり被疑事実の要旨を告知しない[68]といった場合に本罪の成立が否定されている。その一方で，税務署職員による立入調査の妨害については，職員が法令に違反して検査章を所持していなかった場合につき，行為者が検査章の提示を求めなかったことを指摘した上で，当該税務調査は違法ではない，としている[69]。これは，税務署職員による税務調査においては，相手方に対し，正当な権限に基づく税務調査である旨の一応の説明がなされれば，相手方の権利利益への配慮としては十分であって，そのような要求がない場合においては要保護性の問題は顕在化しない，としたものと思

---

64) 大判大正4・10・6刑録21輯1441頁。
65) 適法とされた事例として，最決昭和53・9・22刑集32巻6号1774頁，最決平成元・9・26判時1357号147頁。違法とされた事例として，静岡地沼津支判昭和35・12・26下刑集2巻11＝12号1562頁。
66) 大阪地判昭和31・11・8判時93号25頁。
67) 大阪高判昭和32・7・22高刑集10巻6号521頁。
68) 東京高判昭和34・4・30高刑集12巻5号486頁。
69) 最判昭和27・3・28刑集6巻3号546頁。

われる。さらに，議長による議事進行に当たり，手続上の違反があった場合においても，本罪の成立は否定されないとしたものがあるが，これも公務員と相手方との権利利益の調整を図るための規定が問題となっているわけではない，ということを理由とするものと思われる。

なお，職務行為の適法性の判断基準をめぐり，公務員が適法だと信じたことで足りるとする主観説，一般国民にとって適法との外観を有することを要するとする折衷説，客観的に適法であることを要するとする客観説が対立しており，判例・通説は客観説を採る。ここで問題なのは個別の国家作用そのものであって，公務員の職務規律ないし一般国民による信頼の維持ではないのであるから，客観説をもって妥当とすべきであろう。ただし，逮捕された者が抵抗した場合において，当該被疑事実につき後に無罪とされたことは，本罪の成否に影響しないとする判例がある。ここでは公務員による逮捕という国家作用の適法性が問題なのであることから，逮捕時における刑事訴訟法上の要件を具備しているかが問われるべきであって，当該被疑事実についての実体的刑罰権の有無が問題なのではない。これに対し，逮捕状に記載されている者と別人物を誤認して逮捕する場合は，まさに当該逮捕行為自体が違法であって，要保護性は否定されよう。

2 その他の国家作用に対する罪

公務執行妨害罪以外の，個別の国家作用を保護する規定の適用に当たっても，当該国家作用の要保護性が問題となる場面がある。第一に，民事上の強制執行手続きに対する妨害行為である。このうち，封印破棄罪においては，差押えがなされたが，当該財産が債務者の占有に属さない場合，あるいは，当該差押え

---

70) 最大判昭和42・5・24刑集21巻4号505頁。
71) 平野・前掲注37) 278頁，西田・前掲注2) 426頁，前田・前掲注2) 439頁，山中・前掲注12) 752頁（ただし，違法阻却の有無を判断するに当たっては，事後判断を含める），山口・前掲注2) 546頁。
72) 最決昭和41・4・14判時449号64頁。真犯人性を要しないとする見解として，平野・前掲注37) 278頁，中森・前掲注11) 272頁，西田・前掲注2) 426頁，山中・前掲注12) 753頁，松宮・前掲注28) 454頁，山口・前掲注2) 546頁。必要とする見解として，曽根・前掲注11) 289頁。
73) 最決昭和42・12・19刑集21巻10号1407頁は，誤って債務者以外の財産を差し押さえた事案につき本罪の成立を認めるが疑問である。曽根・前掲注11) 291頁，西田・前掲注2) 432頁。

の原因となった実体債権が消滅している場合[74]が問題となる。前者の場合は，まさに当該目的物に対する差押えそのものが執行法規の要件を充足しない場合であるのに対し，後者の場合は差押えによって満足されるべき債権の存否が問題となっているにすぎないところ，本罪は実体債権そのものではなく，国家作用としての差押えを保護するものであることに鑑みるならば，その要保護性は前者の場合には認めるべきでなく，他方で後者の場合は認めるべきであろう。

さらに，強制執行妨害罪においては，実体債権の存在の要否が問題とされるところ，判例は強制執行手続きが実体債権の満足を目的とするものであるとして，その存在を認定する必要があるとしている[75]。しかしながら，ここで問題となるのはあくまで国家作用としての強制執行手続きを適法に行いうるかということ，ここで対象となる執行手続きは権利の存否が不確定であることを前提とする保全執行をも含むことからすれば，将来行われるべき強制執行の要保護性，すなわち保全執行を正当化するに足りるだけの債権の存在可能性が必要であり，かつそれで足りるとすべきであろう[76]。なお，債務者の占有に係る財産の中にそれ以外の者に帰属する財産が一部混在している場合において，当該混在に係る財産を隠匿する行為については，目的物が債務者の占有に属するものとして適法に差押えを行う可能性が認められるのであれば，その時点における強制執行の可能性の侵害であるとして，本罪の成立を認めることになろう。

刑事司法との関係では，真犯人ではないが被疑者として捜査の対象とされている者を隠避させる行為が問題となる。判例は一貫して真犯人性を要しないとする[77]。学説は真犯人に限るとする説[78]，真犯人との蓋然性を要するとする説[79]，真犯人性を要しないとする説[80]とが対立しているが，ここで問題となるのは身柄の拘束という刑事司法作用であって，実体的刑罰権の妨害ではないのであるから，

---

74) 大決大正15・2・22刑集5巻97頁。ただし，差押えが効力を失ったものと誤認したことを理由に故意を欠くものとして無罪とした。
75) 最判昭和35・6・24刑集14巻8号1103頁。同旨の見解として，平野・前掲注37) 281頁，曽根・前掲注11) 292頁。
76) 西田・前掲注2) 435頁，山口・前掲注2) 555頁。
77) 最判昭和24・8・9刑集3巻9号1440頁。
78) 平野・前掲注37) 285頁。
79) 前田・前掲注2) 460頁。なお，真犯人又は真犯人でないとの反証のない被疑者とする見解として，山中・前掲注12) 797頁。
80) 西田・前掲注2) 458頁。

真犯人性は必ずしも必要とはいえず，身柄拘束を受ける客観的可能性を有する者であれば，本罪にいう犯人としてよいであろう。したがって，捜査機関において被疑者として扱われている者については，明白な誤認すなわち身柄拘束自体を認めるべきでない者を除いて本罪が成立するほか，捜査対象とはなっていない場合であっても真犯人である場合[81]，さらには真犯人である可能性の高い者については，将来身柄を拘束するに足りる事由を有するものとして，本罪の客体に含まれることとなる。

公的機関における入札手続きに当たり，その公正を害する行為に当たっても，入札手続き自体の適法性が問題となりうる。ただ，この場面においては，公正な競争という見地から入札手続きを保護するものであるから，手続きの形式的な不備は必ずしも要保護性に影響せず，権限を有する機関が正式の手続きによって入札を決定したのであれば原則的に要保護性を認めてよいであろう。

Ⅶ　総　括

以上，非刑罰法令における規律が刑法上の犯罪に与える影響について，問題となるさまざまな場面につき整理し，考察を試みた。

刑法上の犯罪においては，その保護法益の内容が重要な意味を有することは言うまでもないところ，当該領域を規律する非刑罰法令が，単に法的権限ないし義務違反の存否にとどまらず，保護法益の内容自体を規律するものといえる場面においては，その規律内容に即して保護法益の要保護性について検討する必要がある。そこでいう要保護性は，それぞれの罪の保護法益の具体的内容と関連する限りにおいて問題とされるべきである。すなわち，自由ないし業務に対する罪においては，行為者との関係で，法益主体において当該意思決定ないし社会活動への自由を認めるべきか否かが問題となる。財産に対する罪においては，行為者との関係で，法益主体に当該財物ないし利益が帰属するといえるかが問われるべきである。国家作用に対する罪においては，行為者と公的機関の利害対立に関する規律内容に照らし，当該作用自体の要保護性を問題とすべ

---

81)　この場合に本罪の成立を認めるものとして，最判昭和28・10・2刑集7巻10号1879頁。

きであろう。したがって例えば，前提となる取引関係自体が違法であるかとか，当該国家作用によって実現されるべき実体的債権ないし刑罰権の存否等は必ずしも重要ではない，ということができよう。

　西田先生からご指導を賜った一研究者として，ささやかながら私なりにご報告を申し上げるべく，本稿の執筆に及ばせていただくこととなった。先生の学恩に報いているとは到底いい難いものの，今後一層の研鑽努力を通して，先生の御研究の成果をなにがしかの形で引き継ぐことができれば幸いである。

欺きによる殺人罪（刑法199条）成否の判断
―― 法益関係的錯誤説とは何だったのか？

鈴木左斗志

I 問題の分析

(1) 被害者の同意・意思[1]が錯誤にもとづいていた場合、それにもかかわらず犯罪の成立が否定されることはありうるか。これはさまざまな犯罪に共通して生じうる問題であり、そのために、統一的な枠組みによる解決を提示するべき問題であるようにも思える。たとえばつぎのような判例を見てみよう。

① 最高裁昭和33年3月19日決定（刑集12巻4号636頁）は、行先を欺かれて車に乗せられた被害者が途中で気づいて降車を要求した事案で、その要求以前の乗車時から監禁罪の成立を認めた第2審判決の判断を肯定するにあたり[2]、つぎのように述べている。「刑法220条1項にいう『監禁』とは、人を一定の区域場所から脱出できないようにしてその自由を拘束することをいい、その方法は、必ずしも所論のように暴行又は脅迫による場合のみに限らず、偽計によつて被害者の錯誤を利用する場合をも含むものと解するを相当とする」。

② 最高裁昭和23年5月20日判決（刑集2巻5号489頁）は、「被害者において顧客を装い来店した犯人の申出を信じ店内に入ることを許容したからと言

---

1) 「意思」が問題になるのは、被害者みずからが自身の法益を害したという事案で、それに関与した者の罪責が問われる場合。
2) なお、第1審判決によると、「被告人宅まで直行するようにいいふくめて雇つた〔運転手〕の運転するタクシーに〔被害者を〕乗りこませ」たと認定されている（刑集12巻4号640頁参照）。しかし運転手に対しては、被害者が行先を欺かれていることは秘されていた（最高裁判所判例解説刑事篇昭和33年度152頁〔足立勝義〕参照）。そのため第2審判決によると、「三叉路を左折しなければならないのに、自動車は〔被告人宅方面〕に向って疾走を続けたため、〔被害者〕が欺罔されたことに気付き運転手に停車を求め、被告人は〔被告人宅〕に直行することを要求し、運転手が措置に迷い自動車の速力を時速約25キロメートルに減じて進行中、右三叉路から約150メートル離れた……派出所前附近で、〔被害者〕が車外に逃げ出した」（同641頁以下参照）。この事実関係が及ぼす影響について、後掲注15）と後掲注19）第2段落を参照。

つて，強盗殺人の目的を以て店内に入ることの承諾を與えたとは言い得ない」と述べて，住居侵入罪（刑130条前段）の成立を肯定した。

③　**最高裁昭和33年11月21日判決**（刑集12巻15号3519頁）は，刑法199条と202条の境界についてつぎのような判断を示した。「被害者は被告人

3）　本文で引用した判決文（＝上告趣意の法令違反の主張に答えた【要旨第2】の一部）が，刑法202条の前段・後段いずれと199条との境界を判断したものであるのかは問題となりうる。
　本文で引用した判決文で「被害者を欺罔し被告人の追死を誤信させて自殺させた被告人の所為は通常の殺人罪に該当するものというべく，原判示は正当」と判断された第2審判決は，「本件被告人の所為は自殺幇助罪に問擬すべき事案である旨主張」する控訴趣意（最高裁判所判例解説刑事篇昭和33年度723頁〔高橋幹男〕参照。以下では同解説を「最判解刑（昭33）〔高橋〕」と引用する）に対して，「被告人の所為は殺人罪を以て論ずべきであつて，単に自殺関与罪に過ぎないものということはできない」と判示している（次注を参照）。しかし最高裁によれば，「原判示は正当」という上記判断は上告趣意によるつぎのような主張，「本件被害者は自己の死そのものにつき誤認はなく，それを認識承諾していたものであるが故に刑法上有効な承諾あるものというべく，本件被告人の所為を殺人罪に問擬した原判決は法律の解釈を誤つた違法がある」という主張に対応したものだとされている。さらに，上告趣意の判例違反の主張に応じた【要旨第1】においては，第2審判決の上記判示についてつぎのように述べられている。「原判決の意図するところは，被害者の意思に重大な瑕疵がある場合においては，それが被害者の能力に関するものであると，はたまた犯人の欺罔による錯誤に基くものであるとを問わず，要するに被害者の自由な真意に基かない場合は刑法202条にいう被殺者の嘱託承諾としては認め得られないとの見解の下に，本件被告人の所為を殺人罪に問擬するに当り如上判例を参照として掲記したものというべく，そしてこの点に関する原判断は正当であつて，何ら判例に違反する判断あるものということはできない」（もっとも最高裁のこの判断は，上告趣意の援用する大判昭和9・8・27刑集13巻1086頁〔被告人が「短刀……ヲ以テ……〔5年11月ノ幼児〕ノ……咽喉部ヲ突刺シ……殺害」した事案について，「自殺ノ何タルカヲ理解スルノ能力ヲ有セス従テ自己ヲ殺害スルコトヲ嘱託シ又ハ之ヲ承諾シタルモノトハ到底之ヲ認ムルヲ得ス」と判示した〕との関係で示された判断であるにすぎないと理解することも不可能ではない〔なお，上告趣意では大判昭和8・4・19刑集12巻471頁に対する判例違反も主張されている。この判例の事案は上記大判昭和9・8・27とは異なって「自ラ頸部ヲ縊リテ死亡スルニ至ラシメ」たものであるが，判決文では202条についての判断は示されておらず，参照条文にも199条のみがあげられている。殺人罪の成立を認めた原判決に対して，上告趣意が無罪のみを主張して争うものであったためだと思われる。この判例については後掲注35）も参照〕）。
　以上から判断すると，本文に引用した【要旨第2】の「自殺させた」という言葉遣いに〈202条後段との境界設定の問題であることの可能性を排除する〉という意味までを読み込むことは難しいと思われ，むしろ最高裁は，本件の事案が202条前段・後段いずれと199条の限界設定の問題であるかという点については立ち入らず（なお，仙台高判昭和27・9・15高刑集5巻11号1820頁は，「〔被害者〕に対し夫……との不倫な関係を絶つよう申入れたところ……拒絶され……，茲において同死を装い……毒薬を嚥下させて同人を殺害せんと決意し……『私も愛し続けけ，お前も愛し続けると云うがその結果はどうなるか，俺も死ぬからお前もこれをのんで死んで呉れ』と詐言を以て自殺を慫慂したが〔被害者〕は黙して答えないので更にこれを黙つて飲んでくれといつて予て準備して置いた……オブラート包の硝酸ストリキニーネ約0.4瓦を〔被害者〕の口の中に差入れ次いでコップで水を与えこれを嚥下せしめた」という事案について，刑法202条後段を適用した原判決を破棄し，「重大な瑕疵ある意思に基き死を決せしめて死亡するに至らしめたもの」であることを理由に199条の成立を認めている。これに対して，判例③

I 問題の分析

の欺罔の結果被告人の追死を予期して死を決意したものであり，その決意は真意に添わない重大な瑕疵ある意思であることが明らかである。そしてこのように被告人に追死の意思がないに拘らず被害者を欺罔し被告人の追死を誤信させ

の第1審・第2審判決は，それぞれ「予め買求め携帯してきた青化ソーダ致死量を同女に与えて之を嚥下させ」「青化ソーダを与えて嚥下せしめ」（刑集12巻15号3527・3529頁参照）と認定するにとどまっており，最高裁もそれ以上の事実関係の詳細には立ち入っていない）。上告趣意の「有効な承諾」という主張が成り立たないことのみを判示したものと解される。

4） 第2審判決による事実関係の認定と判断はつぎのとおりである。「被告人は〔被害者〕との関係を清算しようと思い苦慮していた際同女より心中を申出でられたのを奇貨とし，これを利用し同女を死亡せしめることが関係断絶の方法であると考え，被告人には心中する意思がないのにこれある如く装い，その結果同女をして被告人が追死してくれるものと誤信したことに因り心中を決意せしめ，被告人がこれに青化ソーダを与えて嚥下せしめ同女を死亡せしめたものであることが認められる。しからば同女の心中の決意実行は正常な自由意思によるものではなく，全く被告人の欺罔に基くものであり，被告人は同女の命を断つ手段としてかかる方法をとったに過ぎないものであつて，その結果所期の目的を達した被告人の所為は殺人罪を以て論ずべきであって，単に自殺関与罪に過ぎないものということはできない」（刑集12巻15号3528頁以下参照）。第1審判決の認定によると，青化ソーダは被告人が「予め買求め携帯してきた」（同刑集3527頁参照）ものだった。また第1審判決は被告人・被害者間の関係・経緯についてつぎのように認定している。「被告人は，……昭和28年9月頃から……料理屋A方接客婦〔である被害者〕と馴染となり遊興を重ねる中，同女との間に夫婦約束まで出来たが，他面右Aに対し十数万円，其他数ヶ所からも数十万円の借財を負うに至り，両親からは〔被害者〕との交際を絶つよう迫られ最近に至り自らもようやく同女を重荷に感じ始め，同女との関係を断ち過去の放縦な生活を一切清算しようと考えその機会の来るのを待っていたところ遂に同30年5月23日頃同女に対し別れ話を持ち掛けたが同女は之に応ぜず心中を申出でた為め困り果て同女の熱意に釣られて渋々心中の相談に乗ったものの同月26日頃には最早被告人の気が変り心中する気持がなくなっていたに拘らず同日午後3時頃同女を伴つて〔犯行現場〕附近に赴いたが同女が自己を熱愛し追死してくれているものと信じているのを奇貨として同女をのみ毒殺しようと企て真実は追死する意思がないのに追死するものの如く装い同女をして其旨誤信せしめ〔た〕」（同刑集3526頁以下参照）。以上の経緯について第2審判決はつぎのように判断している。「〔被害者〕の心中の意思は最初同女自ら発議したものではあるが，これは同女が被告人と別れる位なら寧ろ死を選ぶというのであり且これも被告人と共にすると云ふことを前提とした，いはば不確定なものでその後被告人が心中を承諾し追死するものと誤信したから，愈々自殺を決意実行に移したものというべく，しからば最初に同女より心中を申し出た事実があっても，同女の自殺実行の決意は，被告人の欺罔の結果であることに差異はない」（同刑集3530頁参照）。

5） なお，同じく偽装心中の事案について最決平成16・3・10（公刊物未登載。後掲注56）の最決平成16・1・20と同じ第三小法廷による決定）では，「被害者が真実死ぬことを決意するに至ったのは，被告人と出会った後の，被告人の，一緒に死ぬとの言を信じたからにほかならないというべきであり，……被害者は，その誤信に基づき，被告人に殺害を依頼し，被告人は被害者の殺害依頼が誤信に基づくことを知りつつ同女を殺害したものであるから，被告人には普通殺人罪が成立するというべきである」と判示した第2審判決（福岡高判平成15・8・29高刑速〔平15〕153頁）が維持されている（第1審判決〔大分地判平成14・11・22 LLI/DB05751049〕は，「〔被害者〕による殺害の嘱託が真意でなかったことの立証がなされていないから，普通殺人罪ではなく嘱託殺人罪が成立するに止まると判断」していた）。この判例については後掲注79）を参照。

て自殺させた被告人の所為は通常の殺人罪に該当するものというべく，原判示は正当であ〔る〕」。

これらの判例に対しては，とくにその考え方から導かれうるとされる結論についてつぎのような批判がなげかけられている。まず判例①に対して，「ダイヤの指輪をプレゼントすると女性を騙してデートに誘い，車でドライブに行っ……た場合に，プレゼントをもらえないとわかっていたら……絶対に同意しなかったというのであれば，女性の同意は無効で，車に乗せて走った点については監禁罪が……成立しうることになる。しかし，こ……の結論は，……不当であろう。検察官が，こ……の場合に，監禁罪……で行為者を起訴するとはとても思えないし，たとえ起訴をする検察官が出現したとしても，裁判所が有罪にするとは思えない」。また判例②に対しては，「判例の立場を一貫させれば，詐欺目的のような犯罪目的での立入りはもちろん，借金目的での立入り，下心を持った立入り等々，住居権者が内心の意思を知っていれば立入りを認めなかった場合はすべて住居侵入罪が成立してしまい，そこに理論的限定は存在しないであろう」。さらに判例③に対しては，「例えば，死んだら家族に1億円くれるからというので死ぬことを承諾した（そうでなければ死ぬ意思はなかった）という場合に，被害者の承諾を無効として殺人罪の成立を認めるならば，被害者

---

6) 佐伯仁志・刑法総論の考え方・楽しみ方（2013）217頁以下（以下では同書を「佐伯・前掲注6）総論」と引用する）。そのため佐伯教授は判例①について，「監禁の成立時期が争われた事例ではないので，判例は，この点については判断を示していないと見るべきであろう」（法教360号〔2010〕106頁）とされる。このように解する根拠として，判例①の後の判断である最決昭和38・4・18刑集17巻3号248頁（被害者の降車要求以降を監禁とした第1審判決が維持された）を援用されている（このような判例の理解については平野龍一「潜在的意思と仮定的意思——監禁罪の保護法益」同・刑事法研究 最終巻〔2005〕31頁以下）。

しかし，上記のような判例の理解はつぎのように批判されている。「〔上記最決昭和38・4・18は，〕検察官がその部分のみに限って起訴したため裁判所もその部分のみを認定したものにほかならず，判例の見解が変わったものではない」（大コンメンタール刑法〔第3版〕(11)〔2014〕349頁〔竹花俊徳＝荒井智也〕）。さらにいえば最決昭和38・4・18は，佐伯教授の見解（後掲注11）に対応する引用）によってさえ，乗車時点から監禁罪が認められる事案なのではないだろうか（「婦女を姦淫する企図の下に自分の運転する第二種原動機付自転車荷台に当該婦女を乗車せしめ」た〔前掲刑集249頁〕。第2審判決の認定によると，「同女が自ら自転車から飛び降り自宅に逃げ帰るのを追つて更に同女をとらえ押し倒す等の暴行を加え執拗にその目的を遂げようとした」〔同253頁参照〕）。そうだとすると，最決昭和38・4・18については，むしろ上記批判の理解の方が整合的であるように思われる。さらに，現在の佐伯教授の見解については後掲注19）第2段落と後掲注24）を参照。

7) 佐伯仁志・法教362号（2010）103頁以下。

I　問題の分析

の生命はそれ自体の価値ではなく金銭との交換価値において保護されることになるであろう」[8]。

　そこで批判者は,「当該構成要件で保護された法益に関連する錯誤だけを重要な錯誤と解して,そのような錯誤がある場合に限って同意を無効とすべきであるという,いわゆる法益関係的錯誤説[9]」を採用し,統一的な解決をはかるべきだと主張する。これによれば,「被害者が乗った車の運転手が,被害者が降りるつもりになっても……降ろさないつもりだったのかどうかという点が問題である。もし,運転手が降ろさないつもりであったのならば,被害者は知らないうちに〔監禁罪の保護法益である『現存する場所から立ち去る自由』[10]〕の制約を受けていたのであって,その承諾は法益関係的錯誤に基づく無効なものといえるであろう。従って,車が走り始めた時点から監禁罪を認めることができる。しかし,運転手にそのような意図がなかった場合には,……その承諾は有効であり,降ろしてくれるように求める時点まで監禁罪は成立しない[11]」。また,「誰を住居内へ入れ誰を入れないかについて決定する権利を保護法益と考えるならば,ある人物を住居内に入れるということについて承諾していれば,それ以外の事情についての錯誤は法益関係的錯誤ではない。従って,他人を夫と誤信して立入を許可した場合〔=「人の同一性の錯誤」[12]〕には,法益関係的錯誤であり,錯誤に基づく許可は無効である。これに対して,ある人物の属性,目的に錯誤がある場合,例えばセールスマンだと思って家に入れたら強盗だったという場合には,特定の人を家へ入れること自体には錯誤なく承諾しているので,錯誤は有効ということになる[13]」。さらに,「刑法が殺人罪で保護する被害者の生命と無関係な事情についての錯誤を考慮して,被害者の承諾を無効とするのは妥当でない[14]」。

---

8)　佐伯仁志「被害者の錯誤について」神戸法学年報1号（1985）70頁。
9)　佐伯・前掲注6)総論218頁。同所には,法益関係的錯誤説を支持しているとされる文献が多数列挙されている。
10)　佐伯・前掲注8)84頁。
11)　佐伯・前掲注8)86頁。
12)　佐伯・前掲注8)97頁。
13)　佐伯・前掲注8)96頁。さらに佐伯仁志「刑法における自由の保護」曹時67巻9号（2015）42頁以下も参照。
14)　佐伯・前掲注8)70頁。

(2) ⓐ 法益関係的錯誤説（以下では「法関錯説」と略する）による以上の主張は，つぎのⓐⓑの当罰性判断から成り立っている。

ⓐ判例①〜③の結論に反対する。[15]

ⓑ指輪事例[16]・借金目的立入事例[17]・1億円事例[18]での各該当犯罪の成立を否定する。

法関錯説は，上記ⓑの結論を導き出すためには法関錯説を採用する必要があると主張し，法関錯説が採用されるとすれば上記ⓐの結論が必然的に導き出されるとする。

しかし，指輪事例と借金目的立入事例については，判例①②の結論を維持しながら上記ⓑの結論を導き出すことは可能だと思われる。

(b) まず指輪事例では，かりに途中で（たとえば欺きが発覚して）女性から降車を要求されたとした場合に，運転者にその要求を受け入れるつもりがあったのかが問題になる。要求を受け入れるつもりがなかったのであれば，車が走り始めた時点から監禁罪を成立させるべきことは，法関錯説の支持者も認めている。[19] これに対して，要求を受け入れるつもりだった場合，それはそもそも「監禁」（刑220条）にあたらないと解する余地があるように思われる。[20]

---

15) ただし，判例②③については無条件で反対されているのに対して，判例①については「運転手がどのようなつもりであったのかがはっきりしない」（佐伯・前掲注8）86頁注88）。この点については前掲注2）を参照）ことを理由に（前掲注11）に対応する引用を参照），留保つきで反対されている（佐伯・前掲注8）86頁。前掲注6）も参照）。もっとも，現在の佐伯教授の見解については後掲注19）第2段落を参照。

16) 前掲注6）に対応する引用でとりあげられている事例を，以下では「指輪事例」と引用する。

17) 佐伯・前掲注7）に対応する引用でとりあげられている事例のうち「借金目的での立入り」の場合を，以下では「借金目的立入事例」と引用する。

18) 佐伯・前掲注8）に対応する引用でとりあげられている事例を，以下では「1億円事例」と引用する。

19) 佐伯・前掲注11）に対応する引用を参照。

この点について判例①の事案では，運転手は被害者が欺かれていることを知らなかった。しかし，雇主である被告人の要求に直面し，被害者からの停車の求めに簡単には応じることのできない状態となっており，そのために被害者は時速約25キロメートルで走行中の自動車から飛び降りざるをえなかった（以上の事実関係について前掲注2）を参照）。現在の佐伯教授の見解によれば，このような状況を「車外に出ることが著しく困難であった」（佐伯・前掲注13）「刑法における自由の保護」10頁）と評価することが可能であり，かつ，そのような状況がすでに被害者乗車時に被告人によって作出されていたと認定できるのであれば，「被害者を乗せた車が発車した時点から監禁罪の成立を認めた1審の認定は正当である」（佐伯・上掲箇所）と解されている。前掲注15）を参照。前掲注6）も参照。

20) 典型的な監禁の事例に置き換えて説明すると，たとえば，①「部屋に3時間とどまってくれた

(c)　借金目的立入事例と判例②の間にはつぎのような違いがある。すなわち，判例②では，㋐立入りの目的が犯罪実行であり，しかも，㋑それを住居権者等の対応（制止等）にかかわらず遂行するつもりであった。

　住居侵入罪は，住居権者の「意思に反して立ち入ること」を処罰対象にする犯罪であるが，上記㋐㋑のような事情が認められる場合には，退去要求（刑130条後段）が有効に機能する状況ではないという判断から，住居侵入罪（同条前段）の成立を認めて刑罰による早期の介入を肯定することにも合理性がありうると考えられる。判例②は，このような考え方からその趣旨を理解することができるように思われる。これに対して借金目的立入事例の場合には，不退去罪による保護を認めれば十分だと解される。

　(d)　以上のように指輪事例・借金目的立入事例については，それぞれの犯罪の保護法益の内容をどのように理解するかによっては，判例①②の結論を維持しながら前記ⓑの結論を導き出すことは可能だと思われる（しかも指輪事例についての前記(b)の理解は，現在では法関錯説支持者によっても承認されているように思われる。さらに前掲注19）第2段落も参照）。そうだとすれば，結論に争いのある判例②に対する評価は，正面から，住居侵入罪によってどのような利益が保護されるべきかを問うことによってなされるべきだと思われる。

　(3)　(a)　ところで，ここまでの検討を前提にした場合，法関錯説支持者による住居侵入罪についての前記説明（前掲注13）に対応する引用）は，迂遠なもの

ら報酬を約束する」と欺いた事例で，その部屋は無施錠という条件であれば，「監禁」（刑220条）にあたらないことはあきらかであろう。②同じく「部屋に3時間とどまってくれたら報酬を約束する」と欺いた事例で，「その間は施錠するが，もしも途中で出たいと申し出れば，即座に開錠する」という条件が付されていた場合，この条件が遵守されるのであれば「監禁」にはあたらないと解することも可能ではないだろうか。③「施錠した部屋に3時間とどまってくれたら報酬を約束する」と欺いたうえで「途中で開錠することはできない」という条件を付したような場合と上記②を同列に論じることはできないように思われる（もっとも，そもそも③の事例で監禁罪による処罰が認められるべきか否かは別論）。以上については平野・前掲注6) 25頁以下を参照。

21)　最判昭和58・4・8刑集37巻3号216頁。
22)　このような住居侵入罪の理解については，鈴木左斗志「住居侵入等罪（刑法130条）の検討——最近の最高裁判例を手がかりにして」慶應法学35号（2016）173頁以下を参照。
23)　あるいは，「監禁」（刑220条）「侵入」（刑130条）の内容。
24)　佐伯・前掲注13)「刑法における自由の保護」9頁以下では，前掲注20) に対応する本文が承認されているように思われる。かりにそうだとすると，前掲注6) に対応する本文の批判は，現在では佐伯教授自身によっても維持されていないのかもしれない。

だと感じられるのではないだろうか。住居侵入罪の保護法益の内容こそが問題の焦点だとすれば、端的にそれを問うべきである。「錯誤の法益関係性」として問題を位置づけて論じることは、議論の理路を不明瞭にすると思われる。

具体的に考えてみよう。「意思に反して立ち入」ったといえるのは「誰を住居内へ入れ誰を入れないかについて決定する権利」[25]を侵害した場合だという理解[26]を前提にしたとしても、そのことから直ちに「人の同一性の錯誤」[27]だけが法益関係的だと帰結されるわけではない。上記の「誰」をどのような基準で判断するべきかが先決問題であり、それに従って住居侵入罪の保護法益の内容は定まる[28]。そして、上記の「誰」を決めるにあたっては前記㋐㋑(=(2)(c)を参照)のような住居内での危険を考慮するべきだという立場を採用した場合、かりに法益関係的錯誤という考え方に従ったとしても、判例②の事案での錯誤は法益関係的だということになる[29]。

結局、「法益関係的錯誤」という考え方を採用するか否かは、理論的には、判例②に対する評価にはかかわらない[30]。問題の焦点は、住居侵入罪の保護法益そのものに対する理解にある[31]。

(b) これに対して、1億円事例で問題になる殺人罪の場合には、その法益侵害の内容が生命の断絶であることは動かしえない[32]。そうだとすれば、すくな

---

25) 前掲注21)。
26) 前掲注13)に対応する引用を参照。
27) 前掲注12)に対応する本文を参照。
28) なお、住居侵入罪の保護法益については、住居権説と平穏説の対立として論じられることが多い(たとえば大コンメンタール刑法〔第3版〕(7)〔2014〕270頁以下〔毛利晴光〕を参照。さらに佐伯・前掲注13)「刑法における自由の保護」44頁以下も参照)。しかし、かりに住居権説を支持したとしても、本文で述べたように、「誰」をどのような基準で判断するかに応じて保護法益の内容に違いが生じうる(なお、佐伯・上掲46頁以下も参照)。この点については次注を参照。
29) その具体的な内容については、鈴木・前掲注22)186頁以下を参照。
30) 法関錯説の支持者は、「法益関係的錯誤」という枠組みによる統一的解決を強く志向する。そのために、個別の問題を検討するにあたっても、統一的枠組みによって解決可能となるように問題の焦点が設定されるということが起こりやすいのではないだろうか。しかし、ここでの問題は、すでに定まっている保護法益の内容と錯誤との関係を論じれば済むという(法関錯説が想定している)局面に焦点があるのではなく、そもそも保護法益の内容そのものをどのように理解するべきかにこそ焦点がある。前掲注28)も参照。
31) 鈴木・前掲注22)では、本文で述べた考え方にもとづいて、関係する(裁)判例を包括的に検討した。
32) もっとも、刑法199条の保護法益が〈自殺意思・被殺同意の有効要件を充足していない生命断

くとも判例③に対する関係では，(1)で引用した法関錯説による批判は有効なのではないだろうか（以下での検討のうち，とくにⅡ1における検討は，仮説にもとづいて提起された理論的疑義を解消することが目的であり，提起された疑義に対応する必要から，検討対象もすべて仮想事例とならざるをえなかった。しかし，とくにここでの問題の場合，仮想事例をめぐってあれこれと議論することにそもそも意味があるのかについては，懐疑的にならざるをえないと思われる。そこで，Ⅱ1(4)に結論だけを簡潔にまとめた。本稿における実質的な検討の中心はⅡ2(2)(c)第2段落以降である[33])[34])。

Ⅱ 欺きによる殺人罪（刑199条）の成否

1 最高裁昭和33年11月21日判決（刑集12巻15号3519頁）をめぐって

(1) Ⅰ(1)で判例③として引用した最高裁昭和33年11月21日判決（以下では「昭和33年判決」と引用する）に対しては，つぎのような批判が向けられてきた。「この〔事案の被害者〕は，『死』ということの意味は十分理解しているのであり，死ぬこと自体には錯誤はなく，ただその理由に錯誤があるにすぎないから，殺人だとするのは妥当とは思われない」[35])。

絶）と理解されるべきだとすれば（平野龍一・犯罪論の諸問題(下)各論〔1982〕297頁参照），前掲注30）の内容は殺人罪についてもあてはまることになる。Ⅱ2(2)(c)第2段落を参照。

33) 実際上の問題については，主としてⅡ3で検討する。

34) 後掲注67）で指摘するように，問題は，結局，平野博士が提起された疑問へと回帰することになる。そのため本稿の以下での検討は，後掲注35）とそれに対応する本文からⅡ2(2)(c)第2段落へとスキップして読まれうる。

35) 平野龍一・刑法概説（1977）158頁。つぎのようにも述べられている。「生きるか死ぬかは，他の条件にかけることはできない性質のものだと考えれば，死ということ自体にほんとうに同意した以上，その動機・条件は問題にならない，ということになるだろう。強迫によるような場合は，死ということ自体をいやいやながら，同意しているのだから，同意殺にはならない」（平野・前掲注32）297頁）。この批判は，たとえば大判昭和9・8・27（前掲注3）参照）や大判昭和8・4・19（「愚鈍ニシテ被告人ヲ信スルコト厚キ」被害者について，「被告人ノ詐言ノ為錯誤ニ陥リ……一時仮死状態ニ陥ルモ再ヒ蘇生シ得ヘキモノト信シ」て縊死した事案で殺人罪の成立を認めた。前掲注3）も参照）の事案と昭和33年判決の事案は異なって取り扱われるべきだと主張している。

なお，中野次雄「殺人罪と自殺関与罪との限界」ひろば12巻2号（1956）16頁では，「〔昭和33年判決〕の事案を殺人罪と解することは，刑法理論上，被害者を道具に使用した一種の間接正犯もしくは間接正犯類似のものと解することになるのであろうが，前述した昭和8年の判例〔＝上記大判昭和8・4・19〕の事案のごとく被害者が自殺ということを全然意識していなかっ

しかし、このような見解によると、たとえば「〔癌のために〕あと3カ月の生命であると欺罔して自殺を教唆し、被害者を死なせた場合[36]」についてまで自殺関与罪にとどまると解さざるをえなくなる。このような結論を回避しつつ、昭和33年判決の事案では刑法202条の罪（前掲注3）参照）の成立にとどめるために主張されたのが法益関係的錯誤説（法関錯説）である。つまり、「刑法が殺人罪で保護する被害者の生命と無関係な事情についての錯誤を考慮して、被害者の承諾を無効とするのは妥当でない[37]」が、「動機の錯誤であっても、被害者自身の生命について死ぬ意思を決定した錯誤があれば、法益関係的錯誤として錯誤に基づく承諾は無効とすべきであろう。殺人罪の保護法益である生命とは、抽象的に有か無のものではなく、具体的な量的広がりを持ったものだからである（このことは、死期の迫った患者を殺害した場合にも、死亡時期を問題にして行為と死亡との間の因果関係を認めることからも明らかであろう）。死ぬことについて錯誤なく承諾していれば、動機の錯誤は考慮しないという学説が、このような場合にも承諾を有効とする趣旨であれば、妥当でないと思われる[38]」。

(2) (a) しかし、そもそも「余命が短い」という（虚偽）事実にもとづいて自殺が決意されるのは、具体的にどのような場合だろうか。たとえば、

　事例A　ある事の完遂に生活のすべてを捧げてきた被害者に対して、Xはその余命を欺くことで、完遂が不可能だと思い込ませた。被害者は生きる意味を見失って絶望し、唆されるままに自ら命を絶った。

この事例は、そのような場合だと考えられるかもしれない。しかしこの事例の[39]

　　　た場合はこの理論構成が正面からあてはまるけれども、被害者が自殺を決意してこれを実行した本件の場合についてどのようにしてこの理論構成が可能なのであろうか。そのことはまた、本件のような場合が刑法199条の殺人罪としての定型性を欠くことを物語るものでもあろう」とされている。しかし、この点については後掲注72）第3段落を参照。また、中野判事の見解については後掲注68）第2段落も参照。
36) 佐伯・前掲注8) 67頁。
37) 佐伯・前掲注8) 70頁。
38) 佐伯・前掲注8) 67頁。
39) 前掲注36) に対応する本文で引用した「〔癌のために〕あと3カ月の生命であると欺罔して自殺を教唆し、被害者を死なせた場合」という記述では、「癌」という理由と「あと3カ月の生命」という理由の相互関係が明確ではない（たとえば「癌で不治であり残りの生命についてもすぐに激痛に苦しめられるであろうと欺罔する場合」という趣旨に受け取れば、「切迫した非常な苦痛を伴う死を避けるために、自殺」したという理解にもなりうる〔引用部分は林美月子

II 欺きによる殺人罪（刑199条）の成否

場合，被害者による決意の直接の原因は，完遂が不可能だと思い込まされたことによって生き続ける意味を見失ったことにある。余命についての欺きは，それが単独・独立に決意の原因となったわけではない。

法関錯説の支持者は，殺人罪において「動機の錯誤」[40]が考慮されるべきではない理由をつぎのように述べている。「刑法〔は，〕人間の生命の価値それ自体を保護しており，生命を『他との関連において持つ価値，重要さ』において保護しているわけではない」[41]。「例えば，死んだら家族に1億円くれるからというので死ぬことを承諾した（そうでなければ死ぬ意思はなかった）という場合に，被害者の承諾を無効として殺人罪の成立を認めるならば，被害者の生命はそれ自体の価値ではなく金銭との交換価値において保護されることになるであろう。そして，このことは追死という相手方の生命の処分を条件に自己の生命を処分した場合にも同様である。刑法は，被害者の生命それ自体を保護しているのであって，自己の生命と他人の生命との交換を保護しているのではない」[42]。「我々は，法益として『意味ある生命』というものを認めるべきでないし，『意味ある死』というものも認めるべきではない。殺人罪にとっては人の生死とその認識だけが重要なのであって，それが心中なのか単なる自殺なのかは重要でない」[43]。

このような考え方によると，前記事例Aはどのように評価されることにな[44]

「錯誤に基づく同意」内藤謙先生古稀祝賀・刑事法学の現代的状況〔1994〕46頁）。林（美）教授は，上記のような理解にもとづいて「自殺の決定は自由な意思によるものとは言えない」とされる。林（美）教授の見解についてはⅡ2(2)(c)での検討を参照）。そのため，余命にだけ焦点を絞ることができる事例状況を取り上げた。

40) 佐伯・前掲注8) 67頁。
41) 佐伯・前掲注8) 71頁。
42) 佐伯・前掲注8) 70頁。
43) 佐伯・前掲注8) 71頁。
44) なお，法関錯説の支持者の中にはつぎのように述べる見解もある。「それ自体が（他の目的に供されてはならないという意味で）自己目的である生命については，一定の目的のために生命を処分することが事実上あったとしても，そうした処分の自由は刑法上保護の対象とされるべきではない。たとえば，自殺は，それがいかなる理由から行われるにせよ，本人以外との関係では違法であり，自殺の自由は保護対象とならないのである。このことは，自殺を阻止しても強要罪等で処罰されることはないことに現れている。……こうして，生命処分の自由は保護の対象とならないから，生命処分の動機について欺罔された偽装心中事件のような場合には，法益関係的錯誤は認められないのである」（山口厚「法益侵害と法益主体の意思」山口厚編著・クローズアップ刑法各論〔2007〕17頁以下。山口厚・刑法総論〔第3版〕〔2016〕172頁も同旨）。しかし，以上に示されたつぎの2つの論拠，①自殺を阻止しても強要罪等で処罰されないこと，

るのだろうか。「意味ある生命」を全うできないことを理由にする自殺である以上は、自殺関与罪の成立が認められるにとどまるのだろうか。

　(b)　以上の指摘は、個別事例での処理の困難さを取り上げているにすぎないと感じられるかもしれない。しかし、つぎの点は確認される必要があると思われる。すなわち、余命が短いことを単独・独立の理由にして自殺を決意するという〈純粋な事例〉は、そもそもどの程度の現実性をもちうるのか。かりにそのような純粋事例が想定できたとして、殺人罪の成立をそのような事例に限定して認めることは適切か。

---

②生命処分の自由は刑法上の保護対象にならないことについては、そのいずれにも疑問がある。
　まず上記①の事実は、生命を積極的に処分する方向での自由が保護されていないということを示しているとはいえるだろう。しかし、この事実だけから、生命の処分をおこなわない（思いとどまる）という消極的な方向の自由についてまで、それは欺きによる侵害からの保護対象外だと論理的に帰結されるわけではない（ⓐ自殺を無理矢理止めることに対応する欺きは、たとえば、ⓐ'自殺の誘因であった事実関係がなくなったと欺いて自殺を止めることである。ⓑ欺いて自殺させることに対応する強要は、ⓑ'無理矢理自殺させることである。ⓐが犯罪にならないことから論理的に導き出せるのは、ⓐ'が処罰されるべきではないということにとどまる〔もっとも、欺きの当罰性は強要と同等以下だという評価が前提になる〕。ⓑについての何らかの論理的帰結を導き出すことはできないと思われる）。
　つぎに上記②について。偽装心中事件に殺人罪が適用された理由を、被告人が約束通りに追死しなかったからということに求めるとすれば、殺人罪による処罰は「生命処分の自由」を保護しているということになりうるのかもしれない（自殺目的の達成を刑罰によって保証することになり、結果として「一定の目的のために生命を処分する……自由」を促進することになりうるから。なお、同趣旨のことが、すでに Roxin, Claus, Strafrecht Allgemeiner Teil, Bd. 1, 4. Aufl. München 2006,§13 Rn. 99 でも主張されているが、以下に指摘する問題は Roxin の見解についてもあてはまると思われる）。しかし、偽装心中事件が殺人罪で処罰されたのは、被害者が本当のことを知っていれば自殺を思いとどまっていただろいうからである。その意味で、殺人罪処罰は被害者の生命が欺きによって失われるのを阻止するために科されるのである（偽装心中事件における殺人罪処罰は、被告人に対して約束通りに追死しろと命じているのではなく、欺きによって自殺意思を誘発するなと命じている。このように解するからこそ、かりに被害者死亡後に追死意思を生じて被告人が自殺したとしても、そのことを理由にしてすでに成立した殺人罪が否定されることはない。また反対に、本当に追死するつもりであった者が、被害者死亡後に心変わりして生き延びたとしても、そのことを理由にして殺人罪処罰が認められるわけではない〔この点との関係で、松尾浩也・刑法判例百選Ⅱ〔第4版〕〔1997〕5頁参照〕）。
　結局、上記①②は、動機の錯誤が考慮されるべきではない理由として新たな論拠となりうるものではない。

45）　余命が短いことを告げられたために抑鬱状態となって自殺に至ったという事例でも、その理由が問題となりうる。たとえば迫り来る「死」の恐怖に耐えられなかったという場合、〈「死」の恐怖にさらされていない状態の生命〉だけを全うしたいという選好は保護されるべきかが（佐伯教授の立場からは）問われざるをえないと思われる（かりに上記のような選好の保護を否定したうえで、この場合は「強制」〔Ⅱ2(2)(a)を参照〕にあたりうる限りで殺人罪が成立すると解されるのであれば、Ⅱ2(2)(c)で検討する林（美）教授の見解に帰着する）。

おそらく法関錯説の支持者は，純粋事例以外の事案でも殺人罪成立の余地を認めるのではないかと思われる。しかしその場合，被害者は，一方で，①余命についての錯誤に陥っているものの，他方では，②「意味ある生命」を全うできないからという理由で自殺している。このように①②が競合した場合，どちらの背後にある政策的・理論的考慮が優先されるべきかについて，前記の法関錯説の主張の中には十分な根拠（あるいは基準）を見出すことができないように思われる。しかし，この点こそが問題の核心部分である。

(3) (a) この点について，法関錯説の支持者からはつぎのような解答が示されている。「『法益関係的錯誤』が認められる場合には，惹起された法益侵害について同意・承諾が存在しないのであり，同意・承諾は存在するが，それが自由に与えられたといえないために無効となるのではない」。「侵害の対象となる法益の価値……について正確な認識がない場合には，当該法益侵害の惹起に対する同意・承諾を認めることはできない。毀損の対象となった物品の価値について錯誤がある場合（贋作だと騙されて絵画の損壊に同意したが，それが真作であった場合等）……には，現実に生じた法益侵害に対する同意・承諾は認められない。……余命の長さについて欺罔して，殺害についての同意を得た場合又は自殺意思を生じさせた場合，……『余命の長さ』について『法益関係性』を肯定してよいと思われる」。つまりこの見解によれば，余命は殺人罪における「法益の価値」であり，その正確な認識を欠いた状態では，そもそも法益侵害に対する同意・承諾の存在そのものを認めることができない（前掲注35）で引用した大判昭和9・8・27や大判昭和8・4・19の事案と同じように取り扱われるべき場合だということになる）。その意味で，同意・承諾の存在自体は前提にしたうえでその効力が問われるにとどまる場合，すなわち，余命以外の事実について

---

46) その原因は，そもそもどうして「余命」だけを特別扱いするのか，その根拠があきらかにされていない点にある。この点について佐伯教授は，「死期の迫った患者を殺害した場合にも，死亡時期を問題にして行為と死亡との間の因果関係を認めること」を根拠として援用されていた（前掲注38）に対応する引用を参照）。しかしこれは，むしろ反対に，殺人罪にとっては生命の断絶こそが決定的であって，余命は重要ではないということを示している（この点については後掲注52) 65) も参照）。そうだとすると，佐伯教授による法関錯説の主張には，そもそも理論的根拠が存在したのだろうか。Ⅱ2(2)(b)第2・3段落を参照。
47) 山口厚「『法益関係的錯誤説』の解釈論的意義」司研111号（2004）101頁。山口・前掲注44）刑法総論169頁以下も同旨。
48) 山口・前掲注47）101頁以下。

錯誤があるにすぎない場合とは，理論的に明確に区別されるべきだ，と。

この見解によれば，前記事例 A（(2)(a)を参照）を含めて，「余命の長さ」について錯誤に陥っている場合は一律に殺人罪の成立が認められることになる。[49]

(b) それでは，この見解による場合，つぎの事例はどのように取り扱われることになるのだろうか。

事例 B_1　X_1 は，自殺すれば多額の金銭を遺族に与えると被害者に約束した（この点に偽りはない）。被害者は多額の負債をかかえていて，家族に迷惑をかけたくないと強く思っていたため，その額の報酬が得られるのであれば本望だと考えて自殺を決意し，その旨を X_1 に伝えた。そこで X_1 は，被害者が翻意することのないように，被害者の余命を短く偽って告げた。しかし被害者は，余命についてはまったく関心をもっておらず，（余命にかかわらず）多額の金銭を遺族の手に残すために自殺した。

この事例 B_1 の被害者には，「法益の価値」についての正確な認識がない。[50]そのため上記の見解によれば，被害者には「法益侵害について同意・承諾が存在しない」ということになり，X_1 には殺人罪の成立が認められることになる。しかし，この結論が適切だとは思われない。[51]このような問題が上記の見解に生じてしまうのは，余命を殺人罪の保護法益そのものと同視してしまったことによる。[52]つぎの事例と比較してみよう。

---

49) なお，山口教授が動機の錯誤を考慮するべきでないとされている理由については前掲注 44) での検討を参照。
50) 前掲注 48) に対応する引用を参照。
51) その理由を本稿の立場から説明すれば，Ⅱ 3(1)で検討する条件が充足されていないからということになる。さらにⅡ 2(2)(b)第 3 段落も参照。なお，余命の欺きについて上嶌一高「被害者の同意(下)」法教 272 号（2003）81 頁も参照。
52) そもそも法益とは別に「法益の価値」という新たな概念を持ち出すことにどのような意味があるのかは，必ずしもあきらかではない。つぎのような事例を考えてみよう。

　　X が被害者に重大な傷害を与えたところ，その影響で被害者の余命が大幅に縮減された。しかし，死亡するには至らなかった。

山口教授の見解によれば，この事例の被害者は，殺人罪で保護されている「法益の価値」を X によって侵害されたことになる。しかし，そのことから，X にこの点の認識が認められれば（余命を縮減させた段階で）殺人既遂罪を成立させるべきだ，とまで主張されるわけではないだろう。つまり，殺人罪における「法益の価値」と定義されたものの侵害は，法益そのものの侵害とは独立して殺人罪を成立させるわけではないのである。そうだとすると，「余命の長さ」について錯誤があったにすぎない被害者について，「法益の価値……について正確な認識がない」

事例B₂　X₂は，薬の治験を装って被害者を毒殺しようと考え，多額の報酬を約束したうえで治験に参加するよう被害者に促した。被害者は多額の負債をかかえていて，家族に迷惑をかけたくないと強く思っていたため，その額の報酬が得られるのであればたとえ死んだとしても本望だと考え，治験への参加を了承した。そこでX₂は，被害者に報酬を支払うとともに，被害者が翻意することのないように「死亡する危険性はありません」と欺いた。しかし被害者は，死亡の危険性についてはまったく関心をもっておらず，（死亡の危険性にかかわらず）指示どおりに服薬して死亡した。

　この事例B₂の場合，報酬と引き換えにむしろ死ぬ方が望ましいとすら被害者が考えていたとしても（家族への贖罪の気持ちから），実際には服薬によって死ぬことはないと認識していた以上，X₂の処罰が202条にとどまることはないであろう。

　(4)　ここまでの検討結果をまとめてみよう。

　法関錯説の礎である「あと3カ月の生命であると欺罔して自殺を教唆し，被害者を死なせた場合」[53]という設例は，より具体的な事情・状況を補ってこそ，はじめて現実性をもった事例として検討の対象となりうる。ところが現実には，余命が短いということを単独・独立の理由にして自殺するといったような事案はあまり想定しがたいとすれば，そもそも法関錯説は，実際の事案を解決するための指針としては必ずしも有用とはいえない「理論」なのではないか。このような疑問が生じざるをえない（(2)(b)を参照）。

　以上のような問題状況に直面して，法関錯説の支持者の中には，余命についての欺きに絶対的な意味を認めるという結論を維持するために，余命を法益そのものと同視する理論構成にまで至る見解もあった（(3)(a)を参照）。しかし，ここで問われているのは，〈余命についての欺きは，現実には，他の動機と影響を及ぼし合うことで自殺への決意に結びつくのではないか。そうだとすれば，

　　と定義することからの帰結として「法益侵害について同意・承諾が存在しない」という結論を導き出されるその主張には，どのような理論的裏づけがあるのだろうか。なお，この点に関係する問題について後掲注65）での検討も参照。また，前掲注46）も参照。
53)　前掲注36）。

余命と他の動機の関係を正面から取り上げて検討することは不可避なのではないか〉という根本的な問題である（(2)(b)末尾を参照。この問題については2(2)(b)で検討する）。このような実質的な問題に取り組まれる代わりに，理論構成の変更によって結論を固定化しようとすると，むしろ既存の問題点がより明確な弊害を生じさせてしまうのではないだろうか。(3)(b)で検討した事例 B_1 には，まさにこのことが表れているように思われる（その他の弊害については前掲注52)・後掲注65)を参照）。

2　錯誤と「外の行為を選択することができない」（最決平成 16・1・20 刑集 58 巻 1 号 1 頁）の関係

(1)　被害者に対する暴行・脅迫等によって，自殺（あるいは被殺への同意）「以外の行為を選択することができない精神状態に陥らせていた」と評価される場合には，そうしてなされた決意の有効性は否定され，殺人罪（刑199条）の成立が認められる。この場合の「外の行為を選択することができない」かどうかの判断は，生命を失うこととの関係で問われるのであるから，それに応じた一定の厳格さが求められることになるだろう。

---

54)　なお山口教授は，動機の錯誤を考慮するべきではない理由として前掲注44)で引用した内容を主張されていた。しかし同注で検討したように，その主張内容には疑問があると思われる。その点は措くとしても，余命が他の動機と影響を及ぼし合った場合をどのように考えるべきかという問題の核心部分については，正面から検討されていないように思われる。

55)　以下では，主として自殺意思への関与について検討する。

56)　最決平成16・1・20刑集58巻1号1頁。ただし，この判例の事案では「被害者には被告人の命令に応じて自殺する気持ちはなかった」（「被害者は，……被告人を殺害して死を免れることも考えたが，それでは家族らに迷惑が掛かる，逃げてもまた探し出されるなど思い悩み，車ごと海に飛び込んで生き残る可能性にかけ，死亡を装って被告人から身を隠そうと考えるに至った」）。最高裁が殺人罪（未遂）の成立を認めたのは，「被害者に対し死亡の現実的危険性の高い行為を強いた」ことによる。しかし，判断基準としては自殺を決意させた場合にも適用可能だと思われる（最高裁判所判例解説刑事篇平成16年度31頁以下〔藤井敏明〕によると，最決平成16・1・20で殺人罪の故意が認められたのは，上記のような行為を強いられた結果として「被害者が自殺する意思を形成して自殺行為に及んだ……場合でも〔殺人罪の〕実行行為性が認められ」るからだとされている。以下では同解説を「最判解刑（平16）〔藤井〕」と引用する）。

57)　ただし，前掲注56)のような事案の内容を踏まえると，「被害者……には，他に手段がないという認識を前提にしつつも，自殺したように装って生き延びようとする主体的な意思決定があることも否定できない。……このような場合に，『被告人の行為によって被害者の意思決定の自由が完全に奪われていた』とするのは，実態にそぐわないように思われる」（最判解刑（平16）25頁〔藤井〕）。「意思決定の自由は，全か無かという二者択一ではなく，観念的には，①意思決定の自由を完全に欠く状態，②意思決定の自由が制約された状態，③意思決定の自由に対す

Ⅱ 欺きによる殺人罪（刑199条）の成否

　学説の中には，欺きによる場合についても上記と同内容の厳格な判断を要求し，「緊急状況」が存在すると欺いた場合や，欺きによって「意思の抑圧」を生じさせた場合に限定して有効性を否定するべきだと主張する見解もある。

　(2) (a) 以上のような意味での厳格な判断が充足される場合を，かりに「強制」された場合と呼ぶことにしよう。上記の見解は，強制された場合以外は「自由な意思決定」にもとづいているからという理由で，刑法202条の成立を認めるにとどめるべきだと主張している。たしかに，このような立場も１つの考え方として成り立ちえないわけではない。

　(b)　しかし，上記の見解のうち余命を殺人罪の保護法益と同視する見解（1(3)(a)を参照）は，結論として，余命についての欺きがある場合には一律に殺人罪の成立を認めるべきだという可罰評価を下していた。このような場合の中には，たとえば前出事例A（1(2)(a)参照）のように強制が認められない場合も含まれる。論者はこれを「惹起された法益侵害について同意・承諾が存在しないのであり，同意・承諾は存在するが，それが自由に与えられたといえないために無効となるのではない」と説明していた。しかし，すでに検討したように，ここで問われているのは，余命を理論的にどのように位置づけるかという形式的な問題なのではなく，現実に余命と他の動機が影響を及ぼし合っているという実態をどのように評価するべきか（あるいは，余命が付随的な意味しかもっていないような場合をどのように取り扱うべきか）という実質的な問題である（1(3)(b)・(4)を参照）。

　このような観点から余命の欺きがもつ意味について再考してみると，余命は，

　　る制約が全くない状態，という区分けができようが，……本件は②の範囲内（そして，その制約が強い状態）にある」（最判解刑（平16）26頁（注12）［藤井］）。この点については後掲注70）を参照。
58)　林（美）・前掲注39) 46頁。具体例として前掲注39) に引用した事例をあげられたうえで，「欺罔は，被害者に，自殺より他にこの葛藤状態の解決方法はないと思わせるようなものでなければならない」とされている。
59)　山口・前掲注44)「法益侵害と法益主体の意思」25頁以下。具体例として福岡高宮崎支判平成元・３・24高刑集42巻２号103頁が示されている。
60)　林（美）・前掲注39) 46頁，山口・前掲注44)「法益侵害と法益主体の意思」26頁（ただし山口・前掲注44) 刑法総論167頁では前掲注57) の理解へと変更されている）。もっともこの点については前掲注57)，後掲注70) を参照。
61)　山口・前掲注47) 101頁。

一般に，①被害者の人生・生活全般を覆うものであり，また，②被害者にとっては動かしえない絶対的な限界である。そのために，多くの場合，被害者個人にとっての最重要事項（それが何であれ）をほぼ確実にとらえるものであり（上記①），また，その事項に対して大きな影響を及ぼすものである（上記②）。さらに，このような影響力の強さ・大きさを考慮すると，余命についての欺き（によって上記事項が受ける影響）とは独立に存在していた自殺意思形成要因が「独自のもの」として働く余地も少ないといえるだろう。その意味で，余命についての欺きは，一般的にいえば，被害者の自殺への決意に「重大な瑕疵」（昭和33年判決）を生じさせるものだといえそうである。

　余命についての錯誤を「法益関係的錯誤」という名称の下に特別扱いする見解が，その理論的根拠は不明であるにもかかわらず，一定の説得力をもちえたのは，余命に以上のような事実上の影響力が備わっているからだと考えられる（法益は関係ない）。しかし，以上の検討からもあきらかであるように，これはあくまでも「一般的には」認められるというにすぎないものである。個別の事案において上記のような内容の影響力が認められるかについては，当該事案の事実関係に立ち入って具体的に判断される必要がある。その際には，欺かれた余命が被害者の自殺意思形成にどのような影響を与えたのかの具体的検討を回避することはできない。「余命についての欺きがあるから」というだけでカテゴリカルに判断することはできないし（1(2)での検討を参照），まして，余命を法益と同視することで自殺意思形成過程の事実認定から切り離してしまうと，かえって余命を特別扱いすることについての説得力の源泉を失ってしまう（1(3)(b)で検討した事例B₁を参照）。

　このように検討してくると，〈余命についての欺きがある場合は，強制がなくても殺人罪の成立を認めるべきだ〉という可罰評価は，それを合理化して解釈すれば，被害者の自殺意思形成に対して上記のような影響を現実に与えていた場合には殺人罪の成立を認めるべきだという可罰評価として理解できる。そうだとすれば，余命以外の事情について欺いた場合にも，それが上記と同程度

---

62) このような前提で議論されているものと解される。
63) 最判解刑（昭33）726頁［髙橋］。
64) Ⅱ1は全体としてこのことを検証しているが，とくに前掲注46）とそれに対応する本文を参照。

の影響を与えていたと評価できる場合であれば，殺人罪の成立を否定する理由はないと思われる（なお前掲注44）を参照）。

(c)　強制された場合以外は「自由な意思決定」にもとづいているから刑法202条の成立を認めるにとどめるべきだと主張する立場（前記(a)を参照）の中には，(b)で検討した見解とは異なり，余命を欺いたにすぎない場合には「法益関係的錯誤」と認めない見解もある。この見解によれば，「被害者が死の意味を理解している」以上は，欺きだけを理由に殺人罪の成立が認められることはない。すでに(a)でも確認したように，このような立場も1つの考え方として成り立ちえないわけではない（なお，後掲注70）第2段落も参照）。

しかし，これに対しては，欺きによって自殺への決意が誘発される場合について，そこには強制とは異なる意味で被害者に保護を及ぼすべき根拠があると考えることもできるのではないかと思われる。すなわち，欺きは，被害者のか

---

65)　林（美）・前掲注39）45頁。なお，その理由の1つとしてつぎのように述べられている。「医者が『胃がんで5年の命です』と欺罔して，被害者が自殺したとしても，殺人罪とするのは妥当ではないであろう。残りの生命についての欺罔・錯誤を法益関係的欺罔・錯誤とすることは，同一人物の中ではあっても生命のあいだに差を認めることであり，さらに第三者（他人）の生命についても同様の差を認めることに繋がりかねないように思われる。やはり生命はどのようなものでも同じ価値であると考えるべきであろう」。これに対して山口教授は，「異なった人の間での余命の長短による区別・差別が問題となっているわけではなく，差別禁止という規範的要請は妥当しない」と答えられている（山口・前掲注44）「法益侵害と法益主体の意思」14頁）。この返答は，余命の錯誤をあくまでも「動機の錯誤」と理解したうえで，その法益関係性を問うにとどまる立場からなされたものであるとすれば，有効だと思われる。しかし，余命を法益と同視される山口教授の見解（Ⅱ1(3)(a)を参照）を前提にする以上，余命5年のA氏と余命10年のB氏の「法益の価値」の比較は問われざるをえないと思われる。この点については前掲注52）での検討も参照。

66)　林（美）・前掲注39）44頁。

67)　前掲注35）で引用した大判昭和8・4・19では，「生命を放棄することについての欺罔・錯誤」（林（美）・前掲注39）44頁）が認められるので，殺人罪が成立するとされる。結局，林（美）教授の見解は，前掲注35）の平野博士の見解と同一に帰することになる。前掲注34）参照。

68)　なお，大コンメンタール刑法〔第2版〕(10) (2006) 355頁以下〔金築誠志〕（以下では「大コンメンタール刑法〔2版〕(10)〔金築〕」と引用する）ではつぎのように述べられている。「威迫による場合は不本意な死であることを意識しているという点で，欺罔の場合との違いはある。しかし，欺罔の場合も，錯誤がなければ不本意な死なのであって，錯誤によってその認識が妨げられているだけなのである。したがって，威迫と欺罔とで決定的に違うともいえないのではないだろうか」。また最判解刑（昭33）726頁〔髙橋〕では，「意思の決定的な瑕疵を生ずる錯誤はすなわち意思内容の錯誤であり，その意思を無効ならしめるものと解したい。蓋し錯誤に基づく意思が真意に適合しないことは，強制の場合と異らないと考える」とされる（同趣旨の指摘として中森喜彦・刑法判例百選Ⅱ〔第6版〕(2008) 5頁）。
　　一方，中野判事は，前掲注35）第2段落で引用した部分につづけて，つぎのように述べられ

かえる個別の事情を知悉する者が，それを利用することで被害者に自殺への決意を生じさせる場合を主たる対象にしている。もちろん，202条に該当するにとどまる行為をおこなう者の場合にも，被害者の個別事情に精通しているということはありうるであろう。しかし，欺きという手段が用いられた場合，個別事情の利用可能性は広がり，またより巧妙に利用されうる。欺きが手段とされる場合にともなうこのような危険性を考慮すると，被害者をより強く保護する余地を認めることにも一定の合理性がありうるのではないかと思われる（以上の結論を強制と共通の観点から説明する場合には，重要な事情について欺かれているという「制約」〔前掲注57〕によって意思決定の有効性が否定されると解されることになるだろう[70]）。

3 欺きによる殺人罪成否の判断

(1) 2(2)(c)の考え方によって欺きを手段とする殺人罪（刑199条）成立の余地を認める場合，その限界を検討するにあたっては，欺きを含む被告人の行為

ている。「もつとも，このことは，現行法の解釈論として本件〔＝昭和33年判決〕のような場合も202条を適用するほかないことを意味するに止まり，それが実質において通例の自殺関与とやや類型を異にする悪質なものであることを否定するものではない。従つて，立法論としてはこのような類型を一般の自殺関与と区別して別個の構成要件とすることは当然考えられるところである。現に，わが改正刑法仮案はその338条2項において，『偽計又ハ威力ヲ用ヒテ嘱託若ハ承諾ヲ為サシメ又ハ自殺ノ決意ヲ為サシメタルトキ』は殺人の例による，と規定した。殺人と法定刑を全く同じとしたところに多少の問題があるかもしれぬが，現行法の解釈として疑義を免れぬ以上，けだし相当な規定だというべきであろう」。ここで指摘されている「現行法の解釈として〔の〕疑義」である，①刑法199条を適用することについての「刑法理論上」の疑義（前掲注35）第2段落を参照）と，②上記①のために「実質において通例の自殺関与とやや類型を異にする悪質なもの」に202条を適用せざるをえないという疑義のうち，①については後掲注72）第3段落のように理解することで解消可能だと思われる。そのことを前提にしたうえで，比較法的にみた199条の特徴（「わが刑法の殺人罪は，嘱託・承諾殺のほかには特別の類型を持たず，極めて幅の広い法定刑をもつ199条だけであらゆる形態の殺人を処罰している点で，比較法的にも特色がある。それだけに，個々の事件における適正な量刑が重要であるといえよう」〔大コンメンタール刑法〔2版〕(10) 240頁〔金築〕〕）も踏まえると，②の疑義の解消のために199条の適用を認めたうえで，量刑において事案の内容にふさわしい解決をはかるのが整合的な解釈なのではないだろうか（なお，上記改正刑法仮案338条2項では「偽計」と「威力」が並列されていることに注意を要する）。

69) 後掲注71)の本文に対応する。
70) あるいは，意思決定の前提となる重要な事情について欺かれていないことが「自由な意思決定」（前掲注60)）の要件だと説明することもできる（ただしこの説明については以下の検討を参照）。
　　もっとも強制の場合にも，どの程度のものであれば自殺意思の有効性が否定されることにな

が被害者の自殺意思形成に与えた影響について，①それが他の形成要因との関係でどの程度の影響力をもっていたか，②それは前記のような危険性の実現として生じた影響力か（欺いたことが上記①の影響力の大きさにどの程度寄与しているか）といった点について判断することが必要になると思われる。たとえば，被害者はすでに他の要因によって意思を形成しており，被告人の行為はその意思を維持する助けとなったにすぎない場合（上記①），あるいは，被告人の行為は意思形成に決定的な影響を与えていたが，その影響力に欺きが寄与した度合が大きくなかった場合（上記②）には，欺きのみを理由にして殺人罪を成立させることはできないように思われる。

欺きが被害者の自殺意思形成に与えた影響を重視する立場からは，その後の自殺遂行への被告人の関与は殺人罪成立のための必須の条件とはならない。し

るのかについては，解釈の余地がある。そして，この点について，たとえば「生命は最も重要な法益であるので，生命を放棄してでも守るべき法益（暴行を避けることによる身体の安全性，脅迫を避けることによる意思決定の自由ないし意思決定の平穏）があるとは考えられない」（林（美）・前掲注39）45頁以下）という見解によると，「自殺の意味について判断が可能であり，その判断に基づいて自殺したのならば」有効性は否定されない（同47頁）と解されることになる。このような立場を前提にすれば，欺きの場合にも「死の意味を理解している」（前掲注66））以上は有効性は否定されないと解されざるをえないだろう（林（美）教授の考え方は首尾一貫している）。これに対して本文で述べた考え方は，強制の場合について，「意思決定の自由を完全に失わせる必要はなく，被害者を自殺に追い込む目的で，被害者が自殺を選択することが無理もないと考えられる程度の暴行・脅迫が加えられた場合は，もはや自殺関与罪ではないと解すべきであろう」（大コンメンタール刑法〔2版〕⑽352頁〔金築〕）という考え方に従って判断されることを前提にしたのである（前掲注57）も参照）。

71) 前掲注69）に対応する本文を参照。
72) このように解さないと，被告人による関与がなくても遂行されるほどの大きな影響を及ぼした（＝被告人の遂行への関与は認められないが，遂行は被告人による欺きの決定的な影響の下に形成された自殺意思にもとづいてなされており，他の形成要因による自殺意思にもとづくものではない）と客観的な証拠・事情から認定できるような場合について，不合理な結論が生じうるように思われる（もっとも本文で後述するように，被告人の遂行への関与が認められない場合には，そのこと自体によって，被告人の〔欺きの〕影響力は大きくなかったのではないかという推認が強く働くと思われる）。

なお，学説の中には，実行行為性の充足を要求するという観点から，殺人罪（刑199条）成立が認められるために必要な被告人の関与内容を限定しようとする提案もある。その内容を大別すると，ⓐ自殺意思形成過程への関与についてのものと，ⓑ自殺行為自体への関与についてのものに分類できる。このうちⓐは，〈被害者の自殺意思形成に対して本文①②の判断を充足する影響を与えたこと〉と理解されるべきだと解される（学説の中には《一般的にそのような影響を与える性質の行為をおこなうこと》と理解する見解もあるが，このような理解が支持できない理由については，「意思の抑圧」の場合を対象にしたつぎの説明の趣旨がパラレルにあてはまると思われる。「被害者の意思を抑圧して自らの生命を失わせる現実的危険性の高い行為に及ばせたことを殺人罪とするためには，現実に被害者の意思が抑圧されていることを要するとい

かし，欺きの影響力の認定という局面で考えた場合，被告人が遂行にまで関与

うべきであろう。いかに被害者の意思を抑圧するに足りる程度の暴行・脅迫等が行われたとしても，実際に意思を……強制されていない限り，被害者の行為はその意思に基づくものであるから，被告人の行為が殺人罪の実行行為性を備えるということができないからである。……反対に，一般人であれば意思を抑圧されないような内容，程度の暴行・脅迫等が加えられた場合でも，具体的事情の下で，その者にとって，現実に意思を著しく抑圧されるようなものであったときには，やはり殺人罪となるといえよう」〔最判解刑（平16）29頁以下（注15）〔藤井〕）。これに対して上記ⓑ（たとえば「服毒行為の際に被告人も現場にいて，毒物を相手に手渡すなど服毒に密接に関連する……ような殺害行為と紙一重の行為が認められるとき」〔最判解刑（平16）12頁（注3）〔藤井〕〕）は，それが現実に行われれば実行行為の一部を構成することになるものではあるが，殺人罪の実行行為性を認めるために不可欠の要素とはならないと解される（理由は本注冒頭に記した。さらに次注を参照。なお，上記ⓑを殺人罪の実行行為性に不可欠の要素として位置づける見解の背後には，遂行に対するⓑの影響力によって欺きのⓐの影響力を補完しようとする考え方があるのかもしれない。このような考え方をつきつめれば，「同意殺人との限界事案の場合は，……自殺〔との限界事案〕の場合より低い程度の……欺罔でも普通殺人罪の成立が肯定されやすい」〔大コンメンタール刑法〔2版〕⑽356頁〔金築〕）。もっとも，結論としては「共通の考え方で差し支えない」〔同所〕とされる〕という帰結が認められることになるだろう。たしかに「同意殺人との限界事案」の場合，被告人自身が殺害行為をおこなっているという点にのみ注目すれば，「自殺〔との限界事案〕」の場合と比較して，通常の殺人罪が肯定されやすいといえそうにも思える。しかし，被害者の側に着目してみると，そこでは自らの生命を他人に委ねてしまうという重い決断が下されているのであり，そのような決断が欺きによってこそなされたと合理的に推認されうるためには，「自殺〔との限界事案〕」の場合より低い程度の……欺罔」で十分だとは必ずしもいえないのではないだろうか。そして，かりに「同意殺人との限界事案」においてもこのような合理的推認を可能とする程度の欺きが要求されるとした場合，今度は反対に，「自殺〔との限界事案〕」においてはそれと同程度の欺きであったとしても普通殺人罪が否定されるとすれば，被害者の保護としては均衡を失するように思われる。自殺関与・同意殺人が「原則的には共通の考え方」〔大コンメンタール刑法〔2版〕⑽〔金築〕上掲箇所〕によって規律されるべき理由は，このような均衡に求められるのではないかと思われる〔なお，自殺関与罪と同意殺人罪の法定刑に差を設けるべきか否かということは立法政策として問題になりうるが〔そしてこのことは，現行法の下でも量刑において考慮されうるが〕，そのような当罰性判断を上記のような欺きの程度の差として反映させることは，以上に述べた理由から適切とはいえないように思われる〕）。

また，学説の中には，問題を「被害者の行為を利用した間接正犯」とカテゴライズすることによって何らかの理論的帰結を導きだそうとする見解もある（この見解の場合には「実行行為性」の代わりに「正犯性」という用語を使うことが多い）。しかし，どのようにカテゴライズしても，検討すべき問題の実質的内容が〈欺きにともなう危険性から被害者をどの範囲で保護するべきか〉であることに変わりはない（複数の者が被害者の殺害に関与した場合について，被害者を殺人罪で保護することを前提にしたうえで，誰を正犯として処罰するべきかを決定する際に問題になる「自律性」と，そもそも被害者を殺人罪で保護するべきか否かを決定する際に問題になる「自律性」とでは考慮されるべき内容に違いがあり，そこが問題の核心部分なのだから，上記のようにカテゴライズしても何かが実質的に解決されるわけではない。前掲注70）第2段落も参照。さらに前掲注68）第2段落も参照）。この点については大コンメンタール刑法〔2版〕⑽263頁〔金築〕も参照（もっとも同356頁）。

73) 前掲注72）のⓑについての検討の中で最判解刑（平16）12頁（注3）〔藤井〕から引用した具体例は，つぎのような記述の中で用いられていたものである。「『偽装心中』〔の種々の態様の中で〕……，自殺者が自分で服毒したような事案では，殺人罪とされるためには，理論上，実行

していれば，影響力の大きさを推認させる事情として「積極的な要素」になりうると思われる。

　(2)　昭和 33 年判決の事案の場合，そもそも心中を申し出たのが被害者であったことは，欺きの影響力の判断において消極的な事情となる。学説の中には，そこから進んで，殺人罪の成立は「被害者の決意を直接に形成した事実〔を〕行為者自ら作り出した」場合に限定されるべきだと主張する見解もある。たしかに，「死に直面するような状況にある者の心理状態はもともと不安定であることが多い」という点を考慮すると，上記のような限定の提案には説得力があ

　　　行為性と自殺者の意思決定の自由に対する制約の各要素が充足される必要があるが，心中である以上服毒行為の際に被告人も現場にいて，毒物を相手に手渡すなど服毒に密接に関連する行為に及ぶ場合が多いと思われ，そのような殺害行為と紙一重の行為が認められるときには，やはり自殺者の意思（同意）に力点を置いた争いになりやすいのではないかと思われる」。この記述における「実行行為性」の理解は，前掲注 72) の⒜についての検討の中で引用した最判解刑（平 16) 29 頁以下（注 15)［藤井］における「実行行為性」の理解との間で，その整合性に疑問があるように思われる。なぜなら，かりに「殺害行為と紙一重の行為」と形容されるものが認められたとしても，「自殺者の意思（同意）」形成に決定的な影響を与えた欺きが認められなければ殺人罪の成立は否定されるのであるから（反対にこのような欺きが認められれば，前掲注 72) で検討したように，「殺害行為と紙一重の行為」と形容できるほどのものまでは認められなくても殺人罪の成立が肯定されることはありうると解すべきであるから），「実行行為性」を充足するのはこのような欺きを含む行為だと理解されるべきであり，このような理解こそが前掲注 72) の⒜について引用した最判解刑（平 16) 29 頁以下（注 15)［藤井］の「実行行為性」の理解と整合すると考えられるからである。

74)　他の形成要因が働いたことの推認を妨げるという作用としてだけではなく，欺きの内容によっては，その影響力の大きさを積極的に推認させる場合もありうると思われる。
75)　大コンメンタール刑法〔2 版〕⑽ 356 頁［金築］。なお，前掲注 72) を参照。
76)　前掲注 4) を参照（とくに同注末尾の第 2 審判決の判断を参照）。また，後掲注 79) の福岡高判平成 15・8・29 の判断も参照。
77)　中森・前掲注 68) 5 頁。
78)　中森・前注。さらに松尾・前掲注 44) 5 頁を参照。
79)　最決平成 16・3・10 によって維持された福岡高判平成 15・8・29（前掲注 5) を参照）は，「被告人のために多数の手形を偽造していた被害者からの嘱託により同女を殺害した事案」についてつぎのような判断を示している。「被害者は，7 月 2 日に A（被告人の勤務先で，偽造手形の振出名義人）を出奔後自殺することをも思い詰めて徘徊し，被告人と出会うまでの間に，自分の手帳に，手形金の支払いに自分の生命保険金を充てる意図であるとして，自殺することをほのめかした上，心残りは被告人を殺したかった旨記載したり，被告人と出会った際にも，もう生きていられないので被告人を捜していた，被告人を見つけられなかったら自分は自殺して被告人を呪い殺すつもりであったなどと告げたり，被告人から本当のことを聞きたかったから死にきれずに待っていた，今日もし会えなかったら自殺するつもりであったなどと告げているところ，このような被害者の残したメモや被告人と出会った際の被害者の言動等からすると，被害者は自殺をも考えるほどに苦悩してはいたものの，他方，未だ自殺するほどには至っていなかったと認められるのであって，かかる被害者が真実死ぬことを決意するに至ったのは，被告人と出会った後の，被告人の，一緒に死ぬとの言を信じたからにほかならないというべきであ

るようにも思える。しかし，欺きの影響力の事実認定を上記の基準によって一律に制限した場合，必ずしも適切な結論へと結びつかないこともありうるのではないだろうか。

III　結　語

　本稿は，その多くの部分が，1つの理論的疑義の解消に費やされている[80]。しかし，この疑義をどのように取り扱うかについては，西田先生が深く考えておられ，折にふれてそのお話を伺う機会を与えて下さった。本稿の結論は，先生が最終的にその御高著に示されたものとは異なっている[81]。しかし本稿は，西田先生が御高著を執筆される以前から伺わせていただいていた貴重なお話を反芻しながら書かれたものであり，かりに本稿に僅かでも意味のある記述がありうるとすれば，それは先生から伺ったお話に因るものであるにすぎない。

　　　り，被害者が，その後被告人と行動を共にし，被告人に『早く死のう。』などと，共に死ぬことを前提とした言葉を告げていることはその証左と考えられる。そして，被害者は，その誤信に基づき，被告人に殺害を依頼し，被告人は被害者の殺害依頼が誤信に基づくことを知りつつ同女を殺害したものであるから，被告人には普通殺人罪が成立するというべきである」。前掲注5）でも記したように，本件の第1審判決（大分地判平成14・11・22）は「〔被害者〕による殺害の嘱託が真意でなかったことの立証がなされていないから，普通殺人罪ではなく嘱託殺人罪が成立するに止まると判断」していたところ，福岡高判は上記に引用した以外の部分でこのような大分地判の事実認定について立ち入って検討したうえで上記判断を導き出している。さらに被告人の捜査段階の供述の信用性を検討した部分については，小川賢一「判例紹介」研修667号（2004）113頁以下参照。

80)　この点についての本稿の結論は前掲注34）。
81)　とくに前掲注22）の拙稿191頁以下では，西田先生の御見解を取り上げさせていただいた。私の理解したところでは，先生は，上記で取り上げたような実際上の不都合を回避するための手段として，消去法的な選択により法益関係的錯誤説を採用されたのではないかと思われる。

業務上過失・自動車運転過失の加重根拠

古 川 伸 彦

I 問 題 提 起

1 緒　言

　わが国の刑法典上，第2編第28章「過失傷害の罪」において，(単純)過失致死傷の罪の定め(刑209条1項・210条)と，その加重類型である業務上過失致死傷・重過失致死傷の罪の定め(同211条前段・後段)が置かれている。また，平成19年改正(法54号)により，ヨリ一層の加重類型である自動車運転過失致死傷の罪の定め(同211条2項)が設けられたが，その規定は，平成25年改正(法86号)により，自動車の運転により人を死傷させる行為等の処罰に関する法律5条(過失運転致死傷罪)に(そのまま)移された。

　重過失の加重処罰の根拠は，過失(注意義務違反)の程度の大なることにある。単純過失と重過失の違いは，要するに類型的な「程度の差」である。では，単純過失と業務上過失の違いは何か。後者の加重処罰の根拠は何か。この問いに答えることは難しい。学説上，「業務上過失の規定は，削除すべきである」とすら主張される所以である。実務上もまた，「業務上過失・重過失か単純過失かの判断に迷うグレイゾーンが生ずることは避けがたい」旨の認識が示される。だが，区別が現在する以上，解釈の指針が必要である。

　ところで，前記平成19年改正は，さらに自動車運転過失(過失運転)の加重根拠という問題を追加した。しかも，自動車運転過失は，従前の業務上過失の一部を切り取った類型ではない。たとえば，反復継続の意思のない一回的な自動車運転の際の過失は，業務性が否定されて重過失にしか当たらないと解され

---

1) 平場安治＝平野龍一編・刑法改正の研究2各則(1973) 296頁[平野龍一]。
2) 安廣文夫・最判解刑事篇昭和60年度189頁。

てきたが，自動車運転過失に当たりうることは疑いようがない[3]。すなわち，自動車運転過失は，業務上過失とも重過失とも境を接しており，そうした概念の導入は，これらの加重類型を再検討するべき契機となる。

　本稿が捧げられる西田典之先生は，平成 21 年刊行の教科書『刑法各論〔第 4 版補訂版〕』において，早早正当にも「〔平成 19 年〕改正により，自動車運転は『業務』に限定されないことが明確となったが，反面で，従来の業務性概念も修正を迫られよう」と指摘された（61 頁）。この記述は，平成 24 年刊行の同書第 6 版まで維持されている（64 頁）。しかし，その続きを伺うことは，ついに叶わなかった。今，先生の遺された問い掛けに対して，もとより微力ながら，筆者なりの答えをお示しするということを行いたいと思う。

2　具体的事例

(1)　裁判例（ドア開け事例）

　裁判例に現れた，自動車運転過失と業務上過失・重過失の限界事例として，東京高裁平成 25 年 6 月 11 日判決（判時 2214 号 127 頁）がある。同判決の原判決（東京地判平成 24・12・5）は，被告人が，自動車を運転して道路左端に停車後，降車するため自車右側の運転席ドアを開けるに当たり，右後方から進行してくる車両の有無およびその安全を十分確認しないまま漫然とドアを開けた過失により，右後方から進行してきた被害者運転の自転車に同ドアを衝突させ，同人に傷害を負わせた点につき，業務上過失傷害罪の成立を認めた。

　控訴審において，弁護人は業務性が否定されるべき旨を主張したが，上記判決は，その主張を退け，原判断を正当として是認した。結論的に，「被告人の上記過失は，刑法 211 条 2 項本文〔当時〕にいう『自動車の運転上必要な注意』を怠ったとはいえないものの，自動車運転業務の一環として，自ら降車するために自車右側の運転席ドアを開けるに当たり，右後方から進行してくる車両の有無及びその安全を確認して同ドアを開けるべき業務上の注意義務があるのにこれを怠ったものというべきである」と判示されている。

　もっとも，上記判断は，決して自明の理ではない。自動車運転過失傷害罪が

---

[3]　伊藤栄二ほか「『刑法の一部を改正する法律』について」曹時 59 巻 8 号（2007）38 頁参照。

成立しない理由として,「自動車の運転自体は既にいったん終了していた」ことが挙示されているが,同罪導入時には,「停車後のドアを開ける上で必要な注意義務が『運転上必要な注意』と言えるためには,停車が一時的なものか,エンジンをかけたままか,運転者の意図はどうかなどを総合して検討すべき」旨が説かれていた。[4] 被告人がエンジンを切って路上駐車する意図であった事実だけで消極に解してよいか,批判的に受け止める見解もある。[5]

また,自動車の「運転上必要な注意」に当たらなくても,その「運転業務の一環」であるから「業務上必要な注意」に当たるという理屈は,ドア開けを「自動車の運転に付随する行為」と見る視座に支えられているが,その意味するところは釈然としない。道路交通法の規律を受けるから「自動車の運転と無関係であるとはいえ」ないとしても,それが業務性を肯定する根拠になるかは疑わしい。[6] 本件は,自動車運転過失と業務上過失の違いは何かということも,[7] それらと重過失の違いは何かということも考えさせる例である。

(2) 裁判例以外(消防車事例・試乗会事例)

自動車の発進時や走行中の過失であれば自動車運転過失を認めて差し支えないかというと,これまたそう単純ではない。報道によると,平成27年4月6日に発生した事故は,消防士が,消防車のホースが別の消防車に連結された状態で,それに気付かずに消防車を発進させ,その勢いで抜けたホースの金属部分が近くにいた人に当たって同人が重傷を負ったというものであり,警察は,過失運転致傷の疑いもあると見て,消防士から事情聴取を行った。[8] けだし,消防車の「運転上必要な注意を怠り」発進した疑いである。

もしも消防士に過失があるとすれば,それはホースの連結状況を確認してから発進させるべきだったという落ち度であり,字義上は自動車運転過失に該当することは否定しがたい。しかし,その落ち度は,消防士は職務として消火活動を遂行するに当たり,人を死傷させる事態を招かないように必要な注意を払

---

1) 伊藤ほか・前掲注3) 42頁注15第3段落。
5) 深町晋也・平成26年度重判解166頁。
6) 道交71条は,運転者の遵守事項として「安全を確認しないで,ドアを開き,又は車両等から降りないように」義務づけており(4号の3),道交120条は,それに違反した者に対して5万円以下の罰金を科すべき旨を定めている(9号)。
7) 深町・前掲注5) 166頁参照。
8) 朝日新聞平成27年4月7日朝刊38頁(東京本社)。

うべきだったのに，そうした業務上の注意を怠った例であるとも見うる。消防車の発進は文理上「自動車の運転」だから加重するというだけでは，いかにも形式論であって，実質的な根拠づけを欠く憾みが残る。

他方，平成25年11月10日に発生した事故は，自動車販売店の駐車場で開かれた，自動ブレーキシステム搭載自動車を試乗運転して同システムを体験する催しにおいて，試乗客が前方のマットに向かって自動車を走らせたところ，同車が停止せずにマットを倒してさらに前方のフェンスに衝突し，同客と案内役として助手席にいた販売店従業員が傷害を負ったというものである[9]。事故原因は，自動ブレーキシステムの不具合ではなく，走行速度が同システムの作動するための上限（時速30km）を超えたことにあった[10]。

警察は，試乗客に自動車運転過失傷害（当時）の疑いがあり，助手席にいた従業員，その上司である支店長，試乗会の現場責任者である販売店系列会社の役員の3名に業務上過失傷害の疑いがあるとして，事件を検察官に送致した[11]。実際には不起訴処分（前者は嫌疑不十分，後3者は起訴猶予）となったが[12]，かりに試乗客の過失も証明しえた（そしてたとえば見物客に衝突して負傷させた）事案であったなら，自動車運転過失と業務上過失が競合することとなる。これも，両者の違いは何かということを考えさせる例である。

II　業務上過失（刑211条前段）

1　序　説

刑法211条前段の業務上過失致死傷の罪は，立法的にも解釈的にも様々な変遷を経て現在に至る。同条は，明治40年の現行刑法制定（法45号）時は，業務上過失致死傷の罪のみを定め，刑は3年以下の禁錮または1000円以下の罰

---

9) 朝日新聞平成25年11月12日朝刊7頁（東京本社），29頁（埼玉），11月13日朝刊37頁（東京本社）。
10) 朝日新聞平成25年11月16日朝刊38頁（東京本社），29頁（埼玉）。
11) 朝日新聞平成26年7月11日朝刊39頁および夕刊14頁（東京本社），7月12日朝刊29頁（埼玉）。
12) 朝日新聞平成26年12月26日朝刊23頁（埼玉）。

金であったが，昭和22年改正（法124号）により，後段に重過失致死傷の罪が置かれ，昭和43年改正（法61号）により，懲役も法定され，かつ長期が5年に引き上げられた。罰金の多額は，平成3年改正（法31号）により50万円に，平成18年改正（法36号）により100万円に引き上げられた。[13]

この業務上過失という加重類型を設けた趣旨は，元来，「職務ヲ奉シ其他一定ノ業務ニ従事スル者」が「其業務上必要ナル注意ヲ怠」ったせいで人を死傷させた場合に「其情状頗ル重キヲ以テ特別ニ処分ス可キコトヲ定メ」る点にあった。[14] ところが，業務概念は，判例上，とくに自動車を運転して過失的に人を死傷させる行為を典型として拡張的に運用され，その結果，職業的・営業的といった観点は有意性を失うこととなる。業務の意義の理解如何は今や「かなりわかりにくいものになっている」と指摘される所以である。[15]

2　判例における業務概念

(1)　大審院判例

現行刑法施行後，大審院は，刑法211条（当時）にいう「業務」を，被告人の職業上の事務に関連づけて理解し，当初は，相当に厳格な認定を要求する態度を示していた。大審院大正8年11月13日判決（刑録25輯1081頁）は，被告人が銃猟中に過って火薬を爆発させて他人に傷害を負わせた事案において，「業務トハ人カ継続シテ或事務ヲ行フニ付キ有スル社会生活上ノ地位ニシテ其自ラ選定シタルモノヲ云」うとしたうえで，被告人の「業務上」の過失を認めるためには，狩猟が「常業」であった事実を要する旨を判示したものである。[16]

上記大正8年大判は，業務概念のメルクマールを①社会生活上の地位に基づき②継続して行う事務に見出し，当該事務の公私如何や報酬・利益の有無はも

---

13)　平成18年改正につき眞田寿彦＝安永健次「刑法及び刑事訴訟法の一部を改正する法律」ジュリ1318号（2006）72頁以下参照。
14)　松尾浩也増補解題・倉富勇三郎ほか監修・高橋治俊＝小谷二郎編・増補刑法沿革綜覧（1990）2202頁。
15)　西田典之・刑法各論〔第6版〕（2012）63頁。
16)　「原判旨ニ依レハ被告カ狩猟免許者トシテ銃猟中過テ火薬ヲ爆発セシメA外数名ニ火傷ヲ負ハシメタル事実ハ之ヲ認ムルニ足ルモ被告カ狩猟ヲ常業トセル事実ハ証憑不十分ナリト云フニ在ルヲ以テ被告ノ所為ハ刑法第211条ニ該当スヘキ業務上ノ過失傷害ニアラスシテ同法第209条ノ過失傷害ニ外ナラス」（刑録25輯1084～1085頁）。

ちろん，その者の主たる事務か否かも問題としない，という視座を定立した。こうした指標は，その後の判例により継承され，たとえば，農業を営む者による肥料等を運ぶための荷馬車挽，洋服裁縫業を営む者によるミシン機械を受け取って帰るための小型自動車運転，医業を営む者による往診して帰るための自家用自動車運転が，「業務」に当たると判じられている。[17]

しかしながら，こと自動車運転については，必ずしも被告人の職業・営業との関連性を問うことなく，免許を受けて継続的に自動車を運転するのは当然に「業務」の遂行であると見る考え方が，早くから現れている。大審院大正12年8月1日判決（刑集2巻673頁）は，「被告ハ免許ヲ受ケ自動車運転手タルノ地位ヲ取得シ之ニ依リ継続シテ自家用自動車ノ運転ニ従事シ来リタル者ナレハ是レ法ニ所謂業務ヲ執行スル者ニ外ナラスシテ」，雑貨輸入商が主たる職業であった事実は自動車運転の業務該当性を妨げない旨を判示したものである。

上記大正12年大判の述べるところは，さしずめ①運転の免許を受けている者が②運転に継続して従事しているのだから「業務」であるという理屈であり，[18]いささか形式的である。他方，大審院昭和13年12月6日判決（刑集17巻901頁）は，貨物自動車運転の免許を受けてその運転に従事していた者の，貨物輸送中に閑暇を得て遊びに出かけてくるための貨物自動車運転の業務該当性を肯定したものであるが，論拠として①②だけではなく，自動車運転が③人の生命身体に対して危害を及ぼす虞があることを挙げている点が注目される。[19]

(2) 最高裁判例

最高裁は，まず前述の①社会生活上の地位に基づき②継続して行う事務という観点を維持し，鉄道会社の運転手兼車掌であった被告人による電車運転につき，運転手と車掌のどちらが本務であったかということは問題ではなく，また

---

17) 順に，大判昭和9・5・24刑集13巻765頁，大判昭和10・11・6刑集14巻1114頁，大判昭和14・5・23刑集18巻283頁。
18) 「自動車運転手ノ如キ法令上一定ノ資格ヲ有スル者ニ非サレハ従事スルコトヲ得サル特種ノ事務ニ在リテモ其ノ従事者ノ目的之ニ依リ生計ノ資ヲ得ントスルニ在ルト若ハ其ノ他ノ欲望ヲ充タスニ在ルトヲ問ハス苟モ継続シテ之ニ従事スル以上之ヲ其ノ者ノ業務ト称スヘキハ勿論ナリ」（刑集2巻676〜677頁）。
19) 「蓋自動車運転ノ如ク人ノ生命身体ニ対シテ危害ヲ及ホスヘキ虞アル行為ヲ継続反覆スヘキ地位ニ在ル者ハ常ニ斯ル危害ヲ及ホサザルヘキ特別ノ注意ヲ為ス義務アルコト当然ニシテソハ業務トシテ為ス運転行為タルト余暇ノ運転行為タルトニ依リ差異ヲ見ザレバナリ」（刑集17巻906頁）。

たとい上司の許可を得ないで行ったものであったとしても「業務」に当たると判じた例がある。[20]本件は，なお被告人の職業上の事務の遂行と見うる事案であるが，その後，最高裁昭和33年4月18日判決（刑集12巻6号1090頁）が，ついに被告人の職業と全く無関係な行為につき業務性を認めるに至った。

具体的な争点は，「免許を受け反覆継続してなす娯楽のための狩猟行為」の業務該当性である。[21]第1審判決は，被告人が狩猟免許状を有して狩猟に従事していた事実から，特段の理由を付すことなく発砲の際の「業務上の」注意義務を認定したが，[22]第2審判決は，前記大正8年大判を引用したうえで，被告人は会社役員の職に就いており，本件狩猟を休日に娯楽のために行っただけであるから，その際の過失を「業務上の」過失と認めることはできないとした。[23]後者の判断は，前記大正8年大判に忠実に従ったものといえよう。

ところが，検察官上告を受けた最高裁は，破棄・差戻しを言い渡した。その判旨は，業務の意義の解釈を示していくが，前記①②に加えて「かつその行為は他人の生命身体等に危害を加える虞あるものであることを必要とする」として，前記昭和13年大判の挙げた前記③の要素が，業務該当性の必要条件を成すことを明言する。また，「行為者の目的がこれによつて収入を得るにあるとその他の欲望を充たすにあるとは問わない」として，前記大正12年大判と相通ずる説示を展開する。必然的に，銃猟行為は業務に当たる。

上記昭和33年最判は，前記大正8年大判の示した見解の変更を含意しており，[24]しかして周知のとおり，現在の，業務の意義に関するリーディングケースと目されている。判例は，人の生命身体に危害を及ぼす虞を有する行為は，自ら就いている職業上の継続的な事務でなくても，一定の資格・立場に基づき反覆継続して行うものであれば，等しく業務と解している。のみならず，免停中でも積極に判じた例もあり，[25]ヨリ精確には，一定の資格・立場に基づき反覆継続して行うべきものは業務たりうると解しているのである。

---

20) 最判昭和26・6・7刑集5巻7号1236頁。
21) 判示事項2（刑集12巻1090頁）。
22) 武蔵野簡判昭和28・7・31刑集12巻1098頁参照。
23) 東京高判昭和29・4・13刑集12巻1099頁参照。
24) 三井明・最判解刑事篇昭和33年度248頁参照。
25) 最決昭和32・4・11刑集11巻4号1360頁。

3 本罪の加重根拠をめぐる議論

(1) 特別なのは行為者か行為か

　学説も，古くは，業務の意義を人の職業・営業に関連づけて論じていたが，如上の判例の展開に沿う形で，人の生命身体に対する危険を必要としつつ，免許・許可を受けて継続的に従事すれば，たとい私用であっても業務に当たると解するに至っている。問題は，かかる意味における「業務」に従事する者の過失の加重根拠である。伝統的には，危険が大きいため注意義務が特別に重いからだと論じられてきた。しかし，重大な危険を伴う行為に際して特段の注意を払うべきことは，業務者であろうとなかろうと変わりはない。

　そもそも，人の生命身体に対する危険に，業務者は大いに配慮しなければならないが，非業務者はさほど配慮しなくてよい，などといった道理が通るはずがない。両者に違いがあるなら，それは，同等の注意を払っても，認識・予見の可能な範囲に差が生じうるという点である。つまり，「業務者は認識の範囲が広くまた認識が確実であるから，従つて，結果に対して鋭く非難せられてよい」。この見地からは業務上過失は重過失の一類型と解されることとなるが，業務上過失を一律に重過失と見なすのは現行法上無理がある。

　こうして，業務者が，特別に重い注意義務を負うとは考えられず，特別に広い予見範囲を持つとも限らないことから，業務上過失の加重のポイントは，業務者ではなくて業務行為ではないか，という視点の転換も主張された。業務行為は，継続的に行われる，人の生命身体に対する危険の大きい行為であって，過失論上当然に特別慎重な態様で行われることが社会的に要請され，期待されている；そのような要請に背いて注意を怠り，そのせいで人を死傷させた場合，行為の反社会性というマイナス評価は自ずと高まる，と。

---

26) 大場茂馬・刑法各論(下)〔第10版〕(1918) 131〜132頁参照。
27) 小野清一郎・新訂刑法講義各論〔増補版〕(1950) 181〜182頁参照。
28) 泉二新熊・日本刑法(下)〔訂正44版〕(1939) 569〜570頁参照。
29) 牧野英一・刑法各論(下) (1951) 407〜408頁参照。
30) 宮本英脩・刑法大綱 (1935) 157〜158頁参照。
31) 瀧川幸辰・刑法各論〔増補補訂版〕(1968) 50頁。
32) 平野龍一・刑法概説 (1977) 89頁参照。
33) 中野次雄・逐條改正刑法の研究 (1948) 159頁参照。

上記学説は，職業等の社会的地位という観点が希薄化され，危険性・反覆継続性という観点に重心が置かれるようになった判例傾向と，軌を一にする面がある。だが，同説の，行為の態様に対する社会的な評価が違法性にとって決定的な意義を有するという基本的な視座からすると，重過失の加重根拠もまた過失行為の反社会性の高さに求められるべき筋合いとなる。業務上過失と重過失を書き分けることには，重過失の一例として業務上過失を注意的に定める意味しかなく，犯罪論上ほぼナンセンスといわざるをえない。

(2) 政策的な加重処罰の意味

　上で見たとおり，過失傷害罪・過失致死罪を構成する特定の要素に着眼し，業務上過失致死傷罪においてはその重さが類型的に増すと解しようとするアプローチは，どうしても行き詰まってしまう。本罪の加重は，犯罪論上「純化」できない面があるという指摘や，「政策的側面」があるという指摘も，この点を衝く。約言すれば，「重過失と単純過失という違法性・責任の軽重による分類の他にあえて業務上過失という類型が設けられている趣旨を考えれば，刑の加重理由は政策的目的によると解する方が妥当である」。

　よって，課題は，加重の「政策的な」意義をどのように解するかにある。「一定の業務に従事する者に対して注意義務を遵守させるため，一般警戒の趣旨から設けられた刑罰加重規定であると解する」学説は，この課題に正しく答えている。ただし，「一定の業務」とは何を指すのかが問われる。それは，必要な注意を怠ると人の死傷を招くことが多い，その意味で「危険な」行為類型である。かかる類型的な危険性こそ，同等の注意義務違反であっても，刑をヨリ重くして威嚇・抑止するべき政策的な必要性を基礎づける。

---

34) 藤木英雄・過失犯の理論（1969）121～122頁。
35) 三井・前掲注24) 249頁参照。
36) 藤木・前掲注34) 139～141頁。
37) 藤木・前掲注34) 129頁，142頁。
38) 井上正治「業務過失における業務の意義」法政25巻2～4号（1959）388～389頁参照。
39) 山口厚・刑法各論〔第2版〕（2010）67頁。
40) 中森喜彦・刑法各論〔第4版〕（2015）25頁。
41) 川本哲郎「刑法における業務の概念」同志社法学37巻1＝2号（1985）142頁。
42) 植松正・再訂刑法概論Ⅱ各論（1975）274頁。
43) 宮本・前掲注30) 292頁参照。
44) 宮本英脩・法学論叢9巻5号（1923）108～109頁，瀧川幸辰・公雑5巻1号（1939）119頁参

このように，いわゆる一般予防の観点から加重処罰を論じようとするアプローチに対しては，そもそも一般予防論それ自体が刑法学上有意でないという批判もある。だが，ヨリ強く禁圧するべき事態にヨリ重い刑をもって臨むという発想は，犯罪論的に至極普通である。予防効果の証明の難しさも，本罪に限った話ではない。また，業務者に「酷」な考え方であるという批判もある。だが，注意義務を特別に重く設定するという（前述の）伝統的な解釈は「酷」だろうが，特別に厳重に守らせるという政策は「酷」ではない。

重要なのは，過失行為者が何らかの業務に従事していたことが認められるとして，その業務は不注意に遂行されて人の死傷を招くことが多く，それゆえ特別に強度の制裁を要するものか，という点である。個別的に危険性が高いというだけでは足りず，社会生活上の類型化が可能な，反覆継続される性質のものでなければならない。個人生活上の私的行為や反覆継続の意思すらない行為が除かれるべき所以であるが，それはあくまでも消極的な要件であって，核心は，必要な注意を強いることへの社会的要請の高さである。

4　中間的帰結

ここに示した考え方を，前述の立法趣旨の説明に即していえば，「一定ノ業務ニ従事スル者」が「其業務上必要ナル注意ヲ怠」った場合に「特別ニ処分ス可キ」根拠は，当該業務の不注意な遂行のせいで人が死傷する事態が少なからず生じているので，かかる不注意を厳に戒めなければならないという点にある。「情状頗ル重キ」訳も，そうした社会的認識に由来する。それを「職務ニ関スル過失傷害ノ場合」と表現したのは，前記大正8年大判のラインに連なる面もあると思われるが，いかにもミスリーディングであった。

現在の判例が職業上の事務という観点を考慮しないことは，本罪の加重根拠に照らして正当である。本罪は，当該行為の職業的な性質に着目した加重類型ではない。むしろ，当該行為についての類型的な，いうなれば間主観的な，そ

照。
45) 井上正治・判例にあらわれた過失犯の理論（1959）83頁。
46) 藤木・前掲注34）121頁。
47) 団藤重光・刑法綱要総論〔第3版〕（1990）345頁参照。
48) 松尾増補解題・前掲注14）2201頁。

の種の行為は危ないという評価こそ，それに従事する者の過失に対する「厳罰」を支えている。しからば，社会生活上の「地位」という言辞も，実質的に意味のあるものではなく，社会生活において危険視される活動に従事している者という程度の，身分犯的な罪質を指し示すものにすぎない。

III 自動車運転過失（自動車運転死傷行為処罰法 5 条〔平成 25 年改正前の刑 211 条 2 項〕）

1 序 説

　前章では，単純過失と業務上過失の違いは，注意義務の標準の高低にあるわけでも，過失の類型的な軽重にあるわけでもなく，当該活動に従事する者の不注意に対する社会の目の「厳しさ」の反映であり，その意味で純然たる政策的な加重であるということを述べた。これは，等しい過失であっても差別的に取り扱うということに他ならない。判例は，業務上過失の加重処罰が憲法 14 条に抵触しないと断じているが，不正確の誹りを免れない。本来的には，上記政策の合理性・合憲性が審査され，判断されるべきであった。

　しかしながら，その点が問い直されることはなく，それどころか，技術発展・経済成長に伴って様々な「危険」活動が世に現れ，そこから生じる死傷事故が世間の耳目を集めることにより，そうした「近頃の社会の有様」を積極的に汲み上げる形で，業務概念は拡張的運用の一途を辿ることとなったのである。いわゆる「交通関係業過」は，その典型である。ところが，もっと差別的に取り扱うべきことが社会的に要請される対象が現れた。それが，自動車運転による過失致死傷事犯であり，前記平成 19 年改正の出発点である。

---

49) 福田平・刑法の判例〔第 2 版〕（ジュリ増刊，1973）232 頁参照。
50) 最判昭和 32・3・26 刑集 11 巻 3 号 1108 頁。
51) 三井明・最判解刑事篇昭和 32 年度 197 頁参照。
52) 最大判昭和 39・5・27 民集 18 巻 4 号 676 頁参照。
53) 三井・前掲注 24) 250 頁。

2　本罪の犯罪論的な実質

(1)　本罪の導入経緯

　前記平成 19 年改正は，法務大臣が同年 2 月 7 日に発した「自動車運転による過失致死傷事犯等に対処するための刑法の一部改正に関する諮問第 82 号」[54] を受けて法制審議会に設置された「刑事法（自動車運転過失致死傷事犯関係）部会」（以下「部会」という）の，同月 9 日から 28 日まで行った審議の結果として取り纏めた案が[55]，同年 3 月 5 日に原案どおり採択され，答申された後，同月 13 日に国会提出された法律案が[57]，原案どおり可決されて同年 5 月 17 日に成立し[58]，同月 23 日に公布された後，施行に至ったものである。

---

[54]　法務省ウェブサイト・法制審議会（総会）第 152 回会議（平成 19 年 2 月 7 日開催）〈http://www.moj.go.jp/shingi1/shingi2_070207-7.html〉，配付資料 8〈http://www.moj.go.jp/content/000071517.pdf〉。

[55]　部会は，この期間に，合計 5 回の会議を行った。以下，議事情報は，法務省ウェブサイト・法制審議会刑事法（自動車運転過失致死傷事犯関係）部会〈http://www.moj.go.jp/shingi1/shingi_keiji_chisishou_index.html〉から入手した下記 PDF 議事録（①〜⑤）の頁数を示して引用する。
　部会①第 1 回会議議事録（平成 19 年 2 月 9 日）〈http://www.moj.go.jp/content/000003773.pdf〉；②第 2 回会議議事録（同月 19 日）〈http://www.moj.go.jp/content/000003774.pdf〉；③第 3 回会議議事録（同月 21 日）〈http://www.moj.go.jp/content/000003775.pdf〉；④第 4 回会議議事録（同月 26 日）〈http://www.moj.go.jp/content/000002153.pdf〉；⑤第 5 回会議議事録（同月 28 日）〈http://www.moj.go.jp/content/000003776.pdf〉。

[56]　法務省ウェブサイト・法制審議会（総会）第 153 回会議（平成 19 年 3 月 5 日開催）〈http://www.moj.go.jp/shingi1/shingi2_070305-2.html〉，議事録〈http://www.moj.go.jp/content/000071455.pdf〉11 頁（賛成 13 名，反対 1 名）。

[57]　法務省ウェブサイト・過去の国会提出法律案（平成 10 年 3 月から平成 20 年 3 月までに提出されたもの）〈http://www.moj.go.jp/keiji1/keiji12_00029.html〉，平成 19 年 3 月 13 日国会提出・刑法の一部を改正する法律案〈http://www.moj.go.jp/content/000083182.pdf〉。

[58]　本法律案は，第 166 回国会に提出された後，平成 19 年 4 月 11 日に参議院法務委員会に付託され，同月 17 日に同委員会で可決され，同月 18 日の参議院本会議で可決された後，同年 5 月 10 日に衆議院法務委員会に付託され，同月 16 日に同委員会で可決され，同月 17 日の衆議院本会議で可決された。以下，議事情報は，国立国会図書館ウェブサイト・国会会議録検索システム〈http://kokkai.ndl.go.jp/〉から入手した下記 PDF 会議録（①〜⑥）の頁数を示して引用する。
　第 166 回国会①参議院法務委員会会議録第 6 号（平成 19 年 4 月 12 日）〈http://kokkai.ndl.go.jp/SENTAKU/sangiin/166/0003/16604120003006.pdf〉；②同第 7 号（同月 17 日）〈http://kokkai.ndl.go.jp/SENTAKU/sangiin/166/0003/16604170003007.pdf〉；③参議院（本会議）会議録第 18 号（同月 18 日）〈http://kokkai.ndl.go.jp/SENTAKU/sangiin/166/0001/16604180001018.pdf〉；④衆議院法務委員会会議録第 15 号（同年 5 月 11 日）〈http://kokkai.ndl.go.jp/SENTAKU/syugiin/166/0004/16605110004015.pdf〉；⑤同第 16 号（同月 16 日）〈http://kokkai.ndl.go.jp/SENTAKU/syugiin/166/0004/16605160004016.pdf〉；⑥衆議院（本会議）会議録第 31 号（同月 17 日）〈http://kokkai.ndl.go.jp/SENTAKU/syugiin/166/0001/16605170001031.pdf〉。

Ⅲ　自動車運転過失（自動車運転死傷行為処罰法5条〔平成25年改正前の刑211条2項〕）

　上記諮問の背景には，「近時の自動車運転による死傷事故には，飲酒運転中などの悪質かつ危険な運転行為によるものや，多数の死傷者が出るなどの重大な結果を生じるものがなお少なからず発生して」いる社会的現実と，それに対する業務上過失致死傷罪の適用・処罰が「量刑や法定刑が国民の規範意識に合致しない」とされる社会的要請がある。科刑状況としても，平成14年以降，「法定刑や処断刑の上限近くで量刑される事案が増加して」いること，つまり（比喩的にいえば）頭が天井に支えていることが指摘される。

　「そこで，自動車運転の持つ人の生命・身体を侵害する危険性の高さ等を踏まえ，自動車の運転に必要な注意義務を怠って人を死傷させた者を処罰対象とする自動車運転過失致死傷罪を新設し，その法定刑を7年以下の懲役若しくは禁錮又は100万円以下の罰金としようとする」提案がされるに至った。ただし，「自動車の運転に必要な注意」という表現は，自動車を走行させる行為に過失がある場合しか指さないようにも映ることから，その後の審議の過程で，「自動車の運転上必要な注意」という表現に修正された。

　審議の結果，上記修正の施された要綱（骨子）が，部会の結論として賛成多数で採択されたが，採決に先立って反対意見が表明された。その要点は，自動車運転による死傷事故だけを重罰化することに理由があるのかという疑義と，運転者の負うべき過失責任の上限を超えているのではないかという疑義である。かかる疑問は，部会の審議の過程で，再三にわたって呈されている。さらに，最終的には全会一致で可決されるに至ったとはいえ，国会の審議の過程でもま

---

59)　前掲注55) 議事録①1頁。
60)　前掲注55) 議事録①2頁。伊藤ほか・前掲注3) 29頁注3も参照。
61)　前掲注55) 議事録①2頁。なお，前記諮問（前掲注54)）においては「刑法第208条の2〔当時〕中『4輪以上の自動車』を『自動車』に改めるものとすること」も併せて提案され，前記平成19年改正によって実現されるに至ったが，それは危険運転致死傷の罪に関する話なので，本稿では検討対象から除く。
62)　前掲注55) 議事録④7頁。伊藤ほか・前掲注3) 32頁注7も参照。
63)　法務省ウェブサイト・法制審議会刑事法（自動車運転過失致死傷事犯関係）部会第5回会議（平成19年2月28日開催）〈http://www.moj.go.jp/shingi1/shingi2_070228-1.html〉，議事概要。
64)　前掲注55) 議事録⑤8頁（賛成11名，反対2名）。
65)　前掲注55) 議事録⑤3～4頁，4頁，5～6頁。
66)　前掲注55) 議事録②19～20頁［社団法人全日本トラック協会］，38～39頁［社団法人日本バス協会］，41頁［社団法人全国乗用自動車連合会］；③7頁，10頁，12頁，15～16頁；④10頁，11～12頁，13～14頁。
67)　前掲注58) 会議録②15頁；③7頁；⑤13頁；⑥3頁。

た，法務委員会において質され，答弁が求められている[68]。

立案当局の考え方は，要するに，平成 14 年以降，業務上過失致死傷罪の法定刑・処断刑の上限近くで量刑がされた事案，具体的には（通常第 1 審で）4 年以上の懲役・禁錮に処された事案は，前述したとおり増加傾向が見られるが，それらはいずれも自動車運転によるものであるから，それだけを取り出して法定刑を引き上げるべき立法事実がある；自動車運転の特徴として，その事故防止は専ら運転者個人の注意深さに掛かっている面があるから，その点を考慮することによって刑の加重を正当化できる，という理である[69]。

如上の理からすると，過失的に人の死傷を引き起こした自動車運転の業務性如何は，もはや意味を持たない[70]。業務概念を，かつての大審院のように厳格に狭義に理解すれば，トラック・バス・タクシー等の職業的なドライバーだけが加重処罰を受けるが，いわゆるマイカー運転は漏れてしまう。それは，前章で述べたとおり解釈論として根拠がないし[71]，自家用車による事故が圧倒的に多いという実態にも沿わない[72]。むしろ，無免許でも一回的でも，全ての自動車運転者を本罪の適用対象にしなければ，辻褄が合わないのである。

(2) 本罪の加重根拠

では，刑の上端に「詰まり」が見られるとか，特定の個人の過失が問われるとかいった事情が，自動車運転による過失致死傷事犯に特有のそれと認められるとして，それに基づいて切り出された本罪の加重処罰の根拠は，犯罪論上どのように解するべきか。立案当局によれば，「業務上過失致死傷罪が適用される業務の中でも，人の生命・身体を侵害する危険性が類型的に高い」とか，「自動車の運転者には，特に重い注意義務が課されている」とかいった説明が与えられるが[73]，いずれも理由として不十分ないし不適切である。

---

68) 前掲注 58）会議録②3 頁［関谷勝嗣］，13 頁［近藤正道］；④6 頁［大口善徳］，8 頁［柴山昌彦］；⑤8 頁［高山智司］。
69) 伊藤ほか・前掲注 3）37〜38 頁，40 頁注 11 も参照。
70) 前掲注 55）議事録③21 頁参照。
71) 前掲注 55）議事録③22 頁も参照。
72) 法務省ウェブサイト・部会第 3 回配付資料等〈http://www.moj.go.jp/shingi1/shingi2_070221-1-2.html〉，配付資料 9〈http://www.moj.go.jp/content/000005260.pdf〉。前掲注 55）議事録③17 頁も参照。
73) 伊藤ほか・前掲注 3）38 頁。

Ⅲ　自動車運転過失（自動車運転死傷行為処罰法5条〔平成25年改正前の刑211条2項〕）

　なぜなら，すでに確認したとおり，本罪は業務上過失致死傷罪の一部を取り出したものではないから，業務の一種としての自動車運転の特殊性を挙げるだけでは，業務性如何を問わず自動車運転を特別扱いするという結論に至ることはできない。第一，業務上過失致死傷罪が適用される業務を類型化して危険性を客観的に比較するという検討はされていないし，さしずめ不可能である。他方，過失を構成する注意義務が特別に重くなって加重類型が形作られるという思考は，これも前章で述べたとおり犯罪論的に成り立たない。

　問われているのは，自動車運転過失が，業務上過失の中でも特別にヨリ厳しく罰するべき類型と目される訳ではなく，業務上過失とは別に，それから切り離され，一層差別的に取り扱われるべき新しい類型と目される訳である。それを解く鍵として，業務上過失のメルクマールと異なる視角を探し出さなければならない。糸口となるのは，部会の審議の過程で強調された，「自動車についてだけは『走る凶器』というふうなネーミングがあ」り，それを「1人で運転して，その人の技術に依存して事故を防いでいるという状況」である。[74]

　むろん「走る凶器」という言葉は比喩にすぎないが，それが社会的に定着している背景には，昭和50年代以降の，自動車保有台数・運転免許保有者数の増加（「国民皆免許時代」）と，交通事故の発生件数・死傷者数の（再）増加（「第2次交通戦争」）が，客観的な事実として存在する。[75]「自動車運転は私たちの日常生活に身近な脅威になる」ことは，明白な現実である。[76]ここに，業務上加重を支える間主観的な「危険性」評価と違った特異さがある。自動車運転は，危険視されているものではなくて，端的に危険なのである。[77]

　とはいえ，自動車の「走る凶器」性は，走っていなければ生じることはないし，走っていても運転者が必要な注意を払いさえすれば顕在化することはない。必要とされるのは，運転者が守ることのできる，守らなければならない，「ごく普通の注意」である。[78]それを守らないと，自動車が凶器に変わってしまう。

---

74)　前掲注55) 議事録③18頁。
75)　法務省ウェブサイト・部会第1回配付資料等〈http://www.moj.go.jp/shingi1/shingi2_070209-1-2.html〉, 配付資料4〈http://www.moj.go.jp/content/000005244.pdf〉。警察庁編・平成17年版警察白書（2005）16～18頁も参照。
76)　前掲注55) 議事録①10頁。
77)　山口・前掲注39) 69頁参照（「自動車運転自体の危険性を理由に，過失致死傷事案を重く処罰する」)。

だから，片時も注意を怠ってはならない。自動車運転とは，元来，そうした緊張を常に強いられて当然の行為である。このことは，人間にありがちな一時の気の緩みも，むしろ特別に強く戒めるべきことを意味する。[79]

特定の運転者個人に非難が集中されやすいというだけでは，たしかに加重類型の根拠として弱い面が否めないが，[80] しかしながら運転者は，自動車が少しでも油断すると凶器になりかねない「危険物」であることを，いつも意識しなければならないはずである。「自動車を運転することに対しての責任を自覚」とか「運転する人間のモラル」[81] とかいった観点も，決して単なる道徳主義を説くものではなく，ややもすれば忘れられがちな，自動車運転の上記危険性についての注意喚起の緊要性を衝くものであり，その限度で正当である。

3 自動車運転過失の厳罰の矛先

(1) 「重かるべき」ものは何か

本稿の見立てによれば，業務上過失は，世間一般に危ないと思われている活動に従事する者の不注意に対する強い非難を体現しようとする加重類型であるが，自動車運転過失は，自動車事故の重大性・多発性という厳然たる事実に基づき，自動車が人の生命身体を害する「凶器」に変わるという危険性を，運転者に対して常時意識づける必要があることから，時に自動車の快適さや便利さに感けて生じうる心の弛みを引き締めようとする加重類型である。[82] 自動車運転過失という概念は，かかる固有の役割を担うものである。

本罪による「重罰相当」と認められるためには，如上の視座からしてその実質的な根拠が備わっている必要がある。一番肝心な点は，自動車運転者の過失が自動車を「走る凶器」に変えてしまう落ち度であってこそ，重い罰によって防ぎたい対象と目されるべき筋合いとなるということである。これが，「自動車の運転上必要な注意を怠り」という構成要件要素の解釈指針を成す。[83] しかし

---

78) 前掲注 55) 議事録④12 頁。
79) 前掲注 55) 議事録③19 頁も参照。
80) 中森・前掲注 40) 35 頁参照。
81) 前掲注 55) 議事録③14 頁。
82) 部会の採決に先立って表明された賛成意見（前掲注 55) 議事録⑤4～5 頁，6～7 頁）も参照。
83) 前掲注 55) 議事録③25 頁参照（「運転者の注意義務として，走るに当たってどういうところまで義務として負うかということを考え，その運転に当たっての注意義務に違反する部分は本罪

Ⅲ　自動車運転過失（自動車運転死傷行為処罰法5条〔平成25年改正前の刑211条2項〕）

て自動車が「走る凶器」と化すのはなぜか。走行する自動車と他の交通関与者の進路が交錯すると深刻な事故を招きかねないからである。[84]

　ここで走行する自動車といったのは，運転者自身の車の動きを指すのはもちろん，走行中の他車が（自車を含む）交通関与者にとって「走る凶器」と化すこともありうるから，その動きも指している。自車が停止しているからといって，それだけで当該運転者の過失が本罪によって捕捉されないと結論づけることはできない。その意味で，運転を「発進に始まり，停止で終わる」と定義することは[85]，少々ミスリーディングである[86]。他車の安全な走行を阻害しないこともまた本罪の保護目的に含まれる点を見落としてはならない。

　そうすると，まず，「車を駐車してその場を離れたが，サイドブレーキの引きが甘く，かなり時間が経ってから車が動き出して事故が起こった場合」は，自車の動きが危険を招いた以上，当然に本罪が成立する。他方，「他の自動車が頻繁に走行する高速道路上に自動車を停止させて」衝突事故を引き起こした場合[88]は，他車の安全な走行を妨げる点にこそ，本罪が成立する理由がある。過積載・整備不良等の過失も[89]，走行中の自車から，ないし他車に接して，荷物の落下なり動作の異常なりが起きる虞があれば，本罪に当たる。

　このように，重罰の基礎にある自動車運転に固有の危険性を，自車または他車の動きによって生じるべき危険に見出すならば，そこから本罪が捕捉するに相応しい対象の状況的な限定が導かれる。すなわち，自車が止まっていて，他車も走ってこない状況が，対象から外れる。たとえば，運転者が自車を車庫に入れ，やにわに運転席ドアを開けたところ，幼児がドアのすぐ脇に立っており，同児にドアが衝突して負傷させた場合である。上記過積載・整備不良事例も，駐車場内で崩れたり燃えたりした場合，消極に解しうる[90]。

の対象となり得る」）。
84）　前掲注55）議事録③19頁参照（「道路の場は非常に交通関係が錯綜する場でございまして，動線がぶつかる極めて危険な場所である」）。
85）　伊藤ほか・前掲注3）40頁。
86）　深町・前掲注5）166頁参照（「自動車を停止させた後の行為だということを理由として，『自動車の運転上必要な注意』の対象から直ちに外れると解することはできない」）。
87）　前掲注55）議事録③23頁。
88）　伊藤ほか・前掲注3）41頁注15第2段落。
89）　前掲注55）議事録④8頁，伊藤ほか・前掲注3）41頁注15第1段落参照。
90）　もちろん道交法と違って「刑法上の『運転』は道路上である必要はない」が（伊藤ほか・前掲

さらに，本罪の適用に当たっては，上述した実質論的な限界のみならず，形式論的なそれも重要である。けだし，自動車の走行中の事故は，ひとり運転者の責めに帰するとは限らない。自動車の管理をぬかり，子供が勝手に乗り出して事故が起きたという例や[91]，自動車の修理がまずく，所有者の運転中に事故が起きたという例は[92]，管理者や修理者のせいで自動車が「走る凶器」となっている。しかし，本罪の適用はない。それは，文言上の制約による[93]。本罪の趣旨は，あくまで運転者に重責を思い知らせ，事故を防ぐ点にある。

(2) 限界的な事例の解決指針

自動車運転者各人に，自車または他車が「走る凶器」とならないように，重い罰をもって気を付けさせるという目的は，冒頭で見た限界的な事例についてのアプローチを照らし出す。まず，ドア開け事例は，結論からいえば，運転者の停車の意図は関係がない。どこで，どのようにドアを開けたかということが決定的である。前述したとおり，自動車運転に固有の危険性は，車や人の行き交いに由来する。一時的な停車の意図であれ，路上駐車の意図であれ，車道上の空間に不用意にドアを開放する行為は，本罪を構成する。

私見からすると，前記平成25年東京高判の事案で，自動車運転過失傷害罪（当時）を適用しなかった判断には，疑問を差し挟む余地がある。被告人の路上駐車の意図に，過剰に力点が置かれてしまっている。どのような道路状況下で，どのようにドアを開けたかということを認定しなければ，正しい判断はできない。路側帯に停車し，車道にはみ出さずにドアを開けたが，その際の後方の安全確認を怠ったという過失であれば別論，車道を走ってくる他車の進路を塞ぐようなドア開けであれば，消極に解するべき理由はない[94]。

　　　注3）41頁注14），自動車がどのような動きをする状況かということは，本罪の解釈・適用上有意な事情である。
91）　前掲注55）議事録③23頁参照。
92）　前掲注58）会議録②8頁［小津博司］参照。
93）　厳密にいうと，「自動車の運転上必要な注意を怠る」行為の主体が自動車運転者に限られることは，文理上（他人に運転させる上で必要な注意も含めることが絶対不可能ではないため）論理的必然性があるとまではいえないが，ただし書の刑の裁量的免除の規定が，平成13年改正（法138号）が刑法211条2項として追加した「自動車を運転して前項前段の罪を犯した者」に対するそれを引き継いだものである以上（伊藤ほか・前掲注3）41頁参照），動かしがたい前提である。もっとも，同改正に際し，自動車事故によって人を負傷させた責任が運転者以外に（も）ある場合について何らかの議論がされた事実は見当たらない。

Ⅲ　自動車運転過失（自動車運転死傷行為処罰法5条〔平成25年改正前の刑211条2項〕）

　また，よしんば不注意なドア開けが自動車運転過失に当たらないとしても，業務上過失に当たるとする判断は，「自動車の運転に付随する行為」とか「自動車運転業務の一環」とかいった観点から説明されるものではない。業務上過失の加重の意味するところは，社会的に危険視される活動に従事する者の過失に対する，純然たる政策的・差別的な取扱いである。過失が自動車運転上のそれに当たらなかったとしても，自動車運転者という地位・身分がある以上，それだけで業務上加重を受ける。それ以外の理由は不要である。[95]

　ひるがえって，消防車事例は，消防車の発進は自動車運転に他ならないものの，字義的・形式的な理由だけではなく，消防車が動くことによって繋がれたホースが外れ飛ぶという危険こそ，自動車運転過失として重く罰するべき実質的な根拠を成す。前述した過積載事例で，走行するトラックから荷物が落ちた場合と，考え方は同じである。ただし，実際の状況は不明であるものの，火災現場ということで，たとえば通行が制限された区域内であったなら，そうした状況は本罪の適用には相応しくないと解しうるように思う。

　これに対して，試乗会事例は，疑いなく自動車の運転操作であり，停止できずに人身事故を起こしたら，それは正しく自動車が「走る凶器」と化した結果である。だが，なお悩ましいのは，助手席で案内役を務めていた従業員の過失との競合関係である。従業員の過失，つまり試乗客に自動ブレーキシステムが作動するための上限速度をきちんと伝えていなかったことが認められるなら，試乗客の過失は認められないか，かりに認められるとしても，それが従業員の業務上過失より重い罪に問われるのはアンバランスである。

---

[94] 被告人が「運転席のドアを開けることで新たに設定された衝突の危険性」だから「『自動車の運転上必要となる注意義務』とは無関係である」とする見解（深町・前掲注5）166頁），たとえば「市街地等で信号待ちのため自動車を停止中にドアを開け，後続の二輪車が衝突し，同車に乗車していた者が死傷したような場合」も（伊藤ほか・前掲注3）42頁注15第3段落），消極に解するのだろうか。停車しているのが車道か路側帯かということは，本質的な違いではない。同説は，道路上でドアを開ける行為の危険性を過小評価している嫌いがある。私見は，それもまた自動車運転の危険性に他ならないと考える。
[95] 業務上過失も「自動車運転過失の場合と同様に，自動車の運転が有する危険性を維持・強化するような行為」であったかどうかによって限界づけられるとする解釈（深町・前掲注5）166頁），それならどうして自動車運転過失のほうが重いのかという問題に突き当たる。私見は，業務上過失が畢竟身分ゆえの加重だからこそ，自動車運転の危険性の認められる場所的状況ゆえの加重より相対的に小さいと解する。

問題性がヨリ先鋭化するのは，いわゆる路上教習等，自動車教習所の指導員が助手席にいる状態で，教習生が運転している場合である。教習生が運転を誤って人を死傷させれば，文理上は自動車運転過失に当たる。しかし，それを防ぐためにこそ指導員がいる。指導員と教習生の過失が競合するとしても，責任が重いのは前者である。後者に厳罰の矛先を向けることは，御門違いである。試乗会事例・路上教習事例は，助手席にいる者と運転者の，いずれにも業務上過失のみ負責するという（目的論的）縮小解釈も考えられる。

Ⅳ　結語と展望

　自動車運転過失の加重には，相応の理由がある。自動車運転が危険であることは，揺るぎない事実である。快適で便利な移動手段が，一瞬にして「走る凶器」となる。運転者は，それをゆめゆめ忘れてはならない。人の生命身体を害することのないようになるべく配慮しろという意味では等しく刑法上「必要な注意」であっても，こと自動車運転においては，特別厳重な遵守が要請される。本稿は，かかる理解に基づき，現行の過失運転致死傷罪の「重罰」に値するというためには，一定の状況的な前提があることを述べた。
　まず１つには，なぜ自動車運転を特別扱いするのかというと，走行する自車または他車の進路の交錯が危ないからである。もう１つには，なぜ運転者の不注意を特に厳しく戒めるのかというと，運転者に事故防止の重責を銘じさせ，果たさせる点に狙いがあるからである。これらの観点が妥当するとき，運転者の過失の「厳罰」の必要性と正当性が整う。さもなければ，運転上の過失に当たらないか，文理上は当たるとしても縮小解釈による適用除外か，少なくとも量刑上適切な（業務上過失を上回らない）判断が求められる。
　自動車運転者の過失が自動車運転過失を構成しなかった場合，それが業務上過失を構成することは，誤解を恐れずにいえば（およそ一回的な行為であった場合を除いて）「自動的に」認められる。なぜなら，業務上過失が，平たくいえば，皆が危ないと感じる活動に従事する者の不注意を，その地位・身分を備えていること（だけ）を条件にヨリ重く罰するものだからである。注意義務が特別に重いからではない。同じ注意義務であっても，上記身分者の義務違反を差別的

に取り扱う。そういう立法政策の帰結に他ならない。

　今後も，人の死傷に繋がりうる「危ない」行為類型が新たに生まれては世間を騒がし，対策強化が叫ばれるだろう。自転車運転は，つとに脚光を浴びている[96]。キャリーバッグ，歩きたばこ，歩きスマホ……。もっと気を引き締めさせろという社会的要請が高まれば，それを業務概念で掬い取る。死傷事故の酷さや多さが目に余れば，さらに特別な加重類型を創設する。こうやって，過失致死傷事犯を段階的・差別的に吊し上げてゆく法政策の善し悪しは，本来的には立法学の領分であり，究極的には民主的な選択の問題である。

［付記］本稿は，科研費・基盤研究Ｃ（課題番号16K03363）の助成を受けた研究の成果の一部である。

［追記］校正段階で接した報道によると，平成28年4月22日に発生した，走行中の高速バスの座席足元の暖房の送風口から高温の水蒸気等が噴き出して乗客らが熱傷等を負った事故につき，警察は，バスの運転手に過失運転致傷の疑いがあるとして，事件を検察官に送致した（朝日新聞平成28年10月7日朝刊33頁〔名古屋本社〕）。運転手がバスのオーバーヒートを示す警告灯が点灯していたにもかかわらず走行し続け，ついに冷却水が通る配管が破裂して上記事故に至ったとされている。これもまた限界的なケースである。

　おそらく，過失的「走行」の結果だから，過失運転致（死）傷罪の適用に疑問の余地はないというのだろう。しかし，それは形式論に過ぎる。運転手の走行継続は，たしかに不注意な，危険な行為だったが，それは，自動車運転に固有の，重量と馬力のある物体が相応の速度で行き交うことに基づく危険性（「走る凶器」性）とは異質なものである。走行中だからといって，同罪の適用は必然ではない。咥えたばこで運転し続け，その火が燃え移って車内に火災が生じて乗客が死傷した場合にまで適用するのは行き過ぎである。

---

96) 自転車運転の危険性は，前記平成25年改正の国会審議の過程でも指摘されている（第183回国会・衆議院法務委員会議録第19号（平成25年6月19日）〈http://kokkai.ndl.go.jp/SENTAKU/syugiin/183/0004/18306190004019.pdf〉14頁〔田嶋毅〕，第185回国会・参議院法務委員会議録第6号（平成25年11月19日）〈http://kokkai.ndl.go.jp/SENTAKU/sangiin/185/0003/18511190003006.pdf〉9〜10頁〔佐々木さやか〕）。道交法の平成25年改正（法43号）は，いわゆる自転車運転者講習制度の導入等を内容とする自転車利用者対策を講じたが（同改正につき渡辺直人「平成25年改正道路交通法の概要」ひろば67巻10号（2014）7〜8頁参照），はたしてそれで足るだろうか。

中止の共犯について
―― 真摯な努力と中止の任意性

和 田 俊 憲

I　はじめに

　西田典之先生の名論文「共犯の中止について ―― 共犯からの離脱と共犯の中止犯」[1]にあやかるべく，本稿では「中止の共犯」について論じたい。中止の共犯とは，中止犯（刑43条ただし書）のうち中止行為に複数人が関与するもののことをいう。未遂犯の成立後，未遂行為者を含む複数人で結果の発生を防ぎ既遂を防止した場合を，通常の犯罪における共犯に見立てたものである。そのような「共犯形態の中止犯」の成立要件を明らかにすることが，そしてそれを通じて中止犯の本質の一端を示すことが，本稿の目的である。

　共犯形態の中止犯には次の2類型がある。2つの類型の区別基準は，結果発生防止行為・既遂防止行為を行う複数人の中に，前提となる未遂犯を成立させた未遂行為者以外の者が含まれるか否かである。

　その第1類型は，未遂行為者が未遂行為者以外の者の助力を得て結果の発生を防止する場合である。たとえば，殺人未遂で被害者に重傷を負わせた後に医師による救急救命措置を依頼する事例や，放火未遂後に近隣住民とともに消火活動を行う事例が，これにあたる。このように他人の助力を得て中止するのは，原則としていわゆる実行未遂（終了未遂）の段階における作為態様の中止行為である。不作為態様の中止行為であれば，通常は独力で既遂を防止することになるからである。この第1類型において検討すべきは，他人の助力を得ることと「結果発生防止のための真摯な努力」とはいかなる関係にあるのかという中止行為の問題である（上の西田論文は，前提犯罪が共犯の場合に焦点をあてたもので

---

1)　法協100巻2号（1983）221頁。

あり，この問題は扱っていない）。

　共犯形態の中止犯の第2類型は，前提となる未遂犯自体が共犯として成立した後に，共犯者のうちの複数人が既遂を防止する場合である。典型的な事例として，共謀に基づき殺人の実行に着手した2人が，いわゆる着手未遂（未終了未遂）の段階で，意思連絡のうえ，共同して犯行の継続を中止する場合が考えられる。この第2類型で特に問題になるのは，共同して中止する共犯者間での相互の働きかけが中止行為の任意性にどのような影響を及ぼすかである（上の西田論文では中止の客観面のみが扱われており，任意性があることが前提とされている）。

　以下では，まず中止犯の減免根拠について，事後行為に基づく刑の減免制度の全体を視野に入れて整理し（Ⅱ），中止犯の成立要件の基本部分を確認する[2]（Ⅲ）。そして，その基本構造から直ちには説明できない要件として，上で挙げた2つを取り上げる。第1に，未遂行為者以外の他人による結果発生防止行為に対して未遂行為者が加功する場面を対象に，その加功の態様と「結果発生防止のための真摯な努力」とを比較して分析する[3]（Ⅳ）。第2に，複数人の未遂共犯者が共同して犯行の継続を中止する場面を対象に，中止行為の任意性の本質がどこにあるのか——それは本当に行為者ごとに個別に判断されるべき主観的要件なのか——を検討する[4]（Ⅴ）。ここでは，共犯にも43条ただし書の適用があることを当然の前提とする。最後に，西田先生による政策説批判に簡単に答えることにしたい（Ⅵ）。

Ⅱ　中止減免の政策的・法的根拠

1　中止減免規定の政策的根拠と個別の中止犯における減免の法的根拠

　(1)　通常の犯罪処罰規定について，ⓐ規定をおくことの政策的根拠を法益保

---

[2]　基本的な枠組みは，和田俊憲「中止犯論——減免政策の構造とその理解に基づく要件解釈」刑法42巻3号（2003）1頁で提示した。
[3]　簡単に整理したものとして，西田典之ほか編・注釈刑法(1)（2010）676〜680頁〔和田俊憲〕がある。
[4]　その問題意識は，和田俊憲「中止犯——中止行為および任意性」松原芳博編・刑法の判例〔総論〕（2011）207頁で示したとおりである。

護のための一般予防に求めつつ，ⓑ個別の犯罪行為を処罰することの正当化根拠を違法行為に対する応報に求めることを前提にしよう。これと対応させれば，中止減免規定についても，ⓐ規定をおくことの根拠は法益保護のための予防政策に求めつつ，ⓑ個別の中止犯を寛刑に処することの正当化根拠は，自己の意思によりなされた中止行為に対する報奨に求めるのが合理的である。このように，減免規定の立法理由と個別行為についての減免根拠とは区別されうるし，区別すべきであることを，まずは確認しておきたい。

　ここから直ちにいえるのは，中止犯の具体的な成立要件を導くことができないという理由で政策説が否定されることにはならないということである。これは，通常の犯罪において，予防による法益保護の観点のみから成立要件が導かれるわけではない——たとえば，その行為を禁圧すれば生命の保護に資するという範囲で殺人罪が成立すると解されるのではない——のと同じことである。

　(2)　それどころか，上のように立法目的と個別行為の減免根拠とを区別するとき，立法目的は法益保護のための予防以外にありえないと思われる。そのことを示すために，①中止犯，②自首，そして，③自主的損害賠償という3つの事後的行為を比較してみよう。

　我が国の刑法においては，第1に，このうち①中止犯と②自首についてのみ法律上の減軽事由・免除事由という特別扱いがなされており，③自主的損害賠償は単なる量刑事情にすぎない。しかし，第2に，①中止犯の法的効果は刑の必要的減免にすぎず，裁量的減軽事由である障害未遂との差はさほど大きくない。

　大陸法系の各国のように，①中止犯においてそもそも未遂犯の成立を否定し，あるいは未遂犯の成立は認めつつも処罰を否定するのであれば，そこでは処罰

---

5)　佐伯仁志・刑法総論の考え方・楽しみ方（2013）5頁以下。
6)　佐伯・前掲注5）358頁，和田・前掲注2）6頁以下。なお，「予防政策」の具体的な内容は，野澤充・中止犯の理論的構造（2012）395頁が指摘するとおり，通常の用法における「一般予防」や「特別予防」と同じではない。誤解を避けるために『奨励政策』と称してもよいが，通常の理解による「奨励」とも異なることを構想している。
7)　さらに刑の減免の体系的位置づけの問題を区別すべきことについて，城下裕二「中止未遂における必要的減免について——『根拠』と『体系的位置づけ』」北法36巻4号（1986）173頁参照。
8)　フランス刑法121-5条，中国刑法23条（着手中止の場合）など。

の必要が消滅しているとみるのが自然である。また，英米法系が伝統的にそうであったように，①〜③のような事後的行為はすべて量刑事情として扱うという場合も，中止犯は処罰の必要を減少させるものと位置づけられる。

このように，①中止犯に対して未遂処罰を否定するか，あるいは①〜③のような事後的行為をすべて一律に扱うかのいずれかであれば，中止犯規定は減少・消滅した処罰の必要性に対応させた刑を謙抑的に用意するものであるともいいうるが，我が国の刑法はそのどちらにも該当しない。ここでは，量刑責任を類型的に減少させる数ある事情のうち，①および②のような法律上の減免事由とされる事後的行為のみが，処罰の必要性の減少ということ以外の観点に基づいて特別扱いされているとみる必要がある。法益保護のための予防こそが，その観点になりうると考えられる。

2 事後的行為に基づく減免事由における予防政策の構造

(1) 刑の減軽・免除事由には，ⓐ犯罪行為それ自体の違法性や責任が小さいことを理由にしたものと，ⓑ犯罪成立後の事後的行為に基づくものとがある。前者にあたるのは，幇助，過剰防衛・過剰避難，限定責任能力などであり，後者には，中止犯のほか，総則における自首や各則における自首（内乱予備罪など）・自白（偽証罪など），被拐取者解放（身の代金目的略取誘拐罪）などがある。

---

9) ドイツ刑法22条・24条，ロシア刑法31条，中国刑法24条（実行中止で損害がない場合），イタリア刑法56条3項（着手中止の場合）など。

10) ただし，事後的に中止したときは，そもそも当初から犯罪意思がなかったと認定されることがありうるほか，犯意の放棄を（コモンロー上の）抗弁として認めるべきだという議論はある。英米について，木村光江「中止犯の一考察」都法39巻1号（1998）67〜85頁，カナダについて，Eugene Meehan & John H. Currie, The Law of Criminal Attempt, 2nd ed (2000) at 277-295参照。

11) 広義の悔悟がある場合には刑の免除を認めるべきだとする見解（黒木忍・中止未遂の諸問題〔1989〕45頁，松宮孝明・刑法総論講義〔第4版〕〔2009〕245頁以下）や，内包既遂犯がない場合には免除を認めるべきだとする見解（町田行男・中止未遂の理論〔2005〕44頁）をとれば，フランス法・ドイツ法に引き寄せた理解が可能になりそうでもあるが，そのような免除基準がとれるかが問題である。

12) 伊東研祐「積極的特別予防と責任非難」香川達夫博士古稀祝賀（1996）275頁のように，事後的行為に基づく刑の減免事由を，積極的特別予防上，処罰の必要性の減少・喪失を反証を許さず推定するものだと解せれば，本文で述べたことを回避する道が開ける。しかし，現行法上の事後的行為に基づく減免事由のすべてに共通してそのような推定が認められるかが，解釈論としては問題であろう。

13) 殺人予備罪や放火予備罪などの裁量的免除規定は，この両方にまたがるものと解される。予備

中止減免規定の政策目的が法益保護のための予防にあるといえるためには，同じく事後的行為に基づく中止犯以外の減免事由についても中止犯と同様の説明ができなければならない。そこでは，①保護対象である法益が何であるかを示すことと，②その法益を守るために，なぜ重い刑罰を科すことではなく，刑の減免という特殊な手段をとるのかを示すことが必要である。その上で事後的行為に基づく減免事由を相互に比較すると，中止犯の要件を，事後的行為に基づく減免事由に共通するものと中止犯に独自のものとに振り分けることができる。

　(2)　中止犯については次のように考えられる[14]。まず，保護法益は前提となる未遂犯のそれと同じである。中止減免における予防は，未遂犯によって危機に瀕した法益を保護するためのものであると解される。そして，その予防を寛刑という手段をもってするのは，既遂犯の処罰では十分な予防効果が図れないからであると考えられる。一旦未遂犯が成立すると，既遂に向けてさらに犯行を継続することや，あるいは危険を放置することを予防するために働くのは未遂と既遂の刑の差である。しかし，未遂は裁量的減軽事由にすぎず，既遂の刑との間に格段の差がない。それは，すでに犯罪意思を有している未遂行為者に対する動機づけとしては不十分である。そこで，犯行の継続や危険の放置をする場合としない場合との差を十分に大きくするために，中止犯の必要的減免が用意されたものと解される。

　(3)　身の代金目的拐取罪の被拐取者解放減軽（刑228条の2）については，次のように考えられる[15]。解放減軽の保護法益は，被拐取者の生命である。これは殺人罪の処罰によって保護するのが原則であるが，身の代金目的拐取罪の法定刑は無期または3年以上の懲役であり，一旦同罪が成立すると，その後，被拐取者を殺害して殺人罪が成立しても，死刑の選択肢が加わるなどの違いがあるだけである[16]。それは，被拐取者の殺害に及ぶことが少なくない拐取者等に対す

　　後の中止について，43条ただし書きの適用を否定する立場（西田ほか編・前掲注3）701頁［和田］参照）からも，各本条の免除規定の適用は排除されない。
14)　和田・前掲注2）参照。ただし，同・後掲注27）も参照。
15)　和田俊憲「被拐取者解放減軽における『違法減少』と『違法減少阻却』」慶應法学7号（2007）169頁参照。
16)　身の代金目的拐取罪の立法当時は，まだ殺人罪の刑の下限が懲役3年だったという事情もあった。

る動機づけとしては不十分である。そこで，被拐取者を死亡させる場合と，そのおそれがない状態を作出する場合との差を十分に大きくするために，被拐取者解放の必要的減軽が用意されたものと解される。

ここでは，被害者の生命をよりあつく保護するために身の代金目的拐取罪を新設し，しかも重罰を用意するとともに，それだけであると刑罰の予防機能が弱まってしまう拐取罪成立後の事態に対して，刑の減軽を併せて用意することで，全体として生命の保護を万全にしようとしていると解されるのである。

(4) 自首減軽（刑42条）については，次のように考えられる[17]。自首減軽の保護法益は，犯人の身柄を確保する国家の作用である。それを保護しているのは犯人蔵匿罪および犯人隠避罪（法定刑は，平成28年改正前は2年以下の懲役，改正後は3年以下の懲役）である。これは犯人自身との関係でも保護に値する法益だと考えられるが，その保護のためには，それを害する行為を罰するよりも，その国家作用を促進する行為を奨励する方が，以下の理由で望ましく，また合理的である。

まず，犯人自身が身を隠す行為は類型的に期待可能性が欠如するので，犯人蔵匿・隠避罪の処罰対象から構成要件段階で外されている[18]。

次いで，犯人が犯した前提犯罪を刑の重さで分類して考えると，自首の奨励には以下のような合理性がある。(i)無期懲役・無期禁錮以上の刑のみにあたる罪を犯した犯人は，自己蔵匿・自己隠避行為に懲役2年ないし3年が用意されたとしても，ありうる処断刑の上限と下限がともに変わらない（刑46条）。そこで身柄拘束作用を促進する自首行為に対して刑の減軽を用意する必要が認められるが，前提犯罪の刑の重さに照らすと，裁量的減軽で十分な効果が期待できる。そのようにして自首減軽を用意することにすると，それは，(ii)有期懲役・有期禁錮に下限が定められている多くの重要犯罪との関係でも，同様の効果が期待できる。

これに対して，(iii)下限の定めのない有期懲役・禁錮そして罰金にあたる罪を犯した犯人との関係でみると，単なる裁量的減軽では自首の奨励機能が相当程度減殺される。しかし，そのような軽い犯罪については身柄拘束作用の保護価

---

17) 和田俊憲「演習」法教389号（2013）151頁，同・ジュリ1234号（2002）128頁参照。
18) 西田典之・刑法各論〔第6版〕（2012）460頁。

値もさほど高くないから，それでも構わないということができよう。(iv)類型的に最も軽い拘留・科料にあたる罪については，身柄拘束作用の要保護性がないので，そもそも犯人蔵匿・隠避罪が犯人以外の者との関係でも処罰対象から外している。

　(5)　上でみたもの以外の事後的行為に基づく減免事由についても同様の分析ができ（網羅的な整理は別稿に譲りたい），中止減免規定の立法目的は，犯行の継続・危険の放置を予防して法益の保護を図ることにあるという見方が維持できる。

Ⅲ　中止犯の成立要件の基本枠組

1　裏がえしにした犯罪論／逆向きの構成要件

　中止減免規定の立法理由および個別の中止犯における減免根拠を，通常の犯罪処罰規定および個別の犯罪行為の処罰根拠とパラレルに解するのであれば，成立要件の解釈も，通常の犯罪と中止犯とで同じように行うのが合理的である。それを表したのが，「裏がえしにした犯罪論／逆向きの構成要件[19]」という中止犯の位置づけである。条文の文言を元にしつつ，客観的要件も主観的要件も通常の犯罪と同じ構造で理解することが基本になる[20]。

2　客観的要件

　(1)　客観面では，狭義の中止行為（中止実行行為）と中止結果，そしてその間の因果関係が基本要素である。「犯罪を中止した」（刑43条ただし書）というのは，「犯罪が完成する可能性があったところ，その可能性を消滅させた」という意味に解されるから，中止結果は「既遂の可能性の消滅（より正確には，既遂結果が当該未遂行為に帰属する可能性の消滅）」を指し，それとの間の因果関係

---

[19]　平野龍一・犯罪論の諸問題(上) (1981) 146頁, 162頁, 山口厚・問題探究刑法総論 (1998) 224頁以下, 塩見淳「中止行為の構造」中山研一先生古稀祝賀論文集(3) (1997) 247頁以下, 井田良・刑法総論の理論構造 (2005) 281頁, 佐伯・前掲注5) 358頁以下など。
[20]　それを最も広範囲かつ高精度に示したのが, 小林憲太郎「刑罰に関する小講義(改)」立教法学78号 (2010) 377～361頁である。

も要求するのが当然である。「犯罪を中止しようとした」[21]あるいは「実行行為を中止した」[22]と規定されているわけではない。

(2) もっとも、中止結果の内実についてはいくつかのバリエーションがありうる。これを「危険の消滅」とするのと「既遂の可能性の消滅」とするのとでは、次の2点に違いが生じる余地がある。

ひとつは、「危険の消滅」という場合の「危険」を、「未遂犯を基礎づけている危険な状態」という意味で捉えると、殺意をもって致死量に満たない毒薬を摂取させたような具体的に不能の事案でも、被害者を病院に搬送して治療を受けさせたときに危険の消滅を肯定できることである[23]。しかし、まだ生きていると思って死体にとどめを刺す攻撃をした（つもりになった）後に翻意して救命すべく病院に搬送したような場合を考えると[24]、その先のどの時点で危険消滅が肯定されるのか判断できないし（医師が死体であることに気づかないまま「治療」した時点だろうか）、搬送しただけで中止行為を認めてしまったら、「中止しようとした」ことを要件にすることになってしまう。「可能世界」に基礎のある危険は「現実世界」では決して除去できないのであり、中止犯は、現実に反する仮定的危険を考慮することなく、現実世界に存する危険のみを前提にして構成すべきである。つまり、中止結果は、当該事案において既遂に達する可能性を消滅させたこと[25]、その意味での危険消滅、と解するべきである[26]。

(3) もうひとつの違いは、逆に、「既遂の可能性」の方が「危険」よりも広い範囲を含みうる点である。いわゆる不作為態様の中止行為は、どの時点で中

---

21) 改正刑法草案24条2項は、「行為者が結果の発生を防止するに足りる努力をしたときは、結果の発生しなかつたことが他の事情による場合であつても、前項と同じである。」と規定している。
22) 平成7年改正前の刑法43条但書は、「但自己ノ意思ニ因リ之ヲ止メタルトキハ」と規定し、「之」が「犯罪ノ実行」（同条本文）を指す可能性があった。
23) 平野・前掲注19) 148頁、町野朔「中止犯における『止メタ』の意義」Law School 7号 (1979) 105頁、山口厚・前掲注19) 224頁、228頁以下、佐伯・前掲注5) 364頁。政策説の立場からも、具体的に不能の事案で中止犯を認めたくなる理由のひとつに、傷害の悪化を防ぐ行為に対する報奨の要請がありそうである。生命に対する危険の消滅という形式によって、実質的には傷害の悪化の防止を捉えようとしてもいるのではないだろうか。
24) もっとも、筆者はそもそも死体に対する殺人未遂を認めるべきではないと考えている。和田俊憲・刑法判例百選Ⅰ〔第7版〕(2014) 136頁、同「不能犯の各論的分析・試論の覚書」町野朔先生古稀記念(上) (2014) 227頁参照。
25) 安田拓人ほか・ひとりで学ぶ刑法 (2015) 321頁以下〔和田俊憲〕、和田俊憲・刑ジャ4号 (2006) 79頁参照。
26) 山口厚・刑法総論〔第3版〕(2016) 298頁。

止結果が発生したと判断されるのだろうか。その場面で問題となる危険は，未遂行為者が犯行を継続することによる危険であり，それは未遂行為者の意思に担われている。したがって，犯行継続の意思が消滅した時点で危険消滅＝中止結果が生じたというべきだとも思われるものの，意思を消滅させること自体は行為ではない。犯行継続意思消滅後の不作為を捉えると行為性が得られるが，その行為からどの時点でどのような危険消滅結果が発生したとすればよいのかは明らかでない。

具体的に考えてみれば，たとえば被害者を射殺しようとしたが，引き金を引く前に止めたという場合，いくら殺人の意思を放棄したといっても，あるいは，殺人の犯行継続の不作為があるといっても，拳銃を持ってその場にいるままでは中止犯になり得ず，中止犯が認められるためには少なくともその場から立ち去るなどの行為が必要なのではないだろうか。

これは犯行継続意思の放棄についての立証の問題ではなく，犯行の一連性の問題だと思われる。上の事例で，殺人の実行に着手後，一旦は真に犯行継続意思を放棄したとしても，その場から立ち去らないでいたところ，その後すぐに再び翻意して射殺したような場合は，殺人未遂と殺人既遂を認めて罪数処理するのではなく，当初の実行の着手後の一連の殺人行為から殺人既遂に達したものとされるのではないだろうか。

そうだとすると，一旦は犯行継続意思が放棄されて「危険」が消滅したとしても，仮に再び犯行意思が生じたときに，当初の実行の着手に始まる犯行の一連性がまだ切断されていないと判断されるうちは，当該一連の行為が既遂に達する可能性が論理的に否定されていないという意味で，「既遂の可能性の消滅」は認められないということができる。中止結果としての「既遂の可能性の消滅」が認められるのは，当初の実行の着手に始まる行為の一連性が切断された時点であり，不作為態様の中止行為は，そのような切断を生じさせる行為までを含めて構成されなければならないと思われる。[27]

---

27) 詳しくは，和田俊憲「途中でやめるとはどういうことか――不作為による中止犯の理論的構造」慶應法学 37 号（2017）所収予定参照。

3 主観的要件

中止行為の主観面は，まず，中止行為の客観面の認識であり，中止故意と呼ぶべきものである。中止故意は，条文の文言上は「中止した」に含まれると解される。被拐取者解放減軽における「解放した」や，自首減軽における「自首した」も同様であるから，中止犯においてだけ故意を任意性要件に担わせるのは平仄が合わない。

しかし，そうすると任意性要件が宙に浮く。通常の犯罪の要件の中にはこれに対応するものがなく，また，ほかの事後的行為に基づく減免事由にもない。任意性は，完全に中止犯においてのみ要求される要件だということになる。その内容は，のちほどⅤで扱うことにする。

Ⅳ 他人の結果防止行為に対する加功と「真摯な努力」

1 作為態様の中止行為と他人の助力

犯罪類型を問わず広く想定される不作為態様の中止とは異なり，作為態様の中止行為が求められる場面は限られている。未遂行為者の行為を離れて既遂の危険が認められるのは，①被害者が重篤な傷害を負っている殺人未遂や，媒介物が燃焼している放火未遂のように，現実化しうる物理的危険が存する場合か，あるいは，②各種の離隔犯や，すでに被害者が瑕疵ある意思を形成済みで，あとは交付行為が行われるだけの段階に達している詐欺未遂・恐喝未遂のように，被害者・第三者の行為によって既遂に達しうる場合である。

このうち類型②の中止はそもそも件数が少ないとも想像されるところであり，実際上中止犯の成否が問題になるのは，主に類型①である。そして，その類型①では，危険を消滅させるためには専門家を中心とする他人の助力を得ることが必要であることが多い。

こうして，作為態様の中止行為については，他人の助力を得る場合が議論対象になる。

2 「真摯な努力」と「共同正犯性」

(1) 作為態様の中止行為が認められるためには，結果発生防止のための「真摯な努力」が必要であるとする見解が，少なくともかつては相当程度有力であった[28]。[29]

しかし，他人と意思を通じてその助力を得た場合を中止の「共犯」に見立てるとき，中止の「単独正犯」や「実行共同正犯」である必要はないが，中止の「教唆」や「幇助」では足りず，少なくとも「共謀共同正犯」性が必要であるという見方が妥当であると思われる。要するに，他人と「共同」した中止行為といえる場合に「中止した」にあたると解されるのである[30]。「真摯な努力」は条文上の根拠がない一方，通常の犯罪においては，共同正犯は「正犯」として扱われており，共同の中止を「中止した」にあたるとみることは，刑法全体の思想に合致していると思われる。

とはいえ，中止の「共同正犯」と「真摯な努力」は，まったく無関係なものでもない。共同正犯の基準として「正犯意思」という語を用いれば，「正犯意思」をもった中止に「真摯性」が認められるということによって，両者をつなぐことができるからである。このようにすれば，批判はありつつも人口に膾炙した「真摯な努力」を，引き続き用いることができると思われる。

(2) 以上のような整理には，次のようなメリットがある。

第1に，「真摯な努力」が過度に倫理的な内容になるのを防ぐことができる。たとえば，殺人未遂の事案で，被害者を病院に搬送しても，積極的に犯跡を隠すような言動がある場合には，その姿勢にのみ着目してしまうと，「一応の努力」しかないとして中止行為が否定されかねない。たしかに，法律上の減軽は

---

28) 香川達夫・中止未遂の法的性格（1963）116頁，団藤重光・刑法綱要総論〔第3版〕（1990）365頁，前田雅英・刑法総論講義〔第5版〕（2011）176頁など。
29) 今日の評価は割れている。井田良・講義刑法学・総論（2008）426頁は，この見解が判例・通説だといい，佐伯・前掲注5）361頁は，裁判例・学説で有力な見解だといい，今井猛嘉ほか・刑法総論〔第2版〕（2012）337頁〔橋爪隆〕は，有力説でありこれに従う裁判例もあるとし，伊藤渉ほか・アクチュアル刑法総論（2005）271頁〔安田拓人〕は，より例外的な位置づけを与えている。ちなみに，井田良＝佐伯仁志＝橋爪隆＝安田拓人・刑法事例演習教材〔第2版〕（2014）97頁では，作為態様の中止行為を認めるために当然に要求されるものだという前提で解説されている。
30) 西田ほか編・前掲注3）678～680頁〔和田〕参照。

1回のみ認められるものであり，中止犯による必要的減免は自首による裁量的減軽という法的効果を包摂するものなので，自首の要素を積極的に否定するような行為が行われている事案では中止減免も否定するという価値判断には，理由がないわけではないと思われる。しかし，やはり中止減免と自首減軽は別の制度であるから，両者を連動させるべきではない。そして，「真摯な努力」という語を用いたとしても，その内容を中止の共同正犯性として理解すれば，既遂の防止に対する寄与度などの共同正犯性を判断する要素と，それには関わらない要素とを意識的に分けることができる。

第2に，単独中止の場合には「真摯な努力」を重ねて要求しないことが説明できる。「真摯な努力」を責任減少要素と位置づけると，単独で既遂の防止に成功している場合であっても，事前判断としては必ずしも十分ではない中止行為から運よく危険の消滅がもたらされたような場合には，中止行為要件の充足が否定される事態が生じかねない。しかし，判例において「努力」が問題とされてきたのは，単独中止が否定される事案においてであって，「真摯な努力」[31]はそのような要素として理解されるべきである。

V 他の共犯者と共同した既遂防止と任意性

1 共犯者による共同の中止

中止行為に「共同正犯性」があるときに中止犯が成立するのは，当初成立した未遂犯の共犯者間で共同して中止した場合も同様である。これについては，行為者ごとの行為はそれぞれ個別にみると中止行為として十分でなくても，全体として中止行為として十分な行為がなされていれば，全員に中止行為要件の充足を認めてよいことや，共謀共同中止行為も認めるべきで，実際に中止行為を実行した者だけでなく，上下関係に基づき中止行為の実行を指示した者にも，

---

31) 大判昭和12・6・25刑集16巻998頁など。これに対して，大判昭和13・4・19刑集17巻336頁は，殺人未遂の単独中止が問われた事案で，「真摯ナル態度」を否定して中止犯を否定する結論をとっているが，既遂の防止に失敗した事案である。未遂行為と死亡結果との間の因果関係を切断するような行為であれば，「真摯ナル態度」に出た行為であるということができる。

中止行為要件の充足を認めるべきことが指摘されている[32]。

では，任意性の判断はどのようになるであろうか。中止行為者ごとに判断すると，たとえば，暴力団組長 X が部下の組員 Y に指示して殺人の実行に着手させた後，被害者に重傷を負わせる前に，X が Y に指示して殺人行為の継続を中止させたような事例で，X には任意性が認められても，Y の任意性は否定される場合が生じそうであるが，それでよいだろうか。Y が X に心理的に強制されたのであれば，Y の任意性は否定されてよいだろうが，X に指示されれば Y は止めて当然，止めないという選択肢はありえない，という価値判断があるにすぎないときには，Y の任意性を認めるべきではないだろうか。しかし，強制がない限り広く任意性を認める見解をとらない限り，Y の任意性はかなり多くの場合に否定されざるを得ないことになるだろうと思われる[33]。

2　東京高裁昭和51年7月14日判決[34]

(1)　ここでひとつの高裁判例をみてみよう。事案は次のとおりである。

被告人 X は，妻 P を親友の Q 宅に預けていたが，某日，P が自宅に戻って A と密会していたことを知った。そこで X は，A を連行して妻 P との関係を詰問したが，A が全く非を認めなかったため，同人を殺害して報復しようとし，階下にいた Y に日本刀を持ってこさせたところ，Y も X の意を察知して，ここに X・Y 両名の A 殺害にかかる共謀が成立し，Y が日本刀を振りかざして A の右肩を 1 回斬りつけたあと，さらに二の太刀をあびせて息の根を止めようとした折，X が「もういい，Y いくぞ」と言って次の攻撃を止めさせ，Y もこれに応じて次の攻撃を断念した。その後 X は，Q らに A を病院に連れて行くよう指示し，A は全治約 2 週間の肩部切創の傷害を負うにとどまった。

本事案は実行未遂だとしたうえで，十分な中止行為がないとして中止犯を否定した一審判決に対して，控訴審判決は，着手未遂の事案であり中止犯が肯定されるとした。争われたのは着手未遂か実行未遂かであるが，任意性について[35]

---

32)　佐伯・前掲注5）362頁。
33)　山口・前掲注26）302頁，高橋則夫・刑法総論〔第3版〕（2016）414頁以下。
34)　判時834号106頁。
35)　この点については，和田俊憲・刑法判例百選I〔第5版〕（2003）140頁参照。

は次のように判示されている。

> 被告人Xが，被告人Yに二の太刀を加えることを止めさせた理由として，被告人Xは，司法警察員及び検察官に対し，「Aの息の根を止め，とどめをさすのを見るにしのびなかった」「Aを殺してはいけない……懲役に行った後で，子供4人と狂っている妻をめんどうみさせるのはAしかいない，Aを殺してはいけないと思い……とどめを刺すのをやめさせた」と述べているのであって，かかる動機に基づく攻撃の中止は，法にいわゆる自己の意思による中止といわざるをえない。又，被告人Yにおいても，被告人Xにいわれるままに直ちに次の攻撃に出ることを止めているのである。

(2) ここでは，Xについては任意性を基礎づける動機を詳細に述べていながら，Yについては，中止の動機が「Xにいわれたから」であるので任意性が認められる，とは正面から示されてはいない。それは，やはりそこだけを個別に切り取って任意性を認めるのは不自然だからではなかろうか。そこには，結論としてXとYの中止犯の成否は当然に連動するものだと解されていることが表れているように思われる。本判決によれば，一審判決も，被告人らの任意の意思により犯行を中止したものと推認される，としていたのである。

そうすると，共同中止の事案では，共同の任意性とでもいうべきものを想定することが考えられてもよいのではないだろうか。

3　任意性の機能・概念

(1) 中止犯では広く，未遂を未遂にとどめた複数ありうる原因を比較して，そのうち主な原因だといえるものだけを報奨の対象にするという発想があってもよいであろう。それは現に，上のⅣでみたとおり，中止行為の要件においては，危険の消滅をもたらした複数の行為を比較して中止の「正犯」のみに中止行為を認め，従たる寄与をしたにすぎない行為は報奨の対象から外すというところに表れていた。それと同じ視角を任意性にも適用すれば，外界の事情が強く作用して中止行為が行われた場合には，未遂を未遂にとどめたのは，中止行為というよりも当該外界の事情の方であり，従たる寄与を及ぼしたにすぎない

中止行為者は報奨の対象から外すということになろう。つまり，意識的に危険を消滅させた行為の中から相対的に主たる寄与をしたものを選別するのが中止行為の要件であり，そこで選ばれた行為が，その他の外界の事情も含めてみたときに，危険消滅に対する主たる寄与を及ぼしたものといえるかを判断するのが任意性の要件であると解される。

ほかの事後的行為に基づく減免事由とは異なり，中止犯においてのみ任意性要件が定められているのは，中止犯には顕著な類型として不作為態様の中止行為があり，不作為態様の行為は，外界の事情の影響によって従たる原因に落ちることが顕著にみられるからであると説明することができよう。

共同中止においては，共同の中止行為はその全体を一体として判断するのが合理的であり，任意性は，その共同中止行為の全体が外界の事情との関係で従たる原因に落ちないかをみることで判断することになろう。共同中止においては，「自己の意思により」は，「自分達の意思により」と解されるのである。

このような考え方は，ただちにその積極的な論拠を示せるものでもなければ，それに基づいて任意性の明確な判断基準を導けるものでもなく，ここでは問題提起にとどまらざるを得ないのであるが，少なくとも以下に述べるような任意性要件の性質と親和的であると思われる。

（2）かつて整理したところでは，戦後の裁判例における任意性の判断は，①行為者の認識した事情が一般的に犯罪遂行の障害とならないものか，および，中止の動機に規範的価値が認められるか，という2つの責任減少要素を考慮し，②これら2要素の値を合算して必要的減免に相応しいといえる一定の基準値に達するときに任意性を肯定し，③その基準値は2要素がそれぞれ単独でも達しうるものとしている，とまとめられた。[36]

ここで生じるひとつの疑問は，広義の悔悟は，なぜ中止行為以外の行為によって表わされた場合には類型的な寛刑を基礎づけないのかということである。それは，中止行為者が広義の悔悟と呼ばれる心理的状態にあったこと自体が重要なのではなく，広義の悔悟が中止行為の動機であったといえる場合には，外界の事情が中止行為の動機だったのではないということを裏側から示す意味があ

---

36) 西田ほか編・前掲注3) 698頁［和田］。

るのではないだろうか。広義の悔悟，すなわち，悔悟，慚愧，恐懼，同情，憐憫，その他これらに類する感情は，法益保護を指向する側面があるというだけでなく，外部から短時間で強制的に生じさせることができないという特徴がある。そのように考えれば，上の判断基準は，責任減少というよりも，どれくらい強く外界からの影響を受けた中止だったのかという意思の自由の程度という観点から一元的にみることができると思われる。

(3) そのこととも関連するが，もうひとつの疑問は，犯罪遂行の障害となるかどうかが判断される事情は，客観的に存在し，かつ，行為者がそれを認識していたことが必要なのか，それとも，客観的には存在せず行為者が誤信したものであってもよいのかということである。任意性は主観面の問題であることを考えれば，客観的存否は問わないことになりそうであるが，上記のような外界との関係における意思の自由の問題であるとするならば，客観的に存在する事情であることが必要だとも思われる。[37]

ここで参考になるのが，強姦未遂における中止行為の任意性である。任意性を否定した裁判例の大半が，性的欲求が減少・消滅したことにより中止した事案である。[38] 性的欲求は中止行為者の脳内の問題であるが，任意性との関係では，性的欲求の減少・消滅は「外部的障害」として位置づけられているとみることができる。行為者の内部にも，さらに自己の意思の内部と外部とがあるのである。

そうすると，中止の動機として問題になるような行為者の「認識」も，自己の意思との関係では外部領域に属するということができよう。行為者は，短期的な事実の認識を意思によってコントロールすることはできないからである。もちろん，認識はただちに外部的「障害」とされるわけではなく，その認識がどの程度の心理的障害となったのかを測る必要がある。これは結局，客観説の判断内容である。

(4) しかしそうすると，広義の悔悟も意思的コントロールが利かない点では認識と同じであるのに，外部的事情として扱われる余地がないのはなぜかといった問題がさらに生じ，議論は一向に収束しない。[39] 刑法における自由と悔悟の関

---

37) 西田ほか編・前掲注3) 699頁［和田］では，後者の観点に立っていた。
38) 西田典之ほか編・注釈刑法(2) (2016) 640頁以下［和田俊憲］参照。

係を正面から探究する必要がありそうである。

Ⅵ　おわりに

　西田典之先生が『刑法総論』（初版，2006）を出されるときに，「中止犯は法定量刑事情説で書いてしまったよ」と教えてくださった。水準点を設置したから，あとはさっさと決断して自分の中止犯論をまとめなさいという趣旨だと思った。

　同書に書かれている政策説に対する批判は，「この政策を知らない者にまで中止犯の恩典を与える必要はないということになりかねない」[40]というものである。たしかに，規範に違反した者に法的効果が生じる処罰規定と，規範に合致した者に法的効果が生じる減免規定とでは，予防の構造が対称ではない。後者においては，現に規定を知りながらまさにその法的効果を得るべく行為した者にだけ減免を認めても，法益保護の目的は達成されるだろう。

　立法論としては当然それはありうると答えたら，西田先生はどのような言葉をかけてくださるだろうか。おそらくとても繊細な心の持ち主だけができる，あの広く深い笑顔と，「みんな，もう論文には『自分はこう思う』ということだけ書けばよいのではないかと思う」という免罪符にしたくなるフレーズを仰ったときの，強さがあるのに柔らかい声色と，中止犯論で刑法学会の個別報告をした後にご馳走になったひつまぶしの，ほんの少し苦みがかった旨みとが，いまとなってはただ想い出されるばかりである。

---

39) なお，新しいところでは，鈴木一永「中止犯における任意性」早法90巻3号（2015）169頁が，任意性論を，自由意思ないし非強制性の判断基準，判断内容，規範的限定の有無という3つの軸に分けて，詳細かつ明快に整理・分析している。
40) 西田典之・刑法総論〔第2版〕（2010）314頁。「この政策的効果は規定を知る者に対してしか働かない」という批判とは似て非なるものである。

過失共同正犯再考

山　口　　　厚

I　はじめに

　過失犯の共同正犯の成否，それが成立しうるとした場合におけるその成立要件については，かねて議論が重ねられてきた。その成立を否定する大審院判例があったものの[1]，過失犯の共同正犯を肯定したと解することができる最高裁判例がかつて出され[2]，下級審裁判例にも肯定例がいくつも見られるようになり[3]，学説でも肯定説が多数の支持を受けるようになってきた[4]。そして，過失犯の共同正犯の成立要件については，後述する「共同義務の共同違反」説が有力化したが，近時，新たな研究成果が公にされ[5]，過失犯の共同正犯をめぐる議論・論争が再燃している。こうした中，最近，「共同義務の共同違反」説に立つと解される最高裁判例が出されるに至った[6]。
　そもそも，過失犯の共同正犯は，過失犯と共同正犯のそれぞれの理解が交錯

---

1) 大判明治 44・3・16 刑録 17 輯 380 頁。
2) 最判昭和 28・1・23 刑集 7 巻 1 号 30 頁。
3) 名古屋高判昭和 31・10・22 高刑裁特 3 巻 21 号 1007 頁，佐世保簡裁略式命令昭和 36・8・3 下刑集 3 巻 7＝8 号 816 頁，京都地判昭和 40・5・10 下刑集 7 巻 5 号 855 頁，名古屋高判昭和 61・9・30 判時 1224 号 137 頁，東京地判平成 4・1・23 判時 1419 号 133 頁など。
4) 早い時期における代表的著作として，内田文昭・刑法における過失共働の理論（1973）がある。
5) 嶋矢貴之「過失犯の共同正犯論 (1)(2・完)」法協 121 巻 1 号（2004）77 頁以下，121 巻 10 号（2004）151 頁以下，同「過失競合と過失犯の共同正犯の適用範囲」三井誠先生古稀祝賀論文集（2012）205 頁以下，大塚裕史「過失犯の共同正犯」刑ジャ 28 号（2011）11 頁以下，同「過失犯の共同正犯の成立範囲」神戸法学雑誌 62 巻 1＝2 号（2012）1 頁以下，同「過失の競合と過失犯の共同正犯の区別」野村稔先生古稀祝賀論文集（2015）209 頁以下，松宮孝明「『明石歩道橋事故』と過失犯の共同正犯について」立命館法学 338 号（2011）135 頁以下，同「『過失犯の共同正犯』の理論的基礎について」立命館法学 339・340 号（2011）499 頁以下，金子博「過失犯の共同正犯について」立命館法学 326 号（2009）26 頁以下，内海朋子・過失共同正犯について（2013）など。
6) 最決平成 28・7・12 最高裁ウェブサイト参照。本事案については，具体的注意義務が共同のものではないとして，共同正犯の成立する余地はないとしている。

する領域であり，各領域における議論の進展が過失犯の共同正犯をめぐる議論に影響をもたらすのは当然のことであるといえよう。この意味で，過失犯の共同正犯については，過失犯と共同正犯に関する現在の知見を踏まえ，改めて検討を加えることに十分な意味があるのである。

ことに，これまでの過失共同正犯肯定説・否定説の対立軸とは違った視点から，過失犯の共同正犯は過失同時犯に解消することができるとする見解（過失同時犯解消説）が主張されており[7]，その当否について検討を加えることに理論的な意義が認められる。なぜなら，過失同時犯解消説による指摘の検討を通じて，過失犯の共同正犯の成否について留意すべき問題が改めて明確化されることになり，それらについて考察を加えることによって，過失犯の共同正犯をめぐる議論がさらに深化することが期待されるからである。

筆者は，すでに，過失犯の共同正犯について，肯定説を支持することを明らかにしているが[8]，その後の研究によって得られた犯罪論に関する現時点での認識を踏まえ，再度この問題について考察を加えることにする。そして，本稿では，共犯論の領域で顕著な業績を上げられた西田典之教授を偲びつつ，同教授による従来の私見に対する指摘，過失同時犯解消説の主張などを真摯に受け止め，それらを主たる検討の対象とすることによって，現時点での私見を明らかにすることにしたい。本稿で明らかにする私見に対して，これまでのように西田教授から反論を伺うことができないのが残念である。

II　過失共犯と処罰規定

過失犯の共同正犯の成否とその成立要件について検討を加える前提として，まず，そもそもそれを処罰する規定が現行法上存在するのかということを問題とする必要がある。なぜなら，もしもそれが存在しないのであれば，それをめぐる議論はあくまでも立法論に属するものであって現行法の解釈論ではなく，

---

[7]　西田典之・共犯理論の展開（2010）207頁以下参照。さらに，井田良・講義刑法学・総論（2008）476頁など。
[8]　山口厚「過失犯の共同正犯についての覚書」西原春夫先生古稀祝賀論文集(2)（1998）387頁以下など。

現行法上その成否を論じることに実際上の現実的意義はないからである。

　共同正犯を含む共犯の処罰規定は，故意犯に対する故意による関与を処罰するものであることは当然であるが，共犯規定と過失犯との関係は必ずしも明らかではない。まず，「過失犯に対する故意による教唆・幇助」については，共犯は故意犯に対するものに限るとアプリオリに限定すれば別であるが，教唆・幇助が故意で行われる限り，刑法61条・62条が処罰規定となりうることに特段の問題はないであろう。そこで問題となるのは，たとえば正犯の過失致死行為に対して行われる殺人の故意による幇助が，過失致死幇助，殺人幇助のいずれになるのかということ，正犯の罪名によって共犯の罪名が制約されるのかということであるにすぎない。本稿で問題とするのは，過失による教唆・幇助，過失による共同正犯の処罰規定の有無についてである。

　まず，過失による教唆・幇助に対する処罰規定が存在するかについて触れておくことにしたい。本稿の結論は，刑法38条1項ただし書により，過失による教唆・幇助を処罰する「特別の規定」が置かれていない以上，処罰規定が存在せず，したがって，過失による教唆・幇助は現行法上不可罰であるというものである。故意犯に対する教唆・幇助はもちろんのこと，過失犯に対する教唆・幇助についても，正犯を処罰する規定に刑法61条・62条を併せて適用すると，故意犯又は過失犯に対する「故意による教唆・幇助」の処罰が導き出されるだけで，故意犯又は過失犯に対する「過失による教唆・幇助」の処罰規定は導かれない。したがって，過失による教唆・幇助は，処罰規定を欠き，不可罰であることに疑問の余地はないと思われる。また，これらの行為を処罰することは，著しい処罰の拡張を招くことになると思われるから，立法論としても妥当ではないであろう。なお，念のためにいえば，正犯（故意犯又は過失犯）を処罰する規定に刑法61条・62条を併せ適用すると，正犯の処罰規定自体が教唆・幇助の処罰規定に修正されるわけではなく，正犯の処罰規定に加えて，正犯を教唆・幇助する規定が追加的に設定されるにすぎないのである。

　このような理解に対しては，「結果的加重犯に対する教唆・幇助」が処罰さ

---

9) 教唆は故意の惹起を必要とすると解して，教唆は故意犯に対するものに限られると考える余地は十分あるが，幇助について，故意犯に対するものに限られると解する根拠があるかは問題であろう。なお，過失犯に対する故意の教唆の場合，間接正犯が成立する可能性がある。

れることを念頭に,「過失犯に対する過失による教唆・幇助」の処罰規定が存在することは否定できないのではないかという趣旨の疑問が出されている[10]。それは,結果的加重犯に対する教唆・幇助は,反対の見解もあるが,現行法上処罰されると解されるところ[11],責任主義の観点から,加重結果に対する過失が正犯のみならず,共犯についても要求されるべきだと解されることから,「加重結果の過失による惹起に対する過失による教唆・幇助」が処罰されることになる,すなわち,その限りで「過失犯に対する過失による教唆・幇助」が処罰されることになっているということを理由としているのである。もしも,この見解が問題とするように,結果的加重犯に対する教唆・幇助の処罰から「過失による教唆・幇助」を処罰する規定が存在すると解されるのであれば,「過失による教唆・幇助」の成立・処罰を否定することはできないことになろう。処罰規定があると認める以上,たとえそれを適用すると処罰範囲が拡張しすぎて妥当でないとしても,そのような考慮はあくまでも立法論であり,解釈論としてはその処罰を否定することはできないからである。しかし,前記疑問の真意は,過失による教唆・幇助を処罰すべきだとするものではないと思われる[12]。そうだとするなら,その結論を認めるためには,過失による教唆・幇助を処罰する規定が存在すること自体を否定する必要があり,そのような解釈を検討すべきである。そして,それは,上述したように,法文の理解からしても,当然に認めうる結論なのである。

　他方,過失による教唆・幇助の処罰を実質論として否定する前記疑問が問題としているように,過失による教唆・幇助の処罰規定がないと解することと,結果的加重犯に対する教唆・幇助が処罰されることとの関係をどのように理解するかが重要である。この点については,以下のように考えることができよう。まず,結果的加重犯の加重結果について過失を要求しない判例の立場からは,「加重結果の過失による惹起に対する過失による教唆・幇助」の問題は生じないことを明らかにしておく必要があろう。すなわち,実務的には,上記の問題自体が存在していないことになるのである。他方,責任主義の観点から結果的

---

10) 西田典之・刑法総論〔第2版〕(2010) 380頁。
11) たとえば,曽根威彦・刑法原論 (2016) 639頁など。
12) 西田・前掲注7) 211頁参照。

加重犯の加重結果について過失を要求する学説の立場からも,「加重結果の過失による惹起に対する過失による教唆・幇助」の処罰から,「過失による教唆・幇助」の処罰規定の存在までを肯定する必要はないと考えられる。なぜなら,加重結果に対する過失の要請は,あくまでも責任主義の観点からする限定解釈によるものであり,「結果的加重犯に対する教唆・幇助」の処罰規定を責任主義の観点から限定的に解釈適用しようとするものにすぎないからである。したがって,この議論は「結果的加重犯に対する教唆・幇助」の処罰だけを射程範囲としており,「過失による教唆・幇助」自体を処罰する趣旨までは含まないと考えることができる。このように考えれば,前記の疑問が問題とする点についての疑義は解消するといえよう。

　以上で検討した過失による教唆・幇助とは異なり,過失による共同正犯(過失の共同正犯)の処罰規定は,容易にその存在を認めることができる。それは,過失犯処罰規定に刑法60条を併せ適用することによって,従属的な関与形態である教唆・幇助の場合とは違い,過失正犯の範囲自体が単独犯から共同正犯にまで拡張されるからである。したがって,この場合には,刑法総則の規定に刑法38条1項の適用があるかを問題とするまでもなく,過失犯の共同正犯の処罰規定の存在は,これを認めることができることになる。したがって,過失犯の共同正犯の成立・処罰は,それが「理論的におよそありえない」と考えるのでない限り,それを否定することはできないことになるのである。本稿ではその点について深く立ち入らないが,過失犯の共同正犯の可能性を理論的に否定することはできないというのが現在多数の見解が採用する理解であり,[13]それは妥当な理解だと思われる。したがって,後は,過失犯の共同正犯の成立要件をどのように考えるかが問題となるのである。以下では,その点について検討を行うことにしたい。

---

[13]　否定説としては,曽根・前掲注11) 590頁,浅田和茂・刑法総論〔補正版〕(2007) 426頁,高橋則夫・共犯体系と共犯理論(1988) 86頁,北川佳世子「我が国における過失共同正犯の議論と今後の課題」刑雑38巻1号(1998) 53頁など。さらに,認識ある過失については共同正犯を肯定しながらも,認識なき過失の可罰性に否定的な立場からは,当然,その共同正犯も否定的に解されることになる。甲斐克則「過失犯の共同正犯」法学博士井上正治先生追悼論集(2003) 329頁以下,同『『認識ある過失』と『認識なき過失』」西原春夫先生古稀祝賀論文集(2)(1998) 1頁以下参照。

III　過失共同正犯の基本的視点

　過失犯の共同正犯もそれが共同正犯である以上，その成立要件は共同正犯の成立要件という大枠の中で考える必要がある。そこで，まず必要ないと思われるのが，「責任の共同」である。かつて，「行為者人格による統制を受けながらも意識下にとどまっている部分」が「過失犯に犯罪性を付与する本質的部分」であり，「その部分の共同ということは，……考えることが困難」であるとして，過失犯の共同正犯の成立に疑問を呈する見解が主張されていた。その趣旨[14]には不明瞭な部分があるが，もしそれが過失犯では責任の共同を考えることが困難であり，したがって共同正犯の成立を認めることには理論的な難点があるという指摘ならば，そのような責任の共同は不要であるといわなければならない。責任はあくまでも行為者個人の責任であり，確かにその共同は困難というより不可能ですらあるが，このことは，故意犯においても全く同様である。したがって，共同正犯の成立を認めるためには責任の共同が必要だと解するのであれば，故意犯についても共同正犯は理論的に成立しえないこととなってしまうであろう。しかしながら，上述したように，責任の共同は理論的に不可能であり，そもそも共同正犯の成立を認めるために必要な要件ではないということができる。故意犯の共同正犯が成立することを疑う者はいないことからも，これはあまりにも自明なことだと思われる。

　なお，上記の指摘は，過失犯においておよそ「共同」はありえないということかもしれないが，たしかに過失犯においては「意識下にとどまっている部分」に意味がありうるとしても，意識に基づく部分にも重大な意味があり，意識に基づく共同が多くの場合に認められることを否定できない上，刑法はあくまでも行為者の意識・認識を通じて犯罪抑止を目指す法だということを考慮するとき，そのような理解に賛同することは困難であろう。また，過失犯の共同正犯を処罰した裁判例の事案自体が上記理解に対する反証になっているということもできる。

---

14)　団藤重光「過失犯と人格責任論」日沖憲郎博士還暦祝賀・過失犯(1)基礎理論（1966）80頁。

共同正犯で「共同する」必要があるのは，刑法60条が「二人以上共同して犯罪を実行した」と定めるように，犯罪の「実行」である。そして，犯罪の実行は実行行為によってなされると理解する以上，共同正犯が共同する必要があるのは実行行為であり，それを通じた結果惹起の共同がその成立要件となるといえよう。なお，念のためにいえば，ここで実行行為の共同というのは，故意犯において共謀共同正犯を否定する趣旨ではなく，共謀に基づく実行行為の遂行は，共謀者全員にとっての実行行為の遂行となるという意味を含んでいるのである。

　ところで，過失犯における実行行為とは結果回避義務に違反する行為にほかならない。したがって，過失犯の共同正犯においては，結果回避義務違反行為の共同，換言すれば，共同して結果回避義務に違反することが必要となる。このことは，新・旧過失犯論のかつての対立にもかかわらず，過失犯の共同正犯を検討する上で前提とされるべきことと考えられる。すなわち，予見可能性という責任要件をもっぱら理論的に問題としていた旧過失論においても，こうした理解が併用される必要があるといえよう。なぜなら，そもそも旧過失論においても結果惹起行為を差し控えるという意味での結果回避義務を観念できることは当然のこととして，実質的な問題として，徹底した旧過失論は，厳格に理解された予見可能性によって犯罪の成否を判別するものであるが，実際にはそうした予見可能性の厳格な理解は採用されておらず，交通事故を始めとする既知の事故・危険については例外的状況がある場合を除いて予見可能性は否定されないなど，比較的緩やかに予見可能性を認める態度が一般的であって，予見可能性だけでは犯罪の成否を適切に判別することができないからである。ことに，故意について，被害者の相違を重要と考えない抽象的法定符合説が判例・多数説によって採用されている以上，認識面では「故意の可能性」で足りる過失犯の予見可能性が緩やかに判断されることになるのはある意味で理論的に必然だともいえる。予見可能性をこのように解する限り，それが認められるような場合全般において行為自体の差控えを求めることはできず，行為の遂行自体は一応認めた上で，行為を行うに際して結果惹起を回避するための措置を執る義務を結果回避義務として要求することがどうしても必要となる。こうして，過失犯の成立範囲を適切に画定するためには，結果回避義務の要件が極めて重

要となり、その内容・範囲を適切に画定することが必須の要請となるのである。

過失犯の共同正犯の成立要件として「共同義務の共同違反」に着目する多数の見解[15]は、結論として、上記のような過失犯の理解からすればいわば当然の見解であると理解することができる。すなわち、結果回避義務違反行為の共同という観点からは、一定の留保が必要ではあるものの、「共同義務の共同違反」という理解は当然の帰結であると解することが可能である。なぜなら、共同正犯となるということは、実際上、自己の行為から結果が発生した場合だけでなく、共同者の行為から結果が発生した場合であっても結果惹起についての責任を問われることだから、どのような結果回避義務が課されるのかを問題とする場合、共同者各自には「自己の行為から結果が生じないようにするばかりではなく、他の共同者の行為からも結果が生じないようにする」義務が結果回避義務として課され、それに共同者各自が違反したことによって共同正犯が成立すると理解することができるからである。共同者各自にこのような義務が課されることが必要であり、その義務は共同者各自に共同で課される結果回避義務ということになろう。このような共同結果回避義務に共に違反することによって、結果回避義務違反行為の共同、換言すれば、結果回避義務の共同した違反が認められ、共同者いずれの行為から生じた結果についても刑事責任が問われることになるのである。すでに触れたように、近時、最高裁も、過失犯の共同正犯が成立するためには、共同注意義務の共同違反が必要だとしている。[16]

このような理解に対し、共同正犯に関する行為共同説の立場から、共同者各自にそれぞれ独自に課された結果回避義務に違反する行為が行われ、それが「相互に助長し合う」ことをもって過失犯の共同正犯の成立を肯定することも論理的には可能である。これは共同正犯の一種の因果的構成と呼ぶことができる。しかし、「不注意を相互に助長する」といっても、各自の行為が犯罪を構成する結果惹起を目指して共同で行われる場合とは違い、そこで認められる因果性はどうしても曖昧なものとなろう。[17] 過失同時犯解消説は、そのような曖昧

---

15) 大塚仁「過失犯の共同正犯の成立要件」曹時43巻6号（1991）1頁以下参照。さらに、初期の見解として、藤木英雄・刑法講義総論（1975）294頁など。近時の見解として、大塚・前掲注5）神戸法学雑誌62巻1＝2号16頁、橋本正博・刑法総論（2015）270頁、塩見淳・刑法の道しるべ（2015）110頁以下など。
16) 前掲注6）参照。

な因果性を根拠として共同正犯の成立を認めるのではなく，単独犯として明確に過失犯の成立を検討すべきだとの主張として理解することができる[18]。また，相互助長という因果性によって共同正犯の成立を認めるためには，共同者の行為を助長することによって結果を惹起したことが共同正犯肯定の根拠だから，共同者には助長行為をおよそ差し控える，不作為義務が結果回避義務として課されることが必要となろう。差し控えの対象となる助長行為が，共同者が分担する各自の作業だとすると，高度に危険な行為を行う場合であればともかく，緩やかな予見可能性を認めうるにすぎない通常の場合には，そもそも共同作業自体を差し控えることを意味することになりかねない。そのような不作為義務を肯定することには問題があろう。そうだとすると，結局，共同者間での結果惹起についての相互助長を理由として過失犯の共同正犯を認めることには難点があるように思われるのである。このように考えてくると，共同結果回避義務を要求して，それに対する違反によって結果回避義務違反行為の共同を認めることが適切だということになろう。こうした理解に対しては，「共犯理論からは論理的に導きえない外在的制約」であるとする指摘がなされているが[19]，それは結果惹起に対する予見可能性だけを過失の問題とするような，すでに述べた過失犯のかなり緩やかな理解を理論的に前提とするもののように思われる[20]。しかし，「共同義務の共同違反」を問題とする上記の見解は，結果回避義務を中心とした過失犯の理解を共同正犯へと接合することによって得られるものであって，それはむしろ過失犯の共同正犯における「内在的制約」であるとすらいうことができよう。

ただし，「共同義務の共同違反」という表現の理解については若干留意が必要である。すなわち，「共同義務」という表現はまさに適切だとしても，「共同違反」という表現はそれによって責任の共同を観念することが可能であるが[21]，すでに述べたように責任の共同は可能でもなく必要でもないということである。

---

17) 北川・前掲注13) 53頁など参照。
18) 西田・前掲注7) 211頁参照。
19) 西田・前掲注7) 211頁。
20) 松宮・前掲注5) 立命館法学338号175頁は，正犯概念の広い理解をも指摘する。
21) 大塚・前掲注15) 7頁が「法的非難を加えうる心理的基礎」としての「共通の心情」に言及するのは，「責任の共同」を想起させるといえよう。

したがって，端的に「共同義務違反」とのみ表現することも考えられるが，共同実行を表現するものとして「共同違反」ということが許されよう。いずれにしても，これは表現の問題であるが，次に問題となるのが，このような共同結果回避義務はどのように基礎付けられ，認められることになるのかということである。それについて検討する前に，「共同義務の共同違反」という理解に対して提起されている批判，すなわち，そのように理解するのであれば，過失同時犯として処理することができるという見解（過失同時犯解消説）について検討を加える必要がある。その見解には結論として賛成できないとしても，そこには，過失犯の共同正犯に関して留意すべき重要な指摘が含まれているからである。

すでに触れたように，過失犯の共同正犯は過失同時犯に解消することができるとする見解（過失同時犯解消説）が近時有力に主張されている[23]。この見解は，「共同義務の共同違反」説にいう共同義務は，「自分の行為からだけでなく，他人の行為から結果が発生することを回避する義務」に他ならないが，こうした義務に対する違反を行為者ごとに問題とすることで足りる。したがって，共同正犯の規定を適用する必要はないとするのである。しかしながら，すでに触れたことでもあるが，過失犯の共同正犯が成立することを理論的に否定しない限り，「実際上必要ない」という理由でその成立可能性を否定することはできないであろう。さらに重要なことであるが，後に示すように，過失犯の共同正犯を認める実益，実際上の必要性も，量刑上の考慮を含め，否定できないように思われる。

まず，過失同時犯解消説において過失単独犯の成立を肯定する前提として必要となる「他人の行為から結果が発生することを回避する義務」がどのような理由・根拠から認められるのかが，問題となる。このような義務が認められるという前提が充たされない限り，自分の行為によって結果を惹起したのでない場合には，過失犯はそもそも成立しえないから，過失同時犯解消説の批判はその前提を欠くことになるからである。この点について，過失同時犯解消説は，

---

22) ほとんどの論者は，共同者がそれぞれの義務に違反することを「共同の違反」と表現しているに過ぎないと思われる。たとえば，松宮・前掲注5）立命館法学338号179頁参照。
23) 注7）参照。

Ⅲ　過失共同正犯の基本的視点

上記の義務が発生する理由を「横の関係における一種の監督過失」と説明している[24]。確かに，共同者の一方が他方を監督する関係があれば，監督者については，まさに監督過失により過失単独犯が成立するが，被監督者には，その行為から結果が発生したことが証明されない限り，過失同時犯は成立しないことになろう。また，監督義務違反に基づく監督過失によって共同正犯を説明するのであれば，「相互監督義務」が認められることが必要となる。しかし，「相互に監督する」というのは「監督」という観念の理解として奇妙である。また，そもそも両者の間に監督関係が存在しないという一般的な場合には，監督義務違反としての結果回避義務違反を認めることができず，したがって，過失単独犯の成立をおよそ肯定することができないと思われる。

「監督過失」という観念を緩やかに使用していることからわかるように，過失同時犯解消説からはとくに問題として認識されていないと思われるが，そもそも，「他人の行為を是正することを内容とする監督義務」がなぜ，どのような理由で刑法上の結果回避義務として生じるのかが理論的には問題とされなければならない。すでに述べたように，実態として監督関係がないのに，監督義務としての結果回避義務は生じないと思われるが，なぜ監督関係がそのような刑法上の義務を基礎付けるのかという理論面での問題である。そもそも過失犯における結果回避義務が生じるためには，不作為犯における作為義務と同じくその発生根拠が問題となり，それが認められることが必要であるが，以下で述べるように理解することで，監督関係がそれを基礎付けると解することができると思われる。

まず，後にも述べるように，過失犯における結果回避義務と不作為犯における作為義務は一定の状況で結果の発生を回避する義務であるという点で同質の義務であるが，私見によれば，こうした結果回避義務＝作為義務の発生根拠は結果原因の支配であるところ[25]，自らの危険な行為の遂行により結果を生じさせる，一般に作為犯として理解されている過失犯の場合には，実行行為という結

---

24) 西田・前掲注7) 211頁。
25) 山口厚・刑法総論〔第3版〕(2016) 90頁以下。さらに，現在では不十分ながら，山口厚「不真正不作為犯に関する覚書」小林充先生／佐藤文哉先生古稀祝賀・刑事裁判論集(上) (2006) 22頁以下も参照。

果原因となる危険源の支配が認められるから，結果回避義務が発生すると解することができる。これに対して，他人Aが自ら結果を惹起する場合に，いわばその背後に位置する者Bに，「Aによる結果惹起を回避しなかったこと」について過失犯が成立するためには，そもそも，Bに，「Aにより結果が惹起されることを回避する義務」が認められることが必要である。そのような義務は，Bが結果について直接的な回避義務を負うために，結果惹起の危険を生じさせる（危険源である）直接行為者Aを支配して結果を回避するという関係がBに認められる場合に限って肯定できるであろう。つまり，直接行為者Aによる結果惹起を回避しなかったことについて過失犯がBに成立するためには，危険源であり，結果原因である過失行為者Aを支配する関係が必要であり，繰り返しになるが，監督関係という支配関係が認められない限り，そうした結果回避義務は生じないのである。したがって，相互支配関係というものが考え難いとすれば，単独犯の義務としての「相互監督義務」は認められないことになる。過失同時犯解消説は，それが前提とする過失犯の理解，とくに結果回避義務の理解，さらには正犯性の理解が緩やかに過ぎるであろう。過失同時犯解消説は，共同正犯の理解によって導かれる結果回避義務を，単独犯の結果回避義務と称しているだけなのではないかという疑問がある。

　過失同時犯解消説について次に問題となるのが，過失犯の共同正犯を肯定することに本当に実益がないのかということである。仮に結果回避義務の発生を前提とするとしても，過失単独犯の成立を認め，それによって過失犯の共同正犯を過失単独犯に解消することができるというためには，①自らの行為によって結果を惹起したこと，又は②他人の過失行為を是正せずに結果を惹起したことのいずれについても，過失単独犯の成立が肯定できなければならない。すなわち，どちらの行為から結果が発生したか判明せず，①の立証ができない場合を考えると，②について過失単独犯の成立を肯定することができなければならないのである。結果を直接惹起した他人に対する監督関係が認められる場合には，監督者に関する限り，これを肯定することができる。他方，被監督者についてはこれを肯定することができないから，過失犯の成立を肯定することができなくなる。したがって，この場合には，過失犯の共同正犯を過失同時犯に解消することはできないことになるのである。

以上検討したように，過失同時犯解消説は結論として支持できないが，その検討によってとくに重要な問題の所在が明らかになった。それは，結果回避義務の基礎付けの問題である。過失犯の共同正犯の成立要件を検討するに当たっては，この点にとくに留意する必要があるといえよう。

Ⅳ 結果回避義務の根拠と共同

まず，すでに触れたが，過失犯における結果回避義務の発生根拠は不作為犯における作為義務の発生根拠と異ならないことを確認したい。なぜなら，すでに言及したように，一定の状況で一定の結果回避に向けた行為が義務づけられるという点で両者は異ならないからである。そして，これらの義務が認められる根拠は，私見によれば，結果原因の支配である。詳論は避けるが，作為犯において正犯の要件である実行行為性を基礎付けているのは結果原因の支配であり，作為犯と同じ罰則で処罰される不真正不作為犯における実行行為性を基礎付ける作為義務の発生根拠も，作為犯と同視できる不作為が処罰されるという観点から，やはり結果原因の支配になる。そのため，不作為犯における作為義務と同質の義務である過失犯における結果回避義務も，結果原因の支配によって基礎付けられることになるのである。ここで結果原因の支配とは，危険源の支配又は被害者の脆弱性の支配をいう。一般に過失作為犯と理解されている場合には，行為者の行為という結果惹起の危険源を支配していることによって，結果回避義務が生じることになる。そのため，過失犯においては，結果原因の支配が認められる限り，作為犯か不作為犯かを区別する意義に乏しく，その必要がないとすらいうことができる。法益侵害を目的とする行為を行う場合でない過失犯の事例においては，すでに触れたように予見可能性が緩やかに解されていることもあり，行為自体を差し控えるという不作為が一般には要求されず，結果回避のために課された結果回避義務に違反して結果を惹起した場合に過失犯が成立することになるのである。こうして，過失作為犯とされる犯罪は危険源の支配に基づく過失不作為犯と理解することも可能であるといえる。

このように，結果原因の支配によって結果回避義務が基礎付けられるという理解からは，過失犯の共同正犯の要件となる共同結果回避義務は，結果回避義

務の根拠である結果原因を共同で支配することによって基礎付けられることになるといえよう。この場合には，結果回避義務を共同者間で一応分担することが可能とはなるが，他方，あくまでも自ら結果回避義務を負うということから，共同者には結果回避のため相互に他の共同者の不注意を是正する義務が課されることになる。これによって，結果回避義務は共同者間で重畳的に課されることになるのである。過失犯の共同正犯が前提とする共同者による共同作業・共同行為は，全体の作業を分割・分担できる点に意味があるが，他方，それが完全な分業でない限り，義務遵守における個人の不十分さを相互に補完することが当然の前提となっている。つまり，義務の一応の分担と相互補完は表裏一体の関係にあると理解することができよう。したがって，このような場合とは異なって，完全な分業体制がとられている場合には，結果原因の分割支配はあっても，その共同支配はなく，したがって過失犯の共同正犯は成立しないことになるのである。[26]

次に問題となるのは，結果原因の共同支配がどのような場合に認められるのかということである。すなわち，結果原因を共同で支配したといえる状況としては，多くの場合，とくに危険源の共同支配が問題となると思われるが[27]，それを大別すると，①結果を惹起しうる危険を共同で新たに創出する場合，②危険源に元々認められる結果惹起の危険が現実化することを共同して防止する場合が考えられる。さらに，両者の混合類型として，③一人が危険を創出し，他の者がその危険の現実化を阻止する場合も考えられよう。このうち，②については，危険物の保管・管理を共同で引き受けている場合など，危険防止措置を共同で引き受けている場合に危険源の共同支配を認めることができるであろう。この場合，引受けが両者共同でなされる限り，違反自体に関して両者に意思連絡があることは必要ないと思われる。また，③については，両者の共働によって結果阻止が達成されるのであるから，両者に意思連絡が存在することが共同支配を認めるためには当然必要となろう。これらの場合に対し，①については，さらに場合を分けて考えることが必要だと思われる。すなわち，二人でないと移動できない巨岩を共同で移動させる場合のように，両者の共同によってこそ

---

[26] 松宮・前掲注5）立命館法学338号177頁も参照。
[27] 被害者の脆弱性の支配の場合についても，同様に解することができる。

結果惹起の危険が創出される場合には，危険源の共同支配を認めることに問題はないであろう。これに対し，猟銃を用いて同じ場所でそれぞれが狩猟する場合のように，両者が並行的に危険創出行為を行う場合には検討が必要である。ここで，両者が一体として危険防止にまで責任を負う場合であれば②と同じであり，危険源の共同支配を肯定することができよう。これに対し，ただ単に危険な行為を分担して一緒に同時並行的に行ったというだけでは，危険源の共同支配を認めることはできないであろう。単にそれぞれの危険源をそれぞれが支配したという関係が認められるだけなのではないかと思われる。したがって，この場合には過失犯の共同正犯を認めることはできないように思われる。[28]

Ⅴ　おわりに——過失共同正犯の成立

既述のように，共同結果回避義務が認められ，それに対する違反が認められなければ過失犯の共同正犯の成立は肯定することができない。結果回避義務を尽くしていれば結果回避が可能であることも，当然のことであるが，必要となる。この場合には，共同者が結果回避義務を履行した場合を前提として義務履行によって結果回避が可能である場合にまで，義務違反による共同正犯が成立することになる。共同正犯における共同結果回避義務が，結果回避のために共同者に重畳的に課されるものであることがここにも現れているといえよう。過失同時犯解消説では，この点についても，上記の対応ができないという意味で，過失犯の共同正犯を過失同時犯に解消することはできないのである。

---

[28] これに対し，西田典之ほか編・注釈刑法(1)（2010）849頁［島田聡一郎］は，不注意を助長しあうような強い心理的影響があった場合に過失犯の共同正犯の成立を肯定するが，疑問がある。

絶滅危惧種としての教唆犯

佐 伯 仁 志

I　はじめに

　わが国において教唆犯で有罪となる件数は極めて少なく，しかも，犯人隠避，証拠隠滅，偽証等の特定の犯罪類型に集中していることが指摘されている。[1]
「特殊な場合以外の一般の犯罪類型については，教唆犯の処罰は，事実上消滅したといってよいと思われる」とさえいわれている。[2] 教唆犯はいわば絶滅危惧種といえるであろう。

　そのような中で，近時，職務上知り得たインサイダー情報を知人に伝達してインサイダー取引をさせた，という事案について，インサイダー取引罪（金融商品取引法）の共同正犯の成立を否定して，教唆犯の成立を認めた判決（横浜地判平成25・9・30判タ1418号374頁）が出現し，注目されている。そして，判例（以下では，下級審裁判例も含めて「判例」という言葉を用いる）を見てみると，上記の犯罪類型以外の通常の犯罪類型についても数は少ないとはいえ教唆犯が認められてきたことがわかる。

　本稿では，①教唆犯はいつから絶滅の危機に瀕するようになったのか，②教唆犯が認められているのはどのような事案なのか，③今後，教唆犯が存続していく見込みはあるのか，といった点を，判例を素材として検討することにしたい。本稿の検討は，教唆犯に関する判例を内在的に検討しようとするものであり，外在的にこれを批判しようとするものではないことを最初にお断りしてお

---

1) 大塚仁ほか編・大コンメンタール刑法(5)〔第2版〕（1999）445～446頁〔安廣文夫〕，亀井源太郎・正犯と共犯を区別するということ（2005）8頁以下，前田雅英「教唆犯の実相」町野朔先生古稀記念(上)（2014）291頁以下参照。井田良「いわゆる関与形式三分法（共同正犯・教唆犯・幇助犯）をめぐって」研修784号（2013）3頁以下も参照。
2) 松澤伸「教唆犯と共謀共同正犯の一考察——いわゆる『間接正犯と教唆犯の錯誤』を切り口として」Law&Practice 4号（2010）99頁。

きたい。

II 教唆犯はいつから絶滅の危機に瀕するようになったか

1 判例における教唆犯の変遷

　教唆犯が認められる範囲は，共謀共同正犯が認められる範囲に左右される。その意味で，教唆犯が絶滅の危機に瀕するようになった原因が判例による共謀共同正犯の肯定にあることは否定できない。しかし，戦前の判例を見ると，現在であれば共謀共同正犯とされるであろう事例についても相当数の教唆犯が認められており，教唆犯が絶滅の危機に瀕しているという印象は受けない。それは，共謀共同正犯を肯定した大審院連合部昭和11年5月28日判決（刑集15巻715頁）の後になってもそうである。

　共謀共同正犯に関する判例の動きは，一般に，大審院明治29年3月3日判決（刑録2輯3巻10頁）によって認められ，当初は知能犯に限られていたが，その後次第に拡大され，大連判昭和11年5月28日によって知能犯か実力犯かを問わず認められるようになり，その後定着していったと理解されている。しかし，このような判例史の理解には疑問があることが指摘されており[3]，判例に現れた教唆犯の動きを見ても，昭和11年前後に大きな変化があった感じはしない。戦後の昭和20年代に入ってもなお，その後の時代であれば共同正犯が認められたと思われるような事案について教唆犯が認められている。

　例えば，大審院昭和7年5月5日判決（刑集11巻595頁）では，Xが保険に付された自己所有の建物に放火して保険金を詐取することを計画し，友人のYに放火を依頼するとともに，油を浸した襤褸および燐寸1個を交付し，これを使用して付近の住家に放火することを指示して，YをしてA方に放火させた，という事案について，Xに放火教唆が認められている[4]。

　戦後になっても，大阪高裁昭和26年6月25日判決（刑集7巻6号1285頁

---

[3]　黄士軒「共謀共同正犯理論の形成に関する一考察(1)」法協129巻11号（2012）183頁以下参照。
[4]　その他，大判昭和9・6・4刑集13巻702頁，大判昭和9・9・29刑集13巻1245頁，大判昭和9・12・18刑集13巻1747頁など参照。

〔最判昭和28・6・12刑集7巻6号1278頁〕）は，XがYに対し「あの工場に火をつけてくれ，焼けたら礼金をやるから」と申向け，工場の所在地を指示すると共に，放火に用いる布切と小瓶入の揮発油を交付して放火させたという事案について，放火教唆を認めている。現在であれば共同正犯が認められる可能性が高いことはもちろん，昭和30年代以降であっても共同正犯が認められた可能性が高いと思われる。

　同様の傾向は，殺人，傷害といった犯罪類型についても見られる。例えば，昭和11年連合部判決以後に起こった長谷川一夫襲撃事件に関する大審院昭和13年8月5日判決（刑集17巻628頁）では，任侠団体の幹部で松竹キネマの姉妹会社である新興キネマの所員であった被告人が，俳優の林長二郎（長谷川一夫）が松竹キネマを脱退して東映に入社したことに憤激し，松竹の歓心をかい自らの利益と栄達を図ろうとして，配下の者に同人に傷害を加えさせた，という事案について，傷害教唆の成立が認められている。戦後の判例では，例えば，松山地裁昭和26年1月10日判決（高刑集5巻8号1288頁〔最判昭和29・12・2刑集8巻12号1923頁〕）は，被告人Xが，自分が横領の嫌疑で逮捕起訴されたのはAのためだと恨みを抱き，その恨をはらそうとして，任侠界の人間でXに恩義を感じていたYにAの殺害を依頼し，これを承諾したYがAを殺害しようとしたが目的を遂げなかった，という事案について，殺人未遂教唆の成立を認めている。最高裁昭和26年6月7日判決（裁判集刑47号405頁）でも，事案の詳細が不明ではあるが，Xが，Aを殺害し自分等母子の将来の幸福を図ろうと考え，Yに依頼してAを殺害させたという事案について，殺人教唆が認められている。

　このような判例の傾向に変化が生じるのは，昭和30年前後であると思われる。例えば，最高裁昭和29年9月30日決定（刑集8巻9号1565頁）は，Xが，友人のYに借金を申入れたところ，同人もこれに応ずる余裕が無かったので，Yが勤務する病院の金を横領して，Xに貸与した，という事案について，起訴状に訴因として業務上横領の教唆およびその横領犯人からその横領にかかる

---

5) 前田・前掲注1) 297頁参照。最近の裁判例では，さいたま地判平成15・5・12判タ1166号296頁が，保険金目的での現住建造物等放火，殺人，同未遂について，共謀共同正犯の成立を認めている。

賍物を収受したとあるのを業務上横領の共同正犯の一罪と認定することは、公訴事実の同一性は害しないが訴因変更の手続を要する、と判示している。

東京高裁昭和34年2月26日判決（高刑集12巻3号219頁）は、同じ飯場で生活する人夫と大工の仲が悪かったことを背景として、仮枠解体業を営んでいた被告人Xが、以前から迷惑を蒙っていた大工のAが酒を飲んで殴り込みをかけると言っていると聞かされ、Aが押しかけて来た機に乗じて同人を痛めつけて従前の鬱憤をはらそうと決意し、仲間の被告人Yら3名に対して「いずれやってくるだろうが、こちらから先に手を出すな、相手がやったらやっちまえ」等と指示し、Yらがその旨の共謀を遂げたが、その後間もなく、被告人Yが寧ろ先に攻撃を加えようと考え被告人Xが自室に立った隙をうかがい、言いがかりをつけながら大工の部屋に入ったため、同室内に一人就寝中のBと口論となり、YらがBに暴行を加えて、同人を死亡するに至らしめた、という事実を認定して、被告人Xには傷害致死罪の共謀共同正犯が成立し、Xに傷害致死教唆の成立を認めた原判決には事実の誤認がある、と判示している。

これらは、従来教唆とされていた事案が共謀共同正犯と認定されるようになってきていることを示しているように思われる。

その他にも、劇場の経営者である被告人が、ストリップ・ガールをして多数観客の面前で踊りながら時折衣裳をわきにずらせ陰部を露出させるなど猥褻な行為をさせた事案について、東京高裁昭和27年12月27日判決（刑集9巻9号1776頁〔最決昭和30・7・1刑集9巻9号1769頁〕）は、公然わいせつ罪の教唆犯の成立を認めていたが、東京高裁昭和32年4月12日判決（東高刑時報8巻4号87頁）は、自ら公然わいせつ行為を行わなかった者についても、公然わいせつ罪の共謀共同正犯が成立することを認めるようになっている。

2 統計から見た教唆犯の変遷

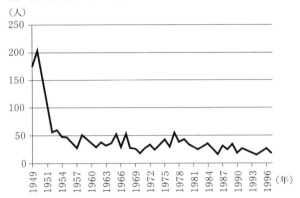

図：教唆犯有罪人員の推移

　以上のような判例の動きは，統計資料によっても裏付けることができる。昭和24（1949）年から昭和27（1952）年の『犯罪統計』および昭和28（1953）年以降の『司法統計年報』を見ると，刑法犯通常第一審事件における教唆犯の有罪人員は，1949年175人，1950年202人，1951年145人であったのが，1952年91人，1953年58人，1954年60人，1955年49人，1956年48人，1957年38人，1958年28人と急減している。この間，有罪人員の数も減少しているが，教唆犯の減少は全体の減少率を遥かに上回っている。教唆犯有罪人員は，その後，おおむね50人以下で増減を繰り返しながら減少して行き，1990年代には20人前後にまでなっている[6]（図および文末表2参照）。残念ながら平成11年以降の『司法統計年報』では，共犯の内訳がわからなくなっている。おそらく傾向は大きく変わっていないものと思われるが，絶滅危惧種の研究で統計数値が得られないのは，困ったことである。

　ところで，現在は，教唆犯が認められる犯罪類型が犯人蔵匿等罪（判例からは，その多くが犯人による犯人隠避教唆であると推測される）などの一定の犯罪類型に集中しているので，このような傾向が昔から続いてきたものであるように思

---

6) 有罪人員全体が減少し，それに伴って共犯の有罪人員も減少しているので，共犯全体に占める教唆犯の割合は，1950年当初と比べて1990年代が低いわけではない（文末表2参照）。

表 1：教唆犯罪名別有罪人員

年	全体	犯人蔵匿・証拠隠滅		偽証	文書偽造	殺人	傷害	窃盗		強盗	詐欺	恐喝	横領	贓物	その他
1949〜1958	894	19	2.1	68	76	14	20	428	47.9	32	39	16	32	77	73
1959〜1968	400	95	23.8	38	25	8	19	97	24.3	5	9	11	7	5	81
1969〜1978	322	131	40.7	17	9	4	13	64	19.9	4	8	16	8	0	48
1979〜1988	312	189	60.6	6	28	5	6	34	10.9	0	10	6	3	0	25
1989〜1998	232	148	63.8	7	27	2	0	32	13.8	0	4	2	2	0	8

われるかもしれないが，統計を見るとそうではないことがわかる。**表 1** は，教唆犯が認められている主な犯罪類型の有罪人員を 10 年ごとに 5 期に分けてまとめたものであるが（犯人蔵匿・証拠隠滅および窃盗の有罪人員数の隣の数字は全体に占める割合である），犯人蔵匿が大きな割合を占めるようになったのは第 3 期（1969〜1978）からであり，それまでは窃盗を中心とする財産犯について教唆犯が相当数認められていたことがわかる。しかし，昭和 30 年代に入って窃盗教唆の有罪人員は激減した。窃盗の有罪人員自体も減少しているが，その減少率を遥かに上回る率で窃盗教唆の有罪人員が減少している。教唆犯の多様性が失われ，絶滅の危機に瀕するようになったのは，財産犯の教唆犯が減少したことが大きな原因となっているといえるであろう。

なお，『司法統計年報』を見ると，1955 年に 1 人，1964 年に 3 人，1967 年に 1 人，過失犯の教唆犯で有罪となっている（1955 年が重過失致死罪，他が業務上過失致死傷罪）。過失犯の教唆犯が認められるかについては学説で議論があるが，これを認めた判決があることはあまり認識されていないのではないであろうか。

3　教唆犯が減少した原因

戦後の共謀共同正犯に関する判例としては，最高裁大法廷昭和 33 年 5 月 28 日判決（刑集 12 巻 8 号 1718 頁）〔練馬事件判決〕が重要であるが，教唆犯の減少傾向は，同判決の前に始まっている。

---

7) そもそも，戦後すぐの頃は犯人蔵匿等罪はほとんど処罰されていなかった。他方で，偽証罪の有罪人員が現在よりも多いことが注目される。
8) 窃盗の有罪人員は 1949 年の 9 万 9632 人から 1955 年には 4 万 6173 人（46％）に減少しているが，窃盗教唆で有罪となった人員は 96 人から 17 人（18％）に減少している。窃盗の認知件数は昭和 40 年代後半から増加に転じたが共犯の件数は増えていない。

練馬事件判決に関する伊達秋雄元判事の論文は，練馬事件判決が出る前の実務の状況について，「わが検察庁及び裁判所においては，共謀共同正犯説における『共謀』の意義を実行共同正犯における意思の連絡又は共同犯行の認識と混同してこれを理解することにより，しかもこれを極度に広く解することによって，およそ構成要件的結果に対して条件又は原因を与えた者又は構成要件的行為に何等かの寄与，加功をした者は，すべて正犯とされるに至っているということができる。端的にいえば，教唆犯も幇助犯もすべて正犯として取り扱われているのである。……これは実務家の間に牢固として抜くことのできない（そしてそれはまた自然な考え方でもあるが）因果関係的な（非構成要件的な）犯罪理論に基づくものといえる。法律の上でこそ正犯，教唆犯，従犯の区別はあるが，実務家の頭の中には，これをすべて正犯とするいわゆる単一正犯概念又は拡張的正犯概念が根強く支配しているのである。[9]」と述べている。

　しかし，先に見たように，戦前から昭和20年代までは，なお教唆犯がある程度の範囲で認められていたのであり，実務家の正犯概念が短期間に大きく変化したとは考えにくいので，昭和30年代以降の教唆犯の減少を，実務家の正犯概念だけで説明することはできないように思われる。

　例えば，戦後の経済的混乱期に，窃盗罪等の保護法益について，判例は，本権説から占有説（的な考え方）に転じたが，共犯についても，戦後の社会的混乱を背景として，共謀共同正犯を拡張的に適用する必要が裁判所に感じられたといった事情はなかったのであろうか。[10] あるいは，窃盗教唆の急減が教唆犯減少の主たる要因であり，当時の窃盗教唆の多くが盗品等関与罪（贓物罪）とセットで訴追されている[11]ことを考えると，戦後の経済的混乱期に贓物故買等が横行したため，窃盗教唆ともに重く処罰する必要性が感じられたが，[12]経済的混乱が

---

9)　伊達秋雄「共謀共同正犯における共謀の意義」ひろば11巻10号（1958）48～49頁。

10)　窃盗罪等の保護法益に関する判例は，最判昭和24・2・15刑集3巻2号175頁，最判昭和24・2・8刑集3巻2号83頁など，昭和20年代前半から出されており，従来よりも拡張的な共謀共同正犯の判例は昭和20年代後半からのように思われる。

11)　判例データベースで「教唆」をキーワードとして最高裁判例を検索すると，最判昭和23・11・18刑集2巻12号1597頁から，最決昭和28・4・16裁判集刑78号633頁まで21件の窃盗教唆事件が見つかり，そのうちの10件が贓物罪もあわせて起訴されている。

12)　周知のように，判例は，窃盗等の本犯には盗品等関与罪が成立しないが，教唆犯には同罪が成立し，教唆罪と同罪は併合罪になると解しており，通説も，これを支持している（罪数については牽連犯説も有力である）。これに対して，西田典之・刑法各論〔第6版〕（2012）278頁は，

収束していくとともに，教唆犯で処罰する必要性が失われていったというような事情があったのかもしれない。

いずれも推測にとどまり，判例の変化の原因についてはさらに検討が必要である。

III 教唆犯の生息領域とその将来

広く共謀共同正犯が認められるようになった昭和 30 年代以降の判例において，教唆犯が認められている犯罪とはどのようなものであろうか。刑法犯を中心に検討してみることにしたい。[13]

1 犯人隠匿等罪・証拠隠滅等罪

まず，しばしば指摘されているように，犯人隠匿等罪，証拠隠滅等罪について教唆犯が認められている。統計で見ると犯人蔵匿等罪が大部分である。[14]

判例に現れている犯人蔵匿教唆は，事案がわかるものはすべて犯人による犯人隠避教唆の事例であり，[15]犯人自身はこれらの罪の単独正犯となり得ないこと

狭義の共犯についても同罪の成立を否定している。一方，松原芳博・刑法各論（2016）365〜366 頁は，共同正犯についても同罪の成立を認めた上で，共罰的事前・事後行為として扱うべきであるとする。

13) 刑法犯以外では，自己の性交の相手方として児童を紹介させる行為について，児童福祉法 34 条 1 項 6 号，60 条 1 項所定の「児童に淫行をさせる行為」の教唆犯が一定数認められている。東京高判昭和 50・3・10 家月 27 巻 12 号 76 頁，熊本家判昭和 52・6・22 家月 30 巻 2 号 170 頁，名古屋高判昭和 54・6・4 刑月 11 巻 6 号 515 頁，東京高判昭和 58・9・22 高刑集 36 巻 3 号 271 頁，神戸家判昭和 60・5・9 家月 37 巻 12 号 77 頁など参照。

14) 『司法統計年報』では，1973 年まで，犯人蔵匿等罪と証拠隠滅等罪が区別して計上されていたが，証拠隠滅等罪の教唆は，1949 年に 8 人，1953 年に 1 人，1959 年に 1 人，1973 年に 1 人あるだけである。

15) 東京高判昭和 38・1・28 下刑集 5 巻 1 = 2 号 7 頁（身代わり），最決昭和 40・2・26 刑集 19 巻 1 号 59 頁（事案不明），東京高判昭和 52・9・14 刑月 9 巻 9 = 10 号 605 頁（身代わり），東京高判昭和 52・12・22 刑月 9 巻 11 = 12 号 857 頁（身代わり），最決昭和 60・7・3 判時 1173 号 151 頁（身代わり），東京高判昭和 63・7・21 東高刑時報 39 巻 5〜8 号 21 頁（身代わり），最決平成 1・5・1 刑集 43 巻 5 号 405 頁（身代わり），大阪高判平成 7・5・18 高刑速同年度 129 頁（身代わり），東京高判平成 13・5・10 判時 1751 号 177 頁（身代わり），東京地判平成 13・9・11 裁判所ウェブサイト（身代わり），福岡高判平成 13・11・20 高刑速同年度 232 頁（事案不明），神戸地判平成 14・1・30 裁判所ウェブサイト（身代わり），前橋地判平成 14・5・7 裁判所ウェブサイト（身代わり），高松高判平成 14・11・7 裁判所ウェブサイト（身代わり），名古屋地判平成 17・5・24TKC28135082（捜査を攪乱させるために自己の家族に対して拐取されたことを装っ

から，共同正犯の成立も認められないと解され，教唆犯として訴追・処罰されているものと考えられる。興味深いのは，犯人以外の者が証拠隠滅を行わせた場合についても，(おそらく犯人が行わせた場合との均衡が考慮されて) 共同正犯ではなく教唆犯が認められていることである。

例えば，東京高裁昭和 36 年 7 月 18 日判決 (東高刑時報 12 巻 8 号 133 頁) は，A の弁護人である X は，A が B に選挙報酬として 50 万円を供与したという被疑事実を隠蔽しようと企て，C を説得して，50 万円を C が B に個人献金として供与したという全く架空の事実を偽装せしめ，これを裏付けるため内容虚偽の上申書を作成，検察官に提出させ，更に手提金庫の偽装工作をさせた，という事案について証拠隠滅教唆の成立を認めている。また，宮崎地裁日南支部昭和 44 年 5 月 22 日判決 (刑月 1 巻 5 号 535 頁) は，病院の院長が院内での医療過誤事件を隠蔽するため，証拠の隠滅を指示した行為について，「被告人の所為は，判示のとおり主体的に証憑湮滅偽造を工作したものであり，共犯者たる下僚の医師も本来は本件証拠物を慎重に保存しようとしていたのを，上司の立場からこれの廃棄湮滅あるいはあらたな虚偽証拠の作成を指示し，あるいは M 婦長，被告人 Y といった看護婦等は事の重大さにむしろ積極的に真実を供述していこうとしていたのを，敢えて虚偽の供述をするよう命じた」という事情がありながら，証拠隠滅教唆としている。

なお，判例に現れている犯人隠避教唆の大部分は，犯人が第三者に身代わり犯人になることを依頼した事例であることは注目に値するかも知れない。身代わり犯人になるということは，単に犯人隠避罪を犯すだけでなく，犯人に代わってその犯罪の刑事責任を引き受けることになるから，教唆者は二重の意味で他人を罪に陥れていることになる。しかも，第三者が身代わりになることを承諾するのは，謝礼を約束されたとか，犯人に対して従属的な関係にあるとか特別

て脅迫させた)，最判平成 21・7・17 裁判集刑 297 号 209 頁 (事案不明)，松山地判平成 21・7・23TKC25441287 (車で運搬)，水戸地判平成 21・9・29 (車で運搬・逃走資金供与)，和歌山地判平成 24・9・24TKC25482921 (身代わり)，新潟地判平成 24・9・25TKC25483063 (身代わり)，福岡高判平成 26・2・5TKC25503046 (身代わり)，横浜地判平成 27・1・30TKC25506207 (車で運搬)．

16) 松澤・前掲注 2) 103 頁は，「一定の犯罪 (犯人蔵匿教唆・証拠隠滅教唆など) は，教唆犯として処罰されるための特別の理論的な理由が存在するのではなく，"教唆犯に落として"処罰している，というのが実際のところである」と指摘している。

の事情があることがほとんどであろう。

2　犯人による犯人隠避罪・証拠隠滅罪の共同正犯

　従来，犯人隠避罪・証拠隠滅罪について犯人の共同正犯は成立しないと考えられてきており，判例においても，共同正犯の成立を否定するものはあるが[17]，これを認めたものは見当たらない[18]。証拠偽造罪の教唆犯の成立を認めた最高裁平成18年11月21日決定（刑集60巻9号770頁）の事案は，被告人自ら内容虚偽の契約書の作成に直接関与しており，共同正犯とも見うる事例であったが，以上の点を考慮して，検察官は，証拠偽造罪の教唆犯で起訴した（そして裁判所は検察官が主張した訴因について有罪を認めた）ものと理解されている[19]。

　しかし，最近では，犯人に犯人隠避罪や証拠隠滅罪の共同正犯の成立を肯定する見解も有力に主張されるようになっている[20]。その理由としては，①司法作用に対する侵害の程度が類型的に大きいという点では教唆犯の場合と同じであること，②犯人が単に他人を教唆するにとどまらず，さらに自ら積極的かつ主体的に関与すると共同正犯として犯罪が成立しなくなるのは不均衡であること，

---

17) 藤永幸治「判評」研修379号（1980）61頁，鈴木彰雄「判評」新報93巻11＝12号（1987）145頁，松原・前掲注12）570頁参照。
18) 東京高判昭和52・12・22刑月9巻11＝12号857頁は，犯人が自己を隠避するよう教唆し，被教唆者と共に自己の隠避行為を共同して実行したときは，犯人隠避罪の共同正犯の成立する余地はなく，犯人隠避罪の教唆犯が成立するとする。京都家決平成6・2・8家月46巻12号82頁は，業務上過失致死傷及び道路交通法違反の非行を犯した少年が，他の者と共謀して，当該車両が盗難したと内容虚偽の盗難届を提出した事案について，自己隠避について共謀共同正犯と認められ，犯人隠避罪は成立しないとする。大阪高判平成7・5・18高刑速同年度129頁は，「犯人が身代わり犯人を立てて自首させる行為は，情を知らない他人を利用して移動や宿泊の便宜を図るなどの単純な自己隠避行為の場合や，たまたま既に他人が身代わり犯人として立つ犯意を生じているのに乗じて，共同正犯の形態でその者に身代わり犯人として自首してもらうような場合と異なり，自ら積極的に他人に働き掛けて犯意を生じさせた上，犯人一人では不可能な身代わり犯人の自首という実効性の高い方法によって自己を隠避させようとするものである点で，本来の防御の域を著しく逸脱したものと言わざるを得ず，その他人について犯人隠避罪が成立する以上，これに対する教唆罪の成立を否定すべき理由はない。犯人が身代わり犯人を立てて自首させる行為は，犯人隠避教唆罪に当たると解すべきである」とする。前田巌・最判解刑事篇平成18年度451〜452頁参照。
19) 瀬戸毅「判評」研修710号（2007）18〜19頁参照。
20) 内田文昭「消極的身分と共犯」田宮裕博士追悼論集(上)（2001）430頁，井田良「司法作用の刑法的保護」山口厚ほか・理論刑法学の最前線Ⅱ（2006）211頁，安田拓人「司法に対する罪」法教305号（2006）80頁，瀬戸・前掲注19）21頁，十河太朗「判評」同法60巻8号（2009）438〜439頁，さらに，嶋矢貴之・ジュリ1363号（2008）131頁参照。

③否定説の根拠として主張されている，正犯となるためには自ら単独正犯となり得る実行行為をなし得ることが必要であるとする見解は，非身分者にも真正身分犯の共同正犯を認めている判例・通説と整合しないこと，などが挙げられている。

共犯論の観点からは，犯人に共同正犯の成立を否定する理由はないと思われる。しかし，犯人隠避罪や証拠隠滅罪の共同正犯だけでなく幇助犯の処罰まで認めるとすれば，処罰範囲が大幅に拡張し，自己隠避を処罰するのと等しくなるおそれがあり，慎重に検討されなければならないであろう。共犯の一般理論と犯人の犯人隠避罪や証拠隠滅罪の共犯の問題は分けて考える必要がある。

将来，犯人に共同正犯が認められることになれば，犯人隠避罪・証拠隠滅罪に教唆犯が認められる事例が激減し，教唆犯がさらに絶滅に近づくことになるかもしれない。

3 自手犯の教唆犯

学説では，一般に，犯罪の中には，構成要件上実行行為を自ら直接実行することが必要なものがあり，このような犯罪を自手犯と呼んで，自手犯については間接正犯は成立しないと解されている。判例では，車両の免許者が，無免許者に，別の免許で乗れると偽って，無免許運転させた事例について，同罪は自手犯のため間接正犯は成立せず，故意なき者に対する教唆も認められないとして，被告人を無罪とした，岡山簡裁昭和44年3月25日判決（刑月1巻3号310

---

21) 瀬戸・前掲注19) 21頁，十河・前掲注20) 439頁は，幇助も認めることを明言する。
22) 嶋矢・前掲注20) 135頁が，「幇助処罰を広く認めると，まさに通常の犯人隠避や証拠偽造において，ほぼ犯人は幇助として処罰されることになろう。なぜなら，いやがる犯人を拉致して隠避した場合や，犯人に無断で証拠を隠滅・偽造したという場合でない限り，つまり通常想定され得る，積極的な関与とは言えない程度の行為……は，……すべて（少なくとも）幇助が成立し得るということになり，教唆犯のみが処罰されている現状に比して，処罰範囲は著しく拡大し，ほぼすべての犯人隠避・証拠隠滅事案——犯人の同意を得て行われたもの——で犯人に（少なくとも）幇助犯が成立し得ることになる。それは明らかに不当であり，少なくとも，条文上，当然に想定され得る犯人本人による加功は，教唆や共同正犯の可罰性の問題を抜きにしても，共犯処罰から排除されている，ないしは処罰対象とならないと理解するのが合理的的であろう」と指摘しているのは，正当だと思われる。
23) 自手犯の概念を基本的に否定する見解として，内田文昭・刑法概要(中) (1999) 470頁，林幹人・刑法総論〔第2版〕(2008) 420頁，西田典之・刑法総論〔第2版〕(2010) 76頁，西田典之ほか編・注釈刑法(1) (2010) 804頁〔島田聡一郎〕など参照。また，鈴木茂嗣・刑法総論〔第2版〕(2011) 154頁は，自手犯は身分犯に解消されるとする。

頁）がある。

　自手犯について自ら直接に実行することが要求されるのであれば、間接正犯だけでなく、共謀共同正犯も成立しないようにも思われるが、自手犯の概念を認める論者の中で、この点を明言する者は案外少ない[24]。逆に、「構成要件該当事実の自手実行に重きを置かない、共謀共同正犯論の背景にある考え方に忠実である限り、少なくとも共謀共同正犯の成立を否定する根拠はないと思われる。」[25]という指摘もなされている。その意味で、学説の態度は必ずしも明らかではないが、判例では、自手犯とされる偽証罪や無免許運転の罪などについては、一般に教唆犯だけが認められており、共謀共同正犯を認めたものはないようである。

　まず、偽証罪については[26]、教唆犯を認めたものはあるが、共謀共同正犯を認めた判例は見当たらない。例えば、弁護士が自己が弁護する者の共犯者に偽証を唆した事案について、岐阜地裁平成25年10月25日判決（裁判所ウェブサイト）は、弁護人である被告人の協力なくしてはその実現がおよそ不可能であったと認定されているが、偽証教唆としている[27]。

　無免許運転の罪についても、教唆犯を認めた判例はあるが、共謀共同正犯を認めたものは見当たらない。例えば、最高裁昭和46年9月28日決定（刑集25巻6号798頁）は、運送店の自動車の運行を直接管理する地位にあった被告人が、同運送店の業務に関し、同店の自動車運転手らが法令に定められた運転資格がないことを知りながら、自動車を運転することを指示して、自動車を運転するに至らしめたという事案について、無免許運転教唆罪と道交法75条所定の運行管理義務違反の罪が成立し、両者は観念的競合にあたるとした原判決を是認している。組織的に行われた犯罪である点で、無免許運転の罪でなければ、共謀共同正犯の成立が認められる事案のように思われる。

　無免許運転の罪が単なる義務違反ではなく、交通の安全を侵害する罪である

---

24) 松宮孝明・刑法総論講義〔第4版〕（2009）257頁、川端博・刑法総論講義〔第3版〕（2013）123頁参照。
25) 西田ほか編・前掲注23) 804頁〔島田〕。
26) 自手犯の概念を肯定する見解の中にも、偽証罪が自手犯であることを否定する見解もある。大谷實・刑法講義総論〔新版第4版〕（2012）149-150頁参照。
27) その他の偽証教唆の事例として、最判昭和33・10・24判時165号35頁（犯人）、札幌地判昭和34・2・20下刑集1巻2号431頁、広島高判平成13・10・18裁判所ウェブサイト参照。

ことを考えれば、そのような危険を共同惹起したと評価できる者について共謀共同正犯の成立を否定する理由はないように思われる。近時、2台の車でスピード競争をしていて、赤信号の交差点に高速で突っ込み、衝突事故を起こして5人を死傷させた事案について、危険運転致死傷罪の共同正犯の成立を認めた札幌地裁平成28年11月10日判決が報道されており、注目される。

自手犯の例とされることもある住居侵入罪については当然のように共謀共同正犯が認められている。自手犯の概念自体の必要性についても疑問の余地があるが、少なくとも共謀共同正犯を否定する理由はないと思われる。

4　その他の教唆犯の事例

その他の類型についても教唆犯の成立を認めた判決が幾つかあるが、以下で見るように、(事実認定の問題なので判決文だけから確たることは言えないが) 共謀共同正犯を認めてもよかったのではないかと思われるものが多い。

千葉地裁昭和34年5月26日判決 (下刑集1巻5号1306頁) は、被告人Xが、金銭に窮した結果、YからA女が定期預金その他相当の金品を所持している旨を聞き知るや、Yに対し「それでは殺ろそう、おれのところに道具がある、両方に刃がついていて切れる」「多摩川の近くに防空壕がある、そこに連れて行って殺せば分らない」等申し向け、同女を殺害して金品を強取すべき旨を指示して教唆し、Yをして同女を殺害した上金品を強取せしめ、さらに、両名共謀の上、強取に係る普通預金通帳、定期預金証書および認印を利用して、銀行の支店の係員を欺罔して金員を騙取した、と認定して、強盗致死罪の教唆と詐欺の共同正犯を認めている。なぜ強盗致死について共同正犯の成立を認めなかったのか (検察官が起訴しなかったのか) は不明である。

東京高裁昭和40年10月29日判決 (判タ185号188頁) は、労働組合支部役員である被告人XおよびYが、他2名と共謀のうえ、衆議院議員選挙に立候

---

28) 免許を有する者が違法な無免許行為をそそのかす事例については、いわゆる消極的身分犯について身分犯の成立を認めることができるかという問題もあるが、判例・通説は、刑法65条1項の共同正犯への適用を肯定している。否定説に対する批判として、西田典之・共犯と身分〔新版〕(2003) 309頁以下参照。実際にも、東京高判昭和47・1・25判タ277号357頁、東京地判昭和47・4・15判時692号112頁、札幌高判平成20・3・6裁判所ウェブサイトなどが、医師について無免許医業罪の共同正犯の成立を認めている。
29) 朝日新聞2016年11月11日朝刊参照。

補したAに投票を得させる目的をもって，①被告人らが協議，決定した計画にもとづいて動員させて来たBほか32名に対し，選挙区の選挙人であるC方等を戸々に訪問し，Aのため投票を依頼するように指示して教唆し，よってC方ほか83名方を戸別訪問させた，として，公職選挙法違反の罪の教唆犯を認定している。選挙違反を組織的に行っている点で，共謀共同正犯を認めてよい事例ではなかったかと思われる。例えば，東京高裁昭和36年5月4日判決（刑集15巻10号1728頁〔最判昭和36・11・10同1706頁〕）は，戸別訪問罪の共謀共同正犯を認めている。

大阪高裁昭和49年1月23日判決（刑月6巻1号1頁）は，被告人Xが，同人と結婚したいと熱望していたYに対し同棲相手のAについて，「おやじが居るから自由にならんのや，おやじは死ぬ迄別れんというとるのや。またどんなことをするか判らん，それが怖いので別れ話もよう出さんのや。簡単に話がつくような相手やないのや」などといってAの邪魔物としての存在を強調し，遂に2人でAの殺害の方法を真剣に検討，話し合うに至ったが，その際，Xは，Yに対し「おっさんは足が悪いので，ふらふら歩いとるから後から石か何かで頭を殴りつけてやったらよい。またおっさんの会社に電話して帰りを待ち伏せてやってもよい。しかし，私のおらん所でやって欲しい」などと述べ，さらに，Aの写真や自宅付近の町内地図一枚を渡し，犯行直前には，Yの言動から同人が殺害の挙に出ることを察知しながら，敢えて同人に対し折柄通行中のAの後姿を指差してその所在を教示した，という事実を認定して，殺人教唆の成立を認めている。意思の連絡の認定ができなかったということなのかもしれないが，共同正犯を認めなかったことには釈然としない印象が残る。

仙台高裁昭和59年12月6日判決（高刑速556頁）は，「被告人が，Kに対して，『金儲けならいくらでもある。モサ（盗みの意）だ。』と言い，あるいは，骨董品の買取り方を持ちかけたりして原判示各犯行場所から骨董品等を盗んで来るように申し向け，又は，執拗に催促するなどして窃盗を慫慂し，Kに本件犯行を決意させたとする被告人の所為は，窃盗の教唆としては首肯しうるにしても，これをもって直ちに，被告人が，Kと相協力して右骨董品等の窃取行為を実現しようとするものであるとか，他人の行為を利用して自己の意思を実行に移すことを内容とする謀議があったものとは到底認められないから，被

告人に共同正犯における共同意思ないし謀議があったものと断ずることはできない。また、同様に、被告人が、Kに対して、資料館や博物館には防犯ベルとか隠しカメラがあるとして注意を喚起し、あるいは、犯行発覚防止のために手袋の着用を勧めたり、盗品運搬のための一反風呂敷を貸与したり、犯行場所へ行くための自動車の給油につき、被告人のガソリンチケットをKに使用させたとする被告人の所為は、これまた、Kの窃盗の犯行を容易ならしめたに過ぎず、これをもって窃盗の実行行為の全部又は一部、もしくは、これに密接かつ必要不可欠な行為を分担したということはできない。更に、原判決が指摘しているように、被告人が、Kから、同人が窃取して来た本件各盗品を即刻、かつ、全部引渡しを受けたとしても、その所為は、贓物故買に該当するものとして首肯できないわけではないけれども、窃盗の実行行為そのものの一部、もしくは、これに密接かつ必要不可欠な行為ということはできないし、いわんや、被告人が、原判示のように相馬民族資料館や伊佐須美神社にKを案内したり、同人とともに展示してある骨董品等を見たりした行為は、それ自体窃盗の実行行為の一部にあたるとかこれに密接かつ必要不可欠な行為であるとは認め難い。……被告人が、Kの原判示第二の犯行を期待してカッターを渡したとしても、それはKの右犯行を容易ならしめたに過ぎないということもできるのであって、これをもって被告人に窃盗の共同実行の意思があるとか、実行行為の一部ないしはこれと密接かつ必要不可欠な行為であるということもできない。」と判示して、窃盗の共同正犯を認めた原判決を破棄して、教唆犯の成立を認めている。しかし、判例の基準からすれば、共同正犯を認め得る事例のようにも思われる。

　東京地裁立川支部平成24年7月12日判決（TKC25482437）は、罪となる事実として、「被告人は、J及びDと共謀の上、平成22年10月下旬頃から同年11月上旬頃までの間に、東京都八王子市〈以下略〉A方において、同人に対し、『aにBという会社がある』『この会社のトイレの窓の鍵が壊れていて、窓から中に入れる。金庫室には、c球場とdから集めた金が置いてある。1000万円くらいから数億円くらいある』『Bは、年内になくなるから、年内にやってほしい』旨言い、さらに、同月12日頃、前記A方において、同人に対し、B株式会社a営業所の見取図を交付して、同人らに建造物侵入及び強盗傷人

の決意をさせ，よって，同人らをして，共謀の上，平成23年5月12日午前3時2分頃，前記営業所長代理Cが看守する東京都α市〈以下略〉の前記営業所に無施錠の窓から侵入し，その頃から同日午前3時21分頃までの間，前記営業所内において，同社警備員である被害者に対し，同人の身体を刃物で数回突き刺し，棒で数回殴り，その目や口を粘着テープでふさぐとともに両手足を粘着テープで縛るなどの暴行を加え，さらに，『死にたくねえだろ』などと言って脅迫して，同人の反抗を抑圧した上，同人から金庫室テンキー錠の暗証番号を聞き出して金庫室ドアを解錠し，同室内から前記C管理の現金5億9953万1209円在中の現金収納袋75袋，手提げバッグ11個及び麻袋3袋を奪い，その際，前記暴行により，被害者に全治約2か月間を要する……傷害を負わせる建造物侵入及び強盗傷人の犯行を行わせ，もって建造物侵入及び強盗傷人を教唆したものである。」と認定している。判決は，被告人の関与について，①Jからα営業所の見取図を書くように求められた被告人が，α営業所の間取り，鍵が壊れたトイレの窓，警備員の仮眠用ベッド，金庫室，金庫室内の非常ボタン，防犯カメラ及び警備会社の出入口の各位置，曜日ごとの警備員の人数を書き込んだ見取図を作成して，Jらに渡したこと，②その際被告人は，見取図が計画の実行犯に伝達されることを認識していたこと，③被告人が提供した情報は，警備会社の営業所への侵入強盗という，一般的に実現困難と思われる犯罪計画を実行するために極めて重要な情報であって，第三者に強盗計画を実行する意欲をわかせる決定的な情報といえることなどを認定している。強盗の犯行に極めて重大な寄与をしている点で共謀共同正犯を認めてもよかった事案のようにも思える。

　津地裁平成24年9月21日判決（TKC25482959）は，被告人XがAの交際相手との確執などから同人とAを別れさせようと被害者に働きかけたが，Aがこれに応じず帰ろうとしたため，交際相手に告げ口され交際相手から報復されることをおそれ，YらにAを拉致監禁させたという事案において，罪となるべき事実を以下のように認定して，強盗致傷教唆と監禁致傷の共同正犯を認めている。すなわち，被告人は，①Yに電話をかけ，同人に対し，「今から女の子を鈴鹿のAまで連れてくんで，隣のDで降ろすんで，さらってほしい。」「女の子のかばんの中に十何万か入っとるもんで，それを全部持ってってもらっ

てもええ。」「車から女の子が降りたタイミングで，腹一発入れて，落として，両手両足を結んで，口封じして，目隠しして，津のパチンコ店まで持ってきてくれ。」などと言って，上記Yに強盗の決意をさせ，よって，上記Yに，Zと共謀の上，午前3時40分頃，Aに対し暴行を加えて路上に転倒させた上，Aを軽自動車の後部座席に押し込み，被害者が抵抗できない状態にして，被害者所有又は管理に係る現金約14万円入りの長財布1個など在中のかばん1個を強取させ，その際，被害者に全治約1週間を要する後頭部打撲の傷害を負わせ，もって強盗致傷を教唆し，②Yらと共謀の上，午前3時40分頃，上記駐車場において，上記Bが，同所にいた被害者に対し，その腹部を右拳で殴るなどの暴行を加えて路上に転倒させた上，被害者を軽自動車の後部座席に押し込み，同日午前4時頃，Yが，Aを被告人が使用する軽自動車の後部座席に押し込み，同日午前5時頃，H方に被害者を連れて行き，さらに，Hと共謀の上，同日午前9時頃までの間，被害者を不法に逮捕監禁するとともに，被害者に全治約1週間を要する全身打撲等の傷害を負わせた。以上のように本判決は，逮捕監禁については，Yが被害者に暴行を加えて車に乗せた時点から共同正犯を認めているのに対して，同じ暴行による強盗致傷については，教唆としている。仮に，検察官が強盗致傷教唆で起訴した理由が強取した財物を被告人が取得していない点にあったとすれば，その判断は疑問であるように思われる。財産犯における共謀共同正犯の認定においては，財産的利益の取得が重視されているが，それが不可欠の要件だとは思われないし，仮に不可欠の要件と解したとしても，被告人はYに自ら報酬を支払う代わりに被害者に対する強盗をさせているのであるから，実質的に見れば財産的利益を得ているといってよい事案である。

　大阪地裁平成27年1月28日判決（TKC25505825）は，弁護士である被告人が，Aから倉庫内でのFRP事業を巡る民事紛争解決の依頼を受けて，Aに対し，同倉庫の壁を損壊するようにそそのかして実行させたとして，建造物損壊教唆を認めたものであるが，「話し合いとかは無理ですかと尋ねる正犯者に対し，執拗な教唆行為を行い，目前で犯行に及ばせているのであって，働き掛け

---

30) 大阪高判平成27・7・7 TKC25541748 が控訴を棄却し，最決平成27・11・19 TKC25542505 が上告を棄却している。

の程度は強く，被告人が正犯者をいわば手足にして実力行使に及んだに近いものである。」とまで認定しており，検察官は，共同正犯として起訴してもよかった事案ではないかと思われる[31]。

5 横浜地裁平成25年9月30日判決

以上見てきたように，現在教唆犯が認められている主たる犯罪類型である犯人隠避罪および証拠隠滅罪については，犯人に共謀共同正犯の成立を認められるようになれば，教唆犯が激減する可能性がある。偽証罪についても，これを自手犯と解したとしても，共謀共同正犯の成立を認めることは可能であると考えられるので，同様である。その他，無免許運転の罪や無免許医業の罪などについても，教唆犯でなく共謀共同正犯を認めるべき場合が多いと思われる。その他の犯罪類型について教唆犯の成立が認められた事例については，むしろ共同正犯を認めてよかったのではないかと思われる事例が多いことがわかった。

このように絶滅危惧種としての教唆犯の先行きが暗く感じられる状況の下で，証券会社の執行役員であった被告人Aが，職務上知り得たインサイダー情報を知人のBに伝達して，同人にインサイダー取引をさせた，という事案について，検察官が主位的訴因として共同正犯の成立を主張したのに対して，予備的訴因である教唆犯の成立を認めたのが，横浜地裁平成25年9月30日判決である。やや長くなるが，以下で判決を紹介したい。

判決は，まず，「一般に，2名以上の者について犯罪の共同正犯が成立するためには，犯罪を共同して遂行する意思を通じ合うこと（意思の連絡）に加えて，自己の犯罪を犯したといえる程度に，その遂行に重要な役割を果たすこと（正犯性）が必要である。これを本件についてみると，Bが本件3銘柄の買付行為を実行していることは明らかであるところ，被告人について，インサイダー取引の共同正犯が成立するためには，①Bとの間で，インサイダー取引を行うことについての意思の連絡があること，②被告人が自己の犯罪としてこれら

---

31) なお，教唆犯として起訴された事件で裁判で無罪（あるいは審理）となったものとして，大阪高判昭和34・3・27下刑集1巻3号532頁，最判昭和59・4・24刑集38巻6号2196頁，長野地判平成17・3・16裁判所ウェブサイトがある。これらは，事実関係の解明が不十分であることが共同正犯でなく教唆として起訴された理由ではなかったかと疑われなくもない。

の取引を行ったといえるだけの重要な行為を行ったことが必要である。」と述べた上で，①を肯定したが，②を否定した。

　後者の点について，裁判所は，①被告人が，重要事実の伝達に加えて，Ｂに対し，Ｄ株については，会社四季報の頁をコピーして提供しており，Ｍ株及びＴ株については，いずれもＭＢＯの実施の進捗状況を報告していた点については，会社四季報は，公刊物であって，何ら機密性のある資料ではないから，これを提供したことが重要な役割を果たしたことにならないのは明らかであり，Ｍ株やＴ株のＭＢＯの進捗状況を報告していたことは，それなりに重要な行為といえるが，これらの銘柄については，当初の情報提供の時期とＭＢＯの公表の時期が離れており，インサイダー情報の精度が低いものであったから，過大に評価することは相当でなく，被告人がＢに対して行った重要事実の伝達行為が，インサイダー取引を行う上で，必要不可欠なものであったことは否定し得ないものの，これを超えて，被告人が重要な役割を果たしたとはいい難い。②本件３銘柄については，Ｆ名義による取引は，全てＢの計算で行われ，その損益は，全てＢに帰属し，Ｂと被告人との間で，インサイダー取引による利益の分配に関する事前の約束はなく，実際にもＢが本件３銘柄の取引によって得た利益は１円も被告人に分配されていない。インサイダー取引の罪の共同正犯が成立するには，必ずしも，実際に発生した利益の分配を受けたことを要するものではないが，インサイダー取引が経済的利益の取得を目的として行われるものであることは明らかであり，被告人がＢから本件３銘柄の取引による利益の分配を受けておらず，その利益の帰属に何ら関心を示していないといったことは，被告人にインサイダー取引の罪を自己の犯罪として遂行する上での直接的動機が欠けていたことを推認させる事実であり，被告人の正犯性を否定する方向に大きく働くものというべきである。③検察官は，被告人とＢが，本件各犯行の前から，経済的に共存共栄を図る関係を築いていたこと，被告人が自己の社会的地位を維持し，保身を図る必要があったため，被告人には，Ｂと共にインサイダー取引を行うことについての固有の動機があったことから，正犯意思が認められると主張するが，被告人の主たる動機が融資の焦げ付き案件等に関するＢの責任追及から逃れることにあったことは，既に認定したとおりであり，被告人が上記のような動機を有していたことから，正犯性を認め

るのは，困難であるといわなければならない。以上によれば，被告人は，本件3銘柄のインサイダー取引について，Bに重要事実を伝達したものの，自己の犯罪を犯したといえる程度に，重要な役割を果たしたとはいえない。よって，被告人とBとの間で，共同正犯の成立は認められない。

次に，判決は，被告人の行為の教唆への該当性について，Bは，本件3銘柄について被告人から重要事実を伝達される前は，せいぜいインサイダー取引を行う一般的傾向を有していたにすぎず，具体的な犯行を決意し得なかったものであり，被告人から重要事実の伝達を受けて初めて，当該銘柄のインサイダー取引を実行する具体的な決意を固めたものと認められるから，被告人による本件3銘柄の重要事実の伝達は，金商法167条3項の罪の教唆に該当するというべきである，と判示している。

本判決は，「共同正犯が成立するためには，犯罪を共同して遂行する意思を通じ合うこと（意思の連絡）に加えて，自己の犯罪を犯したといえる程度に，その遂行に重要な役割を果たすこと（正犯性）が必要である。」という近時有力になっている共同正犯の判断基準を用いて，重要事実の伝達というインサイダー取引の実行に不可欠な情報を伝達した者について共同正犯を否定した点で注目に値する判決である。教唆犯は，犯意のない者に犯意を生じさせる点で，常に「自己の犯罪を犯したといえる程度に，その遂行に重要な役割を果たすこと（正犯性）」になると考えてしまうと，教唆犯が共同正犯と別個に成立する余地はなくなってしまう。本判決は，そのようには考えていないことを示している点で重要な意義を有している。[32)33)]

---

32) 鈴木優典「判評」刑ジャ40号（2014）162頁は，「単なる情報提供行為はBに対して金商法167条3項の罪の実行行為の前提条件たる主体性を獲得させる手段に過ぎなく，同罪成立にとって最も重要な要素である実行行為に大きな影響を与えたとはいい得ず，共同正犯性を基礎づける『重要な役割』とまではいうことはできない」「取引を推奨された者が自由に実行行為に出るかを決定できたのであれば，正犯性を認めるために十分な寄与があったということはいえないであろう。他方，威迫等をともなう推奨行為であれば，行為支配の観点から正犯性を認めることは適切である」とする。取引を推奨された者に決定の自由がなければ間接正犯になるのであって，正犯性を認めるための要件としては厳格すぎるように思われる。
33) 松澤・前掲注2）100〜101頁が「自己の犯罪説であれば，他人を唆して犯罪を実行させるような場合は，自己の犯罪を実現したのであるから正犯（ここでは共謀共同正犯，以下同様）になるし，重要な役割説であれば，他人を唆して犯罪を実行させるような者はどのような場合であっても重要な役割を果たしたといえるのだから，正犯になる。また，行為支配説によっても，唆された内容に従って犯罪を実行したのであれば，結果を支配したといえるため，正犯というこ

問題は，共同正犯を否定して教唆を肯定した部分にある。判決は，情報提供が犯意を惹起していればそれだけで教唆行為となると解しているようにも読める。少なくともそれ以上の判示はない。犯意の惹起が教唆の必要条件だとしても，それは十分条件なのであろうか。

6　教唆の概念について

(1)　意思伝達行為としての教唆

最高裁昭和26年12月6日判決（刑集5巻13号2485頁）は，「教唆犯の成立には，ただ漠然と特定しない犯罪を惹起せしめるに過ぎないような行為だけでは足りないけれども，いやしくも一定の犯罪を実行する決意を相手方に生ぜしめるものであれば足りるものであって，これを生ぜしめる手段，方法が指示たると指揮たると，命令たると嘱託たると，誘導たると慫慂たるとその他の方法たるとを問うものではない」と判示している。そこで，教唆行為は，人に特定の犯罪を実行する決意を生ぜしめるに適したものであれば，その手段・方法には制限がない，といわれることが多い。

しかし，昭和26年判決が教唆の例として挙げているのは，指示，指揮，命令，嘱託，誘導，慫慂という言語的コミュニケーションである。大審院明治43年6月23日判決（刑録16輯1280頁）も，「教唆罪ハ他人ヲシテ犯罪ヲ決意シ之ヲ実行セシムルニ因リテ成立スルモノニシテ其方法ノ如キハ法律上限定スル所ナケレハ」と判示してはいるが，続けて，「教唆ハ一定ノ犯罪事実ヲ指示シテ行フコトヲ要スルモ必スシモ之ヲ明示スルコトヲ要セス」と判示しており，教唆が犯罪事実の指示であることを前提としている。したがって，「人に特定の犯罪を実行する決意を生ぜしめるに適したものであれば，その手段・方法には制限がない」というのは，少なくとも判例の理解としてはミスリーディングであると思われる。教唆の語義は，文字通り，あることをするよう教えそそのかすことであって，犯意を生じさせるあらゆる手段が教唆に当たるわけではない。意思伝達的要素のない行為を教唆と呼ぶことは，日常用語の意味を超えていると思われる。

とになる。要するに，このような実質的基準を設ければ，教唆犯が正犯として評価されてしまうのは当然の成り行きなのである」とするのは，言いすぎである。

学説では，片面的教唆を認めることができるかが議論されており，そこでは，単に犯意を誘発する状況を設定する行為を片面的教唆と呼んで，教唆犯の成立を認める見解が主張されている。しかし，例えば，甲が，金庫のそばに鍵を置いておけば乙が金庫から金銭を窃取するであろうと考え置いておいたところ，鍵を見た乙が窃盗の意思を抱いて，金庫から金銭を窃取した，というような事例について，鍵を置く行為を教唆に当たるというのは，教唆という言葉の通常の意味を大きく超えた，罪刑法定主義上疑問のある解釈だと思われる。これは，故意への従属性の問題ではなく，教唆概念の限界の問題である。平野龍一博士が，「教唆はその概念上被教唆者が認識しないということはありえない」と述べているのは，正当だと思われる。

　広島高裁昭和29年6月30日判決（高刑集7巻6号944頁）は，妻Aが不倫をしていると邪推した被告人が，同人に連日の如く常軌を逸した虐待，暴行を加え，強要して姦通事実を承認し，あるいは自殺する旨を記載した書面を書かせるなど執拗に肉体的精神的圧迫を繰り返し，Aはこれがため遂に自殺を決意し自殺するに至った事案について，「自殺の教唆は自殺者をして自殺の決意を生ぜしめる一切の行為であつて，その方法を問わないと解する，従つて犯人が威迫によつて他人を自殺するに至らしめた場合，自殺の決意が自殺者の自由意思によるときは自殺教唆罪を構成し進んで自殺者の意思決定の自由を阻却する程度の威迫を加えて自殺せしめたときは，もはや自殺関与罪でなく殺人罪を以て論ずべきである。」と一般論を述べた上で，被告人の暴行・脅迫がAの意思の自由を失わしめる程度のものであったと認むべき確証がないので，被告人の行為は自殺教唆に該当すると解すべきである，と判示している。本件は，単な

---

34) ドイツの議論の紹介として，斉藤誠二「教唆犯をめぐる管見――その概念と処罰の根拠」法学新報103巻4＝5号（1997）9頁以下が詳しい。
35) 鈴木・前掲注23) 233頁は，片面的教唆の例として本文の事例を挙げて，教唆犯の成立を肯定する。
36) 松宮・前掲注24) 286頁が片面的教唆の事例として挙げている，違法駐車でないと欺罔して駐車させる事例は，駐車を勧めている点で教唆を認めることが可能だと思われる。
37) 浅田和茂・刑法総論〔補正版〕（2007）429頁は，不作為の教唆も理論的にはありうるとして，会社で隣席のAが金策に窮していることを知りながら，机の上の現金をしまわずに外出する例を挙げているが，このような行為を教唆と呼ぶのは，教唆という言葉の日常的意味を大きく超えていると思われる。
38) 平野龍一・刑法総論II（1975）390頁。

る虐待の事例ではなく，被告人の被害者に対する行為が，自殺の慫慂・強要と見ることができたから教唆といえるのだと思われる。例えば，虐待に耐えかねて被害者が自殺するかもしれないと未必的に認識・認容しながら，虐待を続けたために被害者が自殺してしまったという場合に，暴行・脅迫を教唆とは言わないであろう。

　横浜地裁平成25年9月30日判決の事案についても，単に重要情報の伝達がインサイダー取引を行う犯意を惹起したことを認定するだけでは不十分であって，暗黙のものにしろ，伝達行為に情報を用いてインサイダー取引を行うことを「勧める」意味合いが含まれており，そのことを行為者が認識していたことの認定が必要であったと思われる。

(2)　**教唆犯と意思の連絡**

　片面的教唆の問題は，意思伝達的行為としての教唆行為の問題の先に，教唆者と被教唆者との間に意思の連絡が必要かという問題がさらにある。両者の問題は区別して論じられるべきである。

　判例は，片面的共同正犯は否定するが（大判大正11・2・25刑集1巻79頁），片面的幇助は肯定している（大判大正14・1・22刑集3巻921頁，大判昭和3・3・9刑集7巻172頁，東京地判昭和63・7・27判時1300号153頁）。そこで，「片面的従犯を認めるのであれば，片面的教唆をも認めるのが理論的に一貫しているし，認めても実際上の不都合もない」と主張され，また，教唆犯においては，「共同正犯とは異なり，正犯者が精神的な支援を受け続けていることにより安心感を与えられるという意味での心理的因果関係は要求されない」とも主張されている。意思伝達行為としての教唆行為が認められるならば，意思の連絡があるかどうかは教唆の成立にとって重要ではないと考えて，片面的教唆肯定説を採ることは可能である。そのように考えれば，過失行為を行うように指示したような場合については，過失犯の教唆犯を認めることも可能になる。

　他方で，教唆が共同正犯と同じように処罰されることを考えれば，共同正犯

---

39)　大塚ほか・前掲注1) 476頁〔安廣〕参照。
40)　井田良・刑法総論の理論構造（2005）488頁。そのほか，片面的共同正犯を否定し，片面的教唆・幇助を肯定する見解として，前田雅英・刑法総論講義〔第6版〕（2015）373頁，高橋則夫・刑法総論〔第3版〕（2016）480頁など参照。

と同様に片面的教唆を否定することも考慮に値する[41]。片面的教唆否定説を採る場合,片面的教唆の事例については,犯意を惹起していても幇助犯が成立しうると考えて(犯意の惹起は教唆を認めるための要件であって,犯意の惹起があると幇助が否定されるわけではない),片面的幇助犯として処罰することが可能である。そのように解すれば,否定説を採っても処罰の隙間が生じることはないであろう。

松山地裁平成24年2月9日判決(判タ1378号251頁)は,Vが所有するユンボをその処分権限のないXが,Yに対し,Vに無断で売却,搬出するよう申し向け,YがAに売却し,Aが運送業者にユンボを搬出させた,という事案について,YはVに処分権限がないことを認識しており,Xが情を知らないYを道具として利用したとはいえないから,間接正犯は成立せず,刑法38条2項の趣旨により,犯情の軽い窃盗教唆の限度で犯罪が成立する,と判示した[42]。間接正犯の故意で教唆を実現したという事例は,錯誤の例として学説で議論されてきたが,そもそも教唆が実現しているのかに疑問が示されている[43]。

この事例の場合,XはYにVに無断でユンボを売却,搬出するよう申し向けているから,意思伝達行為としての教唆行為を認めることは可能である。したがって,片面的教唆を認めるならば,判決が言うように教唆犯の成立を認めることができる。

これに対して,教唆の成立に教唆者と被教唆者との間に相互に犯罪を実行する意思の連絡が必要だと解すれば,この事例では客観的にも教唆は成立していないことになるから[44],錯誤論によって教唆犯の成立を認めるためには,片面的教唆を肯定することが前提となると思われる[45]。片面的教唆を否定する立場から

---

41) 西田ほか編・前掲注23)901頁[嶋矢貴之]参照。
42) 評釈として,前田雅英「判評」警論65巻7号(2012)165頁以下,門田成人「判評」法セ690号(2012)145頁,甘利航司「判評」新判例解説Watch12号(2013)147頁,市川啓「判評」立命356号(2014)387頁,水落伸介「判評」法学新報122巻5=6号(2015)119頁以下など参照。通説は,判決と同様,教唆犯の成立を認める。
43) 前田・前掲注1)303頁,松宮・前掲注24)224頁以下,市川・前掲注42)402頁参照。
44) 松澤・前掲注2)113頁は,意思の連絡のプロセスは,①誘致者が意思を発信する,②被誘致者がその意思を受信する,③被誘致者が意思を受信したことを誘致者に伝える,という三段階あり,意思の連絡必要説は①〜③まですべて必要と考え,意思の連絡不要説は,①のみを必要と考えてきたように思われるが,意思の連絡必要説に立っても,③まで必要とする理由はないとする。鋭い指摘であるが,②の場合にも誘致者の故意を認識している場合と認識していない場合があり,認識していない場合(その場合が多いであろう)には,心理的支援さえ感じていないので,片面的教唆の事例として扱うべきであると思われる。

は，先に述べたように，間接正犯の故意で客観的には幇助を実現した事例として，軽い幇助犯が成立することになろう。

(3) 準正犯としての教唆犯

　教唆の概念については，さらに限定を加える見解も主張されている。ドイツでは，教唆の概念を正犯と同じように処罰されることを正当化できるように限定しようとするさまざまな試みが行われている[46]。これに対して日本では，単に犯意を惹起する行為とだけ定義され，これに限定を加える試みはあまりなされてこなかった。例外的にこの点を自覚的に議論を展開する見解として，十河教授は，他人に犯罪遂行を決意させることに正犯と同様の類型的な違法性および責任が認められるのかは疑問であるとした上で，教唆犯も，正犯と同様，結果の実現に対して重要な役割を演ずるといえるような心理的な働きかけを行う必要があり，そのような働きかけがあれば，正犯者の決意を喚起したかどうかは必ずしも重要ではない，とする[47]。また，曲田教授も，法定刑が正犯と同じである教唆犯は，正犯に匹敵する不法を有する類型として理解されなければならないとして，被教唆者の動機に対する支配性を要求すべきである，とする[48]。

　教唆と共同正犯の同価値性を要求するこれらの見解は，理論的には理由のあるものだと思われる。しかし，教唆犯に正犯と同様の重要な寄与を求めることは，共謀共同正犯が広く認められているわが国の状況においては，絶滅寸前の教唆犯に対するとどめの一撃となりかねず，支持することが難しいように思われる。嶋矢教授が主張しているように[49]，犯意のないところで犯意を惹起すれば正犯と同じ処罰に値することを前提とした上で（したがって，犯意の惹起は必須

---

45) 西田典之・共犯理論の展開（2010）94頁参照。もっとも，井田良「故意なき者に対する教唆犯は成立しうるか」慶應義塾大学法学部法律学科開設百年記念論文集法律学科篇（1990）487～488頁は，錯誤論は，主観面だけでなく客観面においても，存在しないものを存在するものとして扱う理論であるとする。
46) ドイツにおける議論について，斉藤・前掲注34），十河太朗「教唆犯の本質に関する一考察(1)(2・完)」同法43巻2号（1991）70頁以下，同3号（1991）102頁以下，佐久間修「インゲボルク・プッペ『教唆犯の客観的構成要件』(1984)」産法19巻2号（1985）131頁以下，嶋矢貴之「過失犯の共同正犯(1)」法協121巻1号（2004）108頁以下など参照。最近の詳細なモノグラフィーとして，Nepomuck, Lutz, Anstiftung und Tatinteresse（2008）参照。
47) 十河・前掲注46) 3号132頁。十河・前掲注20) 434頁も参照。
48) 曲田統「教唆犯の従属性と従者の従属性」刑雑53巻2号（2014）128頁以下参照。
49) 西田ほか編・前掲注23) 901頁〔嶋矢〕参照。

の要件として維持して）教唆犯の問題を考えていくしかないように思われる。[50]

7　犯行の指示が一般的な場合

　共同正犯でなく教唆が認められやすい１つの類型は，犯行の指示が一般的な場合であると思われる。教唆は，特定の犯罪を実行する決意を生じさせるものであることを要するから，単に漫然と「犯罪をせよ」「窃盗をせよ」というだけでは教唆にならないというのが通説・判例である。しかし，教唆される犯罪の特定性の要件は，結局，教唆と被教唆者の実行行為との間の因果関係を確定するためのものであるから，教唆犯が成立するために要求される特定性の程度は具体的事情によって異なるというべきであり，盗品等の有償譲り受けのための窃盗教唆の場合などは，「何か金目の物を盗んできたら買ってやる」と言うだけで十分である，と指摘されている。[51] この指摘は，教唆と共同正犯を区別する基準も示唆しているように思われる。「生糸を窃取して来れば売却してやる」（最判昭和24・7・30刑集3巻8号1418頁），「糸を盗んで来たら売つて遣る」（最判昭和26・6・29刑集5巻7号1371頁），「自転車一台位どこからか盗んで来れば，わからん様に部分品を取り換えてやる」（名古屋高金沢支判昭和28・5・7刑集10巻12号1663頁）といった発言は，勧誘者が相手に対して支配的な立場にあるといった特別の事情がない限り，教唆としては十分であっても，「自己の犯罪として行った」として正犯性を認めるには十分でないことが多いのではないだろうか。これらの場合，勧誘者は自己の利益のために勧誘行為を行っているが，「自己の利益のため」と「自己の犯罪として」とは同じではない。横浜地判がインサイダー取引の共同正犯を否定したのも，具体的な取引について意思の連絡がなかったことが主な理由ではないかと思われる。

　最高裁平成13年10月25日決定（刑集55巻6号519頁）は，被告人である母親が刑事未成年者である息子に指示命令して強盗を実行させた事案について，間接正犯の成立を否定した上で，「被告人は，生活費欲しさから本件強盗を計画し，Ａに対し犯行方法を教示するとともに犯行道具を与えるなどして本件強盗の実行を指示命令した上，Ａが奪ってきた金品をすべて自ら領得したこ

---

50)　照沼亮介・体系的共犯論と刑事不法論（2005）198頁も参照。
51)　大塚ほか編・前掲注1）465頁［安廣］参照。

となどからすると，被告人については本件強盗の教唆犯ではなく共同正犯が成立するものと認められる」と判示している。①強盗を自ら計画し，②犯行方法を教示し，③犯行道具を供与し，④金品をすべて領得した，などの事情が認定されている。これらの事情があれば共同正犯が認められるであろうが，どれかの事情が欠けると共同正犯が否定され，教唆犯になるかというと，母親についてはあまり考えられないかもしれない。しかし，生活費に困ったＡが友人に相談したところコンビニに強盗に入ればいいとそそのかされて強盗を決意しこれを実行したというような事案を考えると，それだけで共同正犯を肯定することは難しいと思われる。犯行の具体性によっては教唆を認めることも難しいであろう。

Ⅳ　おわりに

　絶滅危惧種としての教唆犯について判例を中心として検討してきたが，①現在，主に教唆犯が認められている犯人隠避罪・証拠隠滅罪・偽証罪などの教唆犯は，犯人にこれらの罪の共同正犯が認められるようになれば，激減する可能性がある。②その他の類型で教唆犯が認められている事例は，共同正犯を認めてもよいと思われるものが多い。しかし，教唆犯が絶滅してしまうかといえば，正犯者の犯意を惹起していても「自己の犯罪」として行ったと評価することが難しい事例が一定の範囲で存在していることは明らかであって，細々とではあっても存続し続けると思われる。

　教唆概念には，行為の実行を教えそそのかすという意思伝達的要素が不可欠であって，単に犯意惹起の契機となれば教唆となるわけではない。惹起説の立場からそのような場合についても教唆犯の成立を認める見解には，罪刑法定主義上の疑問がある。それ以上に教唆概念を限定する見解を採用することは，理論的には考えられても，絶滅危惧種としての教唆犯を保護する観点からは，採用することが難しいように思われる。

　西田典之先生からいただいた御恩に対して心よりの感謝をこめて，本稿を献げたい。

表2：共犯の有罪人員

年	教唆犯	共同正犯	幇助	教唆の割合
1949	175	43502	662	0.39
1950	202	37823	202	0.53
1951	145	33507	303	0.43
1952	91	28291	185	0.32
1953	58	21197	167	0.27
1954	60	18809	90	0.32
1955	49	24402	94	0.20
1956	48	29922	164	0.16
1957	38	27625	156	0.14
1958	28	24754	124	0.11
1959	51	25448	120	0.20
1960	42	24223	163	0.17
1961	36	23438	134	0.15
1962	30	22762	183	0.13
1963	38	20778	246	0.18
1964	33	19316	237	0.17
1965	36	20852	682	0.17
1966	52	21359	563	0.24
1967	31	18148	319	0.17
1968	51	18218	522	0.27
1969	29	17845	455	0.16
1970	27	18870	548	0.14
1971	17	17141	502	0.10
1972	29	17337	680	0.16
1973	34	14779	711	0.22
1974	25	13679	569	0.18
1975	33	13895	491	0.23
1976	43	13661	445	0.30
1977	31	12008	328	0.25
1978	54	11367	358	0.46
1979	38	10736	303	0.34
1980	44	10074	324	0.42
1981	34	10196	351	0.32
1982	31	10800	358	0.28
1983	24	10650	334	0.22
1984	32	10824	257	0.29
1985	35	10423	224	0.33
1986	26	9671	234	0.26
1987	16	9942	233	0.16
1988	32	9028	196	0.35
1989	25	8035	232	0.30
1990	36	7050	210	0.49
1991	18	6071	124	0.29
1992	27	6491	140	0.41
1993	24	6737	139	0.35
1994	19	7507	116	0.25
1995	16	7300	158	0.21
1996	23	7329	172	0.31
1997	26	7733	184	0.33
1998	18	9031	140	0.20

（犯罪統計年報・司法統計年報より）

刑法理論から見た死刑存廃論

井 田 良

I はじめに

　死刑制度の存廃は，疑いなく現在の日本の刑事立法・刑事政策にとり最重要のテーマの1つであろう。この制度が憲法違反といえないとしても[1]，また，直ちに国際法に反するといえないとしても，立法政策の問題としてそのまま存置しておいてよいのか，それとも廃止すべきなのかが問われている。本稿は，死刑制度をめぐる論点を全体として検討しようとするものではない。筆者としては，刑法理論（犯罪理論と刑罰理論）が死刑存廃をめぐる論議に対しどのような寄与をなしうるのかという問題関心に基づき，特に重要と思われる基本的問題について若干の理論的な分析と検討を試みたいと思う[2]。

　以下において取り上げる問題の第1は，応報刑論と罪刑均衡の原則の内実をめぐる問いである。日本において死刑存置論にとり刑法理論上の基盤を形成しているのは応報刑論であろう。そこで，応報刑論の科刑上の原則である「罪刑均衡」の意味内容（そして，その量刑における具体的な適用のあり方）について考えてみることとしたい。本稿が検討の対象とする問題の第2は，被害者遺族の

---

[1] 死刑を認めた現行刑法の規定が憲法違反でないとする趣旨を述べた判例として，たとえば，最大判昭和23・3・12刑集2巻3号191頁がある（ただし，この判決は，火あぶり・はりつけ・さらし首・釜ゆでの刑のごとき残虐な執行方法を定める法律が制定されたとするならば，その法律は憲法36条に違反するとする）。また，最大判昭和30・4・6刑集9巻4号663頁は，現行法による執行方法である絞首刑（刑法11条1項）は憲法36条に違反しないとする。しかし，これらの判決に対して疑義を差し挟むことは不可能ではない。憲法36条が禁止する「残虐な刑罰」とは，大多数の人が正視に耐えない刑罰のことをいうのであれば，まさしく死刑こそはそれに該当するのではなかろうか。また，火あぶりやはりつけ等のように受刑者に必要以上の苦痛を与えるものがそれにあたるというのであれば，現在では苦痛のより少ない薬物注射による方法が別に存在する以上，絞首刑もそれにあたるのではなかろうか（後出Vを参照）。

[2] 筆者は，死刑制度につき，次の論文も公表している。あわせて参照していただければ幸いである。井田良「『死刑不可能論』は可能か」浅田和茂先生古稀祝賀論文集(下)(2016) 529頁以下。

被害感情と死刑の関係である。日本では，峻烈な被害感情を他の手段では慰撫できないことが死刑制度を支持する強い論拠となっている（また，より一般的に，被害感情が量刑水準を重罰化の方向に動かしてきた）。しかし，被害感情は死刑という法制度の根拠となりうるのであろうか。この問いに対し，刑法理論との関わりで透徹した理解を示すことがいま刑法学には求められているといえよう。

II　2つの応報刑論

1　物的応報刑論とその帰結

　日本における死刑存置論の理論的基礎は応報刑思想であるといえよう。それは，刑もまた1つの害悪（すなわち，苦痛としての利益侵害を本質的内容とする不利益制裁）であることを前提としつつ，それが犯罪という害悪との間で均衡の関係に立つべきであるとする。これが罪刑均衡の原則であり，天秤の片方の皿に犯罪を載せ，もう片方の皿に刑を載せて，釣り合いをとるというイメージがそこにはある。しかし，ここで問われるべきは，犯罪のもたらす本質的な害悪（すなわち，刑という害悪に対応すべき犯罪の害悪）とは何かである。

　一般に流布した理解において暗黙のうちに前提とされているのは，犯罪によりもたらされた有形的・可視的な実害こそが，刑の分量が均衡すべき犯罪の害悪であるとする考え方であろう。殺人罪の場合であれば，被害者Aの死という実害がこれにあたる。このように，犯罪の被害とは有形的・可視的実害のことであると考え，これと刑とを均衡させることを科刑原則とする応報刑論を「物的応報刑論」と名付けたい。その特色は，次の3つの点にこれを求めることができるであろう。

　第1に，物的応報刑論によれば，殺人罪の刑を決めるとき，被害者の死に対応する刑が出発点となろう。そこで，意図的な生命侵害に対応する刑として死刑も視野に入るが，ただ刑は非難を前提とするから，実害に対し，本人の意思

[3)] そうであるとすると，有形的・可視的実害を生じさせない犯罪の場合（たとえば，贈収賄罪とか，殺人予備罪とかの場合），それに対応する刑とは何なのかという疑問が生じるが，そのことはここでは措くことにする。

決定を非難できる程度に応じて，つまり責任を肯定できる程度に応じて刑は減軽される。いいかえれば，処罰の根拠からすると死刑まで要求されうることを承認しつつ，他方において，被告人の側に宥恕すべき事情があることを理由としてそれを差し引いていき（いわば「引き算」を行うことにより）死刑を免れさせるという判断方法（いわば「引き算型量刑」の判断方法）がとられることになる。

　ここから第2に，物的応報刑論によるとき，多数の人を意図的に殺害したようなケースについては，死刑以外の刑がその犯罪に対応する刑であると考えることは困難となる。ここでは，被害者側の「生命のかけがえなさ」に思いを致して人権感覚を働かせれば働かせるほど，刑は重くなり，ひいては死刑が相当であると考えることにならざるをえなくなる（すなわち，死刑賦課の可能性を考慮するときの心理的抵抗もそれだけ弱まる）という事態が生じる。これを「死刑をめぐる人道主義的パラドックス」と呼ぶことができるであろう。

　そして，第3に，上のように理解された応報刑論の量刑判断は，過去に生じた侵害結果（たとえば，被害者の死という個別的な法益侵害結果）との対応関係を基本とするものであり，もっぱら過去に目を向けた判断となる。すぐ次に述べるように，日本における殺人罪（強盗殺人罪を含む）の認知件数（および犯罪発生率）はこの60年以上の間，全体として大きく減少する傾向にあるが，そのような現実の犯罪動向などは基本的に度外視されてよいということになろう。

　以上の3つの特色を有する物的応報刑論を理論的基盤に置くとき，刑法理論の見地からは死刑制度に反対する視点は出てこない。現在の日本において，死刑制度を支える最も重要な刑法理論上の根拠となっているのは，このように理解された物的応報刑論なのである。[4]死刑存置論に対ししばしば向けられる批判は，死刑は犯罪を思いとどまらせる威嚇力ないし犯罪抑止力をもたない（少なくともそれは科学的に証明されていない）というものであるが，物的応報刑論は犯罪予防効果の有無と無関係に科刑を正当化できるとする立場なのであるから，その批判は死刑存置論の主張者には何らの痛痒も与えるものではない。

---

[4] 代表的な主張として，椎橋隆幸「日本の死刑制度について考える」井田良＝太田達也編・いま死刑制度を考える（2014）52頁以下。死刑廃止論は「刑事法の理論としては破綻している」とさえ述べる。

2　物的応報刑論と重罰化・厳罰化の傾向

　ここにおいて，日本における凶悪犯罪の動向に目を向けると，殺人（強盗殺人を含む）の認知件数は，1954 年をピークとしてほぼ一貫して減少し，2015 年には戦後最低を記録している。犯罪発生率（すなわち，人口 10 万人あたりの認知件数）で見ると，減少傾向はよりはっきりとする。死刑判決言渡しの数も，このような傾向に対応して減少し続け，1990 年代はじめには，死刑はこのまま事実上の廃止に近づくのではないかとさえ考えられた。ところが，2000 年代に入り，死刑判決言渡し数・確定数は，顕著な増加傾向に転じた。地下鉄サリン事件（1995 年）を中心とするオウム事件の影響も大きいと考えられるが，より一般的に，犯罪被害者の遺族が，人の死をもたらした犯罪に対する刑が軽すぎることに不満をもち，刑事司法に批判を加え，マスメディアもこれに協力して重い処罰を求めるようになったという事情が決定的であろう。その声は，刑事司法における犯罪被害者の権利保護の流れと合流して，裁判所の量刑判断に対して，そして国会による立法に対して大きな影響力を発揮するに至った。もちろん，殺人の認知件数が減少しているとしても，それぞれの事件が個別的に見たとき質的により悪いものになっており，そのことに起因して死刑判決言渡し数・確定数が増加している可能性は排除できない。しかし，より想定しやすいことは，とりわけ被害感情の考慮を理由として裁判所の死刑適用基準が（死刑をより多く適用する方向に）変化していることであろう。そのことは，いわゆる永山基準[6]に基づく死刑の制限的な適用から，光市母子殺害事件[7]に典型的に見られる死刑適用基準の緩和[8]に示されているところでもある。

　時代を遡るならば，1970 年代から 80 年代においては，犯罪については，これを社会的環境の所産と見る一連の社会学理論が主流であったといえよう。個

---

5)　以上の点について，また以下に述べることについては，井田良「いま死刑制度とそのあり方を考える」井田＝太田編・前掲注4）11 頁以下を参照。
6)　最判昭和 58・7・8 刑集 37 巻 6 号 609 頁。
7)　最判平成 18・6・20 裁判集刑 289 号 383 頁（第 1 次上告審判決），最判平成 24・2・20 裁判集刑 307 号 155 頁（第 2 次上告審判決）。
8)　この点について，高橋則夫「死刑存廃論における一つの視点」井田＝太田編・前掲注4）34 頁，原田國男「わが国の死刑適用基準について」同書 80 頁以下を参照。

人の行動は社会的諸条件により決定的に制約されており，社会の側の問題性が犯罪現象となって現れるとする思想は，当時の多くの人々の間で（研究者や実務家を含めて）共有されていたと思われる。裁く者と裁かれる者との互換性，したがって，置かれた環境により，われわれ誰しもが犯罪者と同じ運命をたどる可能性があったことを前提とし，犯罪に対し社会的な負の条件が作用した，ちょうどその分だけ，犯罪者を「免責」しようとする思想が支配的であった。それは前述の「引き算型量刑」の判断方法の下でも，死刑を回避する方向への量刑基準の変化を可能にするものであったと想像することができる。

しかし，近年では，このような犯罪観そのものが時代に合わないものとなってしまったように思われる[9]。「社会の側にも犯罪への責任がある」という考え方をもち出せば，犯人を甘やかし，その責任を不当に低く見積もることであり，それは被害者への配慮を欠くものであるという反応を受けることになる。犯罪被害者保護の思想が強調された結果として，それは犯罪の社会的原因の究明と緊張関係に立つものにさえなった。より根本的な問題は，そもそも犯罪をその社会的条件に関連づけて捉えようとする思想そのものが，今の時代思潮の中で説得力を大幅に失ってしまったように見えることである。これを社会構造や時代思潮の変化に基づく必然的な現象であるとする社会学者は，個人化（Individualization; Individualisierung）という用語を導入している。戦後の福祉国家の下で，個人の置かれる社会的条件が一定程度均質化したことを前提に，個人がさまざまな制約から免れるとともに，個人の自己決定や自己責任が強調される時代となった。リスク社会論で有名なウルリヒ・ベックは，個人が階級や家族による規制と拘束から解放され，自己の判断と責任において生きることを強いられる時代になったことを説得力をもって論じている[10]。「個人化の時代」には，個人の責任といっても，その個人にはいかんともしがたい側面もあるという発想は弱まる。犯罪は社会から切り離され，個人が100パーセントの責任を負うべき現象として理解されるようになる。自由な経済活動による「勝敗」の結果が個人の自己責任に帰せられるべきであるように，犯罪もまた個人に帰せられ，

---

9) 以下の点について，井田良「『個人化』の時代」刑ジャ37号（2013）3頁を参照。
10) ウルリヒ・ベック〔東廉＝伊藤美登里訳〕・危険社会──新しい近代への道（1998）第2部（135頁以下）を参照。

社会への転嫁による免責は認められない。重罰化の傾向は、このような思想からの当然の帰結として把握される。

　そこで問題となるのは、このような時代環境の下において公的制度としての刑罰制度を運用していくにあたりその理論的基礎に据えられるべき刑法理論が、もっぱら過去向きであって刑罰のもつ経験的効果に関心を向けないことをその特色とするものであってよいのかということなのである。現在において物的応報刑論を前提とするときは、重罰化・厳罰化の現状に直面してその傾向を後押しし、死刑の適用を増加させることについてもそれを無批判に受け入れざるをえない態度をわれわれにとらせることになりかねないであろう。

3　いわゆる規範的応報刑論とその帰結

　物的応報刑論に対抗する、別の形の応報刑論が「規範的応報刑論」と呼ぶべき考え方である[11]。それは、刑法の公法的性格を前提に、犯罪のもたらす害とは被害者に生じた害なのではなく、公益に向けられた害にほかならないとする。犯罪の被害とは、法秩序、すなわちその種の法益を保護する法規範（たとえば、殺人を禁止する法規範）の効力に加えられた害のことなのである。古典的には、それは哲学者ヘーゲルの主張であった[12]。ヘーゲルは、当時の刑法学説が物的応報刑論の立場に立ち、犯罪のもたらした害悪というものを表面的にしか理解していないと批判し、真の害悪とは「法そのものの侵害」の中にあるとした。ヘーゲルによれば、刑法は、刑罰を用いて犯罪という「法の否定」をさらに否定することにより（つまり、「法の否定の否定」）、法規範の効力という公益を保護する存在である。このように考えるとき、刑罰制度は、犯罪が法規範に生じさせた被害、すなわち規範の信頼性の毀損を修復するため、規範違反行為を行った犯罪者にそのことについての非難という意味を担った苦痛を加え、これにより法規範の効力を維持・回復しようとする公法的制度ということになる。そこでは、

---

11)　以下に述べるところについては、井田良「総括コメント2――刑法学の立場から」日本法哲学会編・応報の行方〔法哲学年報2015〕（2016）100頁以下も参照。

12)　特に、G. W. F. Hegel, Grundlinien der Philosophie des Rechts, in: Werke in zwanzig Bänden, Bd. 7, Suhrkamp Verlag, 1986, Zusatz zu §97, S. 186。ヘーゲルは、個別の法益侵害への対応を考えるのは私法の役割であるということもはっきり述べている。なお、ヘーゲルのこの著作（法の哲学）については、複数の日本語訳がある。

具体的な被害者はとりあえず視野の外に置かれ，個別の被害者に生じた侵害を具体的な刑にダイレクトにつなげることは回避される。もちろん，刑法が直接に守るべきものは法規範の効力という公益であり，死刑も刑法規範の維持のために科されるなどといえば，反個人主義的・全体主義的な思想だとする批判もありえよう。しかし，現在では，多くの人が，法規範の効力などといった公益のために個人にとりかけがえのない法益（その生命）までを犠牲にすることには心理的抵抗を覚えるのではなかろうか。そうであるとすれば，ここに，「死刑をめぐる人道主義的パラドックス」を回避し，死刑適用の抑制，さらには死刑の廃止の可能性を見ることもできる。

規範的応報刑論の立場からすれば，物的違法論はおよそ刑罰制度を正当化するのに適切な見解ではない。犯罪という「害」に刑罰という「害」を加えれば，単に2つの害が生じるだけである（このことも，すでにヘーゲルが述べたとおりである）。[13] もっぱら回顧的見地に立脚するとき，国が刑を科すことは正当化できるものではない（また，後に述べるように被害感情を制度の根拠とすることもできない）。刑罰制度の正当化根拠は，そこから将来に向けて生じる社会的有益性を理由にしてのみ与えられる。すなわち，刑罰制度の正当化根拠は功利主義的にのみ（法哲学者の用語を使えば，「帰結主義」的にのみ）構想されうるものである。応報が功利的・目的論的側面をもち，過去に目を向けた犯罪への反動が，将来との関係でも犯罪予防効果をもつと考えられる限りにおいてのみ，刑罰制度は正当なものとなる。

このような意味における犯罪予防効果（一般予防効果）は，刑罰の本質としての非難から生じる。それは，法益の侵害・危殆化を阻止して法益を保護するために刑法が定立した行動準則たる刑法規範（行為規範）に違反する行為の実行を前提とし，それにより刑法規範に疑いを生じさせ，そのまま放置すれば，規範（の効力）が動揺をきたす事態を生じさせたことについて加えられる。科刑の対象としての犯罪を見るとき，本質的なことは，刑法規範違反の側面である。いいかえれば，犯罪による被害とは，法秩序の効力，すなわちその種の法益を保護する法規範（たとえば，殺人を禁止する法規範）の効力に加えられた侵

---

13) Hegel, Grundlinien der Philosophie des Rechts・前掲注12) §99, S. 187。

害，要するに「刑法規範に加えられた害」のことをいい，罪刑の均衡というときの，刑罰が均衡すべき犯罪の被害とは，「法の毀損」であり，刑法規範に加えられた害ということになる。応報とは，その害に対応する刑罰を科すことで規範の効力を維持・回復し，法秩序の存在を確認するという刑法観によれば，刑とは，刑法の存在理由としての，規範保護による一般予防のために要請され，かつ加えられるものとなる[14]。

このように理解された規範的応報刑論によれば，刑法は，特に重要な法益を保護する社会規範の存在を前提として，その効力・実効性を保護する。われわれは，この社会に生まれ出て育ち社会に統合されていく社会化の過程で，その社会の規範を学ぶ[15]。その学び損ないが非行や犯罪として現れる。社会化を前提とし，それを補完する存在として刑法を位置づけるならば，刑法や刑罰の作用・効果は重大な関心事となるし，作用・効果を検証するにあたり，社会学等の経験科学との密接な連携も可能となり，また要求されることとなる。

かくして，規範的応報刑論によることではじめて，死刑をめぐる人道主義的パラドックスから抜け出し，社会の側から求められる実害報復的な処罰の要求に歯止めをかけることが可能となるであろう。応報刑は，処罰による規範保護という功利主義的目的と結びつけられることになり，「社会化の補完」という見地から，犯罪の実態と処罰の経験的効果に常に意を払わなければならないこととなろう。いま支配的な物的応報刑論とは，結局，絶対的応報刑論に帰着するのであり，規範的応報刑論によりはじめて1つの相対的応報刑論の可能性が

---

14) 規範の効力の動揺を防ぐためには，法の立場から規範の正しさと妥当性（したがって，規範違反の誤りと違法性）とを公に確認する必要性がある。とはいえ，可罰的違法行為を行ったというだけでは，規範違反行為者に対し，非難を内実とする刑罰という峻厳な不利益制裁を科し，規範の正しさと妥当性（規範違反の誤りと違法性）の公的確認に強力な感銘力を付与することまで正当化されるものではない。行為者個人が規範意識により意思決定を制御して規範違反行為を思い止まることが可能であったのにそうしなかった，という判断を付け加えなければ，当該行為者に対する刑罰の賦課を正当化し，また，それを行為者に対し納得させることはできない。それが刑法上の責任の判断であり，これがあってはじめて刑法の評価は完結する。違法性の判断だけにとどまるのであれば，その行為者と切り離して，「不当にも刑法規範が侵害された」という評価の公的確認を抽象的に行うことはできるとしても（そのことは決して無意味なことではないが），規範違反についての非難を具体的行為者に向けること，そしてその非難を内実とする刑罰をその行為者に科すことはできないと考えられるのである。

15) 社会化については，Klaus-Jürgen Tillmann (Hrsg.), Sozialisationstheorien, 16. Aufl. 2010 を参照。

開かれることになる。

4　実害報復的な処罰要求の刑法理論上の位置づけ

　とはいえ，規範的応報刑論に対しては，次のような疑問を提起することが可能であろう。すなわち，現実の量刑においては，規範的応報刑論によっては説明のできない（ように見える）ことが多々存在するという疑問である。たとえば，個別事例における具体的な結果の発生の有無により刑の重さは変わってくる。殺人未遂よりも殺人既遂の方がより重く処罰されるべきだと考えられている。そして，そのことは，刑法規範の毀損（の程度）ということにより説明できるものではないと批判することが可能なのである。また，被害者に生じたさまざまな具体的な二次的被害の考慮も（もちろん，その要件と限界につき議論はあるが），具体的被害者の利益の侵害（具体的実害）が科刑の根拠となっているとする限りでのみ説明可能であろう。殺人罪の量刑において，被害者の数が重要な意味をもつことも，規範保護の見地からどのように理由づけるかも明らかではない。——以上のように見てくると，刑の分量を決める場面において（も）実害報復的な処罰要求が大きな意味をもっていることは否定できず，このことを規範的応報刑論の立場とどのように調和させるかが問題となるのである。

　このような問題を回避するため，二元的な応報刑論の立場をとることが考えられる。つまり，刑法規範保護の要求も，また実害報復の要求も，いずれも科刑の根拠になりうるとする見解である。それは，犯罪論における違法二元論，すなわち，規範違反性の評価（行為無価値）と結果（法益侵害または法益危険の結果）を生じさせたことを理由とする評価（結果無価値）の両方が重要な意味をもつとする立場に緊密に対応する（むしろ，二元的な応報刑論を犯罪論に応用したものが違法二元論である）と見ることもできる。しかしながら，そのように科刑の根拠を二重のものとし，規範保護も実害報復も刑を基礎づけるものと考えるとすれば，それは科刑の根拠を複数化させることにより刑罰権の歯止めを失わせ，物的応報刑論の問題点を解消することなくそのまま背負い込む立場となってしまうであろう。

　そうであるとすれば，刑罰論においても，また犯罪論においても，一元的に規範保護の思想を中核に置く見解をとるべきであるように思われる。すなわち，

刑法規範の目的は法益の保護であり，実害結果の発生は刑法による規範保護が（完全に）失敗したことを示すものであることから，それは規範の効力をより深く傷つけるのであり，その回復必要性をより強く要請すると理解することができるのである。実害結果の発生により，規範違反性は高まるものではないとしても，規範違反の事実への対応の必要性は高められることになる。そこから，より強い規範的反動としての刑が要請されることになるのである。これまで筆者は，犯罪論においては，引き起こされた実害に対する反動として刑罰が科されるべきであるとする実害報復的な処罰の要求が処罰の動力（エンジン）として働いており，その意味で二元的な違法論を採用すべきであるとしていたが，[16]今では基本的な見解の変更が必要であると考えている。違法行為の評価において，その行為が生じさせた結果（法益侵害または法益危険の結果），したがって結果無価値が重要な意味をもつことの理由は，実害報復も処罰根拠になることに基づくものではなく，それが規範保護の必要性を高めるからなのであり，処罰の根拠はあくまでも刑法規範の保護なのである。

III 規範的応報刑論の量刑論における帰結

　日本の量刑実務において，死刑とするか無期懲役にとどめるかの判断にあたり最も大きな意味をもつのは，まず死亡被害者の数であり，次いで過去の殺人前科と，あらかじめ被害者を殺害することを計画に入れていたかどうかという意味での計画性の有無であるといえよう。そこで，「前科」と「計画性」を重視することの刑法理論上の根拠（および限界）が問題となる。[17]以下では，この問題を検討するにあたり，規範的応報刑論の立場からどのような帰結が導かれうるかを明らかにすることとしたい。
　まず，前科について見てみよう。量刑実務でも今では基本原則とされるに至っている行為責任主義を前提とすると，前科（ここでは刑の執行を受けている前科の

---

16) たとえば，井田良・講義刑法学・総論（2008）81頁以下。また，同・変革の時代における理論刑法学（2007）114頁以下も参照。
17) 井田良＝大島隆明＝園原敏彦＝辛島明・裁判員裁判における量刑評議の在り方について（2012）103頁以下。また，永田憲史・死刑選択基準の研究（2010）も参照。

Ⅲ 規範的応報刑論の量刑論における帰結

みを問題とする）を理由とする刑の加重（同一所為について前科なしの場合よりも刑を重くすること）は決して自明のことではない。とりわけ，前科を考慮して刑を重めに量定するというにとどまらず，前科のゆえに無期懲役を死刑に「格上げ」するという形での刑の加重がなぜ正当化されるかが問題となる。典型的なケースは，殺人（第１の所為）により無期懲役を受けた後，仮釈放中に再び殺人（第２の所為）を犯した場合，この第２の所為の犯情がそれ自体は死刑に相当するものでないという場合である。このケースの第２の所為につき，それでも死刑となりうることをどのように理由づけうるかが問われる。ここにおいて一度に複数の被害者を殺害した場合とのアナロジーで考えたり，すでに処罰されている第１の所為をあわせて処罰するものと考えるとすれば，明白な二重処罰であろう。第２の所為そのものに対する評価が通常の場合より重くなることを論証できなければならない。

可能な考え方としては，①第１の所為に対する法的非難（＝警告）を今回の行為を思い止まる契機としなかったことを根拠に，第２の所為についてはより重い責任を肯定できるとする見解[18]，②第２の所為は「人格相当な行為」であることが判明したのであるから責任がより重くなるとするもの[19]，③司法機関による処罰等に示される法的非難にもかかわらず殺人をくり返すことは，より強度の規範侵害（法規範の動揺・規範保護目的の挫折）をもたらすことから，第２の所為については規範の確証・維持のためにより強度の反作用を必要とするものがありえよう[20]。

物的応報刑論の立場からは，①または②の見解がとられることになり，本稿のような規範的応報刑論の立場からすると，③の見解がとられることになろう。①と②の見解に共通することは，同一所為について前科がある場合とない場合とで違法性の程度は同等であることを前提として，ただ前科がある場合につい

---

[18] 難波宏「前科，前歴等と量刑」大阪刑事実務研究会編著・量刑実務大系 3（2011）20 頁以下を参照。

[19] 平野龍一・刑法の基礎（1966）24 頁以下，38 頁以下，髙山佳奈子「コメント」大阪刑事実務研究会編著・前掲注 18）74 頁以下などを参照。

[20] これ以外にも，刑法は初度目については寛容の精神から非難を差し控えており２度目から本格的な非難を行うこととしていると理解し，前科のある場合には前科のない場合と比べて，より責任が重くなる（むしろ前科のある場合の非難こそがデフォルトの非難である）とする考え方も（少し不自然ではあろうが）不可能ではないと思われる。

ては同じ所為でも責任がより重いことを理由に刑の加重を認めることである。しかし，それは「違法に従属する責任」の思想を否定し，責任が違法とは独立に刑を基礎づけ加重しうることを前提とするものであり，体系論上妥当ではない。責任とは，別の理由で根拠づけられた科刑を限定するにすぎない要素である。責任が重いことが重い刑の根拠になるのではなく，別の理由で重いとされた刑を軽くする事情が存在しないことから（引き算する理由がないことから）重い刑が科されるという理論的関係にある。上のケースにおいて刑が重くなることを処罰理由・根拠に結びつける形で論証しようとするのが③の見解である。すなわち，今回の具体的犯行への評価がより重いことは，再度の犯行が法益の価値を軽視・否定する意味をもった行為であり，生命保護という刑法の目的を挫折させる大きなインパクトをもつ行為であることに求められる。司法機関による処罰等に示される法的非難にもかかわらず，再び殺人禁止の規範を侵害することは，とりわけ明白な形で規範を動揺させるものなのである。

ここにおいても，法秩序・法規範の保護という公益のために個人の生命を犠牲にするのが死刑制度であるという事の本質から目を背けるべきではない。失われた被害者の生命のことを処罰の根拠に据えれば，死刑を言い渡すときの心の負担はそれだけ軽くなるかもしれない。しかし，刑法理論は死刑を言い渡す人の心の負担を軽くすることに役立つものであってはならないであろう。むしろ公益のために個人の生命を犠牲にする制度であることを正面から見据えるべきだとするのが規範的応報刑論である。ちなみに，行為責任主義を原則としているドイツでは，①の見解が通説的であるが，③の見解のように，初回の実行の際には認められなかった，付加的な処罰根拠を規範保護の特別の必要性に求めることにより，より重い所為の違法性を肯定する見解も有力に主張されているところである。

---

21) この点について，井田良・刑法総論の理論構造（2005）1頁以下。
22) このことを否定する人は，犯罪論においても，違法性がないところに責任のみで犯罪の成立を認めるのでなければならない。しかも，処罰根拠とは離れて責任が重いことを理由に刑を加重する判断方法は，量刑判断の倫理化・道徳化につながるものでもある。
23) 責任が重くなるとするだけでは理由づけにならず，違法性の程度そのものが重くなることを論証できなければならないとするところから，③の見解をきわめて明快に（いささか権威主義的と思われるような形で）説くのは，ドイツにおける量刑理論の第一人者の1人であるウォルフガング・フリッシュである。Wolfgang Frisch, Strafkonzept, Strafzumessungstatsachen und

III 規範的応報刑論の量刑論における帰結

　加重処罰の根拠は、初度の犯行と再度の犯行との間の関係がどのようなものでなければならないかの問題に関連する。①や②の見解によれば、異種の前科であれば刑を加重させる根拠としては弱く、同種の前科であればより重くすることが可能であり、類似の犯行形態であればさらに重くすることができるとすることになろう。③の見解によるときも、犯罪類型としての同一性（たとえば、殺人がくり返された）というだけでは足りない。たとえば、2度にわたり偶発的な殺人が行われたというのでは十分ではないであろう。時間的な間隔、動機の異同、第2の犯行に至った経緯等にも重要な意味が与えられる。ドイツの学説も、殺人を念頭に置いたものではないが、性格の弱さや行為状況の誘惑ゆえに再犯に出た場合には、犯行が類似のものであっても、規範保護を理由に刑を加重することはできない、犯罪的エネルギーの強さが認められることを要する、としている[24]。殺人について[25]、より強度の規範的反作用が正当化される場合とは、2つの犯行の間に、当初から一定の目的のために殺人を意図するというように、強い計画性をもった犯行という点での共通性が肯定される場合でなければならないであろう。

　次に計画性について見よう。日本の実務では、行為が計画性をもって行われること、中でもあらかじめ被害者を殺害することを犯行計画の中に組み入れていることは、とりわけ刑を重くする方向で考慮されている（また、どのぐらいしっかりと計画されていたかという、計画性の程度も重要な意味を与えられている）。その根拠としては、①犯罪実現の可能性（危険性）が高い（より危険な、被害者を死亡させる確率の高い手段を使った場合に対比できる）こと、②重い刑（特に、死刑）が一般予防効果を発揮することが期待できること、③正面から規範の問題に直面しながらあえて犯行に及んだ点で責任がより重いこと等をあげることが可能で

　　Maßstäbe der Strafzumessung in der Rechtsprechung des Bundesgerichtshofs, in: Claus-Wilhelm Canaris u.a. (Hrsg.), 50 Jahre Bundesgerichtshof, Bd. IV, 2000, S. 289 ff. また、同様に量刑研究の分野において顕著な業績のあるフランツ・シュトレングも同旨である。Franz Streng, Strafrechtliche Sanktionen, 3. Aufl. 2012, Rdn. 505 ff.
24)　犯罪的エネルギー（kriminelle Energie）はドイツの量刑学説でよく使用される用語であるが、「所為に現れた犯罪傾向の強さ」を示す言葉であろう。偶発的に条件が整ったため犯行に出たというのではなく、障害にもかかわらず自ら積極的に犯罪を企図しそのための条件を作出していくときに犯罪的エネルギーが強いと考えられる。
25)　Streng, Strafrechtliche Sanktionen・前掲注23) Rdn. 566。

あるが，ここでも本質的な刑の加重の理由は，前科の場合と同様なものと考えるべきであるように思われる。

すなわち，殺害を計画に入れているとき，それにより生命という重要法益を自己の目的のための手段に貶めるという，行為の目的・手段連関がきわめて明確になる。いいかえれば，重要な法益を手段視する態度，法益の価値を軽視ないし否定する態度が特にはっきりと示される。これにあわせて，法規範による働きかけの十分な時間があったのに，これをあえて無視したところに，より強度の規範侵害をもたらすといえる。それは，ドイツでいう犯罪的エネルギーの強さとして表現することも可能であり，また，その種の所為に対しては法規範の確証・維持のためにより強度の反作用を必要とする[26]ということもできる。いいかえれば，計画性の有無に関わる事情は，まさに刑法規範の毀損の程度ないし刑法規範の回復の必要性の度合いに関わる事情であると考えられるのである。[27]
これらにより，生命・身体という価値の高い法益が手段に貶められたことが示され，法益の価値の軽視・否定，したがって刑法規範の軽視・否定が特に明確になる。ここに，ことさらな法益保護・規範保護の必要性が生じることが，刑を重くすると考えるわけである。

Ⅳ　遺族の被害感情と死刑

1　被害感情をめぐる2つの問題

現在の日本において，被害者遺族の被害感情は，量刑水準を重罰化の方向に動かす原動力となっており，また死刑廃止への強い反対理由にもなっている。ここに被害感情とは，犯罪の被害者やその遺族が犯罪行為者に対してもつ処罰感情のことをいう。被害に対応した，被害者や遺族にとっても満足のいく刑が科されるべきだとする要求のことである。一般論としては，量刑において被害感情を考慮するのは当然のことであるように思われるものの，他方，死刑か無期懲役かの選択が問題となるケースで，遺族側の心情により結論が分かれると

---

26) Streng, Strafrechtliche Sanktionen・前掲注23) Rdn. 553。
27) Frisch, Strafkonzept・前掲注23) S. 288 ff。

すれば，それは不当なことであろう。刑法は被害感情をいかなる理由で，どの程度に考慮されるべきか。それは，刑法理論との関わりで立ち入った検討を要する重要なテーマであるといえよう。

ここで検討すべき問題は2つある。1つは，被害感情は量刑事情となりうるかという問いであり，もう1つは，被害感情は死刑制度の根拠となりうるかという問いである。この2つの問いについて，法律専門家の考え方と，被害者遺族や社会一般の人々の考え方との間にはギャップがあるように見える（そればかりか，法律家の間でも，刑事を専門とする人と，そうでない人との間では，考え方にズレがあるという感じがする）。なぜそうした「すれ違い」が生じるのか。また，両者の考え方の間に歩み寄りの可能性があるのか。これは難しいが，しかしきわめて重要な問題である。両者がすれ違ったまま，建設的でない議論（ないし感情のぶつけ合い）をいつまでも続けるという事態は何としても回避しなければならない。

2　被害感情の量刑への影響

被害感情が量刑において考慮されてよいかどうかと問えば，それは当然だとする見解も強いであろう。いわゆる永山基準を示した最高裁判所の判決も，死刑の選択にあたり考慮すべき事情の中に「遺族の処罰感情」を挙げている[28]。しかし，被害感情がどのような形で刑の重さに影響すると考えるべきかは簡単な問題ではない。

実務家であると研究者であるとを問わず，刑事の専門家の間では，具体的な事件における被害者や被害者遺族の処罰感情が（いわば「生の処罰感情」が）そのまま考慮されて，刑の重さに影響してはならないとする見解が一般的であろう。被害感情は一様のものではなく，個人差があるからである。感情を表に示さない人もいるであろうし，何らかの理由で遺族が宥恕している場合もあるだろうし，遺族がいない場合もあるであろう。それらの事情により，刑の重さが変わってくるとすれば，それは妥当でないと考えられる。

とはいえ，そのことは，被害感情が刑を決めるにあたりおよそ意味をもたな

28）　前掲注6）・最判昭和58・7・8。

いことを意味しない。被害感情は，平均化・一般化・類型化された形では刑の重さに影響する。すなわち，それはすでに法定刑を定める際に考慮されている。量刑においては，法定刑がその出発点となり，それを修正した処断刑の幅の中で宣告刑が決められるのであるから，被害感情は法定刑を介して最終的な刑の中に反映するのである。

　そうであるとすれば，具体的事件において，このような平均的・類型的なものから外れる特別な事情が存在するのであれば，それを処断刑の範囲内で刑を決める際に考慮することは許されるということになる。いわゆる「被害感情の客観化」の主張は，犯罪被害の結果として生じた被害者側の客観的な被害状況ないし影響（すなわち，被害を受けたことにより，平素の生活にどのような支障が生じているか）を量刑事情として考慮しようとするものであるが，その事情が平均的・類型的なものから外れる特別な事情といいうる限りでその主張に賛成することができる[29]。ただ，それを考慮するにしても，その量刑事情としての「重み」も問題になる。被害者または被害者遺族の日常の生活に客観的支障が生じているとしても，このことを理由としてそれほどに刑を重くすることまでは許されない（被害感情の客観化を提唱する論者も，そのような事情は刑の大枠を変えるものではなく，大枠内で1ランクないし2ランク程度考慮すべき情状にすぎないとする[30]）。あくまでも刑の重さが対応すべきものは処罰対象（起訴対象）となっているその事実そのものでなければならないからである[31]。

　他方で，被害感情は，別の意味では刑の重さに相当大きな影響を与える。それは次のような事情があるからである。被告人が被害感情を軽減するために積極的な努力をした（謝罪とか損害回復とかいろいろな形がある）ときには被告人へ

---

29) 原田國男・量刑判断の実際〔第3版〕（2008）146頁以下，335頁，357頁，同・裁判員裁判と量刑法（2011）264頁など。
30) 原田・前掲注29）量刑判断の実際152頁以下を参照。
31) ちなみに，いわゆる「三鷹ストーカー事件」に関し，東京高裁は，裁判員が加わった第1審判決を破棄した。第1審判決は，殺人罪の量刑において，被告人が殺害前後に被害者の生前の裸の画像等をインターネット上の画像投稿サイトに投稿するなどしたという名誉毀損行為（リベンジポルノ）を理由に刑を相当に重くしたからである。名誉毀損を処罰したいのであれば，それを別途，処罰対象として起訴しなければならず，殺人罪の量刑において，名誉毀損行為まであわせて処罰することは許されない。殺人罪の量刑の際に，これほど明白な犯人の非行を刑を重くする方向で考慮することにも，これだけの制約がある。東京高判平成27・2・6 LLI/DB L07020041。

の刑は相当に軽くなるのが通常である。それにより行為者の犯罪に対する責任の重さが減少する（非難可能性が減弱する）と考えられるし，再犯のおそれも低いと評価されるからである。ということは，その反面において，被害感情を軽減させるための努力をしない行為者との関係では相対的には刑は重くなることになろう。これは，被害感情が刑を重くしているというのとは異なる。また，被害感情を軽減する積極的努力をしない犯人の刑を重くしているというのとも異なる。そうではなく，被害感情を軽減するために積極的な努力をした被告人については，その努力を評価して刑を軽くしているのにほかならない。[32]

以上のように，被害感情は量刑においてかなり限定された形で考慮されるにとどまり，その考慮のされ方には種々の制約があることが明らかである。

3　被害感情と死刑

刑罰が被害感情を和らげる働きをもつ・そういう効果をもちうることは否定できない。しかし，刑罰はそのために科されるというものではないし，刑罰による被害感情の宥和にも大きな限界があるといわなければならないであろう。かりに被害感情がどれほど強くても，行為者の方で故意でそれをやったのか，過失にすぎないかにより刑の重さは大幅に違うし，精神障害といった理由で責任を問いえない者であったならば刑罰を科すことはできない。今の刑法は，被害感情を処罰にそのまま反映させることができるようにはなっていない。殺人の被害者遺族のうち，その加害者が死刑になるのはきわめて少数である（家族が殺人の被害者になったというとき，その報復感情が癒やされない人がほとんどということになる）。ある調査では，一定の期間内に第1審手続が終局した，殺人既遂または強盗殺人既遂の事件の中で，検察官が死刑を求刑したのは2.6％にすぎなかった。他方，死刑求刑事件のうち，死刑判決が下されたのは55.8％であった。そうであるとすると，身内を故意で殺されても1.5％程度しか死刑判決は[33]

---

[32] 同じように，被告人が反省・悔悟し，さらにはそれに基づいて自白したという事情があれば，量刑上かなり大きく考慮されて刑が軽くなるといわれる。これも，反省しない被告人を重く処罰するとか，自白しない犯人を重く処罰するということではない（一方で黙秘権を与えておいて，黙秘すると刑を重くするというのは許されないであろう）。そうではなくて，反省・悔悟に基づいて自白した人の刑を軽くしているのにすぎないのである。

[33] 井田ほか・前掲注17）108頁以下を参照。

下されないということになる。こういう状況の下で，遺族の処罰感情を考慮することがどういう意味をもつかが問われよう。もしこれまで以上に被害者遺族の処罰感情を考慮することにすれば，歯止めなく死刑判決が増加しかねないことになり，逆に，死刑の言渡しを抑制することにすれば，被害者遺族の刑事司法への不満は蓄積していくことになる。

　被害感情は「生」のままでは私的利益であり，刑法が保護し実現すべきは「公益」である。私的利益は民法を中心とする私法により保護されるのに対し，刑法による行為者処罰は，公的利益の追求のために行われるというのが今の法制度の建前になっている。民法が故意と過失を区別せず，ときには責任能力といったことも無視するのに対し，刑法はそうはいかないというのもその現れである。刑法は，私的損害の発生とは無関係に登場しなければならない。贈収賄等の汚職の場合がそうであるし，刑法は損害が発生しなくてもたとえば未遂犯として処罰することもまた多い。

　こうして，刑罰と被害感情の充足とは永遠のミスマッチであり，両者を関連づけるのはカテゴリーミステイクである。被害感情が重罰化に向けられても，そこには多くの「障害」が出てくる。それは結局は充たされずにとどまり，刑事司法に対する不満のみが残ることになる。被害感情が刑法の領域で市民権を得るためには，それが単なる私益から公益に転化する必要があろう。被害者と被害者遺族は，憎むべき犯罪により特別の立場に置かれた人たちであるが，それは他人事ではない。自分であったかもしれない。明日の自分であるかもしれない。被害感情はわれわれ皆が共有すべきものである。被害感情を平均化・類型化したところには有効な犯罪予防への要求が出てくる。これはまさに刑法と刑罰制度を根拠づける公益そのものである。刑法は万能ではないが，しかしより有効な犯罪予防のためにいかにあるべきか。そのためには死刑もまた最後手段として必要ではないか。——このように問題を立て直すことができれば，それはわれわれ皆が同じ土俵で，その限りですれ違いなく議論することのできる問題になるのである。

　具体的な事件をきっかけとして生じた強い被害感情は，犯人に刑罰を科すことの中では充たされる・癒やされるということにはならない。刑法の歴史は，被害者による犯人に対する報復というところから始まった。それは「被害者の

黄金時代」ともいわれる。が，その後の刑法の歩みは，まずは民刑の分離，すなわち民法と刑法を分離し，私益と公益とを区別して刑法を公益の保護のための制度として組み立て直すところから再出発し，そこからまた長い歴史を経てきた。それは，被害感情を刑の重さに直結させないようにするための様々な仕組みを作る歴史であったということさえできる。現在の刑法のシステムにおいては，被害感情が重い刑に直結することを阻害する装置がいくつも設けられているのである。もし被害感情がもっぱら刑を重くすることに向けられるのであれば，法制度との溝・ギャップは深まらざるをえない。より生産的で，相互が同じ方向で努力できる道筋は描けないものか。大変難しい問題ではあるが，われわれはこの点に衆知を結集すべきなのである。

　以上のことと関連して，死刑の存廃と被害者支援との関わりも重要な論点である。死刑を廃止するためには，被害者支援を充実させ，コミュニティが被害者遺族を支えて，被害者感情が死刑存置に向かわないようにすることが前提となるとする主張もある[34]。これに対し，犯罪被害者の支援の充実は，それ自体として追求されるべき国等の責務なのであって，死刑の存廃とは別個の問題であるとする考え方も強い[35]。被害者支援を死刑廃止の手段として位置づけるような発想に「不純」なものを見て取り，それは被害者（遺族）を冒瀆するものでもあると感じるのであろう（そこには，道徳法則は定言命題でなければならないとしたカント的な発想がある）。他方，死刑廃止論の立場から被害者支援の充実を唱える見解も，被害者支援は死刑廃止の手段という二次的なものにすぎないとしているわけではなく，「被害者支援が不十分だから，被害者感情が死刑存置に向かっており，被害者支援が充実すれば，死刑廃止も可能となる」と単純に主張しているわけでもない。現行の刑事司法制度においては，被害者遺族の感情がもっぱら犯人への報復に向かわざるをえないという認識に立脚し，そこから脱却するためには，被害者支援と諸関係の修復を組み込んだ，刑事司法制度全体の再構築が要請されるとするのである。そこには，深い洞察が示されていると私は考える。

---

34)　高橋・前掲注 8) 35 頁以下，39 頁を参照。
35)　太田達也「被害者支援と死刑」井田＝太田編・前掲注 4) 162 頁を参照。

V　おわりに

　死刑存廃論においては，死刑制度を存置すべきか，それとも廃止すべきかというところで議論を終えてしまうのではなく，——存置論の立場からは当然であるが，廃止論をとる場合にも廃止が実現するまでの間において——今ある現行の制度をどのように運用していくかの問題にも関心を向けるべきであり，またその運用の改善に向けて知恵を絞るべきである。刑法理論の見地からは，今の運用の現状に対し少なくとも2つの点の指摘が可能であろう。

　第1に，日本の現状では，殺人事件が減少しており，少なくとも殺人を禁止する社会規範の効力が動揺しているとか，その効力の補強が必要であるとかの事情は認められない。そこで，現在の実務の死刑適用基準を緩和してより多くのケースで死刑を言い渡す方向に変化させなければならない理由は存在しない。この機会に死刑適用基準をもっと厳格なものにして死刑の適用を制限すべきだということはいえても，これを緩和する方向への変化を求めることはおよそ合理性を欠くと思われる[36]。

　第2に，死刑の執行方法については，不必要な苦痛と恐怖を与える現在の執行方法はやめるべきであり，薬物注射の方法に移行すべきである[37]。この点で示唆的であるのは，スイス等の諸外国では，自殺幇助が合法とされており，一定の団体がこれを組織的に行っているが（EXITやDIGNITASが有名である），そのときに用いられる手段が「首つり」なのではなく，薬物（ペントバルビタール）によるものであることである。余計な苦痛と恐怖を与えることがないと考えられるからこそ，そのような方法が選ばれている。これに対し，死刑については，執行の過程で苦痛と恐怖を与えることこそが刑罰の一内容であるとするのであれば，そのような刑罰はもはや残虐で非人道的であるという評価を免れることはできないであろう。

　以上で大きなテーマに関するささやかな検討を終えることとしたい。死刑制

---

[36]　このような理由からも，最決平成27・2・3刑集69巻1号1頁，同69巻1号99頁はこれを支持することができよう。
[37]　同旨，太田・前掲注35）163頁以下。

V　おわりに

度の問題を種々の角度から検討していくとき，われわれ刑法学研究者が，応報や罪刑均衡の意義，被害感情の量刑における考慮の可否といった，一連の根本問題に対し，一般市民を納得させることのできるような透徹した見解を必ずしももたないことに気づかされる。自戒の意味をこめて述べるならば，われわれには，刑法理論の根本問題をめぐる，より立ち入った学問的検討（学際的・比較法的研究を含む）が今こそ求められており，そこにおいて鼎の軽重を問われているといいうるのである。

中国における量刑標準化改革
―― 最高人民法院の「多発する犯罪に関する量刑指導意見」を中心に

金　　光　　旭

I　量刑標準化改革の背景

　21世紀に入って，中国の刑事司法の分野においては，量刑の標準化と称される一連の改革が急ピッチで進められた。その背景には，類似事案における量刑の不均衡に対する社会的批判が高まったという事情がある。もちろん，こうした批判は，社会的に注目されるいくつかの個別的な事案を契機としたものであり，必ずしも量刑実務全体に対する客観的な調査に基づいたものではない。それにもかかわらず，こうした批判が一般の人々の共感を得られたのは，量刑過程の不透明性にその重要な一因があるといえよう。

　量刑の不透明性は，実体法及び手続法の両面にその原因がある。まず，実体面においては，刑法が個々の犯罪に対して定めた法定刑には相当の幅があり，さらに，加重減軽事由が存在するときには，その法定刑の中での加重減軽が裁判官の裁量に委ねられる場合も多い。一方，刑法には，量刑に関する具体的な基準が規定されていない。たしかに，刑法5条は，「刑の軽重は，犯罪者が犯した罪及びその負うべき刑事責任と相応しなければならない」と定めており，

---

1) 熊秋紅「中国量刑改革：理論，規範与経験」法律家 2011 年 5 期 38 頁。
2) 量刑の実態に関する実証的研究は数少ないが，その中で，個別罪名に関する過去の裁判例についての統計的分析に基づき，同種事案の量刑においてある程度のばらつきが存在するものの，極端な不均衡は見られなかったとする調査報告もある。白建軍・罪刑均衡実証研究（法律出版社，2004）264 頁。
3) 中国の刑法では，同じ罪名であっても，結果の大小（被害金額や傷害の程度など）によって数段階の法定刑を定める場合が多いので，一般には，その法定刑の幅が日本に比べると狭いといえる。
4) 中国の刑法には「処断刑」の観念がなく，加重減軽の事由が存在する場合でも，法定刑の枠内で重く又は軽く処罰するのが原則である。ただし，減軽事由については，例外的に法定刑を下回って処罰することが認められる場合がある。なお，本稿 II 3(4)(c)を参照。

また 61 条は,「犯罪者に対する刑を決定するにあたっては,犯罪の事実,犯罪の性質,情状及び社会に対する危害の程度に基づいて,この法律の関係規定により判決を下さなければならない」と定めているが,これらの規定は,量刑の一般原則を定めたものであって,そこから具体的な量刑が導かれるようなものではない。

また,運用上の明確な量刑基準が存在したわけでもない。犯罪の成立要件に関しては,これまで相当数の司法解釈の蓄積が存在するが,量刑問題に関しては,司法解釈がほとんど見られない状況にあった。そして,実際の量刑においては,裁判官が,犯罪事実や各種量刑情状を総合的に評価し,それを踏まえて,自分の実務経験に基づいて宣告刑を見積もる,といういわゆる「総合的見積方法」が採用されていたといわれるが[5],その総合評価をいかなる枠組みで行うか,また,その評価をどのように具体的な刑量に結びつけるのかといった点についても,必ずしも明白な指針が存在しなかったのである。そのため,量刑の判断が裁判官の感覚のみに頼りがちであり,そのうえ,その判断のプロセスがブラックボックスに隠れてしまい,一般人にはわかりにくいという問題が指摘された[6]。

つぎに,手続きの面においては,刑事訴訟法には量刑に関する規定がほとんど存在せず,運用においても,法廷審理は犯罪事実を中心に展開され,量刑事実についての審理は軽視されがちであった。そのうえ,判決文に量刑理由を記載することも稀であった。その結果,量刑の結論に対して当事者が納得しないだけでなく,上級審による量刑審査も困難になる,という問題もあった[7]。

以上のような問題点を意識して,まず一部の地方裁判所において,量刑改革の試みが始まった。2003 年に制定された江蘇省姜堰市人民法院の「量刑指導規則(試行)」を皮切りに,量刑標準化に向けた改革の試みは,全国各地の地方裁判所で展開された。こうした流れを受けて,最高人民法院は,刑事裁判第三法廷及び研究室から構成される量刑改革プロジェクトチームを立ち上げ,2008 年 8 月に,「人民法院量刑指導意見(試行)」と「人民法院量刑手続指導意見(試行)」の 2 つの指導意見を公布した。これに基づく試験的運用は,当

---

5) 熊選国編・量刑規範化弁案指南(法律出版社,2011)35 頁。
6) 趙廷光「実現量刑公正性和透明性的基本理論和方法」中国刑事法雑誌 2004 年 4 期 3 頁以下参照。
7) 李玉萍「中国法院的量刑程序改革」法律家 2010 年 2 期 47 頁以下参照。

初は一部の地方裁判所と簡易裁判所に限定されていたが，2010年10月からは全国の裁判所に拡大された。これに伴って，「人民法院量刑指導意見（試行）」が適用される対象犯罪も，当初の5種類からは15種類に拡大された。こうした試験的運用の経験を踏まえて，最高人民法院は，従来の「人民法院量刑指導意見（試行）」の内容に一定の修正を加えて，2014年1月に，「多発する犯罪に関する量刑指導意見」（以下「量刑指導意見」という）を公布し，従来の試験的運用を正式な運用に切り替えることにした。一方，「人民法院量刑手続指導意見（試行）」については，その内容の多くが，2012年の改正刑事訴訟法や同法の施行規則に吸収されたことから，新たな指導意見を公布することはしなかった。

　以上のように，量刑標準化改革は，量刑の実体基準をめぐる改革と，量刑手続をめぐる改革の2つの部分から構成されるものであるが，紙幅の関係上，本稿では，主として前者を中心に検討することにしたい。[8]

II　量刑標準化の内容

1　量刑指導意見の概要

　量刑指導意見は，主として，①量刑の指導原則，②量刑の基本的方法，③頻出量刑情状の適用，④多発する犯罪の量刑，という4つの部分から構成されている。

　このうち，③は，未成年犯罪，未遂犯，従犯，自首，功績（他人の犯罪についての情報提供等），自白，公判廷での有罪答弁，被害財産の返還，損害賠償と被害者の宥恕，刑事和解，累犯，前科，社会的弱者に対する犯罪，災害時期の犯罪，以上14種類の実務上よく見られる量刑情状について，その適用方法を規定するものであり，④は，交通事故罪，傷害罪，強姦罪，不法監禁罪，強盗罪，

---

[8]　量刑手続に関する改革は，主として，①捜査機関による量刑資料の収集の強化，②検察機関への量刑建議権の賦与，③量刑にかかる弁護権の強化，④法廷審理における量刑手続の相対的独立性の確立，⑤判決文における説得的量刑理由の記載，といった内容を柱としたものである。蘇鏡詳「理論与実践之争：量刑規範化改革評析」四川師範大学学報（社会科学版）42巻1期（2015）32頁。

窃盗罪，詐欺罪，強奪罪，業務上横領罪，恐喝罪，公務妨害罪，多衆集合乱闘罪，挑発混乱引起罪，犯罪収益仮装隠匿罪，薬物密輸販売運搬製造罪の，以上15種類の多発する犯罪について，それぞれの量刑方法を具体的に規定するものである。①と②は，上記③と④の通則にあたる規定といえる。

このように，量刑指導意見は，すべての犯罪をカバーするものではないが，上記15種類の犯罪は，裁判所の受理事件の7割ないし8割を占めているといわれており，今後その適用対象がさらに拡大される可能性もある。

また，量刑指導意見は，有期懲役の実刑又は拘留の実刑を選択した場合に限って適用されるものであり，死刑，無期懲役，執行猶予，罰金等の刑を選択した場合には適用されない。これは，量刑指導意見が，各種量刑事実に一定の数値的基準を与えるという方法を採用したことから，このような数値的評価になじまない重大事件や軽微な事件については適用範囲から除外するのが適切であるという判断に基づいたものである。

なお，量刑指導意見の法的性格は，司法解釈と異なって，必ずしも法的拘束力を有しない。ただし，後述のように，裁判官が量刑指導意見を適用しない場合には，その理由を示したうえ，当該事案の量刑を裁判所内部に設置されている裁判委員会に委ねることが義務付けられており，そのうえ，上級審の量刑審査においても，量刑指導意見が重要な参考規範になっているから，量刑指導意見には事実上の拘束力があるといえよう。

量刑指導意見自体は比較的簡潔に定められているが，これについては，各地方の高等裁判所によって詳細な実施細則が規定されており，また，最高人民法院の量刑改革プロジェクトチームからも約400頁にのぼる詳細な解説書が刊行されている。以下では，これらを手掛かりに，量刑指導意見の通則規定を中心に紹介したい。

---

9) 金臻玉＝蔣徳忠「関於温岭法院量刑規範化試行工作的調査与思考」中国刑事法雑誌2012年2期54頁，官文生「量刑規範化改革若干問題思考」石経海編・量刑研究(2)（法律出版社，2015）35頁。
10) 拘留は，1月以上6月以下の短期の自由刑である。
11) 「人民法院量刑指導意見（試行）」については，熊選国編・《人民法院量刑指導意見》与"両高三部"《関於規範量刑程序若干問題的意見》理解与適用（法律出版社，2011）を，「人民法院量刑指導意見」については，南英＝戴長林編・量刑規範化実務手冊（法律出版社，2014）を参照。

2 量刑の指導原則

量刑指導意見は，量刑に関する4つの基本原則を定めている。

第1に，「量刑は，事実を基礎とし，法律を基準に行わなければならず，犯罪の事実，犯罪の性質，情状及び社会に対する危害の程度に基づいて，宣告すべき刑を決定する」としている。これは，刑法61条の趣旨を踏まえて，量刑の際に考慮すべき要素を明らかにしたものである。

第2に，「量刑にあたっては，被告人の犯した罪の軽重のみならず，被告人の負うべき刑事責任の大小をも考慮して，罪責との均衡を図り，懲罰と犯罪予防の目的を実現しなければならない」としている。これは，刑法5条の趣旨を踏まえて，罪刑均衡の原理，及び量刑の目的を明らかにしたものである。立案者は「懲罰」を「応報」と同義に解しているので，応報と予防の双方に量刑の目的を求める点では，量刑指導意見と学説との間に大差がないように思われる。ただし，応報と予防との関係をどのように捉えるかについては，本原則の規定からは必ずしも明らかでない。

第3に，「量刑は，厳罰と寛刑とを結合した刑事政策を貫徹し，寛大にすべきものは寛大にし，厳罰にすべきものは厳罰にして，裁判の法的効果と社会的効果との統一を図る」としている。20世紀後半までは，中国では厳罰一辺倒の刑事政策を進めてきたが，21世紀に入ってからは，従来の刑事政策を見直し，厳罰と寛刑を結合した政策を提唱するようになった。本原則は，量刑の局面においてもこの方針を貫くべき旨を明らかにしたものである。

第4に，「量刑は，それぞれの時期及びそれぞれの地域の経済社会の発展状況，及び治安状況の変化を客観的に全面的に把握し，それに基づいて刑法の任務を実現すべきであり，同一地域及び同一時期における類似事件については，均衡が取れた量刑を図るべき」としている。これは，量刑における経年的格差や地域的格差を認めつつ，同種事案に対する量刑の均衡を図るべき旨を明らか

---

12) 学説においても，「懲罰」と「応報」とを同義に捉える場合が少なくない。たとえば，謝望原「実然的刑罰目的与応然的選択」浙江社会科学2000年5期64頁以下参照。
13) 張明楷・金光旭訳「中国における刑罰改革をめぐる最近の動向」刑雑54巻2号（2015）253頁以下。

にしたものである。量刑指導意見の実施細則を各地方の高等裁判所に委ねたのも，この原則に基づいたものであろう。

3　量刑の方法と手順

(1)　概　説

　　量刑指導意見は，従来のいわゆる総合的見積式の量刑方法を改めて，各種量刑事実をいくつかのステップに分けて段階的に考慮するようにするとともに，それぞれのステップの判断に一定の数値的基準を設ける，という新たな方法を打ち出している。前者は，量刑判断過程の合理化に主眼を置くものであり，後者は，量刑基準の客観性や透明性を図ったものといえよう。

　　具体的には，量刑は，つぎの3つのステップに従って行うものとされる。①まずは，犯罪の基本的構成要件事実に基づいて，相応の法定刑の枠内で，量刑の起点を決める。②つぎに，犯罪の数額，犯罪の回数，犯罪の結果等の，犯罪の構成に影響するその他の犯罪事実に基づいて，量刑の起点のうえに刑罰の量を加算して，基準刑を決める。③最後に，量刑の情状に基づいて基準刑を調整し，かつ，全事案を総合的に評価して，宣告刑を確定する。

　　以上の規定によれば，基準刑は，①量刑の起点（「起点刑」ともいう）と，②加算される刑罰の量（「増加刑」ともいう）との合計値であり，しかも，①と②の基礎事実は，いずれも構成要件事実である。したがって，量刑の手順を大きく分けると，実際には，犯罪の構成要件事実に基づいて基準刑を決定するステップと，量刑情状に基づいて基準刑を調整するステップの2段階からなる。

　　量刑判断をこのように2段階に大別する趣旨について，立案者はつぎのように説明する。まず，理論的に考えた場合，加重減軽にかかわる各種量刑情状を適用するためには，加重減軽の基点を確定するのがその前提である。そして，刑法総則に規定されている未遂，従犯，限定責任能力などの減軽事由は（これを一般に「修正的構成要件事実」と呼んでいる），いずれも刑法各則の構成要件事実が完全に実現した形態に照らして減軽すべきであるから，刑法各則の構成要件事実に対応した刑がこの減軽の基点になる必要がある。また，累犯や被害弁償等の特別予防にかかわる情状による加重減軽も，犯行の重さに照らして行うべきところ，この犯行の重さに対応した刑を決めるにあたっても，原則として，

刑法各則の構成要件事実に対応した刑がその基点になる必要がある。つぎに，実際的に考えた場合にも，以上のような判断の順序が，これまでの裁判官の量刑思考習慣にもっとも合致する。すなわち，従来の量刑実務においても，裁判官は，意識的又は無意識的に，まず事案の構成要件事実に基づいて宣告すべき刑を暫定的に決めておき，それを基準値として，量刑情状による調整を施して宣告刑を最終的に確定するのが通常である。したがって，上記の量刑ステップは，従来の裁判官の思考回路を可視化したものといえる。

以上の説明からわかるように，いわゆる基準刑は，加重減軽の量刑情状を一旦捨象して，単独既遂犯の状態を想定して科すべき刑を意味するものである。

また，基準刑を，量刑の起点と増加刑の2段階に分けるのは，つぎのような考え方に基づくものである。すなわち，立法者がある構成要件事実に対応して法定刑に一定の幅を設けているのは，その構成要件事実にも一定の軽重の幅があるからであり，そうである以上，構成要件事実の軽重を段階づけるとともに，法定刑についても細分化する必要がある。このような考え方に基づいて，量刑指導意見は，構成要件事実を，「基本的構成要件事実」と「犯罪の構成に影響するその他の事実」とに分けている。基本的構成要件事実とは，ある構成要件を充足するための最低限の事実をさし，犯罪の構成に影響するその他の事実とは，基本的構成要件事実を超過した構成要件事実をさすとされる。たとえば，事案の窃取金額が3000人民元である場合，そのうちの1000元が，窃盗罪でいう「数額が比較的大きい」要件を満たすための最低金額であるから，これが「基本的構成要件事実」にあたり，1000元を超える部分が「犯罪の構成に影響するその他の事実」にあたることになる。量刑指導意見及びその実施細則は，この「基本的構成要件事実」と「犯罪の構成に影響するその他の事実」に対応して，それぞれ一定の量刑の幅をあらかじめ定めておき，裁判官が，その幅の

---

14) 熊選国編・前掲注11) 78頁以下。
15) 熊選国編・前掲注11) 61頁以下。
16) 南英＝戴長林編・前掲注11) 15頁以下，22頁以下。
17) 熊選国編・前掲注11) 69頁。
18) ただし，窃盗罪の数額要件の起点額は，1000元から3000元の範囲内で，各地方の司法機関が定めることになっているので，必ずしも常に1000元であるとは限らない。最高人民法院及び最高人民検察院2013年4月2日付「窃盗事件における法律適用上の若干の問題に関する解釈」第1条参照。

中で，量刑起点及び増加刑を決定する仕組みにしている。

(2) 量刑起点の決定方法

(a) 量刑起点幅の設定

量刑指導意見は，適用対象となる15種類の犯罪について，それぞれの基本的構成要件事実を明らかにするとともに，それに対応した「量刑起点幅」を規定している。裁判官は，この量刑起点幅の枠内で，具体的事案の量刑起点を決定する必要がある。

たとえば，傷害罪について，刑法234条は，「故意に人の身体を傷害した者は，3年以下の懲役，拘留又は管制に処する」(1項)，「前項の罪を犯し，人に重傷を負わせたときは，3年以上10年以下の懲役に処する。人を死亡させたとき，又はとくに残虐な方法により人に重傷を負わせ重要な身体機能を喪失させたときは，10年以上の有期懲役，無期懲役又は死刑に処する」(2項) と定めている。このように，刑法は，傷害罪について，①基本犯，②加重犯，③再加重犯の3つの行為類型を定めるとともに，それに対応する3段階の法定刑を設けている。これを受けて，量刑指導意見では，①故意の傷害により1人に軽傷を負わせた場合は，拘留ないし2年以下の有期懲役の範囲内で，②故意の傷害により1人に重傷を負わせた場合は，3年から5年の有期懲役の範囲内で，③とくに残忍な手段により1人に重傷を負わせ，かつ6級の重大障害を与えた場合は，10年から13年の懲役の範囲内で，それぞれ量刑の起点を決めるべきとしている。[19]

また，窃盗罪について，刑法264条は，「公私の財物を窃取した者は，数額が比較的大きいとき，又は繰り返し窃盗をし，入室窃盗をし，凶器を持ち窃盗をし若しくはすりをしたときは，3年以下の有期懲役，拘留，又は管制に処し，罰金を併科又は単科する。数額が非常に大きいとき又はその他の重い情状があるときは，3年以上10年以下の有期懲役に処し，罰金を併科する。数額が極めて大きいとき又はその他のとくに重い情状があるときは，10年以上の有期

---

[19] 2008年の「量刑指導意見（試行）」では，「1人に傷害を負わせ，それによって被害者を死亡させた場合には，10年から15年の懲役の範囲内で，量刑の起点を決める」とされていたが，被害者を死亡させた事件は，数値的評価になじまないとして，2014年の「量刑指導意見」からは，この規定が削除された。南英＝戴長林編・前掲注11) 11頁。

懲役又は無期懲役に処し，罰金又は財産の没収を併科する」と定めて，ここでも①基本犯，②加重犯，③再加重犯の3段階の法定刑を定めている。これを受けて，量刑指導意見では，①「数額が比較的大きい」要件の起点額に達し，又は2年以内に3回窃盗をし，入室窃盗をし，凶器をもち窃盗をし若しくはすりをした場合は，拘留ないし1年以下の懲役の範囲内で，②「数額が非常に大きい」要件の起点額に達し，又はその他の重い情状がある場合は，3年から4年の有期懲役の範囲内で，③「数額が極めて大きい」要件の起点額に達し，又はその他のとくに重い情状がある場合は，10年から12年の有期懲役の範囲内で，それぞれ量刑の起点を決めるべきとしている。[20]

　量刑指導意見の立案段階においては，量刑の起点が，構成要件を充足するための最低限の事実に対応する刑であるとすれば，それは「幅」ではなく「点」であるべきであり，しかも，その「点」は法定刑の下限であるべきとする意見もあった。もっとも，基本的構成要件事実の内部にも種々の態様があること（たとえば，同じく1人に重傷を負わせた場合でも，傷害の手段や部位によって行為の危険性が異なるし，結果に対する認識の度合いによって非難の程度も異なるから，刑事責任の量が必ずしも同じであるとは限らない），さらに，減軽情状が存在する場合には，あくまでも法定刑の枠内での減軽が原則であるところ，もし量刑の起点を法定刑の下限に固定してしまうと，減軽の余地がなくなるといった理由から，量刑指導意見では，量刑起点の幅を設けるとし，その幅の下限を法定刑の下限にすることにした。[21]

(b)　量刑起点の決定

　量刑起点幅の中で，具体的な量刑起点をどのように決定するのだろうか。この点について，量刑指導意見は，量刑の起点を，基本的構成要件事実に基づいて決定するとしているが，これは，当該事案の基本的構成要件事実に現れている社会的侵害性の程度によって決定する趣旨と解されている。そして，この社会的侵害性の程度は，犯行の手段，結果，目的や動機なども合わせて考慮する必要があり，かつ，全事案の情状にも照らして総合的に評価する必要があるとされる。[22]

---

20)　本規定でいう「数額」や「情状」の定義については，別途司法解釈によって規定されている。
21)　熊選国編・前掲注11) 67頁以下。

このように，量刑起点の決定にあたって考慮すべきとされる要素は，構成要件メルクマールそれ自体というよりは，むしろ，当該メルクマールに密接に関連する広義の犯罪事実（おおむね「犯情」に相当するもの）がその中心になろう。

(3) 基準刑の決定方法

　量刑の起点が決まると，つぎは，構成要件事実のうち，基本的構成要件事実を超過した部分に基づいて増加刑を決定し，これを量刑起点に加算して基準刑を決定する必要がある。もしかかる超過事実が存在しない場合は，量刑起点がそのまま基準刑になる。

　同一事実に対する二重評価を避ける観点から，既に量刑起点の根拠となった構成要件事実は，増加刑の根拠事実にはなりえない。ただし，科刑上一罪の関係にある構成要件事実は，増加刑の根拠になりうる。たとえば，「銃器の携帯」と「住居への侵入」は，加重強盗罪の択一的要件となっているが，もし銃器を携帯し，かつ住居に侵入して強盗を行った場合は，前者を根拠に量刑の起点を決定し，後者を根拠に刑を増加することができる[23]。また，中国には連続犯の規定があるが，たとえば複数の人に傷害を加えた場合には，そのうちの1人の被害者の傷害を根拠に量刑の起点を決定し，それ以外の被害者の傷害を根拠に刑を増加することもできる。

　量刑指導意見は，増加刑の根拠事実を示すにとどめ，その事実に基づいて増加可能な刑罰の量については，各高等裁判所の実施細則に委ねている。たとえば，傷害罪について，量刑指導意見では，「量刑起点のうえに，傷害の結果，障害の級別，手段の残忍の程度等の犯罪構成事実に基づいて刑罰の量を増加して，基準刑を決定するものとする」と定めている。これを受けて，天津市高等人民法院の実施細則では，加重傷害罪についてつぎのように規定している。1人に重傷を負わせた事実により量刑起点を決定した後，①軽微な傷害の被害者が1人増えるごとに2月以下の刑期を加算し，②軽傷の被害者が1人増えるごとに3月から6月の刑期を加算し，③重傷の被害者が1人増えるごとに1年から2年の刑期を加算し，④被害者に6級ないし3級の障害をもたらしたときには，級別が一級上がるごとに6月から1年の刑期を加算し，3級以上の障害を

---

22)　南英＝戴長林編・前掲注11) 20頁以下。
23)　南英＝戴長林編・前掲注11) 18頁以下。

もたらしたときには、級別が一級上がるごとに2年から3年の刑期を加算する[24]。

このように、増加刑についても、一定の幅があらかじめ定められているので、その幅の中で、裁判官が、具体的に加算する刑量を決定しなければならない。そして、この決定にあたっても、量刑起点の決定の場合と同様、当該事実の反映した社会的侵害性の程度を中心に考慮すべきとされている[25]。

(4) 宣告刑の決定方法

量刑の最後のステップにおいては、量刑の情状に基づいて基準刑を調整し、かつ、全事案を総合的に評価して、宣告刑を確定しなければならない。

(a) 頻出量刑情状の調整比率

量刑指導意見は、14種類の量刑情状について、基準刑に対する調整比率を定めている。このうち、減軽情状が10種類、加重情状が4種類となっている。

減軽情状の例として、たとえば、未成年犯罪について、14歳以上16歳未満の未成年については、基準刑の30%～60%を、16歳以上18歳未満の未成年については、基準刑の10%～50%をそれぞれ軽減することができるとしたうえ、減軽にあたっては、未成年者の認識能力、犯罪の動機・目的、犯行時の年齢、前科の有無、悔悛の情、成育歴等を総合的に考慮すべきとしている。また、未遂犯については、犯罪の実行の程度、損害の大小、未遂の原因等を考慮して、既遂犯に照らして基準刑の50%以下を減軽することができるとしている。そのほかにも、たとえば、贓物の返還を行ったときは、基準刑の30%以下を、被害弁償を積極的に行いかつ被害者の宥恕を受けたときは、基準刑の40%以下を、それぞれ軽減することができるとしている。

一方、加重情状の例として、たとえば、累犯については、基準刑の10%～40%を、前科については、基準刑の10%以下を、未成年、高齢者、妊婦等の弱者に対する犯罪については、基準刑の20%以下を、重大な自然災害、伝染病の予防等の災害時期の犯罪については、基準刑の20%以下を、それぞれ加重することができるとしている。

以上の14種類のほか、量刑指導意見が、15種の犯罪の一部についてさらに個別的に規定する量刑情状も存在する。また、量刑指導意見に規定されていな

---

24) 天津市高級人民法院2014年4月14日付『『関於常見犯罪的量刑意見』実施細則』四(二)2を参照。
25) 南英＝戴長林編・前掲注11) 29頁。

い情状についても，高等裁判所の実施細則でこれを規定することができるとされる。

量刑指導意見は，以上のように個別的な調整比率の幅を定めたうえ，量刑情状を適用するにあたっての基本原則をつぎのように定めている。①全事案の犯罪事実の評価に基づいて，適用する量刑情状とその調整比率を決定しなければならない。②減軽率の決定にあたっては，重大な暴力犯罪や薬物犯罪等の社会治安に重大な危害を及ぼす犯罪についてはこれを厳格にし，軽微な犯罪についてはこれを寛大にしなければならない。③調整比率の決定にあたっては，実際に増減される刑罰量との関係を総合的に勘案して，罪刑の均衡を確保するようにしなければならない。

(b) 基準刑の調整方法

量刑指導意見は，基準刑の調整方法についてつぎのように定めている。①単一の量刑情状が存在する場合は，当該量刑情状の調整比率によって，直接に基準刑について調整を行う。②複数の量刑情状が存在する場合は，原則として，評価方向が同じものについては加算し，評価方向が逆のものについては減算するという方法で，全体の量刑情状の調整比率を確定し，そのうえで，基準刑について調整を行う。③未成年の犯罪，高齢者の犯罪，責任能力が限定された精神障害者の犯罪，視聴覚障害者の犯罪，過剰防衛，過剰避難，犯罪の予備，犯罪の未遂，犯罪の中止，従犯，被強要犯，教唆犯等の量刑情状が存在する場合は，まず当該量刑情状によって基準刑を調整し，そのうえで，その他の量刑情状をもって調整を行う。④被告人が複数の罪を犯し，同時に，各罪につき功績（他人の犯罪についての情報提供等），累犯等の量刑情状が存在する場合は，まず各量刑情状によって個別の罪の基準刑を調整して，その罪に処すべき刑を確定し，そのうえで，併合罪加重を行って，執行すべき刑を確定する。

上記②は，複数の量刑情状の調整方法に関する一般原則であり，③は，その特則である。②の対象となる情状を「一般量刑情状」と呼び，③の対象となる情状を「特定量刑情状」と呼んでいる。一般量刑情状と特定量刑情状を区別するのは，前者は主として特別予防関連の情状であるのに対し，後者は犯罪の軽重に関連する情状であり，二者を同次元で考慮するのが適切でないからである。[26]

上記①と②の原則を数式で表すと，①は，基準刑×(100%±調整率)，②は，

基準刑×(100％＋加重情状の調整率－減軽情状の調整率)，ということになる。

これに対し，③に関しては，さらに3つの場合がありうる。(i)単一の特定量刑情状と単一の一般量刑情状が併存する場合には，基準刑×(100％±特定量刑情状の調整率)×(100％±一般量刑情状の調整率)，(ii)複数の特定量刑情状が存在する場合には，基準刑×(100％±特定量刑情状の調整率)×(100％±特定量刑情状の調整率)，(iii)複数の特定量刑情状と複数の一般量刑情状が併存する場合には，基準刑×(100％±特定量刑情状の調整率)×(100％±特定量刑情状の調整率)×(100％＋加重情状の調整率－減軽情状の調整率)，ということになる。たとえば，(i)被告人が未成年であるため基準刑を50％軽減し，かつ自首したために20％軽減する場合，調整の方法は，基準刑×(100％－50％)×(100％－20％)ということになる。(ii)上記事案で，もし被告人がさらに従犯の情状があり，これについて30％軽減する場合には，基準刑×(100％－50％)×(100％－30％)×(100％－20％)ということになる。(iii)もし被告人にさらに累犯の情状があり，これについて10％を加重する場合には，基準刑×(100％－50％)×(100％－30％)×(100％＋10％－20％)ということになる。[27]

以上の調整方法からわかるように，③の場合には，特定量刑情状によって修正された基準刑が，一般量刑事情による調整の対象になっている。その意味では，量刑指導意見が，量刑情状の調整率を一律に「基準刑」のパーセンテージで示しているが，③の場合の一般量刑情状の調整率は，正確には「修正された基準刑」のパーセンテージになっているのである。

(c) 宣告刑の確定方法

基準刑に対する調整の結果を，そのまま宣告刑として確定するのが妥当でない場合もある。量刑指導意見は，こうした場合の処理方法についても定めている。

第1は，調整の結果が法定刑をはみ出た場合の処理方法である。中国の刑法は，法定刑を超えての刑の加重を認めておらず，したがって，加重情状も法定刑の枠内での加重を意味する。一方，減軽情状には2種類があり，一つは，法定刑内での減軽，もう一つは，法定刑を下回る減軽である。そして，後者には，

---

26) 熊選国編・前掲注11) 88頁以下。
27) 南英＝戴長林編・前掲注11) 34頁。

さらに必要的減軽と裁量的減軽の2種類がある。こうした刑法の規定を踏まえて，量刑指導意見はつぎのように定めている。①基準刑を調整した結果が法定刑の枠内にとどまり，かつそれが罪責と均衡したものである場合には，それを宣告刑として確定することができる。ただし，必要的（法定刑を下回る）減軽情状が存在する場合には，法定刑の下限以下で宣告刑を確定しなければならない。②基準刑を調整した結果が法定刑を下回り，（法定刑を下回る）減軽情状も存在し，かつそれが罪責と均衡したものである場合には，それを宣告刑として確定することができる。（法定刑枠内の）減軽情状があるにすぎない場合には，法定刑の下限を宣告刑として確定することができる。ただし，事案の特殊状況に応じて，最高人民法院の許可を得て，法定刑の下限以下で宣告刑を確定することもできる。③基準刑を調整した結果が法定刑の上限を上回った場合には，法定刑の上限を宣告刑として確定することができる。

　第2は，個別調整が必要な場合の処理である。量刑指導意見がすべての事案の態様を想定したものではないから，基準刑の調整結果が個別事案に照らして妥当でない場合もありうる。そこで，量刑指導意見は，「事案に対する総合評価に基づいて，独任裁判官又は合議体は，20％の範囲内で調整結果について調整を施し，宣告刑を確定することができる。この調整を経てもその結果が罪刑均衡の原則に合致しない場合には，事案を裁判委員会の討論に付し，同委員会によって宣告刑を確定する」としている。

　第3は，有期懲役又は拘留以外の処分の選択が必要な場合の処理である。既述のように，量刑指導意見の適用対象は，有期懲役の実刑又は拘留の実刑に処する事件に限定されている。しかし，当初は適用対象事件にあたると想定して量刑指導意見に従って処理したところ，結果的には，有期懲役又は拘留の実刑が相当でないとの判断に至る場合もありうる。そこで，量刑指導意見は，「事案のすべての事実及び量刑情状を総合的に勘案して，法に基づき無期懲役以上の刑罰，管制，付加刑の単科，執行猶予若しくは刑の免除の処分が相当であると認めたときは，これらの処分を適用する」としている。

III 若干の考察

　以上の紹介からわかるように，今回の量刑改革は，量刑判断のプロセスの合理化を図るとともに，量刑判断の客観性や透明性を確保するという目的から，①量刑事実を段階的に判断する量刑ステップを設けるとともに，②各段階に数値基準を設ける，という新たな量刑方法を打ち出している。この改革の目的自体については異論のないところであるが，具体的な制度設計については，その評価は必ずしも一様ではない。

1 量刑事実の段階的判断について

(1) 行為責任主義の原則との整合性

　中国でも，量刑にあたって，行為責任の重さと予防目的の双方を考慮すべきとするのが伝統的な通説である。しかし，罪刑均衡と予防目的とが衝突した場合に（いわゆる「二律違反」の問題），いかなる解決を与えるかについては，これまでは必ずしも十分な議論がなされてこなかった。確かに，「罪刑均衡が第一次的に考慮すべき原則であり，予防目的は副次的に考慮すべき原則である」といった主張もみられたのであるが，「刑罰は行為責任の限度を超えてはならない」という意味での責任主義を意識的に展開した主張は少なかったように思われる。

　もっとも，量刑改革に伴って活発化してきた近年の学説の議論の中では，行為責任主義を明確に打ち出した主張も増えており，有力化しつつある。たとえば，陳興良教授は，応報と予防をともに刑罰の目的に位置づけたうえ，「応報が主たる目的であり，予防は副次的な目的である。応報は予防を制約し，応報の限度内においてのみ予防の考慮が許される」としている。一方，応報を刑罰

---

28) 石経海＝厳海傑「中国量刑規範化之十年検討与展望」法律科学 2015 年 4 期 170 頁以下。
29) この点について，刑法上明文の規定はないが，「刑の軽重は，犯罪者が犯した罪及びその負うべき刑事責任と相応しなければならない」と定めた刑法 5 条について，そこでいう「刑事責任」とは，犯罪者が結果として負うべき責任を意味するものであって，その重さは，犯罪行為の重さと予防の必要性の程度によって決定されると解する見解が有力である。何秉松「試論新刑法的罪刑相当原則(下)」政法論壇 1997 年 6 期 16 頁以下，張明楷・責任刑と予防刑（北京大学出版社，2015）78 頁。

の目的に位置づけることに反対する張明楷教授も，消極的責任主義の立場から，「責任が量刑の基準であって，その限度内で予防の目的を考慮すべき」としている[31]。さらに，「幅の理論」や「点の理論」も中国に紹介されており，こうした理論的枠組みを借りて責任主義と予防目的との調和を図ろうとする議論も活発になってきている[32]。

こうした責任主義の観点から見た場合，量刑指導意見が，行為責任に関する犯罪事実と，予防に関する事実とを一応区別し，まず前者を考慮して一定の刑量を定め，それを踏まえて予防目的を考慮するという大枠を示した点は，評価に値しよう。

もっとも，量刑指導意見が，構成要件事実によって決まった基準刑（又は特定量刑情状によって修正された基準刑）を，累犯等の予防関連事実によって上方修正を認める点については，これが責任主義に反するとの批判も強い。たとえば，張明楷教授は，「点の理論」に立脚してこの点を批判し，基準刑（又は修正された基準刑）以下での修正のみを認めるべきとしている[33]。一方，学説の中には，基準刑の「幅」の中で予防目的を考慮すべきとする見解もある[34]。その趣旨は必ずしも明白ではないが，おそらく，量刑起点の決定や増加刑の決定，さらに特定量刑情状による調整のいずれの段階においても，量刑起点幅や調整率の幅が存在するから，論者は，こうした幅を責任刑の幅と観念にしているものと思われる[35]。こうした「幅の理論」に立脚した場合でも，その幅を超えての予防考慮を認めている量刑指導意見は，やはり責任主義に反するということになろう。

もちろん，責任主義から許容される責任刑の限度が，上記批判のいうように，基準刑（又は修正後の基準刑）あるいはその幅に限定されるものなのか，それともそれよりもっと広いものなのかについては，さらに理論的に検討する余地があるかもしれない[36]。しかし，量刑指導意見がこの許容限度についてなんら明確

---

30) 陳興良「刑罰目的新論」華東政法学院学報 2001 年 3 期 3 頁以下。
31) 張明楷・前掲注 29）126 頁以下。
32) 李冠煜「量刑規範化改革視野下的量刑基準研究」比較法研究 2015 年 6 期 111 頁以下など。
33) 張明楷・前掲注 29）312 頁以下。
34) 周金剛「基準刑的理性分析」法律適用 2010 年 5 期 20 頁。
35) このような捉え方をして，量刑指導意見が「幅の理論」を採用したとする見解もある。熊秋紅・前掲注 1）43 頁。
36) たとえば，日本の幅の理論の中には，「責任の幅の中には個別の犯行に『最もふさわしい』刑と

な指針を示していない点はやはり問題だといわざるをえないだろう。この問題は，量刑の基本原則を定めた規定において，応報と予防が，並列して量刑の目的に挙げられているところに端的に現れている。

(2) 基準刑に対する調整方法における問題点

　量刑改革の初期段階においては，基準刑を調整する際に，量刑情状をその性質によって区別することなく，一律に「評価方向が同じものについては加算し，評価方向が逆のものについては減算するという方法」で調整率を決定するような運用がなされていた。これについては，責任要素と予防要素を区別しないのは，理論上問題があるだけなく，実際の帰結においても，量刑が不当に重くなるという批判があった。こうした批判を受けて，量刑指導意見では，量刑情状を，特定量刑情状と一般量刑情状とに区別して，まず，前者により調整を行い，それを基点に後者による調整を行うこととした。

　もっとも，こうした責任要素と予防要素を区別する姿勢は，量刑指導意見において必ずしも徹底化されていない。すなわち，特定量刑情状とは，いわゆる「修正的構成要件事実」といわれる事実であって，未成年，精神障害者，過剰防衛，犯罪の予備，犯罪の未遂，従犯といった，刑法総則に規定されている量刑情状を意味する。もっとも，行為責任に関する情状は，必ずしもこうした特定量刑情状に限られたものではない。たとえば，犯罪の動機，手段，児童や高齢者等の弱者に対する犯罪，被害者の落ち度といった要素も，行為責任に関連する要素といえるが，これらはすべて一般情状に分類されているのである。このように，修正された量刑指導意見によっても，特定量刑情状による調整段階では犯情の評価が尽くされておらず，このような調整方法は，量刑指導意見自身が描いた，行為責任に応じた刑を基点に予防目的を考慮するという基本構想

　　　　それに対応する刑としての性格づけを失わない『許容限度』の刑がある」とし，この許容限度が責任の幅とする見解もある（小池信太郎「量刑における犯行均衡原理と予防的考慮（3・完）――日独における最近の諸見解の検討を中心として」慶應法学10号〔2008〕54頁）。この考え方に照らして中国の量刑指導意見をみた場合，基準刑（又は修正された基準刑）が，当該個別的犯行に「最もふさわしい刑」だとすれば，これを超えても，それが「許容限度」の刑といえる限り，責任主義に反しないということもできよう。
37)　熊選国編・前掲注11) 88頁。
38)　張明楷・前掲注29) 310頁。
39)　王瑞君「責任主義主導量刑情節適用之提唱」政法論叢2013年6期76頁。

にも反するものといえよう。

(3) 予防以外の刑事政策目的の考慮

　量刑指導意見の立案者は，基準刑や修正された基準刑を，予防関連事実によって調整するとしているが，調整にあたって実際に考慮している事実について，予防目的をもって一元的に説明できるのかという問題もある。

　たとえば，量刑指導意見は，自首，功績，自白，公判廷における有罪答弁などについて，その調整率の決定にあたっては，自首等の動機が悔悟の情に基づいたものであるか否かだけでなく，それが，どこまで捜査を容易にしたか，どこまで刑事司法の資源の節約に役に立ったのかという点をも考慮すべきとしている。ここでは，特別予防の必要性だけでなく，刑事訴訟上の利益も考慮されていることが明らかである。[40]

　また，量刑指導意見は，被害者への損害賠償と被害者の宥恕について，2つの情状がともに存在する場合には，犯罪の性質，弁償額，悔悟の情等を考慮して，基準刑の40％以下を，積極的に損害賠償を行ったものの，被害者の宥恕がない場合には，基準刑の30％以下を，損害賠償を行わなかったものの，被害者の宥恕を得た場合には，基準刑の20％以下を，それぞれ軽減するとしている。ここでも，被害者の保護救済という観点が，特別予防とは別途に考慮されているのである。

　近年の中国の刑事司改革の中では，司法取引や被害者の保護救済も重要なウェイトを占めており，上記量刑指導意見の規定は，こうした新しい流れを反映したものであるとの指摘もある。[41] そうだとすれば，こうした新しい流れに既存の刑罰理論がどのように対応するかが重要な課題であり，この点に関する今後の議論の展開が注目される。

---

[40] この点について，学説の中にはさらに進んで，自首等が悔悟の情に基づくものでなくても，刑事司法機関の負担の軽減に寄与した場合には，刑の軽減を認めるべきとする意見もある。張明楷・前掲注29）350頁。

[41] 王林林「多元刑事司法模式共存語境中的量刑基準研究」政法論壇34巻3期（2016）46頁以下。

2 量刑判断における数値的基準について

(1) 量刑起点をめぐる論争[42]

　量刑指導意見においては、量刑の起点がその後のすべての調整の基点になるので、それを法定刑のどの位置に求めるかは重要な問題である。そして、この点が、今回の量刑改革においてもっとも困難な課題だったといわれる[43]。

　この点をめぐって、学説からは種々の提案があったが、その代表的な一つが、いわゆる「中間線説」である。それによれば、法定刑は、様々な重さの犯行に対応した量刑スケールであり、その中間値が、加重減軽情状の存在しないいわゆる「標準事案」に対応した刑量であり、具体的事案における加重減軽は、この中間値を基点にすべきとされる。一部の地方裁判所では、実際にこの中間線説に基づいた運用も試みられた[44]。

　もっとも、中間線説に対しては、そこで想定されている「標準事案」は、観念的規範的な中程度の事案であって、実際に頻発する通常事例とは同義でないため、この考えに従った場合には、量刑が過度に重くなるという批判が強かった[45]。そして、最高人民法院の量刑改革プロジェクトチームと一部の学者によって実施された共同調査によっても、調査対象となったほとんどの犯罪類型の量刑において、加重減軽情状が存在しない場合の刑量は、法定刑の中間線付近ではなく、中間線と下限の間に分布していたことが明らかになった[46]。こうしたことから、最高人民法院も、量刑改革によって科刑水準に大きな起伏があるのは望ましくないとして、中間線説を採用せず、過去の裁判例に対する統計的分析に基づいて量刑起点幅を定める、という方針を採用したのである[47]。そして、量刑指導意見が15種類の犯罪について実際に定めた量刑起点幅についてみても、ごく一部の例外を除き、そのほとんどは法定刑の下限と中間値の間に設定され

---

42) 改革の初期段階では、「量刑起点」と「基準刑」の概念の区別は必ずしも明確でなく、基準刑をめぐる論争の多くは、実は現在の量刑起点に関する論争であったように思われる。
43) 周光権「量刑規範化：可行性与難題」法律適用2004年4期60頁以下。
44) 趙廷光「法定刑中間線是量刑公正的生命線」中国刑事法雑誌2010年12期3頁以下。
45) 張向軍「従量刑基準到基準刑：量刑方法的革新」中国刑事法雑誌2011年3期41頁、張明楷・前掲注29) 315頁以下。
46) 白建軍「裸刑均値的意義」法学研究2010年6期135頁以下。
47) 戴長林＝陳学勇「量刑規範化試点中需注意的幾個問題」中国審判2009年7期4頁。

ている。また，量刑起点幅に限らず，増加刑の幅や，加重減軽情状による調整率の幅についても，過去の裁判例に対する統計的分析に基づいて定められたものとされる[48]。その結果，一部の犯罪を除けば，改革前後の宣告刑の軽重には大きな変化が生じていないとされる[49]。

以上の経緯からわかるように，改革以前の量刑実務においても，ある犯罪に関する一定の量刑傾向が見られたわけであるから，その幅が広いとはいえ，緩やかな「量刑相場」なるものは存在していたと思われる。今回の量刑改革は，その相場の範囲をある程度狭めるとともに，それを可視化したところに意義があるといえよう。

(2) 数値的基準と裁判官の裁量

数値的基準の設定については，これにより，裁判官が事案の個別的事情を総合的に評価する裁量の余地がなくなり，アメリカの量刑指針と同様，機械的な量刑を招き，事案における妥当性の確保が困難になるという批判が少なくない[50]。その一方で，量刑判断の過程を検証可能なものとし，その透明性を高めるうえで，数値的基準を示すことの意義を積極的に評価する意見もある[51]。

量刑指導意見も，数値的基準を設けることによる上記弊害を意識して，数値的基準を設けながらも，その枠内においては裁判官の裁量の余地を残している。すなわち，量刑起点や増加刑，及び調整率について，それぞれ一定の数値的幅を設け，その幅の中では裁判官の裁量を認めているし，また，宣告刑の決定段階でも，基準刑の調整結果についてさらに20％の範囲内での裁量判断を許容している。その意味では，新しい量刑方法の導入によって，裁判官の裁量の余地がなくなるという批判は，やや行きすぎたものであろう。

ただし，数値的基準の枠内で裁量権をいかに行使するのか，その方法に関しては，量刑指導意見は問題を抱えているようにも思われる。すなわち，立案者

---

48) 戴長林＝陳学勇・前掲注47) 4頁。
49) 陳捷「量刑規範化問題研究――以西安碑林区人民法院為例」西南政法大学学報13巻6期 (2011) 93頁。南英＝戴長林編・前掲注11) 20頁。
50) 汪貽飛「中国式"量刑指南"能走多遠――以美国聯邦量刑指南的命運為参照的分析」政法論壇2010年6期108頁以下，王瑞君「量刑規範化面臨的問題与対策構建」法学論壇2010年1期122頁。
51) 王充「罪刑法定視野下的量刑規範化――以明確性与適当性的博弈為視覚」求是学刊39巻4期 (2012) 92頁。

は，個々の事案における結論の妥当性を確保するためには，個々の量刑事情を孤立して評価するのではなく，事案全体と関連付けて総合的に評価することの重要性を重ねて強調している。しかし，ここでいう総合的評価の意味が必ずしも明瞭ではない。それゆえ，つぎのような結果を招きかねないのである。

　第1は，責任要素と予防要素を混同した総合評価である。たとえば，既述のように，量刑起点の決定にあたっては，当該事案の基本的構成要件事実に現れている社会的侵害性の程度を中心に考慮すべきとしながら，同時に，全事案の情状にも照らして総合的に評価する必要があるとされる。このような総合評価では，行為責任の判断に，予防的要素の考慮を取り込む危険性を含んでいるのである。現に，立案者による量刑指導意見の解説書の中には，量刑起点の決定の際に，その事案に現れた行為者の人的危険性を含めて総合的に判断する必要がある旨の説明が少なくない。責任要素と予防要素の区別の不徹底は，ここにも現れているといえよう。

　第2は，同一事実についての二重評価である。たしかに，量刑指導意見も，たとえば，既に量刑起点の根拠となった構成要件事実は，増加刑の根拠事実にしてはならないとするなど，二重評価の問題を回避しようとする姿勢を示している。しかし，量刑起点の決定の際に，全事案の総合的評価が可能であるとすれば，そこには増加刑の根拠事実も含まれてしまうのである。現に，立案者によれば，たとえば，1人に傷害を負わせた事案と3人に傷害を負わせた事案とでは，その量刑の起点が異なるのは当然であるとされる。そうだとすれば，後者の事案では，2人に傷害を負わせた事実は，量刑の起点と増加刑の2段階で二重に評価されることになろう。このように，量刑指導意見は，事案の量刑情状を分割してそれぞれに数値的基準を与えながら，一方では，それぞれの量刑情状の評価に全事案の総合的判断を求めているため，同一事情についての重複評価が生じやすい構造になっているのである。数値的基準の設定と裁量権の行使の関係をいかに適切に処理するのかが，今後の課題といえよう。

---

52) 陳学勇「"以定性分析為基礎，結合定量分析"的量刑方法」石経海編・量刑研究(2)（法律出版社，2015）293頁以下。
53) 南英＝戴長林編・前掲注11）20頁。

Ⅳ　今後の展望

　量刑指導意見は，その試験的運用期から数えても実践の期間が短く，基本的にまだ模索段階にあるといえる。これまでも，下級審の運用の状況を踏まえて数度の改正が重ねられてきたが，こうした見直しは今後も続けられるものと思われる。また，量刑の実体基準の問題は，手続きのあり方とも密接に関連する問題であるだけに，量刑指導意見の今後の行方は，それと並行して進行している量刑手続の改革状況に左右される部分も大きいと思われる。さらに，量刑改革に触発されて，これまで量刑問題に比較的に関心の薄かった学界においても活発な議論が展開されるようになっており，こうした量刑理論との相互作用のなかで，今後の量刑改革がどのように展開されていくのかも注目されよう。

狭義の「暴行」概念について

只木　誠

I　はじめに

　ドイツ刑法では脅迫罪（241条）はあるが，暴行罪は存しない。彼の地ではかつては傷害罪（223条）のみが規定されていたが，1998年改正で傷害罪の未遂（同条2項）も処罰されるようになった。これにならえば，わが国での立法論としては傷害未遂としての暴行のみを処罰することも考えられる。しかし，わが国の現行法では，傷害未遂罪とは区別された暴行罪が独立して存在する以上，傷害未遂としての暴行にとどまらず，暴行それ自体を処罰するとされている。

　このように，傷害は，暴行による場合とそれ以外の方法によるとを問わない。暴行による場合以外には傷害の故意が必要であり，それがなければ，暴行罪も傷害罪も成立しないとされている。これに対して，暴行による傷害の場合には，暴行の故意で足り，必ずしも傷害の故意は必要としない。この場合，傷害罪は暴行罪の結果的加重犯であるからであり[1]，したがって，傷害の結果が生じない場合でも，暴行罪は成立する。ところで，いわゆる接触不要説は，接触の認識がなくても暴行の実行行為と暴行の故意を認めることができるとし，行為者の認識に反して傷害の結果が発生しても，暴行の結果的加重犯として，傷害罪を問うことができるとしている[2]。暴行にあたるか否かは，このように具体的に異なった帰結を導くことから，理論上も実務上も重要な点である。

　ところで，刑法典の中には，狭義の暴行罪のほかに，強盗罪（刑236条）のように「暴行」または「脅迫」を手段とする犯罪類型が少なくないが，強盗罪では，犯罪の成立についての結論に相違はないにせよ，手段となる行為が暴

---

1) 木村亀二・刑法各論（1957）23頁は，これに対して，暴行罪と過失傷害罪の観念的競合とする。
2) 例えば，佐伯仁志「身体に対する罪」法教358号（2010）120頁。

行・脅迫のいずれに該当するかが裁判において問題となることも少なくない。これについては、暴行罪が傷害罪の補充規定であることからもわかるように、暴行罪における暴行は「なまの」物理力による傷害の危険性を第一義的にその内容としているのに対して、強盗罪では、暴行は——物理的な抵抗の排除という観点も等閑視できないにせよ——脅迫ともども、犯罪の手段として相手に与える心理的な影響力にこそ、その性質の中核をみることができるのであり、ここでは両者の区別は相対的であるといいうる。したがって、狭義の暴行の解釈にあたっても、手段としての暴行の持っているその性質、「心理的な影響力」という視点は、「身体の安全」を暴行罪の保護法益として捉えるなかで暴行概念を考えるに際しても、過小評価できないのではあるまいか。

本稿は、暴行概念の限界を探ろうとするものである。すなわち、とりわけ過去の判例の検討を通して、どのような行為まで物理力・有形力の行使として暴行にあたるのか、どのような行為であれば、脅迫と区別された暴行として評価すべきなのか、脅迫による暴行・傷害を観念できるのかなど、暴行をめぐるいくつかの論点について考察するものである。

II 暴行概念についての学説

暴行とは身体に対する有形力（物理力・力学的作用）の行使とされるところ、それには身体に接触することを要するか、接触しない場合にもなお暴行罪は成立するか、その場合、傷害の危険の発生を要件とするかについては、周知の通り争いがある。

第1に、接触必要説は、暴行は結果犯であり、被害者の身体の周囲の空間への侵入行為は暴行未遂であって、暴行ではないとしている。この説は、基準と

---

3) 大場茂馬・刑法各論(上)〔第9版〕(1918) 179頁は、「人ノ身體ナル法益ヲ完全ニ保護セントセハ單ニ其身體ヲ害スルノ行為ヲ罰スルヲ以テ充分ト為サス之ニ對シ危害ヲ與フルノ行為モ之ヲ罰セサル可カラサル」としている。
4) 平野龍一「刑法各論の諸問題(3)」法セ199号 (1972) 77頁、山口厚・刑法各論〔第2版〕(2010) 44頁、今井猛嘉ほか・刑法各論〔第2版〕(2013) 31頁〔小林憲太郎〕、松原芳博・刑法各論 (2016) 47頁など。なお、大越義久・刑法各論〔第4版〕(2012) 24頁、平川宗信・刑法各論 (1995) 59頁、中森喜彦・刑法各論〔第4版〕(2015) 14頁。および、これに対する批判として、山口・前掲43頁。

II 暴行概念についての学説

して明快であって、また、刑法208条の「暴行を加えた」の語感に沿うものであり、さらに、「傷害するに至らな」い直前の状態に着目している点で優れている。しかし、この説に対しては、わが国刑法の208条からすると、暴行罪は傷害未遂罪としての性質を有し、そのかぎりで危険犯である、危険性の高い行為が行われても傷害の結果がたまたま生じなかった場合をも不処罰とせざるをえない[5]、また、「当てないつもりだった」との弁解に対して故意の認定が困難であるなどの批判がある[6]。

第2に、身体に対する接触は不要としつつも、有形力の行使によって、傷害を引き起こす危険があったことを要するとする見解がある[7]。この説も、本罪の保護法益を「安全感」とは区別された「身体の安全」と理解する。同説も、本罪が「傷害の罪」の章の下に規定されていること、あるいは、「傷害するに至らなかった」ということはすなわち「危険性は存在した」とみることができることから、そこには論拠として十分なものがある。とはいえ、傷害の危険のない態様で叩く、組み伏せる・制圧するとか、汚物を投げつける行為が暴行に入らないという点に批判が向けられている[8]。

第3に、上記の2説を合わせて暴行概念を広げる現在の多数説は、有形力の行使が人の身体に接触したか、あるいは、接触していなくても、傷害の結果発生の具体的危険があれば、暴行であるとする[9]。後者については、208条が「人を傷害するに至らなかった」としていることを、暴行罪が傷害未遂をも含む趣旨であると解している。この説によれば、つばを吐きかける、食塩を振りかける行為、あるいは日本刀を振り回す行為も暴行であるとする[10]。

---

[5] 被害者が首尾よく投石から身をかわした場合には暴行罪が否定されるのは不合理であるという。中森・前掲注4) 14頁、林幹人・刑法各論〔第2版〕(2007) 59頁など。

[6] 斎藤信治・刑法各論〔第4版〕(2014) 21頁参照。

[7] 大塚仁・刑法概説（各論）〔第3版増補版〕(2005) 35頁、齊藤誠二・刑法講義各論(I)〔新訂版〕(1979) 331頁、野村稔「暴行罪・傷害罪」芝原邦爾ほか編・刑法理論の現代的展開各論 (1996) 38頁、京藤哲久「暴行の概念」芝原邦爾・刑法の基本判例 (1988) 97頁、林・前掲注5) 59頁、高橋則夫・刑法各論〔第2版〕(2014) 45頁、佐久間修「暴行の意義と刑法の解釈」夏目文雄先生古稀記念論文集 (2000) 102頁など。

[8] 斎藤・前掲注6) 21頁。

[9] 大谷實・刑法講義各論〔新版第4版補訂版〕(2015) 38頁、山火正則・刑法判例百選II (1978) 95頁。これに対して、抽象的危険犯と解する見解として、高橋則夫・前掲注7) 45頁。なお、内田博文・刑法判例百選II (1992) 14頁参照。

[10] 同旨、団藤重光編・注釈刑法(5) (1965) 101頁〔小暮得雄〕など。反対、佐久間・前掲注7) 93

この第3説のなかには，同説が暴行概念を広く解することから，主観による限定をはかるものもある。すなわち，接触しなかった場合には，①客観的に身体的接触による傷害の結果発生の可能性があり，②行為者が身体的接触を目的としていた，すなわち傷害の故意がある場合には，傷害未遂としての暴行罪を認めてよいとするものである。この説は，暴行罪は傷害未遂の罪として危険犯の性質を有するとして，身体への接触がない場合には，暴行罪の成立に一定の制限を付すとしている。この説に対しては，傷害未遂がすべて暴行にあたるわけではない以上，傷害未遂それ自体は暴行罪の成立を認める理由にならないとの批判があるが，そもそもはたして主観的な要素の存否を，有形力の行使の存否の判断に結びつけることができるのか，疑問なしとしないのである。

　さらに，第3説の中には，物理力の危険性が高ければ命中の恐れは低くても，逆に，後者が高ければ前者が低くても暴行を認めるとし，暴行概念を広げる根拠を，限定解釈にも限界があることに，また，侮辱や器物損壊などの犯罪に該当しない場合の処罰の欠缺に求めるものも存する。

　第3説に対しては，これらの説は暴行未遂を処罰するものである，暴行罪は安全感を保護するものではないなど，暴行概念の拡張に伴う処罰範囲の拡大や処罰対象の不明確性が指摘されている。

　暴行概念についての見解の相違の背景をなす争点の第1は，このように身体接触の要否にある。接触不要説は，暴行罪において有形力の行使から保護される「身体」の範囲に身体に接近した空間を含めて理解するのに対して，必要説は，暴行と脅迫との区別をあいまいにしないためにも，有形力の行使が現実に

　　頁，京藤・前掲注7) 98頁など。
11) 西田典之・刑法各論〔第6版〕(2012) 40頁。なお，内田文昭・刑法各論〔第3版〕(1996) 38頁は，「前者（傷害罪の法益＝筆者注）は，生理的・内部的機能の安全と物理的・外部的形態の安全とを予定するのに対して，後者（暴行罪の法益＝筆者注）は，広く，『身体そのものの安全』を予定するのである」とする。
12) 山口・前掲注4) 43頁，古川伸彦・刑法判例百選Ⅱ〔第6版〕(2008) 10頁。
13) 斎藤・前掲注6) 21頁。大塚仁ほか編・大コンメンタール刑法(10)〔第2版〕(2006) 491頁〔渡辺咲子〕は，「端的に肉体的苦痛ないし傷害の危険性」を暴行の限界とすべきであるとする。
14) そのほか，耳目をふさぎ，煙をふきかけ，あるいは手足を強く握りしめる，くすぐる，かゆがらす，なども暴行にあたるとされている。江家義男・刑法各論〔増補版〕(1963) 200頁，前田雅英編・条解刑法〔第3版〕(2013) 597頁。
15) 佐伯・前掲注2) 120頁。内田博文・刑法判例百選Ⅱ〔第4版〕(1997) 12頁参照。

Ⅱ 暴行概念についての学説

人の身体に及ぶ必要があると解すべきであるとする[16]。前者によると，接触させる認識が欠けていても暴行罪が成立することになり，したがって，接触の認識がなく暴行を加えたところ被害者が傷害を負った場合にも，暴行の結果的加重犯としての傷害罪が成立することになる。この点が両説の重要な相違となる。しかしながら「暴行罪で物理力の行使から保護される『身体』の範囲に身体に近接した空間を含めて理解することは可能であ」るとされており[17]，身体を外力から周到に保護するためには，また，投石によって石が顔面を横切った場合，現在では暴行の一類型として広く承認されていることからも，学説では不要説が多数説であり，判例もこれを採っている。

争点の第2は，傷害の危険性の要否である。不要説は，暴行罪は傷害罪の未遂ではなく，傷害に至らないときにも，それとは区別された独自の利益が暴行罪においては保護されており，不法な物理力の行使を受忍すべきいわれはないとしている[18]。一方，必要説は[19]，暴行罪の保護法益が「身体の安全」であることを重視し，暴行概念の限定の必要性，脅迫罪や侮辱罪との区別の必要性を理由とする。もっとも，不要説も，「少なくとも相手の五官に直接・間接に作用して不快ないし苦痛を与える性質のものであることが必要である」とするなど，一定の限定を付すのが一般となっている[20]。

傷害の危険性があることが暴行の典型であるとしても，208条は傷害結果，およびその危険性の発生がなくても，傷害とは区別された暴行が，それ自体として犯罪にあたることを規定していることから，また，髪やひげの切り落としや女性の臀部への意に反しての接触は暴行罪にあたるというべきであるから，さらに，条文上「傷害するに至らなかったとき」とされ，その危険性の発生を要件にしていると解しえないことから，不要説が今日の多数説をなしている[21]。

---

16) 平野龍一・刑法概説（1977）166頁，同・前掲注4）77頁，山口・前掲注4）45頁。宮本英脩・刑法大綱〔第6版〕（1936）284頁は，「暴行傷害に関する刑法の規定は一般に結果を重視する客観主義的なものだと解する」ため衣服や帽子にであっても相手にあたることを要するという。
17) 佐伯・前掲注2）120頁。
18) 山口・前掲注4）44頁。古くは，岡田庄作・刑法原論各論〔第10版〕（1920）456頁。
19) 平野・前掲注4）77頁。なお生田勝義ほか著・刑法各論講義〔第4版〕（2010）36頁参照。野村・前掲注7）38頁，大塚ほか編・前掲注13）491頁〔渡辺〕など。
20) 大谷・前掲注9）38頁，前田編・前掲注14）596頁。なお，中森・前掲注4）13頁参照。
21) 佐伯・前掲注2）120頁参照。

なお，暴行罪の成立に，苦痛を与えることは必要かについても，見解の相違がある。必要説は，例えば，「心理的苦痛をふくめて，なんらかの苦痛をあたえることを要件とすべきであろう」とし[22]，不要説は，相手方に苦痛を与えることを必要としないとする[23]。暴行罪もおよそ犯罪として不法な所為として成立するのであれば，それは被害者にとって愉快なことではないであろうから，なんらかの不快・苦痛の念を生ぜしめるのが通常であろうが，暴行を加えられたとの意識のない人，気づかない人に対しても暴行罪の成立は認めるべきであろうから，不要説が妥当であろうと思われる。

Ⅲ　暴行罪についての（裁）判例

　（裁）判例では，暴行罪にいう暴行については，広く不法な有形力の行使のなかで，人の身体に対して加えられる一切のもので，傷害の結果を惹起すべきものにかぎられない（大判昭和8・4・15刑集12巻427頁）とされているが[24]，そこでは，殴る蹴るの行為や，手で他人の肩を押して土間に転落させる（大判大正11・1・24新聞1958号22頁），衣服を摑まえて引っ張る（前掲大判昭和8・4・15），他人に組みつく（大判明治35・12・4刑録8輯11巻25頁）などのほか，食塩を振りかける行為（福岡高判昭和46・10・11判時655号98頁）[25]についても暴行にあたるとされている。また，判例では，被害者に物理力が到達することを要しない

---

22)　団藤編・前掲注10）101頁〔小暮得雄〕，沢登佳人「暴行・脅迫の意義」日本刑法学会編・刑法講座(5)（1964）232頁，大谷・前掲注9）38頁。山火・前掲注9）95頁は，広義の暴行との相違を，身体的苦痛の存否に求め，単なる不快，嫌悪を催させるに過ぎないものでは足りないとする。なお，宮本・前掲注16）285頁は「被害者が現に苦痛や不快を感じたことも必要でない」としている。

23)　柏木千秋・刑法各論（1960）341頁。なお，岡上雅美・刑法判例百選Ⅱ〔第5版〕（2003）11頁は，「保護法益の法益性・要保護性と被害者による被害の認識とは，異なった次元の問題である」とするが，法益との関係で，どのような性質の行為をとらえるかということであるから，両者には関連が認められるであろう。

24)　暴行概念について，傷害罪の成否と関連させて暴行の種類を論じるものが多数であったが，強要罪との関係で論じるものとして，佐久間・前掲注7）89頁以下，行動の自由との関係でとらえ直すものとして，齋野彦弥「暴行概念と暴行罪の保護法益」成蹊28号（1988）437頁がある。

25)　ふりかけられた食塩の一部は頭髪内や着衣の内側等に残留し，そのため多少の肉体的生理的苦痛などを与えたとしている。したがって，必ずしも，軽微な有形力の行使とはいえない性質の行為であることがわかる。多くの見解も，結論的には有形力の行使としている。佐久間・前掲注7）106頁注22など参照。

III 暴行罪についての（裁）判例

とする接触不要説が採用され[26]，他人の所持する空缶を蹴ること（名古屋高判昭和26・7・17高刑判特27号131頁），人を驚かす目的で被害者の数歩手前を狙って投石すること（東京高判昭和25・6・10高刑集3巻2号222頁）[27]，足下での爆竹の破裂（大阪地判昭和47・5・25刑月4巻5号1061頁），人にめがけて椅子を投げつけたが相手にあたらなかった場合（仙台高判昭和30・12・8高刑判特2巻24号1267頁），怒鳴りながら鍬を振り上げて追いかける気勢を示した場合（最判昭和25・11・9刑集4巻11号2239頁），被害者の行動をやめさせるため，脅す目的で四畳半の部屋の中で日本刀を振り回す行為を行った場合（最決昭和39・1・28刑集18巻1号31頁）にも暴行罪の成立を認めている。そのほか，進行中の自動車に石塊を投げつけ命中させた場合（東京高判昭和30・4・2刑集11巻1号186頁），嫌がらせのため併走中の自動車に幅寄せする（東京高判昭和50・4・15刑月7巻4号480頁）ないし追跡行為（東京高判平成12・10・27東高刑時報51巻1＝12号103頁），車内に被害者のいる被害車両に対する殴打，足蹴り行為（東京高判平成16・12・1判時1920号154頁）[28]などについても暴行と解されている。上記の被害車両に対する殴打等の事例においては，その後に被害者が自車から逃走して，転落事故や自動車事故で死亡した場合，かりに行為者の行為が有形力の行使とは認められないとするならば，脅迫から致死の結果が生じたことになり，傷害（致死）罪の成立は否定されることになる。

また，判例では，被害者の五官に何らかの作用を与えるかぎり，熱波・電気・音声などのエネルギーの作用にとどまらず，催眠術の施用などの生理的作用を与えることも，暴行の概念に含まれるとされてきた。不法に強烈な音波を用いること，すなわち，被害者の身辺で大太鼓（最判昭和29・8・20刑集8巻8号1277頁），鉦などを強く連打し続けること，大音量のラジオの音声やアラーム音を鳴らし続けること（最決平成17・3・29刑集59巻2号54頁）などの行為も同様である[29]。

以上のように，判例によれば，一方で狭義の暴行罪の法的性質は傷害罪の危

---

26) もっとも，多くの事件では，身体に接触し，傷害ないし致死の結果が生じている。
27) 平野・前掲注4) 77頁は疑問を提起している。
28) 「フロントガラスやドアガラスを割ることは……打撃を加えた人体や物体がそのまま車内に影響を及ぼすことがあり，それ自体で車内の人間の身体に危害が及ぶ行為といえる。」としている。
29) なお，最決平成24・1・30刑集66巻1号36頁参照。

険犯ということになり，暴行罪が危険犯である以上，暴行罪の成立には身体的接触の必要はないと解されることになる。また，他方で物理力が身体に対して及んだ場合には，傷害の具体的危険が生じなくても，暴行罪が成立するとされており，作用が人に及ばなかった場合でも，暴行罪が成立するとされている。そして，客観的に接触が不要であるとするならば，それに対応して，身体的接触の認識も不要（前掲最判昭和25・11・9参照）ということになろう。すなわち，意外にも物理力が身体に対して及び，それによって被害者が負傷・死亡に至れば，傷害致死傷罪が成立することになる。

Ⅳ　争いのある事例

さて，作為義務のある者が，病気が悪化することが明らかな状況であるにもかかわらず負傷者を故意に治療しない，病人に投薬しないという例において，それによって傷害の結果が生じた場合には不作為の傷害には該当しても，傷害結果が生じなかった場合には，そこに有形力を観念することができず暴行罪は成立しないとされてきた[30]。また，精神的加害行為，例えば，無言電話による脅迫などによる精神衰弱症，あるいは，嫌がらせによる不安および抑うつ状態の惹起の事例では，相手方による意味の解釈・意味内容の伝達を通じて精神的作用が引き起こされたのであれば，脅迫や嫌がらせは無形的方法によるものであって有形力の行使[31]，すなわち暴行ではないのでその結果的加重犯としての傷害罪[32]は成立せず，また，無形的方法による場合，傷害罪の成立には傷害の故意が必要であることから，傷害の結果が発生しても，かかる故意がなければ脅迫罪と過失傷害罪が成立しうることになる。そして，傷害の結果が発生しない場合には，脅迫罪のみが成立しうることになる。

さらに，争いがある，性病を秘しての性交による性病の感染や病原菌や毒の

---

30) 病気の漸次的拡大は生理的な変化によるからである。これに対し，大場・前掲注3) 185頁は，不作為の暴行による場合の例としている。なお，同書223頁は，傷害未遂一般につき暴行罪が成立するとしている。
31) 山中敬一・刑法各論〔第3版〕(2015) 46頁。
32) 大場・前掲注3) 185頁は，冷遇，侮蔑，脅迫，威嚇を無形の暴行（大声，催眠術）と似て非なるものと理解し，傷害の手段とはならないとしている。

IV 争いのある事例

入った飲み物を提供することによる欺罔による服毒については，それらの行為自体は暴行にはあたらないという否定説も有力ながら，いずれも物理力の行使であるとして，発病・発症しなくても暴行罪を認めるべきであるとし，したがって，服毒による腹痛を生ぜしめ，これを手段として財物を奪取した場合には，強盗罪や強盗致傷罪の成立を肯定しうるとする説も有力である。否定説は，性病に感染していることの秘匿は，傷害との関係では被害者における法益関係的錯誤であっても，有形力の行使については錯誤はないとし，欺罔による服毒事例については，被害者を騙して被害者自身をして飲ませた場合であれば，行為者の発した物理力が被害者に作用していないので，いずれも暴行ではないとする。しかし，前者の性病感染事例については，たとえば，毒を塗った爪で引っ掻く場合と塗らない爪で引っ掻く場合では，有形力の性質に差異を生じるであろうし，その場合の毒と爪は暴行内容の判断に際して不可分のものと考えるべきであろう。また，後者の服毒事例についていえば，そもそも性病の感染や服毒などは，傷害に至らなかったとはいえ，その行為自体，「相手の身体を傷つけうる」，現に「物理的刺激」のある，物理的作用を有する方法・手段であったといいうるので，有形力の行使，すなわち，暴行概念に含めることは可能であろう。

最高裁昭和27年6月6日判決（刑集6巻6号795頁）は，被告人が病気治療の方法であるとして被害者の承諾を得てその陰部に陰茎を押し当てて淋病を感染させたという事案につき，「傷害罪は他人の身体の生理的機能を毀損するものである以上，その手段が何であるかを問わないのであり，本件のごとく暴行によらずに病毒を他人に感染させる場合にも成立する」としている。その判旨からは，病毒感染を暴行によらない方法であることを前提としている判示のように読める。また，実際にそう理解してよいであろう。この点，病毒感染は暴

---

33) 宮本・前掲注16) 284頁，前田編・前掲注14) 597頁，山口・前掲注4) 46頁。なお，江家・前掲注14) 202頁は，暴行以外の方法による傷害にあたるという。
34) 木村・前掲注1) 21頁。
35) 西田・前掲注11) 43頁。同旨，大場・前掲注3) 184頁，木村・前掲注1) 21頁，大谷・前掲注9) 26頁など。反対，山中・前掲注31) 42頁など。
36) 山中・前掲注31) 45頁，大塚ほか編・前掲注13) 401頁〔渡辺〕は，「暴行」の概念をここまで拡張することが社会通念に合致するかどうか疑問を呈している。もっとも，このような拡大解釈された「暴行」概念は，いわゆる「生ける法」として定着しているといえよう。

251

行にあたるとの理解に立ちつつ，本件では，被害者の承諾の上での行為であったことから暴行（罪）にはあたらないとしたものであると解することも可能であり，判決からはいずれとも断じえないとするものがある。本件における陰茎を押し当てる行為は，法益関係的錯誤に基づくもので，承諾自体が無効であると解すれば，本判決は，やはり病毒感染行為を有形的な暴行としてではなく，無形的な方法によるものとしているといえよう。もっとも，その当時，このような錯誤理論が一般でなかったとすれば，なお承諾は有効であるとされ，したがってその理由で暴行によるものではないとしたとの理解も可能であり，理論上はいずれとも断じることはできない。

詐称誘導によって被害者を転落させた事例（以下，「詐称誘導事例」という）については，①無形的暴行ないし無形的方法として，傷害結果が発生すれば傷害罪が成立するとし，傷害の結果が発生しない場合には暴行罪にあたらないとする説がある一方，転落させたが傷害の結果が発生しなかった場合に，②被害者の行為を利用する暴行の間接正犯と解する説と，③それ自体を暴行とする説に分かれる。①説によれば，詐称誘導は言語によることを理由とし，また，被害者自身の行為の物理力は，他人の身体に向けられた物理力の行使ではないことを理由として，財物奪取の目的で詐称誘導し転落させることで財物を奪った場合に強盗（致傷）は成立しないことになる。しかし，判例理論にしたがうかぎりそのように暴行概念を狭く理解する必要はないと思われる。この場合には，後述のように有形力の行使を観念でき，強盗罪の成立を肯定しうるのである。②説と③説は，行為者の行為の影響をどの程度のものと評価するか，すなわち，有形力の行使を被害者を利用したものとみるか，それを含めて行為者の行為の延長とみるかに相違があるにすぎないともいいうるが，被害者を転落させた以

---

37) 伊達秋雄「判批」判タ 22 号（1952）46 頁。大塚・前掲注 7) 27 頁参照。
38) 宮本・前掲注 16) 284 頁は，通路に障害物をおいて人を転倒させた場合も暴行とする。
39) 山中・前掲注 31) 45 頁（言語の意味を理解させることを手段としているという），大塚ほか編・前掲注 13) 402 頁［渡辺］など。
40) 多数説。小野清一郎・新訂刑法講義各論〔第 5 版〕（1956）172 頁，沢登・前掲注 22) 234 頁，大塚・前掲注 7) 35 頁，山口・前掲注 4) 44 頁，前田編・前掲注 14) 597 頁など。
41) 牧野英一・刑法各論下巻〔第 8 版〕（1965）375 頁，滝川春雄＝竹内正・刑法各論講義（1965）28 頁，齊藤・前掲注 7) 337 頁。
42) 山中・前掲注 31) 46 頁。

上，傷害の危険性のある「物理力」に接していることから有形力の行使といいうるであろう。その意味では，投石事例と同様であり，実際にも，危険性の程度においてもそれとの有意な相違はないであろう。

そして，このような解釈が可能であるとすれば，欺罔ないし脅迫を利用する詐称誘導事例と同様に，作為義務のある者が，被害者の転落・転倒を止めない不作為犯の場合も同様に解しうるのであり，転落したが傷害を負わなかった場合には暴行罪，転落しなかった場合には，転落の危険性がおよそ発生しないと認められるのであれば，不可罰な暴行未遂と解しうると思われるのである。

幅寄せ行為については，一面で被告人の有形力の行使であり，一面で被害者を利用した暴行の間接正犯であるといいうるであろうから，両者の性質を有する有形力の行使といいうるであろう。傷害の故意がない場合には，脅迫罪が成立するにとどまり，結果的に傷害や致死の結果を生じたとしても過失犯を認めうるにすぎないとする見解も有力であるが，やはりそこには暴行を観念できるのである。[43][44]

V 脅迫による傷害

1 問題提起

上述した接触の要否の問題，無形的方法による暴行の問題の延長線上の問題として，脅迫による傷害事例の問題がある。

わが国で代表的な見解は[45]，日本刀を示して「殺すぞ」と脅かしたところ，被害者が逃走しようとして転倒し傷害を負ったような場合には，脅迫の故意にとどまるかぎり，暴行の結果的加重犯としての傷害罪は成立しえないと解すべきであるとする。また，強盗犯人が脅迫目的で突きつけた日本刀に被害者がしがみついて負傷したという事案（以下，「日本刀しがみつき事件」という）につき，日本刀を突きつける行為自体が暴行であるとして，強盗致傷を認めたものもあ

---

43) 西田・前掲注11) 40頁。
44) もっとも，傷害の未必の故意が認められるのが通例であろうと思われる。
45) 西田・前掲注11) 69頁，187頁など。

るが（最決昭 28・2・19 刑集 7 巻 2 号 280 頁）。同旨，東京高判昭和 48・7・30 東高刑時報 24 巻 7 号 122 頁）[46]，結論自体は正当であるとしつつも，強盗致傷が脅迫の結果的加重犯を含むと解すれば，少なくとも強盗罪においては，このような暴行概念の拡張は不要であるとしている[47]。脅迫も強盗の手段であり，240 条の傷害は強盗の手段から生じればよい（大阪高判昭和 60・2・6 高刑集 38 巻 1 号 50 頁）というのである。

現行法上傷害未遂一般が処罰されることはなく，有形的方法による傷害の未遂にかぎって暴行罪として処罰されるとされているところ，それでは，日本刀を示す・突きつける行為に，あるいは，その後の被害者の逃走，転倒，ないししがみつきの行為に，なんらかの有形力をみてとることはできないであろうか。

2　脅迫による強盗致傷罪

ところで，脅迫による傷害結果の発生の事例とは異なり，脅迫による強盗致傷罪の事例，また，認識していない客体に対する強盗致傷罪の事例においては，脅迫を手段とする傷害は広く肯定されているところである。

まず，強盗罪における脅迫行為からの傷害の結果発生の事例をみるに，上述の「日本刀しがみつき事件」につき，判例は，これを強盗が暴行により傷害を与えた事案としている。これに対して，有力説は，判例の採る暴行概念について不当にその範囲を拡張するものであると批判し，そのように解する必要があるとするのであれば「傷害罪や傷害致死罪を脅迫罪の結果的加重犯としての性格を有するものとする立法を考慮すべきであろう」とし[48]，むしろ，上述のごとく，脅迫を手段とした強盗致死傷罪とする理論構成を採るべきであるとする。しかし，この事例では，傷害結果を惹き起こしうる日本刀を突きつける行為そのものに有形力の行使を肯定することができると思われるのである。

他方，強盗の手段たる暴行により被害者を畏怖させ，その結果傷害を生じさせたときは，暴行に基づくものでなくても刑法 240 条の罪が成立するとされて

---

46)　判旨では，「本件は所論のように強盗が暴行を加えずただ脅迫しただけというような事態ではなく，強盗が暴行により被害者に傷害を加えたとの事案」であるとされている。
47)　強盗の機会に，刃包丁を突き出すなどの暴行により，被害者が逃げようとする際に右包丁にふれて負傷したという事例である。
48)　西田・前掲注 11) 40 頁，187 頁。

V 脅迫による傷害

いる（前掲大阪高判昭和60・2・6）。被告人が暴行，脅迫を加えて被害者の反抗を抑圧し，意思の自由を失っている被害者にさらに「倒れろ」と命じ，被害者は命じられたとおりにしなければ殺されるかもしれないと畏怖してミニバイクもろとも路上に転倒したことによって傷害を負ったという事案で，裁判所は，被告人が右のように反抗抑圧状態にある被害者に「倒れろ」と命じる所為は，強盗罪における脅迫にあたるというべきで，それは強盗の実行中に強盗の手段としてなされたものであることは明らかであり，被害者の傷害は被害者が畏怖したことに起因するものであるから，強盗の手段たる脅迫によって傷害の結果を生じたものとして強盗致傷罪の成立を認めるのが相当であるとしている。この事例では，脅迫を手段とする傷害が肯定されているが，先行する（相互に不可分の）暴行・脅迫を手段として倒れることを強要した，被害者を利用した暴行ということができ，その意味では，原審がいうように，刑法上は自ら直接被害者に暴行を加えたのと同一に評価するのが相当であるともいえよう。この点，詐称誘導の事例と酷似していると思われるのであり，たとえ強盗の機会が存在しなかったとしても，暴行による傷害の事例と考えることができ，傷害の結果が生じなかったとしても暴行の存在を観念しうると思われる。

　強盗致傷罪においては，手段としての脅迫による傷害が肯定されるという場合，手段説や機会説を根拠にするだけで，はたして理由として十分であろうか，疑問の余地はないものであろうか。むしろ，財物を強取する手段として，その機会に用いられる脅迫が，あるいは暴行・脅迫が一体として，被害者の心理に影響を与え，被害者をして一定の危険な行動をとらせた，すなわち被害者を利用した傷害がなされたという点こそが核心であるという事例が存在しうるのではあるまいか。

---

49) 原判決は，「被告人において被害者に『倒れるように命じて，同人をしてその場に転倒するのやむなきに至らしめ』たことを，『もつて暴行を加え，その反抗を抑圧したうえ』」としていた。
50) なお，暴行・脅迫の結果，自己の手指を歯でかみ切らせた事例について傷害罪の間接正犯の成立を認めたものがある。鹿児島地判昭和59・5・31刑月16巻5＝6号437頁。団藤重光・刑法綱要各論〔第3版〕（1990）413頁は，自傷行為であっても，教唆・幇助ではなく，被害者を道具とする間接正犯であれば，成立しうるという。なお，傷害に至らなかった場合でも，被害者を利用した暴行といいうるのである。

3　認識していない客体への強盗致死傷罪の成否

　脅迫による傷害の問題は，さらに，強盗の機会に，直接の強盗の相手方ではない，行為者の認識していない客体に致死傷の結果が生じた場合にも，強盗致傷罪の成立が肯定されるかが問題となる。これについては，法定的符合説を採用し，故意の個数を問題としていない判例（最判昭和53・7・28刑集32巻5号1068頁）の立場から，あるいは，致死傷の結果は強盗の機会に生じればよいとする機会説の立場からは，強盗致傷罪は肯定されうるであろう。[51]

　東京地裁平成15年3月6日判決（判タ1152号296頁）は，被告人らが，風俗店においてAらに脅迫を加え反抗を抑圧した上で現金を強取したが，その際，店内にいて被告人がその存在を認識していなかったBが難を逃れるために窓から脱出を試みたところ転落し傷害を負った事案につき，裁判所は，強盗致傷罪が成立するためには単に強盗の現場において致死傷の結果が発生したというだけでなく，通常強盗に付随して行われるような強盗犯人の行為に基づき傷害等の結果が発生したと評価できることを要するところ，本件において，被告人らはBの存在について十分認識しうる状況にあり，[52] 被告人らがエアガンをAらに突きつけた行為によって，客観的には，店舗内にいたBに対しても脅迫が加えられていたと評価できる中で，これによって畏怖したBが窓から地上に降りようとして負傷した以上，被告人らはBに対しては強盗致傷罪の責任を負うと判示した。[53] この事例では，脅迫行為から意図しない客体にも傷害結果が生じるとされたが，ここでは，「心理的な影響力」によって因果の流れを直接支配したものとして，被害者の行為を利用する暴行と評価することはいまだ困難であって，強盗致死傷罪を肯定しようとするならば，判例のように解する

---

51)　もちろん，強盗致死傷の成立に暴行の故意は必要とし（団藤・前掲注50）595頁），また，いわゆる手段説を採れば，異なる結論に至りうる。
52)　この点で，本件は，錯誤論による解決を図ったものではない。
53)　井田良「結果的加重犯の理論」現刑4巻12号（2002）110頁は，「暴行を加えようとした客体に結果が生じなければならないという客体の同一性を結果帰属の要件とすべきである」としている。しかし，強盗行為は，行為者が被害を与えようとした客体以外にも，強度の脅迫を与えるのが通例であって，異常な行為を誘発することもあり得るので，強盗の機会に，脅迫行為によって致死傷の結果が発生した以上，強盗致死傷罪の成立を否定する理由はないと思われる。なお，脅迫に「死傷結果を発生させる類型的で高度な危険」を認めることができるかについては，丸山雅夫・結果的加重犯論（1990）211頁，内田浩・セレクト2004 34頁参照。

べきということになるであろう。

4　脅迫による暴行・傷害

　このような考察をもとにして，脅迫からの傷害結果事例について検討してみよう。脅迫から傷害結果が生じても，傷害とはならないとされている。もっとも，迷惑電話による傷害など，何ら有形力の行使がない場合をのぞくと，これまでの脅迫から傷害結果が発生したかが問われた事例のほとんどが示すように，それらはナイフ等の凶器を示す・かざす・突き出す等の暴行に付随して脅迫行為がなされた場合であり，それらには，なんらかの意味において有形力の行使を看取することができ，行為者においてもこれを認識している以上，そこから傷害結果が生じれば，傷害罪の成立を認めうるであろう。

　判例では，被告人が被害者に対しかわらの破片を投げつけ，なおも「殺すぞ」と怒鳴りながら鍬を振り上げて追いかける気勢を示したので，被害者が，難を避けるため夢中で逃げだし，走り続ける途中につまずいて転倒し，傷害を負った場合には，傷害の結果は，被告人の暴行によって生じたものと解するのが相当であるから，侵害を予期していなかったとしても傷害罪を構成する，としたものがある（前掲最判昭和 25・11・9）。[54]

　このような，行為者から加えられた暴行から身を守るために逃走中に転倒し負傷する事例（以下，「転倒事例」という）については，詐称誘導を被害者の行為を利用した暴行罪の間接正犯[55]と理解するのと同様に，暴行によらない傷害の例とする理解する説[56]と，直截に暴行との因果関係の問題であるとする説に分かれる。暴行に内在する心理的影響が詐称誘導の例に準じるもの（その場合には前

---

54) この場合，暴行によらない傷害の例とするものと（団藤・前掲注 50）411 頁），暴行との因果関係の問題とするもの（大塚ほか編・前掲注 13）402 頁［渡辺］）がある。もっとも，両者はかならずしも矛盾するものではなく，前者が想定しているのは，間接正犯に近い形態のものを前提にしているのである。井田・前掲注 53）109 頁は，執拗に追跡したり，危険な対応をとらざるをえないようにしたなどの限定を付して，追跡行為に危険な有形力の行使を認める。これに対して，暴行にあたらないとしたものとして，広島高判昭和 32・3・25 判時 119 号 26 頁，札幌地岩見沢支判昭和 43・10・7 判タ 235 号 225 頁。被害者に対する影響力の強弱の判断が結論を左右したものといえよう。
55) 被害者を利用した威力業務妨害罪の間接正犯を認めたものと解しうるものとして，最決平成 4・11・27 刑集 46 巻 8 号 623 頁。
56) なお，前掲注 50) 鹿児島地判昭和 59・5・31 参照。

者)か否かで結論を異にするものと思われる。

　さて，かりに，詐称誘導の事例を「被害者の行為がそのまま有形力行使の手段とされている」とし，暴行罪の間接正犯として理解することができるとすれば，「加害者の攻撃を避けようとして被害者がつまづいて負傷したようなばあいも」暴行罪の間接正犯として構成することも可能となろう。これによれば，もし，転倒事例では追跡行為それ自体に有形力の行使を観念することができなかったとしても，行為者の追跡行為が与える心理的な影響力による被害者の転倒行為が有形力行使の手段とされ，そこに暴行をみてとることができるであろう。古くも「暴行を加へんとして人を追ひ駈け，相手方が遁げた爲に何物かに衝突したとか，又は途中で顚倒して身體をうつたとかいふ場合でも，それは豫見し得べき範圍内の結果であつて因果關係があるから暴行を加へたのである」とされてきたのである。また，被害者を欺罔を手段とする以外に「脅迫して穴に落とすような場合に」（傍点筆者）も「被害者自身を利用した物理力の行使（間接正犯）を肯定することができる」とされているところ，「詐称誘導事例」と同等の必然性が肯定できれば，理論上，欺罔や脅迫を原因とする逃走事例においても傷害罪の成立を肯定できるであろうし，傷害結果が生じない場合でも，転倒行為に有形力の行使を観念し，暴行罪の成立を肯定できることになろう。

　学説においても，衣服を引っ張る行為は，人の身体との接触があっても傷害の危険性はないとして暴行とはならないとしつつ，電車に乗るのを妨げようとした場合には，被害者のとりうる行動によっては傷害の危険性があるとされ，その行為によって「注意すれば予見しうる被害者の自身の行為が行われ」（傍点筆者），それによって「傷害の（危険の）結果が発生する」ことは肯定されており，あるいは，暴行というためには，「有形力の行使〔ないしその効果＝筆者注〕が身体に異常な反応を引き起こすことが必要である」としているが，こ

---

57) 沢登・前掲注22) 234頁。
58) 小野・前掲注39) 172頁。
59) 団藤・前掲注50) 411頁もそのような理解であろう。
60) 宮本・前掲注16) 284頁。
61) 山口・前掲注4) 44頁。
62) 野村・前掲注7) 39頁，京藤・前掲注7) 97頁。暴行概念の判断に，不快嫌悪の情を催させることを要するとする説は，この文脈で理解できるのである。
63) 平川・前掲注4) 59頁。同旨，井田・前掲注53) 109頁。もっとも，相当因果関係の存在のみ

Ⅴ　脅迫による傷害

こでも，行為者の行為の心理的影響力のもとにある，被害者自身による過失による自己危殆行為という性質が重視されているものといえよう。

　暴行罪の本質につき，「もっぱら傷害結果に結びつけた物理的有形力の有無が，暴行の中核的要素たりえない……」，「狭義の暴行も含めて，単なる物理的な因果力だけでは説明できないとすれば，相手方に与える心理的影響に着目せざるをえない。さらに，強盗罪における最狭義の暴行も，……もっぱら被害者の反抗を抑圧する手段・方法として位置づけられるため，多数説が『身体的苦痛』という表現で示した物理力の攻撃的性格は，おおむね，相手方に対する心理的影響力に置き換えられるのではなかろうか」とされるのも，暴行について，同様の性質を看取したものと思われるのである。

　このような考え方をかりにさらに推し進めて，単なる脅迫行為によって傷害結果が発生した場合にも，脅迫の程度によっては，被害者の行為を物理力の手段と理解して，そこに被害者を利用した一種の暴行の間接正犯を肯定することも理論上は可能となるであろうか。行為者の脅迫から被害者が逃走することに高度の相当性があり，また，その逃走が場所的な関係から直ちに危険行為を意味し，その過程で転倒し傷害を負ったという場合，脅迫によって傷害に至る因果の経過を行為者において直接に支配し，その行為の危険性が結果に現実化したといいうる事例が想起できないことはないといえよう。

　この点で近時の注目すべき判例として，被告人は，被害者に接触することも，有形力を行使することもなく，被害者を威圧するようにして前進し，被害者を後ずさりさせたところ，被害者は後ろに転倒し，頭部を強打して重傷を負わせ

　　では結果の帰属は認められないとする。
64)　「物理力の効果が相手の身体に及んでいると認められる」場合（中森・前掲注4）14頁）というのも同趣旨と解しうる。
65)　佐久間・前掲注7）93頁，102頁。
66)　なお，齊野・前掲注24）450頁参照。食塩をまいたり，たん，つば等を吐きかける場合には，暴行ではないとしている。大塚ほか編・前掲注13）491頁［渡辺］は侮辱であるとする。
67)　殺人罪の間接正犯に関しては，最決平成16・1・20刑集58巻1号1頁，最決昭和59・3・27刑集38巻5号2064頁などがある。
68)　より直截に，暴行罪の構成要件行為は，傷害罪のそれと同じく，任意の行為で足り，接触の有無も，傷害罪の場合と同様，法益侵害結果発生の有無の問題として，構成要件該当行為と切り離して検討すべきとする近時の論考として，近藤和哉「暴行罪の再検討」神奈川法学47巻2号（2014）69頁。

たという事案に，大阪高判平成24・3・13判タ1387号376頁は，被告人の本件行為によって，被害者は，後方を確認する時間的・精神的余裕のないまま，かなりの速度で後ずさりすることを余儀なくされたものであって，後方確認ができないまま後ずさりをするという行為の不安定さや時間的・精神的余裕のなさ等に鑑みると，被告人の行為は，被害者に対して，被害者をして転倒させてけがをさせる危険を有するというべきであるから，直接の身体接触はないものの，傷害罪の実行行為である暴行にあたると認めるのが相当である，として，傷害罪の成立を肯定した[69]。本判例は，被告人の行為の物理力の効果が身体に及んだものと解して結論を導いているようであるが，その物理力の効果の内実を問えば，上記で述べたことに帰着すると思われるのである[70][71]。[72]

VI おわりに

暴行概念は立法当初から広く理解されてきたが，判例・学説を通してその範囲は拡張してきた。暴行罪にいう暴行につき，判例では，上述のように，傷害の結果を惹起すべきものにかぎられないとされ（前掲大判昭和8・4・15），また，物理力が人の身体に接触することは必要でないとされ（前掲東京高判昭和25・6・10，前掲最決昭和39・1・28），この時点で，広義の暴行概念との相違は相対化されたといえよう。[73]「必ずしもその性質上傷害の結果発生に至ることを要するものではなく，相手方において受忍すべきいわれのない，単に不快嫌悪の情を催させる行為といえどもこれに該当する」（前掲福岡高判昭和46・10・11）と

---

69) 本件評釈として，神馬幸一「判批」刑事法ジャーナル38号（2013）73頁，古川原明子「判批」龍谷法学47巻2号189頁などがある。同様に，フォークリフトの接近行為を有形力の行使としたものとして，東京高判昭和43・11・25刑事裁判例時報19巻11号230頁がある。
70) 判例タイムズ1387号377頁の匿名解説。上記の中森説（前掲注4，同じく注64）に親和性がある。
71) 古川原（前掲注69）は，傷害可能性に，「心理的な圧迫が誘発する被害者の行為を直接的な原因とした傷害」を含めるべきではないとする。
72) もっとも，被告人の行為に，結果を実現させるだけの危険性があるかは，慎重に判断すべきである。近藤・前掲注68) 88頁は，消極に解している。
73) 齋野・前掲注24) 442頁は，暴行概念の分類の必要性について疑義を表している。齊藤・前掲注7) 331頁は，広義の暴行は人の身体への接触という抽象的危険，狭義の暴行はその具体的な危険というふうに程度概念に結びつけている。

Ⅵ　おわりに

されているのである。暴行罪の法益は、「人の身体の安全」である。すなわち、不法に有形力が身体に加えられたり、あるいは危険にさらされないことである[74]。これをどの程度のレベルで保護するかが問題の核心である。「たしかに、接触不要説は身体の安全を『害した』行為を超え、『害しえた』行為をも処罰するものであり、現行法上不可罰な暴行未遂を処罰するものともいえる。この場合をも暴行罪に取り込むとすれば、同罪は、身体の安全に対する罪ではなく、身体の安全感を保護法益とすることになる[75]」とは問題点を見事に剔抉するものである。もっとも、身体の安全感・安心感の保護を暴行罪の保護法益から排除することがよしとされるかについては、疑問なしとしないのである[76]。

ところで、ドイツ刑法の傷害罪（223条）や危険な傷害罪（224条）、あるいは自由の剥奪罪（239条）、さらには（単純）放火（306条）などは重罪ではないので、強盗（249条）や強姦（177条）や殺人（211条，212条）と異なり、脅迫罪（241条）にいう加害の対象とはならない。これに比して、わが国は、「生命，身体，自由，名誉又は財産」を脅迫罪の加害の対象としていることから（221条）、ドイツ刑法の脅迫罪よりもかなり広く、すなわち違法性の低い脅迫までも処罰の対象としていることになる。しかし、その脅迫罪よりもわが国の暴行罪の法定刑の下限は軽いのである[77]。

また、わが国で、拘留と科料を刑罰としているのは、公然わいせつ罪と暴行罪、そして侮辱罪にすぎない。また、拘留または科料を刑罰としている軽犯罪法は、1条で種々の秩序違反行為（刃物等の携帯〔2号〕、著しく粗野または乱暴な言動〔5号〕、物を投げ、注ぎ、発射すること〔11号〕、害を与える性癖のある犬などの解放〔12号〕、異常な音量により静穏を害すること〔14号〕、悪戯による儀式や業務の妨害〔24号・31号〕、たん・つばを吐くことや大小便をすること〔26号〕、立ちふさがりやつきまとい〔28号〕、動物をけしかけること〔30号〕）などを処罰の対象としているが、法定刑の比較でみるかぎり、違法性において暴行の下限をなす行為は、

---

74) 暴行罪における暴行は、「身体的領域の物理的侵害」であるとし、身体領域への不法な物理的攻撃行為は暴行罪にあたるとする近時の論考として、増井敦「暴行罪における暴行概念と傷害致死罪」産大法学40巻3＝4号（2007）1頁。
75) 西田・前掲注11）40頁、同旨、佐伯・前掲注2）120頁。
76) なお、齋野・前掲注24）445頁。
77) 同旨、佐久間・前掲注7）103頁、山火・前掲注9）95頁。

軽犯罪法上の上記行為と重なると評価しうる。その意味で，暴行罪の暴行概念には，脅迫罪にもあたらないような違法性の程度が低い軽微な振る舞いなど，きわめて広範囲な有形力の行使も含まれることになると解しうるのである。[78]

暴行概念に明白な限界を付すことは，上述のように，それほど容易ではない。有形力の行使という概念の内在的制約を探究すべきは当然であるが，窃盗罪における，いわゆる絶対的軽微型の可罰的違法性の問題と同様に社会的相当性の問題としてあつかうべき領域に属する問題であることも否定できないであろう。[79] たばこの煙を吹きかける行為については，侮辱罪とはなりえても暴行とはならないとする考え方が有力であるが，[80] 大人に対しては暴行罪の成立を認める必要はないとしても，嬰児・乳児・幼児に対するかかる行為を侮辱としてすませることはできないであろう。暴行にあたるか否かは，種々の考慮要素を基礎に，総合的に判断すべきなのである。その際重要なのは，接触の存否，その行為の持っている物理的・病理的・感情的な刺激性であり，そのほか，限界事例においては，その行為の有する被害者に対する心理的影響力において，どの程度被害者自身の受傷行為に対して，直接的な支配があったか，ということである。

したがって，①物理力が身体に対して及んだ場合には，傷害の危険がなくとも，暴行になりうるというべきであり，人の身体に泥や汚物・たん・つば，[81] そして食塩をかける行為は，傷害の危険がないとはいえ，その態様によっては有形力の行使として暴行といいうるであろう。[82] ②物理力が身体に及ばなくても，また，それが及ぶことの認識の要否にかかわらず（前掲最判昭和25・11・9，東

---

78) 佐久間・前掲注7）94頁，102頁も，暴行罪の法定刑の下限が軽い点に着目して，「刑法上の暴行は，きわめて広範な『有形力の行使』を予定しており，そこでいう可罰性の限界も，非接触型暴行のように，単に加えられた物理的なエネルギーの有無だけでは説明できないからである」としている。もっとも，威力や軽犯罪法上の迷惑行為と区別は必要であるとしている。
79) 高橋・前掲注7）45頁参照。
80) 佐伯・前掲注2）122頁。
81) 被服の引っぱりには傷害の危険が存するであろうし，髪の毛の截断の事例（大判明治45・6・20刑録18輯896頁）は，手段がカミソリであることが危険性判断の点で重要である。
82) 反対，山火・前掲注9）95頁，齋野・前掲注24）449頁。佐伯・前掲注2）121頁は，食塩が身体に接触したかどうかは，不快嫌悪の情にとって重要ではないとするが，判例の事例では，ふりかけられた食塩の一部は頭髪内や着衣の内側に残留する形態・程度であって，そのため多少の肉体的生理的苦痛などを与えたとされており，必ずしも，軽微な有形力の行使とはいえない性質の行為であることがわかる。これらの事情は，身体的接触が暴行にあたるか否かにとって一つの判断素材となり得ることは否定できないであろう。多くの見解も，結論的には有形力の行使としている。佐久間・前掲注7）106頁注22など参照。

VI おわりに

京高判昭和 30・4・9 高刑集 8 巻 4 号 495 頁。強盗に関して，前掲最決昭和 28・2・19)，傷害の結果を発生させうる有形力の行使が人の身体の近くに及べば，暴行罪を構成しうる。投石，幅寄せ，日本刀を突きつける，鍬を振り上げて追いかける行為は，事例によっては，たしかに，人の意思を制圧するに足りる勢力である威力にとどまる場合もあろうが，暴行と評価できるであろう。[83]

③無形的暴行である場合，たとえば無言電話や騒音による場合には，傷害の故意がないかぎり，傷害罪は認められず，傷害の結果が生じない場合，暴行罪は成立しない。傷害発生の前段階に有形力の行使を認めることはできないからである。ただ，性病を秘しての性交や服毒は上述のように暴行と理解すべきであり，また，詐称誘導事例なども，転倒など被害者をしてその身体の安全にとって危険な状態に至れば，被害者を利用した暴行の間接正犯であるとして，暴行といいうるであろう。追跡回避の目的で逃走中の転倒事例では，手にした凶器や追いかけ行為自体に有形力を認めうるが，それがなくとも，脅迫行為によって被害者の逃走を引き起こしたとして，脅迫行為と致死傷との間に因果関係が肯定でき，詐称誘導事例と同視できる必然的結果としての転倒・転落が生じていれば有形力の行使を肯定することができ，さもなければ，そこに暴行とよべる実体をみいだすことはできず，暴行という語義には合致しないであろう。[84]

本稿は，暴行とは，有形力・物理力の行使であり，身体の安全を害する一切の行為，不法の攻撃ということができるとしたうえで，判例理論を基礎にした場合，暴行の法定刑の下限が低いことに照らして，「物理力」と「行使」の概念を広く解釈することが可能であるとの試論を展開したものである。もっとも，有形力，暴行にあたるとしても，それだけで可罰的であることを意味するもの

---

83) 被害者が気づかなくても，睡眠中であっても，投石や日本刀を振り回すことは暴行となる。同旨，佐久間・前掲注 7) 94 頁，佐伯・前掲注 2) 120 頁。なお，暴行罪は「人の安全感を保護しているわけではない」というのは，ここでは，暴行概念を減縮する役割を有していないことになる。

84) もっとも，暴行と脅迫の限界も事例によっては微妙であり（内田・前掲注 11) 39 頁），両者の区別は相対的であるともいいうる。そのような理由からも，両罪は包括一罪となりうるのである。東京高判平成 7・9・26 判時 1560 号 145 頁参照。なお，校正の段階で，芥川正洋「暴行罪における『暴行』概念の史的展開」早稲田法学会誌 67 巻 1 号 (2016) 1 頁に接した。同稿は，立法史・学説史を丹念にたどり，また，ドイツ刑法との比較法的な考察を基礎に，現在までの暴行罪の成立範囲の拡張を批判的に検討するものである。本稿とは異なるアプローチを行うものであるが，本稿で考察した各論点についても周到に検討がなされている。

ではないことは上述のとおりである。

PTSD の発症と傷害
――最高裁平成 24 年 7 月 24 日決定を契機として

林　美月子

I　はじめに

　心的外傷後ストレス障害（Posttraumatic Stress Disorder, 以下では PTSD という）を発症させたことは刑法上どのように考慮されるのであろうか。傷害あるいは結果的加重犯としての致傷にあたるであろうか。

　多くの場合には、犯罪の被害者に PTSD を発症させたことは量刑で考慮される。例えば、被告人が当時 9 歳の女子を自室に 9 年 2 ヵ月にわたって監禁し、逮捕監禁致傷罪等に問われたいわゆる新潟女性監禁事件では、監禁致傷罪を構成したのは両下肢筋力低下、骨量減少等であり、解放後に PTSD の症状や乖離性症状が認められたことは量刑上考慮された[1]。また、全治約 10 日の頭部打撲裂傷及び右上眼瞼裂傷の傷害を負わせた強盗致傷の事案でも、量刑で、傷害結果はそれだけを見ればさして重いとまでは言い難いが、被害者は PTSD と診断されてもいるので犯行の結果は決して軽いとは言えないとされた[2]。

　しかし、既に下級審は、被害者に PTSD を発症させた場合に、傷害罪あるいは結果的加重犯としての致傷罪の成立を認めてきた。すなわち、執拗な無言電話によって PTSD に陥らせた場合に傷害罪の成立を認めたもの[3]、強制わいせつによる PTSD 発症の場合に強制わいせつ致傷罪の成立を認めたもの等が

---

1) 東京高判平成 14・12・10 高刑集 55 巻 3 号 7 頁。
2) 旭川地判平成 15・10・30 LEX/DB28095060。他に量刑で被害者の PTSD の発症を考慮したものとして、東京地判平成 15・7・17 LEX/DB28095194、さいたま地判平成 19・4・26LEX/DB25420887 等。
3) 奈良地判平成 13・4・5 法教 249 号（2001）135 頁。富山地判平成 13・4・19 判タ 1081 号（2002）291 頁。
4) 山口地判平成 13・5・22 公刊物未登載、林美月子「PTSD と傷害」神奈川法学 36 巻 3 号（2004）219 頁以下参照。

ある。姦淫行為に起因する重大な精神的ストレスにより，全治不明の PTSD の傷害を負わせ強姦致傷罪とされたものもある[5]。

このような中で，最高裁は近時 PTSD を発症させた場合に監禁致傷罪の成立を認める判断を示した[6]。本稿では，この判例を契機として，PTSD による傷害について若干の検討を行うものである。

II　最高裁平成 24 年 7 月 24 日決定

本件は，被告人が，1 年余りの間に 4 回にわたり，17 歳ないし 23 歳の女性 4 名を，次々とホテルの客室や自宅居室に誘い込み，本人のみならず家族らの生命，身体にまで危害が及ぶ旨の脅迫をして，携帯電話を自由に使わせないようにして外部との連絡手段を絶ったり，被告人に仕える旨の誓約書を書かせて署名させたりして，被害女性らを心理的に追い詰め脱出困難な心理状態に陥れた上，しつけやお仕置きなどと称して，顔面や腹部を殴打したり，首を絞めたりする暴行を加え，服従させて 4 日ないし 116 日にわたって監禁し続けたものである。4 名に外傷後ストレス障害等の傷害を負わせた。治療行為によって，被害者 T は 2 年 3 ヵ月余りを経て，その症状が寛解するに至ったが，他の被害女性は全治不明である。なお，当初は監禁罪と傷害罪で起訴され，後に監禁致傷罪と傷害罪に変更された。PTSD との鑑定の結果を受けての訴因変更と思われる。

被告人と T とはインターネットのチャットで知り合い，メールや電話で甘言や虚言を用いて不安を煽り，威圧するなどして「遠距離飼育」をして，被告人を「ご主人様」と呼ばせていたが，3 ヵ月ほどして，平成 15 年 12 月 9 日にホテルに誘い出し性交するなどしたが，12 日に T が帰りたいといったところ，被告人は首を絞めるなどの暴行，「家族を殺す」等の脅迫をした。15 日に被告人の入浴中に T が母にメールして助けを求めたため，同日夕方に警察に保護された。T は暴行を加えられて顔面や頸部に負傷し，そのことをウェブサイトの日記に記載したが，負傷についての客観的な証拠はないようである。

---

5) 大阪地判平成 19・2・19 裁判所ウェブサイト。
6) 最決平成 24・7・24 刑集 66 巻 8 号 709 頁。

被害者Ｉと被告人もインターネットのチャットで知り合い，メールなどで連絡を取り合い，Ｉは被告人を「ご主人様」と呼んでいた。被告人はＩを４ヵ月ほどしてからホテルに誘い出し，平成16年3月8日からＩが助けを求めて弁当店に逃げ込んだ6月19日まで，暴行や脅迫を加えてホテルや被告人の居室に監禁した。監禁中に受けた暴行による傷害については，左目のあざや，左手足の負傷等が画像や写真，逃げ出した後の教会での確認がある。Ｉについては被告人は解離性障害及びPTSDによる監禁致傷罪に問われた。

　被害者Ｍとはコスプレイベントで知り合い，メールや電話で連絡を取り合い，Ｍが平成16年8月23日に被告人の居室を訪れ，8月30日から被告人が寝ているすきに逃げ出した12月16日まで被告人の居室に監禁され，暴行・脅迫を加えられていた。鼻骨骨折については医師の診断があり，被告人に自傷行為を迫られた結果である左肘の切創等についても被告人が携帯電話のカメラで撮影した写真がある。被告人はＭについては傷害罪にも問われている。

　被害者Ｆは被告人及びＭとコスプレイベントで知り合い，メールアドレスを教え合い，ＦはＭと連絡を取って，平成16年11月22日に3人で再会し，被告人の居室に赴いた。被告人とＭに暴行・脅迫を加えられ，警察に連絡して保護された12月2日まで監禁された。なお，客観的な負傷の証拠はないようである。

　第一審は監禁致傷罪，傷害罪の成立を認め，被告人を懲役14年に処した。とくにPTSDによる傷害，本件では監禁致傷の成立を肯定したものの，その点についての詳しい判示はとくになかった。[7]

　第二審はPTSDと傷害の関係について詳しく述べている。[8]まず，刑法上の傷害は人の身体の生理的機能に傷害を与えること，ないしは，人の健康状態を不良に変更することであるとし，傷害概念は法律上の概念であり医学上の傷害と必ずしも一致しないが，後者で診断される傷害が社会通念上それ自体として傷害として意識されるとする。その上で，少なくとも日常生活における支障が一時的なものにとどまらず，通常一定の治療行為が必要とされる程度に達するものである限り刑法上の傷害に該当するとした。そして，DSM（精神障害の診

---

[7] 東京地判平成19・10・19刑集66巻8号735頁。
[8] 東京高判平成22・9・24刑集66巻8号782頁。

断と統計の手引き，Diagnostic and Statistical Manual of Mental Disorders），ICD-10（疾病及び関連保健問題の国際統計分類，International Statistical Classification of Diseases and Related Health Problems）に準拠し，IES-R（出来事インパクト尺度改訂版，The Impact of Event Scale-Revised），CAPS（PTSD臨床診断面接尺度，Clinician-Administered PTSD Scale for DSM）にしたがってPTSDと診断されたものは，一時的苦痛やストレスなどのレベルを超えており刑法上の傷害にあたるとする。

また，診断を確実なものとするために，少なくとも鑑定等により，PTSDの疾患に詳しい専門医の診断結果を踏まえて傷害の有無及び程度を認定するのが相当であるとする。この鑑定には重きが置かれ，「刑法上の傷害の有無等に対する判断は，もとより法律判断であるから，裁判所において合理的な疑いを差し挟み，その信用性が否定されるべき場合があることはいうまでもない。しかしながら，特定の精神疾患に対する該当性やその内容，程度に関する診断は，それがいかなる機序等により発症したか否かの点も含め，上記のように，非常に専門的な分野に関わるものであるから，上記のような診断基準に基づくものである以上，当該鑑定等の前提条件や結論を導く推論過程において，明らかに不合理と認められる事情がない限り，基本的にその信用性は肯定されるべきものである。」とした。本件にこれを適用し，「各被害女性に対する鑑定をしたα及びβ医師は，原判決も説示するとおり，いずれも精神科医，とりわけPTSDに詳しい専門医として，臨床経験等が豊富であると認められる上，DSMの基準に従い，各被害女性についておおむね各事件における監禁等の被害を内容とする外傷体験がA基準を満たすとともに，これらにより各被害女性について，それぞれ三症状が1か月以上持続しており，臨床上の著しい苦痛ないし社会的機能の障害がある旨判定しているところであるが，その鑑定の経過やその内容等に照らせば，その判定は，いずれも合理的であり，鑑定の前提条件や結論を導く推論過程に明らかに不合理とすべき事情は認められないから，基本的に，その信用性は十分である。」とした。

最高裁は上告を棄却した上で，次のような職権判断を示した。「原判決及びその是認する第1審判決の認定によれば，被告人は，本件各被害者を不法に監禁し，その結果，各被害者について，監禁行為やその手段等として加えられた暴行，脅迫により，一時的な精神的苦痛やストレスを感じたという程度にとど

まらず，いわゆる再体験症状，回避・精神麻痺症状及び過覚醒症状といった医学的な診断基準において求められている特徴的な精神症状が継続して発現していることなどから精神疾患の一種である外傷後ストレス障害（以下「PTSD」という。）の発症が認められたというのである。所論は，PTSDのような精神的障害は，刑法上の傷害の概念に含まれず，したがって，原判決が，各被害者についてPTSDの傷害を負わせたとして監禁致傷罪の成立を認めた第1審判決を是認した点は誤っている旨主張する。しかし，上記認定のような精神的機能の障害を惹起した場合も刑法にいう傷害に当たると解するのが相当である。したがって，本件各被害者に対する監禁致傷罪の成立を認めた原判断は正当である。」

III　精神的障害と傷害

　傷害罪における傷害とは，他人の身体の生理的機能を毀損あるいは健康状態の不良変更をいう。この傷害には精神的障害も含まれる。下級審では既にこのことは認められていたが，最高裁判所も平成17年3月29日決定において「被告人は，自宅の中で隣家に最も近い位置にある台所の隣家に面した窓の一部を開け，窓際及びその付近にラジオ及び複数の目覚まし時計を置き，約1年半の間にわたり，隣家の被害者らに向けて，精神的ストレスによる障害を生じさせるかもしれないことを認識しながら，連日朝から深夜ないし翌未明まで，上記ラジオの音声及び目覚まし時計のアラーム音を大音量で鳴らし続けるなどして，同人に精神的ストレスを与え，よって，同人に全治不詳の慢性頭痛症，睡眠障害，耳鳴り症の傷害を負わせたというのである。以上のような事実関係の下において，被告人の行為が傷害罪の実行行為に当たるとして，同罪の成立を認めた原判断は正当である」とした。ここでは，精神的ストレスを受けたことではなく，それによって，全治不詳の慢性頭痛症，睡眠障害，耳鳴り症を発症させたことが傷害とされているようにも解される。

---

9)　最判昭和27・6・6刑集6巻6号795頁。
10)　大判明治45・6・20刑録18輯896頁。
11)　東京地判昭和54・8・10判時943号122頁。名古屋地判平成6・1・18判タ858号272頁等。
12)　刑集59巻2号24頁。

最高裁が正当であるとした第 2 審[13]の判断は第 1 審[14]を是認するものであり，この第 1 審も「長時間にわたって過大な音や不快な音を聞かされ続けると精神的ストレスが生じ，過度な精神的ストレスが脳や自律神経に悪影響を与えて，頭痛や睡眠障害，耳鳴り症といった様々な症状が出現することが認められ，このような事実によれば，騒音を発する行為も傷害罪の実行行為たりうるというべきである」として，騒音を流し続けた期間が約 1 年 6 ヵ月もの長期間にわたっていること，時間帯も朝から深夜までの長時間で，騒音の程度も窓を開放した状態では，最大値は地下鉄や電車の車内あるいは騒々しい事務所の中や街頭並み等であり，窓を閉めた状態でも最大値は静かな乗用車や普通の会話並み等で「被害者に対して精神的ストレスを生じさせ，さらには睡眠障害，耳鳴り，頭痛等の症状を生じさせる現実的危険性のある行為」であるとしていた。すなわち，本件では暴行によらない無形的方法による傷害罪の成否が問題となっているところから，傷害の実行行為性が問われている[15]。そして，その実行行為とは精神的ストレスを与えることであり，睡眠障害，耳鳴り，頭痛等の発症の危険を生じさせることであり，この危険の現実化が傷害結果としての睡眠障害，耳鳴り，頭痛等である。したがって，精神的障害といっても，上記傷害の定義の身体の生理的機能の毀損に該当するものであったことに，注意しなければならない[16]。

Ⅳ　診断名と傷害

　これに対して，本最高裁決定は診断名を重視しているようにも見える。すなわち「所論は，PTSD のような精神的障害は，刑法上の傷害の概念に含まれず，したがって，原判決が，各被害者について PTSD の傷害を負わせたとして監禁致傷罪の成立を認めた第 1 審判決を是認した点は誤っている旨主張する。し

---

13) 大阪高判平成 16・9・9 刑集 59 巻 2 号 73 頁。
14) 奈良地判平成 16・4・9 刑集 59 巻 2 号 67 頁。
15) 大野勝則・最判解刑事篇平成 17 年度 64 頁。
16) 林幹人「精神的ストレスと傷害罪」判例刑法 (2011) 248 頁，柑本美和「『暴行』と『傷害』」上智法学論集 50 巻 4 号 (2007) 116 頁。この点について，林美月子・前掲注 4) 219 頁以下。さらに，近藤和哉・セレクト 2012 [1] 34 頁，吉川友規・同志社法学 66 巻 6 号 (2015) 258 頁。

かし，上記認定のような精神的機能の障害を惹起した場合も刑法にいう傷害に当たると解するのが相当である」としているので，PTSDの発症を傷害であるとしたとも考えられるのである。

　下級審判例には精神的障害の診断名を重視したように解されるものもある。被害者に向かって怒号したり，ダンプカーを運転して被害者方玄関先で停車や空ぶかしを繰り返すなどの一連の嫌がらせ行為によって「不安及び抑うつ状態」の傷害を負わせたとした。[17]もっとも，この判例も「傷害罪にいう傷害の結果とは，人の生理的機能を害することを含み，生理的機能とは精神機能を含む身体の機能全てをいうと解されるから，Cに対し『不安及び抑うつ状態』という医学上承認された病名に当たる精神的・身体的症状を生じさせることが右の傷害の結果に当たることは明らか」であるとしており，食欲不振，浅薄睡眠，知覚過敏，易怒傾向などの状態が認められる事案であるが，そのことよりも，病名にあたる精神的・身体的症状を生じさせたことを重視して傷害としたと解されるのである。

　本最高裁決定も「いわゆる再体験症状，回避・精神麻痺症状及び過覚醒症状といった医学的な診断基準において求められている特徴的な精神症状が継続して発現していることなどから精神疾患の一種である外傷後ストレス障害（以下「PTSD」という。）の発症が認められたというのである」という認定を前提として，「上記認定のような精神的機能の障害を惹起した場合も刑法にいう傷害に当たると解するのが相当である」としている。したがって，PTSDの診断基準を満たす特徴的な精神症状があったからこそPTSDと認定されたことを重視している。PTSDの診断基準には再体験症状としての生理学的反応性，過覚醒症状あるいはネガティヴな認知，気分症状としての入眠，または睡眠持続の[18]

17）　名古屋地判平成6・1・18判タ858号272頁。
18）　2013年5月に公表されたDSM-Ⅴにおいては，PTSDについても改訂が行われた。PTSDの位置づけが不安障害から外傷及びストレス関連障害に変わった。診断基準に関しては，外傷的出来事の基準において性的暴力が明示され，強い恐怖や無力感といった反応に関する基準は削除された。再体験の基準では外傷的出来事についての思考が除外された。DSM-Ⅳでは回避（麻痺）症状の基準とされていたものが，回避症状の基準とネガティヴな認知，気分症状の基準に細分化され，外傷体験，再体験，回避，過覚醒，気分および認知のネガティヴな変化の5つの基準となった。戦争体験者や犯罪被害体験者はネガティヴな認知や気分を示すことが多いことから，このような症状を取り込む基準を設定し，不安障害とは別のカテゴリーになったといえる。高橋三郎＝大野裕監訳・DSM-5精神疾患の診断・統計マニュアル（2014）269頁以下。ま

困難等の症状があり，それらの症状を含めて基準が満たされる場合に傷害と認めているとも考えられるのである。

本件では，Tの原審証言では事件直後からの不眠が，また，T作成のメールでは頭痛，腹痛，吐き気が認められる。また，I及び両親の原審証言では事件後にアルバイト中に急激に体調が悪化したことが指摘されている。また，Mについては事件前後にMを診断した医師は情動不安定・抑うつと並んで不眠の継続を認めてPTSDと診断している。

しかし，これらの生理的機能の障害が本件の鑑定で回避・精神麻痺症状及び過覚醒症状の基準充足についてどのように判断されたのかは，第一審判決及び原判決からは知ることができない。PTSDの診断基準は睡眠障害等の生理的機能の障害に尽きるわけではなく，これらの症状はPTSDの診断基準の中でも必須条件ではない。

むしろ，PTSDの本質はこれらの症状に尽きない様々な要素の総体としてとらえられるのである。このような性質をもつPTSDの診断によっても刑法上の傷害に該当するとしたところに本最高裁決定の意義がある。

本最高裁決定は，1980年に発表されたDSM-Ⅲにおいて初めて認められたPTSDによる傷害を認めた。このことは2つの意味をもつ。第一は，PTSDはDSM-Ⅲ成立の過程で，精神障害とするようにとのベトナム退役軍人団体からの強い要請があったとされる。[19]このような新たな障害を発症させることも傷害と認めたことである。第二は，第一点と密接に関係するが，DSM-Ⅲは病因論的分類より記述的方法に徹し，チェックリストによって障害の有無を判断するが，[20]そのような方法による障害も傷害と認めたことである。

もちろん，PTSDについても，生理学的所見や脳画像の研究が行われ，MRI

た，2015年に完成予定のICD-11ではICD-10にもある心的外傷体験，再体験症状，回避症状，過覚醒症状を中核とするPTSDのほかに，避けることが困難又は不可能な異常に強い又は長期間のストレスにさらされた場合を捕捉する複雑性PTSDが加えられている。鈴木友理子「ICD分類の改訂に向けて――ストレス関連障害の動向」精神神経学雑誌115巻1号（2013）72頁以下，http://apps.who.int/clssifications/icd11/browse/f/en 参照。

19) 松下正明「操作的診断の登場とその背景――DSM-Ⅲの成立とプロザック現象」林拓二＝米田博責任編集・操作的診断vs従来診断――非定型精神病とうつ病をめぐって（2008）2頁以下。DSM-Ⅲの成立過程における政治的社会的要求などについては，Wilson, DSM-Ⅲ and the Transformation of American psychiatry: A history. Am J Psychiatry 1993; 150, 3: 399-410 参照。

20) 牛島定信「DSM診断体系の功罪」精神療法37巻5号（2011）5頁以下参照。

by って海馬の軽度の萎縮が、また、微細な脳電位によってストレス刺激に対する感受性の亢進が測定されている[21]。強いストレスに対して防御のために過剰に分泌されたステロイドホルモンが海馬の神経細胞を傷つける[22]。そうだとすると、脳の器質的病変が認められことにもなろう。そのような研究が発展すれば、生理的機能の障害としての刑法上の傷害を認める確固とした基礎を提供することになる可能性もある。また、抗精神病薬の研究によって脳内神経細胞間のシナプスにおける神経伝達物質の取り込みやその阻害のメカニズムが解明され、そのことが精神障害の生物学的基礎を提供するようになっている[23]。PTSDのように心因反応の典型と考えられるものであっても、心因、つまり心理的、環境的要因がシナプスの結合の強度に影響すると考えられている。

しかし、海馬の萎縮については、海馬の委縮がPTSDの発症前から存在した可能性もあるとの議論もある[24]。そうだとすると、犯罪行為前には健常であった被害者の生理的機能が犯罪後に機能を障害されたといえないことになり、被告人の行為が被害者を傷害したといえなくなる。また、大脳皮質の構造的・機能的変化があるとしても、その変化とPTSDの様々な症状との関係は十分に明らかとはいえない[25]。DSMも被害者が体験する症状及び臨床的経験に基づく基準であり、脳画像等に現れる変化もこれらの症状や臨床経験とどのように関係するかが示されなければならないと思われる[26]。さらに、精神医学の中での心因の障害の生物学的研究の方向性は明らかではない[27]。

---

21) 岩波明＝大渓俊幸「PTSDの生理的所見と脳画像」加藤ほか編・PTSD 人は傷つくとどうなるか（2001）31頁以下。柑本・前掲注16）118頁。
22) 加藤忠史＝加藤進昌「ストレスと脳 PTSDの脳内メカニズム」加藤進昌ほか編・前掲注21）19頁以下，特に23頁以下。なお，この海馬の萎縮も抗精神病薬による神経伝達物質の調節によって修復されうる。
23) Knauerは，脳神経の可塑性とICDやDSMの操作的診断によって精神障害は明確にできるとする。ただし，精神的な障害をもたらすことが刑法上の傷害罪に該当するという解釈は明確性の原則に抵触するとする。Knauer, Der Schutz der Psyche im Strafrecht, 2013, S. 142ff., 199ff.
24) 岩波＝大渓・前掲注21）37頁。
25) 望月聡ほか「PTSD患者にみられる神経解剖学的・神経心理学的変化に関する研究の概観」筑波大学心理学研究42号（2011）99頁以下。
26) なお，責任能力の判断において精神障害の有無や診断が問題になる場合にも，今後，脳画像等に現れる変化をどのように扱うべきかが問題となるが，精神障害の程度，弁識能力や制御能力の判断に関連する限りで証拠として用いられることになる。
27) 松下・前掲注19）42頁以下参照。DSM-Vも神経画像を診断手段としていないことについて，Wittchen, DSM-5 Did Tighten Up the DSM-Ⅳ Criteria——Sensibly and in the Interest of Pa-

そもそも，精神医療に携わる者すべてが，地域差なく統一された診断ができるようにすることを目的として，生物学的原因もふくめて，およそ精神障害の原因を問わないで，症状によって精神障害を診断しようとするのがDSM-Ⅲであった。そして，症状によって診断されるDSMの様々な精神障害の中でも，とくにPTSDは同一性のない，異なる症状から成り立っている精神障害である。DSM-Ⅴでは，5つの再体験症状のうち1つ，2つの回避症状のうち1つ，7つの認知・気分症状のうち3つ，6つの過覚醒症状のうち3つを満たすとPTSDと診断されるのであり，その組合せは，64万近くになるのである[28]。神経や脳の画像診断の研究は，その画像診断から判明する事項が，PTSD診断の必須条件である場合に始めて意味を持つのであって，様々な症状の複合体として形成されるPTSD等の診断にどのような意味があるのかは，明らかではない[29]。

結局，現在のところ，生理的機能の障害が認定の必須要件ではないPTSDによる刑法上の傷害の成立の範囲を確実なものとするためには，専門家による厳格な基準の適用を求めるしかないように思われる[30]。

Ⅴ　専門医によるPTSD鑑定の尊重と傷害

本最高裁決定の原判決は，PTSDの疾患に詳しい専門医の鑑定等によってその診断を確実なものとしようとする。従来，確かに，PTSDの診断について疑

---

tient, Not of Politicians! Verhaltenstherapie 2013; 23: 283-284. なお，脳神経科学等の研究成果が本稿で問題となっているような，可罰性を基礎づける方向ではなく，可罰性を否定する方向，すなわち刑事責任能力に及ぼす影響については別に考える余地があろう。脳神経科学等の研究成果は責任非難について無視できないとするが，刑事上の非難は規範的要求をなしうる能力を前提とした不法非難で足りるとするものとして，Hoernle, Kriminalstrafe ohne Schuldvorwurf, 2013, S. 15ff, 28, 69ff。

28) Nemeroff et al: DSM-5: a collection of psychiatrist views on the changes, controversies and future directions. BMC Medicine 2013 11: 202, 19.
29) Gillihan and Parens, Should We Expect "Neural Signatures" for DSM Diagnoses? J Clin Psychiatry 2011. 72 (10): 1383-1389. なお，PTSDの脳画像でみられる扁桃状部の過反応は精神病の患者にも見られるが，精神病患者にとってはこの反応に対する良い治療はPTSD患者にとっては症状を悪化させる可能性があり，治療の観点からも画像診断に疑問を寄せるものとして，Nemeroff et al, supra note 28, at 202。
30) 井田教授も判断の明確化と安定のためにDSMやICDの基準によることに十分な理由があるとされる。井田良「傷害の概念をめぐって」刑ジャ6号（2007）118頁。

問が生じる場合もあった。

　例えば，被告人は通りかかったA（当時10歳）の表情や態度が気に入らないとして，その頭髪をつかんで引っ張り，路上に引き倒した上，その頭部を足の裏で踏みつけたり，その腹部，頭部を手拳で数回殴りつけるなどの暴行を加え，これを制止しようとしたB子（当時34歳）に対し，その頭部を玉ねぎ等の入った買い物袋や手拳で殴りつけるなどの暴行を加えた事案で，事件の4日後に診察した医師はAとBをPTSDと診断した。PTSDによる傷害罪の成立を認めた第一審判決を破棄した高裁判決は，DSMの心的外傷体験等の基準を充たすか疑問であるとして暴行罪の成立のみを認めた。[31] 本件ではPTSDのすべての基準の充足に疑問があるが，特に外傷体験の基準と症状の持続期間が問題となる。

　また，被告人が自己の心情等を吐露する内容の電子メール約1000通を被害者の携帯電話機に送信したり，連続して執拗に電話をかけたり，既婚者である被害者が他の男性と性的関係があるかのような内容のインターネット上のウェブサイトを作成して被害者にその内容を了知させたり，身辺につきまとうなどの行為を繰り返し，被害者が近所の神経科クリニックの担当医師から「外傷後ストレス障害，うつ病性障害」と診断されたが，判決は，DSM-Ⅳ診断基準AやICD-10の診断基準Aの心的外傷体験の定義にてらすと，被告人の無形的方法による加害行為が心的外傷体験に該当するか，疑問が残るといわざるを得ないとした。医師も，「被害の内容は外傷後ストレス障害を引き起こすのに十分なものであると考える」とする一方，「そうでないと認識された場合には，適応障害の診断を付けることになる」との所見をも示していたことから，全治不詳の適応障害及びうつ病性障害による傷害と認定した。[32] 本件では，心的外傷体験の基準は2点で問題となっているようにも思われる。第1点は，外傷体験の対象が重大なものであるかという問題であり，第2点はつきまとい，執拗な電話等から発生する精神的症状は一次的，直接的なものであって，二次的被害であるPTSDとなるのかという問題である。この第2点は執拗な無言電話についても問題となる。[33]

---

31) 福岡高判平成12・5・9判時1728号162頁。
32) 神戸地判平成21・4・17裁判所ウェブサイト。

さらに，自動車運転過失傷害等被告事件で，衝突された被害車両の運転席にいたＡが頚椎捻挫等の傷害を負い，助手席にいたＣがPTSDを負ったとした原審判決を破棄した高裁判決は，心的外傷体験の定義をみると「いわば，非常に怖くて恐ろしい目に遭った体験が必要であることが認められる」とする。しかし，「これを本件でみると，本件の事故態様は，被告人が，駅前のロータリー内を普通乗用自動車で進行し，前方の右側と左側に停止していた２台の車両の間を時速約30キロメートルで後方から通り抜けようとした際，運転操作を誤り，右手前に止まっていたＡ車両の左前部に自車右側面部を衝突させたというのであり，被害車両の運転席にいたＡが負った傷害は加療約13日間を要する頚椎捻挫等であり，助手席にいたＣは身体には傷を負わなかったというのであって，その衝撃によるＣの本件事故体験は，PTSDの診断基準にいう心的外傷体験に当たるとはいえず」また，Ｃに再体験，回避，持続的な覚醒亢進の３つの症状が現れていることも認められない。持続期間は，１か月以上とされているのに，本件診断書において，本件事故の３日後に，PTSDと診断されているのは，PTSDの診断基準に適合していないとして，自動車運転過失傷害罪の成立を否定している。[34]本件では外傷体験の対象の重大性及び症状の持続期間が問題となっている。

　このように，PTSD基準を充たさない場合もPTSDと診断される場合が多々ある。従来，被害者が受診した精神科等の医師の診断書やその証言等に基づいてPTSDの認定がなされることが多かったが，[35]上記の諸判例で見たように，PTSDに詳しくない精神科を受診した場合のPTSDとの医師の診断には疑問が生じることが多い。このような場合，司法において，PTSDの基準への当てはめが適切であるかを判断することも考えられる。症状の持続期間等については判断が可能であろう。しかし，それ以外の点については，精神医学の専門家ではない裁判官により適切な判断を期待することはむずかしい。[36]したがっ

---

33) 小倉正三「心的外傷後ストレス障害（PTSD）と傷害罪の成立」小林充先生・佐藤文哉先生古稀祝賀刑事裁判論集(上)（2006）362頁。杉田雅彦・交通事故判例速報47巻9号（2012）32頁以下。PTSDを認めうるとするものとして田川靖紘・刑ジャ35号（2013）148頁。
34) 東京高判平成22・6・9判タ1353号252頁。
35) 例えば，名古屋地判平成6・1・18判タ858号272頁，東京地判平成16・4・20判時1877号154頁。
36) 神村昌通・研修772号（2012）23頁参照。

て，PTSD に詳しい医師の診断が必要である。本件では各被害者について，捜査機関が精神科医に鑑定又は意見書の作成を求め，これに基づいた認定がなされており，原判決は PTSD の専門家による確実な鑑定を基に，PTSD という精神的障害による傷害を認めても，処罰範囲が拡大しすぎることがないように配慮するのである。本最高裁決定は原判決の専門家による確実な鑑定という認定手法について，直接には判断していないが，このような手法による「上記認定のような精神的機能の障害」の惹起を傷害にあたるとしたのであり，是認したものといえよう。

　原判決はさらに，専門家による PTSD の鑑定がなされた場合にはそれを尊重すべきとしている。「刑法上の傷害の有無等に対する判断は，もとより法律判断であるから，裁判所において合理的な疑いを差し挟み，その信用性が否定されるべき場合があることはいうまでもない。しかしながら，特定の精神疾患に対する該当性やその内容，程度に関する診断は，それがいかなる機序等により発症したか否かの点も含め，上記のように，非常に専門的な分野に関わるものであるから，上記のような診断基準に基づくものである以上，当該鑑定等の前提条件や結論を導く推論過程において，明らかに不合理と認められる事情がない限り，基本的にその信用性は肯定されるべきものである」とする。

　この文言は責任能力判断についての鑑定の尊重を示した最高裁判決を想起させる。もっとも，責任能力の精神鑑定については，平成 20 年最高裁判決の意図がどのようなものであったにせよ，その後の判例によって，精神鑑定は尊重するにしても責任能力判断は究極的には法律判断とされて，裁判所が規範的に責任能力を判断することが明らかにされている。これに対して，原判決及び本最高裁決定では，PTSD との鑑定があれば，あらためて，傷害にあたるかの法律的判断をしないことになるのである。上告趣旨は，医師の意見は飽くまで参考で，処罰に値するほどの傷害かを判断すべきとした。しかし，本最高裁決定

---

37) 小倉・前掲注 33) 364 頁。
38) 平成 20・4・25 刑集 62 巻 5 号 1559 頁。
39) 最決平成 21・12・8 刑集 63 巻 11 号 2829 頁。なお，原判決は，T が直ちに医療機関で受診しなかったとしても，その症状が軽微であるとまではいえない理由として，精神科の患者には，病気の部分と健康な部分の両面があり，早く社会復帰したいなどという希望をもって，T がアルバイトに出ていたと考えられるとするが，責任能力の判断では健康な部分が強調されるのとは対照的である。

はPTSDと鑑定されれば，それは，一時的な精神的苦痛やストレスを感じたという程度をこえて刑法上の傷害の概念をみたすと考えているのである。

前述の平成12年5月9日の福岡高判は被害者の症状がPTSDの基準を充足しないとしたが，治療措置といえるほどのものも，経過観察の措置も採られていないこと等を特に重視している。これらはPTSDの診断基準が充足されていないことを示すともに，軽微性の点からも傷害罪の傷害にあたるかにも疑問があることをも示すものである。福岡高判の事例では，本最高裁決定が前提とするPTSDの診断は充たされていないと言えるが，そのことと傷害の軽微性は表裏の関係にあるのである。福岡高判もPTSDの診断が厳格になされていたとしたならば，軽微性がゆえに基本となる暴行に織り込み済みであるとすることもむずかしかったのではなかろうか。本最高裁決定は，PTSDと鑑定で診断された場合，診断された状態は刑法上の傷害概念を充足する程度のものであることを明確にしたといえよう。

これと異なり，専門家の診断に加えて，重大な実行行為が行われれば「傷害」と認定される重篤な精神疾患も生じうるという意味で，裁判所が犯罪行為及び結果の重大性をも総合判断して，傷害や各種致傷罪の成否を検討するとする見解もある[40]。しかし，上に見たように，既に，PTSDの診断基準である心的外傷体験は相当に重大なものに限られている。したがって，医師によって心的外傷体験の基準への当てはめが厳格になされている限り，さらに裁判所が犯罪行為の重大性を考慮する余地はないように思われる。また，厳格に心的外傷体験が診断されている場合に，裁判所が傷害や致傷罪を否定することは本最高裁決定の趣旨とは異なるように思われる。犯罪行為が重大ではないのに心的外傷体験の診断がなされているような場合は，原審の判断方法によれば，鑑定を採用せず，再鑑定を行う等の措置を講じるべきことになるように思われる。

なお，原判決が言う鑑定による診断がPTSDの場合にのみ行われるべきかには問題がある。原判決も本件の事例について判断しているのであって，他の

---

[40] 島岡まな・平成24年度重判解157頁。豊田兼彦教授は，PTSDは一時的なストレスを超えた精神疾患であり，日常生活上看過される程度を超えているので，軽微性を理由に「傷害」にあたらないとすることはできないとされつつも，本決定は通常随伴性をも考慮して「刑法にいう傷害」該当性を肯定したと解される。豊田兼彦・法セ693号（2012）143頁。

場合はどのように扱われるのかについては判断していない。PTSDについて厳格に考えても，上記神戸地判平成21年4月17日が示すように，PTSDに該当しなくても適応障害あるいはうつ病性障害であるとの診断があればやはり傷害が認められるのである。また，PTSDの症状の持続期間が1ヵ月以上との基準を充たさない場合でも急性ストレス反応として傷害を基礎づけうるのである。[41] したがって，PTSDのみではなく，他の精神障害についても精神鑑定が必要になるように思われる。

VI 二次的被害と傷害

前述の平成17年の最高裁決定は傷害の事案，つまり直接に精神的障害を負わせようとして傷害した場合に関する判断であった。これとは異なり，本最高裁決定は，監禁致傷罪という結果的加重犯について致傷の成立を肯定したものであり，基本となる犯罪すなわち，監禁行為やその手段としての暴行及び脅迫の結果として二次的に精神的障害が発生した事案に関するものである。

PTSDの特徴は，外傷体験を，被害者が想起し，まさに再体験することによる間接的，二次的被害である点にある。本最高裁決定はこの二次的被害についても傷害を認めたことになる。

本件被害者の外傷体験は，鑑定によると，Tについては「7日間にわたってうけた一連の監禁及び性的暴行被害」，Iについては「首を絞められたり」「壁に押しつけられてそのまま何度も何度もお腹とか殴られたりした」「倒れたらその上に飛び乗って跳ねたりとかして，めちゃくちゃに踏まれ〔た〕」こと，Mについては被告人が被害者を「何回も気を失うまで殴り続けたり，窒息させたり，首を絞めたり」，被害者が被告人に「腕を無理やり自分で切らされた」こと，Fについては「監禁され，逸脱したセックスを強要されながら同時に身体的暴行を受け，しかもその状況を奴隷，あるいは被疑者の狂信者と化した女性が刃物を身につけながら強力にサポートしていた」ことである。[42] これらはま

---

41) 急性ストレス反応及びパニック障害による強制わいせつ致傷罪の成立を認めた判例として，岡山地判平成24・9・28 LEX/DB25483118。薮中悠「日本刑法における傷害概念と精神的障害」法学政治学論究102号（2014）21頁参照。

さに自身が危うく死にそうになる，重傷を負うあるいは負いそうになる，性暴力にあうといった外傷体験である。本件の被害者の外傷体験は重大なものであり，PTSD 外傷体験の基準を充たすものである[43]。

犯罪にあった被害者が精神的なダメージを受けないことはほとんど考えられない。前述の平成12年5月9日の福岡高裁判決が指摘したように，犯罪の被害者が精神的ショックを被り，その恐怖や衝撃的な場面を思い返すことによって心理的なストレスが増幅され，ある程度の期間にわたって不安定な状態が続くということはよくあることであろう。そこで，興奮しやすい状態，不眠状態，心理的に不安定な状態になるといった程度にとどまる場合には，厳密には傷害の概念に当てはまるとしても，もととなる犯罪の本構成要件自体に織り込まれていると解釈できるのではないかが問題となる。しかし，既述のように，本最高裁決定はPTSDと診断された場合には監禁致傷にいう致傷にあたるかをあらためて判断しなかった。すなわち，結果的加重犯の基本犯に織り込まれているかということを問題とせずに，致傷罪の成立を認めるという立場をとっているように思われるのである。このことは傷害罪についても，PTSDとの診断によって傷害罪の成立を認めることを意味する。

傷害罪の成立の限定や致傷罪の場合の基本犯の射程範囲を超えているか否かという判断は，PTSD自体の病態の明確性によって行われる[44]。したがって，なお問う余地があるのは，犯罪行為からPTSDが発症したかの因果関係及び故意，結果的加重犯について過失を要すると考えた場合には過失の有無等ということになる[45]。

---

42) 東京高判平成22・9・24刑集66巻8号884頁以下。
43) 強姦後の監禁についてPTSDによる監禁致傷罪の成立を認めた判例として，名古屋地岡崎支判平成27・5・22 LEX/DB25540579。
44) 井田・前掲注30) 119頁参照。近藤教授は，判例上，身体的障害はかなり軽微なものでも，行為性わいせつ致傷罪，強姦致傷罪が認められていることから，結果的加重犯にある程度の精神的障害は織り込み済みであると考える立場に疑問を呈されている。近藤・前掲注16) 34頁。大津地判平成24・6・1 LEX/DB25481694，大判大正11・12・16刑集1巻799頁。
45) 神村・前掲注36) 22頁参照。

Ⅶ 結語にかえて

　本最高裁決定の事案は，PTSDの基準へのあてはめを厳格に考えても，PTSDの発症を認めることに問題はない事案であった。また，PTSDへの基準へのあてはめだけでなく，さらに傷害の軽微性の程度を問題にするに立場にたったとしても傷害を認めることに差し支えはないと言える。PTSDに該当するとしてもさらに，法律的に二次的被害は基本犯，本件では監禁罪にある程度織り込み済みであるとする立場にたったとしても，本件被害者の精神的被害は監禁罪の射程を超えるものであろう。この意味で，本件の事案の解決としては，本最高裁決定は妥当なものと言える。また，本最高裁決定は事例判例と解すべきものではあろう。

　しかし，本最高裁決定の意義が上述のように，厳格なPTSDの診断や鑑定によって傷害罪や各致傷罪の成否を決定するものであるとすると，若干の問題も生じる。

　まず，犯罪の性質は検討されるべきであろう。判例には，放火の際に被告人が被害者の悲鳴を聞いたことから，その生理的・精神的機能に障害を与える未必の故意を認定し，傷害罪としたものがある[46]。小倉判事は，PTSDは元来，戦争神経症や性暴力の被害者の精神的後遺症が社会問題となったことから，診断

---

[46] 東京地判平成16・4・20判時1877号154頁。事案は，被害者Bから，もう連絡しないで欲しいとのメールを受け，強い憎しみを覚え，焼身自殺してBの心に生涯残る深い傷を負わせようと思い，Bの一家が居住するBの父C方の真下の空き室に放火したが，焼身自殺することなく外へ逃げ出し，別の日に，C方の玄関ドアにあった新聞紙にガソリンを染み込ませて点火して放火し，さらに，再びBに対する激しい憎しみの気持ちが湧き，Cの携帯電話等に執拗に無言電話をかけ続け，後日Cの留守宅にも放火し，その後1ヵ月半程，C及びBの携帯電話に約2000回の無言電話等をかけ続けたというものである。この事案ではBやCではなく，Cの妻DがPTSDと診断され，被告人にはこの点について傷害罪の成立が認められた。

　医師の公判証言によれば，一連の放火と一連の執拗な無言電話等による他人に襲われるという強い恐怖感を伴う体験が外傷体験であり，火災の体験が頭から離れずにちょっとしたことで思い出すという再体験があり，電話の音がするたびに不安になって電話に出られず，友だちと会うことなども，この体験の話題が出るのではないかと思って避けてしまうとか，事件のあった場所に近づけず，外に出る気がしないなどの回避症状，2件の放火の後に，別の医師の診断により，血圧が高いなどの身体の過敏，強い警戒心，不眠状態の継続を診断しており，過覚醒症状も認められる。その後，無言電話等の継続で恐怖心が更に強まり，PTSDの症状が強められたとする。

基準が作られたものであって，致傷罪の定めのある犯罪については，強姦致傷，強制わいせつ致傷，監禁致傷など性暴力や虐待に関する犯罪に限られるべきで，強盗致傷などに広げるべきではないとされる[47]。このことは，結果的加重犯ではないが，一次的被害が放火罪，二次的被害が傷害罪あるいは過失傷害罪として起訴される場合にも同様に解されるべきであろう。

また，本最高裁決定のように，PTSDと診断されれば傷害となるとすると，傷害罪あるいは各種致傷罪成立の後はすべて量刑の問題となる。上述の放火によるPTSDの東京地裁判決の事例では，現住建造物放火罪等と傷害罪は併合罪とされている。既に見たように，PTSDの発症をもとの犯罪の量刑で考慮する判例も多いが，そのような場合とは処断刑が異なってくるのである。

---

47) 小倉・前掲注33) 364頁。

現行刑法下戦前期における性犯罪規定の
立法・判例・解釈論

嶋矢貴之

I　はじめに——本稿の目的

　2016年9月，法制審議会総会において，性犯罪に対処するための刑法の一部改正に関する諮問第101号について，刑事法（性犯罪関係）部会で審議された要綱（骨子）が採択され，法務大臣に答申された。今後，この要綱（骨子）の内容が法案化され，それが成立すれば，わが国の性犯罪規定は（この間に若干の改正はあったものの），1907年の現行刑法制定以来，初めて全面的に改正されることになる。

　現時点でこれが実現の軌道に乗っている要因としては，ジェンダー法学による批判的研究[1]や男女共同参画についての政治的方針[2]などの点を指摘しうるであろう。しかし，性犯罪規定の処罰範囲を拡張・強化する方向での改正の検討は，後述の通り，1921年に遡る。つまり，改正の必要性は強く認識されていたが，100年越しで，ようやくそれが現実化しつつあるともいえる。

　本稿においては，旧稿につづき[3]，現行刑法下戦前期の性犯罪をめぐる立法・判例・解釈論の展開を，現行刑法制定から戦前期の，特に改正刑法假案（以下，仮案と略す）の成立展開を中心としながら明らかにしたい。あわせて必ずしも[4]

---

1) 多くの業績があるが代表的なものとして，ジェンダー法学会編・講座ジェンダーと法(3) (2012)，女性犯罪研究会編・性犯罪・被害 (2014)，大阪弁護士会人権擁護委員会性暴力被害検討プロジェクトチーム・性暴力と刑事司法 (2014)，角田由紀子編集代表・性暴力被害の実態と刑事裁判 (2015) 等。
2) 内閣府・男女共同参画会議・女性に対する暴力に関する専門調査会の報告書である「『女性に対する暴力』を根絶するための課題と対策——性犯罪への対策の推進」(2012) (内閣府ウェブサイト：http://www.gender.go.jp/kaigi/senmon/boryoku/houkoku/index_hbo07.html) 参照。
3) 嶋矢貴之「旧刑法期における性犯罪規定の立法・判例・解釈論」刑ジャ45号 (2015) 129頁。
4) 現在までの判例の展開および解釈論につき，嶋矢貴之「性犯罪における『暴行脅迫』について」法時1104号 (2016) 66頁。

十分でなかった性犯罪研究の穴を埋めるとともに，刑法における仮案研究の意義について若干の検討を行いたい。

II 仮案の規定とその経緯

1 仮案の性犯罪規定

大正10 (1921) 年に始まり，昭和15 (1940) 年に，一定の完成をみつつも，戦時情勢のひっ迫から打ち切られた刑法の全面改正作業の成果が，いわゆる改正刑法仮案である。仮案においては，最終的に確定するには至らなかったものの，性犯罪について，以下のような規定が定められていた。

第35章 姦淫の罪
第388条 暴行又は脅迫をもって婦女を強姦したる者は3年以上の有期懲役に処す。
第389条 暴行又は脅迫をもって人に対し猥褻の行為をなしたる者は6月以上7年以下の懲役に処す。
第390条 人の心神喪失又は抗距不能に乗じて姦淫又は猥褻の行為をなしたる者は前2条の例による。
第391条 前3条の未遂犯はこれを罰す。
第392条 第388条ないし前条の罪を犯し因って人を死傷に致したる者は無期又は5年以上の懲役に処す。
第393条 未成年又は心神耗弱の婦女に対し偽計又は威力を用いてこれを姦淫したる者は5年以下の懲役に処す。
第394条 業務，雇傭その他の関係により自己の保護又は監督する婦女に対し偽計又

---

5) 近時，林弘正・改正刑法假案成立過程の研究 (2003)，小幡尚「昭和戦前期における監獄法・刑法改正事業」高知大学学術研究報告 (人文科学編) 54巻 (2005) 1頁，新井勉「改正刑法仮案の編纂と内乱罪」日本法学73巻2号 (2007) 805頁，吉井匡「改正刑法仮案成立過程における裁判所侮辱をめぐる議論」立命館法学345＝346号 (下) (2013) 905頁，佐伯仁志「名誉毀損罪昭和22年改正への途」新報121巻11＝12号 (2015) 269頁。また，改正刑法仮案研究会「改正刑法仮案立案資料 (一)」香川法学34巻3＝4号 (2015) 210頁，同「改正刑法仮案立案資料 (二)」香川法学35巻4号 (2016) 132頁 (以下，研究会資料 (一) (二) として引用) も参照。
6) 法曹会・改正刑法假案 (1940) 80頁以下による。現代表記に適宜改めた。以下の仮名交じり文についても同様である。

は威力を用いてこれを姦淫したる者は5年以下の懲役に処す。法令により拘禁せられたる婦女を監護する者その婦女を姦淫したるときまた同じ。
第395条　婚姻をなすべきことをもって婦女を欺罔しこれを姦淫したる者は3年以下の懲役に処す。
第396条　13歳に満たざる婦女を姦淫し又は13歳に満たざる男女に対し猥褻の行為をなしたる者は第388条，第389条又は第392条の例による。

　一見して気が付く点は，393条から395条で新たな構成要件が設けられている点である[7]。通常の強姦（388条）に比し，393条は，未成年者・心神耗弱者に対する姦淫につき，偽計・威力による場合を軽減して処罰し，394条は，保護監督する婦女に対する姦淫につき保護者等が偽計・威力を用いて姦淫する場合を軽減して処罰し（被拘禁者姦淫には手段は不要），395条で婚姻すると欺罔して姦淫する場合をさらに軽減して処罰している。これを，ごく大雑把に要約すれば，暴行脅迫まで至らない手段（威力）でも処罰することと，偽計欺罔等，詐術的手段を用いて姦淫する場合について処罰を拡張し強化するもので，手段規定の緩和・拡張が現行法との大きな相違として指摘できよう。つまり，①威力の処罰，②類型的脆弱者（未成年・心神耗弱者・被保護監督者）の保護強化，③偽計欺罔という詐術的手段による場合の処罰である。このような処罰規定は，その後の判例実務の展開，現在の立法に通ずるものがある。すなわち，後述の通り，戦後の裁判例は，強姦罪の手段としての暴行脅迫につき，一貫して緩和する判断を行ってきている。また，一部の欺罔型については，準強姦規定を用いて，処罰を行う流れができている。そして，現在進行中の法改正の検討においては，監護者の影響下での性交等が処罰される規定が設けられようとしている。以上の通り，その後の流れを先取りする形で，仮案の規定はなされていたといえる。他方で，婚姻を理由としたとしても，純粋な欺罔による性交等を処罰することは，現在ではあまり想定されていないという相違もある[8]。

　本稿のより具体的な課題としては，①どのような理由および経緯で，仮案は

---

[7] 注釈として，久礼田益喜「昭和15年改正刑法假案註釈」法時365号（1960）397頁（初出不明・再録）。また大竹武七郎による各論部分の解説が警察思潮誌上にあるが（「改正刑法假案略説（一）」警察思潮13巻6号80頁ほか），全体の入手は難易度が高い。
[8] ただし，浅田和茂＝井田良編・新基本法コンメンタール刑法（2012）388頁〔島岡まな〕。

このような規定を設けるに至ったのか，②仮案が実現しない中で，その後，現在までどのように実務的処理がなされてきたのか，またその間にどのような取捨選択が行われたのか，という点を明らかにしたい。以下の2では，まずは，①について，その経緯・理由を立法資料等から明らかにし，Ⅲで②について簡単に触れたい。

2 仮案の成立に至るまで

(1) 立法の展開——臨時法制審議会への諮問

仮案の立案の開始は，大正10（1921）年に高橋是清内閣のもとで，以下のような諮問が臨時法制審議会に行われたことが，端緒となっている（第1回は大正10〔1921〕年11月28日）。

【臨時法制審諮問第4号】
「政府は主として左の理由に基づき現行刑法の規定中改正すべきものありと認む。その可否如何。もし可とせば改正の綱領如何。
一　現行刑法の規定は之を我が国固有の道徳及び美風良習に稽（かんが）へ改正の必要あるを認む
一　現行刑法の規定は人身及び名誉の保護を完全にするため改正の必要あるを認む
一　輓近人身の趨向に見て犯罪防遏の効果を確実ならしむるため刑事制裁の種類及び執行方法を改むるの必要あるを認む」

諮問の1つ目は，戦後以降の研究では批判的な目で見られる，いわゆる「淳

---

9) もっとも直前に原敬首相が暗殺されており（1921年11月4日），政策決定自体は原内閣の方針であったであろう（泉二新熊「刑法改正假案の眼目」同・法窓餘滴〔1942〕54頁参照）。現行刑法制定のように，司法省下の法律取調委員会ではなく，臨時法制審（総裁：穂積陳重，副総裁：平沼騏一郎〔当時〕）という内閣直下の組織で立法の調査研究を行うという決定も原内閣による（三谷太一郎・増補政治制度としての陪審制〔2013〕140頁）。刑法改正等は，現行刑法制定から14年，第一次世界大戦後の社会情勢に一歩先んじて対応するため，という。原敬・平沼の関係につき三谷・同書83頁。
10) この間の議論は，「諮問第4号（刑法改正）臨時法制審議会総会議事速記録」による（以下「総会速記録」と引用する）。総会速記録6頁。
11) 研究会資料（一）206頁に翻刻・掲載されている。

風美俗論」である。しかし，性犯罪の改正については，そちらではなく，2つ目のうちの「人身保護の完全化」によるものとして説明されている。林頼三郎幹事(当時：司法省刑事局長)は，諮問の2つ目の「人身及び名誉の保護」を完全化すべき具体例として，臨時法制審の場で性犯罪を挙げ，特に欺罔行為等を用いた姦淫行為を挙げていた。すなわち，関直彦委員からの具体的に想定される内容を，との質問に対し，林幹事は，2つ目の諮問につき，現行刑法では，財産犯は周密にできており差し支えないが，人身名誉は軽く，婚姻を偽る場合等に，詐欺は処罰されているのに性犯罪には規定が全くなく，物質偏重のあらわれ，と例を挙げている。刑法の大幅な改正が企図される中で，臨時法制審というかなり高いレベルで，具体例の1つとして，性犯罪が挙げられていたことは，注目に値しよう。つまり，現行刑法の不備の中で特に改正の必要性ないしその政治的意味が大きいという評価があったものと思われる。

(2) 刑法改正主査委員会での議論と「刑法改正の綱領」

この諮問について検討を行うため，臨時法制審内に，刑法改正主査委員会が設置され，その第1回目で，倉富勇三郎が委員長に選任され，さらに小委員会が設置されることとなり，主査委員から3名(倉富，花井卓蔵，豊島直通)が任命され，綱領案の検討を行うこととなった。

---

12) 淳風美俗論自体は，本審議会設置に先立つ臨時教育会議に基づくものであるが，その論の実際的な影響力は限定的であったという関係者の指摘として，刑法改正準備会・改正刑法準備草案附・同理由書〔序説：小野清一郎〕(1961) 87頁。また民法における淳風美俗論の取扱いにつき床谷文雄「臨時法制審議会民法改正要綱(大正14年)における父母の婚姻同意権」神戸女学院大学論集29巻2号 (1982) 9頁。

13) のち司法次官，検事総長，大審院長，司法大臣，中央大学学長等。なお以後の主要な関係者の官歴等は，引用の伝記や昭和15年版大日本司法大観 (1940)，秦郁彦編・日本近現代人物履歴事典〔第2版〕(2013)，同・日本官僚制総合事典 (2001) 73頁による。

14) 総会速記録8頁。委員は，全体的に改正に好意的であるが，諮問自体にやや批判的なのは，現行刑法制定にも深く関わった磯部四郎委員である (総会速記録10, 16, 17頁)。

15) 綱領についても，研究会資料 (一) 206頁。

16) 当初の委員は，藤澤幾之輔，牧野菊之助，江木衷，倉富勇三郎，豊島直通，関直彦，鵜澤総明，花井卓蔵，松室致，鈴木喜三郎，松田源治の11名，幹事は，林頼三郎，山岡萬之助，小山松吉，牧野英一，三宅高時の5名である (総会速記録18頁)。

17) この間の議論は必ずしも明らかではないと思われるが，倉富委員長の日記からやや垣間見える (倉富勇三郎日記研究会編・倉富勇三郎日記(2)〔2012〕，同(3)〔2015〕ほか。以下倉富日記巻数で引用する)。小委員会に関する日記の記述は当初数回を除き非常に薄く日付時間しか記述がないことが多い (倉富日記(2)527, 532, 584, 682, 690, 693, 709, 718, 774, 973, 1037, 1065, 1075, 1077, 1182頁，倉富日記(3)71, 93, 160, 181, 183, 269, 316, 329, 344, 383, 404,

主査委員会,小委員会,幹事会の検討を経て,再度,主査委員会での実質審議が行われ,そこでは,改正の必要があるとの判断が示され,その内容の1つとして,性犯罪に関する以下の綱領が,主査委員会から臨時法制審へ答申され,それが臨時法制審で決定されることとなる。

【刑法改正の綱領】
「30　猥褻,姦淫に関する現行法の不備を補い且刑の権衡を適当にすること」

もっとも,議事速記録の残る主査委員会レベルでの議論では,この点の具体的内容はあまり議論されず,仮案の規定に繋がる手がかり,及び具体的な構想はなお見られない。その後の臨時法制審総会においても基本的に同様である(ただし後述(3)花井報告参照)。

(3)　その間の判例および解釈論の展開

議論の参考として,この間の学説および判例の展開に目を向けてみたい。解

423,448,467,499,514頁等)。興味深い点として,その後,改正にかなり積極的にコミットする牧野(英)博士が1921年時点では現行刑法に改正の必要はないと主張し,その点で平沼騏一郎大審院長・臨時法制審副総裁(当時)と議論となっていること(倉富日記(2)494頁),倉富委員長は,平沼院長・副総裁の意見を政府の意見として理解していたこと(同499頁),小委員会にも鵜澤総明,鈴木喜三郎,小山松吉,三宅高時,山岡萬之助などが列席していたこと(同494,498頁),現行刑法の逐条審議をしていたこと(同499頁),議事要領(同683頁)・議事録(同1089頁)が存在したことが指摘できる。なお,小委員会(41回)に引き続いて幹事会(21回)が開催されたようだが(総会速記録27頁花井報告),それに先立って,小委員会での議論の進行状況(の遅れ?)に穂積陳重・臨時法制審総裁が関心を寄せ,倉富委員長に問い合わせていること,倉富委員長は花井委員が多忙で会を設定しにくいことを述べており,平沼院長・副総裁が進行を早める提案として,まずは幹事会方式で検討することを倉富委員長に提案している(倉富日記(3)120頁)。

18) この間の議論は,臨時法制審議会諮問第4号(刑法改正)主査委員会議事録(以下主査委速記録と引用)にある。
19) その時点では,主査委員会委員長は花井に,臨時法制審総裁は平沼に代わっている。
20) 第9回主査委員会(大14・6・1:主査委速記録174頁)では,議論も異議もない。むしろ,その最終段階で「不備とは」という話を倉富委員長が蒸し返し,林が口ごもる場面もあり,やや関心の変化が窺えなくもない(第15回主査委員会大14・11・28:主査委速記録262頁)が,ともあれ修正もなく可決された。
21) 臨時法制審第4回大正15年10月15日(総会速記録144頁)。原嘉道委員が身分関係の地位利用規制を設けることにつき,近親相姦処罰を含むのかやや疑問視するも,そのような意図ではないと花井主査委員会委員長,小山松吉委員(検事総長,のち司法大臣)が説明し,全会一致で可決される。
22) 学説につき,佐々木和夫「強姦罪における暴行・脅迫の程度」岩井宜子先生古稀祝賀論文集

Ⅱ 仮案の規定とその経緯

釈論においては，暴行の分類を行い，強盗と強姦を並列的に理解し，最狭義の暴行脅迫として，いずれも「反抗抑圧（意思自由の喪失）に足る程度のもの」と定義する牧野博士の見解が広くいきわたっていた。また，判例においても，刑法改正作業に入る同年直前に，（傍論ではあるが）反抗抑圧説をとるかのような言及のあるものが見られる。すなわち「暴行をもって被害者の反抗を抑制しその自由を喪失せしめ姦淫を遂げたる」事実を判示していれば理由の不備はないとしている。

　もっとも，立法作業開始（1921年）から，綱領の決定（1926年臨時法制審議決・答申）までの間にいくつか注目すべき事項がある。まず，判例において，強制わいせつ罪の暴行に関して，力の大小を問わないとの判断が示される。すなわち，「暴行とは正当の理由なく他人の意思に反してその身体髪膚に力を加うるの謂にして固よりその力の大小強弱を問うことを要するものに非ず」とされる。もとより，これは強制わいせつ罪の「唐突型」に関するもので過度に一般化できない判断ではある。ただし，同年に泉二博士の日本刑法論は改訂され，反抗抑圧説は放棄され，（それを通説と評価しつつ）強姦においては，暴行脅迫は無限定であるとする見解が採用されている。

(2011) 383頁，深町晋也「性犯罪における暴行・脅迫の程度」法教427号（2016）36頁参照。
23) 初出は恐らく牧野英一・改正刑法通義（1907）242，143頁。ただし，強盗と強姦の手段を並列と考えること自体は勝本勘三郎・刑法析義各論之部下巻（1900）219頁から見られる。通説との評価は，泉二新熊・日本刑法論下巻（各論）〔44版〕（1939）402頁により（泉二・日本刑法版数（発行年）で引用する）。反抗抑圧説をとるこの時期の教科書類として，岡田庄作・刑法原論各論〔増訂15版〕（1924）355頁，瀧川幸辰・刑法講義（1929）217頁，実務家によるものとして，新保勘解人・日本刑法要論各論〔2版〕（1929）231頁，平井彦三郎・刑法論綱各論（1934）225頁。
24) 戦前期の性犯罪に関する判例は大審院判決録および同刑事判例集の目次から調査した。なお判例に関して，もっとも正確でバランスのとれた叙述がなされていたのは，（『刑法判例総覧』『日本判例大成』などにおっているのかもしれないが）大竹武七郎・刑法綱要〔増訂7版〕（1941）458頁の叙述である。
25) 大判大10・2・22刑録27輯61頁。その前年発行の版である，泉二・日本刑法26版（1919）1232頁は，それまでの版では特に言及のなかった強姦の手段につき，反抗抑圧説を採用している。なお，旧刑法下の判例には，「緊要なる暴行脅迫」という表現がある（大判明20・3・25裁判粋誌3 大審院刑事判決例刑事集第2巻72頁）。
26) 大判大13・10・22刑集3巻749頁。深夜他人の家の寝床に忍び込み，女子の肩を抱き，陰部に手を触れたという事案である。
27) すでに，暴行とわいせつ行為が同時になされる場合につき，肯定する大判大7・8・20刑録24輯1203頁の判断があった。
28) 泉二・日本刑法35版（1924）402頁。先行する無限定説として，山岡萬之助・刑法原理〔増訂

289

他方で，欺罔による姦淫は処罰できないという理解が，無限定説をとるテキスト類を含めとられていた[29]。しかし，大正14（1925）年に，大審院で，欺罔的手段を用いて性行為を行った場合に，準強姦罪について無罪とした下級審の判断を，検察官の上告を受け，事実審理を行う旨の決定，さらには翌大正15（1926）年に，同事件を破棄自判し有罪とする判決が下される[30][31]（いわゆる大野博士事件）。

この大野博士事件判決は，立法が企図する部分を先取りした判断のようにも思われるが，まさにその4カ月後，臨時法制審で花井卓蔵が綱領案の答申を行う際に[32]，前記綱領30の挙げる「不備」の内容説明として，身分関係に基づく性交や欺罔姦を具体例として挙げ，立法による処罰の必要性を主張しつつも，（恐らく）大野博士事件の大審院判決を想定して，立法過程にあるにもかかわらず，それが先取り的に処罰されたことを（私見と断りつつ）強く批判し，立法による明確化の必要性を訴えている[33][34]。

7版〕（1918）608頁，中間的な大場茂馬・刑法各論上（1909）243頁。
29) 大場・前掲注28）243頁，山岡・前掲注28）606頁，泉二・日本刑法29版（1920）1232頁。
30) 大決大14・12・22刑集4巻769頁。医師が18歳女子に対し胸部および月経不順治療のための座薬挿入と誤信させ，治療を装い見えない状態で姦淫した事案である。本事件の発覚は1923年のようであり，前記の臨時法制審での林の指摘よりも遅く，それ以前から司法官僚にとっては対応が必要な問題と考えられていたといえる。
31) 大判大15・6・25刑集5巻285頁。
32) 主査委員会の最終段階で倉富が退任し，花井が委員長に選任される。花井の説明はやや安定せず，小山松吉が適宜補足している。性犯罪関係の強化を諮問1項（？）に基づくものと説明している（総会速記録144頁）。
33) 総会速記録149頁。なお，この時期までの大正年間，大審院は比較的活発に性犯罪に関して判断を下していたが，その後は特に意味のある判断は，戦後になるまで下されていない。ただし，大審院判決に引用される原判決を見ると，反抗抑圧と述べる場合とそうでない場合との時期的傾向がある。「抵抗を排して」に類する認定が大判昭4・6・7刑集8巻334頁，大判昭5・12・23刑集9巻949頁，大判昭6・5・18刑集10巻233頁，反抗抑圧が大判昭9・9・17刑集13巻1171頁，大判昭10・5・1刑集14巻454頁，大判昭11・5・12刑集15巻646頁。泉二裁判長によるものとして大判昭8・9・11新聞3615号11頁。
34) なお，臨時法制審資料として，外国法参考条文は，臨時法制審議会資料・刑法改正の綱領と最近外国立法との対照（1925）としてまとめられており，綱領30での参照条文は，ドイツ現行刑法（当時：親族姦，身分関係姦淫，男性姦，獣姦，婚姻偽約夫偽装姦，未成年姦），ドイツ草案（淫行強要，強姦，未成年姦，従属性性交強要，親族相姦，未成年卑属との淫行，未成年被養者との淫行，職務地位濫用淫行，男子間淫行……詐欺婚，姦通），オーストリア，イタリア草案各論なし，スイス草案（性的自由名誉侵害，精神耗弱者淫行，幼者淫行，高年齢未成年者との淫行，施設内収容者淫行，反自然淫行，致死傷，未成年誘惑　婦女の困窮従属性の濫用，親族相姦）である。

Ⅱ 仮案の規定とその経緯

(4) 刑法改正予備草案の起草

　大正 15（1926）年 10 月に，臨時法制審で議決された改正の綱領は，その条文化の検討のために，司法省に送られることになる。そこからは，司法省の下で，内部的な①刑法改正原案起草委員会での案の検討，外部者も含めた②刑法並監獄法改正調査委員会の設置，その中で③刑法改正起草委員会が設けられ実質審議（その後調査委員会へ答申し，同委員会で実質審議）という経緯を辿り，仮案は成立することになる。

　まず，綱領を受けた司法省は，昭和 2（1927）年 1 月に，省内に刑法改正原案起草委員会を設置し[35]，いわゆる「刑法改正予備草案」を作成する。泉二司法省行刑局長が主査委員となり，2～3 カ月間というごく短期間で，作成されたものである[36]。その性犯罪に関する内容は以下のようなものである[37]。

　第 33 章　姦淫の罪
　第 300 条　暴行又は脅迫をもって 13 歳以上の婦女を姦淫したる者は強姦の罪となし 3 年以上の有期懲治に処す。13 歳に満たざる婦女を姦淫したる者また同じ。
　第 301 条　暴行又は脅迫をもって 13 歳以上の男女に対し猥褻の行為をなしたる者は 6 月以上 7 年以下の懲治に処す。13 歳に満たざる男女に対し猥褻の行為をなしたる者また同じ。
　第 302 条　人の心神喪失又は抗拒不能に乗じて姦淫又は猥褻の行為をなしたる者は前 2 条の例に同じ。
　第 303 条　前 3 条の未遂犯はこれを罰す。
　第 304 条　第 300 条乃至前条の罪を犯し因って人を死傷に致したる者は無期又は 5 年以上の懲治に処す。
　第 305 条　親族若しくは家族の関係又は業務若しくは雇傭の関係上自己の監督に服す

---

35)　委員長は林頼三郎（当時司法次官），主査委員として泉二行刑局長（2 月に刑事局長に転ずる），立石謙輔（刑事局長，のち名古屋控訴院長），委員として司法省書記官の木村尚達（のち検事総長，司法大臣），三宅正太郎（のち司法次官，大阪控訴院長），岩村通世（のち検事総長，司法大臣），古田正武（のち司法省刑事局長，1939 年死去），島保（のち最高裁判事），黒川渉（のち司法次官），池田克（のち最高裁判事），正木亮（のち名古屋控訴院検事長，第 2 東京弁護士会会長）である。
36)　林頼三郎「泉二博士の追憶」岩切登編・泉二新熊伝（1955）280 頁，小幡・前掲注 5）17 頁。その間のメンバーに関する検討として，林弘正・前掲注 5）59 頁。
37)　研究会資料（二）98 頁に翻刻・掲載されている。当時の公刊物として深谷善三郎編・刑法改正予備草案・盗犯等防止及処分ニ関スル法律解説（1930）等。

る未成年の婦女に対し威力を用いてこれを姦淫したる者は5年以下の懲治に処す。
　　　前項の罪を犯し因って人を死傷に致したるときは2年以上の有期懲治に処す。
　第306条　婦女を欺罔しこれを姦淫したる者は3年以下の懲治に処す。
　第307条　第300条乃至第303条　第305条第1項及び前条の罪は告訴を待ってこれを論ず。第304条及び第305条第2項の傷害軽傷の程度なるときは被害者の明示したる意思に反して罪を論ずることを得ず。

　また，関連するものとして，7条3項には，「暴行には人の健康を害すべき物を施用し又は人を無意識若しくは抗拒不能の状態に陥らしむる為催眠術其の他の手段を施用する行為をも包含す」[38]とも規定されていた。[39]

　内容的に見れば，この段階では，手段面につき，305条で「親族」雇用等関係による被監督「未成年」に対する「威力のみ」による姦淫が軽減類型として定められていた点（カギカッコ部分）が，仮案と異なり，注目に値する。また，306条で一般的な欺罔による姦淫が定められていた点も異なる。つまり，この時点では，欺罔は別枠で最も軽い類型にあたると考えられ，欺罔の内容は限定せずに処罰を意図していたことになる。他方で，地位利用類型では，親族が含まれる一方，未成年に限って，かつ威力に限って処罰を意図していたことになる。

　その起草過程では以下のような議論があった。[40] 最初の第1読会の段階で，[41]広く欺罔姦淫一般を処罰することには懸念が示されている。三宅正太郎委員（当時：司法大臣秘書官）は，淫行の慣習ある女給に対する場合の適用は過酷ではないか，濫訴の恐れ，示談通例となるのではないかという点を指摘し，限定すべきと主張し，泉二主査も迷いを見せている。また，地位利用類型については，当時のドイツ刑法の草案を参考した旨を泉二主査は述べている。

　次に第2読会の段階で，[42]泉二主査から，暴行の定義を追加することが述べら

---

38) 本条は，文言は転変するが，仮案でも基本線は維持されることになる。
39) この点に関する検討として，薮中悠「刑法における傷害概念と意識障害」慶應大学法学政治学論究106号（2015）5頁。
40) 刑法改正起草委員会・刑法改正原案起草日誌（1927）（林頼三郎氏寄贈とされ東京大学法学部図書館に所蔵）。佐伯・前掲注5）で引用されている。ただし検討対象となっている元の条文案は記載されていないため，議論からの推測となる。条文案につき，泉二文庫，正木文庫での所蔵に関し小幡・前掲注5）17, 19頁。
41) 第1読会第12回（昭2・2・28）。

れている。地位利用類型につき，成年を対象とする必要はないかとの三宅委員からの指摘に対し，泉二主査は，成年者には威力はあまり効果がないであろうと斥けており，未成年のみを対象とする地位利用類型を定めた予備草案は，そのような議論を経ていたことが分かる。また，準強姦規定につき，暴行定義を採用する以上は，抗拒不能に乗じる類型のみ規定すればよく，抗拒不能作出類型を削除するとの説明が泉二主査からなされている。さらに，欺罔姦淫については，「偽計による姦淫」を広く処罰規定するとした原案につき，泉二主査は引き続き，更なる限定が必要か迷いを示しているが，林委員長が結婚を偽った場合に限るべきと述べ，（予備草案とは矛盾するが）その旨がいったんは可決されている。

以上の通り，司法当局においても，欺罔による姦淫の処罰範囲や規定方法については，かなり迷っていたことが見受けられる。それに対して，地位利用類型については，異論はあったものの未成年に限定して処罰に取り込むことが意図され，その際の理由づけとしては，威力は成年には効果が薄いという点が挙げられていた点が興味深い。

では，これら綱領および予備草案に対する実務家の反応はどうであったであろうか。刑法改正の綱領および改正予備草案については，各弁護士会，検事局，裁判所に対し，意見募集がなされている。綱領の段階でもっとも意見が多かったのは，強姦罪（あるいは強制わいせつ罪も）を非親告罪化することの要請（横浜地検，神戸地裁，富山地検）であるが，全体としては概ね可という反応が寄せられている（東京，第一東京，浦和，神戸の各弁護士会）。

予備草案に関しても，同様の意見募集が行われている。意見が集中したのは，7条の暴行に関する定義と欺罔姦淫の構成要件についてである。すなわち，7

---

42) 第2読会第1回（昭2・3・2）。
43) 林委員長が内容ではなく，条文の位置につき，やや疑問を示している。
44) 泉二委員は，インド刑法を挙げ，婚姻詐欺に限るべきか，とも述べている。
45) 限定され十分な当罰性があると考えられたゆえか，罰金刑を削除するとの判断を泉二が示している。その他，軽傷の致傷に関する親告罪的規定も議論されている。なお第3読会では総則の7条にあたる部分の文言の調整のみ行われている（第3読会第1回昭2・3・23）。
46) 刑法改正の綱領に対する弁護士会検事局裁判所意見集（1928）67頁。不可とするのは佐賀弁護士会，京都弁護士会である。
47) 以下につき，刑法改正予備草案ニ関スル裁判所検事局弁護士会意見集（1928）2, 92頁。

条については，複数の裁判所から暴行についての定義をおくことへの反対が寄せられている（宮城控訴院，浦和地裁ほか）。この点は，後の起草委員会でも，豊島委員が大審院の意見として反対を述べたが，排斥されている。地位利用類型については，特に意見は寄せられていないが，欺罔姦淫に対しては，それを肯定し，さらには処罰をより拡張し，加重すべきとする意見が寄せられている（東京控訴院，第一東京弁護士会ほか）。欺罔による性交等につき，処罰を明確化し，その範囲を広くとることへの要請が非常に強くあったという点が注目に値する。

次に，その後の審議過程で，どのような理由・経緯で仮案の線まで拡張あるいは縮小されていったのかという点を明らかにしたい。

(5) 刑法竝監獄法改正調査委員会・刑法改正起草委員会での議論

前述の通り，予備草案はあくまで司法省の内部的な検討にとどまり，その後，司法省下に，刑法竝監獄法改正調査委員会が設置され，さらにその内部に刑法改正起草委員会が設けられることになる。その上で，起草委員会で起草された案が，調査委員会で審議に付されるという経過をたどる。予備草案の位置付けは，原案ではなくあくまで参考案として作成されたものと説明されている[48]。

調査委員会第1回（昭2・6・14）では，互選で平沼が委員長に就任し，その指名により花井が副委員長となる。平沼委員長により，起草委員には，花井（起草委員会委員長），牧野（英），豊島，林，鵜澤，泉二が，幹事には小野清一郎，宮城長五郎，草野豹一郎，木村尚達，三宅正太郎，古田正武，黒川渉，池田克が指名された。起草に際しては，綱領は前提とするが，議論の範囲はそこに限定されないとの方針が確認されている[49]。

では，起草委員会ではどのような議論がなされたのであろうか。起草委員会[50]

---

48) 刑法並びに監獄法改正調査委員会議事速記録4頁（原嘉道司法大臣発言。以下調査委速記録として引用するが，法務資料別冊23号として1957年に翻刻されたものである）。ただし，起草委員会での取扱いはやや時期により異なる。後の起草委員会での花井委員長の発言トーンを見ると，予備草案により綱領が骨抜きにされることへの警戒感があり，その辺への配慮かもしれない。後半の各則部分に際しては，予備草案を原案としている場合がある。なお，予備草案の内容は比較的早く，調査委員会第1回の時期に報道されている。大阪朝日新聞1927.6.12-6.17（昭和2）（神戸大学経済経営研究所 新聞記事文庫 刑事法〔5-032〕）。小幡・前掲注5) 21頁も参照。

49) 調査委速記録5頁。

の全体を大雑把に括れば，最初に綱領の確認を行い，あわせて予備草案の趣旨説明が行われる（第1回〜7回）。次に，各委員からの幅広い提案，関係機関からの要望の確認が行われ（第8回〜24回），その後，予備草案をもとにした第一次審議が行われる（第25回〜第51回）。途中で，盗犯等防止法の検討などのミッションを挟みつつ，各委員の対案の検討，委員への案の起草依頼を経つつ，151回で総則に関する審議を暫定的に終え，調査委員会と応酬をし（昭6・10・9から），その後，各論の審議が本格化することになる。

　性犯罪については，まず綱領と予備草案の確認作業が，第6回（昭2・7・22）に行われる。そこでは，予備草案の地位利用類型につき，親族を含めている点が，近親相姦処罰を採用しないとする臨時法制審での議論と整合するのかという批判が花井委員長から寄せられる。泉二委員は強いこだわりは見せず，鵜澤委員が親族のみ削ればよいとの意見を述べている。次に，欺罔姦淫については，花井委員長から被害者を未成年に限定はしないのかという確認が行われ，泉二委員は限定しない旨答えている。その際に，牧野（英）委員は，結婚をするとして欺罔する場合には，処罰すべき旨を積極的に述べている。

　その後，各委員からの提案において，性犯罪関係は，泉二委員による欺罔姦淫（第11回昭2・9・13）[51]，花井委員長による「婦」の文言を削ることと致死傷をすべて親告罪にすること[52]（第15回昭2・10・22）の提案が行われている。

　そして，第44回（昭3・6・16）に予備草案の性犯罪規定に関する検討が行われる。林委員からの趣旨説明に対し，以下の3点の指摘がある。第1に，地位利用類型には，花井委員長から，近親相姦処罰否定との整合性の批判が再度投げかけられるが，林委員は威力に限定しているとして反論し，今後要検討とされている。第2に，大審院からは，（現行法にもある）抗拒不能作出型準強姦の処罰規定が要請されるが，予備草案でも（7条の暴行定義規定も踏まえれば）その趣旨は達成されていることが確認される。第3に，欺罔姦淫規定について議論となる。牧野（英）委員が，欺罔は「抗拒不能」にあたらないのかと問うのに

---

50) 以下の記述は，刑法改正起草委員会議事日誌による。起草委員会のスケジュールの全体像を図表化した貴重な整理として，吉井・前掲注5）911頁。
51) 予備草案と同じ規定の提案である。
52) 小山委員が強く反対している。

対し，泉二委員は，無意識等と異なり抗拒不能とするのは難しいとする。重ねて，花井委員長が金銭供与の欺罔の場合にはどうするのかと問い，泉二委員は，どうするか問題であるとして，要検討とする。

その後，かなり時間を経た第 200 回（昭 8・4・11）で性犯罪規定の起草が予備草案をベースに審議される。そこでは，予備草案の 300 条〜304 条については，異議なく可決される[53]。地位利用類型については，牧野（英）委員から，立法研究の提案があり，林委員長が飯塚敏夫幹事にイタリア，ドイツ，チェコの研究を委嘱する。続く第 201 回（昭 8・5・2）に，従属関係の濫用による性的犯罪について立法例が報告され，さらに議論がなされる。宮城長五郎幹事が，305 条と 306 条を一括して規定してはどうかと提案する一方，牧野（英）委員が，成年に対する地位利用類型を処罰する必要があるのではないかと主張し，その場で，修正提案を行い，未成年に対する威力偽計姦淫（3 年以下），業務雇用関係濫用による姦淫（5 年以下），婚姻欺罔姦淫（3 年以下）という構成要件の書き分けを提案する。予備草案の条文が，変化し，仮案に至る骨格は，この場の牧野（英）委員による提案がその中核をなしていることになる。その骨子は，未成年に対する場合に地位利用を問わないやや厚い保護を付与しつつ，成年に対する場合であっても地位利用類型については処罰をすべきであるという発想といえよう。また，親族関係の地位利用類型は前掲の趣旨に基づいて外されたが，未成年類型の創設で実質的にある程度対応可能となったといえよう。それがその場の広い支持を得て，林委員長が，婚姻詐欺姦淫については，従属関係は不要かと確認をし，牧野（英）委員が条文化することは可能と応答したが，泉二委員，宇野要三郎幹事[54]が，限定は不要であると主張し，若干の修正の上，牧野提案が可決される。

ただし，第 251 回（昭 9・9・25）にも審議がなされ，文言の修正の他，地位利用類型の法定刑について，争いが生じる。草野豹一郎委員は，加重して 7 年以下とすべきと主張するのに対し，木村委員は暴行脅迫に至らない以上は引き下げるべきであり，3 年以下にすべきと主張し，後者が多数となり可決される[55]。

---

53) 林頼三郎委員長（花井委員長の在職中の事故死により小山委員長を経て交代）から 14 歳を性的未成年とする可能性も示唆されるが，13 歳を維持することとされる。
54) 東京地裁所長（当時），のち大審院部長。

II 仮案の規定とその経緯

この点は，地位利用類型を，強姦に近い類型と見るのか（草野委員），そうではなく，かなり軽い類型と見るのかという点で相違があるともいえ，興味深い。また，小野委員から，地位利用類型については，手段が暴行脅迫ではない以上は，致死傷の規定は不要であるとの主張がなされ，その点の削除も可決された。

以上の経緯を経て作成された案は，調査委員会に上程され，第25回（昭14・6・27)[56]の審議に付される。そこに提出された条文は以下の通りである。

第359条　暴行又は脅迫をもって婦女を強姦したる者は3年以上の有期懲役に処す。
第360条　暴行又は脅迫をもって人に対し猥褻の行為をなしたる者は6月以上7年以下の懲役に処す。
第361条　人の心神喪失又は抗拒不能に乗じて姦淫又は猥褻行為をなしたる者は前2条の例に依る。
第362条　前3条の未遂犯はこれを罰す。
第363条　第359条乃至前条の罪を犯し因って人を死傷に致したる者は無期又は5年以上の懲役に処す。
第364条　未成年又は心神耗弱の婦女に対し偽計又は威力を用いて姦淫したる者は3年以下の懲役に処す。
第365条　業務，雇傭其の他の関係に因り自己の保護又は監督する婦女に対し偽計又は威力を用いてこれを姦淫したる者は5年以下の懲役に処す。
第366条　婚姻をなすべきことを以て婦女を欺しこれを姦淫したる者は3年以下の懲役に処す。
第367条　13歳に満たざる婦女を姦淫し又は13歳に満たざる男女に対し猥褻の行為をなしたる者は第359条又は第360条の例による。
第368条　第359条乃至362条及364条乃至前条の罪は告訴を待ちてこれを論ず。

これについて，泉二委員が説明を行い，本人の意思に反し貞操を冒す場合を貞操に対する罪として（他のわいせつ犯罪と）分離し，保護を相当に強化する趣旨の規定であること，364条（未成年姦淫）や365条（地位利用姦淫）は新規定であり，現実には多数生じていると想像されること，そのような外国の立法例もあることから必要と考えたと説明し，366条も同様であるとしている。[57]

---

55) ただし仮案では，前記の通り5年以下が維持されており，その間の経緯は不明である。
56) 調査委速記録404頁。

Ⅲ　仮案後と立法課題への取組

1　仮案の評価

　仮案については，膨大な時間と人的資源を投入して，実務家・研究者が一体となり，実際上の必要性と理論的整合性を検討し，当時としては──時代に規定された超保守的な規定も含みつつも──優れた内容の規定も検討していたと思われる。もとより周知の通り，それが立法されることはなかった。

　当時の研究者がそれをどう見ていていたかは，法律時報に仮案検討の特集が組まれている。自らも幹事・委員として関わった小野博士は，総則については，極めて強く批判しているのに対して，各則については非常に優れているとの評価を行っている。木村博士は，厳罰化している点，ファッショ的要素が不足している点に不満を表明しつつも，積極的な評価を行っている。また，自らも主要なプレイヤーであった牧野博士は，①偽計については客体も手段も拡張すべきであるし，重いものは強姦と同等とすべき，②準強姦等の「乗じて」文言は

---

57) これに対しては牧野（英）委員から「姦淫」という文言，倉元要一委員から13歳が適当なのかという質問があり，留保して進行している。最終的な仮案と，未成年等の法定刑が異なる点（仮案は5年以下に対し，この段階では3年以下），被拘禁者姦淫の追加の経緯は不明である。なお，刑法改正作業において一貫して高水準の議論がなされてきたが，この時期は様相を異にする。やや皮肉なことに平沼内閣が成立し，政務官人事を政党一任にしたことによる（東京日日・大阪毎日・時局情報3巻第2輯〔1939〕16頁）とも推測される。
58) その点に批判を行うのが中山研一「改正刑法仮案の歴史的考察」法時365号（1960）289頁。
59) 先進的な内容を多く含むものとの評価から，好意的な報道が複数見られた。総則部分につき，国民新聞1931.7.3（昭和6）前掲注48）新聞記事文庫・刑事法（5-127），性犯罪につき，神戸新聞1935.11.2（昭和10）同新聞記事文庫・婦人問題（4-138）。
60) 小幡・前掲注5）44頁。その後，戦時期に，刑事特別法として戦時・灯火管制下等での強姦等が加重される立法がなされる（戦時刑事特別法4条）。また，戦後直後，昭和22年改正の際に，児童の虐待等への対応が刑法改正法案の要綱11として挙げられたが（「少年，少女の虐待，酷使に関する罪の規定を設ける」），その点は，児童福祉法の改正等で対応することとされ見送られている（安平政吉・改正刑法要義〔1947〕100，90頁）。
61) 小野清一郎「刑法における道義と政策」法時12巻7号（1940）15，16，18頁。やや晦渋で用語から右傾とも読めなくはないが，社会や生活のリアリティに対し理屈・理念をもって法律を作り過度に介入することへの批判的な立場とも読めよう。
62) 木村亀二「刑法草案各則の比較法的考察」前掲注61）法時28，32頁。なお，瀧川幸辰「改正刑法假案の各則」同23頁は，性犯罪については，新規構成要件を実情に即したものと評価している（性的未成年年齢を除く）。

限定解釈の余地があるので削除すべき，③地位利用類型については公務関係一般にも拡張すべき，とさらなる改善点も含めた解説を積極的に行っている。[63]

総括的に述べれば，①性犯罪手段規定の拡張が必要であると考えられ，特に被害者が脆弱な場合（未成年・被用者等・被拘禁者）を想定して処罰規定の拡張が構想されていたこと，②欺罔については当時においても処罰範囲に議論の余地がありつつ一定範囲の処罰が希求されたこと，③とはいえ単なる不同意姦淫を処罰しようという発想は一度もとられなかったこと，が挙げられる。もとより，改正は実現されることなく，現在に至っており，その当時に認識された問題（群）が，その後，どのように解決されたか，あるいはされなかったということを最後に明らかにしたい。

2 その後の立法課題への取組

解釈論からの対応として挙げられるのが，まず，小野博士の暴行脅迫の定義である。立法作業にも関わった小野博士は，ほぼ起草委員会開始の時期（昭和3年）に，そのテキストにおいて，強姦罪の暴行脅迫につき，反抗抑圧までは不要であり，抗拒を著しく困難とする程度で足りるとする見解を示した。このことは立法的解決が志向されていた問題につき，暴行脅迫に関する牧野（英）博士の定義の呪縛を破り，強盗罪とのリンクを切り離すことで，（部分的に）解釈論的解決を試みたものといえる。[64]

この点は，戦後の最高裁の採用するところとなる。すなわち，昭和24年最高裁判決により定式として宣言されて以降[65]，「抗拒（抵抗）を著しく困難にする程度」の暴行脅迫が必要である，あるいはそれで足りるとする理解が判例上も学説上も広くとられている[66]。もっとも，この時点で，あるいは小野博士自身は，手段規定について，反抗抑圧までは必要ないが，あまりに軽微なものを除

---

63) 牧野英一「風俗犯罪と改正案」警研12巻2号（1941）144, 146頁。仮案につき，自治研究，警察研究誌上で精力的に解説と意見表明を行っている。
64) 小野清一郎・刑法講義各論（1928）134頁。それに対して牧野博士の立場からは，仮案は反抗抑圧説を維持しつつ，周辺類型の処罰拡張をする立法という位置付けになろう。
65) 最判昭24・5・10刑集3巻6号711頁。当時の評釈である鹿野琢見・刑評11巻242頁は小野説の趣旨で理解する。
66) なお，谷口正孝「結婚詐欺」ジュリ201号（1960）42頁注2で（当時の）下級審の判例では無制限説が一般的とする。

くとしていたが，どこまでの緩和を意図していたかは定かではない。ただし，傍証として，昭和27年に，昭和24年判決に関わった島保最高裁判事が委員長の法曹会刑事法調査委員会において，「被害者の性的関係を公表する旨告知して姦淫におよぶような場合には，強姦にあたらないと考えられるが，強要罪にあたるのか」という趣旨の質問に対して，それを否定する決議がなされている[67]。つまり，少なくとも，当時は，それ（名誉信用加害型脅迫）が強姦にあたらないことが前提とされていたとはいえよう。しかし，この点は，昭和33年判決により，昭和24年判決の趣旨が明確化（実質修正？）されることで，さらなる緩和が進むことになる[68]。

より切実なのは，偽計欺罔による類型に対する対応である。この点の現在の理論枠組みである，「抗拒不能については，物理的抗拒不能のみではなく心理的抗拒不能を含む」という定式は，昭和27年の植松博士のテキストに見られる[69]。この定式は，そのしばらく後に下級審裁判例の採用するところとなり[70]，その枠組みを土台に，昭和30年代の下級審において，欺罔型の限定的な準強姦への取り込みが行われることになる[71]。そして，昭和50年代，平成10年代以降と折に触れ，必要な拡張が行われている。すなわち，昭和30年代は①欺罔による性交不認識類型[72]，②半覚せい状態の被害者の人違いに乗ずる類型[73]，③威迫欺罔により心理的に追い詰める類型[74]の3つに限られていた。それが昭和50年代には，特に，③が成年に対して行われる場合に，どこまで処罰を認められるか，その基準をどのように設定するのかという点について下級審裁判例の間で判断のニュアンスが異なっている[75]。そして，平成10年代には，新たな準強姦

---

67) 昭27・12・17法曹会刑事法調査委員会議・法曹39号97頁。
68) もっとも，昭和24年判決後の下級審判決の混乱，その後の漸進的な展開については，嶋矢・前掲注4) 66頁参照。また名誉信用加害型脅迫は後の下級審では強姦手段に含まれることになる。
69) 植松正・刑法学各論（1952）146頁。
70) 仙台高判昭32・4・18高刑集10巻6号491頁。
71) これを裁判所による法創造であるとして，積極的に評価していたのは，谷口正孝「判批」判評27号（1960）9頁。
72) 東京高判昭33・10・31判タ85号75頁（医師が治療中の患者を姦淫），東京地判昭38・3・16下刑集5巻3＝4号244頁（同上）。
73) 前掲注70) 仙台高判昭32・4・18，広島高判昭33・12・24高刑集11巻10号701頁。
74) 東京高判昭31・9・17高刑集9巻9号949頁（就職に焦る未成年を欺罔圧迫）。
75) 抗拒不能（困難）の判断を一般人基準によるべきとする岡山地判昭43・5・6下刑集10巻5号561頁，東京地判昭58・3・1刑月15巻3号255頁，被害者基準によるべきとする東京地判昭

類型が出てくる。[76] そこで問題となったのは，欺罔による場合もある一方で，まさに地位利用類型の処罰を取り込むという点であり，現在進行形で仮案の企図した処罰が（強姦・準強姦の枠内であるが）実現しつつあるといえよう。

IV　まとめと今後の課題

1　仮案の経緯

　以上の経緯をまとめると以下の通りである。当初，条文化の前から，詐術的手段を用いる性交の処罰は立法課題であり，その範囲をどのように設定するかについて，予備草案の段階，仮案起草の段階でも一定の振幅があった。被害者が未成年である場合や地位利用類型について，最終的には，偽計による場合を含むものとされたが，成年に対しても地位利用類型をカバーすることが自明であったわけではない。また，最終的には地位利用と併用ということで成年に対する偽計も包摂されたが，その犯罪イメージを強姦に近いものと見るかそうでないと見るかについては必ずしも一致していなかった。とはいえ，この点を，処罰対象に含めること自体については，強い抵抗感はなかったものと思われる。それに対して，成年に対して，地位利用等を伴わない欺罔の場合には，最終的には婚姻をするとして欺罔する場合に限って，地位利用類型に比して軽減して，処罰されることとなった。

　そして，立法されることはなかったが，戦後の動きも概ねこれに対応している。すなわち，戦後の裁判例において，早くから未成年については手段の軽減が積極的に認められていたといえる。逆に，成年に対する単純な欺罔は，婚姻に限ったとしても，処罰要請自体が失われていったといえる。そして，その中間にあたる，地位利用類型について，被害者が性交自体を認識し，表面的にはそれを受け入れている場合について，強姦ないし準強姦に包摂するか否か，どこまで包摂できるかというのが，一番シビアな課題であるといえよう。

　　　62・4・15判時1304号147頁，東京高判平11・9・27東高刑時報50巻1～12号93頁。
76)　紹介および検討は，嶋矢・前掲注4) 71頁参照。

2 性犯罪の処罰範囲について

　仮案の注目すべき点の1つとして，保護法益を女性の貞操と考えつつ，処罰を拡張・強化すべきであるとのコンセプトで検討されていたことが挙げられる。このことは，貞操の保護というのは，今ではおよそありえない発想だとしても，貞操を保護法益と考えることから，性犯罪処罰範囲の縮減が生ずるという理解は，必ずしも正しくはないことを意味する。また，当然のことのように，個人的法益であると考えられており，保護法益を性的自己決定権と措定することとあまり大差はなかったともいえる。[77] その意味で，保護法益そのものにもまして，それをどこまで保護するかの判断が重要となろう。

　2つ目の注目点として，単純な欺罔による姦淫について，仮案では，婚姻をするとして欺罔する場合に限って処罰を意図していた点がある。当時の外国法の調査に基づく部分もあるであろうが，婚姻と家制度の関係を指摘することも可能であろう。その意味で，この点は，戦前特有の現象で，戦後体制下では妥当せず，戦後の論稿では，処罰に値しないものとの理解も示されている。[78] さらには，現状でも金銭目的欺罔，結婚目的欺罔，その他の欺罔（資産状況，性的技能，身分関係，年齢，経歴，仕事）が通常は性犯罪にあたらないという理解が比較的広く共有されていると思われ，この判断は，ある意味，引き継がれている。

　以上の2点からすると，保護法益をどのように解するとしても——性的自己決定権と解するのが妥当と考えるが——，その保護すべき範囲を，性交に用いられる手段や被害者の状態（脆弱性）との関係で，類型的に確定していくことが必要であると思われる。単なる不同意（欺罔による同意無効を含む）では処罰しないという姿勢と，他方で強力な行為態様の充足は求めないという姿勢，そ

---

77) 明治期においても旧刑法は性犯罪を個人的法益と規定しており，それを社会的法益と分類する思考は，明治30年前後から現行刑法立法までの10年余の間でのみ共有された理解ではないかと思われる。嶋矢・前掲注3) 132頁注13参照。さらに前掲注12) 改正刑法準備草案附・同理由書〔第32章：中野次雄〕281頁も参照。ただし，牧野・前掲注63) 142頁，木村・前掲注62) 29頁も参照。

78) 谷口・前掲注66) 41頁。それに対して，限定的な処罰の可能性を示唆するのは植松正ほか「研究会・改正刑法準備草案」ジュリ207号（1960）34頁〔平野龍一発言〕。なお，比較的合理的・開明的な牧野博士であるが，その家や家族についてのこだわりについては，所一彦「牧野英一」潮見俊隆＝利谷信義編・日本の法学者（1975）260頁。

の中間にこそ線引きをすべきという点では，問題点は 100 年変わっていないといえる。また，線引きラインはある種共通しており，未成年に対してであれば比較的軽い作用でも処罰するが，そうでない場合には，心理的圧迫要素がなければ処罰しないというあたりである。つまり，一定の年齢以上であれば，事前選択に関する抵抗困難という要素が積極的に行為者により作り出されない限りは，性犯罪の成立を認めないという姿勢である。被害者の抵抗義務という表現はミスリーディングであるが，[79]性交を行うためには，むしろ行為者の側で，相手方の状態に配慮をし，一定の場合には，相手方の状態を解消・緩和する義務を負っていると解すべきように思われる。つまり，一定年齢未満（現行法は 13 歳）であれば，性的行為の一切を控える義務，未成年者・児童等であれば，その誤解，畏怖などを行為者によらないものでも取り除く義務，それ以上であれば，行為者が自ら意図してもたらした等の事情がある不当な畏怖や心理的圧迫に限り取り除く義務である。性交当事者間で，性的自己決定権の行使を適切に確保するためには，そのような配慮義務を認め，それを暴行・脅迫・あるいは抗拒不能の解釈に埋め込んでいくべきであろう。この点は，今後，なお具体的な検討を要する。

3 仮案の研究について

　刑法関係者の間で，批判対象であった改正刑法草案のもととなった仮案（そのこと自体が草案批判論の 1 つの根拠であった）についての研究は，必ずしも活発ではなかった。しかしこの点は，変化しつつあり，[80]かつ本稿での検討から明らかなように，仮案は，現行刑法についての「課題」のある種の見本市ともいえる。そこで検討された問題点が，消滅したのか，解決したのか，残ったままなのかというのは真剣に検討を要する課題である。かつ，残された問題点に対する解決策として，先人が検討した内容・結果は参照に値するものと思われる。その意味で，仮案およびそれを引き継いだとされる改正刑法草案についても，

---

79) 手段が弱ければ抵抗できるはずだという発想は，戦後，刑法改正に批判的な研究者の中では広くとられていたようである。植松ほか・前掲注 78) 35 頁〔平野発言〕，西原春夫「個人の法益に対する罪」平野龍一＝平場安治編・刑法改正〔改訂版〕(1974) 136 頁。個人の自律や自由が強く前提とされていたともいえよう。
80) 仮案については前掲注 5) の諸文献参照。

歴史的事実として研究がなされてよいものと思われる[81]。

　すなわち，仮案で認識された問題点は，大きく分ければ，①時代的な問題であり現代では妥当しないもの[82]，②問題であったがその後の立法等で解決されたもの[83]，③現代もなお残り続けているもの，に分類できよう。性犯罪については，どうであろうか。もちろん，男女差を当然の前提としている点などは，時代に規定された限界ともいえよう。また，前述の通り，結婚詐欺姦淫などは，改正刑法草案でも姿を消しており，①であるかもしれない。他方で，性犯罪の重罰化は，部分的には②ともいえる。そして，地位利用類型など手段面の拡張処罰[84]は，少なくとも部分的には判例実務の中で時間をかけて解決されてきた②に属する部分もあるといえようが，十分に解決されているかは，慎重な検討を要しよう。その意味で，今次の改正では，監護者性交等の新設により，実務的解決が難しい部分につき，（仮案では近親相姦処罰批判などから途中で除かれた部分が）手段を緩和した上での立法的解決が志向されているともいえよう[85]。

　さらに，少なくとも性犯罪という領域においては，問題解決への取組は，戦後は，ほぼ実務的対応に終始してきたともいえる。我が国の（15年くらい前までの）立法不全という外在的条件があるとしても，現実問題への解決の取組がやや後手に回っていたのではないかという点は指摘できる。解釈論の役割として，歴史的経緯の検討も行いつつ，より積極的・自覚的な取組が必要な領域は複数あると思われる。

---

81) 改正刑法草案の審議過程の研究は今後の課題である。改正刑法準備草案（316, 317 条），改正刑法草案（301 条）にも仮案類似の規定が用意されていた。それを遅きに失しなお処罰範囲が狭いと批判するのは（準備草案につき）熊倉武「自由に対する罪」法時 365 号（1960）247 頁，そのような規定を不要と批判するのが西原・前掲注 79）135 頁。
82) 皇室に対する各種犯罪の区別・重罰化などはそれにあたろう。平沼は個人的意見を開陳する機会には，積極的にそのような提言を行っている（起草委日誌第 10 回昭 2・8・1 平沼発言）。
83) 刑の消滅（34 条の 2）などは戦後刑法改正（昭 22 年法 124 号）で実現された。また，名誉毀損につき，佐伯・前掲注 5）301 頁参照。
84) 2004 年の法定刑改正（平 16 法 156 号）。ただしなお不十分であるなら，③であろう。
85) 当時の立法関与者は，そのような事態は西洋では多いが，わが国ではあまりないという認識を有していたようである（起草委日誌第 6 回昭 2・7・22 牧野（英），小山委員発言）。

児童に対する性犯罪について

深町 晋也

I 初 め に

　近時，我が国においては，性犯罪に関する議論が極めて活発化している[1]。こうした動きは，刑法典における性犯罪規定の改正動向に刺激されてのことではあるが[2]，他方で，全国の都道府県のうち，いわゆる青少年保護育成条例を持たなかった唯一の県である長野県が，「子どもを性犯罪から守るための条例」（以下，長野県条例）を制定するに至るなど，条例レベルにおいても注目すべき動きがある。このような動向は，性犯罪規定の重罰化及び処罰対象の拡張化を志向するものとまとめることができるであろう。

　性犯罪に関する議論の活発化や性犯罪規定の改正動向は，諸外国においても同様に生じている動きである。例えば，ドイツ，スイス，オーストリアなどのドイツ語圏各国においても，近時，性犯罪規定の改正が相次いでおり，そのいずれも，性犯罪を重罰化し，また，その処罰対象を拡張するものである。これらの国がどのような改正を経て，現在いかなる性犯罪規定を有しているのかといった点につき，その背景にある実質的な根拠も含めて正確な認識を得ることは，我が国における性犯罪規定のあり方を考察する上でも極めて重要である。

　そこで，本稿では，性犯罪の中でも，近年特にその重要性が高まっている児童に対する性犯罪[3]を中心に扱い[4]，ドイツ語圏各国の議論状況を参照しながら，

---

1) 刑雑54巻1号（2014）の特集，刑ジャ45号（2015）の特集及び法時88巻11号（2016）の小特集を参照。
2) 性犯罪に対処するための刑法の一部改正に関する諮問第101号。本改正案に対する批判的検討として，「『性犯罪に対処するための刑法の一部改正に関する諮問』に対する刑事法研究者の意見」刑弁86号（2016）131頁以下，本庄武「性犯罪規定の見直し：改正案の思想は貫いているか」法時88巻5号（2016）98頁以下をそれぞれ参照。
3) いわゆる児童買春・児童ポルノ法の制定（1999年）や二度に渉る改正（2004年及び2014年）は，正にこうした重要性の高まりを反映したものと言える。ドイツ語圏諸国においても，児童

305

我が国における児童に対する性犯罪のあり方につき，分析・検討を加えることにする[5]。まず，ドイツ語圏各国における児童に対する性犯罪の特徴を分析し，各国の規定の異同について検討を加える（Ⅱ）。我が国の刑法学においては，ドイツの議論状況は参照されることが多い一方，スイス・オーストリアについては必ずしも参照の対象とはされていない。しかし，同じドイツ語圏であっても，それぞれの国においては必ずしも議論状況が共通とは限らず，その異同を緻密に分析することによってこそ，より示唆的な理解が得られるものと思われる。

次に，Ⅱにおける検討を受けて，我が国における児童に対する性犯罪について検討を行う。まず，比較法的な知見を元に，我が国の児童に対する性犯罪に関して，一定の類型化の枠組みを提示する（Ⅲ1）。次に，こうした枠組みを前提としつつ，児童に対する性犯罪の中でも重要な位置を占める児童福祉法上の児童淫行罪（同34条1項6号）について検討する（Ⅲ2）。本罪は，児童に「淫行をさせる行為」を処罰するものであり，「淫行」の意義及び淫行「させる行為」の意義については様々な問題が残されているところ，近時，最高裁は本罪について重要な判断を示した（最決平成28・6・21刑集70巻5号369頁〔以下，平成28年決定〕）。そこで，本稿では，平成28年決定にも言及しつつ，本罪に関

ポルノ犯罪は児童に対する性犯罪の一つとして特に重要な議論対象とされているが，この点については，深町晋也「児童ポルノの単純所持規制について——刑事立法学による点検・整備」町野朔先生古稀記念(上)467頁以下及び豊田兼彦「ドイツにおける児童ポルノ規制——単純所持規制を中心に」園田寿＝曽我部真裕編・改正児童ポルノ禁止法を考える（2014）168頁以下を参照。

4) これ以外の性犯罪，特に強姦罪（刑177条）及び強制わいせつ罪（刑176条）における暴行・脅迫については，深町晋也「性犯罪における暴行・脅迫の程度」法教427号（2016）38頁以下の検討を参照。また，それ以降の重要な文献として，嶋矢貴之「性犯罪における『暴行脅迫』について」法時88巻11号（2016）66頁以下及び西田典之ほか編・注釈刑法第2巻（2016）616頁以下〔和田俊憲〕参照。なお，強姦罪・強制わいせつ罪において20歳未満の被害者が占める割合については，平成7年から平成26年までの20年間を見ても，強姦罪で約40％，強制わいせつ罪で50～60％（女子）又は80％程度（男子）となっており（平成27年版犯罪白書6-2-1-13図），13歳未満の者に対する強姦罪・強制わいせつ罪（刑176条後段・177条後段）については当然のこととして，強姦罪・強制わいせつ罪それ自体が，児童に対する性犯罪としての性質を有していることを見逃すことはできない。

5) なお，児童に対する性犯罪については，既に，深町晋也「児童に対する性犯罪規定を巡る現状と課題」法時88巻11号（2016）73頁以下で，簡略ながら分析・検討を加えている。本稿は，比較法的見地から詳細な分析を加えることで，先の拙稿を補完しつつ，自らの立場をより明確にするものである。

する諸問題について検討を行う。

　また，児童に対する性犯罪としては，条例の淫行罪が果たす役割を無視することはできない。例えば，平成26年の送致人員は，児福法の児童淫行罪（319人）や児童買春法の児童買春罪（587人）と比較しても，条例の淫行罪が1045人と相当程度に多いことからも明らかなように，本罪は依然として，児童に対する性犯罪として大きな意義を有している。しかし，条例の淫行罪は，地方自治体によってその内容が微妙に異なることに加え，その規定内容が十分に明確とは言いがたいこともあり，必ずしも理解が容易ではない。そこで，本稿では，福岡県青少年保護育成条例最高裁判決の分析を通じて，比較法的見地から，本罪の処罰範囲をいかに妥当な範囲において正当化し得るかという点について検討を行う（Ⅲ3(1)）。こうした分析を通じて，先に挙げた長野県条例に関しても，その規定内容について検討を行うことにする（Ⅲ3(2)）。

　更に，近時の刑法典の改正動向において，児童に対する性犯罪との関連で特に注目されるのは，監護者による児童に対する性交等・わいせつを強姦罪・強制わいせつ罪として処罰するとの新たな改正案である。こうした改正案の当否を検討する上では，正に比較法的見地からの分析が欠かせない。そこで，本稿では，児童に対する一定の地位を利用して行われる性犯罪を処罰するドイツ語圏各国の議論を参照しつつ，本改正案の内容の当否について検討を加えることにしたい（Ⅲ4）。

Ⅱ　ドイツ語圏各国における議論状況

　ドイツ語圏各国の性犯罪に関する近時の議論状況については，既に詳細な紹介がある。そこで，不要な反復を避けるため，本稿においては，これらの紹介

---

6) 平成27年版犯罪白書6-2-1-14表参照。
7) 最大判昭和60・10・23刑集39巻6号413頁。
8) ドイツにつき，髙山佳奈子「ドイツ刑法における性犯罪の類型と処罰」刑雑54巻1号（2014）30頁以下，佐藤陽子「ドイツにおける性犯罪規定」刑ジャ45号（2015）70頁以下，及び嘉門優「ドイツ性刑法における『被害者の意思に反する（gegen den Willen des Opfers）』要件の展開――ドイツ刑法177条の改正の動きを中心に」理論刑法学の探究第9巻（2016）281頁以下。スイスにつき，深町晋也「スイス刑法における性犯罪規定」刑ジャ45号（2015）101頁以下（深町・スイスと略）。オーストリアにつき，深町晋也「オーストリア刑法における性犯罪規定」

を前提に，ドイツ語圏各国の児童に対する性犯罪に関して幾つかの視点を設定しつつ，横断的に検討することにする。

1 問題となる犯罪

(1) 概　説

　ドイツ語圏各国における児童に対する性犯罪としては，①絶対的保護年齢を定め，その年齢を上回らない児童との性的行為を一律に処罰するものと，②相対的保護年齢を定め，その年齢を上回らない児童との性的行為について一定の場合，すなわち，1) 児童との間に一定の類型的な支配・依存関係がある場合，2) 児童が困窮状況（Notlage）又は強制状況（Zwangslage）にある場合，3) 児童との年齢差及び児童の未成熟さに基づく優越性がある場合，4) 児童との間に対価関係がある場合，及び，5) 児童に売春を斡旋などする場合に処罰を認めるものに分けることが可能である。

　①は，児童の年齢を理由として一律に保護するものであり，専ら類型的な児童の心身の未成熟さゆえの脆弱性を理由とするものである。これに対して，②は，絶対的保護年齢を超える児童であっても，なお心身の未成熟さや他者に依存しなければ生活できないといった一定の脆弱性を有することに着目しつつ，一定の状況や働きかけなどがある場合に児童を保護するものである。すなわち，一定の行為態様による侵害から一定の脆弱さを有する児童を保護する必要があ

立教法務研究第 9 号（2016）17 頁以下（深町・オーストリアと略）。なお，ドイツにおける性犯罪規定，特に性的強要罪（ドイツ刑 177 条）は，2016 年に大幅に改正された。例えば，①「認識可能な被害者の意思に反した」性的行為を処罰する規定が新たに設けられ（ドイツ刑 177 条 1 項），②従来の性的強要罪（ドイツ刑旧 177 条 1 項）については，暴行・脅迫などの行為態様については維持されたものの，「強要」要件が削除された（ドイツ刑 177 条 5 項）。したがって，本罪はもはや強要罪の加重類型としての「性的強要」罪ではなく，「性的侵襲（Sexueller Übergriff）」罪と呼称すべきであろうが，本稿では従来の用語を用いている。2016 年性刑法改正におけるこうした「強要」要件の削除及びその（否定的）評価については，Renzikowski, Nein! - Das neue Sexualstrafrecht, NJW 2016, 3553 以下を参照。

9) ドイツ語圏においては，児童（Kind）と青少年（Jugendliche, Minderjährige）とが区別されて用いられるが，本稿では，18 歳未満の者については基本的に「児童」と表記し，特に必要がある場合のみ，「青少年」と表記する。

10) 但し，厳密に言えば，①類型であっても，行為者と被害者との間の年齢差が小さい場合に，処罰を否定する規定がある（スイス刑 187 条 2 項，オーストリア刑 206 条 4 項・207 条 4 項）。また，行為者が 18 歳未満の未成年者である場合には，被害児童と性交又は性交類似行為に至っても加重処罰を行わないとする規定もある（ドイツ刑 176 条 a2 項 1 号）。

る場合や，個別の事情によって当該児童が刑法による保護に値するほどに脆弱であると判断される場合の規定と言える[11]。以下では，本稿の検討対象との関係で，①及び②1)〜3)について分析する[12]。

(2) 分　析

①に属するものとしては，ドイツにおける14歳未満の児童との性的行為を処罰する規定（ドイツ刑176条及び176条a），スイスにおける16歳未満の児童との性的行為を処罰する規定（スイス刑187条），オーストリアにおける14歳未満の児童との性的行為を処罰する規定（オーストリア刑206条及び207条）がある。

②1)に属するものとしては，ドイツにおける，親子関係や教育的立場にある者などによる，16歳未満又は18歳未満の児童との性的行為を処罰する規定（ドイツ刑174条），スイスにおける，監護的立場や教育的立場にある者などによる，自己の地位を利用した18歳未満の児童との性的行為を処罰する規定（スイス刑188条），オーストリアにおける，親子関係や教育的立場にある者などによる，18歳未満の児童との性的行為を処罰する規定（オーストリア刑212条）がある[13]。

②2)に属するものとしては，ドイツにおいて18歳未満の児童が強制状況[14]に陥っているのを利用してなされた性的行為を処罰する規定（ドイツ刑182条1項）があり，オーストリアにも同様の規定がある（オーストリア刑207条b2項）。これに対して，スイスにおいては，およそ被害者についての年齢制限なく（すなわち18歳未満か否かに関係なく），困窮状態などによる依存関係を利用してなされた性的行為を処罰する規定がある（スイス刑193条）。

②3)に属するものとしては，ドイツにおいて21歳以上の行為者が16歳未

---

11) こうした客体の脆弱性と行為態様による処罰範囲の限定というロジックにつき，深町・オーストリア20頁以下参照。
12) ②4)は我が国における児童買春法の児童買春罪（同4条）に，②5)は我が国における児童福祉法の児童淫行罪（同34条1項6号）及び児童買春法の児童買春周旋罪・児童買春勧誘罪（同5条・6条）にそれぞれ対応する。本稿ではこれらの類型については扱わないことにする。
13) ドイツ及びオーストリアにおいては，スイスとは異なり，地位の「利用」が要件となっている場合となっていない場合とがある。この点は後述する。
14) 強制状況とは，被害児童の重大な個人的・経済的な苦境が存在すること（佐藤・前掲注8）97頁），又は，児童が性的行為に強いられるような不都合な諸事情が存在すること（深町・オーストリア50頁）を指す。

満の児童に対して，自己に比して性的自己決定能力が相対的に欠如していることを利用してなされた性的行為を処罰する規定（ドイツ刑182条3項）がある。また，オーストリアにも，16歳未満でかつ性的行為の意義を理解する能力あるいは理解に従って行動する能力が十分に成熟していない児童に対して，その未成熟さ及び行為者の年齢に基づく優越性を利用してなされた性的行為を処罰する規定がある（オーストリア刑207条b1項）。

2 保護法益

(1) 各国の比較分析

児童に対する性犯罪の保護法益としては，大きく分けて，児童の健全な性的発達と児童の性的自己決定とが挙げられる。しかし，これらの保護法益のうちいずれを（あるいはいずれも）保護する規定なのかは，ドイツ語圏各国においても異なり，また，各犯罪類型によっても異なる。このような保護法益の分析は，児童に対する性犯罪の内容を検討する際に有益な視点を提供するであろう。

まず，①の絶対的保護年齢を定める類型については，ドイツ刑法176条及び176条aは児童の健全な性的発達（Entwicklung）を保護するものであり，児童の意思は無関係であると解されている。これに対して，両罪は，児童の健全な発達と併せて，他者の性的客体として扱われることを拒む権利としての児童の性的自己決定をも保護するものとする見解もある。また，スイス刑法187条やオーストリア刑法206条・207条は，児童の健全な性的発達を保護する規定と

---

15) 2015年改正において「相対的な欠如」が要件として条文上明示化されたが，それ以前から，行為者との能力の格差が重要であるとの理解が通説的であった（佐藤・前掲注8）98頁）。
16) あくまでも，具体的な当該性的行為に関する当該児童の理解能力がなお十分に成熟していないか否かが問題とされており，ドイツのように，行為者との関係で決まるものではない（vgl. Philipp, in: Höpfel/Ratz（Hrsg.）, Wiener Kommentar 2. Aufl. 4. Band（2012）, §207b Rn. 11）。
17) 睡眠中の児童についてもドイツ刑法176条が成立することを指摘するものとして，BGHSt 45, 131（132）参照。
18) ドイツ刑法176条につき，BGHSt 29, 336（340）を参照。また，同176条aにつき，BGHSt 45, 131（132）を参照。
19) Eisele, in: Schönke/Schröder Strafgesetzbuch Kommentar 29. Aufl.（2014）, §176 Rn. 1a. 更に，健全な性的発展の阻害の有無は不明確であるとして，専ら児童の性的自己決定のみが保護法益であるとする見解もある（vgl. Renzikowski, in: Münchner Kommentar zum Strafgesetzbuch Band 3, 2. Aufl.（2012）, §176 Rn. 3f）が，通説は，ドイツ刑法176条及び176条aは抽象的危険犯であるとして，健全な性的発達が現実に阻害されることを要求しない（vgl. Eisele, a. a. O.（Anm. 19）, §176 Rn. 1a）。

解されている。

　次に、②1) の支配・依存類型については，ドイツ刑法174条の保護法益は児童の性的自己決定及び児童の健全な性的発達とされている。また，スイス刑法188条では，児童の健全な性的発達が保護法益とされている。これに対して，オーストリア刑法212条では，児童の性的自己決定の自由が保護法益とされている。

　更に、②2) の困窮・強制状況類型については，ドイツ刑法182条の保護法益は児童の性的自己決定及び児童の健全な性的発達が保護法益とされている。オーストリア刑法207条bでは，主として児童の性的自己決定が保護法益とされているが，併せて児童の健全な性的発達も保護されている。これに対して，スイス刑法193条では，年齢制限なく本罪が適用されることからも明らかなように，児童の健全な性的発達ではなく，専ら被害者の性的自己決定が保護法益とされている。②3) の児童との年齢差及び児童の未成熟さに基づく優越性を利用する類型についても，ドイツ・オーストリアでは基本的に②2) と同様に解されている。

(2) 検　討

　以上の分析から窺えるように，児童に対する性犯罪の保護法益は，個別の犯罪類型においても，児童の健全な性的発達又は児童の性的自己決定のいずれかに必ずしも割り切れるものではなく，むしろ，両者の側面が併せて考慮されている。①の絶対的保護年齢を定める類型については，およそ児童の意思を考慮

---

20) スイスにつき，深町・スイス112頁を，オーストリアにつき，深町・オーストリア41頁をそれぞれ参照。
21) 但し，児童の性的自己決定の自由の保護も考慮されている。深町・スイス115頁注131を参照。
22) 但し，厳密に言えば，本条2項では18歳以上の者についても保護客体とされているため，その限りでは児童の健全な性的発達はそもそも問題とはなり得ず，また，「児童」の性的自己決定に限定されるわけでもない（vgl. Philipp, a. a. O.（Anm. 16），§212 Rn. 1）。
23) 深町・オーストリア56頁。
24) 性的自己決定につき，BGHSt 42, 51 (53) を，健全な性的発達につき，BGH NJW 2000, 3726を参照（但し，厳密に言えば，後者の判例が検討対象としているのは，対価関係に基づく類型〔ドイツ刑182条2項。旧182条1項1号後段〕である）。これに対して，16歳以上18歳未満の青少年についてはもはや健全な性的発達は決定的な意味を有しないとする見解もある（vgl. Eisele, a. a. O.（Anm. 19），§182 Rn. 2）。
25) 深町・オーストリア48頁。
26) 深町・スイス111頁。
27) Eisele, a. a. O.（Anm. 19），§182 Rn. 2; Philipp, a. a. O.（Anm. 16），§207b Rn. 4f.

せずに犯罪の成否が決せられることもあって，児童の健全な性的発達のみが保護法益とされる傾向があるが，ドイツの議論状況を見れば分かるように，必ずしもこの点に関しても見解の一致があるわけではない。

3 「利用」要件

(1) 各国の比較分析

児童に対する性犯罪のうち，①の絶対的保護年齢を定める類型については，当該年齢，すなわちドイツ・オーストリアでは14歳未満，スイスでは16歳未満の児童である限り絶対的に保護されるため，児童の類型的な心身の未成熟さに基づく脆弱性を「利用」したか否かに拘らず，一律に行為者は処罰される。[28] これに対して，②1)〜3)については，一定の状況・関係がある場合に行為者を処罰する類型であるが，こうした状況や関係を「利用」する必要があるか否かについては，各犯罪類型によって異なる。

②1) 支配・依存類型のうちの一部の犯罪類型，②2) 困窮・強制状況類型，及び②3) 児童との年齢差及び児童の未成熟さに基づく優越性を利用する類型については，「利用」要件が規定されている。例えば，ドイツにおいては，教育的立場や生活の面倒を見る立場にある者などによる18歳未満の児童との性的行為（ドイツ刑174条1項2号），強制状況にある18歳未満の児童との性的行為（同182条1項），及び相対的に性的自己決定能力が欠如している16歳未満の児童との性的行為（同182条3項）について，それぞれ当該立場や状況などの「利用」が必要とされている。また，スイスにおいては，教育的・監護的立場などにある者による16歳以上18歳未満の児童との性的行為（スイス刑188条1項）や困窮状況などにある被害者との性的行為（同193条）について，オーストリアにおいては，性的な理解能力などが未成熟な16歳未満の児童との性的行為（オーストリア刑207条b1項）及び強制状況にある18歳未満の児童との性的行為（同207条b2項）について，それぞれ当該立場・未成熟さ・状況などの「利用」が必要とされている。

---

28) 本稿では，「利用」要件で問題となる Ausnutzung あるいは Missbrauch（ドイツ刑174条1項2号参照）という語につき，一定の地位や依存状況を自分の都合の良いように利用するという意味内容を有していることに鑑みて，一律に「利用」と訳すことにする。

これに対して、「利用」要件が規定されていない犯罪類型は、②1）に属するものが中心となる。ドイツでは、教育的立場や生活の面倒を見る立場にある者による16歳未満の児童との性的行為（ドイツ刑174条1項1号）、及び親としての立場にある者などによる18歳未満の児童との性的行為（同174条1項3号）が、かかる立場の「利用」の有無を問わず処罰される。同様に、オーストリアでは、親としての立場にある者などによる18歳未満の児童との性的行為（オーストリア刑212条1項1号）につき、「利用」要件が規定されていない。

(2) 検　討

「利用」要件の基本的な定義は、「行為者が、自己の地位や児童の一定の状況などを、性的行為を行うための特別な機会として用いた（rechnen）こと」である[29]。そして、児童に対する性犯罪の成否において「利用」要件の有する最も大きな機能は、行為者と児童との間に、以前から恋愛関係や継続的な人間的情愛に基づく関係があり[30]、当該地位・状況などを理由として性的行為が行われたのではない場合に、犯罪成立を否定することにある[31]。

以上で述べた点からは、②1）の類型において、親子関係などに基づく場合には「利用」要件が規定されていない[32]のは理解可能である[33]。というのは、教育

---

29) Eisele, a. a. O.（Anm. 19），§182 Rn. 4ff.; Philipp, a. a. O.（Anm. 16），§207b Rn. 16.
30) 我が国で言えば準強姦・準強制わいせつ罪に該当する、抗拒不能な者に対する性的行為を巡っては、ドイツ語圏各国では当該抗拒不能状態を「利用」することが要件とされている（ドイツ刑177条2項1号〔但し、2016年改正により、抗拒不能状態ではなく、「反対意思を形成又は表明できない状態」とされた〕、スイス刑191条〔但し、条文上は明示されておらず、解釈による。深町・スイス110頁参照〕、オーストリア刑205条1項）。そして、いずれの国においても、被害者が抗拒不能に陥る前（例えば、睡眠する前）に同意を与えたような場合には、「利用」要件を欠くとされている。これに対して、被害者が精神障害を有する者である場合には、精神障害を有する前からの同意や関係性などを問うのではなく、行為者が被害者を性的欲求の客体に貶めたか否かが重視されている。精神障害を有する者については、その脆弱性は精神障害という長期に渉って存続し得る状態に基づくため、こうした脆弱性が存在する以前の同意や関係性を問題にすることは、精神障害を有する者の性的行為を行う権利保障としては不十分であるとの観点から、かかる解釈がなされていると言える（ドイツにつき、佐藤・前掲注8）84頁、スイスにつき、深町・スイス110頁も参照。但し、オーストリアにつき、深町・オーストリア39頁を参照）。これに対して、児童に対する性犯罪の「利用」要件は、教育的関係や困窮・強制状況といった一時的な関係・状況の「利用」が問題となっており、こうした関係・状況が生じる以前の関係性などを問題にすることが可能である。
31) ドイツについて、佐藤・前掲注8）94頁。オーストリアについて、深町・オーストリア49頁及び59頁。スイスについて、Maier, in: Niggli/Wiprächtiger, Basler Kommentar Strafrecht Ⅱ Art. 111-392, 3. Aufl.（2013），Art. 188 Rn. 12参照。
32) これに対して、スイスでは、（親子関係を含む）監護的関係の場合であってもなお「利用」要件

的関係などの後天的に生じる関係性とは異なり，血縁に基づく親子関係は生まれながらの関係であり，また，養親子関係は養親子になって初めて両者の関係性が生じるものだからである。要するに，両者の親子関係・養親子関係などが生じるより前から恋愛関係が存在するということは，通常は想定し得ない以上，「以前からの関係」を理由として犯罪が不成立になることも通常はあり得ない。したがって，「利用」要件を敢えて規定する意味に乏しいのである[34]。

なお，被害児童が性的行為に同意していたといった事情は，それ自体として必ずしも「利用」要件を否定するものとは解されていない。特に，②3)に属する犯罪については，児童が個別具体的にはなお未成熟であり，そのような未成熟な児童が，性的行為に反対する意思を持つことができないことや，自ら性的行為のイニシアティブを取ることは十分にあり得る。このような場合には，「利用」要件はなお否定されないのである[35]。これに対して，②1)に属する犯罪のうち，教育的立場などが問題となる類型については，児童が自らイニシアティブを取って行為者と性的行為を行った場合には，「利用」要件が否定される余地があると言える[36]。

4 法 定 刑

(1) 各国の比較分析

児童に対する性犯罪の法定刑に関しては，特にドイツ刑法は多様な加重・減軽規定を置いていることもあり，必ずしも単純な比較は可能ではなく，また妥

が必要となるが，これは，スイス刑法188条1項が，監護的関係と教育的関係・労働関係を並立的に規定し，かつ，これらはあくまでも「依存関係」の例示列挙にすぎないという規定方式を採用しているからであろう。なお，本条は，「16歳以上18歳未満」の児童を客体として規定しており，「依存関係」があれば直ちに「利用」要件も充足するとすれば，児童の性的自己決定権を著しく制約することになるとの立法者の理解が示されている（vgl. Botschaft 1985b 1070）。

33) ドイツ刑法174条1項1号については，16歳未満の児童と対象年齢が低く抑えられている（すなわち，客体の脆弱性が類型的に高い）ことから，親子関係以外の教育的関係などであっても，なお「利用」要件を不要としたものと言える。

34) 「利用」要件が明示的には要求されていない理由を，権威的関係の利用の存在につき立法者が「見做した」点に求める理解として，Hinterhofer/Rosbaud, Strafrecht Besonderer Teil Ⅱ 6. Aufl. (2016), §212 Rn. 10参照。本文で述べているのは，このような「看做し」が何故正当化されるのかという点についてである。

35) Eisele, a. a. O.（Anm. 19), §182 Rn. 14.

36) Hinterhofer/Rosbaud, a. a. O.（Anm. 34), §182 Rn. 12.

当でもない。しかし，大まかな傾向について比較することはなお可能であり，また，日本法を検討する上でも有益であろう。そこで以下，こうした傾向について分析を加える。

　児童に対する性犯罪のうち，①の絶対的保護年齢を定める類型については，ドイツにおいては，14歳未満の児童との性的行為については6月以上10年以下の自由刑（ドイツ刑176条1項），性的行為のうち性交又は性交類似行為については2年以上（15年以下）の自由刑（同176条a2項1号）がそれぞれ規定されている。また，オーストリアにおいては，14歳未満の児童との性交又は性交類似行為については1年以上10年以下の自由刑（オーストリア刑206条1項），14歳未満の児童との性交・性交類似行為以外の性的行為については6月以上5年以下の自由刑（同207条1項）がそれぞれ規定されている。これに対して，スイスにおいては，16歳未満の児童との性的行為について5年以下の自由刑又は罰金刑（スイス刑187条1項）という，ドイツ・オーストリアに比して相対的に低い法定刑が規定されている。

　児童に対する性犯罪のうち，②1) の類型的な支配・依存関係に属する類型については，ドイツにおいては3月以上5年以下の自由刑（ドイツ刑174条1項）が，スイスにおいては3年以下の自由刑又は罰金刑（スイス刑188条1項）が，オーストリアにおいては3年以下の自由刑（オーストリア刑212条1項）がそれぞれ規定されている。

　また，②2) の困窮・強制状況に属する類型については，ドイツにおいては5年以下の自由刑又は罰金刑（ドイツ刑182条1項）が，スイスにおいては3年以下の自由刑又は罰金刑（スイス刑193条1項）が，オーストリアにおいては3年以下の自由刑（オーストリア刑207条b2項）がそれぞれ規定されている。

　更に，②3) の年齢差・未成熟さに基づく優越性に属する類型については，ドイツにおいては3年以下の自由刑又は罰金刑（ドイツ刑182条3項）が，オーストリアにおいては1年以下の自由刑又は720日以下の日数罰金（オーストリア刑207条b1項）がそれぞれ規定されている。

(2)　検　討

　強姦罪あるいは性的強要罪については，ドイツにおいては1年以上の自由刑（但し加重類型としての強姦については2年以上の自由刑）が規定されている（ドイ

ツ刑177条5項及び6項1号)。また，スイスにおいては，強姦罪は1年以上10年以下の自由刑（スイス刑190条1項)，性的強要罪は10年以下の自由刑又は罰金刑（同189条1項）が規定されている。更に，オーストリアにおいては，強姦罪は1年以上10年以下の自由刑（オーストリア刑201条1項)，性的強要罪は6月以上5年以下の自由刑（同202条1項）が規定されている。

　こうした強姦罪・性的強要罪の法定刑と比較すると，オーストリアでは，①の絶対的保護年齢を定める類型の法定刑は全く同じとなっているのに対して[37]，スイスでは法定刑の上限が半分となっている。ドイツは，基本類型であるドイツ刑法176条1項については性的強要罪（同177条5項）より法定刑は上限・下限ともに低いものの（但し，同176条3項の加重事由に該当する場合には，性的強要罪の法定刑と同一である)，加重類型である同176条a2項1号については性的強要罪の加重類型である強姦罪（同177条6項1号）の法定刑と同じとなっている[38][39]。このように，いわゆる法定強姦とされる①の類型については，強姦罪・性的強要罪と比較して，法定刑の定め方は各国で異なっているものの，近時は両者の平仄を合わせる方向に進んでいる。

　これに対して，②の相対的保護年齢を定める類型については，②1) から 3) のいずれの類型についても，強姦罪・性的強要罪よりも法定刑が低く規定されている。その中でも，②1) と②2) に関しては，ドイツにおいては法定刑のうち自由刑の下限及び罰金刑の有無という点で異なるものの自由刑の上限は同一であり，スイス・オーストリアでは同一の法定刑が規定されている。これに対して，②3) は前二者と比べて法定刑が低く規定されている。

　以上の検討からは，①の絶対的保護年齢を定める類型については，強姦罪・性的強要罪の法定刑と平仄を合わせようとする傾向が看て取れるのに対して[40]，②の相対的保護年齢を定める類型については，強姦罪・性的強要罪の法定刑よりも大幅に低い法定刑を規定している[41]。これは，一定の絶対的保護年齢に属す

---

37) これは2013年改正によるものである（深町・オーストリア23頁)。
38) 但し，両者の捕捉範囲は微妙に異なる（佐藤・前掲注8）90頁参照)。
39) これは2004年改正によるものである（vgl. BGBl. I 3007)。
40) スイスについては，絶対的保護年齢が16歳未満と高く設定されているからこそ，法定刑が強姦罪・性的強要罪よりも類型的に低いのだとも説明できよう。
41) ②の相対的保護年齢を定める類型については，強姦罪・性的強要罪や①の絶対的保護年齢を定める類型とは異なり，加重類型や結果的加重犯の規定が存在しないことも重要である（ドイツ

る児童については，およそその同意を法的に無効と評価し，一律に強い保護を与える[42]ことの反面，絶対的保護年齢を上回る児童については，個別具体的な状況や行為者との関係性などを考慮しつつ，一定の範囲で保護するに留まることの反映と言えよう。

5 まとめ

ここまでの検討で得られた分析をまとめると以下のようになる。

① ドイツ語圏各国における児童に対する性犯罪は，絶対的保護年齢を定める類型と相対的保護年齢を定める類型とに区別される。前者の類型は，一定の年齢を下回る場合に一律に児童を性的行為から保護するものである。また，後者の類型は，絶対的保護年齢を上回る児童であってもなお心身の未成熟さや他者に依存しなければ生活できないといった一定の脆弱性を有していることを前提に，一定の状況や働きかけといった個別具体的な事情に応じて更に細分化される。すなわち，一定の類型的な支配・依存関係がある類型，児童が困窮・強制状況にある類型，児童との年齢差及び児童が未成熟である類型などである。

② 児童に対する性犯罪の保護法益としては，児童の健全な性的発達及び児童の性的自己決定の2つが挙げられる。個々の犯罪類型のうち，いずれの法益を保護するかには違いがあるが，多くの犯罪類型では両者の側面が併せて考慮されている。

③ いわゆる「利用」要件は，絶対的保護年齢を定める類型では問題とならないが，相対的保護年齢を定める類型においては，親子関係や養親子関係などの場合を除いて，基本的には要求されている。「利用」要件の基本的な機能については，相対的保護年齢を定める類型における各犯罪類型で一致が見られるが，細部においては差異もある。

④ 児童に対する性犯罪の法定刑に関しては，絶対的保護年齢を定める類型については強姦罪・性的強要罪の法定刑と平仄を合わせる傾向にあるが，相対的保護年齢を定める類型については，強姦罪・性的強要罪の法定刑よ

刑174条・182条，オーストリア刑207条b・212条をそれぞれ参照）。
42) Vgl. Hinterhofer/Rosbaud, a. a. O. (Anm. 34), §206 Rn. 3a.

りも明らかに低く規定されている。

III　我が国における議論状況

1　比較法から得られる類型化の視座

(1)　基本的な視点

　ドイツ語圏各国の児童に対する性犯罪の分析・検討を経て明らかになった基本的な視点は，以下の2つである。第1に，ドイツ語圏各国では，児童の年齢について絶対的保護年齢と相対的保護年齢とを区別しつつ，絶対的保護年齢を定める性犯罪においては一定年齢未満の児童を一律に保護している。

　第2に，相対的保護年齢に属する児童については，成人年齢（18歳）に達していないことによる心身の未成熟さや他者に依存しなければ生活できないといった一定の脆弱性を有していることを前提としつつ，その他の要素をも考慮して，児童を性的行為から保護する必要がある場合を類型化している。

(2)　絶対的保護年齢の分析

　(1)で述べた基本的な視点のうち，絶対的保護年齢を定めるという点は，我が国の刑法176条後段及び177条後段が既に採用するところである。すなわち，その同意の有無に拘らず，13歳未満の男女に対するわいせつな行為又は13歳未満の女子に対する姦淫は一律に禁止され，かつ，強制わいせつ罪（176条前段）・強姦罪（177条前段）と同様に扱われている。[43] 13歳未満という低い保護年齢[44]だからこそ，およそ暴行・脅迫といった手段によらずとも，類型的に強制わいせつ罪や強姦罪と同等の当罰性を有しているのだと言える。[45]

---

43)　したがって，法定刑の上限・下限が同じであるのみならず，結果的加重犯規定についても同様に妥当する（刑181条）。

44)　逆に，スイス刑法のように絶対的保護年齢が16歳未満と極めて高い（成人年齢である18歳と2歳しか変わらない）場合には，このような議論は妥当しにくい。但し，スイス刑法の性的強要罪の法定刑（10年以下の自由刑又は罰金刑）を見れば分かるように，下限を低く抑えることにより，14歳以上16歳未満といった当罰性の低い類型も捕捉することが可能であり，その限りでは，法定刑の上限を現在のスイス刑法187条よりも高くすることは十分に可能であろう。

45)　13歳未満という低い絶対的保護年齢だからこそ，およそ被害児童の現実の意思を問わずとも，一律に強姦・強制わいせつと同等の当罰性を有すると法が見做すことが正当化されると説明することも可能である。

但し，ここで言う同等の当罰性というのは，必ずしも強制わいせつ罪・強姦罪と同じ法益が侵害されているという趣旨ではない。むしろ，刑法176条後段・177条後段は，13歳未満のあらゆる児童を保護対象としていることから分かるように，嬰児であっても本罪の客体として保護している。しかし，意思能力もないような嬰児に関して，性的自己決定の自由に言及することは困難であろう。このような観点からは，刑法176条後段・177条後段においては，13歳未満の児童の性的自己決定のみが保護されているわけではなく，その健全な性的発達もまた保護されており[46]，特に低年齢である場合には，後者の側面がより重要になっていると考えるべきであろう。性的自己決定の侵害は，ある特定の性交・性的行為を行うか否かを決定する自由が侵害されたという意味で，いわば1回的な侵害であるのに対し，健全な性的発達の侵害は，当該児童のその後の長期的な，時には生涯に渉る性的な発達に対する悪影響が問題となっており[47]，いわばその時間的なスパンが異なるものと言える。両者の差異を厳密に分析することが，児童に対する性犯罪をより正確に理解するためには重要な意味を有する。

　我が国の刑法176条後段・177条後段は，児童の健全な性的発達及び児童の性的自己決定の両方を保護するものであり，また，強姦罪・強制わいせつ罪と同等の当罰性を有しているという点で，近時のドイツ法やオーストリア法の方向性を先取りし[48]，それを徹底した規定であると評価することが可能であろう。

46）　大塚仁ほか編・大コンメンタール刑法(9)〔第3版〕(2013) 65頁〔亀山継夫＝河村博〕。和田・前掲注4) 618頁も参照。

47）　1歳から6歳の複数の被害児童に対するわいせつ行為につき刑法176条後段の成立を認めた福岡地判平成28・3・28公刊物未登載（LEX/DB 25542684）も参照。このような立場に対しては，特に乳児や睡眠中の児童は性的接触を認識・記憶していない以上，その性的な発達の侵害を立証することは困難であるとの批判もある（vgl. Renzikowski, a. a. O. (Anm. 19), § 176 Rz. 3)。しかし，いわゆる「最早期記憶」（自己の記憶をたどった際に思い出される最初の記憶）が何歳の頃の記憶であるかについては個人差が大きいことからしても（森津太子「幼児期健忘と最初期記憶に関する研究の現在」甲南女子大学研究紀要（人間科学編）39号（2003年）20頁），乳児も含めて13歳未満の児童を一律に（抽象的危険犯として）保護するという規定には十分な理由がある。

48）　Ⅱ 5 ④を参照。

(3) 相対的保護年齢の分析

1) 相対的保護年齢内での更なる年齢による類型化の当否

相対的保護年齢における具体的な考慮要素の類型化の仕方は，必ずしもドイツ語圏各国でも同じというわけではない。例えば，ドイツやオーストリアでは，14歳以上18歳未満という広い相対的保護年齢に鑑みて，16歳未満か否かという点も，類型化の一つの判断要素としている。これに対して，スイスでは，16歳以上18歳未満という狭い相対的保護年齢に鑑みて，それ以上の年齢による類型化はなされていない。このような傾向から見ると，我が国の相対的保護年齢は，13歳以上18歳未満と相当に広汎であり，ドイツやオーストリアのように，年齢による更なる類型化を行うべきとの見解[49]にも一定の合理性がある。

しかし，我が国の児童保護の実状を見る限りでは，こうした類型化を一律に行うべきと言えるかには疑問もある[50]。例えば，児童に対する性犯罪の一類型として挙げられる児童ポルノの規制の現状については，ドイツでは，14歳未満の児童ポルノの認知件数は，14歳以上18歳未満の青少年ポルノの認知件数と比べて圧倒的に多い[51]。これに対して，我が国においては，平成28年警察白書で，平成27年の児童ポルノ送致事件の被害児童総数905人中，高校生374人，中学生359人となっており，高校生であってもなお強く保護すべきものと解されていることが窺える。要するに，我が国においては，ドイツとは異なり，相対的保護年齢に属する児童についても広くその健全育成を保護すべきという価値観が存在していると見ることが可能である。したがって，相対的保護年齢の中で更に年齢により類型化するといった議論枠組みを我が国で採用すべきかについては，なお慎重な考慮を要する。

---

49) 特に，Ⅲ3で検討する条例の淫行罪について，福岡県青少年保護育成条例最高裁判決・前掲注7）における谷口正孝裁判官反対意見（刑集39巻6号443頁以下）を参照（16歳以上の年長青少年については，16歳未満の青少年とは異なった配慮が必要となるとする）。

50) 原田國男「青少年保護育成条例」佐藤文哉編刑事裁判実務大系(3)風俗営業・売春防止（1994）484頁も参照。

51) 2015年警察犯罪統計（PKS）によれば，ドイツ刑法184条b（児童ポルノ）の所持・取得は3753件，頒布等は2730件であるのに対して，同184条c（青少年ポルノ）の所持・取得は548件，頒布等は597件である。当該統計は以下のサイトでダウンロード可能である。https://www.bka.de/DE/AktuelleInformationen/StatistikenLagebilder/PolizeilicheKriminalstatistik/PKS2015/pks2015_node.html

2) 相対的保護年齢において更に考慮すべき要素

　こうした観点からは，ドイツ語圏各国において共通する地位利用や強制状況・困窮状況の利用といった，被害児童の健全育成や性的自己決定という観点からして比較的当罰性の高い要素を考慮することで，相対的保護年齢に属する児童に対する性犯罪について一定の類型化を図るという方向性がまずは模索されるべきであろう。また，条例の淫行罪のように，一見すると相対的保護年齢に属する児童全般（すなわち，18歳未満の児童一般）に広く保護を及ぼす規定についても，当該児童の精神的な未成熟さや年齢差の利用といった一定の当罰性を見出すことができる要素などを考慮した上で，その処罰範囲を限定するという方途が考えられる。

　以下では，こうした基本的な類型化の視座を考慮しつつ，児童福祉法の児童淫行罪，条例の淫行罪，及び監護者性交等・わいせつ罪について，それぞれ検討していくことにする。

2　児童福祉法の児童淫行罪

(1)　従来の議論とその問題点

　児童福祉法34条1項6号は，「児童に淫行をさせる行為」を禁止し，違反した者には10年以下の懲役若しくは300万円以下の罰金又は併科（同60条1項）という，児童福祉法の中でも特に重い罰則を規定する。本条は，児童の虐待を防止するために児童を一定の業務に就かせる行為を禁じた児童虐待防止法（昭和8年制定）の趣旨を受け継ぎつつ，児童の健全育成を図るため（同1条参照）に，すなわち，児童の健全育成を保護法益として，児童の心身に有害な影響を及ぼすおそれのある行為を現実にさせること（同34条1項1号ないし6号）あるいは有害行為をするに至るような環境・状態に置くこと（同34条1項7号ないし9号）を処罰対象とする。このような経緯もあり，児童淫行罪は，行為者が第三者を相手方として児童に売春をさせるような類型（三者関係型）を処罰す

---

52)　Ⅱ4(2)参照。
53)　Ⅱ4(2)参照。
54)　児童福祉法の沿革につき，小泉祐康「児童福祉法」平野龍一ほか編・注解特別刑法(7)風俗・軽犯罪編〔第2版〕(1988) 1頁以下参照。

るものと解されてきた。[55]

　児童淫行罪において判例・裁判例で特に問題とされてきたのは，①「淫行」は性交に限定されるか否か，[56] 及び，②いかなる場合が淫行「させる行為」に当たるのか，である。①については，判例において性交類似行為も含まれるとされ，[57] ②については，最決昭和40・4・30裁判集刑155号595頁（以下，昭和40年決定）によって，「直接たると間接たるとを問わず児童に対して事実上の影響力を及ぼして児童が淫行をなすことを助長し促進する行為」も「淫行をさせる行為」に含まれるとされた。

　しかし，①については，性交類似行為の外延は必ずしも明確ではない。また，本罪における「淫行」概念と，後に検討する条例の淫行罪における「淫行」概念との関係も問題となる。次に，②については，事実上の影響力をどのように判断するかが問題となる。この点は，特に三者関係型とは異なり，行為者が児童に対して自己を相手方とするように働きかける類型（二者関係型）の処罰の可否及びその判断基準を巡って先鋭化する。[58] そこで，以下では，このような①及び②を巡る問題が明確化した最高裁判例，すなわち最決平成10・11・2刑集52巻8号505頁（以下，平成10年決定）及び平成28年決定を採り上げて，その判断を分析・検討することにしたい。

(2)　判例の紹介・分析
　1)　事案と決定要旨
　平成10年決定は，中学校の教師が教え子である女子生徒に対して，いわゆる電動バイブレーターの使用を勧め，自己の面前で自慰行為をさせたという事案で，「中学校の教師である被告人が，その立場を利用して，児童である女子生徒に対し，性具の電動バイブレーターを示し，その使用方法を説明した上，

---

55)　西田典之「児童に淫行をさせる罪について」宮澤浩一先生古稀祝賀論文集(3)（2000）296頁。
56)　多くの青少年保護育成条例においては，淫行と並んで「わいせつな行為」についても処罰対象とするため，淫行に当たらなくともわいせつな行為に当たる限りで処罰可能である。これに対して，児童福祉法34条1項6号は，あくまでも淫行のみを処罰するため，淫行の範囲が大きな問題となる。
57)　最決昭和47・11・28刑集26巻9号617頁など参照。
58)　かつての裁判例では，基本的に二者関係型について本罪の成立は否定されていた。例えば，東京高判昭和50・3・10家月27巻12号76頁参照（但し，行為者が第三者を介して被害児童に働きかけ，自己と性交又は性交類似行為をさせた場合には，本罪の教唆・幇助を肯定する）。

Ⅲ　我が国における議論状況

自慰行為をするよう勧め、あるいは、これに使用するであろうことを承知しながらバイブレーターを手渡し、よって、児童をして、被告人も入っている同じこたつの中に下半身を入れた状態で、あるいは、被告人も入っている同じベット上の布団の中で、バイブレーターを使用して自慰行為をするに至らせたという各行為について、いずれも児童福祉法34条1項6号にいう『児童に淫行をさせる行為』に当たるとした原判断は正当」としている。

次に、平成28年決定は、高校の常勤講師である被告人が教え子とホテルで性交したという事案で、「淫行」については、児童福祉法の「趣旨（同法1条1項）に照らし、児童の心身の健全な育成を阻害するおそれがあると認められる性交又はこれに準ずる性交類似行為をいうと解するのが相当であり、児童を単に自己の性的欲望を満足させるための対象として扱っているとしか認められないような者を相手とする性交又はこれに準ずる性交類似行為は、同号にいう『淫行』に含まれる」とした。また、淫行「させる行為」については、昭和40年決定を明示的に引用しつつ、「そのような行為に当たるか否かは、行為者と児童の関係、助長・促進行為の内容及び児童の意思決定に対する影響の程度、淫行の内容及び淫行に至る動機・経緯、児童の年齢、その他当該児童の置かれていた具体的状況を総合考慮して判断するのが相当である」とした。

2) 検討すべき課題
(a) 淫行概念について

平成10年決定においては、そもそもいかなる行為が「淫行」に当たるのかが問題となる。本決定の第1審判決は、「相手方が存在せず行為者が単独で行う場合」であっても性交類似行為に当たる場合があるとしたのに対して、第2審判決は、本件は相手方たる被告人が存在した事案であるとしており、平成10年決定も第2審判決の判断を正当としている。仮に第1審判決のような立

---

59) これは、後述するように、福岡県青少年保護育成条例最高裁判決・前掲注7) の判断を児童淫行罪にも適用するものである。
60) これに対して、平成10年決定については、原審（福岡高判平成26・9・19刑集70巻5号400頁）では引用されているにも拘わらず、平成28年決定においてはおよそ言及がなされていない。
61) 具体的認定としては、「児童が通う高等学校の常勤講師である被告人は、校内の場所を利用するなどして同児童との性的接触を開始し、ほどなく同児童と共にホテルに入室して性交に及んでいる」として、「淫行をさせる行為」に当たるとした。
62) 長野家飯田支判平成8・3・18刑集52巻8号536頁。

場を採る場合には、被告人が被害者の面前におらず、電話やライブチャットで被害者に電動バイブレーターを使用して自慰行為をさせた場合であっても「淫行」に当たることになり得る。こうした帰結の当否を検討するためには、性交類似行為か否かを判断する基準を明確にする必要がある。

また、平成28年決定は、本罪の「淫行」を「児童の心身の健全な育成を阻害するおそれがあると認められる性交又はこれに準ずる性交類似行為」としつつ、後に論じる福岡県青少年保護育成条例最高裁判決[63]で示された基準、すなわち、「青少年を単に自己の性的欲望を満足させるための対象として扱っているとしか認められない」性交又は性交類似行為の場合には、本罪の「淫行」に当たるとする。しかし、このような議論は、本罪の成否を考察する上でいかなる意義を有するのであろうか。この点は、条例の淫行罪について検討する際に併せて論じることにする[64]。

(b) 淫行を「させる行為」について

かねてから、平成10年決定については、行為者が相手方となる場合、すなわち二者関係型についても淫行を「させる行為」に当たることを認めたものだとする見解が一般的であったが[65]、判例の立場はなお明らかではないとの理解も存在した[66]。

これに対して、平成28年決定は、二者関係型の場合にも児童淫行罪が成立する旨明示した。しかし、こうした立場に対しては、かねてより、単に児童と「淫行をする」場合を「淫行をさせる」場合と区別なく処罰することに他ならないとの批判が向けられている[67]。こうした批判に答えるためにも、行為者が相手方となる事例のうち、どのような場合が本罪で捕捉されるのかを明確にする必要がある。

---

63) 前掲注7)。
64) 後掲注118)も参照。なお、平成28年決定が淫行を「させる行為」の判断要素の1つと挙げている「淫行の内容及び淫行に至る動機・経緯」につき、むしろ「淫行」該当性の判断において考慮されていると指摘するものとして、松本朗「判例研究」研修820号(2016)24頁参照。
65) 井口修・最判解刑事篇平成10年度178頁以下。
66) 佐々木史朗＝若尾岳志・判タ1053号(2001)68頁(なお、同頁で三者関係型の構造についても分析がなされている)。
67) 伊藤栄樹ほか編・注釈特別刑法(8)(1990)790頁〔澤新＝長島裕〕。

(3) 「淫行」概念について

本罪の「淫行」概念は，男性間の性的行為を巡る事例[68]や男女間の性交を模した性的行為を巡る事例において，性交のみならず性交類似行為にまで拡張されてきた。例えば，大阪高判昭和41・4・26（高検速報22号44頁，LLI/DBL02120704）は，男性客を相手として男児に「男女性交を模した俗に素股若しくはバックと称するもののほか手淫，俗に尺八と称するもの等」の性交類似行為をさせたとして被告人に本罪の成立を肯定し，前掲・最決昭和47・11・28の原判決[69]は，舞台の上で全裸になって男女性交の場面を模するショーにつき，性交類似行為を肯定した。

学説においては，上述の判例・裁判例を批判し，性交類似行為という概念の不明確さを指摘しつつ，淫行については性交に限定すべきとする見解[70]も主張されてきた。しかし，通説的見解[71]は，「淫行」の範囲を性交のみならず性交類似行為にまで拡張することを肯定し，性交類似行為の意義については，「児童の心身に与える有害性が直接かつ重大なもので，実質的に見て性交と同視し得る程度の性的な行為」とする[72]。とはいえ，実質的に見て性交と同視し得るか否かをどのような判断基準及び判断要素によって判断すべきかについては，通説的見解においてもなお明らかではない。性交類似行為という概念の不明確さを指摘する先の批判に答えるためにも，性交同視性の判断基準・判断要素を明確にする必要がある。

判例・裁判例の事案を見ると，一方では，男性器を肛門・口腔に，あるいは男性器を模した器具（いわゆる性具）などを膣に挿入したことが，性交同視性を肯定する上で重要な意義を有している[73]。他方で，手淫のように挿入を伴わな

---

68) 裁判例の詳細につき，井口・前掲注65) 169頁以下参照。
69) 大阪高判昭和47・4・20刑集26巻9号626頁。
70) 西田典之・警研44巻12号（1973）123頁以下。
71) 亀山継夫「児童に淫行をさせる罪（その一）」警研346号（1977）44頁，宮澤浩一＝安部哲夫「児童福祉法・青少年条例」判例刑法研究(8)（1981）388頁，廣瀬健二「児童に淫行をさせる行為」・前掲注50) 428頁。
72) 廣瀬・前掲注71) 428頁。井口・前掲注65) 172頁も参照。
73) 口淫につき名古屋地判平成26・6・19公刊物未登載（LEX/DB25504326）を，肛門性交につき名古屋高金沢支判平成27・7・21公刊物未登載（LEX/DB25541033）を，性具につき平成10年決定をそれぞれ参照（但し，井口・前掲注65) 173頁によれば，平成10年決定の事案における電動バイブレーターは，「男性性器をそっくりそのまま模したものとはいい難い」とのことで

い場合についても，性交同視性を肯定する判例・裁判例も散見される。このように，判例・裁判例を見る限りでは，必ずしも性交類似行為の外延は明確ではないとの前述の批判は正当と言えよう。

比較法的に見ると，性交類似行為という概念は，特にオーストリアにおいて激しく論じられている。というのは，オーストリアにおける強姦罪は，性交のみならず「性交と同視すべき性的行為」を併せて規定しており（オーストリア刑201条1項），性交類似行為か否かは，強姦罪に当たるか，あるいはより法定刑の低い性的強要罪（同202条1項）に当たるのかという観点から大きな問題となるからである。そして，判例においては，性交同視性の判断基準としては「性交との見た目の類似性」が重視され，①第1次的な性器（陰茎，膣など）が関係すること，②性交に類似した動作であること，③挿入の有無といった判断要素が考慮されている。

このような判断基準及び判断要素は，我が国の性交類似行為を考えるに当たっても有益な示唆を与えるものと思われる。というのは，本罪の保護法益である青少年の心身の健全な成長を害する危険性という観点からすれば，性交と見た目が類似している場合には，（特になお性的な経験に習熟していない）被害児童にとっては，性交と同程度にショッキングな事態として，その心身に与える有害性が高い行為であると言えるからである。

このような観点からは，口腔性交や肛門性交のように性器を挿入する場合，性具を膣や肛門に挿入する場合はもちろん，挿入がなくとも，前掲・最決昭和

ある）。
74) 前掲注57)・最決昭和47・11・28参照。
75) 広島地判平成21・9・14公刊物未登載（LEX/DB25441784），横浜地判平成24・1・26公刊物未登載（LEX/DB 25483020）。
76) 肛門が含まれるかについては，オーストリアにおいては激しく争われている。特に差が生じるのは，肛門に性具や器具などを挿入する事例である。深町・オーストリア29頁。
77) 深町・オーストリア29頁。
78) これに対して，性犯罪に対処するための刑法の一部改正に関する諮問第101号要綱骨子の修正案第1では，強姦の範囲を拡張するに際して，（性交の他に）肛門性交及び口腔性交のみを捕捉している。このような規定となっているのは，あくまでも男性器の体内への挿入こそが，強姦としての当罰性を肯定するためには必要な要素だと考えられているからであろう。ここでは，単なる性交との見た目の類似性よりも，性交と同程度の身体的接触性という観点が正面から問題とされている。強姦罪ではあくまでも被害者の性的自己決定が保護されており，男性器の体内への挿入によってこそ，性交と同程度に当該自己決定が侵害されると考えるのであれば，このような改正案にも理由があろう。

III 我が国における議論状況

47・11・28のように，性交の場面を摸した行為についても，性交類似行為を肯定することは可能である。但し，電話やライブチャットのように，現実に行為者が被害者の面前にいない場合には，見た目の類似性を肯定することは困難であろう[79]。また，単なる手淫のみで見た目の類似性を肯定することが可能かについても疑問がある[80]。手淫の場合には，その他の動作（例えば，いわゆる「素股」といった動作）などを含めて，全体として見て性交に類似した動作と言えるか否かが，性交類似行為を肯定する上で重要となる。

(4) 淫行を「させる行為」について

1) 三者関係型と二者関係型

平成10年決定以前の裁判例で，本罪が専ら三者関係型のみを捕捉するものと解されてきたことの背景には，淫行を「させる」という使役の文言についての単なる文言解釈を超えた実質的な理由があるように思われる。本稿の理解によれば，その理由は以下のように構成できる。すなわち，性交又は性交類似行為という性関係は，基本的には二者間で構築されるべきものであり，性関係の構築に第三者が仲介・介在すること自体が，性のあり方としては通常ではなく，それによって未成熟で不安定な児童の心身に有害な影響を及ぼすおそれがあるということである。要するに，二者間で構築されるべき性関係に第三者が仲介・介在する点に，被害児童の心身に有害な影響を及ぼす類型的な危険性を肯定することができ，したがって，第三者たる行為者が仲介・介在することで，児童の淫行を促進・助長する程度の影響力を及ぼせば足りるとの理解である。

これに対して，二者関係型では，二者間で性関係を構築することそれ自体は通常の性関係である以上，被害児童の心身に有害な影響を及ぼす類型的危険性を直ちに認めることはできない[81]。したがって，本罪の成立を肯定するためには，二者関係型であってもなお被害児童の心身に有害な影響を及ぼすような具体的事情が要求される。但し，平成28年決定のように，個々の要素の意味・重要

---

79) この点は，被害者自身に対する性交類似行為をさせた行為者を処罰する規定（オーストリア刑206条2項後段）を有するオーストリアとは事情が異なる（深町・オーストリア43頁以下参照）。
80) 性産業に従事する者が「客に手淫を施す」行為につき，それだけでは本罪の「淫行」には当たらないとするものとして，小泉・前掲注54) 37頁参照。
81) 18歳未満の児童との「淫行」というだけでは，条例の淫行罪を超える不法性を基礎づけることはできない。

性に言及することなく様々な考慮要素を掲げ，それらの総合考慮によって児童の淫行を促進・助長するか否かを判断することには問題があろう。というのは，例えば見知らぬ児童に対して金品を提供することで淫行を助長・促進するといった典型的な児童買春罪の事例でも，こうした総合考慮の枠組みにおいては「淫行をさせる行為」に当たりかねないからである。[82] 本罪よりも類型的に軽い児童買春罪との区別が可能となるような，本罪独自の不法性は何かという観点から，児童の心身の健全な発展を害する危険性が高いと言えるだけの事情をより明確化・類型化する必要がある。[83]

こうした観点からは，平成28年決定も含め，判例・裁判例が，行為者が被害児童の心身の健全な発展に重要な役割を果たす地位（いわば，「当該被害児童の健全な成長を見守る保護責任者的な立場」）にある場合に本罪の成立を認めている点に着目すべきであろう。[84] すなわち，行為者が自己の地位を利用して，被害児童との関係を性的関係に転化させることで，被害児童が自律的に性的関係を形成する能力を発展することを妨げる点が重要である。具体的には，①親子・養親子関係や教師と教え子の関係といった児童の全人格の形成に関わる一定の依存関係（生活依存や教育上の依存関係）が存在し，かつ②当該関係を利用して淫行に至っている場合には，児童の意思決定に対して事実上の影響力を行使しているものとして，本罪の「淫行をさせる行為」を肯定すべきである。[85] 比較法的に見れば，二者関係型の児童淫行罪は，相対的保護年齢における地位利用類[86]

---

82) 東京高判平成11・12・24高刑速（平成11）号114頁も参照。これに対して，児童福祉法上の「児童を使用する者」として，性交写真のモデルという雇用関係に基づいて自己と性交させる行為は，本罪が元々想定する，児童を性的産業に巻き込む場合であり，純粋な二者関係型と言えるかには疑問がある（東京高判平成21・7・6東高刑時報60巻1〜12号105頁〔詳細は，LLI/DB L06420598〕も参照）。
83) 児童買春法4条の規定する児童買春罪の法定刑は5年以下の懲役又は300万円以下の罰金である。
84) 東京高判平成17・6・16高刑速（平成17）号125頁（LEX/DB28115396。父親と実の娘〔13歳〕），東京高判平成21・9・14公刊物未登載（LEX/DB25463513。中学校教師と教え子〔15歳〕），最決平成21・10・21刑集63巻8号1070頁（中学校の教師と教え子〔14歳から15歳〕），東京高判平成22・8・3高刑集63巻2号1頁（養父と義理の娘〔15歳〕），名古屋高金沢支判平成27・7・21公刊物未登載（LEX/DB25541033。中学校の学級担任かつ部活の顧問と教え子〔15歳〕）など。
85) 代表的なものとして，前掲注84）・東京高判平成22・8・3。
86) 生活依存関係や人格依存関係が強固であればあるほど，被害児童が低年齢ではない場合やさほど強い働きかけがない場合であっても，本罪の成立を認めるべきであろう。

型を処罰するものと言える。

2) 事例の検討

判例・裁判例で問題となった事例を検討すると、例えば、①の依存関係については、雇用関係なども含まれ得るが、例えばコンビニの店長とバイトの児童との間で、全人格の形成に関わるような依存関係が生じるかはなお検討の余地がある。住み込みなどで働く場合にはこうした依存関係が肯定されよう。また、学校ではなく、スポーツクラブのような場合であっても、教え子を自宅に下宿させているような場合には、なお依存関係の存在を肯定できよう。

また、①の依存関係が一旦生じたとしても、それが終了した場合には、本罪の成立を否定すべきである。特に、教師と教え子の関係については、教え子が卒業した場合には、通常はその時点から、依存関係についても終了したと見るべきであろう。たとえ卒業後に人間的な交流が続いているとしても、そうした交流における関係は、学校のような制度的な依存状況を生じさせる場における依存関係とは異なる。

②の依存関係の「利用」に関しては、比較法的な分析からすれば、たとえ行為者と児童との間に依存関係が存在していたとしても、かかる依存関係が生じる前から、例えば児童がその学校に入学する前から当該学校の教師との間に恋愛関係が存在していたような場合には、こうした「利用」の存在を否定することができよう。また、「利用」とは、行為者が、自己の地位や児童の一定の状況などを、性的関係に至るための特別な機会として用いたことであると考えれば、教師と教え子との関係にある場合でも、児童の保護に第1次的な責任を有する親の同意がある場合には、教師という地位を、性的関係を持つための特別

---

87) 刑事比較法研究グループ「比較法からみた日本の性犯罪規定」刑ジャ45号（2015）161頁も参照。
88) 大阪家判平成17・1・11家月59巻6号61頁。
89) 大阪高判平成26・8・28公刊物未登載（LEX/DB25504703）は、条例の淫行罪のみを認めている。
90) 東京高判平成24・10・17東高刑時報63巻1～12号209頁の第1審判決は、中学校を既に卒業した被害児童が被告人のかつての教え子かつ部員であった事実を指摘して本罪の成立を肯定しているが、この事実のみでは、一旦成立した保護責任者的地位がなお存続しているのかを判断するには不十分である。
91) Ⅱ3(2)参照。
92) Ⅱ3(2)参照。

な機会として用いたとは評価できないとして,「利用」の存在を否定することが可能であるように思われる[94]。

二者関係型で問題となっている事実上の影響力の行使は,三者関係型の類型において想定されている,被害児童の淫行を助長・促進する程度の影響力に比べると,より程度が強いものと言える[95]。仮に平成28年決定のロジックが,二者関係型において,このような地位の利用がないにも拘らず,その他の具体的事情,例えば金品の提供などを総合考慮して,被害児童の淫行を助長・促進する程度の影響力があれば足りるとの帰結をも正当化するのであれば,疑問の余地がある[96]。平成28年決定も,考慮要素として最初に「行為者と児童の関係」を掲げており,認定においても両者の関係を挙げているが[97],この要素はむしろ必須と解するべきである。

3) 困窮状況の利用

学説においては,二者関係型につき,地位利用に加えて,被害児童の困窮状態(困窮状況)を利用した場合にも,本罪の成立を認め得るとする見解が有力に主張されている[98]。また,平成28年決定のような総合考慮的な判断を肯定する立場からは,困窮状況の利用の場合にも,本罪の成立は肯定され得るように思われる。そこで,こうした見解をどのように評価すべきかが問題となる。

比較法的に見ると,前述の通り,ドイツ語圏各国における児童に対する性犯罪の中で,相対的保護年齢を定める類型においても,地位利用型と困窮状況利用型とは区別して規定されている。しかし,両者は,法定刑が(ほぼ)同じで

---

93) 但し,教師は教え子に対して成績評価の権限など広範な権限を有するのであり,教え子の親がこうした教師の権限を考慮した結果,自分の子どもと教師とが性的関係に至ることを黙認するといった場合も十分に考えられる。この場合は正に,教師という地位を性的関係のための特別な機会として用いたと評価すべきである。
94) 前掲注84)・東京高判平成21・9・14も参照。
95) これに対して,平成28年決定の第1審判決(福岡地飯塚支判平成26・5・19刑集70巻5号387頁)は,「『させる行為』について要求される働きかけの程度」は「かなり低いものである」と論じる一方で,事実認定においては,教師は「全人格的な教育指導」を行う存在であって「相当な影響力を有する」旨判示している。
96) 平成28年決定は,中学校教師としての立場を利用した点に言及した平成10年決定を先例として掲げることを意図的に避けているものとも思われるが(前掲注60)も参照),それはかかる帰結をも正当化する余地を残したものとも見うる。
97) 前掲注61)掲記の事実認定を参照。
98) 西田典之=鎮目征樹「児童の性的保護」法教228号(1999)37頁,西田・前掲注55)305頁。

あり，当罰性の観点からすると類似した類型であるとも言える[99]。こうした観点からすれば，我が国の児童福祉法上の児童淫行罪についても，困窮状況利用型を含めて解釈することには一定の合理性があるように見える。

しかし，従来の判例・裁判例が，二者関係型については基本的に地位利用類型に限って本罪の成立を肯定していることには，十分な理由がある。本罪の保護法益の中心は児童の健全育成であることに鑑みれば，親子関係や教師と教え子といった人格的な依存関係を利用し，いわば当該児童を「裏切る」ことによって性関係を形成することは，当該児童の性的な健全育成を大きく妨げる危険性があると言える。これに対して，困窮状況の利用は，経済的に逼迫しているなどの理由により，真意に沿わない形での性的行為を強いられるという意味で，児童の性的自己決定に対する侵害は肯定されるが，こうした侵害は，あくまでも当該性的行為の自由な決定が妨げられたという1回的な侵害に他ならない。これは，児童淫行罪で前提とされている，児童の性的な健全育成に対する長期に渉る有害な影響といった観点とは大きく異なる[100]。このように解すると，困窮状態の利用は，なお地位利用とは大きな差異があると言えよう。

これに加えて，困窮状況利用型をも含めることを一旦認めると，平成28年決定のような総合考慮的判断を正面から肯定することになり，処罰範囲が不明確になることが避けられないと思われる。以上の検討からすれば，なお本稿のような限定的な解釈が妥当であろう。

3 条例上の淫行罪

(1) 青少年保護育成条例における「淫行」概念

1) 福岡県青少年保護育成条例最高裁判決

青少年の健全育成や保護を謳う青少年保護育成条例においては，一部の例外を除き，18歳未満の青少年との「淫行」又は「淫らな性行為」[101]及び「わいせつな行為」[102]が処罰対象とされている。しかし，「淫行」の意味内容が過度に広[103]

---

99) Ⅱ4(2)参照。
100) Ⅲ1(2)参照。
101) 千葉県，三重県，大阪府，京都府，山口県の各条例を参照。
102) 但し，愛媛県青少年保護条例は「不純な性行為」と規定する（9条の2）。
103) 但し，東京都青少年の健全な育成に関する条例（以下，東京都条例）は性交又は性交類似行為

331

範かつ不明確ではないかが問題とされた福岡県青少年保護育成条例最高裁判決[104]（以下，昭和60年判決）は，本条例の趣旨については青少年の健全育成にあるとしつつ，本条例の「淫行」につき，「広く青少年に対する性行為一般をいうものと解すべきではなく，青少年を誘惑し，威迫し，欺罔し又は困惑させる等その心身の未成熟に乗じた不当な手段により行う性交又は性交類似行為（以下，第1類型：筆者注）のほか，青少年を単に自己の性的欲望を満足させるための対象として扱つているとしか認められないような性交又は性交類似行為（以下，第2類型：筆者注）をいうものと解する」とした。

昭和60年判決に関しては，明確性の原則との関係で様々な議論がなされているところである[105]。しかし，本稿の関心は，明確性の原則もさることながら[106]，本判決が提示した第1類型及び第2類型が，果たして条例の淫行罪の処罰範囲を適切に限定するものであるのか，また，このような類型化が実体的適正の要請を満たすものと言えるのか[107]，にある。そこで，以下ではこの点に限定して検討を加えることにする。

2）　実体的適正の問題

(a)　基本的な視点

児童との性交又は性交類似行為一般を処罰することは，婚約中やこれに準じる真摯な関係の場合をも処罰するという点でも過度に広範であるが，そもそも，18歳未満の者と言っても，例えば13歳と17歳とでは，その心身の成長の度合いは大きく異なる。

比較法的に見ると，18歳未満という相対的保護年齢に属する類型につき，およそ児童が相対的保護年齢であるということだけを理由に，あらゆる性的行為から保護するというのは，相対的保護年齢に属する児童の性的自己決定の自由に鑑みれば，明らかに過剰な保護であり，まさに過度に広範な処罰と言える[108]。

のみを処罰対象とする（18条の6）。
104）　前掲注7）。
105）　既に伊藤正己裁判官反対意見（刑集39巻6号429頁以下）において，詳細に分析・検討がなされている。
106）　本判決については，主として「淫行」という文言の明確性について，憲法論的見地から議論がなされてきた（こうした議論を代表するものとして，伊藤正己裁判官反対意見〔刑集39巻6号429頁以下〕も参照）。
107）　髙橋省吾・最判解刑事篇昭和60年度227頁以下。

そこで，相対的保護年齢に属する児童を保護客体とする場合には，更なる事情を考慮することで，児童に対する性犯罪として当罰的な類型化を行う必要があろう。比較法的な分析も加味しつつ，こうした類型化が適切になされているのかという見地から，以下では第1類型及び第2類型を見ていくことにする。

(b) 第1類型について

まず，当罰的な類型化という観点からは，一定の行為態様を要求することで，構成要件の不法内容を限定することが考えられる。[109] 第1類型は，このような行為態様による限定化を図るものと言える。

しかし，第1類型で列挙されている行為態様はどの程度限定的であろうか。誘惑，威迫，欺罔，困惑は，いずれも強姦罪・強制わいせつ罪における暴行・脅迫に至らない行為態様である。そして，強姦罪・強制わいせつ罪における暴行・脅迫自体が，判例においては相当に緩やかに解されている[110]以上，それよりも更に限定性の低い行為態様として，極めて広範に解されることになり得る。

この問題は，「誘惑」において特に顕著である。性交渉に至るプロセスでは何らかの駆け引きや「口説き」を伴うことが通常であるが，こうした通常の行為態様と区別された，淫行罪の不法内容を十分に限定するような「誘惑」とは何かが問題となる。その代表例としては，例えば大阪府青少年健全育成条例（以下，大阪府条例）34条1号が規定するような，[111] 一定の利益を供与する場合が考えられる。しかし，こうした事例の多くは児童買春罪で捕捉可能であり，「誘惑」に残された適用領域はさほど大きくはない。[112]

なお，近時特に問題となっている，家出児童に住処を提供する代わりに性交などを行う事例では，住処の提供を「対価」と解すれば児童買春罪が成立するが，必ずしも対償性を充足しない場合もある。この場合に，児童の困窮状況を

---

108) 谷口正孝裁判官反対意見（刑集39巻6号439頁以下）参照。
109) 深町・前掲注4) 38頁以下。
110) 深町・前掲注4) 38頁。
111) 大阪府条例34条1号が，威迫，欺き，困惑を規定する2号とは別個に，「金品その他の財産上の利益，役務若しくは職務」の供与を規定するのは，まさに誘惑類型の核心が対価による誘惑であることを示している。
112) 児童買春罪が導入された平成11年以降，児童福祉法の児童淫行罪の送致人員はさほど減少していないが，条例の淫行罪の送致人員は激減している（平成11年に2522人であったのが平成12年には1334人となっている）。このことは，児童買春罪が，条例の淫行罪で処罰されていた事例の多くを包摂していることを示すものと言えよう。平成27年版犯罪白書6-2-1-14表参照。

利用したとして児童福祉法の児童淫行罪が成立するとの理解を採用しないとすれば,「誘惑」あるいは「困惑」に乗じたとして条例の淫行罪で処罰することは十分に可能である。

(c)　第2類型について

多くの条例では,依然として「淫行」あるいは「みだらな性行為」を処罰対象としているため,第2類型こそが実務上重要な意義を有するところ,第2類型は,専ら行為者の主観的な目的に着目しているようにも見える。しかし,比較法的に見ても,相対的保護年齢に属する児童との性的行為につき,専ら行為者の主観的な目的を理由として処罰する規定は存在しない。仮に第2類型がこのようなものであるとすれば,淫行処罰規定を当罰的なものに限って類型化したとは評価できず,第2類型の実体的適正は大きな問題となる。

第2類型における「単に自己の性的欲望を満足させるための対象」という点を,単なる行為者の主観的目的ではなく,「青少年を全く自己の性欲満足のための道具として弄ぶものと目し得る性行為」と解する場合には,行為者が,青少年の判断能力の低さや,自己と青少年との立場の非対等性につけ込んで,いわば青少年を性欲解消の道具(客体)に貶めるような性行為のみを処罰対象とするものと理解し得る。このような児童の人格の尊厳を軽視するような性行為は,両当事者の対等性を前提とする性関係において,未成熟な青少年の心身への有害さが認められるため,行為態様による限定として考慮可能である。

具体的な判断としては,結婚を前提とした真摯な恋愛関係の有無のみならず,被害児童の年齢,行為者との年齢差,性交渉以外におよそ関心がないような関

---

113)　西田・前掲注55) 305頁参照。
114)　埼玉県青少年健全育成条例19条1項につき,さいたま地判平成14・1・15公刊物未登載(LEX/DB28075626),兵庫県青少年愛護条例21条1項につき,大阪高判平成23・12・21公刊物未登載(LEX/DB25481163),群馬県青少年健全育成条例35条1項につき,東京高判平成24・7・17公刊物未登載(LEX/DB25482259),愛知県青少年保護育成条例14条1項につき,名古屋地判平成26・6・19公刊物未登載(LEX/DB25504326)をそれぞれ参照。
115)　牧圭次裁判官補足意見(刑集39巻6号420頁)。
116)　人格的主体として取り扱われるべき存在を道具(客体)に貶めることが人間の尊厳を害するとの理解は,青少年保護育成条例において近時導入された規定でも散見される。例えば,みだりに性欲の対象として扱われることで青少年の尊厳が侵害されることに言及するものとして,東京都条例18条の6の2参照。また,長野県条例1条も参照。
117)　行為者と被害者の年齢差が小さいような場合には,両当事者の立場は互換可能とも言えるのであり,原則として第2類型には妥当しない(こうした年齢差ルールを設ける立法例として,ド

係性に至っているか否かといった事情を[118]考慮した上で，行為者が被害児童の脆弱性につけ込み，被害児童を自己の性欲解消の道具（客体）として扱っているとしか評価し得ない場合には，第 2 類型による処罰が肯定される。

例えば，昭和 60 年判決の事案では，被告人が「未だ中学を卒業したばかりの初対面の」被害児童を「それと知りながらドライブに誘い，海岸で駐車させた自動車の中で『俺の女にならんか』と言つて，いきなり性交をしたのを手始めに，本件までに少なくとも 15 回以上も，主に車の中」で被害児童と性交を重ねていること，また，2 人が会っている間は「専ら性交に終始しており，結婚の話しなどしたことは全くなかつたこと」や，本件当時被害児童はやっと 16 歳になったばかりであったことを原判決は認定している。本件当時の被告人は 26 歳であったことからすると，10 歳の年齢差は，両者の非対等性を基礎づけるには十分と言え，また，原判決の事実認定からすれば，本件では，性交渉以外にはおよそ関心がないような関係性に至っていると評価できる。したがって，未成熟な児童を性欲解消の道具として扱い，当該児童の心身に悪影響を与えるような行為態様によって性交に至ったとの評価が可能であろう。

被害児童の年齢や行為者との年齢差といった要素は，比較法的に見ると，ドイツやオーストリアにおいて，児童との年齢差及び児童の未成熟さに基づく優越性を利用する類型において考慮されている要素とある程度重なるものと言え[119]

イツにつき，佐藤・前掲注 8) 98 頁，スイスにつき，深町・スイス 114 頁，オーストリアにつき，深町・オーストリア 49 頁参照）。したがって，多くの条例が，行為者が青少年であった場合の除外規定を設けていることには理由がある。但し，17 歳の少年と 13 歳の少女のような，それなりに年齢差があり，精神的な優劣が明確であるような事例においても，一律に条例の適用が排除されると，却って刑法典上の性犯罪規定を適用するインセンティブを生じさせかねないという問題も残る（仙台高決平成 16・10・29 家月 57 巻 6 号 174 頁も参照）。

118) 児童淫行罪に関する平成 28 年決定では，被告人に同棲相手がいるにも拘らず，短期間で性交を繰り返していたことが，第 2 類型に当たる事情としては重要となる。児童淫行罪においても，結婚を前提とした真摯な恋愛であるような場合には，たとえ教師と教え子といった依存関係にあるとしても，そもそも「淫行」に当たらないとして本罪の成立が否定されるという理解もあり得る。但し，その場合には，同時に淫行を「させる行為」としての地位利用も否定されることが始どであろう。樋口亮介「性犯罪の主要事実確定基準としての刑法解釈」法時 88 巻 11 号（2016）92 頁は，被害児童が「好意を感じた」という事実が，「淫行」を否定する要素なのか，それとも「させる行為」を否定する要素なのかを曖昧にするような主要事実の記載方法となっており，文言の解釈を不明確にするものとも言えるが，他方で，そのような曖昧さは，本罪の文言解釈がそもそも不明確であることの反映であるとも言える。前掲注 64) も参照。

119) Ⅱ 1 (2) 参照。

る。そして，当該類型に属する犯罪の法定刑は，相対的保護年齢を定める類型の中でも特に低く抑えられていることを考え合わせると，我が国において，第2類型について条例によって処罰することにも理由があると言える。

なお，昭和60年判決以後に，第2類型による淫行処罰が問題となった事案の中には，①行為者が被害者のことを13歳未満とは認識していない合理的疑いを払拭できないために刑法上の性犯罪が成立せず，かつ，②依存関係やその利用が認められないために児童福祉法の児童淫行罪も成立しないものが散見される[121]。こうした事例では，客観的には被害客体は極めて脆弱であって保護の必要性が高いが，被害者が脆弱であるがゆえに，行為者は第1類型の行為態様によらずに性的行為ができてしまう。第2類型は，こうした処罰の間隙を埋める機能を有している。

(2) 長野県条例の処罰規定

以上のような条例における淫行罪の分析を元に，新たに制定された，長野県条例における処罰規定を検討する。

1) 長野県条例の特徴

本条例は，第17条1項で「何人も，子どもに対し，威迫し，欺き若しくは困惑させ，又はその困惑に乗じて，性行為又はわいせつな行為を行ってはならない。」とし，違反した者には2年以下の懲役又は100万円以下の罰金を科す（同19条）[122]。本条は，昭和60年判決の第2類型を明確性の原則からは妥当ではないとして採用せず[123]，大阪府条例や山口県青少年健全育成条例に倣い，第1類型の行為態様のうち，誘惑を除外している。

2) 長野県条例の検討

(a) 長野県条例の立場

本条例は，児童を性被害から守ることを目的とする条例であり[124]，性被害の予

---

120) Ⅱ4(2)参照。
121) 大阪高判平成23・12・21公刊物未登載（LEX/DB25481163），名古屋地判平成26・6・19公刊物未登載（LEX/DB25504326）。
122) 本条例は，以下のサイトでダウンロード可能である。http://www.pref.nagano.lg.jp/jisedai/kyoiku/kodomo/shisaku/kodomomamorujorei.html
123) 第4回子どもを性被害から守るための条例のモデル検討会議事録22頁参照。
124) 保護法益については，児童の成長発達権を含む自己決定権という個人的法益が主として想定されている。第3回子どもを性被害から守るための条例のモデル検討会議事録4頁以下。

防に関する施策と共に,性被害に関する行為規制を定めている(本条例1条参照)。本条例において,将来の地域社会の担い手である児童の健全育成をいかに図るかについては,性犯罪の予防,性犯罪の被害者への支援などの体制整備との関係で,その地域ごとに異なった決断が可能であろう。本条例は,可能な限り非刑罰的な予防,施策を充実させることで,中核的な処罰規定以外を放棄したものと言える。

(b) 処罰規定の内容

本条例は,行為客体については18歳未満の子どもとする点で他の青少年保護育成条例と軌を一にしつつ,行為態様については,明確性の原則の見地から第1類型に限定し,更に「誘惑」をも除外するという,大阪府条例・山口県条例と共通した枠組みを採用する。「誘惑」の核心と考えられる対償提供類型については,児童買春罪に委ねたと評価することも可能であり,また,近時特に問題となっている家出事例に関しては,「困惑に乗じて」に当たるとして処罰し得る。その限りでは,規定の仕方に合理性が認められよう。

但し,第2類型を除外することで,前述のような,刑法典上の性犯罪で捕捉できず,かつ,児童福祉法上の淫行罪も成立しないが,なお当罰性が高いと思われる事案について,処罰の間隙が生まれると評価し得る。[125]

次に,本条例は,「知的未成熟」あるいは「知的障がい」といった形での客体の脆弱性に基づく規定を採用しなかったが,[126]18歳未満の児童が一定の脆弱性を有する場合には,威迫,欺罔,困惑といった行為態様によらなくとも,なお当該児童を保護すべき場合があり得る。比較法的に見ても,ドイツやオーストリアのように,児童との年齢差及び児童の未成熟さに基づく優越性を利用した性犯罪については,なお当罰性があると言える。

以上のような観点からは,本条例のように第2類型を除外するのであれば,客体の脆弱性を適切に定義することで,児童に対する保護の範囲を広げるべき

---

125) また,二者間の性的関係という通常の性的なあり方から大きく逸脱し,当罰性が高いとも言える「乱交」事案についても,欺罔・威迫・困惑には該当しないとして,処罰対象から外されることになろう。
126) 条例モデルの検討会では,「知的障がい」といった用語の困難さなどを理由に,こうした規定の導入が最終的に断念された(第6回子どもを性被害から守るための条例のモデル検討会議事録6頁以下参照)。

4　監護者性交等・わいせつ罪

(1)　本罪の概観

　性犯罪に対処するための刑法の一部改正に関する諮問第101号要綱骨子の修正案（以下，修正案）第3では，「監護者であることによる影響力があることに乗じたわいせつな行為又は性交等に係る罪の新設」と題して，「18歳未満の者に対し，その者を現に監護する者であることによる影響力があることに乗じて」わいせつな行為（第3の1）又は性交等(128)（第3の2）をした者は，強制わいせつ罪又は強姦罪として処罰するとの規定が設けられている(129)。

　修正案第3の罪に関しては，従来，強姦罪や準強姦罪では処罰困難な，被害者の意思に反してなされる親子間での性交につき，児童福祉法の児童淫行罪よりも当罰性の高い犯罪として処罰したい旨の立法趣旨が示されている(130)。しかし，監護者性交等罪・監護者わいせつ罪が，いかなる意味で強姦罪・強制わいせつ罪と同等の当罰性を有するのか，また，その罪質が何なのかは必ずしも明らかではない。以下では，①本罪の具体的要件の検討，及び②児童福祉法の児童淫行罪との関係について，Ⅱで検討した比較法的見地も踏まえた上で検討を加える。

(2)　監護者性交等・わいせつ罪の具体的要件の検討

1)　本罪の内容

　本罪は，a)「現に監護する者」が，b) その影響力があることに乗じて，c) 18歳未満の者に対して，d) 性交等又はわいせつな行為をする場合に，e) 強姦罪（改正法によれば5年以上の懲役）又は強制わいせつ罪（6月以上10年以下の懲役）と同様に処罰する規定である(131)。強姦罪・強制わいせつ罪と同一という極

---

127)　但し，知的障がいを持つ相対的保護年齢に属する児童に関しては，事案によっては準強制わいせつ罪・準強姦罪（178条1項・2項）で捕捉することも可能であろう。刑事比較法研究グループ・前掲注87）168頁も参照。
128)　従来の性交の他，肛門性交及び口腔性交にまで強姦の範囲が拡張されている（修正案第1）。
129)　深町・前掲注5）78頁では，それぞれ「監護者わいせつ罪」及び「監護者性交等罪」と呼称しており，本稿でもその用語法に従う。
130)　法制審議会刑事法（性犯罪関係）部会第1回会議議事録7頁［加藤幹事］。
131)　修正案第1の罪の規定を参照。

めて重い法定刑が規定されることに鑑みて，両罪と同等の当罰性・不法性を有する行為を類型化すべく，本罪の主体が「現に監護する者」として極めて限定的に把握される点が本罪の基本的な枠組みである。したがって，要件a）と効果e）とは連動する問題である。

2)「現に監護する者」について

「現に監護する者」については，立法担当者の解説によれば，「親子関係と同視し得る程度に，居住場所，生活費用，人格形成などの生活全般にわたって，依存・被依存ないし保護・被保護の関係が認められ，かつ，その関係に継続性が認められることが必要」であるとされる。[132]

ドイツ語圏各国における児童に対する地位利用の性犯罪規定[133]と比較すると，本罪では教育関係や雇用関係を除外しており[134]，親子関係又はそれと同視できる関係のみを規定しているのが特徴的である。これは，単なる地位利用類型ではなく，その中でも特に類型的に被害児童の意思に対する抑圧的作用やその健全育成に重大な影響を与えるような当罰性の高い類型に限定する趣旨であろうが，親子関係又はそれと同視できる関係を具体的に例示列挙することなく，「ケースバイケース」の判断に委ねているため[135]，具体的に何が含まれるのかについては，なお外延が不明確である[136]。

しかし，それ以上に問題となるのは，親子関係又はそれと同視できる関係として「現に監護する者」に限定したとしても，c）の18歳未満の児童という相対的保護年齢に属する児童に対する性犯罪が，13歳未満の絶対的保護年齢に属する児童に対する性犯罪と同様に，強姦罪・強制わいせつ罪と同等の当罰性を有するのかについてである。本罪の適用対象としては，親子間の長年の虐待などで，当該児童が親に対して抵抗する意欲をおよそ喪失している（あるいは，親に迎合している）状況下で，その状況に乗じて，親が当該児童に対して性交等をする事例が想定されている[137]。しかし，「現に監護する者」であることによる

---

132) 法制審議会刑事法（性犯罪関係）部会第3回会議議事録3頁［中村幹事］。
133) Ⅱ1(2)参照。
134) 法制審議会刑事法（性犯罪関係）部会第3回会議議事録2頁［中村幹事］。
135) 法制審議会刑事法（性犯罪関係）部会第5回会議議事録13頁［加藤幹事］。
136) 法制審議会刑事法（性犯罪関係）部会第5回会議議事録11頁［宮田委員］。
137) 法制審議会刑事法（性犯罪関係）部会第3回会議議事録9頁［森委員］。

「影響力に乗じて」との文言では，こうした長年に渉る親子間の抑圧的状況が存在する場合のみに処罰を限定することができるか，なお疑問が残る[138]。

3)　「影響力があることに乗じて」について

元々の要綱骨子においては影響力の「利用」とされていた点を，修正案は，影響力があることに「乗じて」としている[139]。こうした修正は，要件a）さえ充たされれば，原則として要件b）も充たされるとの理解によるものである[140]。比較法的に見ると，ドイツやオーストリアでは，親子関係がある場合の児童に対する性犯罪については，地位の「利用」は要求されておらず[141]，実質的にこれらの規定と同様と言える。

既に論じたように[142]，「利用」要件には，行為者と児童との間に以前から恋愛関係や継続的な人間的情愛に基づく関係があり，当該地位・状況などを理由として性的行為が行われたのではない場合に犯罪成立を否定する意義がある。したがって，監護者性交等・わいせつ罪においては，「利用」要件を排除することで，かかる場合であってもなお犯罪成立を肯定することになる。また，「利用」要件を排除することで，被害児童の同意の有無をおよそ問題としないことがより鮮明になったものと言える。

4)　法定刑について

比較法的に見ると，本罪の法定刑が強姦罪・強制わいせつ罪と同等である点には大きな疑問が残る。ドイツ語圏各国では，相対的保護年齢を定める地位利用型の児童に対する性犯罪の法定刑の上限・下限は，強姦罪の法定刑はもちろん，法定強姦としての，絶対的保護年齢に属する児童に対する性犯罪の法定刑の上限・下限よりも著しく低い[143]。そして，ドイツ語圏各国における地位利用型

---

138)　修正案の趣旨を，現に監護する者という地位の作用があれば類型的に抗拒困難とみなすものとの理解として，嶋矢・前掲注4）69頁注20参照。しかし，重要なのは，いかなる場合にこうした「みなし」が可能となるのか，である。この点については後に限定解釈の箇所で検討する。
139)　こうした議論の経緯につき，法制審議会刑事法（性犯罪関係）部会第5回会議議事録15頁［今井委員］参照。
140)　法制審議会刑事法（性犯罪関係）部会第5回会議議事録8頁［中村幹事］。監護者の影響力が遮断されていると評価できる場合には，「乗じて」要件の充足が否定される（加藤俊治「性犯罪に対処するための刑法の一部改正に関する法制審議会の答申」法律のひろば2016年10月号54頁）。
141)　Ⅱ3(1)参照。
142)　Ⅱ3(2)参照。

Ⅲ　我が国における議論状況

の性犯罪は，親子関係に基づく性犯罪も包摂した上でその法定刑の上限が定められている以上，我が国における監護者性交等罪の法定刑の上限が強姦罪と同等であるというのは，なお均衡を失していよう。また，監護者性交等罪の法定刑の下限については，こうした不均衡が際立っていると評価せざるを得ない。[144]
更に，修正案によれば，監護者性交等・わいせつ罪には結果的加重犯規定が存在し，強姦致死傷罪・強制わいせつ致死傷罪と同様に処罰されることになる。[145]
ドイツ語圏諸国において，地位利用型の児童に対する性犯罪については，絶対的保護年齢に属する児童に対する性犯罪とは異なり，こうした加重規定が存在しないことと比較しても[146]，結果的加重犯規定を設けることが妥当であるかについては，なお疑問が残る。

　こうした問題が生じるのは，表面的には被害児童の同意があるように見えても，規範的に見ればおよそ性的自己決定の自由な行使がなされておらず，強姦罪と同程度の性的自由の侵害があると言えるだけの限定的な類型化が修正案ではなされていないからである[147]。また，13歳未満の児童に対する強姦罪（刑177条後段）と同等の当罰性を有するほどに児童の健全育成が害されるような限定的な類型化が行われているとも言い難い。立法理由として最も重要である，長年の虐待関係に基づく親子間での性交等といった場合を超えて，単に親子関係があれば足りるかのような文言を有する構成要件となっているため，本罪はむしろ近親相姦罪に接近しているとすら言える。

　5）　限定解釈の指針とその内容

　以上の検討からすると，本罪がこのまま立法化された場合には，要件a）や要件b）の限定解釈により，親子関係などに基づく一定期間に渉る抑圧的状況ゆえにもはや被害児童には性交等・わいせつに抵抗が困難と評価し得るだけの関係性に至った場合であって初めて，「現に監護する者であることによる影響力があることに乗じて」性交等・わいせつに至ったと評価すべきであろう。こ

---

143)　Ⅱ4(2)参照。
144)　この点は，強姦罪の法定刑の下限を現行の3年から5年へと引き上げるとの修正案第1により，より顕在化する。
145)　刑法181条を改正する旨の修正案第6を参照。
146)　前掲注41)参照。
147)　法制審議会刑事法（性犯罪関係）部会第3回会議議事録18頁［佐伯委員］。

うした関係性に至った場合こそが，強姦罪や強制わいせつ罪と同等の当罰性を有するからである。

では，どのような場合に，上記のような関係性があるとすることができるか。ここで重要なのは，親子間において問題となる抑圧的状況については，本罪で問題となる保護法益との関係で類型化が可能であることである。まず問題となるのは，暴力などに基づく権威的関係が存在する場合である[148]。以前から親が子である被害児童に対して度々暴行・脅迫を行っており，被害児童がもはや親に抵抗し難い状況が形成されている場合や，幼少のころから（すなわち，絶対的保護年齢に属する時点から）親子間に性的関係が形成されており，相対的保護年齢に達した後も，被害児童がこうした性的依存関係に抵抗できず迎合している場合には，被害児童の自由な性的自己決定は大きく歪められていると言える。このような場合には，通常の強姦罪や強制わいせつ罪（刑176条前段・177条前段）と同等の当罰性を肯定し得る。

次に，本罪が，相対的保護年齢に属する児童を保護する規定であるという点からは，被害児童の健全育成という観点も見過ごすことはできない[149]。この観点からは，子の親に対する好意や愛情に基づく信頼・従属関係において，親が子に性交等やわいせつな行為を行う場合も，十分に当罰性が高いと言える。なぜなら，子が親に有する好意や愛情を利用して，親が抑圧的状況，すなわち子が親に対して有する好意・愛情ゆえに親に逆らえない状況を作出し，こうした状況の下で，子との信頼関係を性的関係に転化させるというのは，子の性的な健全育成を長期的に，あるいは生涯に渉って著しく歪める危険性を有するものであり，1回的な性的自己決定の侵害には留まらない高度の不法性を有するからである。したがって，こうした場合は，13歳未満の児童に対する強姦罪や強制わいせつ罪（刑176条後段・177条後段）と同等の当罰性を肯定し得る。

(3) 児童福祉法の児童淫行罪との関係

監護者性交等・わいせつ罪が性的自己決定に対する自由を保護法益とし，児

---

148) 権威的関係及び好意による区別については，樋口・前掲注118) 92頁注39) 参照。
149) 本庄・前掲注2) 103頁は，本罪の保護法益が児童の健全育成だとすると，強姦罪として「重く処罰する実質に欠け」るとする。しかし，本罪が児童の性的自己決定のみならず，児童の健全育成をも保護すると解したとしても，本文で述べたように，強姦罪と同等の当罰性が否定されるわけではない。Ⅲ 1(2)も参照。

童福祉法の児童淫行罪が児童の健全育成を保護法益とするのであれば，両罪の関係は観念的競合となるとするのが理論的に一貫している。しかし，従来から，強姦罪や強制わいせつ罪と児童淫行罪については，両罪が成立するような事例であっても，強姦罪・強制わいせつ罪のみ，あるいは児童淫行罪のみが起訴される傾向にある。

このような実務の扱いは，児童に対する強姦罪・強制わいせつ罪でも児童の健全育成という考慮が排除され得ないこと，また，児童淫行罪でも児童の性的自己決定の侵害という側面が排除され得ないことを示しているように思われる。比較法的に見ても，既に論じたように，ドイツ語圏各国における児童に対する性犯罪においては，児童の性的自己決定と児童の健全な性的発達とが併せて考慮されており，必ずしも截然とは区別されていない。こうした観点からは，両罪は観念的競合ではなく，いずれか一方の罪でしか処罰することができないものと解するべきであろう。

なお，平成28年決定により，児童淫行罪について仮に地位利用が必須でなくなったとすると，監護者性交等・わいせつ罪は一定の地位に基づく性犯罪として，児童淫行罪と区別されることになる。とはいえ，児童淫行罪の成否においては依然として地位利用がその核心にあるとの本稿の理解からしても，児童淫行罪で問題となるうちの一定の重大な地位類型が監護者性交等・わいせつ罪で捕捉されると解され，その限りでは両罪の区別は可能である。

IV 終わりに

本稿の帰結を簡単にまとめると以下の通りになる。

(1) 我が国の児童に対する性犯罪は，①絶対的保護年齢を定める類型と②相対的保護年齢を定める類型とに区別される。いずれの類型についても，児童の性的自己決定と児童の健全育成（健全な性的発達）の両側面を考慮しつつその保護法益を決定すべきである。

---

150) 法制審議会刑事法（性犯罪関係）部会第3回会議議事録18頁［佐伯委員］。
151) III 1 参照。
152) II 2(2)参照。

(2) ①の類型については，我が国の刑法176条後段及び177条後段がこれに当たる。13歳未満の児童を一律に保護する規定である。

(3) ②の類型については，相対的保護年齢に属する児童についてもなお一定の脆弱さを有することに鑑み，地位利用や困窮状況利用など，様々な事情を考慮しつつ，犯罪類型の限定化を図るべきである。

(4) 児童福祉法の児童淫行罪における二者関係型は，②の類型のうち，親や教師といった保護責任者的地位に立つ者がその地位を利用して淫行を行った場合に成立する。これに対して，困窮状況の利用については，むしろ条例の淫行罪が成立することになる。

(5) 条例における淫行罪は，②の類型のうち，暴行・脅迫よりも程度の弱い一定の行為態様でなされる類型（第1類型），及び，児童の人格の尊厳を軽視した行為態様でなされる類型（第2類型）を捕捉するものとして限定化すべきである。

(6) 監護者性交等・わいせつ罪は，②の類型のうち，「現に監護する者」という地位に立つ者が，親子関係などに基づく一定の抑圧的状況ゆえに被害児童が性交等・わいせつに抵抗困難であるという事情に乗じて性交等・わいせつを行うという，強姦罪・強制わいせつ罪と同等の当罰性を有する犯罪として限定的に解釈すべきである。

児童に対する性犯罪規定は，今後ますます我が国において重要なものとなり，また，国際的な動向を無視できなくなると思われる。本稿は，かかる問題意識の下，ドイツ語圏各国との比較法的手法に基づいて，我が国の児童に対する性犯罪について絶対的保護年齢を規定する類型と相対的保護年齢を規定する類型に区別した上で一定の判断枠組みや判断基準を示しつつ，我が国の判例・裁判例を分析した上で妥当な処罰範囲を確定することを意図したものである。こうした意図が少しでも達成されていれば幸いである。

本稿は，2013年6月に亡くなられた西田典之先生に献呈されるものである。筆者が西田先生からご教示戴いたことは数多いが，その中でも，西田先生の大学院ゼミにおいて，ドイツ語の論文の正確な読解及び適切な訳語の選択といった，刑法研究者としての極めて重要な技法をお教え戴いたことは，その後筆者が主としてドイツ語圏各国との比較法的研究を行う上で，導きの光となってい

Ⅳ　終わりに

る。本稿が，こうした西田先生の貴重な教えを少しでも反映しているものになっていれば，望外の喜びである。なお不十分なものであると自覚しつつ，ここで筆を擱くことにする。

【附　記】
　本稿は，日本学術振興会科学研究費補助金・基盤研究(C)「比較法的分析に基づく日常的迷惑行為の刑事法的規制」（課題番号：16K03375，2016年度〜2019年度）による研究成果の一部である。

欺罔行為について
——最高裁平成 26 年 3 月 28 日決定を契機として

林　幹　人

I　財産的損害について

(1)　暴力団員が，そのことを秘してゴルフ場を利用したという 2 つの事案について，最高裁は，一方では詐欺罪の成立を認めたが，他方では無罪とする判断を示した[1]。無罪判例の要点は，ゴルフ場側にとって，暴力団員であることが重要な事項でない場合には，欺罔行為を欠くというにある。最近 10 年ほどの間，最高裁はいくつかの新しい事案について詐欺罪の成立を認める判断を示してきた。この中にあって，無罪の判例が出されたということで，大きな注目を集めたのである。

　無罪判例は，錯誤と欺罔行為要件を重視したものである。詐欺罪の要件としては，その他に，交付行為，財産的損害があるとされてきたが，むしろ錯誤と欺罔行為が重要だという主張は，近年学説上も有力となっていた。たとえば最近でも，次のような指摘がなされている。「欺罔概念を限定的に解釈するのであれば，これに加えて財産上の損害を検討する実益も失われる」，「『実質的な財産的損害の発生』は，……『欺く行為』の要件の中において検討されなければならない[2]」[3]。学説上は，財産的損害の発生を要しないとする見解すら主張されるに至っているのである。

　しかし，このような傾向に対して，筆者はかねてから疑問をもっている。筆者は，詐欺罪において財産的損害は基本的に重要な要件であり，むしろ，錯誤

---

[1]　最決平成 26・3・28 刑集 68 巻 3 号 646 頁，最判平成 26・3・28 刑集 68 巻 3 号 582 頁。
[2]　橋爪隆「詐欺罪成立の限界について」植村立郎判事退官記念論文集(1)（2011）178 頁。
[3]　井田良「詐欺罪における財産的損害について」曹時 66 巻 11 号（2014）14 頁。ほぼ同様の見解として，すでに，伊藤渉「詐欺罪における財産的損害」刑雑 42 巻 2 号（2003）143 頁以下。

や欺罔行為の内容も，財産的損害に規定されたものとして理解されるべきだと考える。本稿は，このような見解を主張するものである。[4]

(2) 詐欺罪の条文は，「財物」を交付させ，「財産上不法の利益を得た」ことを要求している。ここからは，まずもって，それらを基礎とする客観的な財産の移転が詐欺罪において，決定的に重要であることが導かれる。[5]

今回の判例の場合，被告人等はゴルフ場を利用するという利益を得たのであり，ゴルフ場側は，それを利用に供するという財産の交付行為を行なっている。そのことは，今回の事案について判断したどの裁判所も，指摘している。まずもって，これが，今回の事件の法益侵害の本体であることに注意しなければならない。財産の保護を目的とする財産犯において，財産の侵害，すなわち財産的損害が重要でないとか，不要だなどというべきではない。

これが現実に欠ける場合，たとえば，今回の判例の有罪の事案において，欺罔行為と錯誤があったにもかかわらず，被告人が何らかの原因により利用に至らなかった場合には，詐欺罪の既遂犯は成立しない。このように，財産的損害要件は，実際上の意義ももっている。

最高裁は，暴力団員であることが，ゴルフ場にとって「経営上重要な事項」かどうかを重視している。そこから，暴力団員にゴルフ場を利用させた場合に，後に生じる有形無形の経営上の不利益を，本件詐欺罪の財産的損害の内容に含めるべきかが問題となる。[6] この問題は，第三者に譲渡する意思を秘して，預金通帳を交付させた場合に詐欺罪を認めた事例では，[7] その行為によって銀行の経

---

4) 欺罔行為，錯誤，交付行為，財産的損害の4つの要件が互いに緊密な関係にあることは，以前より主張されていた。参照，木村光江・詐欺罪の研究（2000）254頁，足立友子「詐欺罪における欺罔行為について(2)」名古屋大学法政論集211号（2006）172頁，山口厚「詐欺罪に関する近時の動向について」研修794号（2014）3頁以下など。なお，本稿の構想は，すでに，林幹人・刑法の現代的課題（1991）171頁，林幹人・判例刑法（2011）298頁において示されている。
5) 松宮孝明「暴力団員のゴルフ場利用と詐欺罪」斉藤豊治先生古稀祝賀論文集（2012）153頁は，「財産犯の要件として『不法の』利益があるというときには，その利益の裏返しとして『財産損害』を受けた人がいる」とする。田山聡美「詐欺罪における財産的損害」曽根威彦先生・田口守一先生古稀祝賀論文集(下)（2014）160頁は，「詐欺罪の法益侵害はあくまでも経済的意味における財産損害をもって把握すべき」とする。さらに，設楽裕文「詐欺罪における錯誤と損害」日本法学71巻4号（2006）384頁は，錯誤と損害の「ダブルチェック」によって詐欺罪の成否を慎重・正確に判断できるとする。
6) 伊藤渉「本件評釈」刑ジャ42号（2014）102頁は，「〔暴力団関係者〕の利用による他の客とのトラブルや，ゴルフ場自体の価値の低下によって経営上の不利益をもたらしうるという，財産上重要性を有する理由に基づくもの」の場合，重要な事項についての欺罔となるとする。

営に生じる影響をどのように考えるか，また，第三者に搭乗させる意思を秘して搭乗券を取得した事例では，テロ対策費用や，渡航先のカナダへの賠償金支払いといった，将来発生し得る経営上の不利益の危険をどのように考えるか，という形で問題となった。

しかし，このような間接的・抽象的な不利益（あるいはその危険）の結果として，それに対応する利益を，被告人等は得ていない。被告人等が得たのは，預金通帳事例では預金通帳，搭乗券事例では搭乗券，そして今回の事件ではゴルフ場の利用なのであり，財産的損害の内容はこれらに尽きると解するべきである。これらの利益は，それ自体としては小さいように見えるかもしれないが，その侵害は，詐欺罪の法益侵害の本体とするに十分な実質を備えている。そこから生じる，いわゆる経営上の不利益の危険は，錯誤要件に関わるものであって，財産的損害要件の内容ではないと解するべきである。

(3) 以前より問題とされてきたのは，被害者に提供された対価を，財産的損害の内容として考慮するべきか，という問題である。いわゆる個別財産説は，これを否定した。しかし現在では，「実質的」個別財産説が有力となっている。その内容は不明確である。しかし，もし，被害者に提供された対価を考慮に入れるというのであれば——そして，入れないなどは主張され得ない——，全体

---

7) 最決平成19・7・17刑集61巻5号521頁。
8) 最決平成22・7・29刑集64巻5号829頁。
9) 西田典之・刑法各論〔第6版〕（2012）210頁は，預金通帳事例について，「被害者による不当利得の返還請求または不法行為に基づく損害賠償責任を負う可能性が残されている。銀行が，このようなリスクを負うことは，財産的損害の可能性ということができる」とする。
10) 松宮・前掲注5）162頁は，「詐欺罪の成立には，『処分行為』と『財産損害』の間に『直接性』が必要であり，かつ，それは『利得』と裏腹の関係にあること（『素材同一性』）を要する」とする。
11) 参照，上嶌一高「詐欺罪の課題と最近の最高裁判例」刑ジャ13号（2008）70頁，照沼亮介・刑ジャ27号（2011）95頁など。渡辺靖明「詐欺罪における実質的個別財産説の錯綜」横浜国際経済法学20巻3号（2012）156頁は，「二次的な財産喪失の危険を回避するための……措置に関連する交付目的は，すでに欺罔・錯誤の対象として考慮すれば足りる」とする。なお，林・前掲注4）判例刑法299頁を改める。
12) 橋爪・前掲注2）188頁は，「交付行為者にとって対価の獲得が決定的な目的であるのであれば，それが実現されており，財産的な不利益を被っていない場合には詐欺罪の成立を否定する余地がある」とする。田山・前掲注5）164頁は，「定価で売ろうとしていた商人にとっては，定価の収入こそが重要であって，それが満たされている以上，その財物の喪失に伴う経済的損害はない」とする。さらに参照，井田・前掲注3）7頁，13頁，品田智史「財産上の損害概念の諸相と背任罪の『損害』要件」川端博ほか編・理論刑法学の探究(6)（2013）168頁。

財産説と結局は同じである。全体財産説は,それ以外のことを主張するものではない。

我が国の判例は,決して個別財産説を採用していない。この問題についての重要判例とされている最高裁昭和34年9月28日決定(効能のない医療器具を,売り付けた事件[13])は,被害者が交付した金員を,それ自体として保護すべきだとは述べていない。むしろ,被害者に提供された医療器具が,被害者にとって,価値が小さいものであったことを指摘している。たしかに,その金銭的市場価値が「相当」であったとしても詐欺罪は成立するとしているが,そのようなことだけで財産的損害を判断してはならないということは,いわゆる全体財産説も,主張された当初から,現在に至るまで,一貫して認めてきたことである。

むしろ,この判例の重要な点は,「真実を告知すれば交付しなかった」という点を指摘していることである。これは,条件関係の公式と同じものであり,それだけで詐欺罪の成立を認めるかのような判示に対しては,学説によって強い批判がなされてきた[14]。現在では,因果関係の内容について,最高裁も「危険性の現実化」を要求している[15]。今回のゴルフ場事件では,さらに別の観点,とくに欺罔行為という犯罪実行行為の観点から罪責を限定している。今回の無罪判例の重要な所は,まさにここにある。

真実を告知すれば交付しなかったという事情も(もちろん,錯誤と交付行為との間の条件関係をも含むが),今後は,被害者の錯誤の重大性を示す一要素として理解されるべきであろう。

判例が,被害者に提供された利益を重視していることは,欺罔行為についての次のような判例からも明らかである。すなわち,支払いの意思・能力なく飲食を注文する行為は,欺罔行為となるというのである[16]。欺罔行為は,犯罪実行

---

13) 刑集13巻11号2993頁。
14) 和田俊憲・平成22年度重判解212頁は,本決定は,「交付の判断の基礎となる重要な事項」によって「事実的つながりを基礎にそれに対して一定の限界を課す」初めての判断と評価する。上嶌一高「最近の裁判例に見る詐欺罪をめぐる諸問題」刑ジャ31号(2012)20頁は「これまでの判例は,このような欺く行為および錯誤と交付の条件関係を基礎づける事項について偽れば,直ちに詐欺罪の成立を肯定すると考えてきたわけではない」とする。同様の指摘として,佐伯仁志「詐欺罪(1)」法教372号(2011)111頁など。判例として,大決昭和3・12・21刑集7巻772頁,東京地判昭和37・11・29判タ140号117頁など。さらに参照,林・前掲注4)刑法の現代的課題169頁。
15) 最決平成22・10・26刑集64巻7号1019頁,最決平成24・2・8刑集66巻4号200頁。

行為である。実行行為とは，法益侵害の結果発生の危険性をもった行為のことである。この判例は，法益侵害の内容を，対価が支払われないままに，飲食を提供することと解している。すなわち，提供された対価を考慮している。取引の過程で犯される詐欺罪において，被害者に提供された利益を考慮しないで財産的損害の要件を構成することは，あってはならないことである。判例が，被害者に提供された利益を重視していることを示す例を，もう1つあげよう。最高裁平成13年7月19日判決[17]は，次のような事件において，詐欺罪の成立を限定する判断を示した。被害者（地方公共団体）は，被告人にある工事を請け負わせ，被告人はその工事を完成させたが，処理した汚泥の量について虚偽の事実を告知し，金員を交付させたという事件である。最高裁は，被告人にはそれだけの請求権があったとし，「社会通念上別個の支払」といえなければ，詐欺罪は成立しない，と判示した。そのように解する前提には，被告人は，被害者が依頼したとおりの工事を完成させている，すなわち，相当の対価を提供しているということがある。要件論としても，この判例の趣旨は，軽微な不利益が生じただけでは，財産的損害を認めるべきでないとしたものと理解すべきであろう。

　ちなみに，いわゆる林檎箱事件判例（最判昭和30・4・8）[18]が，「すでに履行遅滞の状態にある債務者が，欺罔手段によつて，一時債権者の督促を免れたからといつて，ただそれだけのことでは，刑法246条2項にいう財産上の利益を得たものということはできない」とするのも，同様の趣旨のものと解される。

　要するに，判例においては，財産的損害が重視されている。今回の判例が欺罔行為と錯誤の要件を重視したことは，後に述べた意味で理解し得るものの，そこから，財産的損害を軽視・無視するべきではないのである。

(4)　詐欺罪において財産的損害を要すると解し，その内容を全体財産と解した場合，背任罪における財産的損害との関係が問題となってくる[19]。背任罪におい

---

16)　大判大正9・5・8刑録26輯348頁。さらに参照，最決昭和43・6・6刑集22巻6号434頁。
17)　刑集55巻5号371頁。
18)　刑集9巻4号827頁。
19)　背任罪の条文からは，個別財産，あるいは，実質的個別財産と解することはまったく可能である（品田・前掲注12）168頁）が，全体財産と解するのが通説・判例（最決平成8・2・6刑集50巻2号129頁）となっている。

ては条文上，財産的損害が要求され，詐欺罪においては要求されていないからには，何らかの違いがあると考えるのは理解できる。しかし，もし詐欺罪において解釈によって財産的損害を認めるというのであれば，背任罪のそれと異なると解する理由はないと筆者は考える。背任罪の成立範囲は，曖昧広汎になりがちである。そこで，主体（他人のためその事務を処理する者），主観（図利加害目的），行為（任務違背）と共に，財産的損害も明示されたものと解釈される。

最近では，この詐欺罪と背任罪の財産的損害の違いが議論されるようになっている。その中で，次のような見解も主張されている。詐欺罪においては，行為から直接の損害のみが把握されるのに対して，背任罪においては，「直接的」でない損害も把握されるというのである[20]。しかし筆者は，この点に違いがあるとは思わない[21]。背任罪においても，たとえば，不良貸し付けを行なえば，その時点で犯罪（しかも既遂犯）は成立する。その後に，本人や借り受け人が破綻したか等の事情は，実際上の起訴にあたって考慮されるとしても，背任罪の成否とは無関係である。

ちなみに，返済の意思・能力がないのに，あると欺罔して金員を借り受ければ，その時点で，詐欺罪が成立する。法律的に見て，被害者に債権が発生するということは関係がない。すなわち，詐欺罪においても，背任罪の場合と同じように，損害は経済的に判断される[22]。この点でも，詐欺罪と背任罪とで財産的損害の内容に違いはない。

それでも違うというのであれば，そのように解する根拠，その内容の違いを明らかにする必要があろう。

今回の最高裁判例は，被害者にとって重要な事項について錯誤がないときは，欺罔行為がないとした。後に述べるように，これは，被害者の同意の問題と解される。被害者の同意の法理は，背任罪においても妥当する。したがって，暴力団排除が被害者にとって重要な事項でない場合には，たとえばゴルフ場の職員が，暴力団員であることを知りつつ利用を認めたとしても，任務違背行為を

---

20) 田山・前掲注5）161頁。
21) 参照，品田・前掲注12）197頁。
22) 最決昭和58・5・24刑集37巻4号437頁。背任罪においては「経済的価値」に限られるとするものとして，品田・前掲注12）194頁。

(5) 被害者の目的が達成されたか否かで，詐欺罪の成立を判断すべきだという見解も，主張されている。

この目的といわれるものの中にも，2つのものがある。

第1は，相当対価の提供を受けることである。しかし，このような場合，真に問題となっているのは，単に主観的な目的であるわけではない。相当対価という客観的な財産に対する主観が問題となっているのである。たとえば，先にあげた医療器具の事件の場合，被害者の目的が達成しなかったとされる根拠は，医療器具という客観的な利益が，被害者にとっては価値が小さいということにある。そうであるからには，そのことを考慮して財産的損害の発生を認めるという構成のほうがまさっている。今回の最高裁無罪判例の場合も，その理由は，暴力団排除目的が問題のゴルフ場にとって重要な事項でなかったということにあるが，では，ゴルフ場にとって重要な事項が何だったかといえば，料金がゴルフ場に提供されるということである。問題の事件の場合，料金は提供されている。そのことが根拠となって目的は達成されたということになるのである。

第2は，財産以外の，社会的，あるいは，国家的な目的である。今回の事件でいうと，暴力団排除目的は，まさにそれである。学説には，「重要な社会的目的は保護されると端的に解した方が適切」とするものがある。[23] しかし，詐欺罪の保護法益は財産である。そのような社会的・国家的な目的そのものを，直接に詐欺罪の保護法益とするのは支持しがたい。たとえば，寄付金詐欺といわれる場合がある。寄付目的を偽り，金員を詐取した場合である。[24] この場合，寄付目的が詐欺罪の保護法益だとすることには疑問がある。この場合保護されるのは，金員にほかならず，財産的損害の本体は，金員の交付にあると解すべきである。社会的目的の失敗＝不達成そのものを詐欺罪の法益侵害と解するのは，妥当でない。

(6) もちろん，財産的損害の要素として，主観が重要でないというわけではない。

すでに述べたように，客観的な財産に対する主観的な価値観は，当然に財産

---

23) 橋爪・前掲注2) 190頁。
24) 最決平成22・3・17刑集64巻2号111頁。

的損害の内容として考慮される。それだけでなく，今回の判例の場合，いずれも，ゴルフ場は料金の提供を受けている。したがって，ゴルフ場の客観的な利用供与と料金の受領という事情は，財産的損害の重要な要素であるとしても，今回の場合，詐欺罪の成否にとって決め手にはならなかったのである。むしろ，ゴルフ場の意思の内容が決め手になっている。

これは，理論的には，被害者の同意の問題と解される。被害者の同意の法理は，詐欺罪においても妥当するということが重要である。被害者の同意があれば，財産犯は成立しない。財産的損害は，客観的な財産状態の変更が，被害者の意思に反した場合にのみ，存在する。ところが，同意が欺罔によって得られた場合，どのように解するべきかは，大問題であり，この問題が現在の詐欺罪についての学説・判例の展開の原動力となっているのである。

詐欺罪の場合，この問題は，錯誤要件の中に位置するものと解される。重要な事項についての錯誤ある場合，同意はない。同意がある場合とは，重要な事項についての錯誤がなく，錯誤要件の充足が否定される場合である。

次には，以上のような理解を前提に，錯誤要件の内容についてさらに検討を加えていこう。

II 「重要な事項」についての錯誤

(1) 今回の2つの最高裁判例は，欺罔行為の判断の前提として，錯誤が「重要な事項」に関するものかを問題としている。その内容，理論的な意義が問題となる。

近年の学説上有力な見解として，法益関係的錯誤説といわれるものがある。この説は，もともとはドイツで唱えられたもので，騙した上で法益処分をさせた場合について，被害者が法益処分について認識を欠く場合にのみ，同意は無効となると主張するものである。騙して同意を得た上で法益処分を行なわせる場合は，刑法各論上さまざまの犯罪において問題となっている。我が国で有名な事件としては，偽装心中事件がある。[25] この説が，これらのさまざまの場合に

---

25) 最判昭和33・11・21刑集12巻15号3519頁。

II 「重要な事項」についての錯誤

統一的な理論を立てようとし、そして、それを詐欺罪にも妥当させようとしたことは、基本的には正しい発想であり、その意義は高く評価される。

しかし現在では、法益関係的錯誤説自体は、本家のドイツでも我が国でも、批判が強い[26]。我が国の判例も、それを採用してはいない。偽装心中事件では、最高裁は、被害者には死の認識があったにもかかわらず、被害者の同意を認めず、被告人に殺人罪の成立を認めたのである。

法益関係的錯誤説は、法益の内容について錯誤がある場合に同意がないとする点では、正当だと筆者も考える。たとえば、すでに述べたように、医療器具の性能を偽った事件では、被害者に提供された医療器具は法益処分の内容となると解されるが、それについての認識を欠くから、同意はなく、財産的損害を認め得る。

法益関係的錯誤説の欠陥は、法益関係的錯誤がないかぎり、すべて同意を認めてしまうことにある。今回のゴルフ場事件では、どの事件でも、被害者はゴルフ場を利用に供すること、対価を得ることを認識しており、客観的な法益処分の認識に欠けるところはない。しかし被害者にとって、暴力団排除が重要な事項であるからには、「自由意思」をもって同意したということはできない。したがって、同意はないと解すべきなのである[27]。

我が国の法益関係的錯誤説は、暴力団排除「目的」を法益と解し、それが達成されることに錯誤があるから法益関係的錯誤があると説明するのかもしれないが、すでに述べたように、そのような目的自体を法益と解することには疑問がある。暴力団排除目的のような意思は、以上に述べたような意味で、法益に対する被害者の同意に関わるものと解すべきである。暴力団排除がゴルフ場にとって重要な事項であれば、それについての錯誤ある以上は、ゴルフ場は自由に法益処分を決定したとはいえない。重要な事項でなければ、騙されたために多少の意思決定上の瑕疵があったにしても、基本的には自由に決定したといえ

---

26) 最近の文献として、森永真綱「欺罔により得られた法益主体の同意」川端博ほか編・理論刑法学の探究(4) (2011) 135頁以下など。ドイツにおける法益関係的錯誤説に対する批判として、Schönke-Schröder, 29 Aufl., Vorbem. §§ 32ff., Rn. 47; Claus Roxin, Strafrecht, AT, Bd. I, 4. Aufl., 2006, S. 584-587。

27) 林幹人「錯誤に基づく被害者の同意」松尾浩也先生古稀祝賀論文集(上) (1998) 233頁以下、井田良・刑法総論の理論構造 (2005) 198頁以下、上嶌一高「被害者の同意(上)」法教270号 (2003) 50頁以下など。

る。したがって，同意があったとしてよい。最高裁のいう「重要な事項」は，以上のような理論的意義をもつものと解するべきだと思われる。

(2) この意思，「目的」には，社会的・国家的なものも含むか，経済的なものに限られるかが問題とされている。今回の判例でいえば，暴力団排除がゴルフ場にとって「経営上」重要であることが指摘されている。これは，経済的なものといえる。しかし，暴力団排除は，社会的・国家的目的だといえないこともない。また，銀行に対して，預金通帳を他人に譲渡する意思を秘した上で交付させた場合，マネーロウンダリングや振込め詐欺の防止は国家的・社会的目的ともいえるが，それに対する銀行の負担の防止となれば，経済的目的ともいえる。搭乗券事例でいえば，テロ対策のための本人確認は国家的・社会的だが，確認のための経営の負担や，カナダ政府からの罰金の回避は経済的である。

ここで問題となっているのは，被害者の同意なのであり，基本的に，被害者にとって重要であれば，経済的なものに限られないと解すべきである。たとえば，寄付金詐欺や，オレオレ詐欺などの場合，被害者の目的は経済的なものではない。それでも，寄付する目的，自分の息子の窮状を救う目的が，被害者にとって重要であれば，その点について錯誤を生じさせられた場合，自由意思を制圧されたものとして，詐欺罪の成立を認めるべきであろう。

ちなみに，息子を窮状に陥れると脅して親から金員を喝取すれば，同じように，自由意思は制圧されたものとして，同意は当然になく，恐喝罪が成立する。同意についての理論構成を，詐欺罪と恐喝罪とで区別する理由はない。自由意思の有無を基準とする本稿の見解は，このことからも基礎づけられる。

なお，この自由そのものを詐欺罪の法益と解するべきではない。殺人罪は，

---

28) 橋爪・前掲注2) 177頁は，財産犯における法益関係的錯誤は，「社会的・経済的に重要な目的の成否に関する錯誤まで拡張される」とし，同179頁は「財産の交付によって実現しようとする社会的・経済的目的も法益関係的と評価できる」とし，同186頁は「非経済的な目的も当然に詐欺罪で保護されている」とする。
29) 佐伯・前掲注14) 112頁。
30) 前掲注7)・最決平成19・7・17。
31) 前掲注8)・最決平成22・7・29。
32) 最近，詐欺罪の財産犯としての，独自性を強調する見解がある。これに対して，詐欺罪と恐喝罪の同質性を強調する見解として，田山・前掲注5) 163頁，品田・前掲注12) 185頁など。田山・前掲注5) 164頁は，詐欺罪と窃盗罪と区別する理由もないことを指摘する。これは正当である。

自由な同意があれば，成立しないが，自由そのものが法益であるわけではない。詐欺罪の場合も，客観的な財産が法益であって，それを処分する意思が自由であることは，法益ではない。

(3) このように，錯誤要件充足の判断にあたっては社会的・国家的な目的も含まれるが，注意を要するのは，被害者の意思を離れた，客観的な社会・国家の目的そのものを問題とするのではない，ということである。預金通帳の事例でいえば，マネーロウンダリングや振込め詐欺などの防止に向けた国家・社会の目的が，銀行にとっての目的ともなり，銀行にとって重要な事項となるに至ったからこそ，詐欺罪の成立を認めるべきなのである。搭乗券事例でいえば，テロ対策という国家・社会の目的が，航空会社にとっても無視しえないほどのものとなったということが，詐欺罪の成立を認める理由でなければならない。被害者を離れた，国家的・社会的目的の達成のために，本来個人の財産を保護するために規定された詐欺罪の成立を認めるというのは，露骨な刑事政策論であって，解釈論の限界を越えることである。[34]

たとえば，オレオレ詐欺の場合で，息子の陥っている窮状や，それを救うための金額が，客観的には「不合理」であっても，被害者の自由意思が制圧されたかは，被害者個人の意思に即して判断されなければならない。被害者の同意の法理は，被害者個人の意思を尊重しようという思想を基礎とするものと解されるからである。[35]

もっとも，被害者がゴルフ場などの法人の場合，その意思は，設立の趣旨や定款などによって，客観的・規範的に判断されることは認めざるを得ないであろう。[36]

---

33) 足立友子「詐欺罪における『欺罔』と『財産的損害』をめぐる考察」川端博ほか編・理論刑法学の探究(6) (2013) 133頁以下。
34) 参照，佐伯・前掲注14) 115頁。
35) 小林憲太郎・刑法的帰責 (2007) 259頁以下，近藤和哉「錯誤に基づく同意について」神奈川法学40巻1号 (2007) 259頁以下，曲田統「生命・身体に対する罪における『被侵害者の錯誤』と同意」札幌学院法学24巻1号 (2007) 27頁以下，北川敦子「錯誤に基く被害者の承諾」早稲田大学大学院法研論集125号 (2008) 109頁以下，佐藤陽子・被害者の承諾——各論的考察による再構成 (2011) など。
36) 参照，森永・前掲注26) 139頁など。なお，自由意思の他行為可能性の仮定的判断において，法益尊重意思について，客観的に解すべきことについて，林幹人「被害者を強制する間接正犯」前掲注4) 判例刑法205頁以下。

III 欺罔行為

(1) いうまでもなく，欺罔行為は，独立の要件として，犯罪の成否を決定するものである。しかし，その内容は，以上に述べたように限定された意味での錯誤と財産的損害を引き起こす危険をもった行為である。

今回無罪とした最高裁判例は，欺罔行為を否定するに際して，被害者となったゴルフ場だけでなく，周辺のゴルフ場が暴力団対策にどのように取り組んでいたかを指摘している。しかしそれは，被害者にとっての重要性の欠如を根拠付けるものにすぎず，被害者の錯誤から離れた，独自の意義をもつものと解するべきではないと思われる。欺罔行為とは，被害者の錯誤を引き起こす危険をもった行為なのであり，錯誤と完全に独立した要件と解するべきではない。

(2) 今回の2つの判例は，暴力団であることを告知する義務の有無を問題としていない。そのようなことを問題とすること自体，不適切と考えられたからであろう。しかし，告知する義務と，いわゆる挙動による欺罔行為とは，排斥しあう関係にあるわけではない。[37]

誤振込についての最高裁判例[38]は，誤振込の事実を述べる義務があるとしたが，その根拠となっているのは，その事実が銀行にとって重要であり，その事実を秘して払い戻す行為が，銀行にとって重要な事実についての錯誤を引き起こしたということにある。したがって，これは作為犯，挙動による欺罔と解すべきものである。すなわち，挙動犯かどうかは，作為義務の有無とは無関係である。このことは，自動車事故において，ブレーキを踏むという作為義務があるとしても，アクセルを踏んで轢いた以上は作為犯と解するべきことと同じである。[39]

不作為犯とは，被害者がすでに重要な事実についての錯誤に陥っているにもかかわらず，作為義務ある者が，それを除かなかった場合と解するべきである。

---

37) これに対して，川口浩一「詐欺罪における欺罔行為の意義――その理論的基礎」姫路法学 38 号 (2003) 283 頁は，「行為者が，財産処分に関連する情報の伝達に関して保障人的地位に立つ場合にのみ詐欺的欺罔が存在する」とする。
38) 最決平成 15・3・12 刑集 57 巻 3 号 322 頁。
39) 森永・前掲注 26) 157 頁は，作為による欺罔においても，真実を述べる義務が問題となり得るとしている。さらに参照，松宮孝明「挙動による欺罔と詐欺罪の故意」町野朔先生古稀記念〔上〕(2014) 529 頁以下。

Ⅲ 欺罔行為

(3) 最近，詐欺罪の客観的帰属ということがいわれるようになっている。いわゆる客観的帰属論といわれるものは，周知のようにきわめて広漠としたものであり，その内容を規定すること自体困難であるが，要点は，事実的因果関係を基礎に，「許されない危険の現実化」を問おうとするものといい得る。危険性の現実化という基準は，最近我が国の最高裁によっても採用されるところとなったが，それを適用して罪責を限定した最高裁判例は存在せず，その理論的内容もはっきりしないというのが現状である。

我が国で，詐欺罪において採用すべきものがあるとすれば，欺罔行為の内容を許された危険の法理によって限定することであろう。ドイツで唱えられている「危険の分配」といわれるものも，これに近い。我が国の判例には，不動産取引において，被告人がある法的規制の存在について告知しなかった場合について，被害者がプロであり，容易に知り得るときには，告知義務がないとしたもの，自己の経営状態が悪化した事実を秘していても，詐欺にならないとしたものがあるが，これは，自己の正当な利益を保全する有用性があるときは，その事実が被害者にとって重要であっても，秘することが許されるとしたものとも解し得る。

---

40) 森永・前掲注 26) 166 頁，川口・前掲注 37)。
41) 林幹人・刑法総論〔第 2 版〕(2008) 138 頁以下。
42) 前掲注 15)・最決平成 22・10・26，最決平成 24・2・8。
43) ドイツにおいて，詐欺罪の解釈に関して許された危険の法理の重要性を指摘するものとして，Günther Jakobs, Rechtsentzug als Vermögensdelikt, Festschrift für Klaus Tiedemann (2008), S. 654; Leipziger Kommentar, 12. Aufl., Vor § 263, Rdnr., 34 (Klaus Tiedemann)
44) 東京高判平成元・3・1 判タ 700 号 266 頁。
45) 福岡高判昭和 27・3・20 高刑特 19 号 72 頁。
46) 冨川雅満「詐欺罪における推断的欺罔の概念──行為者が事実を黙秘した場合の作為犯成立の限界」中央大学大学院研究年報 41 号 (2011) 193 頁以下。同 212 頁は，「被欺罔者がその情報を容易に入手できた場合，被欺罔者は自己の損害を防ぐために，情報を収集する義務がある」とする。

詐欺罪における交付の判断の基礎となる重要な事項の意義

上嶌一高

I　はじめに

　詐欺罪（刑246条）が成立するためには，「人を欺」く行為が必要である。人を欺く行為（欺罔行為）とは，人を錯誤に陥らせる行為であり，相手方が財産的処分行為をするための判断の基礎となるような重要な事実を偽ること，すなわち，相手方がその点に錯誤がなければ財産的処分行為をしなかったであろうような重要な事実を偽ることであると解されている。最高裁は，近時の判例において，詐欺罪にいう人を欺く行為とは，交付（財産的処分行為）の判断の基礎となる重要な事項を偽ることであるという理解を明らかにし，欺く行為は，行為の対象である交付の判断の基礎となる重要な事項と，偽るという行為の2つの要素からなることが示されている。

　本稿は，ハイジャック・テロや不法入国の防止，あるいは，暴力団の排除というような社会的関心・利益と認められる事実に関し，最近まで展開を見せている詐欺罪についての判例を主な対象として，交付の判断の基礎となる重要な事項の意義について検討を加える。

---

1) 藤井敏明・最判解刑事篇平成16年度（2007）250頁以下，前田巌・最判解刑事篇平成19年度（2011）320頁，増田啓祐・最判解刑事篇平成22年度（2013）182頁，野原俊郎・曹時68巻4号（2016）302頁，駒田秀和・曹時68巻5号（2016）211頁。団藤重光編・注釈刑法(6)（1966）175頁［福田平］参照。
2) 後掲注38) 最判平成26・3・28における小貫芳信裁判官の反対意見参照。
3) ほかに，マネーロンダリングの防止等に関して，後掲注32) 最決平成14・10・21，最決平成19・7・17参照。

II　詐欺罪における法益侵害

　交付の判断の基礎となる重要な事項という要素は、これまで学説が行ってきた、詐欺罪における法益侵害（財産的損害）の意義・内容は、どのようなものであり、詐欺罪が成立するのは、どのような場合であるかという議論に応じるものであろう。学説上、詐欺罪は個別財産に対する罪であるという理解にしたがって、従来の見解は、形式的に、個別財産の喪失が損害であるとし、真実を知っていれば財物を交付しなかったであろうという関係が認められれば、詐欺罪が成立すると解する。このような形式的個別財産説と呼ばれる見解に対して、現在の学説の多数は、個別財産の喪失が財産的損害であることは前提としつつ、その成立に実質的な損害が必要であると解し、財産的損害の有無は、被害者が当該取引において獲得しようとしたものと交付したものを比較し、被害者が獲得しようとして失敗したものが、経済的に評価して損害といいうるかどうかということにより決定すべきであるという見解等が主張され、実質的個別財産説と呼ばれる。

　近年は、被害者の錯誤に基づく同意の効力について、構成要件ごとに区別して保護法益が定められている趣旨に鑑みて、被害者が処分しようとする法益の内容・価値（あるいは、法益侵害性）に関係する、いわゆる法益関係的錯誤に基づく同意は無効であり、法益侵害について犯罪の成立を阻却しないとする法益

---

4)　長井圓「詐欺罪における形式的個別財産説の理論的構造」法学新報121巻11＝12号（2015）361頁以下、364頁以下参照。

5)　これに対し、すべての財産犯を全体財産に対する罪であるとする見解として、林幹人「詐欺罪における財産上の損害」現刑44号（2002）50頁以下。

6)　西田典之・刑法各論〔第6版〕（2012）204頁以下、曽根威彦・刑法各論〔第5版〕（2012）144頁、高橋則夫・刑法各論〔第2版〕（2014）328頁。

7)　実質的個別財産説に立つ近時の見解に、客体ないしその移転から直接に生じた経済的損害が必要であるとする、田山聡美「詐欺罪における財産的損害」曽根威彦先生＝田口守一先生古稀祝賀論文集〔下〕（2014）151頁以下、取引目的の不達成が財産的損害であるとする、山中敬一「詐欺罪における財産的損害と取引目的」法学新報121巻11＝12号（2015）397頁以下、同・刑法各論〔第3版〕（2015）377頁以下等がある。

8)　なお、井田良「詐欺罪における財産的損害について」曹時66巻11号（2014）16頁は、欺く行為の要件において、実質的な財産的損害（反対給付の瑕疵）を考慮しなければならないことに変わりはなく、その意味で、形式的個別財産説と実質的個別財産説の対立は、要件論としては解消されるとする。

関係的錯誤説に依拠し，詐欺罪の成立を基礎づける錯誤も，法益関係的錯誤であることが必要であるという見解が有力に主張される。詐欺罪の法益である財産は，交換経済の下において，経済的利用・収益・交換の手段として保護に値するため，財産交付の「客観化可能で具体的給付に内在し，かつ経済的に重要な目的」に錯誤がある場合には，法益関係的錯誤を認めることができるが，単にその付随的事情に錯誤があるにすぎないときには詐欺罪は成立しないとし[9]，あるいは，交換手段・目的達成手段である財産の交付において，財産交換・目的実現の失敗が実体的法益侵害であり，財産交換についての錯誤が法益関係的錯誤であるとする[10]などの理解がなされている[11]。財物を交付する者がそれによって達成しようとした目的は，すべて保護されるという見解[12]もあるが，これに対しては，財産が交換手段として保護されるとしても，財産主体のあらゆる主観的自由・主観的意思が保護されるとは限らないと指摘される[13][14][15]。

III 交付の判断の基礎となる重要な事項

1 最高裁平成 22 年 7 月 29 日決定

　人を欺く行為とは，交付の判断の基礎となる重要な事項について偽ることで

---

[9] 佐伯仁志「被害者の錯誤について」神戸法学年報 1 号（1985）116 頁以下。
[10] 未成年者が，成人であると偽って，成人向け雑誌を，未成年者には販売する意思のない書店の主人から，代金を支払って購入する場合について，山口厚ほか・理論刑法学の最前線 II（2006）109 頁以下［佐伯仁志］。
[11] 山口厚・問題探究刑法各論（1999）169 頁以下，同・刑法各論〔第 2 版〕（2010）268 頁以下。
[12] 伊藤渉「詐欺罪における財産の損害(1)（5・完）」警研 63 巻 4 号（1992）27 頁以下，63 巻 8 号（1992）41 頁以下，同「詐欺罪における財産の損害」刑法 42 巻 2 号（2003）16 頁以下，橋爪隆「詐欺罪(下)」法教 294 号（2005）94 頁以下等参照。
[13] 長井圓「証書詐欺罪の成立要件と人格的財産概念」板倉宏博士古稀祝賀論文集・現代社会型犯罪の諸問題（2004）331 頁以下。
[14] 照沼亮介・刑ジャ 27 号（2011）92 頁，橋爪隆「詐欺罪成立の限界について」植村立郎判事退官記念論文集(1)（2011）185 頁以下，佐伯仁志「詐欺罪(1)」法教 372 号（2011）108 頁。
[15] なお，詐欺罪における財産的損害をめぐる近時の研究として，渡辺靖明「詐欺罪における実質的個別財産説の錯綜」横国 20 巻 3 号（2012）121 頁以下，褒美蘭「詐欺罪における財産上の損害」法政 78 巻 4 号（2012）176 頁以下，足立友子「詐欺罪における『欺罔』と『財産的損害』をめぐる考察」川端博ほか編・理論刑法学の探究(6)（2013）133 頁以下，設楽裕文＝淵脇千寿保「詐欺罪における法益侵害と財産的損害」Law & Practice 8 号（2014）159 頁以下等。

あるという理解を示し，被告人の行為がこれに当たることを肯定したのは，最高裁平成 22 年 7 月 29 日第一小法廷決定（刑集 64 巻 5 号 829 頁。以下，平成 22 年決定という）である。被告人は，A らと共謀の上，空港の B 航空チェックインカウンターにおいて，A が，B 航空から業務委託を受けている会社の係員に対し，B 航空 36 便の搭乗券を中国人に交付し，同人を A として航空機に搭乗させてカナダに不法入国させる意図であるのにその情を秘し，あたかも A が搭乗するかのように装い，A に対する航空券および日本国旅券を呈示して，B 航空 36 便の搭乗券の交付を請求し，同係員から A に対する同便の搭乗券 1 枚の交付を受けたなどという事案に関し，以下のように述べて，詐欺罪の成立を肯定した。

「本件において，航空券及び搭乗券にはいずれも乗客の氏名が記載されているところ，本件係員らは，搭乗券の交付を請求する者に対して旅券と航空券の呈示を求め，旅券の氏名及び写真と航空券記載の乗客の氏名及び当該請求者の容ぼうとを対照して，当該請求者が当該乗客本人であることを確認した上で，搭乗券を交付することとされていた。このように厳重な本人確認が行われていたのは，航空券に氏名が記載されている乗客以外の者の航空機への搭乗が航空機の運航の安全上重大な弊害をもたらす危険性を含むものであったことや，本件航空会社がカナダ政府から同国への不法入国を防止するために搭乗券の発券を適切に行うことを義務付けられていたこと等の点において，当該乗客以外の者を航空機に搭乗させないことが本件航空会社の航空運送事業の経営上重要性を有していたからであって，本件係員らは，上記確認ができない場合には搭乗券を交付することはなかった。また，これと同様に，本件係員らは，搭乗券の交付を請求する者がこれを更に他の者に渡して当該乗客以外の者を搭乗させる意図を有していることが分かっていれば，その交付に応じることはなかった」。

「以上のような事実関係からすれば，搭乗券の交付を請求する者自身が航空

---

16) 交付の判断の基礎となる重要な事項について判断した下級審裁判例として，名古屋事件（後述 2(1)参照），宮崎事件（後掲注 38）参照）のそれぞれ第一審判決，控訴審判決や，第三者に無断譲渡する意図を秘して自己名義で携帯電話機の購入等を申し込む行為について，無断譲渡する意図を秘しているのか否かは，代理店が携帯電話機を販売交付する判断の基礎となる重要な事項であるとして，被告人らの行為に詐欺未遂罪の成立を認めた東京高判平成 24・12・13 高刑集 65 巻 2 号 21 頁のほか，那覇地判平成 24・3・14 LEX/DB 25480896，金沢地判平成 27・8・7 LEX/DB 25542674 等がある。

機に搭乗するかどうかは，本件係員らにおいてその交付の判断の基礎となる重要な事項であるというべきであるから，自己に対する搭乗券を他の者に渡してその者を搭乗させる意図であるのにこれを秘して本件係員らに対してその搭乗券の交付を請求する行為は，詐欺罪にいう人を欺く行為にほかならず，これによりその交付を受けた行為が刑法246条1項の詐欺罪を構成することは明らかである」。

増田啓祐調査官は，航空機の運航にあたって高度の安全確保が要求されており，そのことは航空運送事業の根幹をなす要素であり，航空券に氏名が記載された者（航空会社が搭乗を承認した者）と実際の搭乗者との同一性を確保することは，そのような保安に資するものであり，また，各国当局の許可や規制の下において事業を営み，国際間の運送において重要な役割を果たし，その意味において公共的性格を有する航空会社は，各国当局から出入国管理に協力する義務が課せられており，その同一性を確保することは，国際航空運送事業を営むための基盤をなすものと考えられるとし，その確保は，搭乗手続（搭乗券の交付）の段階において行われているのであって，航空会社にとって，搭乗券交付に際し，その同一性は，搭乗券交付の判断の基礎となる重要な事項であると理解する[17]。

2 平成26年の最高裁判例

(1) 人を欺く行為の意義について，平成22年決定と同様の理解を示し，詐欺罪の成立を肯定した最高裁判例として，まず，平成26年3月28日第二小法廷決定（刑集68巻3号646頁。以下，名古屋事件決定という）がある。暴力団員である被告人が，長野県内のゴルフ倶楽部において，その会員であるAと共謀の上，同倶楽部はそのゴルフ場利用約款等により暴力団員の入場および施設利用を禁止しているにもかかわらず，真実は被告人が暴力団員であるのにそれを秘し，Aにおいて，同倶楽部従業員に対し，「○○○○（被告人の氏が漢字，名がひらがなで記載されたもの）」等と記載した組合せ表を提出し，被告人の署名簿への代署を依頼するなどして，被告人によるゴルフ場の施設利用を申し込み，

---

[17] 増田・前掲注1) 184頁以下。

被告人と同倶楽部との間でゴルフ場利用契約を成立させた上，被告人において同倶楽部の施設を利用したという事案（名古屋事件）に関するものである。第1審判決（名古屋地判平成24年4月12日刑集68巻3号674頁）は，被告人に故意がないとして，この事件について被告人を無罪としたが，控訴審判決（名古屋高判平成25年4月23日刑集68巻3号686頁）は，これを破棄し，被告人の犯意およびAとの共謀を認め，2項詐欺の共同正犯の成立を認めた。最高裁は，被告人の上告を棄却した。

最高裁は，「ゴルフ場が暴力団関係者の施設利用を拒絶するのは，利用客の中に暴力団関係者が混在することにより，一般利用客が畏怖するなどして安全，快適なプレー環境が確保できなくなり，利用客の減少につながることや，ゴルフ倶楽部としての信用，格付け等が損なわれることを未然に防止する意図によるものであって，ゴルフ倶楽部の経営上の観点からとられている措置である」[18]などとして，「入会の際に暴力団関係者の同伴，紹介をしない旨誓約していた本件ゴルフ倶楽部の会員であるAが同伴者の施設利用を申し込むこと自体，その同伴者が暴力団関係者でないことを保証する旨の意思を表している上，利用客が暴力団関係者かどうかは，本件ゴルフ倶楽部の従業員において施設利用の許否の判断の基礎となる重要な事項であるから，同伴者が暴力団関係者であるのにこれを申告せずに施設利用を申し込む行為は，その同伴者が暴力団関係者でないことを従業員に誤信させようとするものであり，詐欺罪にいう人を欺く行為にほかならず，これによって施設利用契約を成立させ，Aと意を通じた被告人において施設利用をした行為が刑法246条2項の詐欺罪を構成することは明らかである」と述べた。

(2) つぎに，平成26年4月7日第二小法廷決定（刑集68巻4号715頁。以下，ゆうちょ銀行事件決定という）がある。暴力団員である被告人が，自己名義の総合口座通帳およびキャッシュカードを取得するため，ゆうちょ銀行から口座開

---

[18] 名古屋事件決定について，このような意図において防止の内容として掲げられるような可能性は，損失であるとしても，処分行為との直接性を有しない（松宮孝明「詐欺罪と機能的治安法」生田勝義先生古稀祝賀論文集・自由と安全の刑事法学〔2014〕366頁以下）から，財産的損害とは評価できない（将来的に発生する可能性のある抽象的な間接損害にすぎない。笹井武人「暴力団排除における詐欺罪適用の限界」野村稔先生古稀祝賀論文集〔2015〕339頁），仮に現実的なものであったとしても，暴力団員の得た施設利用の利益との実質的同一性を欠く（松原芳博・刑法各論〔2016〕283頁）などの批判がある。

設手続等の委託を受けている郵便局局員に対し，真実は自己が暴力団員であるのにこれを秘し，総合口座利用申込書の「私は，申込書3枚目裏面の内容（反社会的勢力でないことなど）を表明・確約した上，申込みます。」と記載のある「おなまえ」欄に自己の氏名を記入するなどして，自己が暴力団員でないものと装い，申込書を提出して被告人名義の総合口座の開設およびこれに伴う総合口座通帳等の交付を申し込み，局員から被告人名義の総合口座通帳1通の交付を受け，さらに，同人名義のキャッシュカード1枚の郵送交付を受けたという事案で，被告人は，自身が口座を利用するつもりであって，自己が暴力団員であるか否かという点のみを偽った場合に関するものである。[19]

最高裁は，「総合口座の開設並びにこれに伴う総合口座通帳及びキャッシュカードの交付を申し込む者が暴力団員を含む反社会的勢力であるかどうかは，本件局員らにおいてその交付の判断の基礎となる重要な事項であるというべきであるから，暴力団員である者が，自己が暴力団員でないことを表明，確約して上記申込みを行う行為は，詐欺罪にいう人を欺く行為に当たり，これにより総合口座通帳及びキャッシュカードの交付を受けた行為が刑法246条1項の詐欺罪を構成することは明らかである」とした。

3　判例の理解

（1）以上のような判例は，交付の判断の基礎となる重要な事項をどのように理解しているのであろうか。

この点に関して，相手方が錯誤がなければ交付をしなかったであろうような事実を偽れば，相手方が交付をなすための判断の基礎となるような重要な事実を偽るものである，すなわち，欺く行為および錯誤と交付の条件関係を基礎づける事項が，直ちに，交付の判断の基礎となる重要な事項であることを肯定するという見方もありうる。[20] しかし，これまでの判例は，財産上の損害を否定し

---

19) そこで，後掲注32) 最決平成14・10・21，最決平成19・7・17とは事案を異にするとされる。駒田・前掲注1) 209頁。
20) 前田・前掲注1) 323頁は，そのような理解にしたがって，後掲注32) 最決平成19・7・17に関して，他人に譲渡する目的であるのに，これを秘して預金通帳等の交付を受けようとすることを，通帳交付等の諾否の判断の基礎となるような重要な事実を欺く行為と評価しているようにみえる。

て，詐欺罪の成立を否定したものがあり，このような欺く行為および錯誤と交付の条件関係を基礎づける事項について偽れば，直ちに詐欺罪の成立を肯定すると考えてきたわけではない。交付の判断の基礎となる重要な事項とは，交付した財物・財産上の利益の喪失に実質的な法益侵害性があることを担保しようとするものであるということができよう。

(2) 1および2に述べた3判例に関して，まず，平成22年決定は，チェックインカウンターの係員が，搭乗券の交付を請求する者が航空券および搭乗券に記載された乗客であることの厳重な本人確認をしており，それは，当該乗客以外のものを航空機に搭乗させないことが航空会社の航空運送事業の経営上重要性を有していたからであるとし，搭乗券の交付を請求する者自身が航空機に搭乗するかどうかは，係員においてその交付の判断の基礎となる重要な事項であるとして，人を欺く行為の存在を肯定している。(ア)財物の交付に際して，本人（航空券および搭乗券に記載された者）以外の者に交付しないよう，被欺罔者が厳重な本人確認を行っており，(イ)それは，本人以外の者に財物を交付しないこと（よって，本人以外の者を航空機に搭乗させないこと）が被害者である会社の事業の経営上重要性を有するからであることが，交付の判断の基礎となる重要な事項であることを基礎づけているとみることができる。

(イ)について，平成22年決定は，①航空券に氏名が記載されている乗客以外の者の航空機への搭乗が航空機の運航の安全上重大な弊害をもたらす危険性を含み，②航空会社がカナダ政府から不法入国を防止するために搭乗券の発券を適切に行うことを義務付けられていたなどの点において，当該乗客以外の者を航空機に搭乗させないことが航空会社の航空運送事業の経営上重要性を有していたことを挙げているということができる。これを，搭乗券の適正な管理が重大な財産的関心事であり，乗客名簿に記載されている者と搭乗券を使用する者

---

21) 大決昭和3・12・21刑集7巻772頁，東京地判昭和37・11・29判タ140号117頁。さらに，最判平成13・7・19刑集55巻5号371頁，朝山芳史・最判解刑事篇平成13年度（2004）136頁以下等参照。
22) 佐伯・前掲注14）111頁，上嶌一高「詐欺罪の課題と最近の最高裁判例」刑ジャ13号（2008）63頁等参照。
23) 山口厚・新判例から見た刑法〔第3版〕（2015）297頁。判例は，この意味において，錯誤を限定することにより，間接的に実質的な法益侵害性を担保しようとする法益関係的錯誤説に親和的な手法をとるとする。同295頁。星周一郎「詐欺罪」法教418号（2015）29頁参照。

III 交付の判断の基礎となる重要な事項

との人的一致が，交付の判断に際して重要な事項であると述べた控訴審判決と比較すると，最高裁は，①においては，航空機の運航の安全上重大な弊害をもたらす危険性を航空会社の社会的信用の低下や業績の悪化と結びつけておらず，②においては，カナダ政府への最高3000ドルの支払いという財産支出に言及していない。本決定が，②について，具体的な財産支出に言及しないのは，このような具体的な財産支出を伴う事項についてでなければ，欺く行為があるとはいえないという立場をとるものではないことを示すという意味を有すると解することもできる。また，①について，会社の社会的信用の低下や業績の悪化に言及しないのは，現実に特定することが困難な社会的信用の低下を介して業績が悪化し，経済的損害が生じる可能性を問題とするとしても，少なくとも，それは，抽象的なものにとどまらざるをえず，そのような抽象的可能性を根拠として，詐欺罪の成立を認めることは妥当でないという見方を示したものと解することもできる。このように解すると，経営上の重要性と表現したのは，経済的損害や経済的目的についての錯誤・その実現の失敗に直接的に対応したものではなく，むしろ，具体的な財産支出を伴うような場合でなくても，それとは異なる観点から財産交付の実質的法益侵害（財産的損害）性を基礎づけることができる場合があることを意味するものであると思われる。会社事業の「経営」上の重要性を有する事項とは，社会との関係において，詐欺罪の被害者である会社組織の存続・発展に重要な影響を及ぼすと認められる事項を意味するということができるように思われる。[24]このような重要性を有する事項について偽ることがあってはじめて欺く行為となるとしたものと考えると，最高裁判例について，詐欺罪の処罰範囲が著しく拡張するおそれがあることが指摘されるが，[25]平成22年決定は，少なくとも，拡張の傾向を無制約に是認するものではないという態度を表したものとして理解することができよう。[26][27]

---

24) 上嶌一高「最近の裁判例に見る詐欺罪をめぐる諸問題」刑ジャ31号（2012）21頁。同旨，大塚裕史・山口厚＝佐伯仁志編・刑法判例百選II〔第7版〕（2014）103頁。会社，事業の存在それ自体にとって重要な事項であることを問題とする点において，増田調査官の理解（前掲注17）参照）も，同様の指向を有すると思われる。これに対し，成瀬幸典「詐欺罪の保護領域について」刑法54巻2号（2015）133頁は，交付の判断の基礎となる重要な事項は，実行行為に対する一般的な理解を詐欺罪に適用したものにすぎないという。
25) 佐伯・前掲注14）115頁。
26) 山口厚「詐欺罪に関する近時の動向について」研修794号（2014）9頁以下は，反対給付に約

(3) つぎに，名古屋事件決定をみると，事実関係において，本件ゴルフ場において，アンケートへの回答や誓約書の提出をさせて，入会を申請しようとする者が，暴力団員等と関係がなく，暴力団関係者等を同伴等しないことを確認してその審査を行い，受付時等に利用客の氏名を暴力団排除情報のデータベースに照らして確認するなどしており，暴力団関係者の利用を未然に防止するための措置を行っていたこと，また，ゴルフ場が暴力団関係者の利用を拒絶するのは，利用者の減少，ゴルフ場としての信用，格付け等が損なわれることを未然に防止する意図による経営上の観点からとられている措置であることを挙げて，利用客が暴力団関係者であるかどうかは，従業員において施設利用の許否の判断の基礎となる重要な事項であるとして，人を欺く行為の存在を肯定している。(ウ)財産上の利益の交付に際して，本人（暴力団関係者でない者）以外の者に交付しないよう，被欺罔者が一定の本人確認を行っていること，そして，(エ)本人以外の者に財産上の利益を交付しないことが，被害者である事業者の経営上の観点によるものであることが，交付の判断の基礎となる重要な事項であることを基礎づけているとみることができる点において，平成22年決定の(ア)，(イ)と共通する要素に着目して，交付の判断の基礎となる重要な事項に当たるか否かを決定することを示したものということができよう。

また，名古屋事件決定は，利用客の中に暴力団関係者が混在することによって，利用者の減少につながること，ゴルフ場としての信用，格付け等が損なわれることという事情を掲げており，平成22年決定が言及しなかった，経済的損害，信用の低下という点に言及している。ただ，このような事情は，ゴルフ

束された財産的価値がないような，明白な財産の損害が生じる場合のように，欺く対象が，交付者にとって財産的損害をもたらす事項であれば，交付の判断の基礎となる重要な事項といいうるが，問題は，詐欺罪の成立をそのような場合に限定すべきかということであり，財産的損害以外の事情についても，交付の判断の基礎となる重要な事項という評価が可能となる可能性を排除できないとし，最高裁が経営上の重要性に言及していることについて，このようにして錯誤の内容を限定的に理解する手法をとらざるを得ないとする。なお，長井・前掲注4）374頁以下参照。

27) なお，林陽一・平成26年度重判解171頁は，交付の判断の基礎となる重要な事項という表現は，付随的・周辺的事項の欺罔があったにすぎない場合は，詐欺罪を否定する意味で，欺罔事実の実質性・重要性を要求する趣旨であると解され，商店が商品を販売する際に考慮される社会的目的（や目的を達成することによる会社の経営の保護など）は，財物それ自体の効用と評価できるような目的ではなく，そこで問題とすべきものではないとする。

場の意図の内容において防止する対象として掲げているだけであり，客観的，具体的に生じる可能性があるものとして，認めているわけではない。

その一方，平成22年決定は，事実関係について，「厳重な」本人確認が，本人でない者に財産を交付しないことが経営上「重要性を有」するから行われていたとしていたのに対し，名古屋事件決定は，本人確認について，「厳重な」とは述べておらず，また，本人でない者に財産を交付しないことが経営上「重要性を有する」とまでは述べていない。このことは，名古屋事件第一審判決が，本件ゴルフ倶楽部にとって施設に暴力団構成員が出入りしているか否かは，ゴルフプレー環境の整備に関わる「営業上重要な」事項であるとして，施設を利用しようとする者が暴力団構成員であるか否かは，従業員において，施設を利用させるか否かの判断の基礎となる重要な事項であることを基礎づけており，控訴審判決もこれを正当なものとしていたこととも異なる。[28]

(4) そして，ゆうちょ銀行事件決定をみると，従前より企業の社会的責任等の観点から反社会的勢力との関係遮断に取り組んでいたゆうちょ銀行が，政府

---

[28] なお，宮崎事件（後掲注38）参照）第一審判決は，本件各ゴルフ施設が，暴力団員による利用を一般的に禁止し，厳格な運用を推進しているのは，他の正規の利用者において安心してプレーできる利用環境を整備し，自社の社会的な信用を維持していくなど，それ自体経営的に重要な事柄であるとし，控訴審判決も，暴力団員の立ち入りやプレーを禁ずることは，本件各ゴルフ施設の経営上重要な事項であり，利用申込者が暴力団員でないという属性は，本件各ゴルフ施設が施設利用契約を締結するか否かの判断において重要な事項であると述べる。また，松井洋・警論67巻8号（2014）158頁は，会員制をとるゴルフ場にとっては，プレーヤーを絞ることで，ゴルフ場の雰囲気や個性を維持し，プレー環境を整えることがゴルフ場経営の基礎とされていることは明らかで，一般的にいえば，ゴルフ場にとって，暴力団員を施設に出入りさせないことは，その経営上重要な事項であると考えられるという。

名古屋事件決定の後，暴力団員等によるゴルフ場の施設利用が問題となり，詐欺罪の成立を肯定した例として，大阪高判平成26・8・19（裁判所ウェブサイト参照）がある。暴力団員等の施設利用を拒絶する旨を約款に規定する大津市のAゴルフ倶楽部について，信用の失墜や経営への悪影響を防止するために，暴力団排除を重要な経営方針としており，そのことは，従業員らに対しても周知徹底されていたことが認められるから，本件クラブの従業員らにとっても，暴力団員等に施設を利用させないことは，その施設利用の許否の判断の基礎となる重要な事項であるとして，同クラブにおいて，暴力団員である被告人が，約款の遵守を約する旨が記載された受付カードに署名し，暴力団員であることを申告せずに施設利用を申し込む行為は，入会時に暴力団員等を同伴しない旨誓約した会員が暴力団員を同伴していることを申告せずに共に施設利用を申し込む行為と相まって，詐欺罪にいう人を欺く行為に当たるとした。Aには財産的損害が生じていないから，詐欺罪は成立しないという弁護人の主張に対し，Aは，利用客の安心，安全な施設利用を経営上の基盤としており，暴力団員等の利用を許すことになれば，その信用が失墜し，ひいては経営悪化等をも招きかねないのであるから，財産的損害が生じたことが認められるともいう。

による「企業が反社会的勢力による被害を防止するための指針」の策定を踏まえ，貯金等共通規定等を改訂して，暴力団員を含む反社会的勢力からの貯金の新規預入申込みを拒絶し，申込者に対し，反社会的勢力でないこと等の表明，確約を求めるなどしており，被告人に応対した局員は，申込みの際，被告人に対し，申込書の記述を指でなぞって示すなどの方法により，暴力団員等の反社会的勢力でないことを確認していたことを掲げて，口座開設と通帳の交付等を申し込む者が反社会的勢力であるかどうかは，局員においてその交付の判断の基礎となる重要な事項であるとして，人を欺く行為の存在を肯定している。(オ)本人（反社会的勢力でない者）以外の者に財物を交付しないことが，企業としての取組みを背景としたものであり，被害者の事業との関係があること，(カ)財物の交付に際して，本人以外の者に交付しないよう，被欺罔者が一定の本人確認を行っていることが示されている点において，平成22年決定の(イ)，(ア)や名古屋事件決定の(エ)，(ウ)とそれぞれ共通する要素に着目して，交付の判断の基礎となる重要な事項に当たるか否かを判断したものということができよう。

また，第一審判決（大阪地判平成24・4・10刑集68巻4号721頁）は，口座は，被告人が母親から被告人名義の保険金を受領するために母親の依頼に応じて開設したものであり，犯罪に利用する予定はないが，容易に他の目的に転用でき，いったん口座開設した後の転用の把握や解約が必ずしも容易ではないから，当初の契約目的によって口座開設を許すと実効的な反社会的勢力との関係遮断ができず，そのため金融機関自体が社会的非難を受けるおそれも高いことなどの事情に照らせば，金融機関が反社会的勢力該当者との契約を一切拒んでいることにも合理的な理由があると述べ，控訴審判決（大阪高判平成24・9・7刑集68巻4号726頁）は，当初は犯罪に利用する目的がなくとも，その後に口座が不正利用されるおそれがあり，金融機関が種々の損害を蒙る可能性が否定できないと述べる。これに対し，ゆうちょ銀行事件決定は，被害者が社会的非難を受けるおそれや損害が生じる可能性について，明示的に触れることはしていない。

その一方で，平成22年決定とは異なり，本人確認が「厳重な」ものであるとは述べておらず，また，名古屋事件決定とも異なり，本人でない者に財産を交付しないことが，「経営上」の観点によるものであるとすら述べていない。[29)30)]

(5) それでは，このような判例は，どのようにして，交付の判断の基礎とな

Ⅲ 交付の判断の基礎となる重要な事項

る重要な事項について判断しているのであろうか。その判断構造は，平成22年決定と，名古屋事件決定，ゆうちょ銀行事件決定とでは，異なるように思われる。

　平成22年決定は，被欺罔者において本人確認を行っていることの理由は，本人以外の者に財産を交付しないこと（よって，本人以外の者を航空機に搭乗させないこと）が，被害者の事業の経営上重要であるということにあるとして，交付の判断の基礎となる重要な事項に当たることを肯定しているところ，ここでは，これに当たるか否かの判断にあたって本質的なことは，本人以外の者に財産を交付しないことが，被害者の事業の経営上重要であることであり，どのような本人確認を行っていたかは，もとより，被害者が本人以外の者に財産を交付しないことをどのように考えているかを表し，上のような本質的なことを表す点において意義を有するものの，そのことを表す外形的な事実であるにすぎないということができるように思われる。

　これに対し，ゆうちょ銀行事件決定は，その述べるところをみると，本人以外の者に財産を交付しないことの趣旨は示されているとしても，これが，財産の交付に際して，被欺罔者が一定の本人確認を行っていることの理由として示

---

29) 金融機関における反社会的勢力との取引の拒絶について，経営上の重要性があることを明言する裁判例がある。大阪高判平成25・7・2高刑集66巻3号8頁は，取引拒絶規定を設けて，預金者が反社会的勢力に属するか否かの審査を厳重に行っている信用金庫について，その審査を厳重に行っていたのは，政府指針の策定や金融庁の指導を契機として，反社会的勢力の活動状況やその介入による金融機関等の被害状況等に鑑みて，金融機関としての社会的・経済的信用を確保して，自らの存立基盤を固める必要性が高まったことによるのであり，反社会的勢力との取引を拒絶することは，経営上重要性のある事項であったとして，被告人および被告人が代表者である会社が暴力団等の反社会的勢力ではない旨の表明・確約印欄に押印した書面を提出し，預金口座の開設等を申し込み，同金庫係員から会社名義の預金通帳の交付を受けた行為が詐欺罪を構成するとした。
30) 橋爪隆・金法2025号（2015）10頁は，ゆうちょ銀行事件決定の立場は，銀行の経営上重要な事項について虚偽の事実が示された場合には，詐欺罪の成立を肯定するものであるとし，暴力団員が身分を秘して取引を行った場合，その取引において暴力排除が経営上重要な利害といえるかという観点から，詐欺罪の成否が検討されるべきであるとする。一方，佐藤陽子・刑ジャ42号（2014）110頁は，ゆうちょ銀行事件決定は，経営上の利益をそれほど重視していないとする。なお，同110頁は，同決定が，継続的な契約関係であることを前提とした信頼関係の欺罔が重要であると判断したのであれば，また，伊藤渉・刑ジャ42号（2014）105頁は，暴力団関係者との取引を拒絶等することが，違法な活動に関連する資金を受け入れた場合，その運用によって利益を上げることが許されないという理由に基づくならば，詐欺罪の成立は認められるべきであるとする。

されているわけではなく，このことと特に関係づけられることなく掲げられているだけであるように思われる。すなわち，本人以外の者に財産を交付しないことが，被害者の事業との関係において，どのような意義を有するものであるかという，平成22年決定において，交付の判断の基礎となる重要な事項の判断にとって本質的であるとされた点が，必ずしも本質的ではなく，同時に，この点と切り離されて，並んで，財産の交付に際して，被欺罔者がどのような本人確認を行っているかということ自体が，交付の判断の基礎となる重要な事項の判断にあたっての考慮要素となっているように思われるのである。そうすると，ゆうちょ銀行事件決定において，被害者が企業の社会的責任の観点から反社会的勢力との関係遮断に取り組んでいたことは挙げられているものの，それが経営上の重要性を有するという明確な表現がなされていないことも容易に理解することができる。[31][32]

---

31) ゆうちょ銀行事件決定について，金融機関は，社会的・経済的信用を存立基盤とする企業であり，暴力団関係者との取引が現実に金融機関の社会的信用を失墜させ，その存立基盤を危うくすることから，自社の存立基盤を確保するため暴力団関係者との取引を拒絶するのであるから，相手方が暴力団関係者であるか否かは，通帳等の交付の判断の基礎となる重要な事項に当たるという説明もなされる（松本麗・研修810号（2015）22頁）。しかし，金融機関にとって，その事業に固有の基盤となるものを求めるとすると，金融機関の顧客の預金債権の安全な保護に重要な影響を与えるような事項であると認められるものでなければならない，それであってはじめて，事業の経営上重要性を有すると解すべきであるように思われる。

32) 仮に銀行に（直接的には）経済的な不利益が生じないとしても，暴力団員に口座を開設させないことについて，銀行は重要な利益を有しているとして，銀行の業務の公的性格から，重要な事項の範囲が拡張されているという指摘もある。橋爪・前掲注30) 10頁。なお，銀行において，第三者に譲渡する意図を秘して自己名義の預金通帳等の交付を受ける行為について詐欺罪の成立が認められた（最決平成19・7・17刑集61巻5号521頁）ことについて，営業上の特殊な公共的役割を担う銀行における預金契約の実質的な相手方を偽られないという財産権行使における重要な利益の保護を指摘する見解として，松宮孝明「暴力団のゴルフ場利用と詐欺罪」斉藤豊治先生古稀祝賀論文集・刑事法理論の探求と発見（2012）159頁，162頁，この行為および他人名義の預金通帳の交付を受ける行為（最決平成14・10・21刑集56巻8号670頁）について，詐欺罪が成立する根拠として挙げられる，金融システム運営者として「公共性」を有する銀行に対する社会的・法的要請について，杉本一敏「詐欺罪における被害者の『公共的役割』の意義」野村稔先生古稀祝賀論文集（2015）311頁以下参照。

一方，銀行が利潤追求を超えた特殊な公共的役割を担い，暴力団等排除政策が社会的に重要であっても，銀行が暴力団の活動を助長等することを知って利益提供しないかぎりその信頼を損なうとは考え難い（門田成人・法セ714号（2014）133頁），あるいは，反社会的勢力との取引をすることにより，顧客の信頼を失い，取引の減少につながることや，公共性の高い金融機関としての信用等が損なわれることなどは，将来的に発生する可能性のある抽象的な間接損害にすぎず，処分行為との直接性を有せず，財産的損害とは評価できない（笹井・前掲注18) 342頁）などの見解が示される。

III 交付の判断の基礎となる重要な事項

　名古屋事件決定は，これをみると，本人以外の者に財産を交付しないことが，被害者の事業の経営上重要性を有することまでは示されていないが，被害者の経営上の観点によるものであることは示されており，上に述べたような，平成22年決定と同様の判断構造を維持したものとみることもできよう。もっとも，本人以外の者に財産を交付しないことが，被害者の経営上の観点によるものであることが，財産の交付に際して，被欺罔者が一定の本人確認を行っていることと明示的に関係づけられているわけではない。そこで，本人以外の者に財産を交付しないことが，被害者の事業との関係において，どのような意義を有するものであるかという点が，交付の判断の基礎となる重要な事項の判断にとって本質的であると解されているかについて，ゆうちょ銀行事件決定と同じ第二小法廷による同じ時期の判例であることを考慮すると，ゆうちょ銀行事件決定と同様で，平成22年決定とは異なるものということができよう。[33]

　(6) 判例について，本人以外の者に財産を交付しないことが，被害者の事業との関係において，どのような意義を有するものであるかという点は，必ずしも本質的でなく，どのような本人確認を行っているかということが，この点と切り離されて，並んで，交付の判断の基礎となる重要な事項の判断にあたって考慮要素となっていると理解しうることは，以下のような理解にも現れている。

　駒田秀和調査官は，重要性の判断基準，方法に関して，平成22年決定と名古屋事件決定について，指摘した前提事実を見るに，①財産的処分をするに当たり，偽られた事実の存否を考慮する目的や理由に（経済的見地からの）客観的な合理性があること，[34] ②当該事実の存否を確認する体制や運用がとられており，

---

33) なお，名古屋事件決定について，土倉健太・捜査研究761号（2014）8頁は，ゴルフ場が暴力団関係者の施設利用を拒絶することに対する法的・社会的な要請については，何ら判示されていないと指摘する。これは，ゴルフ場は，暴力団排除が，社会的に要請されてはいるものの，法的義務とまではされておらず（後掲注38）最判平成26・3・28における小貫裁判官の反対意見），また，その公共性も銀行や航空会社と同程度に高いとまでいえるかには異論もありうる（松宮・前掲注32）165頁）ことから，施設利用の許否を判断する上での暴力団関係者であるか否かの重要性は，ゴルフ場ごとに異なる余地が大きいとするものである。

34) 駒田・前掲注1）218頁は，判例は，保護される財産的処分の目的の範囲について，経済的観点から把握できるものを考慮していると理解することも可能であると指摘し，同217頁以下は，名古屋事件決定も，経営上の重要性を考慮要素に取り入れていることから，財産的処分によって直接的に財産的な損失が生じなくても，経済的に評価して損失が生じた場合には重要事項性を認めているとする。また，同227頁は，ゆうちょ銀行事件決定について，銀行は，免許を受けて営む事業であって，種々の公的監督を受けているほか，犯罪による収益の移転防止に関す

交付者が当該事実に大きな関心を寄せていることが外部的にも明らかになっていること、③当該事案においても、当該事実に関する錯誤がなければ財産的処分を行わなかったという現実的具体的因果関係があり、その目的が重要性を持っていたことなどを考慮して、重要事項性を肯定したものとし、ゆうちょ銀行事件決定もほぼ同じ判断手法をとると解説する。[35)36)]

　この解説のような理解は、ゆうちょ銀行事件決定を重視して、これら3判例に妥当する判断要素を求めようとするものであろう。しかし、3判例をこのような形で全体として理解することは、①のような要素を掲げることが、事実の存否を考慮する目的に客観的合理性があれば足り、事実の存否を考慮することが被害者の事業の経営上重要性を有するものである必要はないことを意味する点において、平成22年決定が、本人以外の者に財産を交付しないこと（よっ

　　　る法律によって、取引時に本人等を確認し、疑わしい取引を届け出ることが義務付けられ、これに関しては行政指導や是正命令があることに照らせば、暴力団員との取引を排除することは、経営上の重要性があると考えることもできるという。経済的な観点から重要事項性を肯定することができるか否かが基準となるが、経営上の重要性があるということができれば、経済的な観点から重要事項性を肯定することができると解するものであろう。

35) 駒田・前掲注1) 217頁以下、226頁以下。また、宮崎英一「詐欺罪の保護領域について」刑法54巻2号 (2015) 185頁以下は、平成22年決定以降、判例は、「重要事項に当たるか否かについては、……㋐厳格な本人確認作業を行ったり、暴力団関係者の利用を禁止したりする目的（それによって守ろうとしている利益）は何か、それは経済的見地からも刑法上の保護に値するものか、㋑その目的を達成するために、実際に実効性のある方策がとられているのか、㋒当該事件においても、偽られたことが分かっていれば財産的処分をしなかったのか、という観点から検討していると考えられる。㋐……の部分で経済的見地を考慮しているとはいえるが、ただ、判例は、この点をかなり広く認めているように思われるので、㋐は、詐欺罪の成立を画する指標にはなりにくいといえよう。これに対し、㋑は、被欺罔者にとってその点が交付の判断の基礎となる重要な事項であることを端的に示すものであり、かつ、客観的外形的な指標であるから、詐欺罪の成否を画する指標となり得る」とする。なお、㋐は、駒田調査官のいう①（経済的見地からの）客観的な合理性に相当するものであろう。このような理解は、どのような本人確認を行っているかということが、切り離されて、交付の判断の基礎となる重要な事項の判断にあたって考慮要素となっているとの理解を一層押し進めるものである。
　　　なお、被害者の情報収集措置の実施の如何を、作為による欺罔について考慮しようとする見解として、冨川雅満「自身の身分を偽る行為と詐欺罪の可罰性」法学新報121巻5＝6号 (2014) 298頁以下、被害者の確認措置に関し、ドイツの議論について、同「詐欺罪における被害者の確認措置と欺罔行為との関係性 (1)～(3・完)」新報122巻3＝4号 (2015) 183頁以下、5＝6号 (2015) 35頁以下、7＝8号 (2016) 223頁以下参照。

36) 詐欺罪の成立範囲について、社会情勢の変化により広がっているようにみえるだけであり、近年の判例は、従来と比べて詐欺罪の構成要件を拡張しているわけではないとするものとして、成瀬・前掲注24) 138頁、宮崎・前掲注35) 187頁等。木村光江「『財産上の利益』の意義について」曹時67巻2号 (2015) 8頁以下参照。

て，本人以外の者を航空機に搭乗させないこと）が，被害者の事業の経営上重要性を有すると表現して，詐欺罪における財産交付の実質的法益侵害性を基礎づけることができる場合を限定的に理解しようとしたこととは，整合的でないであろう。

　なお，駒田調査官は，①に関して，名古屋事件決定については，その前提とする，ゴルフ場利用客の中に暴力団関係者が混在すると，一般利用客が畏怖するなどして安全，快適なプレー環境が確保できなくなり，利用客の減少につながったり，ゴルフ倶楽部としての信用，格付け等が損なわれたりする危険があるため，これを未然に防止する意図で，ゴルフ倶楽部の経営上の観点から，暴力団関係者の施設利用を拒絶していることという内容の事実を挙げている。この事実が，単に，本件ゴルフ倶楽部についての事実を指すとすると，同調査官が①の要素を掲げることは，一般に取引において重要であると考えられている事実でなくても，被害者が重要であると考えるものであれば，交付の判断の基礎となる重要な事項となることがあるということをうかがわせるものである。これに対して，この事実は，単に，「本件ゴルフ倶楽部」についての事実であるにとどまらず，「ゴルフ倶楽部」一般について妥当する事実として，名古屋事件決定が掲げているものである（同決定は，この事実を述べる部分においてだけ，「本件ゴルフ倶楽部」のように特定することなく，ただ「ゴルフ倶楽部」とだけ表現している）ということもできる。そうだとすると，同調査官が①の要素を掲げることは，被害者が重要であると考えるだけでなく，一般に取引において重要であると考えられている事実が，交付の判断の基礎となる重要な事項となるということを含意することになろう。

Ⅳ　交付の判断の基礎となる重要な事項と偽ることの関係

　人を欺く行為があるというためには，交付の判断の基礎となる重要な事項であると認められることについて，偽ると認められるかも問題となる[37]。たとえば，ゴルフ場の施設利用をする者が暴力団員であるかどうかが，ゴルフ倶楽部の従

37）　野原・前掲注1）305頁以下参照。

業員において施設利用の拒否の判断の基礎となる重要な事項であるとしても，暴力団員であることを申告せずに施設利用の申込みをした行為が，暴力団員でないように装ったものであるとして，挙動により欺く行為があるということができるかが問題となる。[38]

---

38) 最高裁は，名古屋事件決定において，詐欺罪の成立を肯定したのに対し，平成26年3月28日第二小法廷判決（刑集68巻3号582頁。以下，宮崎事件判決という）においては，詐欺罪の成立を否定した。この最高裁判決は，いずれも暴力団員である被告人とDが，会員制のゴルフ場であるが，ビジター利用客のみによる施設利用を認めていた，宮崎市内のB倶楽部の施設を利用したという事案（Dについては，最判平成26・3・28裁判集刑313号329頁），および，被告人が，会員制のゴルフ場であり，原則として，会員又はその同伴者，紹介者に限り，施設利用を認めていた，同市内のCクラブを，会員であるEとともに利用したという事案で，被告人は，いずれも，フロントにおいて，「ビジター受付票」または「同控え」に氏名を偽りなく記入したという場合（宮崎事件）に関するものである。
　第一審判決（宮崎地判平成24・5・21刑集68巻3号628頁）は，詐欺罪の成立を肯定し，控訴審判決（福岡高宮崎支判平成24・12・6刑集68巻3号636頁）は，これを是認したが，最高裁は，「B倶楽部及びCクラブは，いずれもゴルフ場利用細則又は約款で暴力団関係者の施設利用を拒絶する旨規定し……，クラブハウス出入口に『暴力団関係者の立入りプレーはお断りします』などと記載された立看板を設置するなどして……いた。しかし，それ以上に利用客に対して暴力団関係者でないことを確認する措置は講じていなかった，また，……周辺のゴルフ場において，暴力団関係者の施設利用を許可，黙認する例が多数あり，被告人らも同様の経験をしていたというのであって，本件当時，警察等の指導を受けて行われていた暴力団排除活動が徹底されていたわけではない」という事実関係の下において，「暴力団関係者であるビジター利用客が，暴力団関係者であることを申告せずに，一般の利用客と同様に，氏名を含む所定事項を偽りなく記入した『ビジター受付表』等をフロント係の従業員に提出して施設利用を申し込む行為自体は，申込者が当該ゴルフ場の施設を通常の方法で利用し，利用後に所定の料金を支払う旨の意思を表すものではあるが，それ以上に申込者が当然に暴力団関係者でないことまで表しているとは認められない。そうすると，本件における被告人及びDによる本件各ゴルフ場の各施設利用申込み行為は，詐欺罪にいう人を欺く行為には当たらないというべきである」と述べて，被告人を無罪とした。この判決は，挙動による欺罔行為性を否定したもので，交付の判断の基礎となる重要な事項か否か等を判断することなく，挙動による欺罔行為性という観点から，詐欺罪の成立範囲について一定の限界を示したものであり，近時，法益関係的錯誤説等の立場から，詐欺罪の成立範囲の拡大傾向に懸念が示されているという議論状況にも沿うものと評価することができると解説される（野原俊郎・曹時68巻4号（2016）286頁以下）。
　名古屋事件決定と宮崎事件判決との間で詐欺罪の成否について結論が分かれうるのは，ゴルフ倶楽部が暴力団員でないことの確認手続をとっていた程度の差によるものとされる（前田雅英・捜査研究759号（2014）33頁，宮崎・前掲注35）182頁以下。野原・前掲注1）301頁参照。ただ，名古屋事件において，約款では，利用客は，自署することとされていたが，施設利用の申込みに際し，Aにおいて，被告人ら同伴者について，組合せ表に，氏または名を交錯させるなど，乱雑に書き込んで，ゴルフ倶楽部従業員に渡し，署名簿への代署を依頼するという異例な方法をとり，被告人が署名しないですむようにしたことが，偽る行為を肯定することに影響を与えた可能性も指摘される。白井智之・研修798号（2014）23頁以下，城祐一郎「暴力団関係者によるゴルフ場利用詐欺事件（前編）」捜査研究760号（2014）48頁，林美月子・平成26年度重判解169頁。なお，名古屋事件決定における小貫裁判官の意見は，A自らが，組合せ表に被告人の氏名を記載し，署名簿に代書を依頼したことを，取り立てて重視する必要は

Ⅳ 交付の判断の基礎となる重要な事項と偽ることの関係

交付の判断の基礎となる重要な事項と，偽ることの関係について，理論的には，両者は，別個の要件であるが[39]，これを認定するための外形的事実は重なりうる。

まず，仮に，重大な社会的関心・利益が認められるような事実で，一般に取引において重要であると考えられているものでなくても，被害者が重要であると考える事実であれば，交付の判断の基礎となる重要な事項となることがあると解するならば[40]，たとえば，ゴルフ倶楽部が，入会ないし施設利用の申込みの際，必要に応じて関係機関への照会等を正確・円滑に行うことができるよう，住所・氏名を申告させ，身分証明書と照らし合わせた上に，暴力団員ではない旨の誓約書を提出させるなどし，暴力団員でないことを表示させるというような，被害者が厳格な確認手続を講じている場合は，利用者が暴力団員でないこ[41]

ないとする）。もっとも，被害者であるゴルフ倶楽部自身がとる確認手続によって，明示的に暴力団員でないことを表示させたと認められる場合は別として，当該ゴルフ倶楽部だけでなく，他のゴルフ倶楽部も一般に，暴力団排除を行うため，厳格な確認手続をとっていたかを問い，いずれについても肯定することができるときに，はじめて欺く行為があったと解するかが問題となる。

宮崎事件判決における小貫裁判官の反対意見は，Cクラブを利用したことについては，「Cクラブは，その会則及び利用約款により，……会員は暴力団関係者に対する利用拒絶を前提としてビジターを紹介できるが，ビジターのクラブ内における一切の行為について連帯して責任を負うものとしている。その上で，同クラブは，ビジターのゴルフ場施設利用申込みにつき会員による紹介・同伴を原則としており，会員の人物保証によって暴力団排除を実効性あるものにしようとしていた。このような措置を講じているゴルフ場における会員の紹介・同伴によるビジターの施設利用申込みは，フロントにおいて申込みの事実行為をした者が会員であるかビジターであるかにかかわらず，紹介・同伴された者が暴力団関係者でないことを会員によって保証された申込みと評価することができるのであり，このような申込みは偽る行為に当たるといえる」として，被告人を有罪とした原判決を是認する（本多一成・東京弁護士会民事介入暴力対策特別委員会編・反社会的勢力を巡る判例の分析と展開（2014）22頁は，プレーをしようとすれば会員の紹介・同伴による人物保証がなくてはならないものである被告人の施設利用申込みは，Eの紹介・同伴による人物保証を積極的に利用したものと評価できるとした反対意見にも十分な説得力があるとする）。被害者であるゴルフ倶楽部自身が厳格な確認手続をとっていたことを肯定することができれば挙動による欺罔行為があったとする見解である。

39) 杉本・前掲注32) 314頁参照。
40) たとえば，つぎのような説明を挙げることができよう。井田・前掲注8) 17頁，20頁は，平成22年以降の判例について，欺く行為とは，財産処分の判断の基礎となる重要な事項を偽ることであると理解することにより，実質的な財産的損害（反対給付の瑕疵）とそれが被害者の動機づけに対してもつ重みを検討しているとし，同26頁以下は，このような理解による判例理論は，財産的損害の有無を決定する被害者の主観的意思を客観化する（客観化された意思のみを考慮可能とする）機能を持っているとし，反対給付の瑕疵が一般的に取引上重要なものとまで考えられていないときには，被害者の主観的意思が客観化されていたことが要求されなければならず，暴力団員によるゴルフ場利用のケースも，客観化の必要なケースであるという。

とは,被害者が重要であると考える事実であると認定することが容易であり,また,同時に,利用申込者が暴力団員でないことを明示的に表示しているということができるので,詐欺罪の成立を肯定することが可能であろう。逆に,ゴルフ倶楽部が,氏名を申告させるだけで,それ以外に,利用申込者が暴力団員でないことを確認する手続をとっていない場合には,利用申込者が暴力団員でないことを黙示的にも表示しているということはできず,挙動により欺く行為があるということはできないし,また,利用者が暴力団員でないことが,被害者が重要であると考える事実であると認定することは困難であるから,詐欺罪の成立を肯定することはできないであろう。すなわち,被害者がどのような確

---

41) 野原・前掲注38) 283頁,284頁注20は,近時,銀行等で口座開設の際に実施しているよう,受付時に利用客に暴力団関係者でないことを確認したり,誓約させたりするような措置を講じることは決して難しいことではないと指摘する。同旨,渡邊雅之「ゴルフ場詐欺事件最高裁判決にみる施設利用・申込時におけるあるべき反社対応」銀行法務21 773号(2014) 29頁。松井・前掲注28) 159頁参照。これに対し,宮崎事件控訴審判決は,「ビジター受付表」(B倶楽部)や「ビジター控え」(Cクラブ)等の申込者記入の用紙に暴力団員であるか否かを確かめる欄を設けたり,口頭で質問したりすることは考えられるものの,そのような方法は,暴力団員でない申込者の名誉を傷つけ,ゴルフ施設の信用を落としかねないことや,暴力団員に対し,そのような質問や確認をすることによって,その場における粗暴な振る舞いや事後の仕返しを受けるおそれがあることなどから,そのような方法をとることは困難であるなどと述べる。宮崎事件判決における小貫裁判官の反対意見も,本件当時ほとんどのゴルフ場でフロント確認の措置までは講じられておらず,フロント確認は,顧客を不愉快な気分にさせ,また相手が暴力団員である場合には混乱が生ずる事態も危惧され,ゴルフ場がこの措置を採ることに躊躇させる事情があると述べる。
42) なお,宮崎・前掲注35) 183頁は,「暴力団関係者排除のため実効性ある方策を励行しているということは,それ自体,その点が被欺罔者にとって重要な事柄であることを端的に示すとともに,方策の相手方にもそれが分かることから,その相手方がその点を秘してする行為は,社会生活上,暴力団関係者による施設利用ではないとの意思を表しているといえ,挙動による欺罔行為といえる。そうすると,この種の確認作業を行っている事案では,重要事項といえるか否かの判断と,挙動による欺罔行為といえるか否かの判断は,その点でリンクするものといえ,一方が肯定されれば他方も肯定され,一方が否定されれば他方も否定される関係にある」と述べる。
43) このような場合は,交付の判断の基礎となる重要な事項の意義についてどのような見解に立つとしても,詐欺罪の成立を肯定することは困難であろう。このような例について,東京地判平成26・9・4 LEX/DB 25504929がある。これは,沖縄県糸満市のゴルフ場Aにおいて,被告人3名が,暴力団員であることを申告せず,氏名等を偽りなく申告して作成したポイントカード,または,記入したゲストカードを提出して施設利用を申し込む行為は,一般の利用客と同様に,通常の方法で利用する旨の意思を表しているにすぎず,申込者が当然に暴力団関係者でないことまで表しているとは認められず,Aが講じていた暴力団排除の措置は,それほど徹底されたものではなく,Aにおいて,利用客から暴力団関係者を排除することが,財産的処分行為の判断の基礎となる重要な事項であったことを認めるだけの証拠もないとして,被告人らを無罪とした。

Ⅳ 交付の判断の基礎となる重要な事項と偽ることの関係

認手続をとっているかということが，交付の判断の基礎となる重要な事項であることを肯定するか否か，偽るという行為があることを肯定するか否かの両方にとって，大きな意味をもつということはできよう。

これに対し，交付の判断の基礎となる重要な事項であると認めるためには，重大な社会的関心・利益が認められるような事実で，一般に取引において重要であると考えられているものであることが必要であると解するときには[45]，上の前者の例のように，被害者であるゴルフ倶楽部自身が厳格な確認手続を講じている場合には，行為者が暴力団員でないことを表示したということができたとしても，それだけでは，利用者が暴力団員でないことは，交付の判断の基礎となる重要な事項であるとは認められないことになる。また，交付の判断の基礎となる重要な事項であると認めるためには，重大な社会的関心・利益が認められるような事実で，一般に取引において重要であると考えられているものであることは必要でないと解するときにも，たとえば，利用申込者に明示的に暴力団員でないことの表示をさせることはないが，ゴルフ倶楽部が申告させた氏名にしたがって関係機関に照会するなどして，暴力団員でないことの確認を行うような場合，たとえ，利用者が暴力団員でないことが，被害者が重要であると考える事実であることを肯定するとしても，（周辺あるいは一般的な他のゴルフ倶楽部と異なり）そのゴルフ倶楽部だけが，そのような手続を講じているにすぎないのであれば，利用申込者が暴力団員でないことが当然の前提となっているということはできず，このことを黙示的にも表示したということはできないと解することも可能であろう。

---

44) 宮崎・前掲注35）183頁は，宮崎事件判決では，暴力団関係者排除のための実効性ある方策が十分とられていないとされていることから，重要事項にも当たらないという判断も考えられるとする（坪井麻友美・警察公論69巻9号（2014）92頁以下，瀧本京太朗・北法66巻2号（2015）44頁参照）。
45) たとえば，判例についてのつぎのような説明を挙げることができよう。橋爪隆「詐欺罪における『人を欺』く行為について」法教434号（2016）106頁は，近時の最高裁判例において，被告人が欺いた事実について，被害者本人がそれを重視した対応を講じていたことだけでなく，その事実が当該取引一般において重視されるべき事情であることが判示されており，当該取引・業務において一般的・客観的に重要な事項と評価されていることが重視されていることがうかがえるという。

381

詐欺罪における損害の意義
── 経済的損害概念の再評価 ──

齋野彦弥

I 問題設定

　詐欺罪における財産的損害について，学説上は，古くから形式説と実質説の対立がある。しかしながら，財物の交付それ自体が損害であるとする形式説も，また，財産犯である以上は財物の交付を超えた財産上の実質的損害が必要であるとする実質説も，実際の事例の判断においては，そのどちらも，それぞれの理論を必ずしも徹底していない。そこには，財産犯である以上は，被害者において経済的損害が必要であって，何らかの意味で経済的損害に関係のない行為をその処罰から除外するべきだが，しかしそれを徹底すると，判例の実際の結論から大きく乖離し不都合である，という1つの固定観念に拘泥しているように思われる。

　また，判例の理解についても，学説の側からは，形式説にせよ実質説にせよ，必要説を前提として，判例の結論，さらにはその結論の背後に潜む判例理論そのものも，自説の中で正当化できるとする論稿が多く見られる。

　しかしながら，虚心に判例を分析する限りにおいて，少なくとも最高裁の判

---

1) 例えば，西田典之・刑法各論〔第6版〕(2012) 203頁は実質説をとるが，およそ銀行において財産上の損害があるとは思われない誤振込事案について詐欺罪の成立を肯定する (236頁)。なお，すでに同「誤振込による預金の払戻と詐欺罪の成否」判例セレクト'98 (1999) 30頁において，原則的に詐欺罪の成立を認めていた。これに対して，形式説を主張する山口厚・刑法各論〔第2版〕(2010) も，例えば，クレジットカード犯罪について，加盟店を「被害者」とみることができない，として1項詐欺の成立を否定する (265頁) が，形式説からは，財物の交付をもって加盟店の「損害」とすればたりるのであるから，端的に加盟店を被欺罔者として，財物の引き渡しをもって1項詐欺の成立を認めればよく，三角詐欺的構成を取る必然性には乏しいと言わざるをえない。おそらくは，こういった見解は，クレジットカード犯罪等が盛んに議論された頃の学説状況においては，むしろ実質説が有力であったことの証左であるように思われる。

例は，一貫して財産的損害については無関心であると言わざるをえない。そうである以上，学説の側からの努力——すなわち損害が必要だとしながら，最高裁の判例の結論を正当化する方向での——は，結果的には，財産上の損害を不要とする見解に限りなく接近する結果を生むことにしかならないのではないだろうか。

そこで，本稿では，詐欺罪に関する諸判例の分析を通じて，判例の立場を再確認すると共に，詐欺罪における損害概念のうち，特に経済的損害概念を検討することとする。その際には，財産犯における保護法益論，とりわけ占有説と，詐欺罪における損害不要説的傾向との親和性についても触れられることになるであろう。

II　形式説と実質説

1　バイブレーター事件とその後の展開

(1)　条文の構造

現行の日本刑法246条第1項は，財物に関する詐欺罪について，「人を欺いて財物を交付させた」場合を処罰するものであり，そこでは，財産上の損害の発生が要件とはされていない[2]。この点は，明確に，被害者に対する財産上の損害の発生を要件とする立法例（例えば，ドイツ刑法263条）とは，異なるものの，少なくとも学説は一貫して，損害の発生を要件としてきたところである[3][4]。

---

[2] 日本の立法の経緯については，渡辺靖明「詐欺罪と恐喝罪との関係をめぐる考察――『虚喝』と『財産交付罪』の立法史的研究」横浜国際社会科学研究18巻3号（2013）13頁以下を参照。同稿は，詐欺罪と恐喝罪の分離過程を立法史的観点から整理したものであるが，ここにまとめられている詐欺罪に関連する諸立法（「立法案」も含め）においては，旧刑法以来一貫して，財産上の損害が要件として考慮されることがなかったことが明らかである。

[3] ドイツ刑法263条第1項は，「他人に対して，自己又は第三者に違法な財産上の利益を得させる目的で，架空の事実を虚構し，または真実を歪曲もしくは隠蔽することにより，相手方を錯誤に陥らせ，もしくは錯認した状態を利用して，他人の財産に損害を与えた者」を処罰する。この財産上の損害とは，全体財産に対する損害であると理解されている（例えば，Schöenke-Schröder, StGB, 27. Aufl., S 2217）。

[4] 損害発生要件を欠くことは，権利ないし利益に関する同条第2項についても，基本的には同様だが，「財産上不法の利益を得」ることの意義において，別途考慮する余地があるがこれについては後述する。

(2) 判 例

　この財産上の損害の意義について，判例上，比較的早期の段階で問題とされたのが，バイブレーター事件（最決昭和34・9・28刑集13巻11号2993頁）である。同決定は，「なお，たとえ価格相当の商品を提供したとしても，事実を告知するときは相手方が金員を交付しないような場合において，ことさら商品の効能などにつき真実に反する誇大な事実を告知して相手方を誤信させ，金員の交付を受けた場合は，詐欺罪が成立する。そして本件の各ドル・バイブレーターが所論のようにD型で，その小売価格が2,100円であつたとしても，原判決の是認した第一審判決が確定した事実によると，被告人は判示A外16名に対し判示のごとき虚構の事実を申し向けて誤信させ，同人らから右各ドル・バイブレーターの売買，保証金などの名義のもとに判示各現金の交付を受けたというのであるから，被告人の本件各所為が詐欺罪を構成するとした原判示は正当に帰する」としたものであった。ちなみに，この場合の被害者らから被告人への交付金額は，2200円ないし2400円であって，小売価格2100円との乖離は極僅かであった。

　この最高裁決定を理解するにあたって，同決定が損害不要の立場に立っていたとするならば，事態は極めて単純明快である。すなわち，行為者の側の欺罔とそれに対応する被害者側の錯誤，ならびに，財物としての本件バイブレーターの交付があれば詐欺罪の成立に充分であり，「事実を告知するときは相手方が金員を交付しないような場合」とは，まさにこの欺罔について判示していると理解されうるからである。そしてそれは，246条の条文自体が，財産上の損害を要件としていないことと整合的ですらある。[5]

(3) 形式説と実質説

　これに対して，学説は，条文の文理解釈を離れて，一貫して財産上の損害を詐欺罪の成立には必要であると理解している。そのうち，財産上の損害は必要だが，1項詐欺については，財物の交付それ自体が損害に該たるとする形式

---

[5] 戦前の判例ではあるが，大審院は，大決昭和3・12・21刑集7巻772頁において，ニセ医師による診察と投薬につき，財産上不正の損害がなかったとして，詐欺罪の成立を否定していたものがある。

（的個別財産）説と，単なる財物の交付を超えた，被欺罔者側の財産上の損害が必要だとする実質（的個別財産）説とが対立してきた[6]。

形式説は，詐欺罪が交付罪であることを根拠とし，瑕疵ある意思に基づく交付である以上それが損害であると理解する。後にみるように，形式説でも例えば欺罔の解釈の中に損害に関する実質的な判断を解消する修正形式説を除けば，純粋な形式説は，結果において，欺罔と交付があれば詐欺罪の成立に欠けるところがないとする損害不要説と何ら変わるところはない[7]。

（純粋）形式説によれば，上記バイブレーター事件についても判例同様に，詐欺罪の成立を肯定することはできるであろう。つまり欺罔とそれに基づく錯誤，さらにその錯誤に基づく財物（代金）の交付が観念されうるからである。そして，形式説では，例えば，未成年者であるのにそれを秘して青少年有害図書を購入するような，被欺罔者にとって経済的な損失があるとは言えないような場合にも，詐欺罪の成立を認めうることになるが，それは詐欺罪の財産犯としての性格を著しく減殺することにはならないのかということが問題になりうるのである。

一方，財産上の特別の損害を被欺罔者側に要求する実質説は，実際には細かなバリエーションがありうるが，経済的な価値の落差をもって財産上の損害と考えるのが基本である。

例えば，市場価格100円にも満たないような物品を，さも価値があるように偽り2100円で売却したような場合には，買手側には，経済的な価値の落差すなわち財産上の損害が発生したと言える。そして，その場合には，財産的損害は，市価100円と支払い代金2100円の差額としての2000円ではなく（そもそも市価100円としても，それをわざわざ購入するつもりはなくまた転売などの可能性がなければ無価値であることから），支払った金額の全額である2100円が損害額となる，と考えるべきことになるであろう。

では，本件バイブレーター事件において，実際の市価と，売却代金との差が

---

[6] 全体財産に対する罪と理解する見解は，実質的個別財産説とは区別されうるが，財産上の損害の実質的意味を求める点では共通するものとしてここでは扱う。

[7] もっとも，純粋な形式説でも，損害を観念している点において，保護法益論を問題にすることにはなりうるのであって，財産犯の保護法益一般論としての，占有説との関連性において，なお議論する意味を持ちうることになるが，その点については後述する。

僅少であることを理由としてそれを捨象することが許されるならば、売り手の側は市価相当額で売却し、買い手としてはその代金を支払ったのであるから、経済的価値としての落差はそこには存在せず、まさに経済的意義での損害が発生していないようにも思われる。しかし反面では、実質説の立場によりながらも、この市価相当額での提供でも、損害になりうるとする見解がむしろ一般的であり、そこでは、経済的価値の落差、即ち、経済的損害とは別の論理で、説明するべきであり、また説明できる（はずである）という、一種の思い込みがこの判例を契機に醸成されていくこととなる。つまり、詐欺罪における損害は、経済的損害そのものである必然性はなく、それとは別個に措定しうるものである、という一定の自己規律から、学説の展開が出発することになるのである。

その意味でこのバイブレーター事件は、詐欺罪における損害の意義に関する、ひとつの原点となるべき判例であると言えよう。

2　全体財産と個別財産

(1)　文理上の根拠

なお、学説の主流は、上述の形式（的個別財産）説にせよ、実質（的個別財産）説にせよ、詐欺罪を個別財産の罪と理解し、個別財産の価値の減少ないし逸失が損害であると理解する。

これに対して、ドイツ刑法が、「他人の財産に損害を与えた時」という要件を付し、同罪の成立には、被害者の全体財産の損害の発生が必要であると理解されるのと同様に、日本の詐欺罪についても、減少ないし逸失があってもそれに見合う反対給付により全体財産における損害が発生しなければ、なお損害とは言えないとする（実質的）全体財産説がある。

しかし、少なくとも詐欺罪において重要なのは、実質的な財産上の損害とは何かであって、全体財産にかかる損害であるか、個別財産にかかる損害であるかの区別は、あまり意味をもたないように思われる。その点を、ここで確認しておきたい。

この点に関して、一般的には、日本の刑法典における財産犯について、247条の背任罪は全体財産の罪であるとされ、それ以外の財産犯は個別財産に対する罪であると理解されている。

(2) 背 任 罪

　刑法典に規定する財産犯のうち，258条以下の毀棄罪については，毀棄・損壊については，財物その他の価値の減失減少を意味するであろうから，その毀棄の対象物たる財物その他に対する個別的な財産上の損害がその成立の前提になっているということはできるであろうし，その点は異論がない。

　一方領得罪については，直接的に損害の発生を要件としていないのは，247条の背任罪（毀棄類型としての背任罪を除く）を除けば，それは共通している。

　このことは解釈論上，背任罪における損害を，領得罪におけるそれとは，区別して議論する必要性があると信じられる根拠になりうる。すなわち，背任罪における損害は，全体財産に対する損害であることを必要とし，その他の領得罪が，個別財産の逸失をもって損害たりうるのとは区別されるべきだとする，主張がそれである。

　この点，背任罪は全体財産の罪であって，個別財産の価値の減少ないし逸失・減失があってもそれ自体では損害とはならずに，全体財産の価値の減少があって初めて，損害があったとされうることになる。

　つまり，背任罪においては，一般財産と個別財産の区別は，たとえ，個別財産の逸失があったとしても，なお，全体財産の減少がなければ，全体財産についての財産上の損害の発生とはみなされない，とすることで，一定の制約原理足りうる，ということである。

　具体的に例えば，本人の財産の管理者が，本人名義の不動産を，市況の悪化を予測して勝手に売却した場合，不動産の市価が10億円に対して，その売却代金，現金10億円に替えたとしても，全体財産の減少にはならずに，財産上の損害が発生していないことにはなろう。この場合，行為者による予測と，市況の結果が一致すれば問題はないが，結果として，行為者の予測に反して不動産市場が活況を呈し，結果として，現金に替えたことが裏目に出た場合であっても，売却当時の判断では，値下がりすると判断することが，一般的に妥当であるとされれば，その時点での損害はないことになる。もっとも，この場合，任務違背行為そのものでないとも見うるのであり，任務違背であるのに，全体財産に損害が発生しなかった場合とは，例えば，本人に損害を与える目的で，失敗するだろうと思われる事業に投資したところ，案に相違して，大成功を収

めたような，実際にはあまりありえないような場合に限られることにはなろう（こういった場合の未遂〔250条〕の成否については，Ⅳ4において後述する）。

(3) その他の領得罪

他方，背任罪以外の領得罪について，窃盗罪（235条）不動産侵奪罪（235条の2）・強盗罪（236条）・恐喝罪（249条）・横領罪（252条ないし254条）のいずれもが，必ずしも双務契約を前提としない犯罪類型であるから，そもそも対象となるべき財物の侵害それ自体を考慮すれば足りることは当然であり，これをもって個別財産に対する罪と理解する以外にその他の可能性はないとすら言いうる。

しかし，詐欺罪だけは特別である。なぜなら，詐欺罪は，その多くは，取引行為に随伴して成立するものであり，さらにその取引行為の殆どは，双務契約である（もっとも，取引行為であって片務契約である例としては，例えば贈与がある。真の息子ではないのに息子と偽って財産の贈与を受けた場合には，詐欺罪になりうる。また，取引行為ですらない場合にも詐欺罪がありうることは前述した）。そうだとすると詐欺罪の損害を考えるにあたっては，交付の対象である，すなわち被欺罔者から行為者への「給付」だけでなく，その反対給付を合わせて考えた上で，損害を考慮しなければならないことになろう。これを全体財産に対する罪と理解するか，双務契約上の場合には，反対給付をも考慮すると考えるかは，本質的な違いを見い出しがたい。

むしろ重要なのは，この反対給付を含めた被欺罔者における損害について，それを実質的に考えるにはどのように構成するのが合目的的であり妥当であるか，ということにかかっている。

なお，背任罪については，他の領得罪と比較した上で，固有の損害概念が必要となる局面を想定できないではない。それは，背任罪は，財物に対する領得そのものを前提とせずに成立しうることに起因する。つまり，個別財産の減少ないし逸失があっても，全体財産の減少がなければ，財産上の損害がないということは，他の領得罪と共通しうるが，逆に，個別財産の減少ないし逸失がなくても，全体財産の減少があれば，なお背任罪としては，処罰しうる点が，背任罪の固有の成立余地だということにすぎないのである。端的には，本人のた

めに管理する財産について，減価・滅失の危険があることを知りながら，あえてそれを放置したような場合，そのような，事務処理者としての当然の義務を怠って本人に損害を与えれば，背任罪になりうる（本人が保有する他社の上場株式について，上場廃止が目前であるような場合にそれを放置したような場合，再上場の可能性もないような状態であれば，可能な限り売却を試みるのが事務処理者としての義務であれば，その義務に反して損害を与えたことになるであろう。）。

3 実質説における損害概念の拡張

(1) 経済的価値の落差と損害

実質説において，基本においては，欺罔による期待された経済的価値と，実際に提供されるそれとの落差にある，言い換えれば，少なくとも経済的価値の落差があれば，財産上の損害があるといってよいということには異論がないと思われる。

典型的には，例えばクレジットカード犯罪における詐欺罪の構成や，不動産の二重譲渡事案での第二譲受人への詐欺罪の消極的解釈等にこの経済的落差の存在をもって，損害と捉える立場が端的に現れてきたと言える。

つまり，自己名義でのクレジットカードを使用したが，支払いの意思能力がない場合について，下級審判例は判断が分かれていた。これに対して，当時の学説の主流は，加盟店には，本人の伝票への署名がある以上はカード会社からの代金相当額の支払いを常に受けうる以上は，財産上の損害がなく，加盟店に対する関係では詐欺罪の成立の余地はない。むしろ，このような事例については，行為者が加盟店をしてカード会社の財産上の処分を行わせしめる，いわば三角詐欺の一類型として，カード会社を（財産的損害の）被害者とする2項詐欺の成立を認めるべきであるとしていたのである。

また，不動産の二重譲渡についても，第二譲受人との関係で詐欺になるとしていた旧判例に対して，当時の学説は，第二譲受人は対抗要件を具備している以上，当該不動産の所有を第一譲受人に対抗でき，財産上の損害を観念できないとして，強力にこれを批判し，ついに判例も，第一譲受人との関係で横領罪の成立を認めるに至った経緯がある（判例の理論であれば，第二譲受人が第一譲渡を知っていたら，いかに対抗要件を具備するとは言え，面倒なことに巻き込まれること

を避けるなどの事情から第二譲受を引き受けなかったであろうような事情があれば，欺罔であり，かつそれに基づく代金交付をもって詐欺罪の成立を肯定するべきこと当然であろうし，現在有力に主張されつつある形式説でも同様の結論になることは異論がないように思われる）。

このような経済的価値の落差，すなわち，実際に交付された財物の価値と，欺罔によって期待された価値との落差のみをもって，財産上の損害と考える場合には，原則として価格相当の財物の交付は，財産上の損害とは言えないことになる。

(2) 実質説の修正

つまり，「経済的価値の落差」＝「損害」とするときには，価格相当額での提供は，基本的には損害たりえないこととなり，前述のバイブレーター事件の判例の結論には違背することになる。その違背を回避するために，実質説によりつつ，その損害概念を拡張して，判例の結論に可能な限りで適合させようとする試みがある。これらを修正された実質説と呼ぶことができるであろう。

実質説の修正の1つのあらわれは，上記の経済的価値の落差が存在しない場合であっても，経済外的要素，例えば，心情的価値等を考慮することにより，価値的な落差そのものを観念できるとする立場である。

そしてまさにバイブレーター事件についても，形式的には価格相当であっても，そのバイブレーターのもつ，治療への期待という心情価値を考慮に入れることにより，財産上の損害を観念できるとするのである。

そこでは，単なる経済的価値を超えた，使用価値，心情価値もなお損害の算定にあたっては考慮しうるとされるのである[8]。このことは逆に，論者の立場からは，経済的価値だけでは損害概念を説明しきれないとする立場をとることでもありうることになる。

さらにより根本的な修正としては，取引の自由ないし財産処分の自由を詐欺

---

[8] 林幹人・刑法各論〔第2版〕（2007）143頁。徹底した全体財産説に立ちつつ，財産上の損害についてその概念を拡張しようとするものである。少なくとも詐欺罪について全体財産に対する罪とすることについては，すでに同・財産犯の保護法益（1984）105頁において，その構想が示されていた。

罪における財産上の損害に代えて，あるいはそれに加えて措定するという立場がある。[9]

確かに，財産上の損害それ自体も，246条には明文化されていないのであるから，それに代えてあるいはそれに加えて，文理解釈では直接導き出すことができない保護法益を創出することは，許容されるべきだとする主張もありうるかもしれない。しかしながら，詐欺罪の究極の立法目的は，民事法上の取引行為において，信義誠実の原則を担保するところにある。[10]そこでは，私的自治の原則に従い，各取引の当事者が，行使できうる自由の衝突の局面であり，一定の限度でそれら自由が制約されるものでもある。被害者としての被欺罔者の側だけの自由を根拠に詐欺罪を基礎付けるのは，対等な当事者間を前提とするこの民事取引行為の構造とは相容れないように思われる。そしてそのような，理論的前提を捨象してなお，取引の自由・財産処分の自由の内実とその限界が，必ずしも明快でない所に，解釈論上の実用性としての限界が存在するように思われる。[11]

そもそも，法益に「自由」という概念を安易に導入することには慎重でなければならない。なぜなら，およそすべての個人的法益に関する犯罪において，自由を観念することは可能であり，その自由の観念は，まさに自由に拡大しうるからである。財産犯は，すべて財産処分の自由で説明が可能であろうし，身体損傷は，自らの身体の処分の自由に対する侵害でありうる。法益侵害が，法

---

9) 小田直樹「財産犯論の視座と詐欺罪の捉え方」広島法学26巻3号（2003）205頁。取引の自由を詐欺罪の本質とすることを提唱する。また，足立友子「詐欺罪における欺罔行為について（5・完）」法政論集215号（2006）405頁。その他，松宮孝明・刑法各論講義〔第3版〕（2012）258頁。こういった取引の自由が主観的かつ恣意的でありうるとして批判するものとして，照沼亮介「判批」刑ジャ27号（2011）92頁，加藤正明「詐欺罪における処分行為について」神奈川法学47巻1号（2014）63頁。
10) 確かに，「246条を含む235条以下が，個人の，財産上の利益を保護するための財産犯の規定である」との主張を積極的に根拠づける文理上の明文が存在する訳ではない。しかし，235条以下の趣旨を条文の全体から解釈して，その保護法益を理解することは，例えば，同じく明文の根拠をもたない「不法領得の意思」の要件の存在よりはより明確に根拠づけられるように思われる。
11) さらにやや瑣末に属するが，詐欺罪の多くは確かに取引行為によってもたらされうるが，例えば，贈与や寄付，ないしは，警官を装って，所持品検査と称してそれを奪い去るような行為の場合にも，成立しうるのであり，この場合には，行為者の欺罔による被欺罔者による交付行為の対抗行為としての，行為者から被欺罔者への給付は存在しないし，片務行為ですらなかろう。従って，詐欺罪のすべての類型を取引行為で説明することは不可能であるということになる。

益主体の処分権能に関する自由と説明できる以上，それに関連する法益の具体化・特定化のベクトルの方向こそ犯罪の内容の実質化に必要なのであり，抽象化・一般化された自由は，特にそれを社会的な意味づけにおいて制約されうる内在的制約を最終的には承認しなければならない時には，結果において個人的法益関係的な犯罪の公共犯罪化をもたらすことになりかねない。

4　形式説における欺罔要件による処罰範囲の限定

(1)　形式説における修正

　一方，形式説では，およそ経済的な価値の落差が存在しない場合であっても，欺罔とそれに基づく交付があれば，詐欺罪としてはその成立に充分であることになる。この見解は，確かに，詐欺罪が不完全な意思に基づく交付行為を本質とすることには適合的ではある。しかし，純粋な形式説は，財物の交付があればそれ自体が損害だとするものである以上，損害要件には何らの実質的な機能はなく，その限りでは，詐欺罪の成立範囲は無限定ということになる。

　この形式説においても，一定の処罰範囲の限定化を試みるものとして，欺罔それ自体の実質化と，法益関係的錯誤説とがある[12]。

(2)　欺罔概念の実質化（目的不達成理論）

　欺罔概念の実質化は，被欺罔者の欺罔について，詐欺罪の保護法益の本質は，財物等の交換による目的達成手段としての財物であり（詐欺罪の財産犯性），その交換目的の不達成が，欺罔の本質的内容となるとするものであり，その際には，被欺罔者において，財物の交換の判断の基礎となる重要な事項であったかどうか，という判断が決定的だとする[13]。

---

[12] なお，欺罔要件による詐欺の成立範囲の限定としては，目的不達成理論の他にも，帰属論的な観点から，特に，被欺罔者側の落ち度等の観点から限定を試みる立場もドイツでは主張されている。それらの紹介として，冨川雅満「詐欺罪における被害者の確認措置と欺罔行為との関連性──真実主張をともなう欺罔をめぐるドイツの議論を素材として(1)～(3)完」法学新報122巻3＝4号（2015）183頁，同35頁，同223頁，渡辺靖明「Nikolai Harort著・詐欺罪における客観的帰属の意義（Die Bedeutung der ojektiven Zurechnung beim Betrug）」横浜国際社会科学研究19巻6号（2015）145頁。

[13] このような見解の代表例として，伊藤渉「詐欺罪における財産的損害(一)(二)(三)(四)(五)・完」警察研究63巻（1992）4号27頁，5号28頁，6号39頁，7号32頁，8号30頁。

この見解の影響を受けたと思われるのが，暴力団関係者によるゴルフ場利用に関する，同日に出された結論が正反対の2つの最高裁判例である（①最判平成26・3・28刑集68巻3号582頁［無罪］，②最決平成26・3・28刑集68巻3号646頁［有罪］）。これらの2つの判例では，その事案はいずれも，暴力団の利用を禁止しているのにそれを秘してゴルフ場を利用した事案にかかる。①判決は「上記の事実関係の下において，暴力団関係者であるビジター利用者が，暴力団関係者であることを申告せずに，一般の利用客と同様に，氏名を含む所定事項を偽りなく記入した『ビジター受付表』等をフロント係の従業員に提出して施設利用を申し込む行為自体は，……申込者が当然に暴力団関係者でないことまで表しているとは認められない。そうすると，……本件各ゴルフ場の各施設利用申込み行為は，詐欺罪にいう人を欺く行為には当たらない」として詐欺罪の成立を否定したのに対して，②決定は「以上のような事実関係からすれば，入会の際に暴力団関係者の同伴，紹介をしない旨誓約していた本件ゴルフ倶楽部の会員であるSが同伴者の施設利用を申し込むこと自体，……その同伴者が暴力団関係者でないことを従業員に誤信させようとするものであり，詐欺罪にいう人を欺く行為にほかなら」ないとしたものである。

　②決定では，「利用客が暴力団関係者かどうかは，本件ゴルフ倶楽部の従業員において施設利用の許否の判断の基礎となる重要な事実」であったのに対して，①判決では，当該ゴルフ場自体が，暴力団関係者であるかどうかを確認する手段をとっていたわけではなく，周辺のゴルフ場を含めて，警察の指導による暴力団排除の方針が徹底されていたわけではない，という事情があった。そうすると，「知っていたとすれば利用させたかどうか」という欺罔の有無の点について，①と②とでは決定的に違っていたということになろう。

　しかし，この見解は，欺罔であるか否かを，被欺罔者側が，基本的には，その意思に基づいて設定する重要事項であるか否か，に依存することであり，その処罰範囲は，何らかの客観的な限定がなされない限りは，被害者の処罰感情・処罰意思に基本的には依存することになる，ということである。例えば，あるサッカーチームの選手のユニホームを，熱心なそのチームのファンだと信じて譲り渡したが，実際にはライバルチームのファンであって，そのユニホームをズタズタに切り裂いたというような場合にも，当該チームのファンでない

ということの欺罔＝錯誤があれば，詐欺罪になりうるとしてよいのか，ということなのである。購入する側からみれば，相手がどの程度のこだわりを持っているかは，それを認識する限界があろう。事後的に，それを知ったとして，詐欺罪に問われるのであれば，取引の法的安定性を欠くことにもなりかねない。[14)]

　なお，航空機搭乗券請求事件（最決平成 22・7・29 刑集 64 巻 5 号 829 頁）においても，被告人は A と共謀して，関西空港からカナダ行きの飛行機に密入国を希望する中国人 B に搭乗券を交付させるために，A をして，同空港カウンターの係員にあたかも A 自身が搭乗するものであるかのように装い，真実は空港内トランジットエリア内で待機する B を同機に搭乗させる目的であることを秘して，A が A 名義の航空券ならびに A の旅券を提示することにより，同係員から A に対する搭乗券の交付を受け，同様の方法により，被告人は C と共謀して，真実は中国人 D の搭乗のためであるのにそれを秘して，C 名義の搭乗券の交付を受けたという事案について，最高裁は，「以上のような事実関係からすれば，搭乗券の交付を請求する者自身が航空機に搭乗するかどうかは，本件係員らにおいてその交付の判断の基礎となる重要な事項であるというべきであるから」，他人を搭乗させる意図であるのにそれを秘して「本件係員らに対してその搭乗券の交付を請求する行為は，詐欺罪にいう人を欺く行為にほかなら」ないとして詐欺罪の成立を肯定し，やはり欺罔による処罰範囲の限定を図ろうとの姿勢を見せている。この判例の原審は，むしろ，直截的に，搭乗券を名義人以外に交付することはひいては航空会社が罰金等を科せられる可能性を指摘して，財産上の損害を導こうとしていたのを否定したものであった。

---

14) この点に関連して，冨川雅満「自身の身分を偽る行為と詐欺罪の可罰性——近時の暴力団員による詐欺事例，ドイツにおける雇用詐欺を題材にして」法学新報 121 巻 5・6 号 (2014) 269 頁は，ドイツにおける雇用詐欺（雇用に際して被採用者側が身分経歴等を詐称すること）における判例学説を分析し，ドイツにおいては，身分経歴の詐称が，それに見合う報酬に価値的に合致していない場合のみ損害と認められるものとの理解の上で，上記最高裁判例については，目的達成論的な立場に立ちつつ，経済的側面に限定されずに社会政策面でも目的不達成たりえると解しているのではないかとする (300 頁)。しかしながら，最高裁の 2 決定は，一貫して損害については触れずに，欺罔の問題として扱っているのであり，この点は，従来からの不要説ないしは譲って，徹底した形式説に立っているものと理解するのが自然であるように思われる。むしろ，判例の理論を，実質説ないし修正された形式説から正当化するならば，目的達成理論等によることが可能であろう，というのに過ぎない。ただ，それはともかくとして，論者が，損害概念についてドイツの理論と同様に，経済的側面を基本に考えるべきだという問題関心があるのであるとすれば，本稿の立場と基本的な点では認識を共有する。

ゴルフ場に関する2判例の事例に即して言えば，ゴルフ場を暴力団関係者が利用してよいかどうかは，とりわけそれが一定の地域において一斉に行われる場合には，必ずしも単に私的な自治の範囲の問題とは思われない。暴力団関係者の幸福追求権（憲13条），平等権（同14条），さらには生存権（同25条）等に対する制約になりうるからである。とりわけ，ゴルフ場の運営者側に対して，行政的な指導が行われている場合にはなおさらであろう。結論的には，欺罔概念による処罰範囲の限定は，詐欺罪の財産犯的性格を著しく歪め，それ以外の考慮による処罰を正当化しうる点で，妥当性を欠く面を否定できない。

言い換えれば，経済的側面以外の目的を考慮することにこそ，欺罔概念修正による目的不達成理論による詐欺罪の成立範囲確定の精華が存するのであり，経済的目的であれば，実質説における経済的損害概念に何を足すこともできないはずなのである。かくして目的不達成理論により，詐欺罪は，個人の財産に対する罪から，公益に対する犯罪に「昇格」しうることになる。[15]

(3) 法益関係的錯誤説

一方，欺罔の成否について，主観的な錯誤すべてを欺罔ととらえるのではなく，法益関係性による限定，すなわち，詐欺罪が財産犯であることから，財産

---

[15] まさにこの点に関して，山中敬一「詐欺罪における財産的損害と取引目的」齋藤信治先生古稀記念論文集（法学新報121巻11＝12号（2015））397頁は，取引目的不達成理論に立ちつつ，取引目的機能的財産概念により，詐欺罪の成立範囲を限定することができるとする。しかし，一方では，ゴルフ場の利用客減少等の経営上の理由が暴力団関係者の利用拒絶の理由だとして，財産的な損害との関連性を肯定する（429頁）。しかし，最高裁の判文を引用する形で根拠とした，他の利用者が畏怖するなどのことによる利用者の減少や，信用格付けの低下等といった事情は，要するに一般的な信用・評判に属するものであり，このような「理由」でも財産的な意味での目的不達成だとすれば，航空搭乗券事例，誤振込，等の各判例や，未成年有害図書事例でも，各経営主体に対する信用や評価が問題になり得る限りにおいて，財産的損害に関係する目的不達成に包摂することができることになる。これでは，判例の不要説ないし純粋な形式説と何ら変わりがないことになる。一方では，おそらく双務契約ではない，贈与などの場合には，財産的な逸失がない以上，財産関係的な目的不達成を肯定するのは，困難となろう。ネコを譲るに際して，愛玩することを期待した場合に，そのような情緒的要素は，財産関係的ではないとされる可能性がある。しかしながら，「大事にしてくれると思ったからタダで譲った」ことは，まさに，そうでないなら，有償で譲った場合との，経済的な差が発生しているのであり，それを経済的な損害として計上することは可能であると思われる。同じネコであっても，市場価格が違うのも，そういった心情価値とは無関係ではありえない（整った容姿であるネコとそうでないネコの間には，ペットショップでの価格の違いがあるのは当然であろう）からである。この点について後掲横浜地川崎支判平成24・5・23を参照。

的利益に関する錯誤のみを，欺罔ととらえ，それ以外の錯誤については，たとえ被欺罔者が錯誤に陥ったとしても，それを詐欺罪における欺罔とは認めないとするものである。[16]

　この見解からは，ゴルフ場における暴力団員であるか否かの錯誤は，財産上の錯誤ではなく，被欺罔者側において，重要な事項として認識していたとしても，詐欺罪にはならないという結論になることになるのであろう。しかしながら，財産的利益に関する錯誤であるかどうかの判断は，必ずしも一義的ではないように思われる。

　論者は，搭乗券の不正請求について，航空機の運行の安全上の弊害は航空会社の経営に重大な被害を及ぼしうるものであり，航空会社に対する社会的信用の低下が業績の悪化に結びつくおそれが現実的なものであるとして，詐欺罪の成立を肯定する方向での結論をとっており，その根底には，上記事案における欺罔が財産的利益との関連性を基礎づけうることがあるものと思われる。しかし，経営悪化のおそれをもって法益関係性を肯定できるのであれば，暴力団関係者のゴルフ場利用についても，他の利用者との関係で，暴力団関係者が利用できるという信用の低下がひいては経営の悪化につながりうるから，財産的利益に関する錯誤であるとも言いうる。その限界・区別が明快とは言いがたいように思われる。

　また，財産的利益という概念自体，社会的利益や国家的利益と対峙する利益であるとしても，非社会的利益，非国家的利益がすべて財産的利益になりうるものではない。例えば，心情価値を財産的利益にどこまで包摂できるかについても，その内実と限界は，必ずしも明らかではないように思われる。

　もっとも，財産的価値は，心情ないし信頼とは，全く無縁ではありえない。汚い湯のみ茶碗であっても，ノーベル賞作家が使用したものであれば，一定の価値が付加されうる。そうだとすると，先ほどの事例，つまりサッカー選手のユニホームについても，譲り渡し後に大事に使ってもらえるかどうかという心情価値も財産的利益と全く無関係とは言えないことになる。そしてそれを詐欺罪で保護するとすれば，やはり過度な主観化を回避できないことは，同様に批

---

16)　佐伯仁志「詐欺罪(1)」法教372号（2011）107頁。

判の対象になりうるように思われる。

5　形式説と占有説の関係

(1)　占有説とその根拠

　確かに、形式説は、損害の発生を文言上は要求してはいない現行の246条の文理解釈にも合致し、かつ、詐欺罪を交付罪として把握する構造の理解としても、論理は一貫している。そして更に理論的には、財産犯の保護法益論において、現在は通説とされる「占有説」の帰結でもある。

　もともとは、占有説と本権説の対立は、242条の解釈をめぐって、同条の「他人が（の）占有」とは、占有権原が必要であるか否かによる。

　この242条の規定は、251条によって詐欺罪にも準用されることになるが、形式説では、この準用規定をまたずに、欺罔と交付があれば詐欺罪になるという原則の適用から、自己の所有物であっても他人の占有下にある場合には、欺罔を手段とする取り戻し行為もなお詐欺罪として処罰されることが正当化されることになる。

　さらに言えば、形式説が実質的ないし経済的な損害の発生を要求しないことは、被欺罔者側の瑕疵ある意思に基づく占有の移転があれば、詐欺罪の成立として充分であるということであり、翻って、242条が第一義的にその適用を予定している窃盗罪についても、占有説では、窃盗罪の被害者について、財産上の損害が実質的には不要であることを意味することになろう。

　詐欺罪における形式説は、246条の文言解釈として一定の合理的な説得力がありえたのに反して、そのコロラリーである235条の占有的解釈は、明快とは言いがたい。つまり、占有説によれば、242条には創設的な意味はなく、235条それ自体が、占有を保護する規定であるとするのであるが、235条の「他人の財物……」における「他人の」とは、他人が所有すると解するのが自然であり、直ちに他人の占有する財物と観念するのは文理上は困難である。このことは242条の「自己の財物」については、占有説の論者でも、自己の所有物であることには異論がないこととも矛盾しうるものでもある。

(2) 判例理論

　判例の立場が，実際に占有説であるのかそれ自体も，必ずしも明らかではないし，自動車譲渡担保に関する最高裁判例（最決平成元・7・7刑集43巻7号607頁）が，一定の場合に違法性阻却事由の問題に解消したものと解するとしても，実質的に本権説と何ら異ならない結論を導き出しうる以上，純粋な占有説に立つものではないことは明らかであるように思われる。もっとも，判例の中には，窃盗罪について，まさにその財産上の損害を不要とするかのように解釈されるものがあることに注意するべきである。

　すなわち，最高裁平成19年4月13日決定（刑集61巻3号340頁）において，被告人は，パチスロ機のストップボタンの押すタイミングを教える体感器なるものをひそかに店舗に持ち込んで，パチスロ機「甲」55番台のメダル1524枚を取得したという事案について「本件機器を使用する意図のもと，これを身体に装着し不正取得の機会をうかがいながらパチスロ機で遊戯すること自体，……（同機を）設置している店舗がおよそそのような態様による遊戯を許容していないことは明らかである。そうすると，被告人が本件パチスロ機『甲』55番台で取得したメダルについては，それが本件機器の操作の結果取得されたものであるか否かを問わず，被害店舗のメダル管理者の意思に反してその占有を侵害し自己の占有に移したものというべきであ」り，（取得したメダル全部につき）窃盗罪の成立を認めた原判断は，正当であるとしたものである。ここでは，被害者の意思に反する占有の移転それ自体が窃盗罪の成立要件となっているのであって，実際には本件体感器を用いずに取得したものであるかもしれないメダルは，本来であれば，被告人において正当な手段により取得したことになり，その限りではパチンコ店の側に損害を論じる余地がないことになる。そして，そのような可能性が否定できない以上，かりに損害が必要である立場に立つならば，疑わしきは被告人の利益にの原則に従い，少なくとも既遂罪の成立を認めることは困難であったであろう事案であった。しかし同決定がその点に触れずに窃盗罪の成立を認めていることは，結論において財産上の損害を窃盗罪についても要求していないと解釈されうることになる。[17]

---

[17]　判文は，本件体感器の持ち込みが「管理者の意思に反して」いれば，メダル等の取得は意思に反した占有の移転であって，窃盗になるとしているかのようにも読める（そうだとすると，体

6 小 括

　以上から，形式説には，文理解釈上の魅力を否定できないものの，その処罰範囲が極めて広く，かつ，財産犯の枠を越え，さらにその処罰範囲を被欺罔者側の処罰意思によって左右しうる点で，その見解の採用に躊躇するに充分なものがある。とりわけ，占有説との理論的な結びつきは，より一層，詐欺罪の財産犯性を減殺する方向機能することが明らかとなろう。

　一方で，実質説では，その損害について，経済的価値の落差による説明を早々に放棄し，損害概念以外による根拠づけに翻弄した結果，結局において，目的達成・不達成のような，被欺罔者側の主観事情による犯罪成立範囲の画定に依存することを認める結果となった。それは，形式説が陥った，詐欺罪の処罰範囲の被害者側からの過度な主観化を真逆の方向からなぞろうとするものに他ならない。

Ⅲ　経済的損害概念

1　経済的損害の意義

(1)　経済的損害概念による柔軟化

　本稿は，従来の見解がある意味では期待をかけてこなかった，経済的な損害概念について再度考察することにより，実質説のもつ硬直した結論をある程度柔軟化し，処罰範囲を妥当な範囲まで拡張することができるのではないか，と考えるものである。その点について，以下，若干の実例を踏まえつつ考察する

感器を持ち込んでいたが，かばんの中に入れたまま遊んだ場合でも，窃盗罪になりうることになる）が，判文からは，「身体に装着し不正取得の機会をうかがいながら」遊戯することが，「窃かな」手段であると認める。その結果として，自分自身の技倆で得られた分（A）と本件体感器を用いて得られた分（B）のA＋Bの全体が窃盗罪の対象となるものである。単に管理者の意思に反していれば，その占有の移転がすべて窃盗罪の対象となるものではない。この点を示唆するものとして，最決平成21・6・29刑集63巻5号461頁では，ゴト師の不正行為遂行のために，自らもパチンコに興じつつ見張りを行っていた共犯者について，その自らのパチンコ遊興行為による取り分については，窃盗罪の成立を否定している。不正の見張りのための遊興は，パチンコ店側にとっては，同様に意思に反するものではないとは言えないが，意思に反する占有の移転そのものではないと判断されたものであろう。

Ⅲ 経済的損害概念

こととしたい。

(2) 価格相当の提供と損害

バイブレーター事件の場合，厳密には，2100円の小売価格の物品を，そのことを秘して2400円で購入したとして，その差額300円分も，財産上の損害にはなりうるが，判例は，「差額分にかかわらず『価格相当』であったとしても」としているのであるから，以降は，この差額それ自体については捨象した上で，つまり，2100円の物品を2100円で購入させられた場合と同視して，以降議論することとする。

まず，もっとも根源的な問題設定として，2100円の現金と，市価2100円の物品を交換する場合には，交換前と交換後とでは，経済的な価値の変動はない，のであろうか？

たしかに，2100円で市価と同額のバイブレーターを購入することはできても，そのバイブレーターを2100円の現金に交換することは，必ずしも容易ではない。このことは，経済学的な等価交換の本質をある意味物語っている。つまり，等価であることとは，売主と買主の間において，それぞれの対価物が，本当に等価であるのではなく（真に等価であればそもそも交換する経済的な動機が存在しない），むしろ，交換前よりも，自己にとって有利な価値を見出しているからこそなのではないのか，ということなのである。

最も理想的に市場原理が機能する株式市場での売買，すなわち「等価交換」を考えてみるとこの点がさらに明確になる。

ここに例えば，2100円で，公開株式会社A社の株式が売買されたとする。売り手Xは，保有A社株式と交換に2100円を得る一方，買い手Yは，現金2100円と交換にA社株式を得る。この場合，静的には，A社株式＝2100円の等価交換が成立していることにはなる。しかし，実際には，Xは，A株がこれ以上値上がりしないだろう（だから，2100円に換金した方が有利だ）と考える一方，Yはその正反対に，A株はこれから値上がりするだろう（だから，2100円よりも株に換えておくほうが有利だ）と，考えている，のである。つまり，ここでは，Xの側の，A社株式＜2100円，と，Yの側のA社株式＞2100円，とが同時に成立しており，それが「等価交換」すなわち売買の動的な価値交換の側

面なのである。

　バイブレーター事件においても，売り手にとっては，商品を2100円の現金に換えることが有利だと考える一方で，買い手の側も，2100円の現金をそのまま保有するよりも，その商品を購入することによって得られる利便・満足が有利だと考えるからこそ，売買に応じる，そういう動的な構造が妥当していることになる。

　従って，静的には，一般的には，流動性の高い現金2100円と，流動性（換金性）が著しく低い一般商品の間では，現金Cと商品価値Gとの間には，C＞G，の関係が成立するものであったとしても，その商品に期待する買い手側の期待価値Wを加えることにより，買い手にとっては，C＜G＋Wの関係になりうるからこそ，売買が成立するのであり，それが，価値の交換を可能ならしめる動的な意味だということである。

　逆に言えば，この期待価値Wが，著しく減殺される場合には，その差額については，なお経済的な損害だと評価することができることになるはずだが，その実質と限界はなにか，ということになる。

(3) 期待価値における期待と欺罔における期待との相違

　ここにおける期待価値を主観化すればするほど，その差額は大きくまた広く認めることになりやすいが，それが妥当な範囲はどこまでであるか，ということと言い換えても良い。

　100万円の人間国宝が製作した壺を買った場合，真作ではあったが，転売してみたところ，実際には10万円にしかならなかった場合の，経済的価値の差額は，確かに90万円ではあっても，購入時には，100万円以上で売れるという期待価値が客観的には存在しえた場合（つまり，買い手によっては100万円以上の値段をつけてもおかしくない等という客観的状況があった場合）には，なお損害があったとは言えない。単に，その投機において失敗しただけのことだからである。

　ただの使い古した湯のみであって，通常であれば，100円以下のものであっても，ノーベル賞作家が使用したものであれば，その期待価値が，数万円の価値を正当化することはありうるし，それを，一定の限度で測定することも可能

であろう（オークションへの出品等）。そうだとすると，実際にはノーベル賞作家が使用したものではなかったのに，それであるかのように偽り，5万円で売却した売り手には，買い手側に損害を与えたものとして，詐欺罪を構成する余地があることになる。

　ニセ医師により診察・処方を得たが，その診察・処方自体は，医学的に相当であった場合に，診察料・処方料を患者が支払ったことが財産上の損害に当たるか否かについても，期待価値の客観化の程度による。つまり，誰が見ても単純な打撲であって，その痛み止めの湿布薬を，健康保険の適用のために処方箋が必要で診察を受けたに過ぎないような場合，ニセ医師であろうが正規の医師であろうが，その期待価値には大きな差がない，と考えるならば，経済的損害は存在しない。しかし，そういうケースは，特に精密化した現代の医学の下では極めてまれというべきであって，単なる風邪と思われるような症状であって，結果的にはその診断が正しくとも，場合によっては，風邪以外の重篤な疾病の判断が求められるような場合がありえないわけではなく，また，処方についても，アレルギーその他の禁忌，副作用について，正確かつ精密な判断が求められているとすると，正規の医師によるか，ニセ医師による診断・処方であるかは，無視できない価値の差があるといえ，なお損害たりうることになる。

　青少年有害図書の販売について，未成年者がその年齢を秘して，書店店主から同図書を購入した場合，店主の側においては，未成年者ではない者に図書代金と引き換えに当該図書を売るという，期待価値があることは明らかであるが，その期待価値は，市場原理で説明するのは，現状の利害状況では困難であるように思われる。すなわち，仮に，未成年者にとって，有害図書を入手するのが極めて困難な状況にあって，通常の入手経路であれば，通常の市価の数倍の取引価格をもってしか入手できないような状況にあるときには，未成年者に売却することの期待価値（この場合，そのような入手困難なものをわざわざ市価で売却してやるという期待価値）と，未成年者以外に対する期待価値との差は無視できないほどに拡大しているということができようが，現状において，極めて熱心な一店主が，自らは未成年者には有害図書を売らないという固い決意で臨んでいた（その意味で，未成年者がその年齢を偽れば，欺罔にあたることはこの場合は明らかである），その損害を客観的に正当化するのは困難であろう。

この例からも明らかなように，欺罔は，その被害者がまさに錯誤に陥ったかどうかという，極めて主観性を帯びる要件であるのに対して，期待価値を考慮に入れた経済的損害は，社会的諸条件に依存する，あるいは，個人的な主観的価値だけでは正当化することができない，ある程度客観的なものであり，その意味でも，欺罔と損害とは区別されるべきことになるのである。

　なお，ネコの里親を探していた被害者らから，それらネコを引き受けるにあたって，虐待する意図を秘して愛育するかのように装い譲り受けた上で虐殺した事案について，詐欺罪の成立をも認めた下級審判例（横浜地川崎支判平成24・5・23判時2156号144頁）がある。この場合，被欺罔者が，無償で譲り渡した場合であっても，ネコそれ自体には，財産的価値はあり，一般的にネコの里親としての引き渡しについて，それが大切に取り扱われるであろうという期待価値も認められてよいと考える（つまり，大事にしてもらえるとの期待から，無償で譲り渡したとすれば，本来の財産的価値を相手に対する期待価値によって償却したとみうるからである）[18]。

　このように理解することは，ネコの愛玩を詐欺罪で保護していることにはならない。社会的に，ネコを愛玩する期待価値と，ネコが虐待される期待価値とでは，前者のほうが後者よりもはるかに優るという，社会的に承認されている価値序列に従った経済的評価の結果であるに過ぎないからである。人間国宝の作成した壺と，その弟子が作った壺に，社会的な価値序列が通常はつけられているのであれば，そしてそれが一定の客観性があれば，両者の間の期待価値には違いがあるのと同様であり，それが，「人間国宝の作品を大事にしなければならない」という財産的な評価とは一線を画するのと同様なのである。従って，ゴルフ場を暴力団関係者が利用するという期待価値と，暴力団関係者以外が利用するという期待価値それ自体において，それが，動物愛玩における期待価値ほどは明確ではないところに，決定的な違いがあると言えるのである。つまり，プレーフィーが，数万円である場合に，そのフィー収入を著しく毀損するほどに，暴力団関係者の個別的な利用が影響を及ぼしうるのであれば格別，単に，

18）本件判批として，冨川雅満「動物虐待事案について，動物の愛護及び管理に関する法律違反の罪に加え，詐欺の罪を認め，それぞれを併合罪とした上で，懲役3年，5年間保護観察付き執行猶予の判決が言い渡された事例」法学新報120巻3＝4号（2013）543頁。

III 経済的損害概念

「暴力団関係者の利用により，ひいては評判を落として経営を悪化させることになるのではないか」程度の影響では，極めて希薄な損害であると言わざるを得ず，個人に対する罪である財産犯としての詐欺罪を成立させる意義に乏しい。[19]

食品偽装についても，例えば，真正な松坂牛であれば，3万円は下らないすき焼き定食で，実際には松坂牛を使わずに，市価2000円程度の輸入牛肉を使ったすき焼き定食を提供し，代金3万円を受領した場合，それが，損害に当たることについては，異論がないと思われる。

では，市価2000円程度の輸入牛肉のすき焼き定食について，松坂牛を使用していると偽って，2000円で提供した場合に，やはり期待価値としての松坂牛のすき焼きであることと，実際の輸入牛肉との差は，損害になりうるであろうか？

この場合に，被提供者側が，そもそも「2000円で松坂牛のすき焼き定食が食べられると思う」こと自体が，間違っている，ないし，そのような信頼を保護するべきかどうか，は，まさに欺罔についての問題であって，損害とは直接には関係をもたない。

2000円で提供されるすき焼き定食に松坂牛を使用することが現下の社会情勢その他の諸条件において期待できるかどうか，の判断であって，客観的に考えた場合には，それは消極的に解するのが相当ではないのか，ということなのである。目的達成や錯誤をこの損害を考える場合に援用するのは，「目的」「錯誤」が，被欺罔者自身の主観的心情に依存している限りで妥当ではない，ということなのである。

---

19) この点，さまざまな諸要素を考慮して，形式説によりつつ，判断の多様性を指摘する，長井圓「詐欺罪における形式的個別財産説の理論的構造」法学新報121巻11＝12号（2015）359頁（384頁）は，ゴルフ場側の営業上の利益と暴力団側のゴルフプレーの生活利益との比較から，後者がまさるのではないかとする。ここまで目的達成を定量化するならば，経済的損害そのものを考慮する立場とは紙一重の差でしかないことになる。なお本稿も，社会的な価値観の変遷により，これら期待価値を含めた経済的価値が変動しうることを排除しない。ただ，現下の判例は，安易に詐欺罪の成立を認めすぎるように思われる。この点について，社会的な価値変動に判例が対応しているものであると指摘するものとして，宮崎英一「詐欺罪の保護領域について——直近の判例を中心として」刑法雑誌54巻2号（2015）175頁。

(4) 背任罪における損害との関係

　本稿では，詐欺罪における損害概念は，多くの場合反対給付を前提とするから，いわゆる全体財産に対する罪とされる背任罪における損害の判断とは，その限りで共通性をもつことをすでに指摘した。その意味で，詐欺罪における財産上の損害を期待価値をも含めた経済的な価値の落差に求めることが背任罪の損害の理解にもどのように連動しうるものであるかを簡単に触れておきたい。

　例えば背任が問題となりうる不正融資事案において，無担保で信用状況が悪い相手に貸し付ける場合であっても，それが直ちに損害になるというわけでもない。確かに，1億円の貸付債権と1億円の現金とでは，それ自体で考えた場合には，明らかに後者の方が，流動性が高いから，経済的価値から言えば，その差が損害と言えそうではある。

　しかし，そうだとすると，担保をとって信用調査を正規に経た融資についても全て損害がありうることになりかねないが，その解釈は妥当ではない。貸付が，一般的に損害になりえないのは，現金を貸し付ける一方で，金銭債権だけでなく利息その他の利得を得ることが，全体として本人の利益になりうるからであり，それが期待利益として，現金から債権への流動性の低下による価値減少を補いうるからである。そうであれば，不正融資についても，一般的にそれが損害になりうるのではなく，金利を通常の場合とは異なり，高く設定していた等の事情があれば，結果的にその回収が不能のような状態になったとしても，なお当時においては，損害が発生していたとは言えないと評価しうる場合がありうることになる。このように考えると，結果として，背任罪における損害の意義も，他の領得罪における損害，すなわち，経済的にその期待価値をも考慮した上で実質的に考えるという思考経路には，異なるところはないということになる。

　個別財産の逸失があっても，全体財産の経済的価値の減少がなければ，財産上の損害の発生がなく，少なくとも既遂犯としては処罰できないことは，背任罪だけでなく，本稿で検討している詐欺罪においても，期待利益を含めたその期待されるべき価値と現実の価値との間に齟齬がなければ，詐欺罪における損害が発生したとは言えないということ，今までに見たように明らかであるからである。

2 小 括

 以上のように考えると，バイブレーター事件において，本件バイブレーターの市価2100円とそれに対する代金としてのほぼ同様の代金を支払った場合において，通常のバイブレーター以上の効能についての価値を期待することが，当時の社会状態において許容されえたのか，という問題に還元されることになるが，結論的には，2000円での松坂牛と謳ったすき焼き定食と同様にその期待が，当時の社会情勢に照らして正当なものと言えるかどうか，さらに言えばそのような信頼を法律上保護するべき損害として扱うべきかの問題であり，結論的には保護に値したかどうか疑わしいのではないか，ということなのである。すなわち，およそ価格相当の物品の提供一般について妥当するものではないが，本件の事案においては，経済的な意味において財産上の損害が発生していたとは言えなかったと考える。

Ⅳ　経済的損害概念の応用局面

1 損害と利得の非対称性

(1) 利得と損害

 形式説は，財物の交付と損害の発生を対応関係に立つものと理解する。つまり，財物の交付が，被欺罔者にとって，実質的に経済的な損失がなくとも，「損害」を観念できるとする。だが，犯罪活動に利用するために，その目的を秘して預金口座を開設し，その預金通帳の交付を受ける場合に，銀行側から，行為者側に，確かに預金通帳の交付を観念することはできるが，それを経済的な意味において，損害と観念することは不可能である。

 期待された価値がその時点における情勢に鑑みて客観的に許容されうるものであるかどうかを財産上の損害の発生の要件とする場合に，被欺罔者のこれら損害と，行為者側の経済的な利得とが，常に，裏腹の関係として，すなわち，一定の経済的な損得関係が，いわば食うか食われるかという一対一対応にある，ものではない。バイブレーター事件では，行為者側には欺罔があり，当該物品

と現金を交換したことによる経済的な利得がある。しかし，その利得があることが，反射的に，直ちに被欺罔者側の損害と観念できるものではないことはすでに述べたとおりである。

では，行為者の側に，経済的な利得が存在する時にも，被欺罔者側に，損害があるとは限らないことになるのだろうか？　典型的には，犯罪の目的であるのにかかわらずそれを秘して預金口座を開設し預金通帳の交付を受けることが，詐欺罪になるとする判例の事例において問題になろう。つまり，そこでは，行為者側の経済的な利得は観念できる。預金通帳は，紙と印字された内容という物理的な価値（例えば，すでに存在しない銀行の預金通帳の価値とそれは等価である）だけでなく，それを用いて，預け入れ・引き出し・決済等を銀行を通じて資金を運用する手段としての期待価値が存在し，それが，経済的な意味における利得の主な内容になりうるからである。しかし，被欺罔者たる銀行の側からみた場合に，その利得に見合う損害が発生しているかというと疑問が生じる。つまり，口座を開設した預金口座名義人の受けるであろう利得がそのまま，銀行の側の損害としては構成されるわけではないということなのである。

(2) 損害の意味

ただし，だからといって，銀行の側に経済的な意味での損害が存在しないかどうかはまた別問題である。銀行口座の開設は，銀行側からは，銀行口座利用の可能性という抽象的なサービスだけでなく，通帳・キャッシュカードその他の財物の提供を含むものである。しかし，開設を依頼する消費者の側には，特にそれに見合った反対給付が直ちになされるわけではない。もちろん，口座を開設する名義人の住所・氏名・勤務先・年収などの個人情報の提供は，ある意味では銀行にとっては有益な情報にはなりえ，将来にわたる営業の基礎になりうるという点で，些少ながら反対給付的な色彩をも否定できない。しかし，この口座開設取引において，銀行側にとって重要な期待価値は，口座を開設することによる預金の受け入れであり，しかもそれが適法な預金であることの期待であるといってよいであろう。そうだとすると，他人名義での口座の開設は，こういった適法な預金の獲得という期待価値を減殺するに充分であり，かつそのような期待は客観的にも正当なものであると理解することができるように思

われる。これに対して，自己名義での犯罪目的や転売目的での口座開設にまで，銀行側の適法な預金獲得の期待を及ぼすことは，無理があろう。なぜなら，主観的な目的にとどまっている以上，その適法な預金獲得を期待する価値が，他人名義での口座開設ほどには，その棄損が確実ではないと解されるからである。

誤振込事案になると，この点は一層明快になろう。つまり，誤振込では，誤振込された口座名義人に利得が帰することは明らかである。しかし，銀行側の損害を考えた場合，準占有者弁済どころか，正当な振込として，口座名義人との間には有効な契約が成立し，引き出し請求に基づく支払いも民事法上は有効だと解される以上[20]，法律的には，損害が発生しているとは言えず，残るは，法律以外の社会的な期待としての価値，つまり，預金の引き出しは誤振込に基づくものではない，という信頼を基礎とする価値ということになる。しかし，そのような期待価値が事実上存在したとしても，「なるべくなら面倒なことに巻き込まれたくない」という程度のものであって，最高裁の民事判例に従えば，あとは，振込人と，口座名義人，さらには，本来の被振込人との不当利得返還請求の問題として，銀行側がそれに巻き込まれることはないのであるから，客観的にそれを保護するに値する期待的な利益と観念することは困難であるように思われる[21]。

結論的に，1項詐欺において，損害と利得とは対称的に出現するものとは限らないのであり，行為者の側に財産上の利得があることが，その反射としての，被欺罔者側の財産上の損害を常に肯定しうるものではない。また，逆に，被欺罔者側に財産上の損害と，その欺罔行為によって，もたらされるべき行為者の利得との関係もまた，当然には対応関係に立つものでもない。

人間国宝が製作した壺だと騙して，100万円で相手方に売却した場合，当該壺に対して期待する価値が100万円で正当化されえない場合には，被欺罔者の損害になる。つまり，100万円の出捐それ自体が損害になる。しかし，一方では，行為者側には，100万円の利得が帰属することになるとは限らないであろ

---

20) 最判平成8・4・26民集50巻5号1267頁。
21) この点，誤振込については，基本的に占有離脱物横領罪の成否の問題だとする穴沢大輔「いわゆる『誤振込・誤記帳』事案における財産犯の成否（1）（2・完）」上智法学論集48巻（2005）2号1頁，3＝4号77頁（特に3＝4号106頁）。

う。仕入れ原価がいくらであったかにもよるからである。さらに，ニセ医師の診療ならびに処方について，診療報酬を支払った場合，医師によるそれであることの信頼との差が損害になりうることすでに述べたとおりだが，では逆に，その診療報酬それ自体が，すべてニセ医師側にとっての利得であるとも限らない。ニセ医師であることから，正規の医師よりは報酬それ自体が低ければ（あるいは，保険請求ができないために，そもそも患者自己負担分相当額のみを請求していたなどの事情があった場合には），診療・処方行為それ自体としては，報酬としては，経済的に特別の利得があったとは言えないと解釈することも不可能ではないからである（もっとも，ニセ医師は，それ自体が，そもそも診療・処方を行ってはならないのであって，それを理由とする報酬の収受はいかに通常に比べて低廉であったとしても，それ全体が不当な利得に当たるとすれば，この場合には，被欺罔者側の損害と，行為者側の利得とは，裏腹の関係に立ちうることにはなろう）。

要するに重要なのは，この非対称性のうち，利得があっても，損害が観念できるとは限らないことであり，このことは，2項詐欺における，財産上の利得の帰属と損害の意義を考えるに際して，意味をもつことになる。[22]

2 損害と交付の異同

前述Ⅲ1損害と利得の非対称性において，「損害」と「欺罔」との区別は明らかとなったと思われるが，「損害」と「交付」についても，両者は混同しうる。この点につき，判例では明確にされているのが，大阪汚泥事件（最判平成13・7・19刑集55巻5号371頁）である。

事案は，被告人はその勤務するA社が大阪府から請け負ったくい打ち工事について，排出汚泥について不法投棄したものが大半だったのに，実際に正規に処理された分量の処理券だけでは完工検査を受け付けてもらえないことから，汚泥全量について正規処理された旨の内容虚偽の処理券を作成した上で完工調査を受け，本件工事が適正に行われたとの検査結果を得て，大阪府より7000

---

[22] なお，この点に関連して，荒木泰貴「詐欺罪における処分行為と財産移転との直接性について」慶應法学34号（2016）49頁は，ドイツの詐欺罪における直接性理論を紹介する。論者自身の分類に従えば，本項での非対称性は，第2の直接性に関わるものであることになるが，その点についての本格的な言及は今後の課題とされているようである。

IV　経済的損害概念の応用局面

万円余の工事代金の支払いを受けた，というものであった。第1審（大阪地判平成9・9・17刑集55巻5号500頁）は，被告人らの欺罔行為がなければ，汚泥の不法投棄や手抜き工事についての大阪府の検査員の調査に相当程度の期間を要したであろうことからすると，被告人らの欺罔行為は，工事完成支払金を受け取れる時期を不当に早めたものと言えるとして，詐欺罪だとしていたのに対して，原審（大阪高判平成10・6・3刑集55巻5号508頁）は，被告人らが「汚泥の一部を不法投棄したほか，その処理した汚泥の実際量と大阪府の予想量との間にも顕著の差があり，これらが判明した場合には，それ相応の工事代金の減額がされるべき筋合いであったにかかわらず，実費を大幅に上回る汚泥処理費用を含めた工事代金を請求して，大阪府を欺罔した」として詐欺罪の成立を認めた。

　この原審の判断を破棄し差し戻したのが本判決である。すなわち，最高裁は，①汚泥の適正な処理の有無は「業者としての公法上の義務に係るものであって，請負代金の支払請求権とは対価関係に立つものではな」いとして原審の詐欺罪の根拠を明確に否定した上で，②さらに第1審の立場について言及し，「本来受領する権利を有する請負代金を欺罔手段を用いて不当に早く受領した場合には，その代金全額について刑法246条1項の詐欺罪が成立することがあるが」，③そのためには欺罔手段を用いなかった場合の支払いとは「社会通念上別個の支払に当たるといい得る程度の期間支払時期を早めたものであることを要する」。第1審判決は，「支払時期をどの程度早めたかを認定していないから」判示として不十分であるとしたものであった。

　最高裁は，原審が，相応の工事代金の減額がされる筋合であったにもかかわらず，実費を大幅に上回る汚泥処理費用を含めた工事代金を請求したことを財産上の損害ととらえた点をも破棄しているのであり，経済的な損害を必要とする立場にはないことを明確にしたものということができる。この点は，損害についての言及がない第1審の判断構造を踏襲しているのである。その上で，最高裁は，欺罔手段により支払時期を早めることが，「社会通念上別個の支払に当たるといい得る」場合には欺罔による交付があったとみていることになる。社会通念上別個の支払いと言えるかどうかの違いとは，不当にその支払いが早められたとして，期限の利益や対応期間の経過利息分が経済的な損害にあたる

のではなく，そのような欺罔による支払いがあったと言えるかどうかが決定的だということなのである。

　本件の事例の場合に，経済的な財産上の損害を考えた場合には，たとえ，汚泥処理が適正になされた上での請求であるかどうかが一種の期待利益だとしても，それが客観的に許容されうるものでもないのみならず，そのような期待そのものが，工事発注側には存在していたとは言えないのであるから，交付の点を考慮に入れなくとも，そもそも損害がなく，不可罰とするべき事案であったということができる。

3　2項詐欺における財産上の損害

　財物に関する1項詐欺についての財産上の損害の論理は，財産上の利益ないし権利に関する2項詐欺についても基本的に妥当するものである。そのことを以下に簡単に俯瞰しておく。

　まず第一に，1項詐欺における，損害と利得の非対称性は，この2項詐欺でも同様に考えることができるものである。

　条文上，2項詐欺は，「前項の方法により，財産上不法の利益を得，又は他人にこれを得させた者」も詐欺として処罰することを規定している。「前項の方法」とは，欺罔に他ならないから，2項にも直截には財産上の損害についての規定を欠くことは明らかである。また，自己領得（第2項前段）ないし第三者領得（同後段）にせよ，財産上の不法の利益が行為者自身ないし第三者に移転することが，被欺罔者の負担による利益の減少を当然には意味するものではない（非対称性）。

　この点について，参考になるのが，りんご箱事件（最判昭和30・4・8刑集9巻4号827頁）である。同事件は，りんご500箱を売却する契約を締結した被告人が，代金受領後も買主に引き渡さないので，業を煮やした買主が被告人の所に赴いたところ，貨車に買主に引き渡す駅行きの車票を挿入することによりあたかも直ちに発送が済んでいるかのように安心させて帰宅させたが，実際には発送せずに引き渡しを履行しなかったという事例について，最高裁は，「すでに履行遅滞の状態にある債務者が，欺罔手段によつて，一時債権者の督促を免れたからといつて，ただそれだけのことでは，刑法246条2項にいう財産上の

IV 経済的損害概念の応用局面

利益を得たものということはできない」。「その際、債権者がもし欺罔されなかつたとすれば、その督促、要求により、債務の全部または一部の履行……（等の）具体的措置が、ぜひとも行われざるをえなかつたであろうといえるような、特段の事情が存在したのに、」「債権者が、債務者によつて欺罔されたため、右のような何らか具体的措置を伴う督促、要求を行うことをしなかつたような場合にはじめて、債務者は一時的にせよ」財産上の利益を得たと言えることになるが、本件事案ではそれが欠けるとして、詐欺罪の成立を否定したものである。

本決定については、一般的には、2項詐欺において、処分行為必要説を確認したものと理解されている。単に安心して帰宅させただけでは、りんごを引き渡す債務が消滅したわけではなく、処分行為とは言えないからである[23]。

これに対して、学説の中には、2項詐欺について損害の発生を必要だとしながら、財産上の処分行為は、不要であるとの立場から、この判例を財産上の損害について判示したものと理解するものがある。確かに、判例は、財産上の利得は、財産上の処分行為の結果でなければならず、単に安心し帰宅しただけでは、被告人の側に財産上の利得があったとは言えないことを前提とはしている。しかし、財産上の利得があることと、被害者の財産上の損害が対称的な関係に立たないことは、1項詐欺における分析からも明らかであり、まさに本件では、処分行為により被告人が財産上の利益を得たかどうかを問題にしているのである。そして、その処分行為がなかったことを理由に詐欺罪の成立を否定しているのであって、それ以上のものではない。確かに、被欺罔者の側には、この事案では損害は存在しないと言えるが、それ以前に、処分行為も、そしてそれに基づく利益の移転も存在しなかったと言うべきなのである。

4 未遂の成否

最後に、留保していた、経済的な意味での期待価値を含めた損害概念において、その損害の存在が否定される場合に、詐欺未遂罪の成立の余地の有無につ

---

[23] この立場に立つものとして、本件の最高裁調査官〔伊達〕解説の理解では、「本判決は、……財産上の利益を得たというだけでは足りず、その財産上の利益の取得が被欺罔者の何らかの処分行為によるものでなければならないとするのである」とする（最判解刑事篇昭和30年度〔1956〕112頁）。

いて触れておくこととする。

　一般に未遂罪は，構成要件に規定する既遂結果の発生の具体的な危険性ないし一定程度の蓋然性があったが，実際にはその発生がなかった場合を処罰するものであり，その原則は，詐欺罪についても基本的に妥当するものと考えられる。詐欺罪の場合の結果とは，詐欺罪の成立要件，すなわち，①欺罔行為とそれに基づく相手方の錯誤，②交付行為（2項詐欺であれば，処分行為），そして③財産上の損害であり，これらのいずれか，ないしは複数において，その要件を充足しなかったが，その充足について，上記意味での具体的危険性ないし一定程度の蓋然性があったような場合には，未遂罪（250条）が成立しうるということである。[24]

　もっとも，価格相当額の物品の提供があり，それに対する期待価値を客観的には許容できないような場合には，客観的にその許容範囲が存在しない以上，原則として，未遂の成立としての許容可能性がおよそ成立する余地がないのであるから，未遂罪にすらならず，いわゆる不能犯として不可罰ということになろう。

V　結　語

　本稿は，これまでの通説がその実質的機能にほとんど期待を寄せてこなかった，いわゆる経済的損害について，期待価値を考慮に入れることによりその再評価の可能性を示したものである。それは行為者の取引目的と重なりうるものではあっても，それが客観的に許容されうるかどうかの見地から，一定の制約原理になりうると考えている。

　もっとも，このような経済的な財産上の損害を考慮する前提には，246条に「財産上の損害」が規定されていないという解釈論上の致命的な欠点をもつことも，率直に認めなければならない。それが被疑者・被告人にとって有利であ

---

[24]　もちろん，詐欺罪の成立要件は，この3点に限られるものではなく，客体としての「人」や，「財物」についても問題になりうるのであり，それらの要件が欠けるが充足される可能性があった場合にはなお未遂罪が成立しうることになる。例えば，欺罔の相手方が，欺罔の時点で，すでに死亡していたが，それはたまたまであって，その時点で生きていた可能性があれば，詐欺未遂になりうるなどはその一例に過ぎない。

V 結　語

るという一事だけをもっては，書かれざる構成要件要素として解釈論として許容される理由とはなりえない。むしろ，235条以下に規定する各犯罪類型が基本的には，「個人の」「財産に関する」罪である，という実質的判断から，逆に言えば，損害概念を捨象しているか，ないしは，少なくとも軽視している判例の立場の究極の形が，詐欺罪の公共危険罪化にあるとすれば，そしてその限界には論理的な制約が存在しないことに思いを致すならば，原点のバイブレーター事件に立ち返って，財産上の損害を必要とした上で，それを経済的損害概念から再構築する必要性を感じざるをえないのではないか，と考えるものである。

　また，体系的な相違を捨象して，より実質的にみた場合，目的不達成等における定性的な判断に代えて，経済的損害概念により，むしろ「損害」を定量化することができるはずであり，またそのほうが望ましいとするものでもある。心情価値・使用価値等をも含めて，経済的な価値として客観的に説明が可能であるかどうか，説明が可能な範囲で損害を認定するべきだということでもある。

　詐欺罪における財産上の損害をいかに考えるか，とりわけ近時の最高裁判例の事例における処罰拡大傾向にどこで歯止めをかけるべきかは，現下のところ実質説・形式説のいずれも成功しているとは言えない。拙いこの小稿が，実務への動向に常に目を配りつつも，解釈論としての権抑性に基づく限界を示された故西田典之先生がとられた実質説への1つの解答となりうることを祈念しつつ，謹んでこの小稿を捧げる。

横領罪の一考察

京藤哲久

I　横領罪とフランス刑法の信頼濫用罪

　現行フランス刑法典314-1条の信頼濫用罪は，日本の横領罪に相当する規定である。

　ボアソナードの草案に基づいてできた1880（明治13）年の刑法典（旧刑法）395条の「受寄財物に関する罪」は，この信頼濫用罪のもとになった旧フランス刑法408条を引き継いだ規定で，まったく無関係な条文というわけではない。本稿は委託物横領罪に引き継がれた背信の罪の基本的な考え方を明らかにしたい。

　以下，本稿では，旧刑法395条について，「受寄財物に関する罪」ではなく「背信の罪」の語を用いる（旧刑法の改正案では「背信の罪」の語が用いられている[1]）。以下，注を含め，条文等は読みやすさを優先し，平仮名に改めるなど，原文主義は採らず変更を加えている。意味の通じにくい訳語も私の理解に従って最小限の変更を加えた。

II　背任罪との関係

　横領罪の検討は背任罪の性格付けに影響するので，あらかじめ横領罪と背任

---

1) 旧刑法の「受寄財物に関する罪」は，新律綱領の「雑犯律」に「費用受寄財産」の罪として「財物畜産の寄託を受け，輒（たやす）く費用する者」を罰する規定があり，その影響を受けている（同罪の行為は「費消」行為に限定され，それ以前の横領行為〔蔵匿拐帯〕は処罰範囲から除かれている）。1879（明治12）年の「刑法審査修正案」の段階で，受寄財物に関する罪は費消に限定され，これが旧刑法に受け継がれた。ボアソナードとしては，不満の残る条文であったと思われる。同罪について，律との関係を重視する見解がなかったわけではないが（勝本勘三郎・刑法析義(下)〔1900〕396頁以下），背信の罪として理解するのが有力で，その後の一般的な理解であった。

罪の関係について触れておきたい。

　横領罪と背任罪には，1項横領罪，2項横領罪という関係で整理されるべき問題群がある。この関係を理論化したのは牧野英一だろう[2]。しかし，背任罪は，もともとは，2項横領罪のような犯罪類型では解決できない問題を解決するために必要となった犯罪類型ではないだろうか。

　この問題を考える際のヒントになるのは，日本刑法が影響を受けたフランスにおける横領罪と背任罪の取り扱いである。

　フランスの刑法典には信頼濫用罪（横領罪）しかなく，背任罪は存在しない。そのかわり，フランス商法典には会社財産濫用罪（背任罪）という，わが国の会社法上の特別背任罪に相当するような規定がある。フランスでも，わが国同様，会社において，信頼濫用罪の適用が問題になることがあるし（一般法としての刑法の適用が可能である），また，商法典の会社財産濫用罪が問題になることがある。それにもかかわらず，2つの犯罪が刑法典と商法典に棲み分けていること自体は不自然なものとは受け止められていない。むしろ当然のことと考えられている。フランスでは，わが国の背任罪に相当する会社財産濫用罪は，古典的な財産犯（信頼濫用罪）ではもはや処罰しえない場面で問題となる処罰に値する行為だからこそ，商法典に設けてあるのである。

　会社に託された財産は会社の機関が自由に処分できる財産として機関に託されたものだから，会社の機関による会社財産の不当な利用，費消等は，もはや刑法典の財産犯によっては規制できない。このような事態に対処するため，有限責任会社の機関による犯罪として，会社財産濫用罪が設けられている。他方，刑法典の信頼濫用罪は，財産を託された人（横領犯人）が預かっている財産は，自分が自由に処分することまでは認められていない財産であり，これを横領，費消すれば，古典的な刑法典の財産犯の1つである信頼濫用罪が成立すると理解されている。

　フランスでは，信頼濫用罪は財産犯の中にある犯罪，そして，会社財産濫用罪は財産犯の外にある犯罪と考えられているのではないだろうか[3]。

---

[2] 牧野はこの立法過程には関与していない。これは学者としての牧野の着眼に基づく見解である。
[3] 会社財産濫用罪については，京藤哲久「もう一つの背任罪」渡辺咲子先生古稀記念論文集（信山社，2017年刊行予定）。

Ⅲ 旧刑法と現行刑法の断絶面と連続面

　旧刑法の背信の罪から現行刑法の横領罪への転換の過程には断絶面と連続面がある。

　横領罪の規定の原案は，「他人のため占有する物」を横領する行為であったのが，ある段階で，「自己の占有する他人の物」を横領する行為に変更された。この文言の変更の意味について立法過程で意識された形跡がない。

　旧刑法から現行刑法への転換は，大きな歴史的文脈ではフランス法ベースからドイツ法ベースへの転換として理解できるとしても，その転換の過程はずっと複雑で，少なくとも横領罪の上記の文言の変更は，ドイツ法ベースの規定への意識的転換の結果としての選択ではなかったようである。しかし，このささいな文言の変更の結果，本来，引き継がれることになっていたはずの旧刑法以来の豊かな思想が少し乱暴なかたちで断ち切られ，これがその後の横領罪の解釈の重荷となってしまったのではないだろうか。

　横領罪の解釈で難問とされる問題の多くは，条文の文言をいじって意味を変えてしまったことに由来するのであって，旧刑法における背信の罪の考え方からは難問とは意識されていなかったし，また，その解決も常識的であって，現代的な問題を解決する柔軟さも備えていたように思われる。

　加えて，旧刑法の基礎となった背信の罪には，ボアソナードのような優れた法律家でなければ伝えられない西洋法思想の深く豊かな伝統と知恵が息づいている。その魅力に強く惹き付けられているためかもしれないが，本稿は，連続性という視点から，現行刑法の横領罪について考え直してみようという試みである。

　実は，旧刑法の考え方は今日の横領罪の解釈にも引き継がれている。

　現行刑法の横領罪が委託関係を前提にしていることはほとんど疑われていな

---

4) 当時，参考にされたもののなかに，こうした方向で整理することを可能にするドイツ刑法に照らして日本刑法を吟味した意見は存在した（ベルネル〔宮嶋鈴吉訳〕「日本刑法に関する意見書」〔1886〕）。信頼濫用罪は「攘有の罪」と訳されている（「攘窃」は横領に相当する言葉として辞典にもあるので，「攘有」もその類語であろう）。内田幸隆「背任罪の系譜，およびその本質」早稲田法学会誌51巻（2001）103頁以下，109頁及び注48。

い。しかし，委託関係を前提としていることの手がかりは，条文の文言のどこに見いだされるのだろうか。

今日，委託関係の存在を前提として刑法252条の解釈が展開されている。しかし，条文の文言に即して考えるなら，刑法252条は業務上横領罪との比較で「単純」横領罪と呼ぶしかない。横領罪について，委託物横領罪，単純横領罪という2つの呼び方が併存していることに，歴史の連続と形式の断絶を見ることができる。

現行刑法の現代用語化以降は条文に見出しが付いたので，「横領」罪とのみ表記するのが一般的であるが，刑法252条は依然として「委託物」横領罪とも呼ばれている。これは，横領罪が一定の委託関係の存在を前提にする犯罪であるという旧刑法以来の考え方を引き継いでいるからではないか。

さらに，刑法252条の委託関係は，委託関係がない場合以外のすべてを含むような薄い内容のもので足りるのではなく，もう少し積極的な意味をもたされている。そのような解釈が要請される根拠は，刑法254条の反対解釈を通して刑法252条に要求されるところの委託関係からは引き出せないのであって，旧刑法との連続性に目を向ける必要がある。

IV　フランスにおける信頼濫用罪

では背信の罪，すなわちフランスの信頼濫用罪はどのような犯罪と理解されていたのか。その基本的な考え方は，その母法となったフランス旧刑法408条，この条文を大きく改正した今日のフランス現行刑法314-1条にも脈々として受け継がれているので，この条文について少し見ておきたい。

1　「仮の資格」に基づく占有

フランスの信頼濫用罪は，委託者が物を「仮の資格（à titre précaire）」で占

---

5) 戦前の教科書や判例を見ると，異なる見解もある（牧野英一・重訂日本刑法(下)〔1938〕433～434頁の注4, 6)。
6) 刑法254条が存在することで同252条が成立するには委託関係が必要になるという解釈にそれほど説得力があるわけではない。むしろ，委託関係を要求することで刑法65条1項を適用する際に適切な処理ができるため異論が唱えられていないというにすぎないだろう。

有させる意図で交付した場合に限って成立する。この場合，物の占有者は所有者のように受領した物を自由に処分できないのであって，委託者の利益に反して横領，費消すれば，信頼濫用罪が成立する。

　à titre précaire に基づく占有とは，ローマ法に由来する占有の１つの形態を示す概念で（possessio civilis, possessio naturalis, precarium の３つのうちの１つ。この３つの違いが意味するところを解明することは，奥が深く私の手に余る），いつでも要求があれば返す必要のあるものを占有している状態としての占有を意味する（期間の定めのない使用貸借の物の占有者のように弱い立場にあることから，à titre précaire〔仮の資格，不安定な資格，仮の名義〕という概念が用いられる）。日本には対応する観念がないので適訳は存在しない。明治時代には「容仮」という語があてられ，現在でもごく一部では使われているが，現代人にはほとんど意味不明の死語であるだろう。加えて，今日では，賃貸借のように賃借人としての権利行使ができるような場合をも含むと理解されているから，仮の資格にあたるとされる場合は次第に拡張されてきており，ローマ古代の姿がそのままの姿で生き返っているわけではない。

　しかし，少なくとも，à titre précaire という語が使われる場面は，交付を受けた者は，これを所有者のようには自由に処分できないという場合に限られている。このような性質の占有しか認められないという場合に横領罪が成立するという説明はわかりやすい。だからこそ，フランスでは，信頼濫用罪の解釈に際し，今日でもこの語が使われている。

　フランス旧刑法408条（ただし1810年以降に改正された条文）は，「返還すること，提出すること若しくは特定の目的で使用することを約して」，「賃貸借 (louage)，寄託 (dépôt)，委任 (mandat)，担保 (nantissement)，使用貸借 (prêt à usage)，報酬の有無にかかわらず労働契約 (contrat de travail)」の名義で交付された」物を，「所有者，占有者または保有者の利益に反して」，「横領または費消」する行為（Quiconque aura détourné ou dissipé）を罰していた[7]（横領罪の客

---

[7] 歴史的には，1810年当初は，寄託契約，委任契約，使用貸借契約，労働契約に際して交付された物について信頼濫用罪が成立するものとされ，その後，1832年に質物として交付された物（担保），1864年に賃貸借契約に基づき交付された物についても信頼濫用罪が成立するようなった（ボアソナード・刑法草案註釈〔下〕〔1886〕717〜718頁，Boissonade, Projet révisé de Code Pénal pour l'Empire du Japon, 1886, 1147頁以下で確認している）。

421

体である物は詳細に規定されているので，Ⅳ3で別に紹介してある）。

　すなわち，フランス旧刑法408条では，賃貸借，寄託，委任，担保，使用貸借，労働契約に基づいて委託した場合に限って信頼濫用罪が成立する。この制限的に列挙された6つの契約に基づいて交付した場合は「仮の資格（à titre précaire）」で交付されたものであって，受領者に所有権者のような完全に自由な処分権を与えたものではないから信頼濫用罪が成立すると考えられていたのである。

　また，フランス現行刑法314-1条の信頼濫用罪（abus de confiance）は，旧刑法のような契約の種類による縛りは排除しているものの，その基本的な考え方は受け継がれている。

　すなわち，フランス現行刑法314-1条は，「委託され」かつ「返還すること，提出すること若しくは特定の目的で使用することを約して受領した」，「資金，有価証券，または財物」を，「他人の利益に反して」，「横領」する行為（détourner）を罰している。

　今日の判例も，返還すること，（代理権を付与して第三者に）提出すること，または特定の目的で使用することを約して交付された場合，委託者は，相手方に所有者に認められるような自由な処分権限を与えたものではないから，「仮の資格（à titre précaire）」で交付された場合にあたるものと解している。[8]

　このように，フランスでは，「仮の資格（à titre précaire）」という言葉は，信頼濫用罪の成否を考える際のキー概念として今日も用いられている。その結果，委託者が物の処分権限を相手方に完全に与える趣旨で交付している場合には，「仮の資格（à titre précaire）」で交付したにとどまらないため，もはや信頼濫用罪は成立しないものと理解されている。

　例えば，消費貸借契約（prêt à la consommation）の場合に信頼濫用罪が成立しないのは，消費貸借契約の場合，借りた金銭の使い道は金銭の借り手に完全に委ねられているためである。フランス旧刑法408条が使用貸借契約に基づいて交付した場合に信頼濫用罪が成立するとして，消費貸借契約は掲げず使用貸借契約だけを掲げた立法者の意図も，消費貸借契約の場合には信頼濫用罪が成

---

[8] 破毀院判決（刑事）として，2007年9月5日，2005年1月26日，1969年12月9日など（Stéphane Détraz, N° 46-10186, La Semaine Juridique, 14 novembre 2007）。

立しないことを含意していた[9]。

　借りた本のように同一物の返還を約している場合にはこれを売却すれば横領罪が成立するが，借りたお金を使ってしまっても横領罪が成立しないのは，後者が消費貸借契約によるものであって，結論は日本でもフランスでも共通しているが，フランス刑法の信頼濫用罪にあっては，契約の内容に沿って，その交付が à titre précaire であるか否かにより決まると考えているのである。物の売買代金として受け取った金銭を使っても，また，労働者が給与として受け取った金銭を使ってしまっても信頼濫用罪になることがないのは，これらの場合，金銭を受け取った者はその金銭を自由に処分してよいからであって，金銭を受け取った者は仮の資格で金銭を占有しているのではないからとされている[10]。

　この点に関連して興味深いのは，国が生活保護等のため補助する趣旨で交付している金銭については，その用途を限定したうえで交付されたものであるから，これを勝手に費消した場合には信頼濫用罪が成立すると考えられていることである。このような場合，使わせる趣旨で交付はしているものの，その資金の自由な処分までは認めていないから，交付者は仮の資格で資金を占有しているものであると理解されているのであろう[11]。

　このように，相手方に完全に物の処分を委ねる法律関係とされる場合には，もはや横領罪は成立しない。そして，このような場合で，なお犯罪の成立を認める必要があるという問題に対処するため登場したのが，背任罪である。

　会社の経営者による犯罪としての背任罪（Organsuntreue）はまさにこれにあたる。この意味で，横領罪の再検討は背任罪にも影響する。

2　契約類型の限定

　フランス旧刑法408条は，6つの契約類型に限定したうえで，これらの契約に際して委託する者が相手方に与えた信頼を濫用すること（仮の占有しか認めていないのに，完全な占有があるかのごとく振る舞ったこと）に着目して，この犯罪を「信頼濫用」罪と観念していた。そのため，同罪が成立するには，これらの契

9）　Stéphane Détraz, supra note 8.
10）　M. Véron, Droit Pénal spécial, 15ᵉ édition, 2015, p. 544.
11）　M. Véron, supra note 10 p. 546.

約（契約の有効無効にかかわらず）のいずれかが存在したことが必要になる。

これら6つの契約の前提となる信頼とは，契約一般について問題となる信義誠実の原則が前提とする信頼とは異なる意味の信頼である。信頼という言葉は多義的な意味をもつが，ここに契約の典型である売買契約が含まれていないことに注目するなら，この旧刑法408条の契約類型の限定は意識的になされたものであって，厳格に解釈されていた[12]。

フランス現行刑法314-1条は，旧刑法408条の基本的な考え方は引き継いでいるものの，契約による縛りは外している。個々の具体的な法律行為の解釈に際して，そのなかに委任契約が含まれているという解釈が可能であるし，また，実際には，現行刑法314-1条ができる前も，このような解釈を通じてこの要件は緩和されつつあったと考えてよいだろう（注12)参照）。

3　代替物に対する所有権

なお，信頼濫用罪の成立については，民法の物概念との関係に留意しておく必要がある。信頼濫用罪の解釈に際して，使用貸借の場合にはその客体は確定物であるが，消費貸借の場合，その客体は代替物（choses fongibles）であるという民法の物概念が前提にされている。この理解は日本の物概念と少し異なっているようである[13]。代替物は対象を確定できないので同種，同量のもので指定

---

[12] 売買契約については信頼濫用罪が成立しないのか。売買契約後，商品を引き渡す債務を負う者がこれを第三者に二重譲渡した事案について信頼濫用罪が成立するかはフランスでも問題になっている。6つの契約のなかに売買契約がはいっていないから，成立しないという考え方もあったが，他方，実際の売買の場面では，すぐに商品が引き渡されない場合，売買契約に際して売り手は商品を引き渡すという委任契約も結んでいるものと解釈するのが合理的で，そう解するなら，委任契約に基づいている以上，信頼濫用罪の構成要件を満たすので同罪が成立するという考え方もあった（M. Delmas-Marty, Droit Pénal des Affaires, 1981, 1, p. 100-101）。また，ボアソナードも日本刑法の改正提案のなかで，代金支払後，売り手が商品を第三者に売却した事案に横領罪が成立しないのはフランス旧刑法408条の欠陥であると考え，日本の旧刑法の改正を提案するに際しては，この問題を解決するため，契約類型の縛りを外し，信頼濫用罪の対象を「その他仮の資格で交付された物」に拡げるという興味深い提案を行っている（「刑法草案註釈」（下）・前掲注7）700頁）。

[13] 梅謙次郎・民法要義（巻之三債権編）（復刻版，1984）では，消費貸借の目的物を代替物としなかった理由を論じるなかで，代替物を「当事者の意思に於て必ずしも特定の物たることを要せず種類，品等及ひ数量の同しきものなれは足れりとせる物」と定義するとき，旧民法に於ける如く「当事者の一方が代替物の所有権を他の一方に移転し云々」という文言は「誤謬の最も甚しきもの」と論難し，契約成立時には特定しているのだから，代替物概念を採用しなかったと論じている（588〜589頁）。契約締結段階のことを考えるならその説明はもっともだが，返す

して契約の客体とするもので，お金の消費貸借でも同種同量のものを返還すればよいが，確定しえないものについて所有権が成立すると考えるのは難しいという議論は成り立つので，代替物について信頼濫用罪は成立しえないのではないかという議論は成り立ちうる。しかし，フランスでは，学説も判例も，昔から，代替物にも信頼濫用罪が成立すると考えてきた。[14]

信頼濫用罪の客体についてみると，旧刑法408条は「有価証券，金銭」「商品」「券」「領収書」その他債務の存否に関する「証書」が，現行刑法314-1条は，「資金」「有価証券」「財物」が客体となっている。[15] この並べ方にはそれなりの思想を反映しており，秩序が感じられる。旧刑法408条の並べ方は，支払手段，交換価値として使われるもの，使用価値を担う有体物であるところの商品，免責効果等が認められる性質の紙片，債務の存在を証しうる領収書や証書という順であり（すべて有体物として理解されている），現行刑法314-1条の並べ方は，電子決済の普及に伴い有価証券，金銭の支払手段，交換手段としての意味が減じ，また有体物を連想させる金銭を避け，まず「資金」が最初に来て，次に「有価証券」，そして最後に「財物」が来ている。

現行刑法314-1条には旧刑法408条の客体であった「券」，「証書」の語はないが，これを除く趣旨ではなく，「財物」にあたると考えられている。現行刑法314-1条の「財物」は，もはや商品のような使用価値を伴う物だけを指すのではない。

日本の横領罪の規定のように「物」という一語ですべてをカバーするのでなく，金銭は上述のように所有権の客体として確定しうる物とは別の取り扱いが必要であることからとくに規定されていたが，現行刑法314-1条では交換価値である金銭は多様な形態で管理されることから資金という言葉になっているし，

段階で生じるトラブルの解決を考えると，金銭については，特定物の所有権による解決とは異なる解決が可能になったであろうから（債権的解決ではなく，準所有権的な物権的解決が可能になる），横領罪をめぐる議論，説明は大分異なった展開をしただろう。所有権による解決か，不当利得による解決かという二者択一では，横領罪の出番は小さいし，また，未解決のままに残る問題が多い。金額所有権（西田・刑法各論〔第6版〕〔2012〕237～238頁参照），価値所有権（佐伯仁志＝道垣内弘人・刑法と民法の対話〔2001〕11頁以下参照）という考え方は，この代替物の所有権というものを観念できない代替物概念の採否と深く関係しているだろう。

14) Thierry Samin, N° 45-1226, La Semaine Juridique, 07 novembre 2011.
15) 旧刑法408条の客体は des effets, deniers, marchandises, billets, quittances ou tous autres écrits, 現行刑法314-1条の客体は des fonds, des valeurs ou un bien。

手形小切手の決済手段として地位の低下に伴い，順序も最初に繰り上がっている。ここに取引社会の時代的変化が反映されているのを看取できる。

4　横領行為（détourner）の意義

フランス現行刑法 314-1 条の横領行為（détourner）は広い範囲の行為をカバーしているが，しかし，この要件は同罪が単なる債務不履行を処罰しているのではなく，犯罪に値する行為を処罰しているということを示す役割を果たすものと理解されている。

détourner とは，英語の divert に相当する語であるが，そらせる，曲げるという意味で，当初の意図と異なる目的で使用等する行為のことである。日本語の「横領」という言葉は明治以降の新語であるが，これは détourner の訳として選ばれ，定着したもののようである。明治初期には「曲取」という訳語も使われていた。「横」，「曲」という語を含んでいるところに，苦心の跡が見られる[16]。détourner の語義にあるように，この語は当初想定された目的から「曲げて使用」（横）することを意味し，「費消」（領）することまでを含んではいない。この点は，後述するように（Ⅵ3），横領罪の未遂が処罰されていない理由を沿革から解き明かすことと関係する。

5　信頼濫用罪の行為客体

フランス現行刑法 314-1 条の適用対象が，委託された物のうち「返還すること，提出すること，若しくは特定の目的で使用することを約して受領した」資金，有価証券，財物に限られているのは，信頼濫用罪が，自分の判断だけで勝手に処分することは許されないという，不安定な状態で財産を支配している場合に成立する犯罪であることを含意しており，この点についての基本的な考え方は旧刑法 408 条と異ならない。このように，信頼濫用罪の行為客体は，交付された者にとって，自分が自由に処分することが認められていない「仮の資格

---

[16]　日本国語大辞典（第 2 版，2003 年）には，「『横領』の語形は明治期まで資料に見当たらないが，明治 15 年までに脱稿したとされる『稿本日本辞書言海』に『わうりやう　横領　恣ニ他ノ物ヲ奪フ事，ヨコドリ，横奪，侵略』とあり，……明治中頃に至って使用が定着したか」との説明がある。

で」（à titre précaire）占有している物なのである。

V　ボアソナードの改正提案

　フランス刑法を日本に移植したボアソナードも，信頼濫用罪のこの基本的特徴を正しく理解しており，旧刑法の背信の罪はこの考え方を継受したものである。旧刑法の背信の罪の母法はフランス旧刑法 408 条であり，ボアソナードの手を経て日本法に持ち込まれたものである。

　そこでボアソナードがどのように考えていたのかについて，簡単に検討しておこう。

　(1)　1877（明治 10）年の「日本刑法草案」（ボアソナード草案）438 条では，背信の罪は次のように規定されていた。「賃借恩借の物品又は典物受寄品其他委託を受たる金額物品を蔵匿拐帯し若くは費消したる者は背信の罪と為し……に処す」。

　同罪の客体である「賃借恩借の物品又は典物受寄品其他委託を受たる金額物品」とは一定の契約関係を前提とするもので，賃貸借，使用貸借，担保（質物），寄託に言及したうえで，その他「委託を受たる」金額物品が含まれるとしている。委任による交付，雇傭契約に基づいて交付されたものをとくに除外する趣旨ではないだろう。行為については，「蔵匿拐帯し若くは費消」する行為が掲げられており，費消も含まれている。

　(2)　1890（明治 13）年の旧刑法 395 条（受寄財物の罪）では次のように規定されている。「受寄の財物借用物又は典物其他委託を受けたる金額物件を費消したる者は……に処す。若し騙取拐帯其他詐欺の所為ある者は詐欺取財を以て論ず」。

　罪名は「受寄財物に関する罪」に変化し，ボアソナードの提案を基礎として成った日本刑法草案と違ってきている。

　同罪の客体の順序は入れ替わっているが，「日本刑法草案」の客体とほぼ同じで，「委託を受たる」金額物品である。行為は「費消」に限っており，その未遂犯を処罰することになっている（旧刑 397 条）。

　ボアソナードにとって，この規定はかなり不満の残るものだったと思われ，

同条について次のような改正を提案している。

(3)　旧刑法395条に対する1886（明治19）年のボアソナードによる改正刑法提案437条1号では，次のように規定されている。「不正な手段で，金額，有価証券，または，賃貸借，寄託，使用貸借，委任，質物として，［その他の仮の名義で］自らに委託されたなんらかの動産を，横領し，隠匿し，費消し，又は破壊，損壊した者は……の刑に処す。」

ボアソナードは，旧刑法の395条には不備な点があり改正の必要があると考えて，上記のような改正を提案したのだが，この提案にはフランス刑法の規定をも越えたボアソナード独自の考え方が反映されている（あらたに毀棄的行為も含めている）。また，その提案がローマ法以来の伝統的な考え方を踏まえたものであることも見てとれる（「仮の名義で」〔本稿では「仮の資格で」と訳している〕）。

ボアソナードは，同罪の行為主体として，「その他仮の資格で占有している」者を掲げている。教科書的で生硬な表現という嫌いがあるものの，信頼濫用罪のキー概念がここに登場している。フランス旧刑法408条の文言では実務上の問題が生じることを意識して，これを解決するため，「仮の資格で占有している」者が横領する場合を広く処罰できるという規定になっている。[17]

改正刑法提案437条1号の客体は，フランス旧刑法408条の規定に極めて近い。客体について，とくにこれといった変更はないと考えてよいだろう。「刑法草案註釈」の訳文は少し難があるが，ボアソナードとしては，仏語原文に従うと，「賃貸借，寄託，使用貸借，委任，質物として，［その他の仮の名義で］自らに委託された」，「金額，有価証券」「なんらかの動産」と読まれることを期待していただろう。

改正刑法提案437条1号の行為は，興味深いことに，「横領，隠匿，費消」する行為だけでなく「破壊，損壊」する行為をも掲げている。費消したことが委託者の利益に反するから処罰されていると理解するなら，委託された物を破壊等しても委託者の利益に反するから，同罪の行為に毀棄的行為を取り込むことは，理屈のうえでは不思議ではない。毀棄罪的性質の行為を（領得罪である）横領罪に含めてよいかという問題は今日でも問題になりうる1つの論点だが，

---

17)　「刑法草案註釈」（下）・前掲注7）717頁以下。

その考え方の原点がここに見いだされる。

なお，条文の文言にはないが，同条の解説では，同罪の行為が，「所有者，占有者，保有者の利益に反して」行う場合であることに言及されている。ここにいう被害者の「占有」とは，仮の占有ではなく，権利行使の裏付けとなるような本来の占有（possessio civilis, possessio naturalis）であり，3つの占有概念の存在を前提として考えないと，その趣旨が理解できない。[18]

Ⅵ 日本の横領罪規定の沿革

1 前 史

横領罪については，明治初期，訳語に苦労していたようで，「信意の背用」の犯者，「破信」の罪といった言葉も使われていた。条文番号が付されているボアソナードの仏文原案を翻訳した別の訳稿（磯部四郎訳・日本刑法草案直譯）(438条1項）では，「賃貸（ルアージュ）頼預（デュポー）委任（マンダ）質入れ（ガージ）貸與（プレータユサージ）の名目（アチートル）に引受けし金高物価或は種々の動産物を詐欺を以て横恣し又は隠匿し或は費消せし者は信意の背用の犯者として……に処せらる」(未遂処罰）となっている。この後，次第に「背信の罪」という罪名が定着して行く。

「日本刑法草案会議筆記」（信山社版）に引用されている原案の438条1項では次のように規定されている。「賃貸恩借の物品又は典物受寄品其他委託を受けたる金額物品を蔵匿拐帯し若くは費消したる者は背信の罪と為し……に処す」(未遂処罰）。

その修正第一案（5条）は次のように規定されている。「還與し又は計算すへきの約束にて賃貸附託代理質入使用すべき貸借即ち預定の用法を為すべき貸借の名義にて委託せられたる金額物件を所有者又は其関係ある者の害となるへき方法にて盗取し又は費消したる者は……に処す」(未遂処罰）。

その修正第二案（7条）は次のように規定されている。「損料借受受寄代理質

---

18) 「刑法草案註釈」(下）・前掲注7) 719頁。

入借用の名義にて又は雇直の有無を論せす人の工事をなす為め又は其他元物を返還し又は代価を以て算計すへきの約定にて委託せられたる金額物件並に手形を所有者又は其関係ある者の害となるへき方法にて蔵匿脱漏し又は費消したる者は背信の罪となし……に処す」（未遂処罰）。

　478条として脱稿された案（第一稿・日本刑法草案会議筆記巻20）では次のように規定されている（明治9年12月上中）。「賃借典質恩借の物品又は受寄代理其他元品を返還し若しくは代価を以て計算すへきの契約にて委託せられたる金額物品及び金額に代用する証券を故さらに蔵匿脱漏し又は費消して所有主又は委託者の損害を為したる者は背信の罪と為し……に処す」（未遂処罰）。

2　旧刑法制定まで

　上記原案は，最終的に1877（明治10）年11月に「日本刑法草案」として確定し，これをもとに「刑法審査修正案」を経て「旧刑法」が成立する。この過程で，罪名は「受寄財物に関する罪」という名称になっている。

　「日本刑法草案」438条1項では次のように規定されている。「賃借恩借の物品又は典物受寄品其他委任を受たる金額物品を蔵匿拐帯し若くは費消したる者は背信の罪と為し……に処す」（442条で未遂処罰）。

　1879（明治12）年の「刑法審査修正案」395条第一文（受寄財物に関する罪）では次のように規定されている。「受寄の財物借用物又は典物其他委託を受けたる金額物件を費消したる者は……に処す」（397条で未遂処罰。この修正案の段階で，罪名が受寄財物に関する罪になり，行為は費消だけとなっている）。

　1880（明治13）年の「旧刑法」395条第一文（受寄財物に関する罪）は次のように規定されている。「受寄の財物借用物又は典物其他委託を受けたる金額物件を費消したる者は……に処す」（397条で未遂処罰，これは罪名，行為とも，刑法審査修正案と同じである）。

3　旧刑法の改正案と現行刑法までの諸案　その1

　旧刑法は制定直後から改正の機運があったが，これが形を成したのが「明治23年改正刑法草案」である。次に見るように，この草案には，まだボアソナードの強い影響を見ることができる。

VI　日本の横領罪規定の沿革

「明治23年改正刑法草案」377条は次のように規定されている。「自己又は他人を利するの意を以て賃貸，寄託，使用貸借，質其他容仮の名義にて交付せられたる金穀，物件を隠匿，消費したる者は背信の罪と為し……に処す」（381条で未遂処罰）。

この草案は旧刑法の構成に従っているし，また，1886（明治19）年のボアソナードの改正刑法提案で提案されている「其他容仮の名義にて」という文言がはいっていることから（これがà titre précaireの訳であることは明らかで，この文言の挿入を思いつく人物はボアソナードをおいてほかにはいないと思われる），この草案がボアソナードの強い影響を受けていることは明らかだろう。罪名も「背信の罪」という一般的名称が復活している。

同草案には説明書（「改正刑法草案説明書」）が存在するが，旧刑法を変更している部分が多いにもかかわらず，同条への言及はない。

「明治34年刑法改正案」289条1項では次のように規定されている。「他人の為め占有する動産又は不動産を横領したる者は……に処す」（未遂処罰規定はない）。

同改正案は現行刑法の構成に近付いており，罪名も横領罪にあらたまり，同条は「占有物横領の罪」の章に規定されている。

その理由について，同改正案の参考書（「刑法改正案参考書」〔法典調査会調査〕）には，次のような興味深い記述がある（208～209頁）。「現行法は又受寄財物を費消するか又は騙取，拐帯等の行為を為すに非ざれば罪と為さざるを以て単に受寄の財物を自己の物と為したる場合に在ては何等の犯罪を構成せず。被害者は唯民事上救済を求むるの外なく其保護極めて薄弱なりしを以て修正案は改めて費消又は拐帯等の行為に至らずとも既に横領の行為ありたる場合には之を罪と為し以て此弊を済〔筆者注：救？〕へり」（騙取拐帯の処罰は，旧刑法395条後段の「若し騙取拐帯其他詐欺の所為ある者は詐欺取財を以て論す」という部分に対応するものである）。

この改正案の横領罪の条文は，「他人のため」占有するものであることが要件となっており，委託関係の存在が要求されている点で旧刑法の趣旨を引き継いでいる。少なくとも，そのような趣旨で読める規定振りであるし，上記のように，改正案の「参考書」でも，旧刑法との連続性が意識されている。

そして，旧刑法のように費消のみを処罰するのでは不都合があることから，横領行為（受寄の財物を自己の物と為したる）の段階で犯罪が成立するものと整理され，これに伴い，横領罪の未遂犯処罰規定がなくなっている。改正案では，従来，未遂段階の行為であったものを横領罪の行為と位置づけ直して規定した結果，未遂犯として処罰する対象がなくなってしまい，削除されるにいたったのではないだろうか。すなわち，未遂犯処罰規定がなくなったのは，横領罪の行為が費消から横領へと変化したこと（未遂段階の行為が既遂段階の行為になったこと）に伴う必然的な修正で，横領罪に未遂犯処罰規定がないのはこの単純な理由によるものだろう。

　処罰範囲を前倒しして未遂段階の行為とされていた横領行為の時点で犯罪が成立すると考えるなら，ここには本来処罰を予定していなかった行為も含まれてしまう可能性があるから，これを除くには，委託者の財産を侵害する「費消」にあたる部分が主観的要件に転換し，このような主観的要素を伴った行為を横領罪の処罰対象とする要請が働くだろう。委託者の財産を侵害するのはなにも費消に限らず毀損であっても同じであるから，主観的要素を領得的要素に限るか毀棄的要素をも含むかはどちらもありうるが，少なくとも，このような主観的要素が，後の学説において，横領罪における，書かれざる主観的違法要素である不法領得の意思として要求されることになったものと思われる。

　「明治35年刑法改正案」287条1項（17帝国議会提出改正案）では次のように規定されている。「他人の為め占有する物を横領したる者は……に処す」（未遂処罰規定はない）。

　この改正案は明治34年刑法改正案とほとんどかわらない。「動産又は不動産」が「物」になっているだけであるが，これは，動産も不動産も物であるという理解によるもので，条文の微修正にとどまる。

4　旧刑法の改正案と現行刑法までの諸案　その2

　1902（明治35）年刑法改正案では，「他人の為め占有する物」を横領するとなっており，この文言は，旧刑法の趣旨を引き継いでいると理解できる。他方，現行刑法は，これと異なり「自己の占有する他人の物」を横領するとなっている。

この両者には大きな意味の違いがある。この変更はいつ行われ，そして，どこまで意識的に行われたものであろうか。
　手持ちの資料で確認できることだけ記しておく。
　1906（明治39）年6月に法律取調委員会が送付した刑法改正案が花井卓蔵文書のなかにある[19]。この改正案（全298条で，明治35年刑法改正案は299条あるから，両者は同一のものではない）も紹介しておこう（花井の覚書的な整理によれば，これは「第三草案」と呼ばれている。明治34年刑法改正案が第一草案，明治35年刑法改正案が第二草案となっている）。
　この明治39年6月段階の刑法改正案287条1項では次のように規定されている。「他人の為め占有する物を横領したる者は……に処す」（未遂処罰規定はない）。これは，明治35年刑法改正案と同じである。
　ところが，1907（明治40）年2月段階の刑法改正案（17帝国議会提出改正案に手を加えたもの）253条1項は次のように規定されている。「自己の占有する他人の物を横領したる者は……に処す」。この段階で，1907（明治40）年4月成立の現行刑法とほぼ同一の条文になっている（刑252条1項「自己の占有する他人の物を横領した者は……に処する」）。
　しかし，明治40年2月段階の刑法改正案参考書には，明治34年刑法改正案参考書と同じ説明（行為を横領としたことの意味）の後に次のような説明があるだけである。
　「第253条第1項は現行法第395条に修正を加えたるものして他人の為め占有する物を不法に横領したる場合の規定なり」
　この説明を見る限り，立案者には，条文の文言の変更がもつ重要な意味の変化は意識されていない。その後，同罪が委託物横領罪と理解されてきたという事実も，この文言の変更が意識的なものではなかったことを窺わせる。

5　旧刑法から現行刑法への変化

　明治39年6月から明治40年2月の8ヵ月の間に，「他人の為め占有する物」から「自己の占有する他人の物」へと文言が変化し，旧刑法に含まれていた，

19）　花井卓蔵文書（慶應義塾図書館所蔵・マイクロフィルムD2）に収録されている明治30年代の刑法改正案の1つ。

寄託等の契約により交付した物（「他人のため」）という意味が条文の文言から抜け落ちた。

　旧刑法の背信の罪の基本的な考え方に照らして考えるなら，この文言の変更はかなり決定的な意味の変更を伴っている。それにもかかわらず，刑法改正案参考書には，この文言の変更について何の言及もない。起草にあたる法律家の使命は条文に魂を吹き込むことであるのに，起草により背信の罪の魂を抜いてしまったのだが，これは法文の背後にある思想に対する無関心に起因したものではないだろうか。

　なお，現行刑法が成立した帝国議会では，貴族院においても衆議院においてもまた両院協議会においても，細かすぎる論点であるから仕方ないが，この点は俎上に載せられていない。[20]第二次大戦後の刑法改正作業をめぐる議論でも，この点に着目した問題提起は見当たらないようである。

VII 刑法 252 条への示唆

　刑法 252 条の解釈では委託関係が存在することは前提とされているから，旧法以来の解釈が引き継がれている。（他人の為め＝委託に基づいて）自己の占有する「他人の物」という文言を「他人が支配する物」と読むことは不可能ではないものの，刑法の簡潔な文言のゆえに横領罪の対象は他人の所有物であるとして，今日まで，物に対する物権的支配関係を前提とした解釈が展開され，これが横領罪の解釈を縛ってきたが，再検討されてもよいのではないだろうか。[21]今日，物をめぐる人と人との社会的，法律的関係は科学技術の発展と法律技術の精緻化に伴い，ますます多様化しており，物の帰属関係は依然として最も重要ではあるものの，数ある法律技術の 1 つであるに過ぎなくなってきているからである。

　すべての財産的法律関係を，客体としての物，資金，情報の区別を軽視し，

---

[20] 松尾浩也増補解題・増補刑法沿革綜覧（1990）を用いた。
[21] 今日のドイツ刑法 246 条の横領罪は，占有の要件（im Besitz oder Gewahrsam haben）が削られている（1998 年改正）。フランスでは，占有概念は内容を伴った概念として使い分けられ，法律の理解に不可欠の概念ではあるが法律の要件としては用いられていなかった。

すべて帰属関係（所有権の帰属）の有無に還元して刑事上の取り扱いを決めるのでは無理が生じる。実社会ではこれらを区別せざるを得ないので事実上区別して取り扱うようになっている。法律の世界でも，物，資金，情報をめぐる法律関係は，そこから生じる社会関係の様々な問題の解決に適するよう，工夫を重ね，幾層もの次元で区別していく試みがなされるべきではないだろうか。もちろん横領罪の解釈で解決できない問題もあり，あわせて法人処罰規定の導入も真剣に検討する必要があるだろう。[22]

　受け入れた資金を自由に運用できる預金のような消費寄託の場面で，預金者から権限を委ねられて引き出した者の不正取得につき預金者に預金の「占有」（とこれに基く金額所有権）を認めて預金者に対する横領罪の成立を考えるという発想は，その法律的工夫がどのようなものであれ，消費寄託において横領罪が成立することを想定していなかった同罪の沿革に照らすなら，その基本的な出発点ですでに無理を犯しているのではないか。

　委託に基づいて物を占有している者に委託物横領罪が成立することの根拠を，自分の一存で決することができるという意味での物に対する完全な所有者として物を支配している場合にあたらない場合を想定し，この不完全な所有者が，その一部は権利として残されている委託者の支配可能性，財産の使用収益処分に関して委託者も口出しできるという財産的権利を侵害することに求めてもよいのではないだろうか。委託関係が要求されるのは，委託関係の存在自体が重要というより，相手方に委託物の完全に自由な処分を委ねたわけではないという委託の内容こそが重要であるからではないか。完全に債権的な関係として処理して問題を解決する趣旨で委ねたのであれば，民事法上の解決に委ねることで足りるので，横領罪で処罰する必要はない。そこまで完全に自由な処分を相手方に委ねたわけではないという場合こそが横領罪で処罰されるべき場合であるということになる。委託物横領罪の刑が軽いのは，横領行為が動機において誘惑的だからではなく（責任の差），被侵害法益がいわば完全な所有権ではなく部分的な所有権にとどまるという客体の性質に由来すると解しうる（違法性の

---

22) フランス現行刑法314-1条では，法人も犯罪主体として処罰されているから（314-12条），法人が委託されて仮の資格で受け取ったため，自分の一存で自由に処分してはならない資金を横領すれば，法人に同罪が成立する。

差)。

　委託者に所有権が残らないとしても，物に対する支配可能性，財産の使用収益処分に関して委託者も口出しできるという財産的権利が保護に値すると考えるべきときには，これが侵害される場合に横領罪の成立を認めるという可能性も検討に値するだろう。

　自己の資金を他人に預けて管理，運用，あるいは利用を他人に委ねるという法律関係は，金融サービスの法律構成の仕方次第で，所有権を自己に留保する場合も留保しない場合もあるだろう。現代は，資金の委託者を保護するため，委託された資金を別段管理をすることが法律で求められる時代である。委託した資金の自由な返還を求めうる関係が認められる場合ということになるだろうが，受託者が別段管理された資金を費消した場合，横領罪の成立を認める余地がある。投資の性質をもつ証券に投じた資金でも，消費者保護法としての一面を有する金融商品取引法等でその資産を保護するために種々の法的行政的規制が行われている。そしてこうした法的保護があることを前提に，顧客は自己の資産を保全する一手段として，預金以外の，比較的安全とされる金融商品を選択する場合もある。今日の金融商品の法律関係は，そのすべてが，預かった資産の自由な運用が受託者に完全に委ねられ，その成果を委託者に還元するという投資商品としての性質をもつものとして割り切れるような法律関係というわけではないだろう。金融商品（金融商品まがいのものも含め）は一般には安全性が高い場合は高いリターンは期待できず，また，リスクが高いなら高いリターンが期待できるという関係にあるが，実際には，その中間の形態のものがたくさん存在するようになっている。こうした法的性質と運用の実態に照らすなら，運用を委ねられた資金であっても完全に自由に処分はできないと考えるべき場合が多いだろう。

　横領罪はこのような今日的法現象に対処しうる犯罪として観念しうる性質を有している。過去を辿る道には未来につながる道もあるだろう。

担保権侵害の擬律（類型的考察）

須 藤 純 正

I　はじめに

　民法が709条によってすべての故意・過失に基づく不法行為について損害賠償責任を認めているのとは異なり，刑法は，重要な法益侵害であっても，そのすべてを刑罰の対象とはしておらず，これを「刑法の断片性」という[1]。したがって，財産権を侵害する行為であっても刑法典各則に規定する個々の犯罪類型のいずれか1つの成立要件を満たさない限り，刑法上犯罪として処罰することはできない。

　この犯罪類型の1つである背任罪（刑247条）の意義については，学説上権限濫用説と背信説が対立しており，前者に対しては，背任罪の成立範囲が明確になるという長所がある反面，かなり広い範囲での当罰的な行為が捕捉されないという不都合を招くことになるとの指摘がある[2]。ちなみに判例は背信説の立場に立った上で，質権設定者たる被告人AがBに質入れ交付した株券につき除権判決を得ることによりBの当該株券に対する質権の対抗力を喪失させた事案につき，背任罪の成立を認めている（最決平成15・3・18刑集57巻3号356頁）[3]。この判例の評釈として，「本決定を支持する立場からは，背任罪の合理的な成立範囲を画するべく，判例の射程範囲を限定する作業が不可欠となるように思われる」との見解が示されている[4]。

　本稿では，類型的アプローチにより背任罪の成立要件の明確化を模索してみ

---

1) 西田典之・刑法総論〔第2版〕（2010）32頁。
2) 西田典之・刑法各論〔第6版〕（2012）253頁以下。
3) 新しい学説として背信的権限濫用説などが刑法各論の概説書にも紹介されている（西田・前掲注2）254頁）。
4) 橋爪隆・ジュリ1292号（2005）176頁。ほかに，本判例の評釈として，川上拓一・現代刑事法7巻1号（2005）104頁，堀田周吾・東京都立大法学会雑誌45巻2号（2005）457頁，山本輝之・平成15年度重判解171頁，宮崎英一・最判解刑事篇平成15年度146頁。

たい。ただ，あらゆる犯罪類型を網羅的に検討する作業は荷が重過ぎるので，民事と交錯する事例の1類型である「担保権侵害の当罰性」に絞って，類型化した事例を順次検討していくこととする。担保権も多岐にわたるが，差し当たりここでは財物である「株券の略式質」を取り上げることとする。

Ⅱ　前提となる私法上の法律関係

1　株券発行会社

　株券とは，株式すなわち株主としての地位を表章する有価証券である。株式会社は株券を発行してもよいし，発行しなくてもよい。株券を発行する旨を定款で定めた会社が株券発行会社である（会社117条7項）。株券発行会社の株式の譲渡は株券の交付によって行う（会社128条1項）。

2　株券喪失登録制度

　株主Aが株券をなくしても株主権までは失わない。Aは株主名簿に基づいて株主権を行使できるし（会社130条），拾得者Bに対して株主権（所有権）に基づき株券の返還を請求することができる。もっとも，株券の占有者は，当該株券に係る株式についての権利を適法に有するものと推定されるので（会社131条1項），Aが拾得者Bに株券の返還を請求するにはBの無権利を証明することが必要である。無権利者Bから株券の交付を受けたCは，悪意・重過失がない限り，当該株券に係る株式についての権利を取得する（同条2項）。善意取得者があらわれるともとの株主Aは権利を失う。
　そこで株券をなくした株主に対し会社法はどのような救済制度を用意しているだろうか。株券が発行されている株式についての譲渡や担保化には株券が必要であるから，株券をなくした株主はその再発行を望み，少なくとも善意取得を防ぎたいと考える。
　かつては簡易裁判所に公示催告を申し立て，除権判決によって株券を無効にしてもらった。この手続は面倒な上，周知性が低いという難点があったため，[5]会社法の平成14年改正は，株券失効手続を定めるとともに，株券には公示催

告・除権判決の手続を適用しないことを明らかにした。

 有効な株券を喪失した者は，失った事実を証明する資料などを添えて，株券発行会社に株券喪失登録を請求することができる（会社223条）。会社はその事項を株券喪失登録簿に記載する（会社221条）。その後誰からも異議が出ないまま1年が経過するとその株券は無効となり（会社228条1項），会社は上記の登録を受けた者（株券喪失登録者）に株券を再発行しなければならない（同条2項）。

 株主ではない者の申請によって手続が進められ，自分の持っている株券が知らない間に無効にされては困る。登録を受けたのが株主名簿上の名義人ではない場合，株券喪失登録がされた旨を会社から名義人に通知する（会社224条1項）。株券を所持する者は，株券喪失登録の日から1年内であれば，その株券を添えて会社に株券喪失登録の抹消を申請することができる（会社225条1項・2項）。会社は抹消の申請があったことを株券喪失登録者に通知する（同条3項）。この通知から2週間を経過した日に，会社は株券喪失登録を抹消し，株券を抹消申請者に返す（同条4項）。

3　株式の担保化

 株主が資金を必要とするとき，株式を担保に入れて融資を受けることができる。担保化の方法として法定されているのは質権であり（会社146条1項），これには略式質と登録質とがある。株券発行会社の株式の質権設定は，株券を交付することによって効力を生ずる（同条2項）。その上で，質権者が株券の占有を継続することが，会社その他の第三者に対する対抗要件である（会社147条2項）。このように株券の占有を移すだけで質権を設定する方法を略式質と呼ぶ。

 これに加えて，株主名簿に質権者の住所・氏名を記載するのが登録質である（会社147条1項）。登録質は株式が譲渡されても質権がついてまわり，配当なども会社から直接質権者に支払われるので，質権者としては安心できるが，担保に入れたことが明るみに出ることが難点である。

---

5) 龍田節・会社法大要（2007）220頁。
6) もっとも，改正後も新株予約権証券（会社291条），社債券（同699条）については公示催告・除権判決の手続が適用される。
7) 龍田・前掲注5) 249頁。

Ⅲ　質権侵害の態様

1　質権設定者による質権者からの質物の取戻し（窃取）

(1)　窃盗罪の成否

　犯人Aにおいて質権者Bが占有する略式質である株券を不法領得の意思をもって奪取した場合には，窃盗罪が成立する（刑235条）。それではこの場合において犯人Aが株主すなわち当該株券の所有者であるとき（事例1）には，窃盗罪は成立するであろうか。この点は窃盗罪の保護法益をどのように考えるかという論点と関係する。

　その保護法益については本権説と占有説との対立があるところ，刑法242条[8]が存在することにより，いずれの立場に立っても保護法益は所有権には限られない。事例1では財物の占有者Bは質権という本権を有しており，刑法242条を適用すると，自己の財物であっても，当該株券はAにとって「他人の財物」とみなされるので窃盗罪は成立するのである。

(2)　窃取後の質物の譲渡

　窃取後に株主Aが第三者Cに当該株券を譲渡した場合にはどうなるであろうか。Cとしても悪意・重過失が認められてしまうと当該株券を善意取得できないというリスクがあるところ，Aには当該株券には質権が設定されていることについて信義則上の告知義務が認められる（大判大正12・4・7刑集2巻323頁参照）。したがって，Aの不作為の欺罔によってAを権利者と誤信したCに対する売買代金名下による現金詐取という詐欺罪が成立する。

　BはCに対しては，Cが悪意である場合を除き，占有回収の訴えを提起することができない（民200条2項）。

---

8)　西田・前掲注2）150頁。

2 質権設定者による質権者からの質物の取戻し（詐取）

(1) 詐欺罪の成否

例えば、犯人Ａが株券を占有する質権者Ｂに対し、転売目的であるのにその情を秘して、「明日必ず戻すから、一時株券を預からせてほしい」旨の嘘を言って株券の交付を受けたような場合には、株券の詐取という1項詐欺罪が成立する。ここで犯人Ａが株主すなわち当該株券の所有者である場合（事例2）であっても、刑法251条に基づき刑法242条を準用することによって同じく1項罪欺罪が成立する（刑246条1項）。この場合Ａは当該株券の株主である地位をもともと有していたから、Ｂをだまして詐取した客体は、株券ではなく、財産上不法の利益にすぎず、2項詐欺が成立するのではないかという疑問も生ずるが、ここで準用される刑法242条によって当該株券は「他人の財物」とみなされるのであるから、1項詐欺の成立を認めてよい。

(2) 詐取後の質物の譲渡

詐取後に株主Ａが第三者Ｃに当該株券を譲渡しようとする場合、Ａには当該株券に質権が設定されていることについて信義則上の告知義務があり、Ｃとしても真実を知れば当該株券を善意取得できないというリスクを負担している。したがって、Ａの不作為の欺罔によってＡを権利者と誤信したＣに対する売買代金名下による現金詐取という詐欺罪が成立するであろう。これは被欺罔者を異にする新たな法益侵害であるから、Ｂに対する詐欺罪の不可罰的事後行為とは評価することができず、併合罪の関係でＣに対する詐欺が新たに成立する。

なお、ここで検討している事例の客体は、略式質という株券であってこれは財物であるから、2項詐欺の成否は論ずる必要がないであろう。

3 質物の横領・背任

(1) 質権設定者が質物占有者と共謀してする質権者からの質物の取戻し

略式質である株券を占有する質権者Ｂが横領の被害に遭うとした場合、典型的にはどのようなケースが考えられるであろうか。例えば、質権者Ｂが自己の占有する当該株券を第三者Ｃに有償寄託していたところ、Ｃが株主であ

る質権設定者Aの指示によりこれをBからの委託の趣旨に反してAに戻してしまい、質権者Bの対抗要件を喪失させてしまったようなケース（事例3）が考えられる。

ここでは質物占有者たる身分を有する正犯が質権設定者たる株主である場合は考えられない。すなわち質権設定契約は要物契約であって、設定には目的物の引渡しを要件としている（会社146条1項、民344条）趣旨に照らし、質権者は、質権設定者に自己に代わって質物の占有をさせることができないからである（民345条）。

(2) 横領罪の成否

事例3の場合、Cの不法処分は横領となるであろうか。Cは自己が占有する他人の物をBからの委託の趣旨に反して不法処分したと解することができるので、横領が成立すると解することは可能である。

しかし、大審院明治44年10月13日判決（刑録17輯1698頁）は、質権者Bの依頼により質物を保管していたCが所有者Aにみだりに返還した事案について、Bの質権に侵害を加えたものであって、Aの所有権を侵害していないという理由により、横領の成立を認めず背任罪の成立を認めている。しかし、客体たる質物は「他人の財物」とみることができないのであろうか。事例1及び事例2については、Bの質権に侵害を加えたものであって、Aの所有権を侵害していないという点では上記判例と類似のケースであるが、刑法242条の適用ないし準用により、「他人の財物」と認められて、物に対する窃盗ないし1項詐欺の成立が認められる。それと同様の保護は刑法252条2項によってカバーされている。そうであれば、Bの質権という本権が化体されている他人の「物」を横領したという解釈も十分に可能であると考える。もっとも、Cに不法領得の意思が認められるか否かの問題は残る。

(3) 背任罪との区別

事例3に背任罪にあてはめた場合、Bという他人の事務処理者であるCが、第三者であるAの利益を図る目的で、委託の趣旨に反した任務違背によりBに質権の対抗要件の喪失という財産上の損害を与えたと解することができるから、背任罪の構成要件に該当する行為と解する余地は十分にある。

問題は横領罪と背任罪との区別の基準である[9]。この点について争いはあるが

背任罪と横領罪とを一般法と特別法の関係に類したものと解する場合には，背任ではなく横領が成立するという結論に帰着する。両罪の区別の基準として，財物に対する領得行為が横領罪であり，その他の背信行為が背任罪とする見解からも横領罪が成立すると解してよいと思われる。

(4) **横領後の質物の譲渡**

質物の占有者Cから株券の返戻を受けた株主Aが第三者Dに当該株券を譲渡した場合には，事例1の事後行為としての譲渡の場合と同様に解することができ，Aの不作為の欺罔によってAを負担のない権利者と誤信したDに対する売買代金名下による現金詐取という詐欺罪が成立するであろう。

(5) **単独犯である質物占有者による横領**

事例3から少し事実の設定を変更し，質権者Bが自己の占有する当該株券を第三者Cに有償寄託していたところ，CがこれをBに無断で委託の趣旨に反しDに対して不法処分し，その不法処分の内容が権利者を装ってDに当該株券を転売し対価として現金を騙し取ったような場合はどのような犯罪が成立するのであろうか。結論としてCの行為は，売却（不法処分）の意思表示によって不法領得の意思の外部的発現が認められて横領が成立し，売買契約の履行として代金を受領した時点においてDに対する現金を客体とする詐欺が成立すると解される。両罪の罪数関係については，厳密に見て既遂時期は若干異なるものの売買という一連の行為として重なる部分があるから観念的競合と解される（刑54条1項前段）。

4 質権設定者による質権者の占有する質物の毀棄・隠匿

犯人Aにおいて質権者Bが占有する略式質である株券を物理的に損壊した場合には，器物損壊罪が成立する（刑261条）。ここで器物損壊罪にいう損壊とは，物理的損壊に限らず，物の効用を害する一切の行為をいう（効用侵害説）のであるから，物理的損壊以外の行為であっても，占有を奪って隠匿するなど

---

9) 西田・前掲注2) 265頁。
10) 前田雅英・刑法各論講義〔第6版〕(2015) 290頁以下参照。
11) 西田・前掲注2) 266頁。
12) 大判大正2・6・12刑録19輯714頁。
13) 西田・前掲注2) 280頁。

質権者Ｂの第三者に対する対抗要件を失わせる一切の行為は器物損壊罪に該当し得る。その場合，事例1で検討した窃盗罪とは一般に不法領得の意思の有無によって区別し得るであろう。[14]

犯人Ａが株主すなわち当該株券の所有者である場合において，質権者Ｂが占有する略式質である株券を奪取して物理的に損壊したとき（事例4-1）には，いかなる犯罪が成立するであろうか。株券の物理的損壊は，Ａにとってもこれを占有することの効用（株主たる地位を適法に有することの推定——会社131条1項）を失うことを意味する。したがって，この場合Ａに不法領得の意思は認め難く窃盗罪は成立しない。Ａにとって当該株券は自己の所有物であるが，自己の物であっても，質権という物権を負担したものを損壊した場合には，刑法262条を適用することにより器物損壊罪が成立する。

第三者Ｃが当該株券の所有者Ａの命令によって質権者Ｂが占有する略式質である株券を奪取して物理的損壊ないし隠匿したときはいかなる犯罪が成立するであろうか。[15] ここではＡが株券の占有を回復せず，Ａ及びＣのいずれにも不法領得の意思が認められないものとする（事例4-2）。この場合質権者Ｂにとっては質物である株券の喪失により質権の対抗要件を失う。Ｃに不法領得の意思が認められないのであるからＣの行為は器物損壊である。Ａの行為は器物損壊の共同正犯（刑60条）又は教唆（刑61条1項）となるであろう。

5　担保権侵害に対する処罰範囲拡張の要否

これまで，財産権のうち株券という財物に対する担保権侵害によって質権者の第三者対抗要件を喪失させる行為に対する刑法の罰則対応について，想定される基本的事例により類型的に検討してみたが，当罰性の観点から見て，現在刑法による処罰の範囲から漏れていると思われる担保権侵害行為が存在するであろうか。仮に，この点が肯定されるのであれば特別立法により処罰を拡張することが考えられよう。

近時の立法では，刑法の一部改正による電子計算機使用詐欺罪（刑246条の2）の新設，不正競争防止法の数次の改正による営業秘密侵害行為に対する刑

---

[14]　西田・前掲注2）158頁。
[15]　この場合，Ａが株券を取り戻せば窃盗罪になるであろう（事例1）。

事罰の導入，その処罰範囲の拡張，法定刑の引き上げなどがみられる（不正競争21条1項参照）。しかし，本稿で検討の対象とする「株券という財物に対する担保権侵害」に対しては，特に新たな立法による処罰範囲の拡張の必要性は見出しがたいように思われる。

以下では，これまで検討した基本的な類型的事例を基にした担保権侵害行為に対する刑法の罰則対応の結果を踏まえて，会社法の制度を悪用した応用問題ともいうべき担保権侵害行為に対する刑法の罰則対応について検討を進める。

6 株券喪失登録制度を悪用した質権侵害

(1) 質物たる株券の無効化

質権設定者たる株主Aが当該株券を占有する質権者Bに無断で会社に対し，虚偽の株券喪失登録を請求し，質権者Bが知らない間に当該株券を無効として，会社から新たな株券の再発行を受けた場合（事例5），Aにどのような犯罪が成立するか。事象を株券の無効化と新たな株券の再発行の2つに分けて考えてみることとする。

前者については，これまで検討した事例のうちどれに類似しているであろうか。質権者Bは当該株券の占有を失っていないところ，質権の対抗力という財産上の利益をその意に反して奪われている点については，これは財物ではないから利益窃盗と評価するほかなく，結局，事例1の窃盗の類型には該当しない。

質権の対抗力の喪失については，Bの意思による処分行為が存在しないから詐欺罪には該当せず，事例2の詐欺の類型にも該当しない。

質権者Bは株券の占有管理を内部的に第三者に委託していたわけではないから，一見，事例3の横領・背任の類型には該当しそうにない。しかし，事例3において第三者CがAの指示により株券をAに戻した点は，私法上の法律効果において，事例5における株券の無効化と新たな株券の再発行の2つの要素を併せたものと同等に評価することができる。ただ事例3では，AとCとが共謀しているので一連の行為とみるのが自然であるのに対し，事例5では，第三者たる発行会社の関与はAとの共謀によるものではないから，2つの事象を分けて考えるほうが合理的と考えられるのである。

事例4との対比に進む。事例5において質権設定者たる株主Aは質権者Bが占有する略式質である株券を物理的に損壊したものではないが，器物損壊罪にいう損壊とは，物理的損壊に限らず，物の効用を害する一切の行為をいうと解されている。株券の無効化と新たな株券の再発行とを2つに分けて考えた場合，前者は，比較的事例4-1に類似するといえる。第三者たる発行会社の行為を利用しているという意味では，事例4-2とも類似している。したがって，事例5については，情を知らない発行会社を道具として株券喪失登録手続を悪用し，Bの手元にある当該株券を無効化させて質権の対抗力というBにとっての効用を滅失させたということを意味し，当該株券を客体とする器物損壊罪が成立すると解することができる。

生じた結果（株券の無効化）は，BのみならずAにとっても不利益であり，これをAにとって不法領得の意思が認められない犯罪類型に位置づけても不当ではなかろう。客体はAにとって自己の物であるが，質権を負担しているものであるから器物損壊罪が成立する（刑262条）。

(2) 株券の再発行

「株券の無効化」の次に来る「株券の再発行」については，Aの行為としてどのように評価すべきであろうか。事例1と対比してみれば，質物の「窃取後の譲渡」以前の段階にとどまる。株券の再発行を受けた時点で，Aとしては私法上これを質物としてBに引き渡すべき義務がある。事例1では，これを第三者Cに不法処分した時点で新たに詐欺罪が成立することとなった。事例5でもAが再発行を受けた株券を権利者であるBに引き渡さずに，権利者であることを装って第三者に不法処分した場合には，別途詐欺罪が成立する。

事例5における株券の再発行については，事例3と類似する側面がある。上述のとおり，事例3において第三者CがAの指示により株券をAに戻した点は，私法上の法律効果において，事例5における株券の無効化と新たな株券の再発行の2つの要素を併せたものと同等に評価することができる。ただ，事例3では，AとCとが共謀しているので一連の行為とみることが自然であるのに対し，事例5では，第三者たる発行会社の関与はAとの共謀によるものではないから，2つの事象を分けて考えるほうが合理的と考えられるのである。

事例5において，「株券の無効化」については，上述のとおり器物損壊罪が

成立すると解したのであるが,「株券の再発行」については, A にとって不法領得の意思が十分に認められる。ただ,事例3では実行正犯を C と解するのに対し,事例5では第三者たる発行会社は正犯ではない。事例5ではA の単独犯であるからA のB に対する犯罪とみるのではなくA の発行会社に対する犯罪とみるほうが自然ではなかろうか。

すなわち,真実は株券の適法な占有者は B であって A ではない。したがって当該株券喪失登録を請求するとすれば B でなければおかしい。A には会社法223条に基づき株券喪失登録請求をする資格要件がない。A のした株券喪失登録の申請は,無資格者がした虚偽の請求であるという点において,詐欺の実行行為と評価することができる。発行会社の担当者は A が無資格者であると知っていれば株券を無効にする手続を進めることはないのであり,発行会社が錯誤に陥り,実体的には株券喪失登録者に該当しない A について,権利者であると誤信して新たな株券を交付し (会社228条2項), A はこれを詐取したとみることができるであろう。

(3) 類型的考察に基づく結論

事例5については, A の行為は当該株券を無効にした時点 (会社228条1項) で B に対する質物たる株券を客体とする器物損壊罪が成立すると解する。次に, A が発行会社から株券の再発行を受けた時点で,発行会社における被欺罔者に対する新たな株券を客体とする詐欺罪が成立すると解する。両罪の罪数関係は併合罪であろう。

Ⅳ 最高裁平成 15 年 3 月 18 日決定 (刑集 57 巻 3 号 356 頁) の事案の分析検討

1 除 権 判 決

かつては株券を喪失した者は,公示催告手続をとって除権判決を受ければ,喪失した株券を無効とすることができ,その上で会社に株券の再発行を請求することができた。公示催告の申立権者は,株券の最終所持人である (旧民訴778条1項)。

2 事実関係

(1) 第一審判決書が認定した事実[16]

ア　被告人Xは，S会社の代表取締役であり，同社がT保険会社との間で平成元年11月24日極度額3億円の根担保質権設定契約を締結し，合計1億1800万円の融資の担保としてF会社発行の千株券12枚等を交付し，F会社株式ほか2社の株式を入質していた。

イ　Xは返済期である平成3年11月29日を過ぎても上記借入金を返済することができず利払いもできないでいたところ，入質した株券の一部について，株券を紛失した旨の虚偽の理由により除権判決を得て株券を失効させ，各社から株券の再発行を受けてこれを売却処分し，借入金の返済等に充てようとした。

ウ　Xは平成7年10月20日ころ，F会社ほか1社発行に係る株券についての株券喪失届，株券紛失状況に関する上申書，公示催告申立て及び除権判決申立て等についてのM弁護士あての委任状等を代行業者に郵送送付した。

エ　Xから委任を受けた情を知らないM弁護士は平成7年12月8日川崎簡易裁判所に，F会社発行の株券12枚の紛失を理由とした公示催告の申立てをした。次いで，M弁護士の復代理人であるN弁護士は公示催告期間満了後の平成8年9月9日同裁判所に同株券についての除権判決の申立てをし，同月24日同裁判所から同株券の無効を宣言する旨の除権判決を得た。これにより時価1198万8000円相当の同株券に係るT保険会社の質権の対抗要件を喪失させた。

オ　Xは同様の手口で，情を知らない弁護士を介するなどしてほか2件の公示催告・除権判決の申立てをし，各除権判決を得た結果，時価合計6995万円相当の株券に係るT保険会社の質権の対抗要件を喪失させた。

(2) 関連事実

本件裁判の一件記録に含まれる関係証拠によれば，Xは平成8年10月23日に除権判決を得たF会社の株式1万2000株分の株券についてF会社から再発行を受けたほか，同年9月9日にH会社の株式1万株分，同月10日にY

---

16)　東京地判平成10・12・24刑集57巻3号367頁。

会社の株式2万3000株分の各株券につき各発行会社から再発行を受け，いずれもそのころXの母親名義に名義書換えを行っている。[17]

3 類型的考察

(1) 総　説

　先に述べたとおり，会社法の平成14年改正により新たに株券喪失登録制度が創設された結果，現在では株券は除権判決の対象から除外されている。現在では同様の手口による犯行は，先に検討した事例5によることとなる。

　本件について類型化すると，質権設定者たる株主Aが当該株券を占有する質権者Bに無断で簡易裁判所に対し虚偽の紛失を理由として公示催告の申立て及び除権判決の申立てをし，除権判決を得て当該株券を無効とし，次いで裁判所から交付を得た除権判決の正本又は謄本を発行会社に提出して株券の再発行を受けた場合（事例6），Aにどのような犯罪が成立するかということである。ここでも事例5の場合と同じく，事象を株券の無効化と新たな株券の再発行の2つに分けて考えてみるのが相当と考える。

(2) 株券の無効化

　質権の対抗力の喪失については，事例5の場合と同様，事例1の窃盗の類型には該当せず，事例2の詐欺の類型にも該当しない。

　事例3において第三者CがAの指示により株券をAに戻した点は，私法上の法律効果において，事例6における株券の無効化と新たな株券の再発行の2つの要素を併せたものと同等に評価することができる。ただ，事例3では，AとCとが共謀しているので一連の行為とみることが自然であるのに対し，事例6では，第三者たる簡易裁判所及び発行会社の関与はAとの共謀によるものではないから，2つの事象を分けて考えるほうが合理的と考えられるのである。

　事例4との対比に進む。器物損壊罪にいう損壊とは，物理的損壊に限らず，物の効用を害する一切の行為をいうと解されているから，株券の無効化と新たな株券の再発行とを2つに分けて考えた場合，前者は，比較的事例4-1に類似

[17) 宮崎・前掲注4) 147頁。

するといえる。第三者たる簡易裁判所及び発行会社の行為を利用しているという意味では，事例4-2とも類似している。したがって，事例6については，情を知らない簡易裁判所を道具として除権判決制度を悪用し，Bの手元にある当該株券を無効化させて質権の対抗力というBにとっての効用を滅失させたということを意味し，当該株券を客体とする器物損壊罪が成立すると解することができる。客体はAにとって自己の物であるが，質権を負担しているものであるから器物損壊罪が成立する（刑262条）。

(3) 株券の再発行

「株券の無効化」の次に来る「株券の再発行」については，Aの行為としてどのように評価すべきであろうか。事例1と対比してみれば，質物の「窃取後の譲渡」の以前の段階にとどまる。株券の再発行を受けた時点で，Aとしては質権設定契約に基づき私法上これを質物としてBに引き渡すべき義務がある。事例1では，これを第三者Cに不法処分した時点で新たに詐欺罪が成立することとなった。事例6でもAが再発行を受けた株券を権利者であるBに引き渡さずに，権利者であることを装って第三者に不法処分した場合には，別途詐欺罪が成立するであろう。

本件最決の事例では，発行会社から再発行を受けた株券につき被告人Ｘの母親名義に名義書換えを行っている。これは1の事例の質物の「窃取後の譲渡」の段階の行為に相当する。母親への名義書換えは当該譲渡が通謀虚偽表示かもしれないし，母親が善意取得したとは必ずしもいえない。第三者の善意取得が成立していない場合には，質権者Bは民法353条により当該株券の引渡請求が認められるであろう。

事例6における株券の再発行については，事例3と類似する側面がある。上述のとおり，事例3において第三者CがAの指示により株券をAに戻した点は，私法上の法律効果において，事例6における株券の無効化と新たな株券の再発行の2つの要素を併せたものと同等に評価することができる。ただ，事例3では，AとCとが共謀しているので一連の行為とみることが自然であるのに対し，事例6では，第三者たる簡易裁判所及び発行会社の関与はいずれもAとの共謀によるものではないから，2つの事象を分けて考えるほうが合理的と考えられるのである。

事例 6 において,「株券の無効化」については,上述のとおり器物損壊罪が成立すると解したのであるが,「株券の再発行」については,厳密にいえば簡易裁判所からの除権判決正本(又は謄本)の受交付と除権判決正本(又は謄本)提出による再発行株券の受交付という 2 つの行為にさらに細分化できる。

簡易裁判所からの除権判決正本の受領は,「株券の再発行」を得るための手段としての行為にすぎないが,除権判決正本を財物とみれば,簡易裁判所裁判官を被欺罔者とする 1 項詐欺が成立する。すなわち,A のした公示催告及び除権判決の申立ては,株券を紛失した旨の虚偽の理由に基づいている点において,詐欺の実行行為と評価することができる。この場面では A にとって不法領得の意思が十分に認められる。ただ,事例 3 では実行正犯を C と解するのに対し,事例 6 では第三者たる簡易裁判所は正犯ではない。

次に発行会社からの再発行株券の受領は,無資格者が詐取した除権判決の正本(又は謄本)に基づいてする虚偽の請求であるという点において,詐欺の実行行為と評価することができる。発行会社の担当者は,A について株券の最終所持人であって再発行を受ける正当な権利者であると誤信して新たな株券を交付し,A はこれを詐取したとみることができるであろう。

(4) 類型的考察に基づく結論

事例 6 については,A の行為は当該株券を無効にした時点(会社 228 条 1 項)で,①B に対する質物たる株券を客体とする器物損壊罪が成立すると解する。次に,A が簡易裁判所から除権判決の正本の交付を受けた時点で,②裁判所書記官を被欺罔者とする 1 項詐欺が成立し,同正本を提出して発行会社から株券の再発行を受けた時点で,③発行会社における被欺罔者に対する新たな株券を客体とする詐欺罪が成立すると解する。②は③の手段となっているものの,通常の手段結果の関係にあるとはいい難いので,3 罪は併合罪の関係にあると解されよう。

4 本件最決における法令の適用

本件最決は,①「質権の設定者は,……融資金の返済があるまでは,当該株式の担保価値を保全すべき任務を負う」とし,②「これには除権判決を得て当該株券を失効させてはならないという不作為を内容とする任務も当然含まれ

る」とし，③「この……任務は，他人である質権者のために負う」として，背任罪の成立を肯定する。一審判決と基本的に異ならない理由によって刑法247条を適用している。

①の点であるが，なぜ融資金の返済があるまで担保価値を保全すべきであるのかがよくわからない。質権設定契約に基づく保全義務ではなく，消費貸借契約に基づく保全義務ということであろうか。しかし，質権設定者の義務であると判示しているから質権設定契約に基づく義務であろうか。債権関係と質権という物権関係とを混同した不明確な議論である。ここでの「担保価値保全義務」の内実は，「他人の財産権を犯罪その他の違法行為によって侵害してはならない」という，質権設定者に限られない万人が負っている不作為義務違反であり，私法上の行為の評価は債務不履行ではなく不法行為なのではなかろうか。本件被告人の実行行為（最決のいう任務違背行為）は，株券の最終所持人ではなく，かつ，株券を喪失した事実などないのに，申立権限及び紛失の事実を装ってした虚偽の申立てであり，正に詐欺の実行行為なのである。詐欺罪という禁止規範（万人に対する不作為規範）によって抑止されている行為につき，質権設定者に対して重ねて不作為義務を課す理由があるのであろうか。

最高裁昭和61年7月18日決定（刑集40巻5号438頁）は，A所有の建物につき根抵当権の設定を受けていたBが抵当権実行の結果自らこれを競落して，Bに対する所有権移転登記がなされた後に，Aがこれを損壊した事案につき，建造物損壊罪の成立を認めている。仮に，この事案でAが自己所有の建物につきBから融資を受けてBのために根抵当権設定登記を経由した後，Bに損害を加えるために同建物を損壊したような場合，本件最決の解釈をあてはめれば，抵当権設定者Aの行為は，融資金の返済があるまではBのために担保価値を保全すべき任務を負い，その任務違背（不作為義務違反）により背任罪を構成するのであろうか。他人の抵当権設定登記が設定された建造物を損壊した場合には，犯人が誰であろうと背任罪ではなく建造物損壊罪が成立すると解すべきであろう。

V おわりに

　本稿では，類型的アプローチにより背任罪の成立要件の明確化を模索してみた。すなわち，株券の略式質を例にとって担保権侵害の犯行態様を刑法典各則に規定する犯罪類型にあてはめて分析検討し，従来の判例にあまり拘泥することなく「背任罪以外の犯罪類型」と「背任罪の犯罪類型」とを明確に区別することを心がけた。

　その結果，担保権侵害の一態様である最高裁平成15年3月18日決定（刑集57巻3号356頁）のような事案については，具体的妥当性を追求する当罰的見地から拡張解釈により背任罪を適用するのではなく，むしろ刑法262条を見直してその適用を活性化させることにより，器物損壊罪及び詐欺罪を適用することが妥当ではないかという結論に到達したものである。[18]

---

18) 私見によれば二重抵当の事案（最判昭和31・12・7刑集10巻12号1592頁）についても，刑法262条を適用することにより，抵当権の目的物が建物であれば建造物損壊罪（刑260条），土地であれば刑法261条の罪が成立すると解することができる。

強制執行妨害罪における行為状況要件について

鎮目征樹

I 問題の所在

　強制執行妨害罪[1]（刑法96条の2）は，平成23（2011）年に全面的に改正された。執行妨害対策のために整備された現行規定は，新たな行為類型を設け，その処罰範囲を拡張したが，基本的な構造は，旧規定のそれと変わっていない。すなわち，本罪は，強制執行を妨害する目的で[2]，強制執行の対象財産に対して，隠匿，損壊等の対物的な加害行為[3]をなせば直ちに成立するのであって，現実に強制執行を妨害したことは必要でない。また，本罪は，公務執行妨害罪（95条1項）とは異なり，暴行・脅迫が「職務を執行するに当たり」加えられることもその要件とされてはいない。

　このように，本罪は，刑法典の「公務の執行を妨害する罪」の章に置かれているものの，妨害の対象である公務活動に，構成要件該当行為が直接作用する必要がない点にその特色がある。それゆえ，本罪については，強制執行の開始はもちろん，強制執行が現に行われようとしていることも要しないとの解釈が

---

1) 本稿の検討対象である刑法96条の2には，平成23年改正で「強制執行妨害目的財産損壊等」という見出しに変更された。これは，新設された，対人的加害行為により強制執行の行為を妨害する類型である96条の3（強制執行行為妨害等），強制執行において行われる売却の公正を阻害する類型である96条の4（強制執行関係売却妨害）との区別のためであるが，旧規定と同じ強制執行妨害罪という罪名を用いる体系書も見られる（西田典之・刑法各論〔第6版〕〔2012〕433頁等）。本稿は，これに従うこととする。
2) 改正により，旧規定の「強制執行を免れる目的」から変更されている。もっとも，これは本罪の主体が債務者に限定されないこと，および，強制執行の進行を一時的に阻害する行為も含まれる旨を明らかにする趣旨である（西田・前掲注1）433頁）。
3) 平成23年改正では，従前より処罰対象とされていた財産の隠匿，損壊，譲渡の仮装および債務負担の仮装（刑法96条の2第1号）に加え，対象財産の現状を改変して価格を減損し，または強制執行の費用を増大させる行為（同条2号），さらに，金銭執行を受けるべき財産について，無償その他の不利益な条件で，譲渡をし，または権利の設定をする行為（同条3号）が処罰対象とされた。これらの行為の意義については，西田・前掲注1）435頁以下参照。

支持されてきた。平成23年改正法も、本罪の客体に「強制執行を……受けるべき財産」が含まれる旨記述し、このような理解を確認している。

もっとも、本罪が強制執行開始以前になされた行為について成立しうるとしても、そこに一定の時期的な限界があることについては異論が少ない。たとえば、債務者が将来、債務の履行が困難となり、強制執行を受ける事態が生ずることを想定して、財産を隠匿する行為について、（結論としては）本罪が成立することはないというのがおそらくは一般的な理解である。[4]

このような理解は、判例も取るところである。すなわち、旧規定に関する昭和35年の最高裁判例（最判昭和35・6・24刑集14巻8号1103頁）は、本条の目的要件の解釈として、「単に犯人の主観的認識若しくは意図だけでは足らず、客観的に、その目的実現の可能性の存することが必要」であるとの理解を示し、ゆえに、本罪が成立するためには、「現実に強制執行を受けるおそれのある客観的な状態の下において、強制執行を免れる目的をもつて同条所定の行為を為すことを要する」との判示を行っている。

本判決の事案は、連帯保証債務の履行請求訴訟を債権者から提起された被告人が、その段階——つまり、執行名義（債務名義）がまだなく、債権者が執行申立てをするのは不可能な段階——において、敗訴に備え、自己所有不動産の仮装譲渡を行ったというものであった。そして、上記民事訴訟においては、そもそも保証債務が存在しなかったとの判断がなされていたため、最高裁は、「現実に強制執行を受けるおそれのある客観的な状態」の存否を問題とし、これを肯定するためには、債権者が履行請求訴訟を提起したというだけの事実では足らず、刑事訴訟の審理過程において、その基本たる債権の存在が肯定されなければならないとの判断を行った。[5]

周知の通り、本判決は、以上のような判断の前提として、本罪の保護法益に言及する。すなわち、「同条は究極するところ債権者の債権保護をその主眼と

---

[4] ただし、塩見淳「不良債権」法教228号（1999）33頁は、「財産の隠匿、仮装譲渡、仮装債務負担が、将来あるかもしれない強制執行に対する債務者の自衛策として許容できるものかは疑わしい。自衛策たりうるのは、仮装ではなく実体を伴った資産分散であろう」と述べ、後掲・最判昭和35・6・24は、強制執行が現実化しない段階では「目的」の認定が困難だという事実上の制約を示したにすぎないと指摘する。

[5] 有罪を言い渡した一審判決を維持した原判決を破棄し、差し戻している。

する規定である」との理解を示しつつ,「現実に強制執行を受けるおそれのある客観的な状態」を肯定する上で,(債権者が履行請求訴訟を提起したにとどまる段階では)「基本たる債権の存在」が必要との結論を示している。そこで,従来は,「債権者の債権保護を主眼とする」という本罪の法益理解と,「基本たる債権の存在」の要求という帰結の結びつきがクローズアップされ,両者の当否が活発に論じられてきた。

　しかし,そもそも,「現実に強制執行を受けるおそれのある客観的状態」という行為時の客観的状況(以下,これを「行為状況」と呼びたい)が,本罪の成立要件としてなぜ要求されるのか,そして,「基本たる債権」が存在する場合であっても,この状況の存否をいかにして判断すべきか(債務者はいかなる場合に現実に強制執行を受けるおそれのある客観的状態に至るのか)という点については,十分な議論がなされてこなかったように思われる。

　たとえば,平成23年改正以降に公刊された文献においては,行為状況要件について,それが,強制執行が切迫しているという客観的状況であるとする見解が有力に主張されているが,他方で,強制執行の現実的可能性で足り,切迫性まで要求することは相当でないとの見解も示されている。もっとも,「切迫性」か「現実的可能性」かという相違が具体的に意味するところは必ずしも明確ではない。

　上記の昭和35年最高裁判例は,行為状況の存否は「具体的な事案について個々に決するの外はない」と述べるにとどまる。しかし,それは,債務者による財産隠匿等の行為に刑法が介入する時期を画するきわめて重要な要件であり,具体的事案を前にその有無を合理的に判断することを可能にする一定の視座を提供することは,解釈論に課された役割であるように思われる。

　本稿においては,まず,上記昭和35年最高裁判例以後,行為状況要件が実務においてどのように運用されてきたのかについて,その概要を確認した上で,

---

6) 松原芳博・刑法各論 (2016) 540頁の用語法にならう。
7) 西田・前掲注1) 435頁, 佐久間修・刑法各論〔第2版〕(2012) 412頁, 松原・前掲注6) 540頁, 松宮孝明「強制執行妨害罪の濫用傾向について」立命館法学345＝346号 (2012) 745頁, 大下英希「強制執行妨害罪の改正とその検討」立命館法学345＝346号 (2012) 203頁, 同「強制執行妨害の拡大と重罰化」法学セミナー722号 (2015) 37頁。
8) 大塚仁ほか編・大コンメンタール刑法第6巻〔第3版〕(2015)〔髙﨑秀雄〕203頁。

このような限定要件を要求する理論的根拠・判断基準について若干の理論的検討を試みたい。

II　裁判例における行為状況要件の運用状況

1　分析の前提

　裁判例における行為状況要件の運用状況を分析する前提として，まず，本罪の保護対象である強制執行の意義を簡単に確認しておく。本罪における強制執行は，民事執行法所定の「強制執行」(22条以下) よりも広い概念である。すなわち，同法が規定する範囲の執行 (民事執行) を全て含み，さらに，民事保全法所定の保全執行もこれに当たる[9]。[10]

　つぎに，その開始時期であるが，執行手続は，当事者である債権者の申立てを受けた執行機関 (執行裁判所) が，債務者に対し，債務名義を送達する等の要件を充足した上で，これを開始する。何をもって開始とするかは，執行手続の種類により異なるが，民事執行事件の大部分を占める金銭執行 (民事執行法43条以下) の1つである不動産執行 (強制競売・強制管理) の場合は，執行機関たる裁判所がその開始決定をし，対象財産の差押え (処分禁止) 等を命ずることによって開始される。[11]

　「強制執行」(民事執行法22条以下) に関していえば，対象財産が差し押さえられた場合や，当事者による執行の申立てがなされた場合など，手続開始あるいはその直前になされる行為については，行為状況要件が充足されることに問題はなく，また，債務名義が取得されている場合についても，行為状況要件は当然充足されると考えられている。

　問題は，さらに以前に，行為状況要件の充足が認められているのはいかなる

---

9) 旧規定以来，判例は，本罪の対象に民事執行法第2章の強制執行のみならず，同法第3章の担保権の実行としての競売等も含まれると解している (最決平成21・7・14刑集63巻6号613頁)。
10) さらに，国税徴収法に基づく滞納処分たる差押えを含むかについては議論がある。
11) 民事執行は，実現すべき請求権が金銭債権かその他の請求権であるかにより，金銭執行 (民事執行法43条以下) と非金銭執行 (民事執行法168条以下) とに分かれる。

場合かである。そこで，以下では，主に「強制執行」(民事執行法22条以下）を念頭において，裁判例上，いかなる時期的段階において行為状況要件を肯定する実務運用がなされているのかを概観する。

2 強制執行開始以前に債権者側の動きがある場合

(1) 債務の履行請求訴訟等が提起された場合

前出の昭和35年最高裁判例は，債務名義が未取得ではあるが，債権者が保証債務の履行請求訴訟を提起した場合について，基本たる債権の存在を要求しつつも，行為状況要件の充足を認めた点が重要である。平成23年改正後にも，保証債務の履行請求訴訟を提起された段階でなされた行為について本罪の成立を認めた裁判例がみられるところであり，民事訴訟，支払督促，保全手続など，債権者において，債権回収へ向けた法的手続が開始される段階に至っている場合には，行為状況要件の充足は認められているといえよう。

(2) 債権者から債務者への通告

もっとも，法的手続がとられる前に，債権者側から，弁済がなされなければ法的手段をとる旨の通告がなされたという状況下の行為について本罪を認めた例もある。それゆえ，裁判実務は，債務名義の取得へ向かう債務者の意思が現実化している場合に，行為状況要件の充足を肯定する傾向にあると整理することができよう。

---

12) なお，担保権の実行としての競売については，債務名義が不要であるため，たとえば，抵当権を設定した自己所有建物を損壊する行為について，常に「強制執行を受けるおそれ」が肯定されることになるのか否かは別途議論の必要がある。
13) 京都地判平成28・6・17LEX/DB25543365参照。連帯保証人として多額の債務を負っていた被告人が，債権者から，自己が支配する法人に対して債務の支払いを求める民事訴訟を提起され，その後の審理の経過から債権者の請求が認容されることが予想されたため，財産を海外口座に送金する等の隠匿行為を行ったという事案である。
14) 銀行から支払いを拒絶された手形の債権者から，返済がない場合には法的手段による取立を行う旨の内容証明郵便を受領したため，仮装譲渡等を行ったという事案（福岡高判昭和47・1・24判時669号102頁）。さらに，担保権実行としての競売を妨害した事案であるが，債務の返済が滞り，抵当権者から競売を申し立てる旨告げられた状況下で不動産の仮装譲渡を行ったという事案（前掲最決平成21・7・14）がある。

3 債権者側の動きが見込まれる場合

しかしながら，裁判例は，さらに，債権者側の動きを，行為者が予期して行う妨害行為についても本罪の成立を肯定している。たとえば，①多数の債権者に対して多額の債務を負担し，その返済及び利息の支払いを停止していた不動産会社が，裁判所から，多数回にわたり，同社が有する債権に対する差押命令を受け，今後も強制執行を受ける事態が予想されたため，被告人らが同社の預金を隠匿したという事案（東京地判平成10・3・5判夕988号291頁〔麻布建物事件〕），②整理屋グループに属する被告人が，ある会社が期日までに手形決済資金を準備する目途が立たず，過去に融通手形を乱発したことで銀行からは融資を断られていることなどを知り，近く同社が手形不渡りを出し倒産することが確実であるとの認識をもった上で，同社に仮装の債務を負担させるなどした事案（東京地判昭和57・9・17判夕482号169頁），③自らが代表取締役を務める企業の銀行に対する債務を連帯保証していた被告人が，主債務者たる企業の経営破綻（民事再生手続適用申請）を受け，銀行が申し立てることが予想される保全手続（仮差押え）の執行を免れるために，自己名義の預金口座から多額の現金を引き出し，自宅等に隠匿したという行為について，本罪の成立を認めた事案（東京高判平成17・12・28判夕1227号132頁〔そごう資産隠し事件〕），④銀行の代表取締役であり，親族企業に実質無担保で貸付を行うなどの放漫経営を行っていた被告人が，同行の経営破綻を受け，取締役に対する会社の損害賠償請求権の保全として，被告人の財産に対する仮差押え等がなされるおそれを察知し，これを免れる目的で財産の隠匿を行った事案（大阪地判平成15・3・19LEX/DB28085424〔幸福銀行事件〕）[15]などがそれである。

これらの裁判例においては，将来，対象財産に対する強制執行を申し立てる債権者が現れる可能性が高い状況の存在を根拠づけるために，支払不能などの債務者の経済的な破綻状況が援用されているように思われるが，裁判例①・②

---

15) 本件では，破綻した被告人経営の銀行に対し，金融再生委員会が金融整理管財人による業務及び財産の管理を命ずる処分をしたことが認定されている。行為当時，金融整理管財人が，同行の資産を保全し，経営陣に対する経営破綻の責任を追及するための様々な法的手段を迅速にとることが当然に予想される状況にあったといえよう。

Ⅱ 裁判例における行為状況要件の運用状況

については，特定の債権者について，強制執行に向けた動き・現実的な意思が将来生じるであろうことに注目しているわけではないことが重要である。さらに，裁判例の中には，より明確に，経済的破綻状況から，「一般の債権者が強制執行をなす現実の可能性」を指摘し，これをもって行為状況要件の充足を認めるものもある。旧住専の大口融資先の代表取締役による資産隠しについて本罪の成立を認めた末野興産事件（大阪地判平成11・10・27判タ1041号79頁）では，行為当時における行為状況の有無が争われたが，裁判所は，その判断に際して，個別具体的な特定の債権者による強制執行の可能性を想定する必要はなく，「一般の債権者が強制執行をなす現実の可能性」があれば，その権利を保護する必要性があるから上記状況を認めるに足りるとの考え方を示している。そして，本件について，債務者が，業績の悪化により，返済資金の資金繰りにも苦労し，債務の弁済が滞りがちになり始めていたこと，一部債権者は元本残額の一括返済を強く催促するとともに，強制執行をほのめかすようになっていたこと，さらに，債務者に負債総額を弁済しうる資産があったとしても，履行遅滞に至ったときは，債権回収の手段として強制執行を選択する場合が多いことなどが指摘され，近い将来，同社をめぐる経済情勢次第では，末野興産において履行遅滞に陥る可能性がないではなく，客観的にみて末野興産が強制執行を現実に受けるおそれがあったと認めることができるとされている。

　本件の場合，債務者に負債総額を弁済するだけの資産があったこと（ゆえに，財産の隠匿によって債権者の正当な権利実現を阻害するおそれがどのような意味であるのか）は別途検討を要するが，行為状況の判断において，個別具体的な特定の債権者ではなく，「一般の債権者が強制執行をなす現実の可能性」が問題にされ，債務者である企業の資金調達状況・財務状況を資料として，やや緩やかにこれを肯定していることは重要であろう。このような個別具体的な債権者ではなく，一般の債権者に注目する判断手法は，近時の裁判例にもみられる。たとえば，経営が悪化した食肉卸グループの総帥であった被告人が，グループの事業資産を確保するために，債務者であるグループ企業A社の資金を隠匿したという事案について本罪の成立を認めた裁判例（名古屋高判平成20・7・24LEX/DB25421073〔フジチク事件〕）では，たとえ，債権者である銀行が，強制執行を申し立てるのではなく，同社を特別清算する方針であったとしても，A社の

状況等に照らせば，一般の債権者から強制執行の申立てがなされる現実の可能性が消滅しているわけではないとして，行為状況要件の充足を肯定している。

4 問題の設定

こうして，裁判例における本罪の運用状況を概観すると，行為状況の存在を最も緩やかに認めるものとして，債務者の経済的破綻状況を認定しつつ，個別具体的ではない，一般的な債権者が強制執行をなす可能性に言及した上で，強制執行を受ける客観的状態を肯定するという判断手法が存在することがわかる。このような判断手法は，個々の債権者における強制執行の申立てに向けた現実的な意思という考慮要素を，行為状況の存否に関する判断から切り離し，さらに，基本たる債権の存在（あるいはその合理的可能性）という考慮要素の位置づけにも影響を及ぼす可能性がある。個別執行という強制執行の性格に鑑みれば，債権者の具体的な意思を軽視してよいかについては議論の余地があろう。そこで，以下では，このような本罪の解釈適用は果たして適切と言えるかについて，理論的検討を試みる。

III 行為状況要件の根拠と内容

1 平成23年改正による変更点の確認

平成23年改正による現行96条の2は，新たな行為類型（同条2号・3号）を設けることで処罰範囲を拡張したが，行為状況要件との関係では，1号・2号の行為客体として，「強制執行を受けるべき財産」が含まれる旨を明記している。その意図するところは，前出の昭和35年最高裁判例以降，実務において確立した限定解釈の明確化であり，これにより，行為状況要件に法文上の手が

---

16) 最決平成22・10・12裁判集刑301号321頁の原審である。
17) ドイツの学説に依拠しつつ，「強制執行の切迫性」判断において，「債権者がその債権を直ちに強制的に実行する真摯な意思を有すること」を重視する見解として，松宮・前掲注7) 746頁。
18) 立案担当者の解説（杉山徳明＝吉田雅之『『情報処理の高度化等に対処するための刑法等の一部を改正する法律』について（上)』曹時64巻4号（2012）36頁）による。これによれば，1号・2号における「強制執行を受け」る財産とは，強制執行開始後の目的財産をいい，「強制執行を……受けるべき財産」とは，現実に強制執行を受けるおそれのある客観的状態が発生して

III 行為状況要件の根拠と内容

かりが与えられたといえよう[19]。ただし，立案担当者が「現実に強制執行を受けるおそれのある客観的状態」と説明する行為状況がいかなる場合に存在するかは解釈上の問題として残されている。

なお，現行規定は，旧規定において，「免れる目的」としていた目的要件を，「妨害する目的」に改めている。その趣旨は，立案担当者によれば[20]，執行妨害において，債務を免れるというよりはむしろ手続進行を一時的に阻害することが目的である場合が少なくないこと，そして，そのような場合は，債務者と共犯関係にない（あるいは，この点が判然としない）第三者により妨害がなされることも多いという実状に即した処罰を可能にするものであり，行為状況の理解に影響を及ぼすことを意図したものではない[21]。

また，法定刑については，旧規定において，2年とされていた懲役刑の上限が3年に引き上げられ，さらに，罰金刑（上限は250万円）との併科も可能となった。

以下では，行為状況要件の解釈について，旧規定下でなされてきた理論的検討を参照しつつ，上記改正点を踏まえ，現行規定のそれをいかに解すべきかについて検討を加えることとする。

2 目的要件と行為状況

旧96条の2以来，「強制執行を免れる目的」（現行法では「妨害する目的」）という目的要件が，本罪の成立に行為状況を要求する根拠の1つであるとされて

から，実際に強制執行が開始されるまでの間における強制執行の目的となるべき財産をいう。すなわち，法文に明記されてはいないが，受けるべき財産は，将来に強制執行の目的となりうる全ての財産ではなく，「現実に強制執行を受けるおそれのある客観的状態」（行為状況）が発生して以降の財産に限定される。なお，3号の行為客体は，「金銭執行を受けるべき財産」であるが，同様に，「現実に金銭執行を受けるおそれのある客観的な状態が発生してから」実際に金銭執行が開始されるまでの間における，その目的となることが合理的に想定される財産を意味するとされている（同43頁）。なお，行為状況要件をめぐる法制審議会刑事法部会の審議については，大下・前掲注7）立命館法学184頁以下参照。

19) 西田・前掲注1）435頁。
20) 杉山＝吉田・前掲注18）36頁以下。
21) 本罪の主体に，債務者と共犯関係のない第三者が含まれるかについては，旧規定の下で議論があったが，改正法はこれを立法的に解決することを意図したということになる。なお，行為類型についても，「譲渡を仮装」「債務の負担を仮装」という第三者を主体に含む理解に馴染む表現に改められている。

きた。

　目的の内容をなす強制執行免脱あるいは妨害といった事態は，本罪の構成要件該当行為である財産の隠匿や損壊等の結果として生ずるものであり，主観的事情としての目的の有無が，強制執行免脱や妨害の成否を左右するわけではない。それゆえ，本罪の目的要件は，純粋な意味での主観的構成要件要素ではなく，構成要件該当行為に，強制執行免脱・妨害という結果を惹起すべきものという属性を要求し，その範囲を限定する機能を担うものである。[22]

　もっとも，将来において，強制執行妨害の免脱・妨害を惹起すべき（するおそれのある）行為であっても，それが，「現実に強制執行を受けるおそれのある客観的状態」（行為状況）の下でなされない限り，本罪が成立しえないとすれば，それはなぜかが問題となる。目的要件は，行為状況を要求する手がかりにはなるが，それ以上のものではなく，さらなる実質的検討を要する。[23]

　そこで，目的要件を手がかりに行為状況要件を導いた前出の昭和35年最高裁判例に再度目を向けると，そこでは，強制執行による債権の実行を阻害するという目的のためには，その前提として，「客観的に，その目的実現の可能性の存することが必要」であるとの理解が示されており，ここに，たとえ債務者が財産を隠匿しても，債権者が強制執行を通じて債権を実行しようとしなければ，そもそもこれを妨害しようがない（目的実現の可能性がない）のだという思考が見てとれる。

　たしかに，強制執行により債権を実行するか否かは，債権者自身が決めることであり，したがって，債権者において強制執行を通じて債権を実行する意思が生じぬかぎり，その妨害もまた不可能である。債権者にそのような意思が生ずるかどうかは不確実なものであるから，さしあたり，それが現実化する（債権者による強制執行の申立てが切迫する）までは，刑法の介入を控えておこうというのはありうる発想であろう。しかし，危険の惹起が人の意思決定に依存する

---

[22]　各種偽造罪における「行使の目的」と異なり，主観的違法要素ではない。

[23]　本罪と同じく，主観的違法要素ではなく，目的要件が行為を客観的に限定する手がかりとしての機能を営む場合として，従来挙げられてきたのは，虚偽告訴等罪（刑法172条）における「人に刑事又は懲戒の処分を受けさせる目的」である。これについては，人に刑事または懲戒の処分を受けさせる「おそれ」を要求する根拠となると解する見解（平野龍一・刑法総論Ⅰ（1972）124頁以下，山口厚・刑法各論〔第2版〕（2010）603頁）が有力であるが，そこでは本罪のような行為状況までは要求されていない。

場合には刑法の介入を控えるという考え方を一般化することはできないし，債権者に先んじて目的財産を加害する行為を放任する理由があるかに疑問が生ずる。それゆえ，やはり，強制執行妨害罪の罪質・保護法益や構造を踏まえ，行為状況の根拠と内容を検討しなければならない。

3　罪質・保護法益と行為状況

(1)　保護法益をめぐる議論の概況

前出の昭和35年最高裁判例は，旧96条の2が，債権実行のための手段である強制執行の適正な実施を担保するための規定であるから，同条は究極するところ債権者の債権保護をその主眼とする規定であると解した。従来，これを支持し，本罪を，もっぱら（あるいは，主として）債権者の債権の実現という利益（個人法益）に対する罪と解する見解も有力であった[24]。しかし，現行規定については，立案担当者により，強制執行の円滑な進行という意味におけるその適正な執行を保護法益とするとの説明がなされており[25]，現在は，国家の作用としての強制執行の機能と債権者の債権の実現という利益をあわせて保護法益と解する見解（重畳的利益説）が，多数説を形成するに至っている[26]。

本稿も，結論として多数説である重畳的利益説が妥当であると考えるが，2つの利益のうちいずれにどの程度重点を置くか等については論者により差異があり，また，結論として要求することに異論のない行為状況要件との関係性についても未解明の点がある。

(2)　公務妨害罪的性格と行為状況要件

重畳的利益説をシンプルに定式化すれば，それは，公務妨害と債権（財産）侵害の要素を併せもつ行為のみを本罪の処罰対象とする見解ということになる。そして，公務妨害の側面を要求することは，行為状況を要求する理解と親和性

---

[24] 平野龍一・刑法概説（1977）281頁，中森喜彦・刑法各論〔第3版〕（2011）250頁，林幹人・刑法各論〔第2版〕（2007）479頁，等。
[25] 杉山＝吉田・前掲注18) 36頁。
[26] 西田・前掲注1) 434頁，大谷實・刑法講義各論〔新版第4版補訂版〕（2015）579頁，高橋則夫・刑法各論〔第2版〕（2014）614頁，松宮孝明・刑法各論講義〔第4版〕（2016）450頁以下，松原・前掲注6) 538頁，山中敬一・刑法各論〔第3版〕（2015）765頁，山口厚・刑法〔第3版〕（2015）452頁。なお，形式的・制度的なものを法益と見るのが妥当かについて疑問を呈しつつ，結論として多数説を支持するものとして，中森喜彦・刑法各論〔第4版〕（2015）276頁。

をもつといえよう。

　昭和16（1941）年に旧規定が新設された直後に公刊された論稿[27]において，すでに，本罪を公務妨害罪とする以上，強制執行権力の発動が切迫する場合，すなわち，強制執行がまさに開始されるにあたりこれを阻止する目的をもって隠匿行為等の行われることを本罪成立の要件と解すべきとの指摘がなされていたが[28]，本罪が強制執行という公務作用を保護する趣旨を確認した改正後の現行規定についての注釈書も，本罪を広義の公務執行妨害罪の1つとして位置づける以上，強制執行という公務が執行される現実的可能性がない局面においてまで本罪の成立を認めるのは過剰であるとの理由づけを示し，行為状況として，強制執行が行われる現実的可能性を要求すべきとしている[29]。また，「強制執行の適正実施」という裁判の威信の維持を通じた正しい権利者の保護が本罪の立法趣旨であるとして[30]，重畳的利益説に立つ論者の1人も，前者を害する目的を根拠づける上で，「強制執行を受ける可能性」と「強制執行の切迫性」が必要条件であるとして[31]，かかる意味での行為状況が本罪の成立要件であると解している。

　もっとも，行為状況がない段階において刑法が介入することがなにゆえに過剰であり，過剰性を除去するために何が必要かを解明するためには，さらに踏み込んだ分析が必要である。まず，「強制執行を受けるおそれ」という行為状況は，将来における保護客体の出現可能性と，その蓋然性ないし時間的切迫という2つの含意をもつといえよう。すなわち，前者は，強制執行という公務作

---

27) 泉二新熊「刑法中改正規定の瞥見」法曹会雑誌19巻9号（1941）5頁以下。
28) これに対し，本罪が私益犯であれば，財産隠匿損壊等の行為により債権者の請求権実行に対して不利の状況を惹起した以上は遠い将来の強制執行を免れる目的があることのみによって犯罪の成立を認めるべきことになるとする。なお，泉二博士自身は，昭和16年改正が，強制執行妨害罪を公務執行妨害罪の一種としたことに疑問があり，財産犯の一種とすべきであったと評している（泉二・前掲注27）4頁）。
29) 大塚ほか編・前掲注8）202頁以下［髙﨑］。さらに，渡邊卓也「強制執行妨害罪の罪質とその立法動向」清和研究論集13号（2007）84頁以下。
30) 松宮・前掲注7）741頁以下。松宮教授は，旧規定が，譲渡や債務負担の「仮装」性を要求するに至った立法沿革を参照しつつ，債権者の権利を害する行為のうち，裁判所を欺くことによって，「強制執行の適正実施」という「裁判の威信」を害するものに限定して処罰対象とすることが本罪の立法趣旨であるとする。
31) 債権者が強制執行の可能性を示唆してその履行を求めていない限り，「強制執行を受ける可能性」はまだないから，可能性は，債権者が強制執行を行う真摯な意思が認められるという意味での切迫性を論理的に含むとする（松宮・前掲注7）745頁以下）。

用が保護客体である以上，これに対する危険惹起を根拠づけるうえで，それが将来なされる客観的な可能性は少なくとも必要だという意味であり，後者は，前者が肯定されるとしても，それがいまだ蓋然性を備えるに至っておらず，ゆえに，強制執行が時間的に近接していない状況下では，なお，債務者の財産を隠匿する行為等を処罰すべきではないという意味である。むろん両者は常に一致するわけではないが，行為状況を要求する現在の支配的見解は，前者のみで足りるとはせず，程度の差はあれ後者——一定程度の蓋然性ないし時間的な強制執行開始との近接性——をも要求していると考えられる。なぜなら，支配的見解は，いずれも債権・債務関係の存在のみで「強制執行を受けるおそれ」を肯定せず，何らかの理由で，「現実化した」強制執行の客観的可能性を要求しているからである。すなわち，強制執行開始の一般的可能性のみで，刑罰による保護を与えるのは，早すぎる刑法的介入であると考えられており，この段階での処罰は「過剰である」という限定の必要性が承認されているといえよう。問題は，そこでの限定の論理とその中身はどのようなものかである。

(3) 限定理論の根拠——なぜ早すぎる介入は過剰なのか

　以上の問題点について踏み込んだ理論的検討を試みる論稿は少ないが，ここでは注目すべき見解を２つ取り上げておきたい。

　第１に，強制執行開始に近接しない段階では「公務妨害の程度が弱い」という理解を前提に，これに代わるべき法益侵害性の基礎づけという文脈から行為状況とその内容を導く見解である。この見解の論者は，私人の権利行使の実効性の保護に本罪の主眼があるとの立場をとるが[32]，強制執行妨害罪が，権利妨害の要素と公務妨害の要素を併せもつ犯罪類型であることは否定しない[33]。すなわち，本罪は，行為の態様・状況に応じていずれかの要素が交互に浮かびあがってくるのであって，執行妨害行為が，強制執行の行われるべき時期から遠のき，強制執行の実施される蓋然性が希薄化すればするだけ，公務妨害的な要素は弱まり，債権者の権利行使の妨害という方面がそれだけ強まってくると指摘する[34]。

---

32) 藤木英雄「強制執行妨害罪の罪質について」裁判と法：菊井先生献呈論集 下 (1967) 863 頁以下。
33) 藤木英雄・刑法講義各論 (1976) 30 頁。
34) 藤木・前掲注32) 877 頁以下。

そして，債務名義がいまだ存在せず，強制執行が行われる蓋然性のある段階においてなされる妨害行為については，弱い公務妨害の要素に代わって可罰性を基礎づけるものとして，私人の権利侵害の要素が必要であるから，本罪成立の前提として基本たる債権が存在することが必要であり，さらに，本来，私法により保護すべき私的債権の保護のために刑罰権を用いることは，やむを得ない最小限度にとどめるべきであるから，基本たる債権に基づいて現実に履行の請求があったのに，債務者の側で直ちにその履行に応じ得ない事情が存する状態が必要だとの結論に到達する。

　この見解が，可罰的法益侵害を基礎づける上で，権利妨害と公務妨害が相補的に機能すれば足りるとする点には疑問があるが，公務妨害的要素の弱さを補うものとして債権の実現という利益の侵害を位置づけ，これに対する刑法的保護の限界づけという点から，行為状況要件のより具体的な内容を明らかにせんと試みたこと，とりわけ，履行に応じえないという債権者側の事情に着目したことは，きわめて注目に値する。また，本罪における公務妨害が，公務員による職務執行に向けられる公務執行妨害罪（95条1項）におけるそれとは質的に異なる（弱い）こともその通りであろう。しかし，これを補うものとして，個別的な債権者の利益侵害を援用することについては，後述するように，適切ではないと考えられる。

　第2に，近時，重畳的利益説の立場から，強制執行の切迫性――早すぎる刑法的保護の過剰性――を，債権者による債権の実現と債務者の財産処分の自由との調整という観点により説明する見解がある。この見解は，たとえ自力執行力を持つ債権者であっても，現行法制上これを用いて債権を実現することは許されず，債権者・債務者という当事者間の利害調整と私権の適正な実現を目的とする強制執行手続をとることを「強制」されるという観点から本罪の構造を理解する必要性を説き，当事者間の利害を調整しつつ，債権者の権利実現を「適正に」（つまり，抑制しつつ）実現することを目的とするという意味で，公務としての強制執行は刑法上の要保護性を獲得すると説明する。そして，債務者

---

35) 藤木博士によれば，例えば，現に債務の履行遅滞を生じているとき，あるいは手形が不渡りとなった場合などがその典型である（藤木・前掲注32) 880頁）。
36) 大下英希「強制執行の本質と刑法96条の2」西南学院大学法学論集40巻3＝4号（2008) 59頁。

の財産処分の自由と債権者の権利実現との利害調整のための公務保護という観点からは，強制執行手続が行われる現実的・客観的な可能性（すなわち，行為状況）が発生してはじめて債務者の行為を規制する合理的根拠を見出しうるとするのである。
³⁸⁾

　刑法により保護される強制執行手続は，当事者間の利害を調整しつつ，権利を実現するシステムであると理解し，債務者の権利である自己の財産処分の自由を保護する必要性から，保護客体たる強制執行手続の開始可能性が現実化するまでは刑法による介入を差し控えるべきだという論理は明快である。しかしながら，強制執行手続が行われる現実的・客観的な可能性が生じた段階で，強制執行を通じた債権者の債権実現という利益と債務者の財産処分の自由との優劣関係が逆転するのはそもそもなぜなのだろうか。対象財産の隠匿や損壊等の行為により，債権者の債権実現という利益は危殆化されるが，その程度は，強制執行手続の現実的・客観的可能性が生ずる前後で通常変わらない。そうであるならば，この優劣関係の逆転は，保護客体たる強制執行が出現する可能性が高まり，その保護価値を債権実現に上乗せすること（利益の加算）により生じていることになろう。しかし，結局のところ，それは，本節(2)で述べたように，将来における保護客体の出現可能性——強制執行開始の一般的可能性——のみで，刑罰による保護を与えることがなぜ不当なのかという出発点の問いに戻らざるをえないように思われる。それゆえに，この見解も，行為状況（強制執行手続の現実的・客観的可能性）の有無を切り分ける有用な基準を提供することに成功していないといわざるをえない。

(4)　小　括

　以上のように，保護法益と行為状況をめぐる現在の学説は，強制執行開始の一般的可能性のみで，刑罰による保護を与えるのは，早すぎる刑法的介入であり，この段階での処罰は「過剰である」という点において一致する。しかしな

---

37)　大下・前掲注 36) 101 頁以下。
38)　大下・前掲注 36) 106 頁。
39)　強制執行という公務の保護に対してブレーキをかけるものとして，これに内在する利益調整機能が援用されている。
40)　本罪と成立要件が類似する詐欺破産罪（破産法 265 条）の場合，総債権者の利益が保護法益であるため，債務超過や支払不能などの破産原因が認められる状況が発生することにより，総債権者の利益に対する危険が大きくなるといえる。しかし，本罪についてはこれと事情が異なる。

がら，平常時における不合理な財産処分と行為状況下のそれとを，事実関係に即して切り分ける有用な視点の提供に成功していない。債権者が現に強制執行をかけるべく行動する段階までこの財産処分の自由を保障すべきか，あるいは，債務者における経済的な破綻状況が生じた段階においてすでにそれを制限すべきであるのかは，現状における保護法益をめぐる議論を素材とする限り不明である。

4　本罪の基本構造と行為状況

(1)　公務妨害の意義

そこで，やや視点を変え，そもそも，強制執行妨害罪が，強制執行の円滑な遂行を妨害し，債権の実現を妨げる行為としていかなるものを類型化しているのかを再確認してみたい。前節において言及した「不正免脱のための行為がなされる時点が，強制執行の行わるべき時期から遠のき，強制執行の実施される蓋然性が希薄化すればするだけ，公務妨害的要素は弱まってくる。」との指摘[41]は，「公務妨害」における保護の客体として，公務執行妨害罪（95条1項）におけるそれのような，個々の公務員による職務の遂行行為をイメージするものといえる[42]。そして，公務執行妨害罪における処罰対象として類型化されるのは，暴行・脅迫という公務員の身体に向けられた対人的加害行為であった。

これに対して，強制執行妨害罪は，対象財産に対する，隠匿や損壊等の対物的加害行為を捕捉する。このような行為は，いうまでもなく強制執行により実現される債権者の権利を危殆化するものであり，したがって，本罪は，——その罪名とは裏腹に——現に遂行局面にある公務員の職務遂行を妨害するという意味での「妨害」をそもそも想定しておらず，強制執行という公務の内容的にみて適正な実施を阻害することを公務妨害とみていることになる。したがって，上述の見解による，強制執行実施の蓋然性が希薄化した状況下では権利妨害的

---

41)　藤木・前掲注32) 878頁。
42)　古田佑紀「業務妨害罪の客体についての一考察」研修795号（2014）9頁は，公務執行妨害罪は，個々の公務員がその権限を行使する場面に限って対象としており，それは，公務一般を保護するものではなく，公務員による執行を介して実現される特定の具体的公務に関し，執行する公務員を保護することを通じてその保護を図るものであるとの理解を示す。本稿の理解によれば，強制執行妨害罪における保護対象たる強制執行は，裁判所の行う強制執行手続を総体として保護対象たる公務と捉えるものであり，これと異なる性格を有する。

要素が重要となるという指摘は，個々の公務員の職務遂行ではなく，権利実現の保護に資するという機能的・内容的側面が強制執行の要保護性を根拠づけているという限度において正しい指摘といえよう。

　もっとも，このような理解に対しては，公務の中で強制執行だけが事前にその適正な運用の保護を受ける理由がないとする指摘が，本罪を財産犯として理解する立場からなされてきた。[43] しかし，強制力を行使する権力的公務でないかぎり，公務もまた業務妨害罪による保護を受けると解する現在の判例理論（最決昭和62・3・12刑集41巻2号140頁）──強制力説──を一応の前提とする限り，強制執行の適正な実施という機能的・内容的側面に着目し，刑法により事前の保護を与えることは，その中身をどのように考えるかという課題は残るものの，直ちに不当とは言い難いように思われる。すなわち，禁固刑が置かれていることを除いて，公務執行妨害罪と法定刑が等しい業務妨害罪は，有力な異論はあるものの，裁判例によって拡張された偽計・威力概念の下，業務主体たる人の意思に働き掛けることなく，[44] 業務遂行の適正さを損なう場合について成立しうると解されている。[45] よって，これと上記の強制力説を併せて考えた場合，強制執行の適正な実施という機能的・内容的側面に着目して，事前の保護を与えることがおよそ不当である（現行刑法がとる思想とおよそ相容れない）とは言いづらいように思われる。

　もちろん，業務妨害罪については，希薄化は進行しているものの，なお，個々の業務主体の業務遂行に対する威力・偽計による妨害としてこれを限定的に理解する発想は根強い。[46] したがって，強制執行の対象財産に対する加害とい

---

43) 中森・前掲注24）250頁。
44) 公務執行妨害罪と異なり，業務妨害罪は職務を「執行するに当たり」これに対して暴行・脅迫を加える必要性という法文上の限定がない。もっとも，業務妨害罪は，従来，偽計・威力の解釈として，人の意思に対する働き掛けが重視されてきたところ，近年は，特に，各種業務が人を介さずに自動的・機械的に処理されているような場合について，物理的手段によりこれを妨害する類型についても捕捉すべく，処罰範囲の拡張が顕著である（代表的な判例として，最決昭和59・4・27刑集38巻6号2584頁）。
45) なお，顧客に「休業中」という虚偽の情報を与え，営業中の店に来ないようにした場合においても，業務妨害罪が成立することに疑いが差し挟まれてこなかったという指摘として，山口・前掲注23）168頁を参照。西田・前掲注1）130頁は，業務妨害罪が，端的に「業務の円滑な遂行」を保護するものになっていると指摘する。
46) 自動的・機械的に処理されている業務を物理的加害により妨害する類型について，処理する機械・装置を，いわば業務主体の分身のように捉え，個々の業務遂行に対する妨害と同視すると

う，偽計的かつ明らかに人の意思に対する働き掛けを必要としない行為態様を構成要件該当行為として類型化した本罪は，これを公務妨害罪として理解した場合，そもそも緩やかに解されてきた業務妨害罪をさらに拡張することになり不当だとの批判もありえよう。

しかしながら，少なくとも平成23年に改正された現行規定については，条文の構造上，強制執行の適正実施という機能的・内容的側面の保護のための規定という性格が明確になったといわざるをえない。すなわち，改正前の本条は，法律行為による財産処分を「仮装」の場合に限って処罰対象としており[47]，それは，「仮装」により裁判所を欺くという意味で，職務「遂行」に対する阻害をもって本罪の特色と理解する手がかりともなりうるものであったが，現行規定は，3号類型を新設し限定的であれ，従来不可罰とされていた真実譲渡・真実の権利設定を処罰対象とする[48]。このことにより，合理的理由なく金銭債権の引当て財産を減少させる行為自体が当罰的な行為類型として規定されたことになるから，現行規定における本罪は，それが，回収できる金額を減少させることを含め，債権者による権利の実現を阻害する点において，強制執行制度の機能不全を招くおそれのある行為を処罰する規定という性格が強くなったといえる。

したがって，上述のような批判はありうるものの，現行法については，刑法的要保護性付与の根拠とされる「強制執行を通じた，債権実現の内容的に適正な実施」の内実を再検討し，その上で，これを阻害するに足りる行為とは何かという視点で本罪の成立範囲を限定的に理解していくことが適切であるといえよう[49]。こうして，強制執行妨害罪は，強制執行という制度・システムが，適正に機能することを目論む処罰規定であり，強制執行の内容的適正を可罰的な程

いう理解もみられる。この点につき，河村博「業務妨害罪――偽計・威力の意義と公務に対する業務妨害」芝原邦爾編・刑法の基本判例（1988）113頁。
47) 旧96条の2は，「財産を隠匿し，損壊し，もしくは仮装譲渡し，又は仮装の債務を負担した」場合に本罪が成立する旨を規定していた。
48) 現行規定は，執行妨害目的で，対象財産につき，「その現状を改変して，価格を減損し，又は強制執行の費用を増大させる行為（第2号），さらに，「金銭執行を受けるべき財産について，無償その他の不利益な条件で譲渡をし，又は権利の設定をする行為」（第3号）を新たに処罰対象とした。
49) なお，こうした本稿の問題意識からすると，従来緩やかに解されてきた業務妨害罪についても，その法定刑の重さに鑑み，業務としての要保護性が付与される根拠を再検討する必要がないかが問題となる。

度に阻害するに足りる行為とは何かという観点から，行為状況要件を含め，本罪の成立の限界を考えていく必要があるということになる。

(2) 強制執行の内容的に適正な実施の意義

そこで，以上のような強制執行制度・システムの機能不全惹起の危険（内容的に適正な強制執行実施の阻害）という罪質理解から，行為状況，すなわち，強制執行を受ける現実的可能性の有無をどのように判断すべきかを検討してみたい。

まず，公務としての強制執行作用の要保護性は，その適正な実施がもたらす便益性により，肯定されるという点を確認する必要がある。換言すれば，強制執行妨害罪の当罰性は，強制執行を妨害することが裁判の威信を損なうという形式的理由によってもたらされるのではなく，公務としての強制執行作用が適正に機能することによって，社会が享受しうる重要な利益を危険に晒すことから生ずる。強制執行妨害罪の現行規定は，公務員の職務行為に向けられる公務執行妨害罪と同等以上の法定刑を規定するが，それは，本罪の当罰性が，上述のような意味での公務作用の内容適正阻害によってもたらされるためである。

つぎに，問題となるのは，重畳的利益説における，債権の実現という利益の位置づけである。結論からいえば，「個別の」債権者について，その権利実現を阻害する危険を惹起したことが本罪の成立に必要だと解すべきではない。なぜなら，本罪の法定刑の低さが，債権者の権利（財産権）を本罪の直接的な法益と解し，その侵害を処罰の必要条件と解する上で障壁とならざるをえないからである。もっとも，法定刑の低さが財産侵害罪的性格に馴染まないという指摘に対しては，債権の単純な侵害・危殆化は現行法上不可罰であることからすれば，債権者の利益を本罪の法定刑で評価することは不合理とはいえないとの反論がなされる。しかし，現行法上可罰的な法益侵害性を認めがたい債権侵害行為のうち，強制執行を阻害する方法による債権侵害行為のみが例外的に可罰的な程度の法益侵害性を有するのだという論法を用いるのであれば，結局，例

---

50) ゆえに，本稿は，裁判所の威信の維持により，個別具体的な権利者を保護することが本罪の究極目的であるという罪質理解（松宮・前掲注7) 741頁）は妥当でないと考える。
51) 渡邊・前掲注29) 80頁以下，大下・前掲注36) 63頁。
52) 松原・前掲注6) 538頁。

外性の根拠である強制執行の阻害に法益侵害性の実質を見出すよりほかないのではなかろうか。あるいは、この見解は、単純な債権侵害が可罰的でない理由を、債務者の財産処分の自由との関係で債権の保護価値が切り詰められている点に求めるのかもしれない。そのような理解による場合、保護価値を切り詰められた債権は、強制執行を受けるおそれのある段階に至り、債務者における財産処分の自由が消え去ることで、本来有していた財産としての要保護性を獲得すると説明するのであろう。しかし、本来有していた財産としての要保護性が回復するというのであれば、法定刑はもっと重くてしかるべきであり、また、強制執行を受けるおそれにより財産処分の自由が失われる理由は、結局、公務保護の要請に行きつかざるをえないように思われる。[53]

5 若干の検討

(1) 要保護性の根拠としての強制執行の機能

こうして、行為状況要件を含む本罪の成立限界は、保護対象たる強制執行の適正な機能の実現が阻害されるのはいかなる場合かという視点から考えていくことになる。すなわち、本罪が保護する強制執行の機能とは何か、なにゆえ、刑罰により、強制執行が正常に機能する（それにより債権者の権利が実現される）という前提を確保する必要があるかが問題となる。前節の検討で明らかになったように、強制執行の機能は、個別具体的な債権者の利益の実現と関連はするものの、個々の債権者の権利実現を超えた利益とみるべきである。

このような問いに対する1つの回答として示されているのは、自力救済の禁止を前提として、債権者・債務者という当事者間の利害を調整しつつ、私法上の権利の適正な実現を図る点に公務としての要保護性の根拠を見出す見解である。[54] 国民から自力救済の権利を奪った国家が、その代償として強制執行により権利を実現する義務を負うという理解は、民事執行手続の性格を的確に捉えている。しかし、国家が権利を実現する義務を負うという点のみから、強制執行

---

53) たとえば、任意の履行が可能であるのに、特段の理由なく、借金の返済に応じなかった債務者に対して、業を煮やした債権者が強制執行を申し立てたという状況を考えてみると、債務者が財産処分の自由を喪失する理由はどこにあるのだろうか。結局、それはこの段階に至れば、強制執行の機能を保護する要請に財産処分の自由が屈するということであろう。
54) 大下・前掲注36) 104頁。

制度の事前の保護の必要性（すなわち，執行段階以前から，その内容的適正さを刑罰でもって担保する要請）を説明することは難しいといえよう。

そこで，以下は試論となるが，この，要保護性付与の根拠となる強制執行の機能の中身について若干の検討を加えてみたい。

まず，本罪――刑法96条の2――が処罰対象として規定する妨害行為の類型は，強制執行の円滑な進行を阻害しうる行為全てではなく，対象財産に対する加害を手段とするものに限定されていることが重要である。すなわち，同条第1～3号所定の行為は，対象財産を価値的に毀損する・その法的処分を仮装するなどして，強制執行による円滑・適正な権利実現を危うくする行為であり，本条は，強制執行の機能の核心的な部分ともいえる円滑・適正な権利実現にとって有害な行為に絞り，犯罪化しているということができる。

そして，強制執行作用の核心部分たる円滑・適正な権利実現は，個々の債権者にとって利益となりうるものの，個人的法益としてではなく，公務の要保護性を基礎づける限度で保護法益としての地位を与えられていると理解すべきである。したがって，この強制執行の機能の核心部分は，公務に事前の保護を付与するに足りるだけの重要性を備えている必要があり，ゆえに，強制執行による円滑・適正な権利実現とその阻害についても，強制執行に期待される重要な機能を阻害するに足りるのはどのような行為かという観点から限定的に捉えていく必要がある。すなわち，強制執行は，その円滑・適正な実施が，社会とその構成員にとって事前の保護を付与するだけの便益をもたらす公務であるとの前提の下，このような便益性を阻害しうる行為が，強制執行の円滑・適正な機能を損なうものとして処罰対象となると考えるべきである。[55]

この強制執行制度がもたらす便益は，上述した自力救済禁止に着目する見解が指摘する通り，まず，社会秩序の維持であるが，さらに，現在の資本主義社会における経済活動の維持・発展という側面も重要であろう。自由な契約のもとに相手方を義務づけても，相手方が任意に義務を履行しない場合にその権利の実現が相手方や関係機関の偶然的事情によって決定的に左右されるというのでは長期的・計画的な資本投下は不可能だからである。[56] すなわち，債務者によ

---

55) もちろん，刑罰をもって保護するほどの便益性を備えているかについては議論の余地がある。
56) 中野貞一郎＝下村正明・民事執行法（2016）10頁。

る任意の履行が期待できない局面において，最終的に債権の実現を確保する手段としての強制執行制度が適正に機能することに対する公共的信用が，公務としての強制執行に事前の要保護性を付与するのであり，それが，「強制執行の機能」の実体であると考えられる。

周知の通り，平成 23 年改正は，立案当時，社会問題化していた反社会的勢力による執行妨害への対策を強化するためになされたという経緯がある。執行妨害排除と「権利実現の実効性確保」[57]が唱えられたのは，不良債権処理の遅れが，わが国の経済再建にとって大きな足枷となっているという問題意識があったゆえであろう。ここでも，債務者による任意の履行が期待できない局面において，なお権利の実効性を最終的に確保するという強制執行の機能とこれに対する公共的信用の維持が，経済活動の維持にとってきわめて重要だという理解が見てとれるのである。

こうして，個別の債権者の財産侵害を処罰根拠としない本罪が，にもかかわらず債務者に属する財産の毀損を当罰的行為類型として定めているのは，このような行為が，債務者による任意の履行が期待できない場合にも，最終的に債権の実現が確保されるはずだという強制執行制度に対する信用を著しく揺るがすからに外ならない。

本罪が成立要件として行為状況を要求するのも，債務者の任意履行が期待できず，最終的な紛争解決手段である強制執行を申し立てざるをえない客観的状況下において，債権者と債務者との情報格差を利用し[58]，先回りして，債権回収を困難にするような行為が強制執行制度に対する信用を害するからであろう。このような行為を許容すると，強制執行制度に対する公共的信用は毀損され，それは，融資に対する過度に慎重な態度を生み，経済活動そのものを停滞させるのである。

したがって，いまだ債権者側に債権回収のための法的手段を準備する等の動きがない場合に行為状況要件の有無を判断するにあたっては，債権者が法的手段を取る引き金となるような，債務者側に任意履行に応ずることを期待できな

---

57) 司法制度改革審議会意見書（2001 年 6 月 12 日）Ⅱ・第 1・6「民事執行制度の強化 —— 権利実現の実効性確保 ——」参照。
58) 債権者が債務者の経営実態や資産状況を正確かつ継続的に把握することはできない。

い事情が生じたことが決定的に重要であり，その典型が，企業であれば，業績の低迷により資金繰りが著しく悪化した場合のような，債務者における経済的破綻状況である。このような状況が認められる場合には，債権者側が債務者側の事情を知らず，強制執行を申し立てる意思をいまだ生じていない場合であっても，行為状況要件，すなわち，強制執行を受けるおそれがあるものとみて差し支えないと考えたい。

(2) 裁判例の評価

以上の理解を前提に，Ⅱで概観した，わが国の裁判例にみられる本罪の運用状況を評価すると，おおむね妥当な運用がなされていると評価できる。個別具体的な債権者における強制執行の可能性が行為状況を肯定する根拠となる場合は多いといえようが，常にこれを想定する必要はない。

なお，末野興産事件（前出・大阪地判平成11・10・27）については，債務者に負債全額を弁済しうる資産（返済能力）があるにもかかわらず，強制執行の現実的可能性を肯定した点の当否が問題となる。本件において，大阪地裁は，行為当時，末野興産が資金繰りに苦労し，近い将来履行遅滞に陥る可能性があったという点を指摘し，行為状況を肯定した。このような状況での債務者による不合理な財産処分が，強制執行制度による債権実現に対する信用を害するようなものかは検討を要するところであるが，たとえ返済能力があっても，実際に履行遅滞に陥れば，任意履行に応じえない債務者側の事情の存在により，行為状況は肯定できる。よって，返済資金の資金繰りに苦労するなどの具体的な事情から履行遅滞発生の切迫を具体的に肯定しうるのであれば，行為状況を認めることが可能な事案であったと思われる。これに対し，債務者に十分な返済能力があり，かつ，履行遅滞に陥る蓋然性等の任意履行が期待できない事情が認められない場合には，行為状況を否定すべきであろう。

Ⅳ おわりに

最後に，本稿の結論をまとめておきたい。

(1) 強制執行妨害罪（刑法96条の2）は，国家作用としての強制執行の機能とあわせて債権者の債権の実現が保護法益である。

(2) 債権者の債権は，その適正な実現が強制執行の核心的機能であり，その刑法上の要保護性を根拠づけるという意味で保護法益とされるのであって，本罪の成立に個別的な債権者の債権を侵害することは必要ではない。

(3) 強制執行妨害罪は，強制執行の機能，すなわち，債権実現の内容的に適正な実現を阻害する行為がなされた場合に成立する。したがって，本罪は，債権の適正な実現を妨げるのはどのような場合かという観点からその成立範囲を検討すべきである。

(4) 行為状況が要求されるのは，債務者の任意履行が期待できず，債権者が強制執行を申し立てざるを得ない客観的状況下で，債権回収を妨げるような行為がなされる場合に，強制執行制度の機能とこれに対する公共的信用を害するからである。他方，このような状況がない場合には，行為状況は否定される。

(5) 債権者との情報格差を利用し，先回りして債権回収を妨げる行為は，強制執行制度の信用性を害するおそれがあるから，債務者の経済的破綻状況に着目し，「一般の債権者が強制執行をなす現実の可能性」を指摘して行為状況要件の充足を認める裁判例は，結論において，正当である。

平成23年の刑法改正以降，強制執行妨害罪は積極的に運用されているわけではない。その背景事情として，平成15 (2003) 年の担保・執行法改正が妨害排除にきわめて効果的であったことが推測されるが，本罪の成立範囲についての解釈論的検討は今後も必要であると思われる。

なお，理論的見地から興味深いのは，業務妨害罪の拡張傾向が，広義の公務妨害罪の解釈に及ぼす影響である。現在は，強制力行使の局面にないかぎり原則として公務を業務として保護する判例理論が確立し，また，偽計・威力における人への働き掛けの重要性が低下したことにより，その成立範囲は広くなっている。もちろん，これを所与の前提とする理由はないが，このような状況の下，公務妨害罪の解釈・適用に補正を必要とする箇所がないかについて，再点検を要する時期に来ているのではないだろうか。それは，個人や組織体の社会的活動に対する刑法的保護のあり方という一般的な課題へと発展する可能性もある。たとえば，本稿は，執行段階よりも前から保護を与えられる強制執行妨害罪の要保護性の実質の解明を試みたが，業務妨害罪についても，人の業務の要保護性という観点からの限定が必要ではないかは問題となりうるであろう。

Ⅳ　おわりに

本稿は，このような議論の序論的考察としての意味をもつと考えている。

相場操縦罪における追徴額の量定

髙山佳奈子

I　はじめに

　本稿は、いわゆる早大マネーゲーム愛好会OB事件にかかる東京地裁平成27年10月22日判決[1]を手がかりに、金融商品取引法上の相場操縦罪における追徴額の量定を量刑問題として検討しようとするものである。

　日本の没収・追徴制度においては、刑法典が総則で「物」の没収とそれに基づく追徴（19条・19条の2）のみを定め、有体物ではない財産上の利益は各則で賄賂罪についてのみ没収・追徴（197条の4）の対象とされている。しかし、現金によらない財産上の利益の移転が一般化するに応じて、特別法では特に犯罪収益の剝奪の制度が徐々に拡大してきた。犯罪収益没収制度は当初、いわゆる麻薬特例法および組織的犯罪処罰法に導入され、最も新しいものは不正競争防止法上の営業秘密侵害罪について2015年の改正で設けられた。[2]

　犯罪によって得た収益を犯人の手元に残さないようにする必要性は一般的に肯定しうるものであって、本来、刑法典の総則に定められていてしかるべき内容である。多くの諸外国の法制度でもそのようになっている。だが、日本では特別法にしか規定がないため、組織犯罪であれば組織的犯罪処罰法で対処しうることが多くなっているものの、個人の行為については欠缺がある。組織犯罪に該当する場合、特別法ではさらに法人処罰の規定も設けられていることが多く、財産刑の相互の関係が明らかでないという問題もある。また、特別法で個

---

1) 平成26年（特わ）第1368号各金融商品取引法違反被告事件、LLI/DB判例秘書登載・判例番号L07031006。
2) 利益没収制度の導入は筆者の年来の主張であった（たとえば産業構造審議会知的財産分科会営業秘密の保護・活用に関する小委員会第3回〔2014年11月27日〕議事録参照）。これに関し、一部マスコミにおいて、筆者が罰金の加重を主張しているかのような誤った報道があったことは遺憾である。

別に定められる制度の中には，没収を任意的とするものもあれば，必要的とした上で裁量による減額を認めるものもあり，ばらつきが見られる。

本判決は，必要的没収と裁量による減額を組み合わせた制度を持つ金融商品取引法の解釈として，従来の判例に従い，全売上げの合計額を没収・追徴の制度上の上限とする総体主義を出発点にしつつも，検察官の主張する7億6500万円あまりではなく，その半分強の3億9000万円を追徴額として量定した。減額したこと自体は妥当だが，その方法は必然的なものではなく，また制度における問題点を示してもいる。筆者は本件で量刑に関する意見書を提出する機会を持ったので，ここでそれを紹介し，検討の素材を提供したい。

II　事実の概要

本件犯罪事実は，大量に見せかけの注文をするいわゆる「見せ玉」などの手法で株価を上昇させて売買したという相場操縦である。東京地裁の事実認定によれば，被告人2名（X，Yとする）は，東京証券取引所において上場会社株券につき「売り需要が高い状況を作出することで顧客の売り注文を誘引するなどして同株券を買い付ける一方で，買い需要が高い状況を作出することで顧客の買い注文を誘引するなどして同株券の株価を上昇させ，同株券を高値で売り付けようと考え，財産上の利益を得る目的で，共謀の上」，①A社の株券について，その「売買を誘引する目的をもって，平成25年2月15日午後2時6分頃から同日午後2時13分頃までの間，……大量の上値売り注文等を連続して入れるなどしてその指値より安値で同株券を買い付けた上，上値売り注文を高指値に変更するとともに最良売気配値に発注された顧客の大量の売り注文を全て買い付け，さらに，下値買い注文を大量に入れるなどの方法により……合計58万5000株を269円から271円までの株価で買い付けるとともに，……証券会社を介し，同株券合計95万3000株の売買の委託を行い，もって同株券の売買が繁盛であると誤解させ，かつ，相場を変動させるべき一連の売買及びその委託をし，同株券の株価を270円から274円まで上昇させ，その頃，……上昇させた272円から273円までの株価により……同株券合計58万5000株を売り付け」，②B社の株券について同様に，「同年3月11日午前9時45分頃から

同日午前9時58分頃までの間，……合計58万株を254円から256円までの株価で買い付けるとともに，……同株券合計123万6000株の売買の委託を行い，……同株券の株価を255円から258円まで上昇させ，その頃，……上昇させた257円の株価により……同株券合計58万株を売り付け」，③C社の株券について，「同年8月5日午前10時12分頃から同日午前10時57分頃までの間，……その指値より安値で同株券を買い付けた上，上値売り注文を高指値に変更するとともに最良売気配値に発注された顧客の売り注文を大量に買い付け，さらに，上値売り注文の一部を取り消すとともに下値買い注文を大量に入れるなどの方法により……同株券合計38万5800株を177円から179円までの株価で買い付けるとともに，……同株券合計96万3300株の売買の委託を行い，……同株券の株価を178円から180円まで上昇させ，……上昇させた179円から180円までの株価により，……同株券合計38万5800株を売り付け」，④D社の株券について同様に，「同年8月22日午前10時34分頃から同日午前10時46分頃までの間，……その指値より安値で同株券を買い付けた上，上値売り注文の一部を取り消す又はその株数を削減するとともに下値買い注文を大量に入れるなどの方法により，……同株券合計250万株を154円の株価で買い付けるとともに，……同株券合計833万5000株の売買の委託を行い，……同株券の株価を154円から155円まで上昇させ，その頃，……上昇させた155円の株価により……同株券合計250万株を売り付け」，もって当該変動させた相場により有価証券の売買を行った。

　株式の売却代金は，①が1億5921万9000円，②が1億4906万円，③が6938万3200円，④が3億8750万円であり，これらが金融商品取引法198条の2第1項1号所定の「犯罪行為により得た財産」に該当するものとされた。ただし混和などにより没収はできなくなっていた。また，被告人両名への売却益の帰属は約2分の1ずつであったとされる。

　検察官がこれらの合計額である7億6516万2200円の追徴を主張したのに対して，弁護側は，売買差益に相当する利得額の合計539万5600円（①が112万4000円，②が107万円，③が70万1600円，④が250万円）のみの追徴を主張した。

　なお，金融商品取引法は，没収・追徴を必要的としているが，同時に「当該財産の全部又は一部を没収することが相当でないときは，これを没収しないこ

とができる」として，金額の量定に大幅な裁量の余地を認めている。

　筆者は，没収・追徴も刑事法上の財産的制裁である以上，量刑の一般原則に従って量定されなければならないとする立場から，被告人Yについて弁護側が提出した意見書を執筆した。同意見書は，相場操縦罪において量刑上重要となる因子の範囲およびそれらの考慮されるべき方向性を論じることを意図している。次のⅢでその主要部分を引用する。オリジナルの意見書の見出し番号は，本書の編集方針に合わせて変更してある。

Ⅲ　量刑に関する意見書

1　結　論

　「『犯情』として量刑の事情の中心とされる内容のうち，最も重要なのは被害の程度（違法性）およびそれに対応する非難可能性（責任）である。本件においては，証券市場の機能に対する侵害が比較的小さく，市場の機能に対する社会の信頼も全く害されていない。責任の量もこれに従って小さい。

　『一般情状』として，本件は特定個人に顕著な財産的損害をもたらしたものではないから，被害弁償は重要な役割を果たさず，主に考慮されるべきなのは再犯可能性である。被告人Yに，一方で，将来証券取引をなしうる可能性がほぼないこと，他方で，就業能力・意欲および家族のあることは，統計に照らしても特に有利な事情である。

　『罪刑均衡の原則』からは，被害および非難可能性が本件と同等である他の事件と均衡を失しない量刑が求められると同時に，被害との均衡を失し社会復帰を阻害するような苛酷な量刑は禁止される。処罰の対象とされていない事実を実質的に処罰する趣旨となる量刑は，そのような事実が犯罪であっても許されるところではなく，いわんや適法な事実であればなおさら許されない。したがって，犯行の期間に被告人Yが資産を形成したという事実をもって量刑を重くする根拠とすることはできない。」

3）　執筆時の参照資料は，起訴状，検察官冒頭陳述，検察官請求証拠等関係カード，検察官意見書，被告人両名の質問調書，および，被告人Yの妻の証人尋問調書である。

2 本結論に至る理由

(1) 量刑の原則

「日本法には量刑の原則を直接に定めた条文はないが、法の適正手続の保障を定めた憲法31条は実体的デュー・プロセスの原理として『罪刑均衡の原則』をも含んでいるとされる。また、起訴便宜主義に関する刑事訴訟法248条は量刑に際して重要となる要素とも重なると解されており、同条は『犯人の性格、年齢及び境遇、犯罪の軽重及び情状並びに犯罪後の情況により訴追を必要としないときは、公訴を提起しないことができる』としている。なお、改正刑法草案48条は、『刑は、犯人の責任に応じて量定しなければならない』（1項）、『刑の適用にあたつては、犯人の年齢、性格、経歴及び環境、犯罪の動機、方法、結果及び社会的影響、犯罪後における犯人の態度その他の事情を考慮し、犯罪の抑制及び犯人の改善更生に役立つことを目的としなければならない』（2項）としている。

日本の量刑実務においては、犯罪事実にかかる『犯情』を中心的な量刑諸因子と考え、これに『一般情状』を加味した上で、他の事件との間の公平性（従来のいわゆる『量刑相場』、裁判員裁判では『量刑傾向』）を考慮して刑の量定が行われていると解される。そこで以下ではこれを前提に、本件で重要になると考えられる因子を具体的に検討する。」

(2) 犯　情

(a) 法益侵害性

「いうまでもなく、刑法の目的は法益の保護にあり、犯罪の重大性も主としてその法益侵害性の程度により定まっている。金融商品取引法は『有価証券の発行及び金融商品等の取引等を公正にし、有価証券の流通を円滑にするほか、資本市場の機能の十全な発揮による金融商品等の公正な価格形成等を図り、もつて国民経済の健全な発展及び投資者の保護に資すること』を目的としている（1条）。

相場操縦罪は抽象的危険犯ではあるが、量刑に際しては、単に危険犯としての成立要件が満たされたかどうかだけではなく、実害を生じたかどうかも、考慮要素となる（伊藤寿「構成要件的結果以外の実質的被害の発生と量刑」量刑

実務大系第2巻（2011）第2，1⑵は，偽証罪において誤審に至った場合を例に挙げる）。すなわち，本罪は公正な価格形成を害する罪であるから，そのような価格形成の害された幅が大きければ大きいほど，法益侵害性は大きいことになる。また，証券市場全体に対する信頼を害して経済危機を招来するような場合が最も深刻な事案であり，一部門であっても企業や投資家に明らかな被害を及ぼすような場合もそれに次いで重大な事案だといえる。

たとえば，山一證券事件では，違法配当罪および虚偽有価証券報告書提出罪の成立が肯定され，『簿外損失は，平成7年3月期約2331億円，平成8年3月期約2379億円，平成9年3月期約2718億円と巨額にのぼっており，……違法配当をみても，株主に配当すべき剰余金はマイナス約991億円にもなっているのに，簿外損失を無視して配当を行い，約59億円もの巨額の資金を社外に流出』したとされる事案で，元社長が懲役3年執行猶予5年，元会長が懲役2年6月執行5年の有罪判決を受けた（東京地判平成12年3月28日判時1730号162頁・判タ1037号82頁，東京高判平成13年10月25日）。

これに対し，本件では，発覚・摘発を免れるため，そうした重大な侵害は意図的に回避されており，実際にも証券市場への顕著な影響は出ていない。まずもって量刑の出発点となる法益侵害性が，本件では小さい。」

(b) 態　様

「行為態様も，被害に次いで重視される違法要素である。学説上は，これを行為無価値の要素とする立場と，結果発生の危険性を高める要素または副次的法益侵害であるとする結果無価値論の立場とがあるが，いずれにしても通説は犯行の態様を量刑の要素としている。

注意を要するのは，取引の金額が大きいからといって，つねに株価を大きく動かし市場に対する深刻な影響をもたらすとは限らないことである。本件のように，あえて相場操縦行為を目立たなくする，すなわち，相場操縦の影響を小さくする手段を採ろうとして，取引金額が大きくなっている場合もある。検討の視角として重要なのはあくまで，保護法益に対する影響力である。取引金額の大きいことは，それ自体としては量刑要素にはならない。財産犯における被害額と異なり，証券市場での取引額は被害額ではない。」

(c) 故意・違法性の意識

「犯情を第2次的に決するのは，客観的な違法性に対応する責任の有無と程度である。学説上，無過失で発生した法益侵害や危険については，量刑を重くする方向で考慮してはならないとするのが責任主義の要請だとされている（たとえば，伊藤寿・前掲論文第2，2参照）。また，一般的には，確定的故意のほうが未必的故意よりも量刑上の評価が重いとされる。

本件では，犯罪事実が『意図』されており，故意はあると認められる。ただし，成功するかどうかが不確実な手法を用い，すべての行為で成功していたわけではないということであるから，実害発生の高い蓋然性を認識していたとはいえない（佐伯仁志『刑法総論の考え方・楽しみ方』（2013）14章参照）。

違法性の意識についても，『発覚しないだろう』『検挙されないだろう』という思い込みは，違法性の意識があることを前提とするものであり，これを否定することはできないと考えられる。しかし，そもそもの客観的違法性が小さいため，違法性の意識があったことをもって，それよりも大きな違法性に対応する責任を基礎づけることはできない。違法性の意識は量刑を重くする事情ではなく，それが欠ける場合に刑を減軽する事情にすぎない（刑法38条3項）。被告人らにおいて，相場操縦行為が市場へ与える影響を小さくしようとしていたのだとすれば，違法性の意識があることによる非難可能性も小さくなる。留意すべきなのは，証券犯罪における保護法益は，公正な自由競争による市場の機能であり，これを害することこそが処罰根拠だということである。」

(d) 動　機

「行為者の犯罪性を示す要素たりうるのが動機であり，一般に量刑因子として認められている。本件では，検挙されなければ継続的に相場操縦を行おうとしていた点で，たとえば興味本意の一回的試行（最決昭和61年6月24日刑集40巻4号292頁　マジックホン事件，被害額10円）などと比較すれば動機が悪いともいえる。しかし，起訴に至る証券・金融犯罪の中には，前述の山一證券事件や，不正融資による特別背任事件のように，将来の見通しを持たずに巨額の被害を出しているものが少なくないのであり，これらとの比較では本件の悪質性ははるかに小さい。また，直接的に人の財産を侵害する業務上横領などの財産犯のケースと比較しても，本件の犯罪性はなおさら低い。

また，動機が，ギャンブルやぜいたくをすることにあるのではなく，自己の生活費や親族の医療費・生活費に充てようとして行ったものであれば，動機の非難可能性は相対的に低い。(a)で触れたとおり，本罪の不法内容は市場への影響であり，その被害と認識こそが量刑の中心的要素である。さらに，次項でも述べるように，証券市場で収益を上げることは適法な取引によっても可能なのであるから，行為者が収益を手にしたこと自体をもって刑を重くする要素とすることはできない。

　なお，『財産上の利益を得る目的』は，そもそも金融商品取引法197条2項の罪の成立要件であり，すでに重い法定刑を基礎づける理由となっているので，被告人Yに利得目的があったことを再度考慮して当該法定刑の枠内で重い刑を量定してはならない（二重評価禁止の原則，ドイツ刑法46条3項）。これは自明のことであって，日本では特に原則と考えられていない。窃盗罪の法定刑が毀棄（隠匿）罪よりも重いのは不法領得の意思があるからであり，不法領得の意思があるという理由で，窃盗罪の法定刑の中で宣告刑をさらに上げることができないのは当然である。」

　(e)　考慮できない要素
　(i)　犯行と無関係な事実
　「以上のとおり，犯罪行為の違法性および責任に関する要素は，広く犯情として量刑因子になるとされているが，これらと異なり，犯行との関連性が証明されない事実を量刑に取り込むことは許されない。

　仮に，相場操縦が行われた期間内に何か行為者が収益を上げることがあっても，それが通常の取引によって得た利益であれば，余罪にすらならない適法な収益なのであるから，これを量刑の要素として考慮しえないことは明らかである。由来が証明されていない利益の存在をもって量刑を重くするとすれば，それは嫌疑刑を科すことにほかならない。裁判官による論文の中には，抽象的危険犯における実害のような『構成要件的結果以外の実質的被害』を量刑を重くする方向で考慮する場合，『実務上は厳格な証明により立証されるのが相当』だとするものがあり（伊藤・前掲論文第4），支持できる。」

　(ii)　犯行と因果関係のない事実
　「犯行と何らかの関連性のある事実であっても，法的な意味での因果関係を

欠く場合には，やはり，刑を重くする基礎とすることはできない。パチンコ店における窃盗罪の事案にかかる最決平成21年6月29日刑集63巻5号461頁は，『被告人が通常の遊戯方法により取得したメダルとA〔共犯者〕がゴト行為により取得したメダルとが混在した前記ドル箱内のメダル414枚全体について窃盗罪が成立するとした原判決は，窃盗罪における占有侵害に関する法令の解釈適用を誤り，ひいては事実を誤認したものであり，本件において窃盗罪が成立する範囲は，前記下皿内のメダル72枚のほか，前記ドル箱内のメダル414枚の一部にとどまるというべきである』として，適法な遊戯方法によって獲得したメダルは被害物件の範囲から除かなければならないことを示した。注意すべきは，被告人らには第1審以来，窃盗目的による建造物侵入罪の成立が一貫して肯定されていることである。すなわち，何らかの犯罪の機会に発生した利得がすべて被害とされるのではなく，まさに当該犯罪との間の直接的な因果関係を有するものだけがこれに含まれるのである。同様の処理は従来，脱税の罪の成立範囲についても用いられてきた。

　また，このことにより，犯罪収益の剥奪を一般的制度として有している国では，処罰対象とされていない犯罪事実に由来する収益は没収・追徴の対象ではないこととされている（たとえばスイス連邦裁判所判決 BGE 129 IV 305, Urteil v. 16.9.2003 は，多数の顧客に対する不正競争防止法違反の事案で，公訴時効の完成した事実にかかる収益は没収できないとしている）。」

(ⅲ)　余　罪

「犯罪行為に関連する内容の事実であっても，余罪を実質的に処罰することは許されない。最大判昭和41年7月13日刑集20巻6号609頁は，余罪を『実質上』『処罰する趣旨で量刑の資料にする』場合と，『情状を推知するための資料としてこれを考慮する』場合とを区別し，前者が許されないものとしている。つまり，問題となる事実が起訴されて処罰対象となった場合と同程度に量刑を重くすることは，手続的保障をかいくぐるものであって許されない。いわく『刑事裁判において，起訴された犯罪事実のほかに，起訴されていない犯罪事実をいわゆる余罪として認定し，実質上これを処罰する趣旨で量刑の資料に考慮し，これがため被告人を重く処罰することは許されないものと解すべきである。けだし，右のいわゆる余罪は，公訴事実として起訴されていない犯罪

事実であるにかかわらず、右の趣旨でこれを認定考慮することは、刑事訴訟法の基本原理である不告不理の原則に反し、憲法31条にいう、法律に定める手続によらずして刑罰を科することになるのみならず、刑訴法317条に定める証拠裁判主義に反し、かつ、自白と補強証拠に関する憲法38条3項、刑訴法319条2項、3項の制約を免れることとなるおそれがあり、さらにその余罪が後日起訴されないという保障は法律上ないのであるから、若しその余罪について起訴され有罪の判決を受けた場合は、既に量刑上責任を問われた事実について再び刑事上の責任を問われることになり、憲法39条にも反することになるからである。』

最近では、2015年2月6日に、いわゆる三鷹ストーカー殺人事件に関して懲役22年の第1審有罪判決を東京高裁が破棄し、起訴されていない名誉毀損（リベンジポルノ）を実質的に処罰する趣旨の量刑は許されないとの立場を示したとされる[4]。リベンジポルノについては事件後に立法的対応がなされており、こうした立法もなく名誉毀損罪としての手続も経ていないのにこれを実質的に処罰することはできないと解される。」

(3) 一般情状

(a) 犯行前の事情

「一般情状は主に、犯行前の事情および犯行後の事情として検討される。

量刑上考慮されるところの前科・前歴がないことは、犯行前の事情に当たるが、犯罪的傾向が進行していたとはいえないことを示す事情である。」

(b) 犯行後の事情

「犯行後の事情として、個人に対する罪の場合には被害弁償が量刑上重要な意味を有するとされるが、本件のような市場に対する罪においては同じレベルでの被害賠償を想定することが難しい。しかし、被害弁償も加害者の真の反省から出た場合に最も量刑責任を軽くする意義が認められるように、反省の有無は国家的法益や社会的法益に対する罪の場合にも重視されてよい事情である。

同じく犯行後の事情として、行為者が犯行の帰結として何らかの不利益を受けた場合に、そのような『罰』を考慮して量刑を軽くすることが認められてい

---

[4] 東京高判平成27・2・6 LLI/DB 判例秘書登載・判例番号L07020041。

る（ドイツでは刑法60条で刑の免除まで認められる場合がある。畑山靖「被告人が自己の犯罪により自ら多大の不利益を被ったことと量刑」量刑実務大系第3巻（2011）第3参照）。違法な捜査により苦痛を被った場合や，親族を失った場合などが例として挙げられるほか，相当の社会的制裁を受けた場合も含まれる（西崎健児「社会的制裁・行政処分と量刑」量刑実務大系第3巻第2以下参照）。」

　(c)　再犯のおそれ

「今後，証券会社から口座の開設そのものについて拒絶されている，家族の口座を使用することもできないという状況は，再犯リスクがかなり小さいと評価できる事情である。

　一般に，生活困窮者ほど犯罪のリスクが高くなるということは，さまざまな統計にも明らかである。たとえば平成26年版犯罪白書の特集『窃盗事犯者と再犯』によれば，男子の窃盗事犯者の中には，『生活困窮』型と『社会的孤立』型が多数いるとされる（第6編第4章第4節3）。逆に，生活していけるだけの経済的基盤があることや，配偶者のいることは，再犯リスクを減少させる要因となっている。

　しかし，生活の基盤を失わせるような厳罰を科すことは，次に述べる罪刑均衡原則に照らしても問題があるだけではなく，かえって再犯のおそれを拡大してしまうことに注意を要する。」

(4)　罪刑の均衡

　(a)　刑罰法規の内容的適正

「実体的デュー・プロセス原則からは，法益保護の原則に反する罰則の禁止，絶対的不定期刑の禁止と並んで，重すぎる刑罰の禁止も導かれる。日本法においては，法定刑の幅が広く定められ，裁判官の裁量の余地も大きいが，いずれも憲法的制約がないわけではない。

　まず，すでに法定刑についても，違憲となる余地のあることは認められている。顕著な例は，尊属殺人違憲判決である。最大判昭和48年4月4日刑集27巻3号265頁は，被害者が尊属であるという理由で極端に重い法定刑を定めた刑法旧200条を憲法違反としている。また，最大判昭和23年12月15日刑集2巻13号1783頁は，当時の有毒飲食物取締令の法定刑の上限が懲役15年で

あることを疑問視する主張に対し，一般論として，『少しでも政府に反対する者があれば，直ちに捕えて厳罰を科するとか，つまらない物を一つ盗んでも死刑に処するとか言うのならば，それは所論のように不当に人権を無視するものとか，軽視するものとかいうことになるであろう』と述べている。

次に，法定刑そのものが憲法違反でなくても，量刑が違憲となる場合のあることは当然に想定されている。今言及した昭和23年大法廷判決は，『本令の刑は15年の体刑から2000円の金刑に至るまで，非常に広い幅があるのであるから，その間充分情状を酌量する余地がある』という理由で，被告人側の主張を斥けている。つまり，量刑の場面においては，情状を酌量せず重い刑を科すことは違憲の問題を生じることが前提とされているのである。

この点を最近明言したのが，最判平成26年7月24日刑集68巻6号925頁である。これは，実子に対する傷害致死事件で両親をそれぞれ懲役15年で有罪とした裁判員裁判とこの判断を維持した控訴審の判決に対し，『法定刑の中において選択の余地のある範囲内に収まっているというのみで合理的な理由なく第1審判決の量刑を是認した原判決は，甚だしく不当であ』るとしてこれらを破棄し，自判して両名に懲役10年と8年の刑を言い渡したものである。

重すぎる法定刑・量刑が憲法違反となることは，国際人権法上も認められてきている。日本国憲法36条のモデルとなったアメリカ合衆国憲法修正第8条の『残虐で異常な刑罰』について，連邦最高裁判所は，罪刑の均衡に反する刑罰はこれに該当するとしている。薬物自己使用（中毒）に対する3月の自由刑は違憲だとした例（Robinson v. California, 370 U.S. 660, 1962），没収を違憲とした例（United States v. Bajakajian, 524 U.S. 321, 1998）などがある。その淵源は1689年の英国権利章典に遡るとされる。欧州人権裁判所においても，『非人道的な』刑罰を禁止する欧州人権条約3条に基づき，絶対的終身刑を無効とした例がある（Jeremy Bamber case, 9.7.2013）。ドイツでは，5ユーロの食品の窃盗について4月の実刑を言い渡すことは累犯の場合であっても罪刑均衡に反するとされた例がある（OLG Oldenburg, Beschluss v. 5.6.2008, Aktenzeichen Ss 187/2008）。」

(b) 財産刑における罪刑均衡

「アメリカの連邦最高裁判所は古く，重すぎる罰金は法の適正手続なく財産

を没収するに等しいとしていた（Waters-Pierce Oil Co. v. Texas, 212 U.S. 86, 1909）。ドイツでは，自由刑の付加刑として「資産刑」を科す刑法43a条が設けられていたが，罪刑均衡の原則と不定期刑の禁止とを理由に憲法裁判所によって違憲無効とされている（BVerfGE 105, 135, Urteil vom 20. 3. 2002）。

　日本でも，犯罪行為に供用された船舶などの乗り物の没収が罪刑均衡原則に反しないかが問題とされたケースがいくつかあり，道路交通法上の無免許運転の罪を数十回にわたって繰り返した被告人に自動車の没収を命じることは，その家計にとってかなり大きな損失をもたらすものであるなどの事情を勘案すると量刑として重きに過ぎるとした例がある（福岡高判昭和50年10月2日刑月7巻9＝10号847頁）。学説上，没収の対象となる物件の価値が高い場合について，『主刑と没収とを総合して罪刑の均衡をいちじるしく害するときは，量刑不当の問題を生じ得る』とする見解があり（藤木英雄「第2章　刑」注釈刑法1巻（1964）155頁），一般に支持されていると思われる。

　金融商品取引法198条の2第1項は，相場操縦罪の犯罪収益につき必要的没収を定めるが，ただし書きにおいて，『その取得の状況，損害賠償の履行の状況その他の事情に照らし，当該財産の全部又は一部を没収することが相当でないときは，これを没収しないことができる』としている。没収も付加刑であるから，罪刑均衡の原則に合致する量定が必要である。

　この『犯罪行為により得た財産』の解釈については，売上げの合計額とする『総体主義』と，利益分のみをいうとする『純益主義』とが対立しているが，判例は一般に前者の立場を採用するとみられる（髙山佳奈子「犯罪収益の剥奪」法学論叢154巻4・5・6号（2004）462頁以下）。もっとも，傷害致死に関する上記平成26年最高裁判決からすれば，『法定刑の中において選択の余地のある範囲内に収まっているというのみで合理的な理由なく』刑を量定することは許されないのであるから，裁判所には，ただし書きの適用として，合理的な量刑が義務づけられていると考えられる。

　確かに，麻薬特例法においては，従来の判例上，必要的な全額没収を科すものとする解釈が採用されている。しかし，その趣旨には，他の法領域とは異なると見られる面もある。すなわち，最決平成7年12月5日刑集49巻10号821頁によれば，『麻薬特例法は……薬物犯罪による「不法収益」だけではな

く，それが変形，転換した「不法収益に由来する財産」をも必要的没収の対象とし，更に没収ができない場合にはその価額を追徴することとし，もって，「不法収益」の循環を断ち切るとともに，「不法収益」を全面的にはく奪することにより，経済面から薬物犯罪を禁圧しようとするものと解される』。これは組織的で継続的な薬物取引の根絶を念頭に置くものであって，本件のような個人による証券取引に直ちにあてはまる趣旨ではない。

そればかりでなく，薬物犯罪の領域においても，形式的な総体主義の適用には疑問が提起されている。たとえば，売上げの合計全額を対象にするならば，『10万円で覚せい剤を購入し，それを10万円で譲渡するという行為を10回行っていた場合，犯人は，何も収益を上げていないにもかかわらず，100万円の没収，追徴がなされるということになり，あまりにも犯人にとって過酷』な結果になってしまう（山本輝之「麻薬特例法における『不法収益』の没収・追徴について」内田文昭先生古稀祝賀論文集（2002）491頁）。たとえ法の文言上，総体主義による全額没収が可能とされる場合であっても，憲法上の制約がなくなるわけではない。

実は，最高裁判所も，実質的に同一の財産を何度もカウントすることを是認しているわけではない。共犯事件での賄賂の没収・追徴にかかる最決平成16年11月8日刑集58巻8号905頁は，『収賄犯人等に不正な利益の保有を許さないという要請が満たされる限りにおいては，必要的追徴であるからといって，賄賂を共同収受した共犯者全員に対し，それぞれその価額全部の追徴を常に命じなければならないものではな』く，『裁判所は，共犯者らに追徴を命じるに当たって，賄賂による不正な利益の共犯者間における帰属，分配が明らかである場合にその分配等の額に応じて各人に追徴を命じるなど，相当と認められる場合には，裁量により，各人にそれぞれ一部の額の追徴を命じ，あるいは一部の者にのみ追徴を科することも許される』としている。共犯事件において全額の二重取りができないことは，かねてから示されてきた（最決昭和30年12月8日刑集9巻13号2608頁，最判昭和33年4月15日刑集12巻5号916頁）。」

(c) 相場操縦の犯罪収益

「この観点から，これまでの証券犯罪にかかる実務を見ると，ただし書きの適用により没収・追徴額を制限した例が多くなっている。東京高判平成16年

7月14日商事法務1712号46頁（志村化工事件）は『売買差益相当額に限定するのが相当』であるとした原判断を維持しており，東京高判平成17年9月7日判タ1208号314頁（キャッツ株不正操作事件）でも，株式売却代金の全額ではなく株式買付代金を控除した差益を対象額としている。同様の判断は地方裁判所でも出されており，大阪地判平成18年7月19日・裁判所ウェブサイト（ソキア事件）は『被告人が現実に取得できる利益は相場操縦に係る株式の売買差益相当額に過ぎず，また買付株式と売却代金双方を没収・追徴の対象とすると，実質的には同一株式につき二重に評価することとなるので，売却代金から買付代金相当額を控除した売買差益相当額に限定するのが相当である』として，実質的に純益主義を原則とするのに等しい考え方を述べている。同様の判断は大阪地判平成20年10月31日・裁判所ウェブサイト，大阪地判平成22年8月18日・裁判所ウェブサイト（ただし，かねて入手してあった現物株を売り付けた分については，売付代金の全額を没収・追徴の対象とした）でも踏襲されている。

　これに対し，対象額を差益に限定していない裁判例もある。東京地判平成22年4月28日判タ1365号251頁は，約3分の間に行われた取引の中での売付け額の合計2億2285万4500円を，買付け額を全く考慮することなく全額追徴の対象に含めた（同じ判断方法を踏襲したものとして，大分地判平成23年3月10日・判例集未登載およびその控訴審の福岡高判平成23年8月26日高刑速平成23年240頁（1487号），約10分で売却代金合計2442万8000円）。逆に，東京地判平成26年7月4日・判例集未登載は，9取引日にまたがる行為であったことを理由に，全額の追徴（8286万800円）を認めている。また，福岡地判平成24年5月14日・判例集未登載は，被告人が一連の証券取引等により（公訴事実によりではなく）多額の財産を形成しているという理由で売却代金の全額（1億8695万7100円）を没収・追徴の対象としている。

　このうち，最後の判断は，適法な取引によって形成された資産まで剝奪するものであって，個別行為責任の原則および責任主義に反し，(2)(e)(ii)で触れたパ

---

5) LLI/DB 判例秘書登載・判例番号 L06650166。
6) LLI/DB 判例秘書登載・判例番号 L06930314。
7) 平成23年（わ）第1779号。筆者は弁護団から教示を得た。

チンコ店でのメダル取得にかかる最決平成21年6月29日刑集63巻5号461頁の判例理論にも反するものであって疑問である。3分間の取引に対して2億円の追徴を科す判断も，実質的に何もないところに資産刑を科すという同様の結果になっているように思われる。

　私見は，(b)の末尾で述べたような二重カウントを疑問とし，純益主義を採用した上で行為者の当罰性は『主刑』に反映させるべきだと考えるものであるが（髙山・前掲論文485頁以下），総体主義に依拠した場合でも，主刑・付加刑の全体が罪刑均衡の原則によって憲法上制約されることには変わりはない。とりわけ(a)で述べたところからは，最高裁の判例もこれを前提にしていると解される。」

　(d)　他の事件との間の公平性

「傷害致死事件に関する上述の最判平成26年7月24日刑集68巻6号925頁は，『量刑が裁判の判断として是認されるためには，量刑要素が客観的に適切に評価され，結果が公平性を損なわないものであることが求められるが，これまでの量刑傾向を視野に入れて判断がされることは，当該量刑判断のプロセスが適切なものであったことを担保する重要な要素になる』としている。また，裁判員裁判で言い渡された死刑判決を破棄した控訴審の判断を是認した最決平成27年2月3日裁時1621号1頁および最決平成27年2月3日裁時1621号4頁も，いずれも，『元来，裁判の結果が何人にも公平であるべきであるということは，裁判の営みそのものに内在する本質的な要請である』としている。

　したがって，本件の評価においても，他の相場操縦事件との比較が量刑上意義を有する。特に注目される2つの点として，第1に，本件では他の事件に比して市場への影響が明らかに小さいこと，および第2に，より重大な他の事件で，かつ総体主義が形式的に適用された場合であっても，追徴額は2億円あまりにとどまっていることが挙げられる。もっとも，約2億円の追徴を命じた例はいずれも実質的には資産剥奪であり，行為者の当罰性に見合ったものとしてこれを根拠づけるのは困難だと思われる。」

3　結　語

「従来の一般的な量刑実務および最高裁判所の判例理論に照らせば，本件の

量刑においてはまず，他の相場操縦事件と比較して市場への影響が相対的に明らかに小さいことから出発しなければならない。没収・追徴額は差益の限度に制限する実務の主流に従うことが相当であり，主刑の量定においても再犯可能性の低さを示す事情が考慮されるべきである。」

IV 判決と検討

　以上が筆者の意見書の主要部分である。総体主義を文字どおり適用すると，罪刑均衡の原則に反する過酷な事態が生じうるため，減額規定を積極的に運用して適切な量刑を確保すべきであり，また従来の実務の主流もそのようにしてきた旨を主張した。

　東京地裁は判決において，被告人両名のいずれをも，懲役2年6月・執行猶予4年，および，罰金250万円に処し，両名から3億9039万5600円を追徴するとした。この追徴額については，検察側・弁護側のいずれの主張も採用せず，不正取引のうち最も多額であった取引の売却額と他の取引の利得との合計に相当する金額を命じた。量定について判決は次のように「追徴に関する補足説明」を加えている。

　「本件の相場操縦行為は，豊富な資金を元手として，1日の出来高が1000万株以上となる銘柄を狙い，大量の売り注文や買い注文を発注することにより株価を変動させるところに特徴があり，その結果，売付額や買付額は大きいが，変動する株価の値幅は小さく，売買差益もさほど大きくないが，被告人両名は，これを繰り返すことによって大きな利益を挙げてきた。仮装売買や馴合売買，買い上がり買い付けといった方法によれば，より少ない売付額等でも株価を大きく変動させ，より大きな利益を挙げることも可能であると考えられるが，急激な株価の変動等によって相場操縦が発覚して摘発される危険が高く，その場合に言い逃れもできないため，被告人両名は，本件のような方法を編み出していったのであり，量刑の理由でも検討するとおり，本件は，株価の変動は小さいものの，犯行の計画性，巧妙性，常習性等は高い。そのような相場操縦の方法を敢えて選択した被告人両名に対する没収・追徴を，弁護人が主張するように，合算しても数百万円程度に止まる売買差益相当額にのみ止めることは，

『やり得』を許さないなどの必要的没収・追徴の意義を没却するものというほかない。他方で，本件の方法は，株価の変動に比して売付額等が高額となり，そのような相場操縦を繰り返していくため，売付額の合計を全て没収・追徴するときは，同じ資金に対して複数回の没収・追徴をするに等しい結果となる場合もあり得るのであって，本来，収益や不正な利益を剥奪するという没収・追徴の趣旨以上に過酷な結果をもたらす側面もなしとしない。

　ところで，本件の4度にわたる売付けによる株式売却代金の取得等の状況を見ると，時間的には，十数日から数か月の間隔があって，それぞれが接着しているものではないが，被告人両名が管理する複数の証券口座にある資金を利用し，被告人両名相互の意思連絡の下，変動操作のための売付けや買付け等による相場操縦を繰り返していたものである。その資金も相当に潤沢であり，変動してもいたから，必ずしも同一の資金が繰り返し利用されていたと見られる状況でもない。しかし，各犯行は，同様の内容・態様で行われ，継続して同じ口座等の資金を利用していた点からすれば，類似する一連の犯行の繰り返しと見ることも可能であり，それぞれが別個独立の犯行と見るべきような事情は窺われない。このような場合に，その全ての売付額の合計を没収・追徴することは，上記のとおり，過酷な結果をもたらしかねない反面，そのうちの一つの犯行の売付額，とりわけ最も多額となっている売付額を没収・追徴すれば，類似するその余の犯行については売買差益相当額の没収・追徴に止める，との解釈も許されないものではないと考えられる」。

　「以上のとおり，本件において没収すべき金額は，判示第4の売付額3億8750万円に，売買差益相当額として，判示第1の112万4000円，判示第2の107万円，判示第3の70万1600円を合計した3億9039万5600円となる」。

　本判決に対して検察側は控訴しなかった。被告人Yは検察官の控訴に備えて控訴していたが，検察の不控訴が判明してこれを取り下げたため，判決が確定した。

　同判決は，法律の予定する裁量範囲内で，Ⅱの①〜③については純益主義，④については総体主義を採用して両者を合計することにより，追徴額を量定した。そのような解釈も「許されないものではない」とされるとおり，裁判所はこれが論理必然的な結論であるとは考えておらず，ありうる1つの量定方法で

あると解している。確かに，検察官の主張を採用しなかったことは正当である。しかし，本件全体を「類似する一連の犯行の繰り返し」として評価するならば，全体の売上げが結局④に包括されるといえるのであるから，①～③の利益をなぜ加算するのかは明らかでない。そもそも，純益の剥奪を超える財産的制裁として，本件では罰金も言い渡されているのであるから，④についても純益にとどめるのが妥当ではなかったか。[8]

V 結 語

本判決が明らかにした日本の制度の問題点として，特に，犯罪収益に対する統一的な没収・追徴制度と，罰金・課徴金も含めた財産的制裁の整合的な体系とのいずれもが存在しないことが挙げられる。

犯罪収益は，不当な利得であるから，財産犯のように直接的な被害者のいる場合には被害者に返還されるべきであり，本件のように他の市場参加者が被害者ではあるが個々の被害を補償することが困難な場合には国がこれを剥奪すべきである。犯罪を手段として利益を得る誘因をなくすためには，すべての場合に，「物」以外の犯罪収益も剥奪しうる制度が必要である。

しかし，これと，他の財産的制裁との性質の相違は，制度上明らかにされているか，あるいは，財産的制裁を一本化する場合には判断の上で明らかにされているのでなければ，二重処罰を招くおそれがある。たとえば，犯罪収益を没収すると同時に，犯罪による利得に応じて罰金を加重して科すような場合である。EUやドイツの競争法における法人過料のように不法収益の剥奪とその他の要素を考慮した罰との両方の意義を有する制裁を設ける場合には，他の財産的制裁を科さないことによって二重処罰を避ける必要がある。いずれの場合にも，全体として制裁が過酷なものに至ってはならない。

この点で，本件で問題となっている金融商品取引法には改善の余地がある。一方で，総体主義により，犯人が実質的に得た利益をはるかに超える額の没収が可能であると同時に，罰金も科されうるからである。確かに，減額規定の適

---

8) 髙山佳奈子「没収・追徴(2)」(キャッツ株不正操作事件) 神田秀樹＝神作裕之編・金融商品取引法判例百選 (2013) 205頁参照。

切な運用により妥当な結論を確保することはできるが，より望ましいのは，犯罪収益剥奪の点は純益主義を基本とし，非難可能性などの他の要素による量刑は自由刑と罰金とにおいて実現することであろう。

　同様に懸念される点のあるのが，日本の独占禁止法である。2016年2月23日以降，公正取引委員会の独占禁止法研究会において，いわゆる裁量型課徴金制度の導入が議論されている。仮に，罰金を量定する際の要素と同一のものが課徴金の量定においても考慮されることになれば，従来から存在した二重処罰の問題がますます危惧される。課徴金の趣旨を，導入時のように不法収益の剥奪に純化できないのであれば，企業に対する罰金は廃止し，EUや多くの諸外国のように刑事罰と行政制裁との役割分担を明確にすべきである。日本の課徴金制度ではすでに現在でも，不法収益の剥奪にとどまらず，「違反の繰り返し」「主導的役割」「違反からの早期離脱」が算定率増減の基準とされており，罰金の量定要素との相違に疑義を生じている。これに加え，「違反行為の重大性，事業者の支払能力，調査への協力・非協力程度等」「を勘案して，当局の裁量により違反行為に対応した適正な水準の額を決定する」[9]しくみを導入するのであれば，もはや，法人に対する罰金は廃止すべきである。

---

9)　独占禁止法研究会第1回（2016年2月23日）資料3。

過失運転致死傷アルコール等影響発覚免脱罪について

橋爪　隆

I　はじめに

　「自動車の運転により人を死傷させる行為等の処罰に関する法律」（自動車運転死傷行為処罰法）は，平成25年11月20日に成立し，平成26年5月20日から施行されている。本法においては，危険運転致死傷罪の成立範囲が拡充されたほか（2条・3条），無免許運転による加重処罰（6条）などの重要な法改正が行われているが[1]，同法4条によって新たに設けられたのが過失運転致死傷アルコール等影響発覚免脱罪である（以下，「発覚免脱罪」と呼ぶことにしたい）。発覚免脱罪は，構成要件の内容が比較的複雑であることから，解釈論として検討すべき点が，少なからず残されているように思われる[2]。

　自動車運転死傷行為処罰法は，法制審議会の刑事法（自動車運転に係る死傷事犯関係）部会（以下，「刑事法部会」と呼ぶ）における審議に基づいて立案されたものであり，発覚免脱罪の意義やその解釈についても，刑事法部会で踏み込んだ議論が行われている。西田典之先生は部会長として，同部会の審議の取りまとめにご尽力なさり，また，部会における議論を常に牽引された。本稿では，発覚免脱罪の解釈について，私なりに改めて検討を加えることで，先生のご功

---

[1]　自動車運転死傷行為処罰法に関する立案当局の解説として，保坂和人「自動車の運転により人を死傷させる行為等の処罰に関する法律について」警論67巻3号（2014）43頁以下，髙井良浩「自動車の運転により人を死傷させる行為等の処罰に関する法律」ひろば67巻10号（2014）12頁以下などを参照。

[2]　本罪について既に検討を加えたものとして，岸毅「過失運転致死傷アルコール等影響発覚免脱罪（自動車運転死傷処罰法4条）の実務的運用について」警論69巻1号（2016）126頁以下，城祐一郎・ケーススタディ危険運転致死傷罪（2016）79頁以下，永井善之「いわゆる『中間類型としての危険運転致死傷罪』および過失運転致死傷アルコール等影響発覚免脱罪について」浅田和茂先生古稀祝賀論文集（上）（2016）718頁以下などがある。

績を偲びたい。

II　発覚免脱罪の概要

1　本罪の構造

　具体的な検討に先立ち，発覚免脱罪の構造について，簡単に確認しておくことにしたい。自動車運転死傷行為処罰法4条は「アルコール又は薬物の影響によりその走行中に正常な運転に支障が生じるおそれがある状態で自動車を運転した者が，運転上必要な注意を怠り，よって人を死傷させた場合において，その運転の時のアルコール又は薬物の影響の有無又は程度が発覚することを免れる目的で，更にアルコール又は薬物を摂取すること，その場を離れて身体に保有するアルコール又は薬物の濃度を減少させることその他その影響の有無又は程度が発覚することを免れるべき行為をしたときは，12年以下の懲役に処する」旨を規定している。この規定の文言だけからは，本罪はアルコール等を摂取して自動車を運転した者を主体とする身分犯であり，かつ，過失によって人を死傷させた場合を構成要件的状況として要求した上で，アルコール等の影響等の発覚を免れるべき行為のみを実行行為として規定したものと解することも不可能ではない。[3]しかし，発覚免脱行為のみを処罰対象行為として理解した場合，刑の上限が懲役12年という本罪の法定刑を合理的に説明することは困難であろう。また，立案担当者が説明するとおり，発覚免脱罪が成立する場合には，過失運転致死傷罪（5条）や酒酔い運転罪（道交117条の2第1号）・酒気帯び運転罪（同117条の2の2第3号）が別途成立することはないと解されるが，[4]それは本罪の処罰対象にこれらの犯罪事実が完全に取り込まれているからである。このような理解からは，本罪は，①「アルコール又は薬物の影響によりその走行中に正常な運転に支障が生じるおそれがある状態で自動車を運転」する行為，②「運転上必要な注意を怠り，よって人を死傷させ」る行為，③アルコー

---

3)　本罪を身分犯として理解する見解として，今井猛嘉「自動車運転死傷事故等処罰法の新設」刑ジャ41号（2014）13頁以下を参照。
4)　保坂・前掲注1) 60頁以下を参照。

ル等の影響等が「発覚することを免れるべき行為」の3つの行為の結合犯として位置づけられることになる。したがって、本罪の構成要件該当性を判断するにあたっては、①～③のそれぞれについて、主観的・客観的成立要件を個別に検討していく必要がある。そして本罪は、①、③が故意行為であるのに対して、②が過失行為であることから、故意犯と過失犯の複合形態の犯罪として理解されることになろう。[5]

このうち、①、②の構成要件については、特段の問題は生じない。①における「正常な運転に支障が生じるおそれがある状態」とは、自動車運転死傷行為処罰法3条の危険運転致死傷罪の実行行為として要求されている要件と同一の内容であるから、かりにその状態の認定に困難が生ずるとしても、それは発覚免脱罪固有の問題ではない。また、②の内容も過失運転致死傷罪（5条）の内容そのものである。したがって、本罪の成否においては、③の行為の解釈のみが重要な問題となる。

2　危険運転致死傷罪との関係

本罪の新設に際しては、飲酒事故の際のいわゆる「逃げ得」を許さない、という視点が強調されてきた。[6] すなわち、改正前の危険運転致死傷罪（平成26年改正前刑法208条の2）によれば、アルコール・薬物の影響による危険運転致死傷罪が成立するためには、「アルコール又は薬物の影響により正常な運転が困難な状態」に陥っていることが要求されるが、事故直後の飲酒・酩酊状況が具体的に判明しない場合には、事故当時「正常な運転が困難な状態」にあったことを立証することが困難になることが多いとされる。そのため、道路交通法上の救護義務違反罪（道交117条2項・72条1項）を犯してでも、事故現場から逃走することによってアルコール等の影響の程度の立証を妨げ、それによって危険運転致死傷罪による処罰を免れようとする事例が生じやすいといわれてきた。

---

5) 保坂・前掲注1) 59頁を参照。
6) この点について、平成25年11月1日の衆議院法務委員会議事録第3号15頁の稲田伸夫法務省刑事局長（当時）の答弁を参照（議事録については、国会会議録検索システム〔http://kokkai.ndl.go.jp/〕を参照）。さらに塩見淳「自動車事故に関する立法の動き」法教395号（2013）32頁、杉本一敏「自動車運転死傷行為等処罰法の成立をめぐる所感」刑ジャ41号（2014）28頁以下なども参照。

すなわち，危険運転致死傷罪が成立する場合，被害者が死亡すれば法定刑の上限は懲役20年，負傷した場合は懲役15年のところ，（改正前の）自動車運転過失致死傷罪と道交法の救護義務違反罪を併合罪として処罰したとしても，その処断刑の上限は懲役15年であり，被害者が死亡した事例については，事故現場から逃走した方がかえって有利になるという「逃げ得」の問題が生じていたのである。今回の改正によって，飲酒運転によって死傷事故を生じさせた者が，飲酒検知などを免れようとして現場から逃走する行為については，たとえアルコールの具体的影響を立証することができず，危険運転致死傷罪の成立を認めることができない場合であっても，発覚免脱罪が成立することになり，また，後述するように，発覚免脱罪は救護義務違反罪と併合罪の関係に立つと解されることから，併合罪加重によってその処断刑の上限は懲役18年となる。したがって，本条の新設によっても，被害者が死亡した場合については「逃げ得」の問題は完全に解消されてはいないが，それでも処断刑の上限が危険運転致死罪の法定刑の上限にかなり接近したことになる。

このように本罪の新設においては，危険運転致死傷罪の処罰を免れる行為が念頭に置かれていたといってよい。もっとも，「逃げ得」問題が，本罪の新設によってどのように解消されるかについては，個別の局面に応じて具体的に検討を加える必要がある。[7]

第1に，飲酒運転によって死傷事故を起こした行為者が，現場から逃走することによって，飲酒運転の事実についても，その立証を免れた場合には，そもそも発覚免脱罪によっても処罰することができず，行為者は従来通り，救護義務違反罪と過失運転致死傷罪の併合罪として処罰されることになる。この場合には本罪新設による「逃げ得」回避の効果は及ばない。

第2に，危険運転致死傷罪に該当しうる行為者が現場から逃走するなど，発覚免脱罪に該当する行為によってアルコール等の影響の発覚を免れようとしたが，結局，行為者の事故前の飲酒量，運転状況などの客観的な事実関係から，危険運転致死傷罪の成立が認められる場合も当然に考えられる。いわば行為者は「逃げ得」を図ったが，それが失敗に終わった場合である。この場合にも，

[7) このような検討として，杉本・前掲注6) 30頁以下を参照。

4条の文言解釈によれば，危険運転致死傷罪とともに発覚免脱罪が成立すると解することは不可能ではない。しかしながら，①アルコール・薬物の影響による死傷結果の惹起という観点では，両者の法益侵害性は一部重なり合っていること，また，②危険運転致死傷罪の適用逃れを適切に処罰するために発覚免脱罪が新設されたという経緯にかんがみ，危険運転致死傷罪が成立する場合には発覚免脱罪は成立しないと解されている[8]。したがって，この場合にも発覚免脱罪の新設によって，法適用の状況が異なってくるわけではない。

第3に（そもそも立証できないことを措くとして）実際には危険運転致死傷罪に該当しうる行為が行われていたにもかかわらず，発覚免脱行為によって行為当時のアルコールの影響を具体的に立証することができなかったが，事故当時，酒気帯び運転を行っていたことまでは立証できたという場合である。この場合には，危険運転致死傷罪は成立しないが，行為者を発覚免脱罪で処罰することができる。この場合については，まさに「逃げ得」問題が解決されていることになる。

第4に，飲酒運転による死傷事故が発生した後，行為者によって発覚免脱行為が行われたが，（立証の問題は措くとして）かりに発覚免脱行為が行われなかったとしても，いずれにせよ行為者は「正常な運転が困難な状態」に至っておらず，それゆえ危険運転致死傷罪による処罰ははじめから不可能であった場合である。この場合，そもそも危険運転致死傷罪として処罰可能な実体が存在しないのであるから，その「逃げ得」の問題も（事後的・客観的には）生じていなかったことになるが，この場合であっても，当然に発覚免脱罪は成立する。したがって，この類型については，発覚免脱罪の新設によって，事実上，飲酒運転のひき逃げ事犯の刑が加重されていることになる[9]。

---

[8] 保坂・前掲注1）60頁を参照。発覚免脱罪が成立しないという結論をどのように説明するかが解釈論的に問題となるが，犯罪事実・法益侵害性が完全に一致するわけではないことから，法条競合や吸収一罪という罪数レベルの説明は困難であろう。なお検討を要するが，「発覚することを免れるべき行為」は，危険運転致死傷罪による処罰を免れることができた者に限って問題になると解することによって，発覚免脱行為を危険運転致死傷罪の（共罰的事後行為ではなく）不可罰的事後行為と評価する余地があると思われる。

[9] なお，古川伸彦「自動車運転死傷行為処罰法について」名古屋大学法政論集264号（2015）30頁以下は，法改正の根底には，事故後の逃走行為のうち，動機が悪質なものを厳罰化するという「本音」があるとする。

発覚免脱罪の立法趣旨においては，危険運転致死傷罪での処罰を免れるための「逃げ得」問題に適切に対応するという意図があったことは明らかであり，そのため，本罪は危険運転致死傷罪の補充類型として位置づけられている。しかし，既にみたように，本罪の適用の余地があるのは，そもそも上記第3，第4の類型に限られており，そのうち「逃げ得」対策として意味があるのは第3の類型だけである。このような意味において，本罪の理解においては，「逃げ得」対応という観点を過度に意識すべきではなく，むしろ「発覚することを免れるべき行為」それ自体の当罰性に着目した解釈が必要とされるべきであろう。

　なお，既に述べたように，本罪は危険運転致死傷罪の補充規定として位置づけられているから，アルコール・薬物の影響以外の類型の危険運転致死傷罪が成立する場合であっても，やはり発覚免脱罪は成立しないと解すべきであろう。[10]たとえばアルコールの影響で正常な運転に支障が生ずるおそれのある状態にあった（が正常な運転が困難な状態には陥っていない）行為者が，重大な交通の危険を生じさせる高速度で赤色信号を殊更に無視して自動車を運転して死傷事故を起こし，その後，飲酒運転の発覚を免れようとして，現場から逃走するなど発覚免脱行為を行ったような場合である。この場合の発覚免脱行為は，赤色信号殊更無視類型の危険運転致死傷罪（2条5号）の成否については何ら影響を及ぼしうる行為ではないから，両者は別個独立の行為として，ともに処罰できるようにも思われる。しかしながら，いずれにせよ当該行為者は危険運転致死傷罪による処罰を免れることができないのであるから，その補充規定として設けられた発覚免脱罪の適用は排除されると解すべきであろう。

3　本罪の罪質

　既に述べたように，本罪は，①「アルコール又は薬物の影響によりその走行中に正常な運転に支障が生じるおそれがある状態で自動車を運転」する行為，②「運転上必要な注意を怠り，よって人を死傷させ」る行為，③アルコール等の影響等が「発覚することを免れるべき行為」の結合犯として理解される。したがって本罪の罪質についても，これら①〜③の保護法益をそれぞれ保護する

10）　このような指摘として，城・前掲注2）88頁を参照。

犯罪として理解されることになる。このうち，①については，道交法の酒酔い運転罪，酒気帯び運転罪と同様に，生命・身体に対する抽象的危険性を有する運転行為を防止して道路交通の安全を確保すること，②については，被害者の生命・身体を保護法益とする犯罪であることは明らかである。問題は，③の発覚免脱行為の罪質である。この点については，発覚免脱行為の典型的な行為類型が現場を離れる行為であることから，道交法上の救護義務違反罪と共通する側面があるとして，負傷者の生命・身体の安全を保護対象とする理解もあり得るかもしれない。しかしながら，本罪における発覚免脱行為は，アルコール・薬物の影響の発覚を免れるための行為であり，負傷者を救護しなかったことはその本質的内容ではない。ここでは上記③の行為が，行為者自らがアルコール・薬物の影響という重要な証拠を隠滅する行為であり，刑事司法に対する罪であることを端的に認めざるを得ないだろう。そして，このように本罪が自己の刑事事件に関する証拠隠滅行為を処罰する側面を有することから，刑法上，証拠隠滅行為の処罰が「他人の刑事事件に関する証拠」の隠滅に限定されていること（刑104条参照）との整合性が問われることになる。

この点については，①犯人が第三者に自己の刑事事件の証拠の隠滅を教唆した場合には，自己証拠の隠滅であっても，証拠隠滅罪の教唆犯が成立することから，自己証拠の隠滅であっても常に処罰が否定されるわけではないこと，②道交法上，死傷事故が発生した場合には救護義務および報告義務が課されており，これが憲法38条1項の自己負罪拒否特権に反しないと解されていることから，証拠隠滅行為に出ないことが期待できる状況といえること，③体内に残

---

11) これらの罪の解釈については，道路交通執務研究会編著・執務資料道路交通法解説〔16-2訂版〕（2015）692頁以下を参照。
12) 被害者を救護するなど必要な措置を講じながら，事故現場で「追い飲み」をして発覚免脱を図ることも十分に可能である。
13) 保坂・前掲注1）59頁，杉本・前掲注6）28頁などを参照。西田部会長も法制審議会第169回会議（平成25年3月15日開催）において，「この罪の保護法益は，危険かつ悪質な運転行為を防止し，人の生命身体を守ることが主たる保護法益でありますが，重大な証拠となるアルコール等の影響の有無又は程度に関する証拠収集や保全を妨げる点では，刑事司法作用をも併せて保護法益とするものと考えられます」と説明されている。同会議議事録4頁以下（http://www.moj.go.jp/content/000109857.pdf）を参照。
14) 最決昭和40・9・16刑集19巻6号679頁を参照。
15) 最大判昭和37・5・2刑集16巻5号495頁を参照。

留するアルコール・薬物については容易に隠滅されやすく、緊急に収集する必要があることなどが、本罪の正当化根拠として挙げられてきた[16]。もっとも、①ないし③の理由付けの関係は必ずしも明確ではなく、そのため、学説においては、刑法104条の例外を設けるだけの根拠が十分ではないとの批判的見解も強く主張されている[17][18]。

刑法上の証拠隠滅罪において、自己の刑事事件の証拠隠滅行為が処罰されていない点については、適法行為の期待可能性が乏しいことが理由とされるのが一般的である[19]。もっとも、犯人が自己の刑事事件の証拠を隠滅する手段として器物損壊、放火、死体遺棄などの行為に出た場合、器物損壊罪、放火罪、死体遺棄罪は当然に成立する[20]。したがって、行為者の具体的な心理状態において、これらの隠滅行為に出ることについて期待可能性が否定されているわけではない（もし、そうであれば器物損壊罪等についても責任が阻却されるはずである[21]）。ここでは自己の刑事事件の証拠を隠滅する行為についても、常に期待可能性が欠如するわけではないから、処罰を原則としつつ、責任が阻却されるべき具体的事情が認められる場合に限って不可罰とすることも理論的には十分可能であるところ、立法政策上の考慮によって、類型的に104条の処罰範囲から除外されているにすぎない、という認識から出発すべきである。すなわち現行法の構成要件から自己証拠の隠滅行為が除外されているのは、一般的・類型的に期待可能

---

16) 法制審議会第169回会議議事録（前掲注13）5頁の西田部会長の説明、参議院法務委員会会議録第4号（前掲注6）16頁の稲田刑事局長の答弁などを参照。
17) そもそも本文①の点については、犯人に証拠隠滅罪の教唆犯の成立を認めることについて批判的な見解が多数といえるから（たとえば大谷實・刑法講義各論〔新版第4版補訂版〕〔2015〕607頁、西田典之・刑法各論〔第6版〕〔2012〕464頁、山口厚・刑法各論〔第2版〕〔2010〕589頁、高橋則夫・刑法各論〔第2版〕〔2014〕650頁など）、このような立場からは、①の点は論拠たり得ないであろう。また、本文②の点についても、証拠隠滅行為は行為者に報告・申告義務を課すものではないから、自己負罪拒否特権との関係で論ずることは適切ではないように思われる。
18) たとえば松宮孝明「自動車事故をめぐる法改正の動き」犯罪と刑罰23号（2014）11頁注20、本庄武「自動車事故を巡る厳罰化のスパイラル」法セ722号（2015）27頁などを参照。
19) たとえば大谷・前掲注17）603頁、西田・前掲注17）461頁、山口・前掲注17）583頁などを参照。さらに自己証拠隠滅の不処罰の実質的根拠について、ドイツ法の議論を検討するものとして、豊田兼彦「ドイツ処罰妨害罪に関する一考察（2・完）」立命館法学273号（2000）154頁以下を参照。
20) この点について、山口厚・問題探究刑法各論（1999）295頁を参照。
21) この点に関連して、安田拓人「司法に対する罪」法教305号（2006）77頁以下の分析を参照。

性が減弱する状況における行為であることに加えて，一定の範囲までは自己庇護的な行為を許容する余地があることから，処罰の必要性が類型的に後退する点に求められるべきであろう。したがって，処罰の必要性を基礎づけるにたる特段の事情があれば，104条の規定にもかかわらず，特別法によって自己証拠の隠滅行為を処罰することも正当化可能であるように思われる。

　そして，発覚免脱行為については，証拠隠滅行為全般ではなく，アルコール・薬物の影響を隠滅する行為に限定されていることが重要である。体内に摂取されたアルコール・薬物は危険運転致死傷罪を立証するためにはきわめて重要な証拠であるが，時間の経過によって分解・排出されてしまうため，他の証拠と比べて容易に隠滅されやすく，その分だけ一般予防の観点から処罰の必要性が高いといえる。また，道路交通の安全を確保するためには飲酒運転の撲滅が重要な課題であるところ，飲酒運転の発覚を免脱しようとする行為は，飲酒運転の抑止に真っ向から反する行為であり，許容されうる自己庇護行為と評価することはきわめて困難であろう。これらの事情にかんがみれば，自己の犯罪証拠の隠滅を処罰すべき例外的場面として，発覚免脱行為の処罰を正当化することも可能であるように思われる。

III 「免れるべき行為」の意義

1 客観的要件について

(1) 例示列挙の行為類型について

　それでは「発覚することを免れるべき行為」の意義について，具体的に検討を加えることにしたい。発覚免脱行為は，アルコールまたは薬物の「影響の有無又は程度が発覚することを免れるべき行為」として定義されており，「更にアルコール又は薬物を摂取すること，その場を離れて身体に保有するアルコール又は薬物の濃度を減少させること」はその具体例として列挙されていることになる。[22] まずは例示列挙として挙げられている2類型について検討を加えることにしたい（なお，以下では，検討の便宜上，アルコールの影響の発覚免脱行為を中心として検討を加える）。

立案担当者の説明によれば，本罪は体内のアルコール等の濃度という重要な証拠収集・保全を妨げることに処罰の根拠があることから，「免れるべき行為」と評価するためには，証拠収集・保全を妨げうる程度に達することが必要であるとされる。このような前提から，さらにアルコール等を摂取する行為については，アルコール等を摂取した時点で本罪が成立するが，その場を離れる行為については，事故現場を離れるだけで直ちに体内のアルコール等の濃度が減少するわけではないことから，アルコール等の濃度をある程度減少させる程度の時間が経過した場合にはじめて本罪が成立すると解されており[23]，その一応の目安として，アルコールについては実務の飲酒検知において考慮されてきた単位が呼気1リットルあたり0.05ミリグラムであることから，通常人であれば，0.05ミリグラム分のアルコール量を減少させる程度の時間として，40分程度の時間が示されているところである[24]。このような理解からは，飲酒運転の発覚を免れようという意思を固めて現場から逃走した場合であっても，逃走行為から約40分が経過した段階ではじめて本罪が既遂に達するのに対して，いわゆる「追い飲み」をしようとビールを飲む場合にはビールに口をつけた時点で本罪が成立することになる[25]。

　本罪は「発覚することを免れるべき行為」があれば直ちに成立する犯罪であり，その規定形式によれば抽象的危険犯として理解されることになる。もっとも，その危険性の判断基準・判断資料については，他の抽象的危険犯とは異な

---

22) 私が知り得た限りでは，これまでの裁判例では，事故現場を離れる類型がほとんどであり，これに「追い飲み」行為が併存する類型も散見される。事故現場を離れる行為について本罪の成立を認めたものとして，福岡地飯塚支判平成26・8・12（判例秘書登載），横浜地判平成26・12・10（判例秘書登載），さらに新聞記事掲載の裁判例として，静岡地富士支判平成26・10・6（朝日新聞2014年10月7日静岡県版朝刊），高松地丸亀支判平成27・3・27（朝日新聞2015年3月28日香川県版朝刊），鹿児島地判平成27・12・11（朝日新聞2015年12月13日鹿児島県版朝刊），静岡地浜松支判平成28・1・7（朝日新聞2016年1月8日静岡県版朝刊），金沢地判平成28・1・22（朝日新聞2016年1月23日石川県版朝刊）など。また，現場を離れた上で「追い飲み」を行った事件として，青森地弘前支判平成27・11・19（朝日新聞2015年11月20日青森県版朝刊）がある。さらにこのような被疑事実で起訴された事件が，朝日新聞2014年7月10日徳島県版朝刊，朝日新聞2014年10月8日熊本県版朝刊に紹介されている。
23) このように既遂時期が異なることから，発覚免脱罪と道交法の救護義務違反は併合罪の関係に立つと解される。これに対して，両罪を観念的競合の関係に立つと解するものとして，永井・前掲注2）724頁以下を参照。
24) これらの点について，保坂・前掲注1）62頁以下を参照。
25) 岸・前掲注2）131頁を参照。

III 「免れるべき行為」の意義

る観点が含まれているように思われる。すなわち，飲酒検知を免れる意思を固めて事故現場を離れる行為には，それ自体，飲酒検知の実施を困難にし，それによってアルコールの影響の発覚を免れる抽象的危険性があると考えることも十分に可能であるにもかかわらず，アルコールの濃度が急激に増減することは通常はあり得ないことから，その段階では本罪は既遂に達しないと解されているのである[26]。ここでは，一定の行為の遂行それ自体の抽象的危険性だけではなく，その行為がアルコール等の影響の有無・程度の発覚に何らかの影響を及ぼしうる事態を招いたという事実が，いわば一定の行為の結果として重視されていると評価することができる。もっとも，現場を離れて約40分が経過して，呼気のアルコール濃度が1リットルあたり0.05ミリグラム減少したとしても，たとえば行為者の酩酊の程度が高く，体内のアルコール濃度も相当に高い水準であれば，0.05ミリグラム程度の減少によって，アルコールの影響の有無・程度の立証に困難を来す事態はほとんど考えられないだろう。しかし，このような場合に本罪の成立を否定する解釈は示されていないし，また，そのように解すべきではないだろう。あくまでも行為者の具体的な状況は完全に捨象した上で，一般的・類型的な観点から，発覚に影響を及ぼしうる事態が生じているかだけが問題とされているのである。あえていえば，危険運転致死傷罪に該当する事実を立証できるか否かがギリギリの事例，すなわち0.05ミリグラムの減少だけでも結論に影響が生じうる事例が現に存在しうるところ，そのような事例を想定しつつ危険性が肯定されているということもできる。

　立案担当者のこのような説明は，いわば抽象的危険犯と具体的危険犯の中間に線を引く作業と評することができるが，解釈論として適切な決断であったように思われる。飲酒検知を免れる意図で事故現場から逃走する行為は，抽象的にはアルコールの影響の発覚を免れる危険をはらむ行為といえるかもしれないが，その行為だけからアルコールの影響の発覚が妨げられる事態は絶対に生じ得ない。あくまでも影響の発覚を妨げるにたりる程度の行為と評価される必要がある以上，やはりアルコール濃度をある程度減少させるにたる程度の間，現場を離れた状態が継続することを要求するべきであろう。他方，本罪は具体的

26）　このような指摘として，岸・前掲注2）131頁を参照。

危険犯として規定されていない以上，現実の犯罪捜査に具体的な支障が生じたことまでを要求することはできないだろう。実際，同じ時間だけ現場を離れる行為が行われた場合に，（そもそも立証の問題を措くとしても）行為者の飲酒酩酊の程度によって，本罪の成否の結論が異なってくるというのは，適切な結論ではないように思われる。

　もっとも，このような解釈を「追い飲み」の類型に援用した場合，現場を離れる類型については，呼気1リットルあたり0.05ミリグラムの減少が要求されているにもかかわらず，なぜ「追い飲み」の類型については，ビールに口をつけただけで本罪が既遂に達し，0.05ミリグラムの増加に対応するだけの飲酒量が要求されていないのかが問題となりうる[27]。この点については，時間の経過によって自然にアルコールの濃度を減少させる行為と，人為的な手段によって増減させる行為との相違を重視すべきであろう。「追い飲み」によって人為的に体内のアルコール濃度を増加させ，それによって事故当時のアルコール濃度の発覚を免れようとした場合，「追い飲み」として飲酒した量や酒の種類は当然ながら，行為者の意のままに決定される。したがって，これらの事実を具体的に立証しがたい場合が生じやすいといえる。すなわち，実際に「追い飲み」として摂取したアルコールがごくわずかであったとしても，その点が立証できなければ，事故発生後に大量の飲酒をした可能性が排斥できないとして，事故発生時のアルコールの影響の有無・程度の立証に支障を来す事態が生じうるのである。人為的な偽装行為については，このような危険性が伴いうることまでを視野に入れるのであれば，「追い飲み」の場合には，摂取したアルコールの量を問わず，「追い飲み」行為が行われた時点で本罪が成立すると解することも十分に可能であろう[28]。もっとも，「追い飲み」が現実に行われ，体内のアルコール濃度が変動しうる事態が生じたことが重要であるから，たとえ微量であってもアルコールを体内に摂取する行為が要求されるべきであり，「追い飲み」の意図で酒を購入しただけの段階では本罪は成立しないと解すべきである。

---

27) この点に関連して，今井・前掲注3) 15頁は，「追い飲み」の量が微量であり，事故直後の体内のアルコール濃度を確実に推測できる場合については，本罪の成立を否定する。このような理解からは，ビールに口をつけただけの段階では，原則として本罪の成立が否定されることになると思われる。

28) アルコールを分解する作用のある薬物を摂取した場合も同様であろう。

このように，例示された2類型は，その手段・態様こそ異なるが，体内のアルコール濃度を増減させるにたる客観的事実が根拠となって，本罪の成立が認められていることになる。したがって，現場を離れる類型については，体内のアルコール濃度が0になった後は，現場を離れた状態が継続していたとしても，既に発覚免脱罪の実行行為は終了していると解することもできる。この点について，札幌地小樽支判平成28・9・28（裁判所ウェブサイト）は，事故前日の午後8時頃から翌日午前0時近くまで飲酒していた被告人が，午前0時4分頃，過失運転によって被害者を死亡させ，そのまま交際相手のアパートに赴き，眠ってしまい，午前6時30分頃目覚めた後，知人と口裏合わせなどを行ったものの，同日午後1時22分頃に警察に出頭することになったという事件について発覚免脱罪の成立を肯定しているが，被告人の飲酒量を前提とすれば，当日の午前6時20分頃には血中アルコール濃度が0になっていた可能性があるとして，被告人が午前6時30分頃に起床した後の行為については，本罪の実行行為に該当しない旨を判示している。基本的な問題意識については支持することができるが，アルコール濃度が0になった可能性があれば（すなわち，体内にアルコールが残留していることが合理的な疑いを超える程度に立証できない場合には）直ちに本罪の成立を否定するのでは，過度に処罰範囲が限定されてしまい，妥当ではないように思われる。[29] なお検討を要するが，本罪が抽象的危険犯であることにかんがみれば，むしろアルコール濃度が0になっていない可能性がある限り，本罪が継続して成立すると解する余地もあるだろう。

(2) 「その他」の「発覚することを免れるべき行為」

「その他」の「発覚することを免れるべき行為」については，文言上，行為態様・内容が明確に限定されているわけではない。もっとも，本罪が飲酒運転事故にかかる証拠隠滅行為全般ではなく，あくまでもアルコール等の影響の発覚免脱行為のみを処罰対象にしていることにかんがみれば，例示列挙されている2類型の行為と同様に，原則として，体内のアルコール濃度の増減それ自体

---

[29] 本判決はこのような前提から，推定される血中アルコール濃度の最低値を，アルコール濃度の減少率の最大値で除することによって，アルコール濃度が0になっていた可能性がある時点を算出している。そのため，このような理解からは（あくまでも理論上の可能性にすぎないが）酒気帯びの量がそれほど多くない可能性がある事件については，本罪が既遂に達する前に実行行為が終了してしまう（？）場合もあり得ることになる。

に影響を及ぼしうる行為である必要があると思われる。したがって，事故現場において飲酒検知を拒否する行為，警察官が持参した飲酒検知管を損壊する行為[30]，さらには同乗者を身代わりに立てたり，飲酒の事実について虚偽の証言を依頼するなどの行為が行われても，それだけでは本罪に該当しないと考えるべきである。もっとも，これらの行為によって，いわば「時間稼ぎ」の効果が生じ，一定の期間，行為者に対する飲酒検知が実施できない事態が生じたのであれば，現場を離れる行為についての解釈と同様の観点から，本罪の成立が認められることになる[31]。この場合，「時間稼ぎ」に至る危険性のある行為が行われれば直ちに本罪が既遂に達するか，それとも現実に約40分間が経過した後で既遂に達するかは，さらに問題となりうるが，あくまでも一定の時間の経過によって体内のアルコール濃度が減少しうる客観的状況が生じたことに意義があると考える以上，やはり現場を離れる行為の場合と同様に，一定の時間が現実に経過した後，はじめて本罪が既遂に達すると解すべきであろう。

これに対して，人為的に体内のアルコール濃度を増減させる行為については，そのような行為が行われた段階で直ちに本罪が成立することになろう。たとえばアルコールを急速に分解させる薬物を服用した場合などは，服用した段階で本罪が成立する[32]。なお，（私を含めて）素人の感覚では，大量の水を飲めば体内のアルコール濃度が薄まるようなイメージがあり，実際にも，飲酒運転の発覚を免れようとして，大量の水分を摂取する行為が行われることもあるようである[33]。もっとも，大量の水分を飲んだとしても，呼気や血液に含まれているアルコールの濃度が直ちに減少するわけではない[34]。この点は私の判断能力を超えるが，かりに大量の水分を摂取しても，それによって直ちに体内のアルコール濃

---

30) この場合にも本罪が成立する余地を示唆するものとして，塩見・前掲注6) 33頁を参照。
31) この点につき，岸・前掲注2) 130頁を参照。
32) このような薬物を服用する行為については，例示列挙されている「更に……薬物を摂取すること」に該当すると解することもできるが，ここでいう「薬物を摂取すること」とは，薬物の影響で死傷事故を起こした事例について，その「薬物」の影響の発覚を免れるために薬物を「更に」重ねて摂取する行為であると限定的に解釈するのであれば，アルコールを分解する薬剤の服用については，「その他」の類型にあたることになろう。
33) アルコールの影響に基づく危険運転致死傷罪の成立を認めた最決平成23・10・31刑集65巻7号1138頁の事実関係においても，事故発生後，被告人が飲酒の事実を隠そうとして大量の水を飲んだ事実が認定されている（第1審判決である福岡地判平成20・1・8判タ1268号330頁を参照）。

度が減少する効果が生じないのであれば，行為者がこのような影響を期待して水を飲んだとしても，それだけでは本罪には該当しないと考えるべきであろう。

それでは，実際には「追い飲み」をしていないが，大量のビールの空き缶などを用意しつつ，事故後に「追い飲み」をしたような事実を仮装する行為はどうだろうか。虚偽の事実を仮装しても，それによって体内のアルコール濃度が増減するわけではないので，「その他」の「免れるべき行為」には該当しないようにも思われる。ただ，先にみたように，「追い飲み」の事例については，現実の「追い飲み」の量，程度などが具体的に明らかにならない危険性があることから，「追い飲み」という事実それ自体がアルコールの影響の発覚を妨げるにたる事態であり，それゆえ飲酒行為の段階で直ちに本罪が既遂に達すると解される。このような理解を推し進めるのであれば，「追い飲み」の事実を仮装する行為も，その仮装の具体的内容や状況によっては，同様の危険性を惹起する行為と評価できるため，本罪を構成するという理解も不可能ではないように思われる。

2 目的要件について

発覚免脱罪が成立するためには，「その運転の時のアルコール又は薬物の影響の有無又は程度が発覚することを免れる目的」に基づいて「発覚することを免れるべき行為」が行われる必要がある。いかなる目的であっても，自分の行為が発覚を「免れるべき行為」であることを認識しつつ，あえてそのような行為に出ていれば，刑事司法作用が危殆化されているといえるから，目的要件を設けなくても，故意犯として処罰することは十分に可能であったように思われる[35]。それにもかかわらず，このような目的要件が設けられたのは，本罪が単に事故現場を離れる行為など価値中立的な行為態様を含みうることから，目的要件によって，客観的に正当な行為を処罰範囲から排除しようという意図に基づ

---

34) このような指摘として，城・前掲注2) 85頁を参照。さらに永野耐造＝若杉長英編・現代の法医学〔改訂第3版増補〕(1998) 185頁以下においても，多量の水分摂取がアルコール分解の過程に影響を及ぼすような記述はない。
35) 実際，証拠隠滅罪や犯人隠避罪については目的要件は設けられていないし，虚偽告訴罪の「刑事……処分を受けさせる目的」(刑172条) についても，むしろ（目的要件に対応するかたちで）客観的に虚偽告訴の内容を限定する解釈が有力である（山口・前掲注17) 603頁参照）。

くものと推測される。刑事法部会の議論においては，自宅で飲酒をしていた際に子供が急病となったため病院に連れて行くために自動車を運転していたところ，過失によって事故を起こしたが，まずは子供を病院に連れて行くために病院に向かい，その後，最寄りの警察に出頭する意図であったという事例が，目的要件を欠く事例として挙げられてきたが，これも，子供を病院に連れて行く必要性・緊急性が高い事案であれば，現場を離れて病院に向かう行為が緊急避難として正当化される余地がある場合である。また，この事例についても，行為者の飲酒酩酊の程度が著しく，運転を継続すべきではない場合や，あるいは救急車の要請などによっても十分に対応可能な場合であれば，目的の正当性が否定されることにより，いわばその反面として「免れる目的」が認定され，本罪の成立が肯定される場合が多くなるように思われる。

　このような意味において，本罪の目的要件は（目的要件の客観面への反映を要求することによって）客観的に正当な行為を処罰範囲から排除する機能を有するものにすぎず，主観的要件として独自の意義は乏しいというべきであろう。実際，「免れる目的」は決定的な動機・目的である必要はなく，目的の1つとして併存していればたりると解するのであれば，事故現場から離れれば体内のアルコール濃度が減少していくことを（未必的に）認識しつつ，現場から離れた場合については，現場を離れるだけの正当な理由が存する場合を除き，ほとんどの場合について「免れる目的」が認められることになると思われる。

　学説においては，飲酒運転をしていた行為者が人身事故を起こした後，被害者を自ら病院まで搬送するために現場を離れる行為について，本罪の成立を認めるべきではないという指摘がみられる。もっとも，この場合であっても，現場を離れた結果，体内のアルコール濃度が有意に減少するに至った場合には，「免れるべき行為」に該当することを否定することは困難であろう。実際，かりに行為者がアルコール濃度が減少するまでの時間稼ぎを意図しており，被害者の搬送を口実として現場を離れた場合であれば，「免れる目的」も認められ，

---

36)　保坂・前掲注1) 62頁を参照。
37)　このような指摘として，塩見・前掲注6) 33頁注13を参照。
38)　この点について，岸・前掲注2) 130頁を参照。
39)　この点について，松宮・前掲注18) 11頁を参照。

本罪の成立が認められるべきであろう。既に述べたように，やはりこの場合にも，発覚免脱罪の成否の限界としては，行為者自らが被害者を病院に搬送する行為の正当性の存否が重要であるように思われる。このように考えると，立法論としては，目的要件を要求するのではなく，一定の正当な理由に基づく行為を処罰範囲から除外することも，選択肢としてはあり得たようにも思われる。

IV 共犯関係について

　自動車運転者について本罪が成立する事例において，たとえば同乗者がもっぱら「免れるべき行為」だけに関与していた場合，この者はいかなる刑事責任を負うのであろうか。既にみたように，本罪は，①アルコール・薬物の影響による自動車の運転行為，②過失運転致死傷行為，③発覚免脱行為の3つの行為の結合犯として理解されるから，この問題は実行行為の途中から犯行に関与した者，すなわち承継的共同正犯の成否をめぐる問題として解決されることになる。

　承継的共同正犯の成否については，学説において活発な議論があるが[40]，近時の判例（最決平成24・11・6刑集66巻11号1281頁）は，周知の通り，傷害罪の共同正犯の成否について，被告人が共謀に加担する前に共犯者らが「既に生じさせていた傷害結果については，被告人の共謀及びそれに基づく行為がこれと因果関係を有することはないから，傷害罪の共同正犯としての責任を負うことはなく，共謀加担後の傷害を引き起こすに足りる暴行によって……傷害の発生に寄与したことについてのみ，傷害罪の共同正犯としての責任を負う」旨を判示している。本決定はあくまでも傷害罪の共同正犯の成立範囲に関する判示であり，承継的共同正犯の成否に関する一般論を展開したものではないが[41]，上記の引用部分からは，あくまでも被告人の関与と因果関係を有する結果惹起に限って共同正犯の成立が認められるという理解を導くことが可能である。そして，

---

[40] この点については，橋爪隆「承継的共犯について」法教415号（2015）85頁以下を参照。さらにその後の議論状況として，山口厚「承継的共犯論の新展開」曹時68巻2号（2016）343頁以下も参照。

[41] この点について，石田寿一・最判解刑事篇平成24年度461頁以下を参照。

このような理解を前提とした場合，発覚免脱罪は，上記①ないし③の犯罪の結合犯であり，共同正犯として処罰するためには（少なくとも）それぞれの犯罪結果について因果関係を有することが必要であるから，「免れるべき行為」のみに加担した関与者については，本罪の共同正犯の成立が否定されることになる[42]。このような関与者は，「免れるべき行為」に加担する行為それ自体が「他人の刑事事件に関する証拠を隠滅」する行為と評価できる場合に限って，証拠隠滅罪の正犯として処罰可能であろう。

学説においては，強盗罪，詐欺罪，恐喝罪などの結合犯については，強取，詐取，喝取などの後行行為のみに加功した行為者について承継的共同正犯の成立を認める見解も有力に主張されている[43]。しかし，このような議論も，結合犯であれば無制約に承継的共同正犯の成立を認めるものではなく，あくまでも複数の行為が構成要件上，手段と結果の関係に立つ犯罪類型について，構成要件的結果の惹起に因果性を有する関与者を共同正犯として処罰すべきという問題意識に基づくものである。そして，発覚免脱罪は結合犯といっても，複数の行為が手段・結果の関係に立つわけではなく，それぞれが別個独立の法益侵害の惹起を予定している。したがって，このような理解からも，本罪について承継的共同正犯の成立を認める余地はないといえよう[44]。

---

[42] この点については，刑事法部会第6回会議（平成25年1月25日開催）の議事録（http://www.moj.go.jp/content/000108822.pdf）29頁〔島田聡一郎幹事〕を参照。
[43] このような理解として，西田典之・刑法総論〔第2版〕（2010）367頁，佐伯仁志・刑法総論の考え方・楽しみ方（2013）387頁などを参照。
[44] この点については，杉本・前掲注6) 32頁注60の分析も参照。

自動車の自動運転と刑事実体法
—— その序論的考察

今井 猛嘉

I　はじめに

　近時，自動車の自動運転が話題になることが多い。自動車[1]とは，運転者（である自然人）が任意に運行に供することができる乗物（vehicle）であり，（動力源を動物等に委ねるものではなく）自分自身で動ける乗物という意味で，自動車（automobile）と呼ばれてきた。これに対して，自動運転とは，運転者による操作（manual operation）を経ることなく，（物体としての乗物を）安全に一定の目的地まで移動させ得る現象の総称であり，そのための技術により移動に供される車台状の物が自動運転車両（autonomous vehicle：AV）と呼ばれているところである[2]。

　AV を用いると，様々な社会的効用を得ることができると言われている[3]。具体的には，伝統的車両[4]が関与する交通事故原因の約 9 割が，運転者等の判断や操作の不適切さ（human errors）によると推定されることから[5]，AV によれば交通事故件数の大幅な削減が見込まれる。また，AV は，交通状況を監視し，

---

1) 以下では，自動車として，四輪車を想定する。
2) 自動運転車両について，明確な，又は公的に是認された定義があるわけではない。一般には，自動運転車両として，autonomous car, driverless car, self-driving car, robotic car 等が想定されている。本稿では，それらの用語の一つを用いるが，日本語としては「自動運転車両」という名称を用いることとする。また，自動運転車両を AV と略称することがある。
3) 例えば，http://www.kantei.go.jp/jp/singi/it2/senmon_bunka/douro/dai13/siryou2.pdf を参照。
4) 運転者（自然人）による操舵等（操作）により走行する，従来型の自動車を，伝統的車両（traditional vehicle：TV）と呼ぶ。
5) 例えば，橋本裕樹＝金子正洋＝松本幸司「運転者のヒューマンエラーに着目した交通事故発生要因の分析」(2008)〈http://library.jsce.or.jp/jsce/open/00039/200806_no37/pdf/88.pdf〉，田久保宣晃「交通事故データによる運転者のヒューマンエラーと心的負荷の一考察」国際交通安全学会誌 Vol. 30, No. 3 (2005)〈www.iatss.or.jp/common/pdf/publication/iatss-review/30-3-07.pdf〉を参照。

適切なスピードで走行するものであり、無駄な加速、走行等によるガソリンの消費や二酸化炭素の排出量を削減し得ることから、高度道路交通システム（Intelligent Transport Systems：ITS）の下でAVが実用化されれば、良好な環境の実現にも寄与するものとされている。更に、現在の法制度では運転免許が付与されない者（身体障害や年齢制限等により免許を取得できない者）や、免許を保有しているが加齢による運転適性の低下により免許返納が望まれる者も、AVであれば、その利用が可能となるのではないかと言われている。最後の点との関係では、過疎化と高齢化が進み、公共交通機関が減少しつつある地域の住民が、その代替手段として、AVを利用するというモデルも、魅力的な政策として、その可能性が検討されている。

このように、AVは、今後、日本各地で各層のニーズに即しつつ、幅広く利用が図られていくものと予想される。しかし、その実現前には、検討すべき法律上の問題も多々、存在する。筆者は、既に、その状況を概観したが、本稿では、AVの導入により、刑事実体法上どのような問題が生じるのか、今一度、確認することにしたい。

II　問題の発現状況——自動運転のレベルとの関係

1　レベル4以上とそれ未満との区別

自動運転のレベルは、技術的視点（ないし開発者の観点）から、これまで、5つのレベル（レベル0から4）に区別されてきた。その内の、レベル4に相当する部分が、近時、見直され（て二分され）、従来のレベル4に代えて、レベル4および5の区別が提案された。2016年10月以降は、後者が、事実上の国際標

---

6) 例えば、「平成27年度戦略的イノベーション創造プログラム（地域交通CO2排出量可視化技術の調査研究）報告書」〈http://www.meti.go.jp/meti_lib/report/2016fy/000461.pdf〉を参照。
7) この観点からAVの公道での実験を早くから試みてきた地方自治体としては、珠洲市を挙げることができる。「自動運転自動車の地域振興への活用に向けた研究開発」〈http://www.soumu.go.jp/main_content/000368743.pdf〉を参照。
8) 今井猛嘉「自動化運転を巡る法的諸問題」国際交通安全学会誌 Vol. 40, No. 2 (2015)〈http://www.iatss.or.jp/common/pdf/publication/iatss-review/40-2-07.pdf〉56頁以下。
9) Cf. Summary of Levels of Driving Automation for On-Road Vehicles〈http://cyberlaw.stanford.

準となっている。

　刑事実体法との関係で重要なのは，自動運転の技術水準がレベル4以上か否かの区別である。

2　レベル4未満の「自動運転」車両

　レベル4未満での問題の現れ方を，レベル3の車両（としてのAV）と運転態様を想定して検討する。そこでは，自動運転を人間に提供するシステム（自動運転システム）が，人間に代わって運転を制御する。しかし，例えば，悪天候（降雪等）のため道路の白線が自動車のレーダーにより認識不能となると，自動運転システムは，その機能限界を察知し，自動運転システムの終了と運転者による運転継続を乗員（passenger：P）に要請する。ここで，乗員がシステムに代わり運転権限を引き継ぐことはオーバーライド（override）と呼ばれる。PがDとなって運転する事態に着目すると，Pによるテークオーバー（take over）があったことになる。オーバーライドまでの時間は最低4秒あれば足りるとする理解が，国連等では採用されつつある。一定の速度で走行してきた自動運

---

edu/files/blogimages/LevelsofDrivingAutomation.pdf〉
10)　Cf. NHTSA Adopts SAE International Standard Defining Autonomous Vehicles〈http://www.sae.org/news/3550/〉
11)　本稿執筆時点で，レベル3に至ったと評価できる技術，あるいはそれを搭載した車両は，世界的にも存在しない。海外自動車メーカーの中には，2018年に，そのレベルの乗用車の投入が可能とするものもあるが，レベル2に止まっているように思われる。Cf. https://www.audiusa.com/newsroom/topics/2016/audi-piloted-driving
12)　以下では，これを「システム」と略称することがある。
13)　Auto Pilot System，Lane Keeping Assist System等，様々な名称で呼ばれている運転支援技術も，運転者の存在を前提としている。その限りで，これらは，本来，レベル4未満の運転の安全化を目指すために開発された（技術発展を前提とした視点からすると，暫定的な）技術である。
14)　そこで，レベル4未満の車両は，完全な意味での「自動」運転とは言えない。このレベルの車両は，正確に言えば，Highly automated vehicleに過ぎない。Cf. http://cyberlaw.stanford.edu/files/blogimages/LevelsofDrivingAutomation.pdf
15)　オーバーライドについては，例えば，「運転支援の考え方について――第3回ASV検討会資料『運転支援の考え方』からの抜粋」〈http://www.mlit.go.jp/kisha/kisha03/09/090623/03.pdf〉，関根道昭＝平松金雄「自動運転技術に関わる国際ガイドラインの概要と課題」〈https://www.ntsel.go.jp/forum/2014files/1106_1445.pdf〉等を参照。
16)　「自動操舵に係る国際基準の検討状況」〈http://www.mlit.go.jp/common/001136460.pdf〉，「平成27年度国土交通省受託調査　自動走行システムの安全性確保に必要なHMIの要件に係る基礎調査報告書」〈http://www.sip-adus.jp/wp/wp-content/uploads/mlit_2015_mlit3.pdf〉等を参照。

車両を，4秒後には，乗員（passenger：P）が運転者（driver：D）となって，当該車両の安全走行を継続することが，レベル3では想定されているのである。このような事態は，技術的には想定可能だが，レベル3のシステム搭載車両（その意味での「AV」）の公道走行を考えると，車両による事故が差し迫った段階でも冷静に安全な走行が可能な技能を有する者しか乗員となれないように思われる。そこで，レベル3というメルクマールは，自動運転技術の発展経過を示す目安であるものの，実際には利用が困難な指標であり，市場に投入される車両に装備されるシステムのレベルとしては，望ましくないと思われる。

とはいえ，レベル3に分類されるシステムを搭載した車両（AV）に搭乗していたPが，オーバーライドしてDとなり運転を開始したが，事故に至った場合を想定し，問題を検討することは必要である。この場合，Dには，損害（harm：H）を被った被害者（victim：V）との関係で，何らかの犯罪が成立するのであろうか。

オーバーライドしてPからDになった者が，車両内からVの所有物を確認したが，車両の進路を変更しないまま，これに衝突させてしまい毀損すれば，器物損壊罪（刑261条）が，また，Vの身体，生命を侵害するであろうことを予見したがVに車両を衝突させてしまった場合には，傷害罪（刑204条）や殺人罪（刑199条）が成立し得る。これらの犯罪に係る故意が否定されれば，過失建造物損壊罪（道交法116条）や自動車運転過失致死傷罪（自動車の運転により人を死傷させる行為等の処罰に関する法律5条）の成否が問題となろう。もっとも（いずれの場合でも緊急避難が問題となり得ることに加えて），DがVに損害（物損又は人的損害）を加えないように，ブレーキやハンドルの操作を試みたが，その時点では，それら操作によっても損害発生を回避できなかったであろうという場合には，結果回避可能性，ひいては因果関係が否定されるため，Dに犯罪は成立しない。オーバーライドまでに最低4秒あればよいという国際的合意に

---

17) システムが機能限界に至ったときは，人間にとっても危機的状況（事故が目前に迫っている状況）であることが多いであろう。
18) 本稿で事故とは，自動車の走行に起因する物損事故，人の死傷を伴う人身事故を包括する概念として，用いる。
19) レベル3のシステム搭載車両（としての「AV」）が市場に投入されることも，現時点では，十分に見込まれるからである。

基づけば，この結論に至る事例も，多々想定されるところである。

では，Dに犯罪が成立しない場合，AV，あるいは，AVを走行させているシステムを処罰することはできないのであろうか。AVは車両であり，システムと同様に人間ではないから，AV等（AVおよびそのシステム）ではなく，AV等の背後に想定される人間，例えば，自動運転システム（プログラム）を開発した者（programme developer：PD），これを車台に取り付けて販売した者（seller：S）の刑事責任を追及することしか考えられないのであろうか。[20]

3 レベル4以上の自動運転車両との関係

これらの問題は，実は，レベル4以上で正面から問われるべきものである。レベル3以下では，システムの要請により運転権限が人間に移譲される事態が想定されていた。これに対して，レベル4ないし5では，人間が運転に関与することは想定されておらず，システムが常に運転権限と責任を負うことになる。[21] そこで，システムが，Vに係る損害（H）の発生を回避できなかった場合には，システムないしこれが搭載されたAV自体を処罰するか，その背後に想定される自然人（natural person：NP）を処罰する他ないのかが問題となるのである。

4 小　括

AVによる事故が生じた場合，AV用のシステム（アルゴリズムやプログラム等）を開発した者（PD）や販売業者（S）への民事責任の追及は，現在の法制度によっても，相当な範囲で可能である。[22]

他方で，彼らの刑事責任を問えるかは，深刻な問題である。

刑事法上の製造物責任について，自動車との関係では，車両の部品等の欠陥や整備不良に起因する死傷事案において，[23] 車両の整備担当者の過失責任を問え

---

20) これらの者（PDやS）が法人である場合の処理も，大問題である。しかし，それは，法人処罰に対する態度決定を前提とするので，本稿では，基本的に，PDやSが自然人の場合につき，検討を加える。
21) これは，fully automated drivingと呼ぶことができる状態（文字通りの「AV」の実現）である。そこでは，オーバーライドは想定されていない。Cf. http://cyberlaw.stanford.edu/files/blogimages/LevelsofDrivingAutomation.pdf
22) 今井・前掲注8) 59頁〜60頁。但し，現行法による対応には，限界もある。特に，製造物責任の追及には限界がある（同61頁）。この点については，後掲注47) を参照。

ないかが議論されてきた。しかし、レベル4以上のシステムが搭載された車両との関係では、自然人以外の刑事責任が問題となり、伝統的な刑法理論の枠を超えた思考が要求されているように思われる。

現行法制度の下でも、事故が生じれば、AV関係者（NP）の刑事責任が追及される可能性が高い。常に刑事事件化し、有罪判決に至るとまでは言えないが、刑事訴追の可能性があると知った関係者は、新技術開発と商品化への意欲を削がれるおそれもある。そのような状況下では、AVの利用に伴う社会的効用を早期に享受することができなくなり、社会的損失は大きい。

そこで、事態を分析し、（潜在的な）被害者保護を図りつつ、関係者に対する刑事制裁の適切な賦課（その有無と内容の確定）が要請されるのである。

III　AV自体の可罰性

1　総　説

以上の問題意識から、先ず検討されるべき点は、AV、ひいてはAVをAVとしているシステム（これを構成するプログラム）を処罰できるか否かである。そこでは、AVに固有の行為、責任能力、適切な刑事制裁を想定できるかが問題となる。[24]

2　行　為　性

先ず、AVに行為を想定できるかであるが、これは、不可能ではない。レベル4以上のAVで考えると、そのようなAVは、自動運転システムにより、自ら収集した情報（道路や交通の状況等）を、事前に設定されたプログラムに従って演算処理し、適切な速度と進路を選択して進行している。その結果として、Vに損害（H）ないし法益侵害（その危険を含む）が生じたならば、損害発生に至った過程を、プログラム処理に起因する行為と評価することは可能である。

---

23) 例えば、最決平成24・2・8刑集66巻4号200頁参照。
24) 以下の議論は、レベル4以上の技術に基づくAVと同等の機能を有するロボットにも、基本的には妥当する。

Ⅲ AV自体の可罰性

　レベル4以上に至り，AVに搭載されるシステムに学習機能が備わり，当初，想定されていなかった行動選択がシステム上，可能になると，AVの意思に基づく，AVとしての振る舞いが決定されていると見える事態が生じ得る。この場合，「主体の意思により外界に惹起された事象」を行為と捉えるならば（因果的行為論），AVの行為性を肯定する余地は高まるであろう。

　しかし，行為の意義を，このように，（因果的行為論の見地から）法益侵害という結果と，その原因とを結合するだけの概念と捉えるのではなく，刑法が予定する主体（倫理的自己決定が可能な存在）の振る舞いとして実体的に把握する場合には，別の結論に至り得る。それが，以下に確認するように，伝統的な刑法理論から主張される解釈であろう。

　AVは，目的地に最短時間で安全に到達するという目的達成のため，システムを活用しているように見えるが，目的的行為論[25]によれば，そうした目的は，社会倫理的に有意義な目的とは評価されず，考慮の対象外に置かれる可能性がある[26]。その他の行為概念を採用する場合でも，行為とは，善悪を判断する倫理観を有する人間についてしか想定すべきでないとの前提から出発するならば，ロボットに過ぎないAVに行為を想定するのはナンセンスである，との結論に至りやすい。

　確かに，現時点の自動運転システムによれば，こうした評価が妥当する余地は十分にある。しかし，自動運転システム（その中核をなすアルゴリズムやプログラム）は，日進月歩の勢いで進化しており，収集した情報に基づく行動選択が適切ではなかった（あるいは，システムの目的に照らし「誤った判断（miss judgement）」をした）と，システムが，自らの経験に基づき学習する能力（self learning or die Lernfähigkeit eines Intelligenten Agenten）[27]が備わりつつある。このような学習機能が洗練され，高度化されてくると，プログラムを確定する段階で，人間による善悪の区別に即して情報処理をするようにコマンドを設定する

---

25) Cf. Welzel, Das deutsche Strafrecht, 11. Aufl. 1969, p. 33 ff.
26) Itelligent Agent (IA) やロボットには，まだ，自己意識は認められないとの理解が一般的である（As the general idea around this matter, cf. Hofstadter, Fluid Concepts and Creative Analogies, 1995, p. 179 ff., 195 ff.）。この認識を前提とすれば，目的的行為論が考慮する目的性をAV等に認めることはできないことになろう。
27) Deep leaning も，この一形態である。

こ␣とも可能になろう。その結果，プログラミングの時点では人間が想像していなかった事態にAVが直面しても，自動運転システムが，事態を善か悪かに整理することで，人間を超える倫理的判断を示すことも予想される。この段階に至ると，AVの行為性（その前提としての行為能力，あるいは社会倫理的観点から善・悪の区別をする能力の具備）を認めるべきか否かが，伝統的行為論の見地からも再検討されることになろう。

3 責任能力

本稿では，上述した観点から，刑法上の行為を，人の法益を侵害又は危殆化させる事態として把握する。当該事態を，自律的判断に基づき選択可能な存在（entity）は，行為者として刑法的評価の対象となり得る。問題は，そのような行為「者」が，刑法上の責任主体でもあるかである。責任を負わない存在（entity）の行為は，刑法上，問題にする意味がないからである。

それでは，AV，更にはAVを走行させているシステムに刑事責任能力を認めることができるのであろうか。

責任能力は，事理弁識能力と行動制御能力から構成される。これら能力の相互関係を確認すると，刑法の目的は法益の保護にあるから，自己の行為により法益侵害を防止できる能力が，先ず検討されるべきであり，この能力の発動を促す前提として，自己の行為の結果が，社会的に如何なる意味を持つのかに係る理解力が問われることになる。こうして，事理弁識能力は，行動制御能力を発動する契機として意味があるから，前者の能力としては，自己の行為の結果が社会的に許されない程度の害悪（としての法益侵害）を生ぜしめるとの認識を基礎付ける能力があれば足りる。この理解から「自己の行為が社会倫理的に是

---

28) もっとも，現時点では，学習機能を有するロボット等にも，自己が選択しようとする動作の善悪についての判断は期待できないとの評価も，あり得るところである。
29) 法人との関係では，このような事態（自然人の判断を介在させることなく，学習機能を発揮すること）は想定できない。自然人以外の存在に対する刑罰の可否という点では，法人処罰とAV（更にはロボット）処罰とは，同種の問題に整理し得るが，大きな相違点もあるということである。
30) 大判昭和6・12・3刑集10巻682頁，西田典之・刑法総論〔第2版〕（2010）280頁，山口厚・刑法総論〔第3版〕（2016）272頁。
31) 今井猛嘉ほか・LEGAL QUEST 刑法総論〔第2版〕（2012）274頁〔今井〕参照。

Ⅲ　AV自体の可罰性

認されるか否かを知る能力を，事理弁識能力と言う。」との整理を導くことも，不可能ではない。しかし，そこで言う社会倫理とは，「共同生活を営まざるを得ない人間にとっての倫理（他人の法益を侵害しないという最低限のルール）」として理解されるべきである。[32]

このように理解された事理弁識能力（行動制御能力の前提として，行為の結果が法益侵害という意味で違法かどうかを認識するべき能力）は，行為能力が肯定される主体には，事実上，肯定されることが多いであろう。AVとの関係では，レベル4以上であって学習能力を有するシステムが搭載された車両であれば，[33]（行為能力に加えて）事理弁識能力も肯定し得ると思われる。

もっとも，この結論には，現在の自動運転システムの到達点を超えたもの（将来予測に基づく仮定的判断）が含まれていることも，否定しがたい。そこで，現時点のシステムレベルを前提とした場合に，伝統的刑法理論からは如何なる結論が導きだされるかも確認し，システムの発展に備えた議論の整理をしておくことにしたい。

伝統的理解から[34]AVに事理弁識能力を認めるには，人と同様に善悪の判断を可能にするプログラム（を含むシステム）のAVへの搭載が必要となろう。即ち，支配的見解によれば，人（NP）は，自らが選択しようとする行為が違法であることを知り，その選択が回避可能なのに回避しなかった場合に，当該

---

32) 自己の行為により法益の侵害があり得ることを予見すれば，そうした結果が社会的に許容されない限り，行為者は，社会的害悪性を認識するであろう。こうした，結果としての善悪の判断能力を問うことには，意味がある。他方で，刑法は，道徳的に正しい判断をなし得る，一個の独立した善良な市民を想定しており，そうした市民は，自己の行為自体が，（その結果の評価とは別個独立に）善か悪かを判断する能力を有していなければならないとの理解から，事理弁識能力の意義を解釈する（そして，行動制御能力に先立ち事理弁識能力を重視する）のが，支配的見解であった。しかしこれは，歴史的経緯に由来する一つの理解に止まる可能性がある。刑法理論（史）の継受と，現代社会における刑法に期待される役割とを区別した上で，従来の理論の再評価が求められる。

33) 他人（他の社会構成員）の法益を侵害してはならないという，最低限のルールを，自己の過去の行為とそれへの不利益処分を通じて認識し，将来の行動ルールとして確認する能力。不利益処分を単に「痛み」として（生物学的意味において）受容し，これを避けようとする本能的能力は，未だ「学習能力」とは言えない。

34) 伝統的立場から，行為能力として，自己が選択しようとしている行為の社会倫理的意義を要求する場合には，AV（及び自動運転システム）に事理弁識能力を肯定することはできない，との理解に至り得る。しかし，前述したように，当該システムをして，倫理的判断（例えば，緊急避難状況に直面した際の操作手法の事前確定）をするように整備することは，可能である。以下では，この前提から，検討を続ける。

判断を自由意思に基づき選択したとして社会倫理的観点から非難可能である限りにおいて，刑事責任を問われることになる[35]。刑事責任を問われる主体は，道徳的な自己決定ができる存在でなければならないとされるのである[36]。この理解に沿って，AVに対して，人に対するのと同様の意味を持つ刑罰体系を想定する場合には，システムによるAVのための行為選択においても，選択可能な行為の善悪の判断を，（システム構築時の平均人として国家が想定した）人と同様に行うことが要請されることになろう[37]。そのようなシステムは，現時点では存在しないが，AVとの関係では，レベル4以上の実現を目指す過程で，倫理的プログラムの必要性と，その内容が提案され，関心が高まっている状況である[38]。

仮に，こうしたアプローチにより，AVに事理弁識能力を肯定し得るとした場合，AVに，更に，行動制御能力を認めることができるであろうか[39]。自動運転システムは，収集したデータを解析し，事故が予見される場合には，ブレーキをかけ，あるいは進路を変更する等の行動選択をする。特にレベル4以上では，この動作（情報収集→分析→行動選択→事故回避）が，より洗練されている（はず）である。この挙動可能性に着目して，行動制御能力を肯定することは可能であろう[40]。

4 刑 罰

以上のように，AVに行為能力と責任能力を認める余地があるとしても，AVに科すべき刑罰を想定し得るのかが，最後に問題となる。

人間以外の存在に刑罰を科し得るかは，法人処罰においても，活発に議論されてきた問題である。そこでは，現行刑法典を前提とする限り（少なくとも日本では），法人に対する罰金刑の有効活用が関心事項であった。

---

35) Cf. BGHSt. 2, 194, 200.
36) Cf. Frister, Strafrecht Allgemeiner Teil, 6. Aufl. 2013, p. 30 ff.; Stratenwerth/Kuhlen, Strafrecht Allgemeiner Teil, 6. Aufl. 2011, p. 159 ff.
37) こうした問題分析が，AVを含むロボットという新たな存在（entity）への対処として適切か否かは，別論であり，今後の検討課題である。
38) As to the general situation, Cf. Beck/Zabel, in: Friedrich/Zichy (Hrsg.), Persönlichkeit: Neurowissenschaftliche und neurophilosophische Fragestellungen, 2014, p. 62 ff.
39) 伝統的刑法理論によれば，ここでも，社会倫理的に悪と評価される行動の制御可能性が問われる。この観点をも意識しつつ，以下の検討を加える。
40) Cf. Gleß and Weigend, Intelligente Agenten und das Strafrecht, ZStW 2014, p. 575 ff., 588.

Ⅲ　AV 自体の可罰性

　法人と同様に，人間以外の存在である AV に刑罰を科そうとするとき，先ず想定されるのも，罰金刑の利用であろう。しかし AV に罰金を科しても，AV 自身が，刑罰を科されたことを不利益処分と認識し，この苦痛を避けるために同種法益侵害（という社会的損害）の惹起を回避するべくシステム（を構成するプログラム）を改変しようとすること（そのような動機付けに罰金刑の賦課を活用すること）は，想定しがたい。AV に対する罰金刑の賦課は，その背後にいる自然人（PD や S 等の NP）や彼らが帰属する法人の経済的状況を不利益に変更するだけで，AV の行為を，法益侵害回避に向けて誘導する効果は期待できないであろう。この意味で，罰金刑の利用は，AV との関係では望ましい選択肢とは言えないように思われる（AV を市場ないし公道に投入した事業者に，損害発生に備えて一定金額を拠出させ，これを基金化し，将来の損害賠償に備えるという民事的対応は，別途，検討に値する）。

　刑罰の機能としての，過去の違法行為（違法な法益侵害を惹起した行為）を回顧的に非難する点（刑罰の応報的機能）との関係では，違法結果を惹起させたプログラム（その該当部分）の削除が，AV に対する社会の応報感情に即した対応となろう（特に，AV が NP の倫理的判断を代行するようになれば，そうした判断を下した部分のプログラムの除去が必要となろう）。これができない場合には，一定期間，プログラムを作動させないこと（temporarily inactivation）で対応すべきであろう。（自動運転システムを構成する）プログラムの全面消去は，AV との関係では，その死刑に相当するが，その執行は，比例原則（犯罪的結果と刑罰との比例性維持の要請）を踏まえて判断されるべきである。

　他方で，将来の違法行為を防止するという刑罰の（予防）目的からも，違法結果を惹起させたプログラム（その該当部分）の削除が要請されよう。これに加えて，同種結果の再発防止に向けて，プログラムの改良という措置も要求されるように思われる[41]。

　ここで想定された，AV に対する「刑罰」は，自動運転システムを構成するプログラムによる，過去の不当な行為選択を非難するものであり，回顧的機能

---

41) 車両に装着された当初のプログラムには，事故を起こす重大な危険は内包されておらず，その後の自動的・機械的アップデートにより，事故を惹起する危険が高まったと判明した場合には，初期状態に戻すことで，十分であろう。

529

（応報感情の伝達機能）を有すると共に，将来の（法益侵害を惹起する）危険の除去も目指すものである。もっとも，こうした性質を有するAVに対する制裁を，刑罰として洗練させていくには，前者（応報的効果を発揮すべき部分）の慎重な検討が必要である。そこで，当面は，後者（予防的効果を発揮すべき部分）に特化した制裁を行政ないし民事法的制裁として取り出し，これをAVに対して適用するのも，現実的な選択肢であるように思われる（航空法14条の2をも参照）。

5 小 括

人間を前提として規定された現行刑法典ないし刑法理論を，AVに適用しようとすると，当然ながら，様々な基本的な疑問が生じてくる。本稿では，人間中心主義に基づく刑法理論からも，AVに妥当する犯罪及び刑罰観を持つことの可能性を検討し，それを肯定し得るとする立場から試論を示した。しかし，そうした認識が，なお，あまりに時期尚早ということであれば，ロボット一般を視野にいれた制裁体系（刑事法及び非刑事法的制裁）の整備を検討するか，AVの場合には，その背後にいる人間に対する刑事制裁の可否を検討すべきことになろう。

Ⅳ　AVの背後にいる人（NP）の可罰性

1 総 説

そこで，次に，後者の選択肢，即ち，AVの背後にいる人（NP）の可罰性について検討する。ここでも，結論として，レベル4未満か否かで対応が変わるものと思われる。

2 レベル4未満の「自動運転」車両との関係

先ずは，レベル3の自動運転システムが機能限界に達し，Pに運転権限が移譲され，PがDとしてHの回避に努めたが，Hが発生した場合から，検討しよう。

Ⅳ　AVの背後にいる人（NP）の可罰性

　この場合は，当該事故（Hの実体である法益侵害）を，AVの背後にいたNPが，AVの利用により発生すると予見していた場合には，NPは間接正犯として，故意犯（器物損壊罪，傷害罪，殺人罪等）の罪責が問われることになろう。
　NPが，当該事故の発生を予見し得たにとどまる場合には，NPに過失犯（業務上過失致死傷罪等）を問い得るかが問題となる。ここでは，P（→Dとしての挙動）という人の行為が介在しているが，その行為によっては結果（H）を回避する可能性がなかった場合（であって，Dを処罰できない場合[42]）を想定する。その場合，（背後の）NPに当該結果の具体的予見可能性がなければ，NPに過失犯の成立を認めることはできない。（背後の）NPは，プログラムを策定する段階では，当時の最良の知見を用いて，P（→D）による事故が生じない工夫を施した後に，当該プログラムが装備されたAVを市場に投入すべきである。この義務を尽くしていても，（背後の）NPには，当該システム（を構成するプログラム）は発展過程にあり，事故の発生を完全に除去するものではないとの認識があることが，通常であろう。しかし，この認識の故に，（背後の）NPに故意犯または過失犯を肯定してはならない。特定のシステムを車両に搭載し，これをAVとして市場投入する時点で，PDあるいはSとして要求される調査・研究義務を尽くし，事故発生確率を可能な限り低減した場合には，そうして商品化されたAVによる法益侵害の危険性は，極めて小さいものであり，（上記で想定した犯罪に係る）可罰的違法性が欠けると解すべきであろう。PDやSも，この事態を認識しているから，彼らには故意が欠ける。更に，そうした（危険発生を低減するために周到に準備されたシステムが搭載された）AVによっても，万が一の場合には事故が生じ，法益侵害があり得ることを，PDやSは漠然と予想しているだけだから，彼らに結果に対する具体的予見可能性は認められず，過失犯も成立しない場合が多いと思われる。[43] PDやSに過失犯が成立するのは，彼らが設計したシステムが搭載され，市場に投入されたAVによる事故発生確率が，TVのそれよりも高いことを，彼らが予見し得た場合であろう。それは，例えば，事故回避に係る技術（アルゴリズム等）が未完成の段階で，急ぎこ

42）　PがオーバーライドしてDとなったが，結果発生が切迫しており，当該結果を回避できなかった場合等。
43）　As a similar opinion, cf. Gleß and Weigend, supra, p. 581.

れを車両に搭載しAVとして販売したため，TVとの混合交通を阻害し，TVや歩行者に損害を及ぼした場合である。この場合でも，AVが専用レーンを走行する限り，事故発生確率をTVのそれより低く抑えることは可能である（AV相互で事故が発生する確率は，非常に小さいものであろう）。しかし，TV等との混合交通の局面では，AVのPDやSには，AVによる結果発生につき，（TVに係るDeveloper（D）やSと比較して）より高度の予見可能性を肯定し得る場合が想定される（TVに係るDやSに，TVを市場投入しただけでは過失犯が成立しないのは，TV相互あるいはTVと歩行者等との間の事故発生確率が，TV市場投入時の技術水準に照らし，可能な限り，縮減され，彼らもこの事実を認識しているからである）。この結論は，学習機能が優れていないAI（artificial intelligence）を用いた自動運転システムが搭載されたAVとの関係では，より容易に認めることができよう（AIが学習機能により，事故回避パターンを集積していけば，AVの背後にいるNPと事故との間に因果関係を認めることが，より困難になり，次の3と同様の問題が生じる）。

3 レベル4以上の自動運転車両との関係

次に，Pが，レベル4のシステムが搭載されたAVで移動していた（当該車両内にいた）が，事故に至り，VにHが発生した場合を考える。

ここでは，（伝統的観点から）AVには，その刑事責任を問えないことが前提とされており，（背後の）NPの間接正犯性が問われるが，その問題状況は，2の場合とは異なる。3では，VにHが生じたのは，AVとしての判断に起因している。レベル4以上の自動運転システムには，学習機能が備わっていることが多く，そうしたシステムが搭載されたAVでは，自律的判断（どのような操作によりどの進路を選択するか等の選択）の可能性が，レベル4未満のAVに比べて格段に高まっている。そこで，レベル4以上のAVを，NPの道具として評価することはできず，AVの背後にいるNPの刑事責任は追及し難いことになる。[44]

重大な結果を伴う事故が生じた際に，事故に関連したAVを利用に供した

---

[44] NPは，AVによる結果惹起を防止できない。人の死傷という結果が生じたとしても，これを惹起したのはAVであって，NPではないことになろう。

Ⅳ AVの背後にいる人（NP）の可罰性

NPを全く処罰できないとすれば、そのような（レベル4以上の）AVの社会的受容性を十分に確保することができるのかが問題となる。他方で（レベル4に至っていたとしても）AVに搭載されるシステムは発展途上の技術の集合体であるから、PDやSにも予見しえなかった製造上の瑕疵があり、その顕在化が利用者に損害を及ぼし得ることは、AVの利用者ないし消費者としても前提とせざるを得ない事項であろう[45]。そうであるのに、当該危険（潜在的で最小限の危険）が実現して損害が生じれば、自己の（民事法上の責任を超えて）[46]刑事責任まで問われるというのであれば、誰もAV用のシステム開発などしなくなるであろう。これもまた、大きな社会的損失である。

ここでは、VとNP（PD, S）の（双方の）視点を踏まえた検討が必要であるが、現時点では、以下のように考えることができよう。

上記事例で、NP（PDやSら）は、TVによる交通事故発生の可能性に比べて格段に小さな危険しか創出しないAVを市場に投入しており、当該行為に可罰的違法性を認めるのは、困難である。NPは、この点を認識しているから、故意はない。また、NPの事故発生に係る予見可能性も極めて小さい（少なくともTVを投入した事業者と比べて格段に小さい）から、AVを投入したNPに法益侵害に係る具体的な予見可能性を認めることもできず、彼らに（AVの投入に係る）過失犯を認めるのは、やはり困難である。市場に投入されたAVにより事故が生じた場合、事故発生に近接した行為（結果に対する因果関係の起点となるべき行為）は、事後的に違法と評価されるが、当該行為をNPは予見しておらず、予見する具体的可能性も認められないから、NPは刑事責任を問われないことになろう（NPには、危険実現に係る抽象的予見可能性があったとして過失責任を肯定することは、厳に慎まれるべきである）[47]。

---

45) 製造者としてのNPは、AVの市場投入前に、当時としては最大の注意を払い、損害発生の潜在的危険性を最小限に縮減していなければならない。この前提は、再度、確認しておきたい。
46) 上記の注意義務に違反すれば、追って、NPらは、製造物責任を問われるべきである。しかし現行の製造物責任法では、有体物だけが製造物であり、プログラムないしアルゴリズム自体の製造上の瑕疵に起因する損害は、同法（2条1項）の対象外である。この点は、法改正により改善されるべきである。なお、脱稿後に「特集　自動運転と民事責任」ジュリスト1501号（2017）13頁以下に接した。自動運転に起因する事故に係る民事責任のあり方につき、参考になる文献である。そこで示された見解については、今後、検討を加えたい。
47) Cf. Gleß and Weigend, supra, p. 581. 但し前掲・最決平成24・2・8（前注23））のように、関与者に、結果発生につき相当の予見可能性を肯定できる事案では、過失犯を肯定しうるであろ

概ね，このような整理が可能であるが，現実的対応如何は，また別の問題である。PD，Sらの，何らかの法的責任を追及されるのではないかとの危惧を払拭するには，どこまでの事前準備をしてAVを市場投入すれば，万が一，事故が起きても責任を問われないのが通常であるかを，法令により明示することが望まれる[48]。もっとも，AV関連の技術は急速に発展しているから，法令による対応では間に合わない場合も多いであろう。そうした事態に対処するには，関係法令を所管する行政庁が，学界，事業者等からの意見も聴取した上で，既存の法令の解釈・適用の道筋を示すガイドラインを発出し，法令解釈に係る疑問点を除去すること（例えば，NPあるいはSとして，どこまでの研究・調査・点検を尽くしてAVを市場投入すれば，種々の法的責任を免除される可能性が高まるかを，一般論としてであれ，示すこと）が，望ましい。

　他方で，被害者（V）の救済も，必須の要請である。これは，先ずは，NP（PDやSら）の民事責任の問題であるが，その判断も，レベル4以上では困難な局面に直面する（自動運転システムを構成するプログラムの限界を証明することは，技術的にも難問である）。そこでNPからは，被害者救済用の資金提供を受け，事故に係る民事責任の確定以前に，被害者の迅速な救済が目指されるべきである[49]。これは，AV自体の刑事責任の可能性を検討するのに先だって実現されるべき社会的課題であると言えよう。

V　展　望

　AVの利用は，社会を大きく変える可能性を秘めている。日本政府（警察庁）は，平成28年5月に，自動運転車両の公道での走行に係るガイドラインを発出した[50]。これはガイドラインであって法規ではなく，現行の法体系下で可能な自動運転のレベルを確認し，公道でAVの走行実験をする場合の留意点をま

う。
48) Cf. Gles and Weigend, supra, p. 591.
49) その具体的な態様としては，自動車損害賠償保険法が採用している制度を参照するパターンや，自動車メーカーが参集し被害者救済用のファンドを作るパターン等が考えられる。後者については，本文中でも前述したところである。
50) 警察庁「自動走行システムに関する公道実証実験のためのガイドライン」。

とめたものであるが，重要な指標である。そこでは，レベル3以下の自動運転システムは許容され得るが，それを超えるレベル（4又は5）の走行は違法であるとの認識が，前提とされていると解される。この立場は，正当なものとして支持できる。

本稿では，こうした状況の進展をも視野に入れて，AVに係る技術の水準として，レベル3以下と4以上とでは，刑事実体法に関連する問題点も異なって現れてくるであろうことを確認した。即ち，①レベル3に分類されるシステムが搭載されたAVを安全に走行させるのは，現実には困難であるし，刑事法的にも望ましい結論に至らないこと，②レベル3は，レベル4以上（オーバーライド前）とレベル2（オーバーライド後）の複合体であるが，レベル4以上で想定される問題の検討が重要であること，③自動運転システム（プログラム等）が，人間社会の最低限のルール（他人の法益を侵害しないこと，その限りで，行動の自由が保障されること）を学習する能力を獲得すれば，AVも，（伝統的表現を用いれば）倫理的存在となり，刑法の対象となり得ること，が確認された。

以上の検討を通じて，より基本的な課題も浮かび上がってきた。それは，④19世紀ドイツ（法）哲学を背景にして展開されてきた伝統的刑法理論（行為論，責任論，刑罰論等）が21世紀以降も維持できるのか，⑤維持可能，あるいは維持すべきだとして，その範囲はどこまでか，広く刑罰体系を構想する際に不必要と思われる要素ないし前提は何か，⑥それらを除去し，刑法の基本的価値（法益保護）に直結した，より機能的な刑法観を持つことは可能か等である。こ

---

51) システム限界に至った場合には，人（P）に運転操作の移譲がなされ，人（D）が以後，運転を継続し得る態様のものが，想定されている。
52) 普通運転免許を有する程度の者では，オーバーライド後，容易には対処できない危機的状況に直面し，その結果として，事故発生が多分に想定されるが，PからDになった者との関係では結果回避可能性，ひいては因果関係が否定されることが多く，誰の刑事責任も追及できないこと。注56掲記の拙稿をも参照されたい。
53) 不利益処分に対する単なる反作用としてではなく，法益の価値，量の比較衡量を通じて，社会全体の利益の最大化に適う行為を選択する能力。
54) 人（刑法の対象である自然人）に要求される自由意思は，人が社会生活を送らざるを得ないことから，前提として仮定される概念に過ぎない。この，自由意思論の内在的制約を確認した上で，自由意思の内容として主張されている議論を吟味する必要がある。例えば，この機能を認めることから，人には，倫理的主体として振る舞う能力が必然的に要請されるのか，それとも，共同生活の過程で他人に損害を加えない限り，人として是認され，結果的に，倫理的主体として評価されるに至るべきか等の基本的問題点については，客観的かつ科学的情報をも踏まえた検討が必要である。

れらの検討は，今後の課題としたい。[55][56]

（後記

　西田典之先生には，筆者が法学部3年生のとき，先生が本郷で開講された最初のゼミに参加させて頂き，刑法学のみならず法律学の魅力を存分に教えて頂いた（そのゼミには，山口厚先生も出席され，西田先生との間で活発な議論を展開され，学生の知的好奇心をかき立てて下さった。本当に恵まれたゼミであった）。大学卒業と同時に，西田先生に，助手として採用して頂き，以後は，先生から，公私にわたりご指導を賜ってきた。先生から直接学ぶことができたこれまでの研究生活は，極めて充実したものであった。

　先生と最後にご一緒させて頂いたのは，「自動車の運転により人を死傷させる行為等の処罰に関する法律」の立案に際して，法制審議会刑事法部会に同席させて頂いた折である。その際の先生の，部会長としての，周到で配慮に満ちたご発言の数々が，今でも鮮明に思い出される。先生に献呈する論文として，自動車に係る刑事実体法のテーマを選んだのは，この領域における近時の議論状況を，先生にお知らせしたかったからである。筆者が留学を終えた後，様々な国際機関で活動することをお許しくださり，いつも海外の新しい理論や政策動向にも関心をお持ちであった先生は，このテーマの選択を笑ってお許しくださるものと信じている。

　西田先生，本当にありがとうございました。）

---

55) AVの社会的適合性を検討する際には，いわゆるトロッコ問題が議論の対象になることも多い。この問題については，別稿にて検討を加えたい。
56) 自動運転と道路交通法の関係（レベル3以下で想起される具体的な問題の検討）については，今井猛嘉「自動車の自動運転と運転及び運転者の概念」研修822号（2016）3頁以下を参照されたい。

判例と捜査手法の適正化

植 村 立 郎

I はじめに

　「裁判所の提示する法準則は，裁判規範と捜査機関に対する行為規範との性格を併有する」といった理解は一般的であろう。そして，判例が提示した法準則と関連して立法による解決が図られることもある。しかし，捜査手法の適正

---

1) こういった指摘例として，例えば，洲見光男「捜査手続における権利利益の保護とその実現——アメリカ法との比較」研修808号（2015）3頁，特に8頁。そして，近時の判例でも，例えば，おとり捜査の許容性を肯定した最決平成16・7・12刑集58巻5号333頁（多和田隆史・最判解刑事篇同年度262頁），宅配郵便物に対するエックス線検査は検証許可状によるべきものとした最決平成21・9・28刑集63巻7号868頁（増田啓祐・最判解刑事篇同年度371頁）等の各判示が捜査機関に対する行為規範としての性格を併有していることは，肯定されよう。
　　また，近時，GPSに関して事例も生じており（関連する論考として，亀井源太郎＝尾崎愛美・刑ジャ47号〔2016〕42頁，田淵浩二・判時2305号（2016）171頁，宮下紘「GPSを使用した捜査の合憲性」平成27年度重判解12頁等），宮下・同判批によれば，当該事件は最高裁に係属したとのことであるから，将来的に，最高裁判例によって，GPSに関して，捜査機関に対する行動規範が示されるかも知れない。なお，亀井等，田淵の前掲各判批で検討されている両決定は判時2288号134頁，同号138頁に登載されている。
2) 筆者は，通常，最高裁判例を「判例」と，下級審裁判例は「裁判例」として区別しているが，本稿では，標題を始め，便宜「判例」に下級審裁判例も含めている箇所がある。文脈から理解されると思うが，その点を予めお断りしておく。
　　つぎに，留め置きに関連する実務的な問題は，最高裁によって判断が示される場合もあるが，事例としては，圧倒的に下級審裁判例によって判断が示されるのに留まっている。しかし，下級審裁判例は，刑事訴訟法405条3号に該当する高裁判例以外は，判例違反として同条で問題となることはない。そういった下級審裁判例は，最高裁はもとより，他の下級審裁判所との関係においても，先例拘束性の対象とはならず，参考裁判例としての位置付けとされることになる。そのため下級審裁判例は，まずは拘束性という面からではなく，その内容的な説得力に基づいて多くの下級審裁判官（運用の面では，検察官，弁護人も含まれてくる）の支持を得ることを通じて，下級審における確立した運用を形成することに寄与できるようになると，そういった実務の有り様は関係人の行動の前提とされることにもなるから，これに反する判断をすることは，実務に混乱を招くだけでなく，上級審において否定的判断を受ける可能性が高いものとなる，このような過程を介して，事実上の先例拘束性を獲得することがあり得る（例えば，金築誠志「判例について」中央ロー・ジャーナル12巻4号〔2016〕3頁，特に9頁にも同趣旨の指摘がある）。こういった幾分回りくどい道行きを辿るが，下級審裁判例が法準則を示す意義はあるものと考えている。

化が期待されながら，判例によってもその行為規範が一義的に確立されていない分野がなお残されているように思われる。筆者は，そういったものの1つとして，いわゆる留め置きの時間的な適正化について，今回，検討してみたい。[4]

II 留め置きの問題状況と検討の視点

1 問題状況

末尾に今回の検討の資料とした判例を一括して挙げているが，留め置きに関しては，携帯電話，ビデオ撮影等関連した機器の発達もあって時代の変化も無視できないと考え，比較的最近の裁判例で筆者が論考その他で気付いた裁判例を取り上げている。罪名に多様性があるものの，主要なものは覚せい剤事犯であるから，検討の便宜上，留め置きの典型例として，覚せい剤の自己使用が疑われて，尿の提出を求めたい捜査側と，間近な時期に覚せい剤を使用しているなどの理由から，これに応じたくない被告人（起訴事案を前提としているので，便宜「被告人」との表記で統一している）との間で，[5]職務質問を開始した現場で，

---

3) 例えば，刑事訴訟法222条の2の追加前における検証許可状による電話傍受を適法とした最決平成11・12・16刑集53巻9号1327頁（池田修＝飯田喜信・最判解刑事篇同年度220頁）と，「刑事訴訟法222条の2」の追加及び「犯罪捜査のための通信傍受に関する法律」の新設がその1例といえよう。

なお，場面は異なるが，証拠開示に関しても最高裁判例があり（最決昭和44・4・25刑集23巻4号275頁〔近藤和義・最判解刑事篇同年度145頁〕，最決昭和44・4・25刑集23巻4号248頁〔田尾勇・最判解刑事篇同年度166頁〕），公判前整理手続に関連して証拠開示に関する立法がされた（証拠開示について刑事訴訟法316条の14，316条の15，316条の18，316条の20。証拠開示に関する裁定について同法315条の25～316条の27）。しかし，同じ証拠開示に関するものであっても，判例では反対尋問や被告人の防御の必要性・重要性に主眼が置かれており，立法では公判前整理手続における争点及び証拠の整理に資することに主眼が置かれているから，両者は，判例との直接的な関連性において立法がされたといった関係にはないものと受け止めている。

4) 留め置きに関する論考の一部として，森本宏「採尿のための捜索差押許可状の請求と取調室への留め置き」松尾浩也＝岩瀬徹編・実例刑事訴訟法I巻（2012）36頁，安東章「違法収集証拠について」警論67巻7号（2013）143頁，吉田純平「覚せい剤使用事案における強制採尿に至るまでの留め置きの適法性が問題となった事例」捜査研究759号（2014）36頁，細谷芳明「判例から学ぶ捜査手続の実務　特別編①」捜査研究臨時増刊号（2015）1頁を紹介しておく。

5) 限られた事例ではあるが，例えば，検討判例⑧大阪高判平成4・2・5の被告人は，別件の実刑確定判決の逃避者であった。このように尿提出に応じない理由も様々であるし，拒む気持ちの強さも様々である。

さらには，被告人を任意同行した先の警察署内で，留め置きが行われる場合を想定することとした[6]。なお，事例はより限られてくるが，強制採尿手続が実施された後で，覚せい剤の検出といった検査結果を踏まえた逮捕までの間の留め置きが問題となることもある[7]。

そして，起訴後に，その留め置きに関連して，①採取された尿やその尿鑑定書，②発見された覚せい剤，の各証拠能力判断の前提として，留め置きの適法性が争われることがある。その際は，留め置きの時間だけでなく，被告人を捜査車両に乗せる過程その他の任意同行の態様が実質的逮捕に当たるか否か，留め置きにおいて被告人の行動，特に移動の自由を制限したとして実質的逮捕に当たるか否か，など捜査機関の有形力の行使の態様・程度も争われることがある。

しかし，本項では，検討対象を単純化する趣旨から，留め置きに関する時間の点を中心に検討する。付言すれば，この有形力の行使の態様・程度の検討も重要であるが，①捜査機関の行為規範として行う具体的な提言内容として考えると，不当な有形力の行使をしない，などといった，ごく当たり前の事柄にとどまる可能性があること，②留め置きの時間の短縮化を図ることによって解決される部分もあり得ること，から，主要な検討対象とはしないこととした。

2　検討の視点

結論を先に言えば，筆者としては，留め置きの時間的な短縮化をできるだけ

---

[6] 留め置きに関しては，実務的な事例はあるものの，判例としても，研究の対象としても，あまり扱われてこなかったものに，通常逮捕状の発付を求めている間，当該被疑者を警察署内に留め置く場合がある。この場合の問題状況は，留め置きの上記典型例とほぼ同じであるから，今回の検討結果が参考とされて良いと考えている。付言すれば，裁判所側も，この場合の通常逮捕状の発付処理手続については，当該被疑者が警察署に留め置かれた状態での逮捕状請求であるという事柄の性質上，「通常」といった逮捕状の名称にかかわらず緊急処理が事実上強く要請されていることを自覚していることが期待されているといえる。

なお，一般的には令状発付処理は迅速に行われているものと受け止めているが，検討判例㉔松山地判平成22・7・23の事案では，別件の逮捕状ではあるが，逮捕状請求が午前9時頃で，逮捕状発付が同日の午後2時過ぎ頃と，約5時間を要していることが指摘されている。当該事案を離れて一般論として考えると，令状発付に時間がかかったことになろう。

[7] 例えば，検討判例⑮東京高判平成16・11・29では，強制採尿後通常逮捕までの約4時間30分にわたる取調室内での留め置きを違法な身柄拘束としつつ，緊急逮捕も可能であったなどとし，違法の重大性が否定されている。

一義的に明確な形で図ることは，捜査手法の適正化に資するものであって，しかも，判例を通してそのことを行うことは部分的であっても可能なことだと考えている。そのため，この時間的な短縮化の方策を見出すのが検討の視点ということになる。関連して任意捜査と強制捜査の振り分けの視点も重要だと考えている。

純粋に任意捜査の段階と強制手続への移行段階とを区別して考える二分論の裁判例として紹介されることがある，検討判例⑳東京高判平成21・7・1，㉖東京高判平成22・11・8も，このような検討の中において適切に位置付けられるべきであろう。

そして，路上での留め置きでは，被告人の関係者はもとより野次馬が集まってきて，不測の事態が起きる可能性を帯びる場合もあるし，警察署内での留め置きでは，被告人が，家族その他の関係者を呼び寄せたり，移動手段としてタクシーを呼んだり，警察官から暴行されて負傷したなどとして救急車の出動を依頼することもあり，捜査機関が，警察署を訪れたそれらの人たちとの応接を余儀なくされる場合もある。留め置きの時間的短縮化は，こういった事態の発生の可能性の減少化にもつながり，ひいては適正な捜査の実現に資するものといえよう。

III 関連事項の先行的な検討

先行して関連すべき事項があるので，まず，それらについて検討する。

1 強制採尿令状の請求時期の位置付け

この点に関しては，強制採尿令状を肯定した検討判例①最決昭和55・10・23の位置付けを確認しておく必要がある。同決定は，強制採尿について，①「被疑事件の重大性，嫌疑の存在，当該証拠の重要性とその取得の必要性，適当な代替手段の不存在等の事情に照らし，」②「捜査上真にやむをえないと認められる場合には，」③「最終的手段として，」④「適切な法律上の手続を経たう

---

8) 例えば，検討判例㉛東京高判平成25・1・23では，現場に，被告人の知人ら十数名がおり，警察官も11名が出動した。

え，被疑者の身体の安全と人格の保護のための十分な配慮のもとに行うことが許される」とした。

　この判例については，「要件を極めて厳格に定めている」といった理解（中谷雄二郎・検討判例②解説 179 頁注 19）が自然なものかと思われる。この判例が出された当時は，強制採尿を行うこと自体に争いがあり，強制採尿令状の運用状況も，過去の実績の検討よりも将来予測として考えることが中心であったところから，強制採尿令状について，その要件を極めて厳格に定めることによって，法手続として広く受け入れられるものとしたいといった必要性が感じられていたのかもしれない。

　しかしその後，同判例に基づく強制採尿令状に関する執務は運用実績を重ねて実務に定着しているから，この判例の意義も，こういった運用実績の中で理解していくのが現在の適切な視点であると解される。具体的にいえば，強制採尿の令状を請求するのであるから，この判例の判断の内，①（この判例の事案でも肯定されている），④の要件を満たすことは肯定される事案ということになろう。問題となるのは，②，③の要件，特に「捜査上真にやむをえない」「最終的手段」の要件充足性であろう。この要件を極めて例外的な事態ととらえると，

---

9) この最決が出された当時，強制採尿令状に関する判例は，控訴審判決が，当該事件の原審の他には 1 件しかないといった状況下であった（稲田輝明・検討判例①解説 171 頁，173 頁。また，当時の令状発付状況については，同・186 頁注 30 に紹介がある）から，「強制採尿が必要となるのは，よくよく例外的な場合であろう」といった理解があっても（同・173 頁），了解可能な状況にあったといえよう。

10) 本稿の論点から外れるが，「適当な代替手段の不存在」に関連した補足をしておく。強制採尿を実施すべく移動させられたベッド上で被告人が敢えて排尿した事例も経験しているから，尿の提出に抵抗する手段は様々にあるといえ，強制採尿の代替手段を肯定することは実務上支持し難いものと考えている（稲田・検討判例①解説 184〜185 頁注 22 の末尾部分でも，「強制採尿に代わる実効性のある手段は，現在のところ，まだみあたらず，この点は将来の検討課題であろう」とされていた）。

　また，筆者は，①尿意を我慢し続けた結果，お腹が丸くふくれるほどの状態になって自然排尿ができなくなり，治療行為としてカテーテルによる排尿が必要となった事例（強制採尿の適切な時期の実施の必要性を裏から示唆するものともいえる），②持病との関係で尿道にカテーテルを挿入することができず，注射器を用いて膀胱から直接尿を採取する膀胱穿刺の方法が用いられた事例なども経験している。②の場合には，強制採尿令状の条件として付記されている「医師をして医学的に相当と認められる方法」に該当しているとはいえ，令状発付裁判官が，そういった方法まで想定して当該令状を発付しているとは限らないから，事前に上記のような事情が判明しているときは，令状請求段階で，カテーテルによる方法ではなく，膀胱穿刺の方法によることを明示しておくことが望ましいと考えている。

該当するのは，捜査機関が，任意の尿提出の説得を極限まで続けても効を奏さなかった場合といった極めて限られた事例ということになろう。この考えは一見すると判例の文言に忠実なようにも思われるが，実際の捜査の場面に当てはめると，極めて異常な事態を前提としていることになる。すなわち，数時間にとどまらず10時間を超える説得を続けることが前提となりかねないからである[11]（なお，検討判例①の判例の事案は，被告人が別件で逮捕されていた点で，身柄が拘束されていない通常の事例とは異なっている）。

しかも，このことは，同時に，被告人の行動の自由をその間制限することになるから，合理性のある解釈とはいえない。そのため，捜査機関として必要な手段を講じていれば，「捜査上真にやむをえない」「最終的手段」の要件は充足していることになると解すべきである[12]。判例でも，例えば，検討判例②最決平成6・9・16では，約6時間半以上も被告人を現場に留め置いた措置を違法としているから，「捜査上真にやむをえない」「最終的手段」に関して，先に想定したようなはなはだしく長時間にわたる説得を前提としていないことが看取される[13]。

---

11) 例えば，検討判例⑱仙台高判平成20・1・31で例示されている「警察官において，『我慢の限界に達するまで被告人を留め置いた上，生理作用として尿の排泄を余儀なくさせる』」といったことにもなりかねず，その結果として，殊更意図したわけではなくても，長時間にわたる留め置きを行うことが，「留め置きそのものを採尿に利用する意図，すなわち，令状主義を潜脱する意図」によるものであったと評価される事態をも招きかねないのである。

12) 補足する。最終手段性は，犯罪の捜査上真にやむを得ないと認められる場合かどうかという判断に含まれると解されている（稲田・検討判例①解説174頁，大谷直人・最判解刑事篇平成3年度167〜168頁注5）が，手段としての最終性を意味するのに留まり，「捜査上真にやむをえない」の要件を満たす場合には，「最終的手段」性の要件も満たすものと解されるのである。

13) 検討判例②最決平成6・9・16は「警察官が，早期に令状を請求することなく長期間にわたり被告人を本件現場に留め置いた措置は違法」としていて，中谷雄二郎・検討判例②解説187頁が「留め置きが長時間に及んだのは，安易に強制捜査に移行することなく，極力任意捜査で処理しようとしたことによるものとみることもでき……，このような慎重な捜査方針は，一面では，最高裁昭和55年決定の趣旨……に沿うものともいえる」としつつ，同・185頁は，「職務質問のかなり早い段階から，強制採尿令状を請求することも可能になっていたと思われる」とし，同・186頁で「本件は，強制採尿令状を請求して強制捜査に移行するか，そのまま被告人を解放するかについての警察官の見極めが遅れたため，結果として令状に基づくことなく被告人の移動の自由を長時間奪った点において違法とされたものであり，本決定は，右の点の違法を宣言することにより，警察官に対し，迅速かつ適切な対応を求めたものと思われる」とし，また，同・192頁注38では，（筆者補足＝午前11時10分頃職務質問が開始されている）「午後零時ころまでに，強制採尿令状を請求する方針が決まっておれば，遅くとも午後3時ころまでには，被告人に令状を示してその執行に着手することができたものと思われる」とする。

他方，検討判例⑬東京高判平成8・9・3は，現場に4時間余り留め置いたことについて1審

III 関連事項の先行的な検討

　注13）でも指摘した点を少し一般化していえば，任意捜査と強制捜査の関係も，任意捜査の万策が尽きて強制手続へ移行するといった意味での極端な謙抑主義の関係にはなく，任意捜査を継続することで，かえって任意捜査の限界を超えるといった違法の指摘を受けるような事態を回避するためにも，任意捜査と強制捜査とは，後者に謙抑性といった視点が入るにせよ，選択的な手段であるとの位置付けがより積極的に行われるべきであるといえよう。[14]

　が違法としたのを否定し，適法としている。その後，警察署に２時間余り留め置いて取り調べた行為について違法はないとしているが，時間的にはほぼ限界事例といえよう。もっとも，同事案では，判決書に対応する時間が明示されていないので明確ではないが，被告人車両が現場に停止して１時間は経っていない時期に，無車検・無保険車であることが判明していた。この点に関連して，眞田・後掲428頁が，「被疑者を道路運送車両法違反の現行犯人として逮捕することも可能であった。しかし，無保険・無車検の自動車を運転する行為については任意捜査を基本としている実務の運用に照らすと，職務質問の過程でいくら現行犯逮捕が法律上可能になったからといって，この場合に任意同行に素直に応じなかったとの一事を持って直ちに職務質問を打ち切り，被疑者を逮捕することが相当といえるかはかなり疑問である。」とされるのは，捜査官としての実感が吐露されているのかもしれない。しかし，検討されるべきは現行犯逮捕としての逮捕の必要性の問題であるから（無保険・無車検事案で現行犯逮捕の必要性がない事案は容易に想定可能であって，そういった想定事案を前提とすれば，任意捜査が原則とされること自体に異論があるわけでは勿論ない），逮捕を控える代わりに，現場に長時間留め置くことを任意捜査の原則性をもって根拠付けるというのは，かえって妥当ではなく（本件の１，２審共に現行犯逮捕が可能であったことが指摘されている），やはり，強制捜査への移行の見極めが重要であることには変わりはないように考えている。

　　留め置きに即して補足する。任意捜査を優先させるというのも，任意捜査としての実態の保持・継続に問題がない場合に当てはまることであって，留め置きの場合には，任意捜査の範囲内にあるのか，違法捜査となるのかが問われてくるのであるから，違法捜査になっても任意捜査の方が良いということにはならないのであって，問題とすべき点がずれているように筆者は受け止めている。

　　なお，この事案では，無車検・無保険車と判明した後に，警察官がバッテリーの配線を外す行為にも出ていて，警察署へ被疑者を同行する際も，無車検車走行を現認した場合における通常の処理方法に従って，被疑者車両はレッカー移動されている。そして，その後に発付された被疑者の着衣等に対する捜索差押許可状に基づく捜索で覚せい剤が発見されて覚せい剤所持により現行犯逮捕されている。

14) 例えば，既に紹介した検討判例⑮東京高判平成16・11・29では，緊急逮捕が可能であったとの指摘はある。同様な事態は，判例として公刊されている事案の中でも相当数存在する（例えば，検討判例⑦最決昭和51・3・16でも，現行犯逮捕が可能であったことが指摘されている）。しかし，検討判例⑮，検討判例⑦を始めこれまでの該当事案では，当該判例で指摘されている強制捜査は行われていない。何故そうなのかと考えると，捜査官の知識不足が仮にあるとすればそれは自己研さんに期待するほかはないが，その点を措くと，筆者の独断的な感想としては，より確実な資料を得て強制捜査を行いたいとの心理が働いているのではないかと考えている（例えば，検討判例㉛東京高判平成25・1・23では，強制採尿令状によって採尿した尿の簡易検査によって約10分で陽性反応を得ていながら，慎重を期すため緊急鑑定が行われ，その結果を踏まえて緊急逮捕されるまでに，さらに，約４時間35分を要している）。この点については，捜査官側において，既に述べている任意捜査と強制捜査との振り分けに関する謙抑性の程度が高

そして，このような位置付けを前提とすると，留め置きの時間短縮化の観点からは，強制採尿令状の請求が可能な事案か否かの早期の見極めと，その判断に基づく迅速な令状請求が重要事であることが導かれよう。筆者の個人的な感覚的な意見としては，勿論事案によることになるが，例えば，覚せい剤の前科があることが判明した事案では，長くても1時間もあれば，上記見極めは可能であって，同時に，この程度の時間説得を重ねていれば，捜査機関として必要な手段を講じていることになるものと解される。

2　留め置きを違法とする意義の明確化

留め置きを違法としつつ，その後に獲得された尿やその尿鑑定書の証拠能力については，違法が重大でないとして，その証拠能力が肯定されることがある。このことは，現在の判例を前提とすれば自然に導かれる結論の有り様といえる。しかし，留め置きを違法とした意義が今一つ分かりにくい場合もあるように考えている。例えば，捜査官が逮捕に際して行使した有形力が過剰であった点が違法であっても，捜査機関は直ちに被逮捕者を釈放すべき義務を常に負うことにはならないから，その後における身柄拘束やその過程で収集された証拠の証拠能力については，その違法が重大ではないとして証拠能力を認めたりする余地はあろう。留め置きの場合でも，留め置きに伴う有形力の行使に違法があった場合には，上記と同様に考えることができよう。

しかし，時間的に任意捜査の許容範囲を超えたとして違法とされる場合には[15]，裁判所は，もはや，被告人を留め置くことを許容していないのであるから，捜査機関としては，当該被告人を解放する義務を常に負うことになり，それに反して解放しないことは重大な違法となると解するのが自然ではなかろうか。そ

いことによる面もあろう。その他にも例えば，任意捜査として違法とされつつ違法の重大性が否定されて証拠能力が肯定される可能性と，違法な強制捜査として違法の重大性が肯定されて証拠能力が否定される可能性との比較（意識的か否かを問わない）が背景にあるように感じられる。筆者としては，結果として強制捜査の要件を満たさなかったとして違法捜査と評価されることが仮にあっても，違法の重大性が否定されて証拠能力が肯定されることがあるのだということへの捜査官側の見方が高まれば，事態は変化していくように受け止めている。

15)　実際には，有形力の行使にも問題があるなど複合的な事由に基づく総合判断によって違法とされる方が一般的であろうが，ここでは事柄を単純化させる趣旨で，時間の点のみを違法事由としている。

うなると，留め置いた状態のままで新たな証拠が得られる，といったことは元々生じないはずである。そうだとすれば，元々得られなかったはずの証拠の証拠能力を認めることは理解し難いこととなろう。

そこで翻って考えると，時間の点で留め置きを違法とすることは，裁判所による事後的な判断であって，留め置きの現場で一義的に明白であるわけではない。また，裁判所が留め置きの現場で，捜査機関に対して被告人の解放を直接命じているわけでもない。とすると，留め置きの時間的な違法即解放，その違反即重大な違法，といった判断枠組みは事柄の実態にそぐわないものといえる。この場合の違法判断には時間的な幅があって，その幅の中で違法の程度が相対的に高まった段階（それほどに留め置きが長時間となった段階）では，捜査機関に対する行動規範としての一義性を保てるほどに違法が明確になっていて，捜査機関がその負っている解放義務に違反することは即重大な違法になると判断することが可能となる，こういった判断枠組みが想定される。この判断枠組みであれば，上記のような「理解し難い」事態には陥らないであろう。

しかし，これまでの裁判例を見ていると，当該事例に対する裁判時点における事後的な判断に終始していて，上記のような判断枠組みに基づいて捜査機関に対する行為規範を示すといった実践は行われてこなかったように受け止めている。筆者は，留め置きの問題に限らず，こういった実践が今後強く求められていくものと考えている。

3　留め置きには終了させる契機がないこと

留め置きに関する大きな問題点は，それ自体に留め置きを終了させる契機がないことである。例えば，捜査機関が，覚せい剤の自己使用の嫌疑を抱いて尿の提出を求めたところ，被告人がその提出を拒んだ場合には，拒めば拒むほど捜査機関側が抱く嫌疑（少なくとも主観的な嫌疑）の程度は高まっていくから，留め置きを終了させようという契機は得られないことになる。[16] それどころか，

---

16) 例えば，検討判例⑰東京高判平成 19・9・18 でも，「警察官らの求めに応じて車内検査に応じるか否かはあくまで被告人らの意思に任されているわけであり，被告人らが車内検査に応じないことから嫌疑が一層強まり，それによって警察官らがその後も説得を続けることができると解すると，結局のところ，被告人らが車内検査に応じるまで警察官らはいつまでも説得を継続できるということになってしまう。」との指摘がされていた。

被告人が留め置かれた状態から脱しようとして公務執行妨害罪を犯したりすると，その現行犯逮捕に伴う捜索によって捜査機関が当初から獲得を期待していた証拠が得られることになって，起訴まで可能となったといった，悪しき成功体験を伴うと，捜査機関は益々留め置きを止めないといった事態を招きかねない。この点を何らかの形で打開する必要があるように筆者は考えている。

補足する。例えば，眞田寿彦「粘り勝ち」事例研究刑事法Ⅱ刑事訴訟法〔第2版〕(2015) 412頁，特に428頁 (d) 以下で，留め置きにおける粘り強い説得が必要な事例が示されていて，同428頁で紹介されているように，「数時間粘るどころか，徹夜で粘ることさえお安いご用」といった被告人がいることは，既に紹介した遁刑者の事例を想定するだけでも，了解可能なことである。このことに，同431頁で指摘されている，留め置きの限界について，「質問の時点でうかがわれる事案の重大性と嫌疑の程度，職務質問等を継続することの必要性および緊急性，有形力行使による権利侵害の程度や行使態様の相当性等の諸要素を総合して，『必要性，緊急性などをも考慮した上，具体的状況のもとで相当と認められる限度』内で行われていると言えるか否かを判断せざるを得ない」との提言を合わせると，筆者には，捜査機関が留め置きを止める契機は明確に出てこず，留め置きの現場での膠着状態がいつまでも続いていく結果となりかねないように受け止めている。換言すれば，上記提言内容は事後的な裁判所による判断事項としては適していても，留め置きの現場における捜査機関に対する行為規範としては一義性に乏しく，また，誰のどのような情報を前提としてそういった判断がされることになるのかも必ずしも明らかでないから，筆[17]

　　同時に同判例では，前記説示に引き続いて「これは，職務質問を受ける側の者にとっては耐えがたいことであろう。任意捜査であることとは明らかに矛盾し，黙秘権の保障，プライバシーの保障という観点からもゆるがせにできない」との指摘もされており，全体として，留め置きの時間的短縮化の要請が看取されるものといえる。

17)　例えば，中谷・検討判例②解説183頁は，「捜査は組織として遂行され，現場の警察官は警察組織の一員として指揮命令に従って行動し，その把握することのできる事実の範囲は限られており，しかも，捜査手続の適否は，組織としての捜査活動の適否の問題であるところから，右のような判断方法」(筆者補足＝当該警察官が直接見聞した事実関係だけでなく他の警察官が見聞した事実関係をも総合して，「被告人には『幻覚の存在や周囲の状況を正しく認識する能力の減退など覚せい剤中毒をうかがわせる異常な言動が見受けられ』たと認定して，」当該警察官が被告人車のエンジンキーを引き抜いて取り上げた行為の適否を判断していること)「が採られたものと思われる」とする。

　　このようなことは事後的な判断としては適切であっても，留め置きの現場における捜査官に

者には上記のように解されるのである。[18]

Ⅳ 留め置きの時間的短縮化に関連した事項

1 見極めの早期化

(1) 見極めの時間的な目安

　任意捜査と強制捜査との関係や，検討判例②最決平成6・9・16，検討判例⑰東京高判平成19・9・18に関連して，既に述べたように，留め置きにおいては，令状請求可能な事案か否かを早期に見極め，捜査機関として，令状請求可能な事案であるが，手段を尽くして説得に試みても効を奏さないと判断したときは，速やかに令状請求をすべきである。そのために必要な時間としては，事案によるところはあるとはいえ，筆者は，上記のとおり1時間程度が目安になるものと考えている。ちなみに，検討判例⑦最決昭和51・3・16では，警察署へ来てから約1時間30分後に問題となる事態が生じているが，現行犯逮捕も可能とされていたから，早期の見極めも可能であったのかもしれない。

(2) 早期の見極めの副次的なメリット

　早期の見極めによって令状請求が決断された場合には，検討判例②最決平成6・9・16の事案からも窺われるように，当該令状の請求資料が，後に裁判所によっても適法と判断される時期のものに限られている（換言すれば，後に違法と判断される時期の資料を含まない），といった，公判段階での証拠能力の立証を容易にする要因の1つが得られるという副次的なメリットもある。

(3) 嫌疑の程度についての確認

　捜索許可状[19]においては，犯罪の嫌疑を裏付ける有力な証拠となり得る物的証

　　対する判断基準としては，必ずしもふさわしいものとはいえない。
18)　例えば，溝端寛幸・検討判例㊲判批26頁が「純粋任意捜査段階においては，あくまでも説得が目的であることから，説得に向けての一定程度の働きかけが行われることが許容されるとしても，被疑者の拒絶の意思が明確に，かつ，翻意の余地なく示されている場合であれば，もはや被疑者が説得に応じることは通常想定しがたい以上，令状による強制手続に移行するのであればともかく，採尿令状の請求準備に着手することなくそれ以上留め置きを継続することは，説得という目的との関係上，困難であるといわざるを得ない。」とされるのが，自然な考え方のように思われる。

拠が得られていない状態で，その物的証拠を捜索するために当該令状の発付を請求するのが一般的であろうから，当該令状の請求・発付における嫌疑の程度に関しては，そういった証拠を欠いた状態での嫌疑の程度が法的に前提とされているものといえる。そのため，例えば，①身体検査令状の執行によって発見可能な注射痕の確認ができない，②捜索許可状の執行によって特定できる，被疑者が所持している薬物の種類が正確な形では特定できない（所持薬物の違いだけでは所持の故意が否定されないことについては，検討判例③最決昭和54・3・27参照），といった段階での嫌疑であっても，令状請求可能な嫌疑の程度を満たしていることは十分想定可能なのである。そのため，捜査機関においては，嫌疑の程度も的確に評価することが要請されているといえるし，令状請求を受けた裁判官にも，同様のことがいえるのである。

こういったことは，ある意味当然の前提とされているのであろうが，そうではない取り扱い（＝より高い嫌疑の程度を求める取り扱い）がなおあるとすれば，この点の確認が行われている必要があるといえよう。[20]

2　令状請求手続の簡略化

裁判例を見ていると，令状請求に必要な書類作成等の関係で強制採尿令状の請求手続に2時間程度を要していることが多いように受け止めている。このこと自体は現状ではやむを得ない面があると思うが，時間的な短縮化が試みられて良いように考えている。既に実践されているかもしれないが，敢えて例示すれば，①定型書式を作り，覚せい剤の自己使用を疑う外部的な事情として，例えば，被疑者が，覚せい剤事犯の前科がある，やせている，汗をかいている，唇をなめる，ぎらぎらしたような鋭い目つきである，呼気に特有のにおいがあ

---

19) 実務的には「捜索差押許可状」が一般的ではあるが，差押を特に問題とする必要のない場合は，便宜「捜索許可状」とのみ表記する。
20) 検討判例㉞東京地判平成26・7・14と㊳東京高判平成27・3・4とは1審と2審とで判断が齟齬した事例であって，1審は覚せい剤所持の嫌疑がないとして捜索差押許可状の発付を違法としたが，控訴審は，「捜索差押許可状の発付に必要な嫌疑が『罪を犯したと思料される』程度で足りる」などとして覚せい剤所持の嫌疑を肯定し，原判決の判断を誤りとしている。この事例を離れて一般的に考えると，捜索許可状における嫌疑の程度に関する1審の理解の程度に疑問があったことになろう。裁判官における研さんにおいても，逮捕・勾留に関する嫌疑の程度に関しては深められていても，捜索許可状といった類型の令状における嫌疑の程度に関しては，さらに研さんが深められる必要があるのかもしれない。

る，腕に注射痕がある，挙動に落ち着きがない，などといった類型として抽出できる事柄については，チェック記載で足りることとし（同時に，このような定式化によって記載漏れを防ぐことも可能となる），当該事案特有の事由は別途設けた特記事項欄に記載する，②可能な範囲で留め置きの状況を録画・録音しておき[21]，可能なら，その録画・録音の結果も令状請求の資料として活用する，などといった工夫をすることによって，この書類作成時間を短縮化することは可能と考えている。

また，強制採尿令状においては，予め強制採尿を実施する医師や病院等の施設の確保も必要となるから，捜査機関においては，日頃，そういった確保が迅速に行えるように，関係機関との連携を緊密に図っておくことも求められているといえる。

3 令状請求に着手してから令状執行までの間の留め置きの位置付け

(1) 裁判所に令状請求書を提出してから令状発付までは，捜査機関にとっては待機期間

捜査機関側から見ると，令状請求手続の短縮化については既に述べたので，その後の，令状請求書を裁判所に提出してから当該令状の発付を受けるまでについては[22]，捜査機関にとっては待機期間であって，例えば，遅れている令状発付手続のすみやかな処理を督促するといったことぐらいで，基本的にはこの待機時間の短縮化に寄与できることは極めて限られており，ひたすら待つことになる。したがって，この間の時間の経過については，それだけをとらえて留め

---

21) 公判段階でそういった録画が証拠として用いられる事例は筆者も経験しているし，今回の検討判例の中にも見られる（例えば，⑰東京高判平成19・9・18。被告人側の活用事例としては，㊳東京高判平成27・3・4）。また，㉞東京地判平成26・7・14では，防犯カメラの映像も証拠として用いられている。
　証拠化に関連して付言すれば，留め置きの場面では，捜査機関においても，時刻の確認，具体的なやりとり，その他の出来事に関する記憶を正確に保持しておくことは必ずしも容易ではない場合があろう。そういった場合には，率直にその旨を付記すべきであろう。そこを曖昧な記憶のままに特定の事実として断定し，その後もそのことに固執する，といったことになると，事態が混乱し，ひいては，捜査機関が意図した結果も得られないことになる場合も生じ得ることが留意されるべきである。

22) 令状請求であるから，請求が却下されることも勿論あり得るが，ここでは説明の便宜上，発付事案を前提としている。

置きの違法性判断の根拠とすることは基本的には相当でないものと解される。

他方，裁判所においても，強制採尿令状の発付請求がいつ行われるかは事前に予測できない事柄であって，深夜，休日等，執務体制が万全でない時期に発付請求が行われて，迅速処理の実践に困難を伴う場合のあり得ることは想定可能である。[23] しかし，それでも，すみやかな執務が求められていることは常に留意されているべきである。

(2) **被告人側から見た令状請求手続開始から令状発付，さらには令状執行までの時間の位置付け**

被告人にとっては，令状請求の手続が進行することと，自分が留め置かれていることとは，何の関係もないことといえよう。

(3) **令状請求手続開始から令状発付，さらには令状執行までの時間の総合的な位置付け**

以上見てきたように，裁判所に令状請求書を提出してから令状発付までは捜査機関にとっては待機期間となるが，他方，被告人にとっては，それ以前の令状請求段階も含めて，その故に留め置きに応ずべき義務が生じることにはならない。

では，令状請求手続開始から令状発付，さらには令状執行までの時間はどのように位置付けられるべきなのであろうか。

捜査機関側にとっては，令状請求に着手するということは，令状請求を行うに足りるだけの嫌疑があるとの判断をしたという証（あかし）であり，同時に，令状主義に則った手続を行うという，令状主義遵守の姿勢を外部的に表明することにもなっている。また，被告人を留め置く力点が，尿の任意提出に向けた説得から，令状執行までの待機に向けた説得へと変化することを意味している。[24] より実質的にいえば，それまで終期が明確でなかった留め置きが，強制採尿令状の執行までを当面の終期とすることが明確になることになる。[25]

---

23) 例えば，検討判例⑭札幌高判平成13・2・20では，令状発付まで時間がかかった理由として，直近の簡易裁判所ではなく別の簡易裁判所まで令状請求に行かなければならなかったことが挙げられている。
24) 令状請求着手後においても尿提出を求める説得が行われて差し支えなく，現にそういった説得は行われているから，この変化は全面的なものではなく，まさに「力点」の変化である。
25) 逮捕状執行のための留め置きもあることは，前掲注6），7）に関連して既に説明している。

Ⅳ 留め置きの時間的短縮化に関連した事項

　このことを説得の場面に当てはめると，被告人に対して，令状の執行まで待機してくれないかという形での説得が可能になるということである。そして，令状請求時にはそれまでと嫌疑の程度に変化がない前提で考えても[26]，間近に迫った令状の執行に必要な被告人の所在確保の必要性は，令状請求段階，令状発付から執行までの段階と，各段階を追うごとに高まることになるといえる[27]。

　そうすると，令状請求を行うに足りるだけの嫌疑を抱いているとの前提での令状主義の遵守を外部的に表明している点及び被告人の所在確保の必要性が上記のように高まる点からして，捜査機関側が行使できる有形力の範囲・程度も拡大する余地があるものと解される。付言すれば，違法の重大性に関して，令状主義を没却する，といったことがいわれるが，令状主義遵守を外部的に表明することは，この点で消極的な要因として働くものと解されるから[28]，有形力行使の範囲・程度の拡大につながろう。

　任意捜査に関する有形力の行使自体に関しては，項を改めて補足するが，上記のようにいうことができよう。

---

[26] 検討判例㊲札幌高判平成26・12・18は，犯罪の嫌疑の程度は，いわゆる二分論を意識した説示かと思われるが，採尿令状の請求準備を開始するか否かという警察官の判断により直ちに左右されるものではなく，当該段階で，嫌疑を深めるべき新たな証拠や事実が発見されていない以上，警察官の判断時点を境界として，許容される留め置きの程度に有意な違いが生じるものと解することは必ずしも説得力のある立場ではない，とされる。
　　しかし，問題は警察官が令状請求をするという事柄の位置付けをどのように解するのかであって，令状請求をしたからといって直ちに嫌疑の程度が高まるものではないのは通例であろうから，この裁判例は視点を異にしているように思われる。
[27] 例えば，検討判例㉘東京高判平成23・3・17は，「捜索差押許可状の請求手続が進行中であり，その執行の際の立ち会いを求めるため被告人の所在を確保する要請が高かったこと」を肯定し，検討判例㉛東京高判平成25・1・23も，嫌疑が存在する中で強制採尿令状請求の準備が開始されて強制採尿令状発付後は速やかに同令状が執行されなければ捜査上著しい支障が生じることが予想されるとして，令状請求準備開始後の被告人の所在確保の必要性が高まっていることを肯定し，㉜東京高判平成25・5・9も，「令状の執行を円滑に実施するためには，令状が到着するまでの間，対象者の所在確保の必要性が高い」とする（吉田雅之・検討判例㉜判批26頁による）。
[28] 例えば，検討判例㉗東京高判平成23・3・17は，職務質問開始から約50分後に強制採尿令状請求を決断して令状請求の手続を取ったことを根拠に，令状主義潜脱の意図を否定し，違法の重大性も否定している。また，㉚東京高判平成24・12・19も，金属探知機を用いた所持品検査に応じない被告人をパチンコ店の2階に5時間半余りにわたって留め置いた行為について，任意捜査としての違法性を否定する根拠の1つに，留め置き開始後さほど時間をおかずに身体検査令状請求の準備に着手したことを挙げている。

(4) 任意捜査における有形力の行使の限界は具体的状況のもとでの相当性判断

　判例においては，職務質問に関して，「相手方の意思に反する或る程度の有形力の行使」も許容されてきた。そして，既に部分的に紹介している検討判例⑦最決昭和51・3・16は，「任意捜査において許容される有形力の行使の限度」について，強制手段「の程度に至らない有形力の行使は，任意捜査においても許容される場合がある……〔が〕，必要性，緊急性なども考慮したうえ，具体的状況のもとで相当と認められる限度において許容される」とし，同時に，強制手段についても，「有形力の行使を伴う手段を意味するものではなく，個人の意思を制圧し，身体，住居，財産等に制約を加えて強制的に捜査目的を実現する行為など，特別の根拠規定がなければ許容することが相当でない手段を意味する」との定義を行った。

　この判例を前提とすると，任意捜査における有形力の行使の限界は，必要性，緊急性なども考慮した上での具体的状況下の相当性の判断ということになるから，被疑事実の重大性はもとより（香城敏麿・検討判例⑦解説76頁参照），被告人の身柄確保の必要性の高まりも，その相当性判断において考慮されて良い事由に当たることとなろう。ここから，上記のように有形力行使の拡大への関連性を肯定できよう。

　なお，中谷・検討判例②解説181～182頁が，強制採尿令状に関しては緊急執行の規定がないことを理由として（刑事訴訟法222条は同法73条3項を準用していない），強制採尿令状が発付されてから同令状が呈示されるまでの「段階の捜査手続を令状により正当化することには疑問がある」と指摘していることについて，筆者なりの考えを説明しておきたい。強制採尿令状が発付されたこと

---

29) 最判昭和53・6・20刑集32巻4号670頁〔米子銀行強盗事件〕の解説である，岡次郎・最判解昭和53年度198頁，特に212頁。検討判例④～⑥参照。また，判例に関して，「任意手段にいう『任意』ということについて，相手方の自発的又は協力的意思をいうのではなく，相手方の意思に反する場合の或る程度の有形力の行使も『任意』に含まれるものであることを示唆している」との指摘（岡・前掲①213頁）も参照されるべきである。

　なお，大谷直人「職務質問における『停止』の限界」新関雅夫ほか・増補令状基本問題(上)(1996) 66頁に「停止」に関連した有形力に関する判例紹介がある。

　また，有形力の行使そのものではないものの，留め置きの態様に関して，最判昭和61・4・25刑集40巻3号215頁（松浦繁・最判解刑事篇同年度65頁）は，被告人の受験を前提とした退去の申し出に応ぜず警察署に留め置いたことを違法としつつ，それ以上に警察署に留まることを強要するような言動はしていないことを違法の重大性否定の1事情としている。

をもって，捜査手続の正当性の直接の根拠とすることができないことは，緊急執行の規定がないことからして，ある意味当然のことといえよう。

では，捜索差押許可状が発付されていてもその執行がされるまでの間は捜査機関としては，何もできないのかというと，そういうことではないことも明らかなことである。例えば，最高裁平成14年10月4日決定（刑集56巻8号507頁〔永井敏雄・最判解刑事篇同年度203頁〕）では，「捜索差押えの実効性を確保するため」との必要性が肯定されて，捜索差押許可状の呈示に先立ってホテル客室のドアをマスターキーで開けて入室した措置が適法とされ，また，同判例に先行する東京高裁昭和58年3月29日判決（刑月15巻3号247頁，判時1120号143頁）では，「司法警察職員は捜索差押の開始前といえども証拠隠滅等の行為が行われるのを黙視しなければならない道理はなく，緊急の場合捜索差押の実効を確保するために必要な処置をとることができる」とされ，令状呈示前に，警察官が被疑者方に立ち入り，屋内にとどまって罪証隠滅防止等の措置をとったことが適法とされている。両判例は令状呈示直前の段階の事案ではあるものの，捜索差押の実効性を確保するための手段・措置を講じることが令状が発付されていることとの関係で適法視されることが肯定されている[30]。このことは，捜索差押許可状が発付された後に，捜索差押対象物に対する破壊・隠匿等の行為が行われようとするのを察知した警察官がそういった妨害行為を排除して捜索差押の実効性を確保する行動に出ることが許容されて良いと解されることからも支持できることである。

そうであれば，当該令状の実効性を確保するための手段・措置を講じることの適法性の根拠として，令状が発付されていることが，その程度を措けば，考慮されて良く，また，令状請求をしたことによって，将来発付される令状の実効性を確保するための手段・措置を講じることも，その程度を措けば，将来発付された令状との関係において，考慮されて良いことになるといえる。

---

[30] 事案は異なるか，「捜索，差押は，緊急逮捕に先行したとはいえ，時間的にはこれに接着し，場所的にも逮捕の現場と同一であるから，逮捕する際に逮捕の現場でなされたもの」と解して，適法とした最大判昭和36・6・7刑集15巻6号915頁（栗田正・最判解刑事篇同年度141頁）があり（この判例は，岡・前掲注29）の最判解の対象判例である最判昭和53・6・20によって踏襲されている），逮捕行為前でも逮捕の現場におけるものとしての捜索が可能なことが肯定されている。

また，刑事訴訟法198条1項ただし書に「何時でも退去することができる」と定められていることとの関係も，留め置きは，退去しないように説得している場面のことであるから，同ただし書に反しない限度で，ということは当然の前提となっていると解される。

(5) 令状請求手続を開始したことを告げることと，被告人の意思決定との関係

筆者は，上記のように令状請求手続開始後，令状発付後は，それぞれ，それまでとは状況を異にするとの理解であるから，その手続状況の変化を明確にし，被告人にそのことを認識させるためにも，令状請求手続を開始したこと，令状が発付されたことを被告人に告げることは重要なことだと考えていて，そのような実務例も生じている[31]。

もっとも，この点に関して，検討判例㉞東京地判平成26・7・14は，捜査官が令状を請求する旨決定した後に，被疑者に対して，「これ以上任意での所持品検査は望めないようですから，捜索差押許可状の請求の手続に移行します。令状が出るまではここでお待ちいただきますよ」と言った旨を認定した上で，「令状請求の準備をしている旨の発言は，相手に対し警察官の要請に応ずることもやむを得ないと考えさせ得るものであり，所持品検査等に応ずるか否かの意思決定に強い影響力を持つ」とし，「本件における警察官らの説得，留め置きは，被告人の意思を制圧する程度とまではいえないものの，それに近いものであ」るとして，否定的な評価をしている。

証拠関係を見ているわけではないから，この事案を離れて一般論として考えると，この判示は支持できない。前科等の関係で豊富な法律知識のある被疑者もいるし，任意であるなら尿提出には応じない，令状を持ってこい，などと言う被疑者もいるから，標題の告知が「所持品検査等に応ずるか否かの意思決定に強い影響力を持つ」と一般的にいうことはできないのであって，上記裁判例も事例に即した判断を示したのにとどまるものと解される。

その上で付言すると，法律上認められている正当な事柄を告げることが相手方の心理に影響を与えることがあるのは当然のことであるが，そのこと自体は，何ら否定的評価を受けるべきものではないと解される。例えば，嫌疑がある者

---

[31] 例えば，検討判例⑲東京高判平成20・9・25は，捜査官が令状請求をする旨を被疑者に伝えたとされる事案である。

IV 留め置きの時間的短縮化に関連した事項

に対して，任意の所持品検査に応じるように説得しても，それが効を奏さなければ，令状請求を行うことが次の選択肢となることは当然のことであり，そのことを告知したことで被疑者が不当な影響を受けることにはならないのである。

このことと，令状請求を口実にして，本来任意の形では得られそうもない尿の任意提出を得ようとする，などといった脱法的な手段が許されないこととは，明確に区別して考えるべきであることも，当然のことである。

(6) 立法論との関係

早期の見極めと先行判例との関連性は既に述べたが，検討判例⑲東京高判平成20・9・25は，「覚せい剤使用の嫌疑が濃厚な被告人らにつき，警察官が令状請求の手続をとり，その発付を受けるまでの間，自動車による自由な移動をも容認せざるを得ないとすれば，令状の発付を受けてもその意義が失われてしまう事態も頻発するであろう。本件のような留め置きについては，裁判所の違法宣言の積み重ねにより，その抑止を期待するよりは，令状請求手続をとる間における一時的な身柄確保を可能ならしめるような立法措置を講ずることの方が望ましいように思われる。」とされる。筆者は，この裁判例の問題意識は的確であると受け止めている。そして，留め置きに関連した立法措置が講じられるとすれば（大澤裕・検討判例⑳判批15頁等でも立法への言及がある），そのこと自体に異論はない。

しかし，どういった内容のものとして立法措置が実現可能になるのか，筆者には今一つ理解できかねている。例えば，既に紹介した，強制採尿令状に関しては緊急執行の規定がないことを前提として，強制採尿令状についても緊急執行が可能となるように，刑事訴訟法222条で同法73条3項の規定を準用することにするなどして，令状が発付されたら，令状が留め置き現場へ到着するのを待たずに直ちに被疑者を採尿場所へ連行できるようにする，などといったことが可能となれば，有益であることは間違いない。もっとも，これは，令状発付後の留め置き状態を解消するという部分的な解決策にとどまるものであって（白取祐司・検討判例⑲判批110頁にも類似の指摘がある），留め置き全体の解決策ではない。

他方，例えば，刑事訴訟法198条1項ただし書との関係も念頭に置いた，留め置き令状のような一時的な身柄の滞留を可能とする令状を設けたとすると，

その後に強制採尿令状を必要とする事態が生じることは容易に想定できるから，2度も令状請求の手続が必要となってしまって，屋上屋を重ねるようなことになりかねず，有効な解決策とは思われない。

そのため，立法論には具体的な立法内容の提言を伴うことが不可欠なように受け止めている。

V　おわりに

私は，西田先生とは，たまたま大学が同級であって，郷里も隣の県同士であり，私が裁判官を定年退官する際は記念論文集に貴重な御論考を賜り，学習院大学の法科大学院では，刑法の判例に関する共同ゼミを担当させて頂くという幸運にも恵まれた。そして，西田先生は，私の誕生日に突然御逝去なされたのであって，今回の企画に参加させて頂いたことは，本当に有り難いことだと思っております。改めて，謹んで先生の御冥福を祈り上げます。

平成28年6月西田先生の御命日に脱稿

検討判例
① 最決昭和55・10・23刑集34巻5号300頁（稲田輝明・最判解刑事篇同年度166頁）
② 最決平成6・9・16刑集48巻6号420頁（中谷雄二郎・最判解刑事篇同年度152頁）
③ 最決昭和54・3・27刑集33巻2号140頁（岡次郎・最判解刑事篇同年度35頁）
④ 最決昭和29・7・15刑集8巻7号1137頁（寺尾正二・最判解刑事篇同年度191頁。1審名古屋地判昭和28・5・6刑集同号1141頁〔無罪〕，控訴審名古屋高判昭和28・5・6刑集同号1144頁〔破棄・有罪〕）では，駐在所内で所持品等に関する職務質問の最中に逃げ出した被告人を約130 m追走した警察官が止めようとしてその腕に手をかけた行為について，1審は，逮捕行為に出たとして違法としたが，控訴審は，暴行にわたるべき態度に出るべきではないとしつつ，停止して質問させる手段方法である限り「多少の実力を加えること」の適法性を肯定し，最高裁は「原判決の認定した事実関係の下においては，原

判決の判示は正当であ」るとして，法令違反の主張を排斥した。上告趣意中には「疾走中」といった表現もあるが，両者の速度がどの程度であったかはともかく，被告人の意思に反していても有形力を用いて停止を求めることが適法視されることがあることを肯定した判例としての位置付けは可能であろう。もっとも，控訴審判決中には，「自ら何等咎むべき疚しいところがなかつたとすれば快く進んでその書類の全部を呈示且つ開披して積極的に警察官の抱く疑念を解くの態度に出でるのが相当である」といった説示もあるところ，香城敏麿・検討判例⑦解説では，この判決との関係に関して同・73〜74頁，76頁に言及があるが，控訴審判決の上記判断部分への言及はないから，この点まで最高裁が支持しているわけではないとの理解が前提となっているのかと思われる。

　警職法2条1項には「停止させて」とあるから，①相手の意思に反した場合であっても，②有形力を行使した場合であっても，いずれも，「停止させ」ることから直ちに除外されることにはならないと解釈できる文言であるといえる。

⑤　最決昭和29・12・27刑集8巻13号2435頁（天野憲治・最判解刑事篇同年度425頁）

⑥　最判昭和30・7・19刑集9巻9号1908頁（三井明・最判解刑事篇同年度220頁）の1審名古屋地判昭和28・3・3刑集同号1914頁は，公務執行妨害の点は無罪（ただし，観念的競合の関係にある傷害を有罪としているので，理由中での無罪），控訴審（破棄・有罪）も「何等疚しいところがない通常人であれば快く質問に答え，所持品を呈示開披して警察官の疑いを解くの態度に出るのが寧ろ普通だと考えられる」（名古屋高判昭和28・9・2刑集同号1916頁）としている。

　なお，⑤⑥の最高裁判例は，職務質問中に逃走した被告人を警察官が追跡した事案であるから，今回の検討との関係では，関連性に乏しいものと解した。

⑦　最決昭和51・3・16刑集30巻2号187頁（香城敏麿・最判解刑事篇同年度64頁）

⑧　大阪高判平成4・2・5高刑集45巻1号28頁，判時1421号142頁（覚せ

い剤取締法違反。有罪の1審判決を破棄・無罪）

⑨　仙台高判平成6・7・21判時1520号145頁, 判タ887号281頁（覚せい剤取締法違反。有罪の1審判決を破棄・無罪）

⑩　福岡高判平成6・10・5高刑速同年度166頁, 判時1520号151頁, 判タ883号296頁（覚せい剤取締法違反。有罪の1審判決を破棄・無罪）

⑪　広島高判平成8・4・16高刑速同年度161頁, 判時1587号151頁（覚せい剤取締法違反。控訴棄却・有罪）

⑫　東京高判平成8・6・28判時1582号138頁（爆発物取締罰則違反, 火薬類取締法違反。控訴棄却・有罪）

⑬　東京高判平成8・9・3日高刑集49巻3号421頁, 判タ935号267頁（覚せい剤取締法違反, 道路運送車両法違反。控訴棄却・有罪）

⑭　札幌高判平成13・2・20高刑速同年度235頁, 判タ1292号83頁（覚せい剤取締法違反。無罪の1審判決を破棄・有罪）。同居の女性から, 被告人が覚せい剤を使用していて同女に危害が及ぶかもしれないとの申告がなされたことが契機となっている点を特記しておく。

⑮　東京高判平成16・11・29東高刑時報55巻1＝12号104頁（覚せい剤取締法違反。控訴棄却・有罪）

⑯　東京高判平成19・5・14高刑速同年度224頁（殺人, 殺人未遂。掲載誌に主文の記載はないが, 控訴棄却・有罪と推測される）

⑰　東京高判平成19・9・18高刑速同年度344頁, 判タ1273号338頁（公務執行妨害, 大麻取締法違反。控訴棄却・無罪。大野正博・刑ジャ16号〔2009〕98頁等）

⑱　仙台高判平成20・1・31高刑速同年度293頁（覚せい剤取締法違反。無罪の1審判決を破棄・有罪〔掲載誌に主文の記載はないが, 判示事項による〕）

⑲　東京高判平成20・9・25東高刑時報59巻1＝12号83頁（覚せい剤取締法違反。控訴棄却・有罪。白取祐司・刑ジャ17号〔2009〕104頁）

⑳　東京高判平成21・7・1東高刑時報60巻1＝12号94頁, 判タ1314号302頁（覚せい剤取締法違反。控訴棄却・有罪。松本英俊・法学セミナー増刊速報判例解説8号〔2011〕225頁, 前田雅英「令状執行の為の留め置き行為の適法性」警論64巻5号〔2011〕145頁, 大澤裕「強制採尿に至る被疑者の留め置き」研修770号〔2012〕

3頁）

㉑　東京高判平成22・2・15東高刑時報61巻1＝12号31頁（覚せい剤取締法違反。控訴棄却・有罪）

㉒　京都地判平成22・3・24判例秘書L06550207（覚せい剤取締法違反。無罪）

㉓　広島高判平成22・6・17高刑速同年度150頁（覚せい剤取締法違反，自動車運転過失傷害，道路交通法違反。控訴棄却・有罪）。

㉔　松山地判平成22・7・23判タ1388号375頁（覚せい剤取締法違反，暴力行為等処罰に関する法律違反，傷害。覚せい剤は無罪，他は有罪。柳川重規・刑ジャ27号〔2011〕98頁）

㉕　東京地判平成22・8・6判タ1366号248頁（覚せい剤取締法違反。無罪）㉙の1審。

㉖　東京高判平成22・11・8高刑集63巻3号4頁，東高刑時報61巻1＝12号275頁，判タ1374号248頁（覚せい剤取締法違反。控訴棄却・有罪。白取祐司「職務質問に伴う現場への留め置き」平成23年度重判解179頁，大澤・検討判例⑳判批，前田雅英「任意捜査と強制捜査を区別する意味」捜査研究764号〔2014〕35頁）

㉗　東京高判平成23・3・17東高刑時報62巻1＝12号23頁（覚せい剤取締法違反。掲載誌に主文の記載はないが，控訴棄却・有罪と推測される）

㉘　東京高判平成23・3・17東高刑時報62巻1＝12号27頁（覚せい剤取締法違反。掲載誌に主文の記載はないが，控訴棄却・有罪と推測される）

㉙　東京高判平成24・1・30高刑速同年度59頁，判タ1404号360頁（覚せい剤取締法違反。㉕の控訴審〔無罪の1審判決を破棄・有罪〕）

㉚　東京高判平成24・12・19東高刑時報63巻1＝12号320頁（建造物侵入，窃盗。掲載誌に主文の記載はないが，控訴棄却・有罪と推測される）

㉛　東京高判平成25・1・23東高刑時報64巻1＝12号30頁判例秘書L06820268（覚せい剤取締法違反。控訴棄却・有罪。高橋省吾・刑ジャ39号〔2014〕128頁）

㉜　東京高判平成25・5・9高刑速同年度63頁（覚せい剤取締法違反。掲載誌に主文の記載はないが，控訴棄却・有罪と推測される。古田雅之・捜査研究755号〔2014〕23頁。公刊物未登載の1審判決も踏まえた事実経緯，判決内容等の紹介がある）。掲載誌による紹介が限られているので，吉田・前掲判批で紹介されている関係箇所を紹介しておく。「令状の執行を円滑に実施するためには，令

状が到着するまでの間，対象者の所在確保の必要性が高い」(吉田・前掲26頁)。警察官が，強制採尿令状の準備に入る際に，被告人に対してその旨を告げたと認定されていて，さらに「警察官が対象者に対し，令状による強制捜査に移行する旨を告げた上で……留め置くことは，その時間と態様において相当なものである限り許容される」との説示がある（吉田・前掲34頁）。

㉝　東京高判平成26・5・16高検速報同年度59頁（覚せい剤取締法違反。掲載誌に主文の記載はないが，控訴棄却・有罪と推測される）。職務質問の開始から捜索差押許可状の執行を受けるまで約7時間10分にわたって被告人は現場に留め置かれているが，「職務質問を開始してから強制捜査への移行を決めるまでの時間が不当に長いとまでいえない」，その後の手続に要した時間についても「直ちに違法とすべきほどの事情は見当たらない」などとして，違法性を否定している。

㉞　東京地判平成26・7・14判例秘書L06930634（覚せい剤取締法違反，大麻取締法違反。無罪。㊳の1審）

㉟　東京地判平成26・8・1判例秘書L06930692（覚せい剤取締法違反，麻薬及び向精神薬取締法違反，大麻取締法違反〔訴因変更後の訴因〕。無罪）

㊱　札幌地判平成26・8・25判タ1416号137頁（覚せい剤取締法違反。無罪。㊲の1審）

㊲　札幌高判平成26・12・18高刑速同年度205頁，判タ1416号129頁（溝端寛幸・研修803号〔2015〕17頁，前田雅英「『留め置き二分論』の合理性」捜査研究782号〔2016〕10頁）（破棄・差戻し。㊱の控訴審）

㊳　東京高判平成27・3・4判時2286号138頁（覚せい剤取締法違反，大麻取締法違反。無罪の1審判決を破棄・有罪。㉞の控訴審。上告後確定）

【追記】

脱稿後に，①東京高判平成27・10・8判タ1424号（2016）168頁（被疑者を留め置いている現場に弁護士が臨場し，職務質問に応じない旨明示しているのを無視する形で行われた被疑者に対する有形力の行使を違法とした〔ただし，違法の重大性は否定〕)，及川京子「覚醒剤使用事案において，被告人の尿の鑑定書が違法収集証拠に当たるとしてその証拠能力を否定した事例」研修819号（2016）69頁（う

V おわりに

そを言って任意同行を求め，意図的に虚偽の記載をした捜査報告書を疎明資料として強制採尿令状を請求するなどした捜査過程には重大な違法があるとし，尿鑑定書の証拠能力を否定し，有罪の1審判決を破棄・無罪とした東京高判平成28・6・24〔確定〕を紹介したもの）に接した。

また，比較法的には，緑大輔「犬の臭気選別を実施するために警察官が交通検問対象者の停止を引き延ばしたことが，合衆国憲法第4修正に反すると判断された事例」（米国最高裁判決2015・4・21）判時2294号（2016）20頁に接した。

いずれも興味深いが，検討は別の機会としたい。

西田典之先生略歴

1947 年（昭和 22 年）	3 月 2 日	熊本市にて出生
1953 年（昭和 28 年）	4 月	熊本大学教育学部附属小学校入学
1959 年（昭和 34 年）	4 月	熊本大学教育学部附属中学校入学
1962 年（昭和 37 年）	4 月	熊本県立熊本高等学校入学
1965 年（昭和 40 年）	4 月	東京大学教養学部文科Ⅰ類入学
1967 年（昭和 42 年）	4 月	東京大学法学部進学
1968 年（昭和 43 年）	9 月	司法試験（第 2 次試験）合格
1969 年（昭和 44 年）	6 月	東京大学法学部第 1 類（私法コース）卒業
同 年	7 月	東京大学法学部助手
1973 年（昭和 48 年）	4 月	東京大学教養学部助手
1975 年（昭和 50 年）	4 月	東京大学教養学部助教授，大学院法学政治学研究科担当
1984 年（昭和 59 年）	4 月	東京大学法学部助教授
		東京大学教養学部非常勤講師（1985 年 3 月まで）
1985 年（昭和 60 年）	3 月	東京大学法学部教授
1986 年（昭和 61 年）	10 月	法制審議会刑事法部会幹事（1997 年 3 月まで）
1987 年（昭和 62 年）	10 月	東京大学教養学部非常勤講師（1988 年 3 月まで）
1988 年（昭和 63 年）	4 月	東京大学総長補佐（1989 年 3 月まで）
同 年	5 月	日本刑法学会理事（2009 年 5 月まで）
同 年	10 月	金沢大学非常勤講師（1989 年 3 月まで）
1989 年（平成元年）	1 月	司法試験（第 2 次試験）考査委員（1992 年 12 月まで）
1991 年（平成 3 年）	4 月	東京大学大学院法学政治学研究科教授
1996 年（平成 8 年）	10 月	中央労働委員会公益委員（2002 年 11 月まで）
1998 年（平成 10 年）	12 月	東京大学評議員（2001 年 3 月まで）
2000 年（平成 12 年）	3 月	法制審議会倒産法部会委員（2005 年 1 月まで）
同 年	9 月	法制審議会刑事法部会委員（2001 年 1 月まで）
2001 年（平成 13 年）	1 月	検察官・公証人特別任用等審査会検察官特別任用分科会委員（2009 年 12 月まで）
同 年	6 月	法制審議会刑事法部会委員（2001 年 9 月まで）

2002 年（平成 14 年）	9 月	法制審議会刑事法部会委員（2003 年 3 月まで）
2003 年（平成 15 年）	4 月	大学設置・学校法人審議会専門委員 （2004 年 3 月まで）
同　年	5 月	日本刑法学会理事長（2006 年 5 月まで）
2004 年（平成 16 年）	1 月	産業構造審議会臨時委員（2005 年 4 月まで）
2006 年（平成 18 年）	4 月	内閣府独占禁止法基本問題懇談会委員 （2008 年 6 月まで） 第二東京弁護士会懲戒委員会委員 （2012 年 9 月まで）
2008 年（平成 20 年）	4 月	学習院大学法学部教授
同　年	6 月	東京大学名誉教授
2009 年（平成 21 年）	1 月	法制審議会委員
同　年	5 月	日本刑法学会監事（2012 年 5 月まで）
2012 年（平成 24 年）	9 月	法制審議会刑事法部会委員・部会長 （2013 年 3 月まで）
2013 年（平成 25 年）	6 月 14 日	逝去

西田典之先生主要著作目録

I 著書・編著書（訳書・共訳書も含む）

1982年（昭和57年）
　共犯と身分（成文堂）
1986年（昭和61年）
　考える刑法（町野朔氏，堀内捷三氏，前田雅英氏，林幹人氏，林美月子氏，山口厚氏と共著）（弘文堂）
　ウルリッヒ・ズィーバー・コンピュータ犯罪と刑法1（山口厚氏と共訳）（成文堂）
1987年（昭和62年）
　判例によるドイツ刑法 総論（堀内捷三氏，町野朔氏と共編）（良書普及会）
1988年（昭和63年）
　刑法理論の現代的展開 総論I（芝原邦爾氏，堀内捷三氏，町野朔氏と共編）（日本評論社）
　ウルリッヒ・ズィーバー・コンピュータ犯罪と刑法2（山口厚氏と共訳）（成文堂）
1990年（平成2年）
　刑法理論の現代的展開 総論II（芝原邦爾氏，堀内捷三氏，町野朔氏と共編）（日本評論社）
1993年（平成5年）
　判例刑法各論（山口厚氏，佐伯仁志氏と共著）（有斐閣）
1994年（平成6年）
　判例刑法総論（山口厚氏，佐伯仁志氏と共著）（有斐閣）
1996年（平成8年）
　刑法各論I（弘文堂）
　刑法理論の現代的展開 各論（芝原邦爾氏，堀内捷二氏，町野朔氏と共編）（日本評論社）
1997年（平成9年）
　刑法判例百選I 総論〔第4版〕（松尾浩也氏，芝原邦爾氏と共編）（有斐閣）

刑法判例百選Ⅱ　各論〔第4版〕（松尾浩也氏，芝原邦爾氏と共編）（有斐閣）
　　　金融業務と刑事法（編著書）（有斐閣）
1998年（平成10年）
　　　判例刑法総論〔増補版〕（山口厚氏，佐伯仁志氏と共著）（有斐閣）
　　　判例刑法各論〔増補版〕（山口厚氏，佐伯仁志氏と共著）（有斐閣）
　　　松尾浩也先生古稀祝賀論文集　上（芝原邦爾氏，井上正仁氏と共編）（有斐閣）
　　　松尾浩也先生古稀祝賀論文集　下（芝原邦爾氏，井上正仁氏と共編）（有斐閣）
　　　岩波講座　現代の法6　現代社会と刑事法（岩村正彦氏らと共編）（岩波書店）
1999年（平成11年）
　　　刑法各論（弘文堂）
　　　経済犯罪に関する諸問題（編著書）（トラスト60研究叢書）
2000年（平成12年）
　　　刑法の争点〔第3版〕（山口厚氏と共編）（有斐閣）
　　　ケースブック経済刑法（芝原邦爾氏，佐伯仁志氏と共著）（有斐閣）
2001年（平成13年）
　　　刑法（放送大学教育振興会）
2002年（平成14年）
　　　刑法各論〔第2版〕（弘文堂）
　　　判例刑法総論〔第3版〕（山口厚氏，佐伯仁志氏と共著）（有斐閣）
　　　判例刑法各論〔第3版〕（山口厚氏，佐伯仁志氏と共著）（有斐閣）
2003年（平成15年）
　　　刑事法辞典（三井誠氏，町野朔氏，曾根威彦氏，中森喜彦氏，吉岡一男氏と共編）（信山社）
　　　共犯と身分〔新版〕（成文堂）
　　　刑法判例百選Ⅰ　総論〔第5版〕（芝原邦爾氏，山口厚氏と共編）（有斐閣）
　　　刑法判例百選Ⅱ　各論〔第5版〕（芝原邦爾氏，山口厚氏と共編）（有斐閣）
2005年（平成17年）
　　　刑法各論〔第3版〕（弘文堂）
　　　ケースブック経済刑法〔第2版〕（芝原邦爾氏，佐伯仁志氏と共著）（有斐閣）
2006年（平成18年）
　　　刑法総論（弘文堂）
　　　判例刑法総論〔第4版〕（山口厚氏，佐伯仁志氏と共著）（有斐閣）
　　　判例刑法各論〔第4版〕（山口厚氏，佐伯仁志氏と共著）（有斐閣）
　　　裁判例コンメンタール刑法（全3巻）（川端博氏，原田國男氏，三浦守氏と共

編）（立花書房）
2007 年（平成 19 年）
　刑法各論〔第 4 版〕（弘文堂）
　刑法の争点（山口厚氏，佐伯仁志氏と共編）（有斐閣）
　責任論とカード犯罪：日中刑事法シンポジウム報告書（編著書）（成文堂）
2008 年（平成 20 年）
　刑法判例百選 I 総論〔第 6 版〕（山口厚氏，佐伯仁志氏と共編）（有斐閣）
　刑法判例百選 II 各論〔第 6 版〕（山口厚氏，佐伯仁志氏と共編）（有斐閣）
2009 年（平成 21 年）
　刑法各論〔第 4 版補正版〕（弘文堂）
　判例刑法総論〔第 5 版〕（山口厚氏，佐伯仁志氏と共著）（有斐閣）
　判例刑法各論〔第 5 版〕（山口厚氏，佐伯仁志氏と共著）（有斐閣）
　環境犯罪と証券犯罪：日中刑事法シンポジウム報告書（編著書）（成文堂）
2010 年（平成 22 年）
　刑法総論〔第 2 版〕（弘文堂）
　刑法各論〔第 5 版〕（弘文堂）
　ケースブック経済刑法〔第 3 版〕（芝原邦爾氏，佐伯仁志氏，橋爪隆氏と共著）（有斐閣）
　注釈刑法 第 1 巻（山口厚氏，佐伯仁志氏と共編）（有斐閣）
　共犯理論の展開（成文堂）
　民事法・商事法・消費者保護法の改正と経済刑法（編著書）（トラスト 60 研究叢書）
2011 年（平成 23 年）
　変動する 21 世紀において共有される刑事法の課題：日中刑事法シンポジウム報告書（椎橋隆幸氏と共編）（成文堂）
2012 年（平成 24 年）
　刑法各論〔第 6 版〕（弘文堂）
　旧法令集：平成改正版（江頭憲治郎氏，小早川光郎氏，高橋宏志氏，能見善久氏と共編）（有斐閣）
2013 年（平成 25 年）
　判例刑法総論〔第 6 版〕（山口厚氏，佐伯仁志氏と共著）（有斐閣）
　判例刑法各論〔第 6 版〕（山口厚氏，佐伯仁志氏と共著）（有斐閣）
　刑法解釈論集（成文堂）

2014年（平成26年）
　　刑事法・医事法の新たな展開：町野朔先生古稀記念　上巻（岩瀬徹氏，中森喜彦氏と共編）（信山社）
　　刑事法・医事法の新たな展開：町野朔先生古稀記念　下巻（岩瀬徹氏，中森喜彦氏と共編）（信山社）
　　民商事法の改正と経済刑法の動向（トラスト60研究叢書）
2016年（平成28年）
　　注釈刑法　第2巻（山口厚氏，佐伯仁志氏と共編）（有斐閣）

　Ⅱ　論文等（講演，座談会，書評を含む）

1973年（昭和48年）
　　2項詐欺における不法の利益と処分行為（法学教室［第2期］3号）
1974年（昭和49年）
　　共犯と身分 —— その法的処理の諸類型（社會科學紀要23号）
1975年（昭和50年）
　　共犯と身分をめぐる一考察(1)（法学協会雑誌92巻3号）
　　共犯と身分をめぐる一考察(2)（法学協会雑誌92巻6号）
　　共犯と身分をめぐる一考察(3)（法学協会雑誌92巻12号）
1979年（昭和54年）
　　共犯と身分をめぐる一考察(4)（法学協会雑誌96巻2号）
　　共犯と身分をめぐる一考察(5・完)（法学協会雑誌96巻3号）
　　西ドイツにおける謀殺罪時効廃止 —— その経過と問題点（法学セミナー296号）
1981年（昭和56年）
　　書評　大越義久著「共犯の処罰根拠」（法律時報53巻8号）
　　幇助の因果関係（法学セミナー322号）
1982年（昭和57年）
　　ドイツ刑法判例研究(9)（清水一成氏，相内信氏と共著）（警察研究53巻8号）
　　ドイツ刑法判例研究(10)（大越義久氏と共著）（警察研究53巻9号）
　　間接正犯論の周辺（Law School 48号）
1983年（昭和58年）
　　共犯の中止について —— 共犯からの離脱と共犯の中止犯（法学協会雑誌100巻2号）

現代における新しい問題――団体と刑事罰（岩波講座 基本法学2（団体）所収）

1984年（昭和59年）
具体的法定符合説について（刑法雑誌26巻2号）
個人法益に対する罪（岩本智子氏と共著）（刑法雑誌26巻2号）
共犯の錯誤について（団藤重光博士古稀祝賀論文集 第3巻所収）
必要的共犯（刑法の争点〔増補版〕）

1985年（昭和60年）
刑法（演習）（法学教室55号，57号，62号，72号）
アルビン・エーザー・ドイツ法からみた人間遺伝学――人間の遺伝的形質操作についての法的，社会政策的考察（ジュリスト840号）
座談会・コンピュータ犯罪と刑事立法の課題（大谷實氏，古田佑紀氏と共に）（ジュリスト846号）

1986年（昭和61年）
共犯の処罰根拠と共犯理論（刑法雑誌27巻1号）
討論要旨（共同研究・交通犯罪の今日的課題）（刑法雑誌27巻1号）
国家に対する罪（内田文昭編・刑法Ⅱ（各論）所収）
ひき逃げと遺棄罪の成否（研修461号）
不作為犯論(上)(下)（法学セミナー383号，384号）

1987年（昭和62年）
コンピュータの不正操作と財産犯――改正案246条ノ2の検討（ジュリスト885号）

1988年（昭和63年）
不作為犯論（芝原邦爾ほか編・刑法理論の現代的展開 総論Ⅰ所収）
コンピュータと業務妨害・財産罪（刑法雑誌28巻4号）
コンピュータ犯罪への刑事法的対応（東京工業大学情報社会研究会編・高度情報社会所収）
"The legal and practical problems posed by the difference between criminal law and administrative penal law"（Revue internationale de droit pénal, vol. 59）

1989年（平成元年）
財産的情報の刑法的保護――共同研究の基本的視点とまとめ（刑法雑誌30巻1号）
B＆Aレビュー 山本輝之「自招侵害に対する正当防衛」，『『喧嘩と正当防衛』

をめぐる近時の判例理論」（現代刑事法学の視点）（法律時報 61 巻 13 号）

座談会・リクルート事件の法律問題（浅野一郎氏，河本一郎氏，芝原邦爾氏，安原美穂氏と共に）（ジュリスト 947 号）

1990 年（平成 2 年）

共謀共同正犯について（平野龍一先生古稀祝賀論文集　上巻所収）

Zur Irrtumslehre in Japan（Hirsch/Weigend, Strafrecht und Kriminalpolitik in Japan und Deutschland）

ティーデマン・法人の可罰性と過料責任（西原春夫＝宮澤浩一監訳・ドイツおよび EC における経済犯罪と経済刑法所収）

1991 年（平成 3 年）

共謀共同正犯論──肯定説の立場から（刑法雑誌 31 巻 3 号）

日本刑法における共犯理論の基本問題（金鍾源先生還暦記念論文集所収）

1992 年（平成 4 年）

過失の共犯（法学教室 137 号）

方法の錯誤・客体の錯誤，必要的共犯，処分行為（町野朔編・刑法キーワード所収）

共犯（法学教室 140 号）

独占禁止法における刑事罰の強化について（経済法学会年報 13 号）

必要的共犯（阿部純二ほか編・刑法基本講座第 4 巻（未遂／共犯／罪数論）所収）

1993 年（平成 5 年）

座談会・独占禁止法の刑事罰強化をめぐる問題（岩村修二氏，加藤秀樹氏，金子晃氏，芝原邦爾氏，舟田正之氏と共に）（公正取引 508 号）

ドイツの没収・剝奪制度（ジュリスト 1019 号）

テレホンカードと有価証券変造罪の成否──最決平成 3 年 4 月 5 日（刑集 45 巻 4 号 171 頁）の批判的検討（研修 537 号）

日本刑法の改正について（韓国刑事法学会・韓国刑法 40 年の回顧と展望所収）

業務用ストレッチフィルム価格カルテル事件──平成 5 年 5 月 21 日東京高裁判決をめぐって（公正取引 516 号）

1994 年（平成 6 年）

「共犯と身分」再論（刑事法学の現代的状況：内藤謙先生古稀祝賀所収）

放火罪（法学セミナー 479 号）

Das Japanische im japanischen Strafrecht（Henrich Menkhaus, Das Japanische im japanischen Recht）

1995 年（平成 7 年）
　　日本における法人処罰について（第 4 回日中刑事法学術討論会資料）
　　Irrtum als Unrechts-und/oder Schuldausschluss (Eser/Nishihara, Rechtfertigung und Entschuldigung IV)
　　内閣総理大臣の職務権限——ロッキード事件丸紅ルート最高裁判決の検討（ジュリスト 1069 号）
　　ウルリッヒ・ズィーバー・ヨーロッパ刑法（刑法雑誌 35 巻 1 号）
1996 年（平成 8 年）
　　放火罪（芝原邦爾ほか編・刑法理論の現代的展開 各論所収）
　　実行および正犯の概念と共犯成立の限界（刑事法学の課題と展望：香川達夫博士古稀祝賀所収）
1997 年（平成 9 年）
　　日本におけるコンピュータ犯罪とカード犯罪（第 5 回日中刑事法学術討論会資料）
　　刑法の学習と判例の意義（特集・判例で学ぶ刑法総論）（法学教室 202 号）
1998 年（平成 10 年）
　　公文書無形偽造の間接正犯について（西原春夫先生古稀祝賀論文集 第 3 巻所収）
　　談合罪についての覚書（松尾浩也先生古稀祝賀論文集 上巻所収）
　　日本の経済犯罪の動向について（韓国全州大学主催・韓日中国際討論会資料）
　　刑法各論における判例の意義（特集・判例で学ぶ刑法各論）（法学教室 215 号）
　　独占禁止法と刑事罰（岩波講座 現代の法 6 所収）
　　個人信用情報保護と刑事罰（ジュリスト 1144 号）
1999 年（平成 11 年）
　　背任罪における財産上の損害について：最決平成 8 年 2 月 6 日刑集 50 巻 2 号 129 頁の検討（研修 607 号）
　　日本の共犯論（第 6 回日中刑事法学術討論会資料）
　　児童の性的保護——児童買春・児童ポルノ処罰法の成立を契機に（鎮目征樹氏と共著）（法学教室 228 号）
2000 年（平成 12 年）
　　鼎談・財産犯論の現代的課題（川端博氏，日髙義博氏と共に）（現代刑事法 2 巻 4 号）
　　キャッシュカード等の詐取とその不正利用について（研修 621 号）
　　出資法 3 条に違反する金銭貸借の媒介の成立要件——住友銀行青葉台支店事件

最高裁決定を契機として（金融法務事情1577号）

　　児童に淫行をさせる罪について（宮澤浩一先生古稀祝賀論文集　第3巻（現代社会と刑事法）所収）

　　利益供与（法学教室240号）

　　座談会・民法と刑法(1)〜(3)（中田裕康氏，佐伯仁志氏，道垣内弘人氏と共に）（法学教室241〜243号）

　　構成要件の概念，執行妨害の意義（刑法の争点〔第3版〕）

2001年（平成13年）

　　はじめに（特集・刑法を読む）（法学教室249号）

　　鼎談・共同正犯論の課題と展望（川端博氏，日高義博氏と共に）（現代刑事法3巻8号）

　　クローズアップ刑事法(6)あっせん利得処罰法（鎮目征樹氏と共著）（法学教室252号）

　　緊急特別座談会・支払用カードの偽造等に対処するための刑法の一部改正をめぐって（川端博氏，河村博氏，笠井治氏と共に）（現代刑事法3巻10号）

　　カード犯罪と刑法改正（ジュリスト1209号）

　　競売妨害罪の成立要件（研修642号）

2002年（平成14年）

　　ウルリッヒ・ズィーバー・実体刑法と刑事訴訟法の衝突──刑法体系の基本問題（鎮目征樹氏と共訳）（現代刑事法4巻2号）

　　緊急特別座談会・危険運転致死傷罪を新設する刑法の一部改正をめぐって（川端博氏，河村博氏，笠井治氏と共に）（現代刑事法4巻4号）

　　序論──刑法典を読む（特集・重要条文コンメンタール刑法）（法学教室261号）

　　続「共犯と身分」再論（内田文昭先生古稀祝賀論文集所収）

2003年（平成15年）

　　共犯の分類（共犯理論と組織犯罪：21世紀第2回（通算第8回）日中刑事法学術討論会報告書）

　　抵当権の設定による横領について（研修657号）

2004年（平成16年）

　　座談会・平野龍一先生の人と学問（松尾浩也氏，岩井宜子氏，小田中聰樹氏，酒巻匡氏，堀内捷三氏，山口厚氏と共に）（ジュリスト1281号）

2005年（平成17年）

　　不作為による共犯（法学協会雑誌122巻4号）

2006年（平成18年）
　不作為による犯罪への関与について（神山敏雄先生古稀祝賀論文集 第1巻所収）
2007年（平成19年）
　共犯の処罰根拠と従属性（刑法の争点）
　日本刑法における責任の概念（責任論とカード犯罪：日中刑事法シンポジウム報告書所収）
2010年（平成22年）
　平成17年および平成21年における独占禁止法の改正について（民事法・商事法・消費者保護法の改正と経済刑法所収）
2011年（平成23年）
　電子計算機使用詐欺罪についての覚書（植村立郎判事退官記念論文集：現代刑事法の諸問題 第1巻所収）
2012年（平成24年）
　共罰的事後行為と不可罰的事後行為（三井誠先生古稀祝賀論文集所収）
　座談会・團藤重光先生の業績と思い出（岩井宜子氏，町野朔氏，岩瀬徹氏，平川宗信氏と共に）（刑事法ジャーナル34号）

Ⅲ　判例評釈

1971年（昭和46年）
　13歳未満の者に対しその反抗を著しく困難にさせる程度の脅迫を用いてわいせつ行為をした場合の適用法令（警察研究42巻2号）
1973年（昭和48年）
　児童福祉法34条1項6号にいう「淫行」の意義（警察研究44巻12号）
1974年（昭和49年）
　旧所得税法70条10号所定の検査妨害罪は身分犯か（警察研究45巻2号）
　請求の一時断念と刑法249条2項の恐喝罪における処分行為（警察研究45巻4号）
1978年（昭和53年）
　間接正犯の実行の着手時期（刑法判例百選Ⅰ　総論）
　使途を定めて寄託された金銭の他人性（刑法判例百選Ⅱ　各論）
　補助金適正化法29条の共犯関係──身分犯と共同正犯，必要的共犯（判例時報893号）

1981 年（昭和 56 年）
　　補助公務員の文書作成権限が肯定された事例（警察研究 52 巻 11 号）
1982 年（昭和 57 年）
　　猥褻文書販売罪の成否——四畳半襖の下張事件上告審判決（警察研究 53 巻 7 号）
　　違法な取調べと公用文書毀棄罪の成否（法学教室 24 号）
1983 年（昭和 58 年）
　　大麻密輸入の謀議を遂げたものと認められた事例（法学教室 29 号）
　　キセル乗車と二項詐欺罪の成否（法学教室 39 号）
1984 年（昭和 59 年）
　　間接正犯の実行の着手時期（刑法判例百選Ⅰ　総論〔第 2 版〕）
　　自動車の一時使用と不法領得の意思（刑法判例百選Ⅱ　各論〔第 2 版〕）
　　使途を定めて寄託された金銭の他人性（刑法判例百選Ⅱ　各論〔第 2 版〕）
　　CD カードの偽造と窃盗罪——北海道銀行事件（法学教室 48 号）
　　共犯の罪数（警察研究 55 巻 9 号）
1985 年（昭和 60 年）
　　保管の途中で贓物であることを知り保管を継続する場合と贓物寄蔵罪の成否（警察研究 56 巻 2 号）
1989 年（平成元年）
　　殺人につき防衛の意思を欠くとはいえないとされた事例（警察研究 60 巻 6 号）
　　公務員の転職前の職務に関する贈賄罪の成否（警察研究 60 巻 11 号）
1991 年（平成 3 年）
　　幇助の因果関係（平成 2 年度重要判例解説（ジュリスト臨時増刊 980 号））
　　侵害の急迫性（刑法判例百選Ⅰ　総論〔第 3 版〕）
1992 年（平成 4 年）
　　威力業務妨害罪の成否（刑法判例百選Ⅱ　各論〔第 3 版〕）
1993 年（平成 5 年）
　　電子計算機使用詐欺罪の成否（ジュリスト 1021 号）
1995 年（平成 7 年）
　　金融機関のオンラインシステムの不正使用と電子計算機使用詐欺罪（金融法務事情 1408 号）
　　電子計算機使用詐欺罪の成立が認められた事例（判例時報 1515 号）
1996 年（平成 8 年）
　　外国で麻薬を売却して財産上の利益を得る目的が麻薬取締法（平成 2 年法律第

33号による改正前のもの）64条2項にいう「営利の目的」にあたるとされた事例（ジュリスト1088号）

1997年（平成9年）

 侵害の急迫性（刑法判例百選Ⅰ　総論〔第4版〕）

 威力業務妨害罪の成否（刑法判例百選Ⅱ　各論〔第4版〕）

1999年（平成11年）

 誤振込による預金の払戻と詐欺罪の成否（判例セレクト'98（別冊付録法学教室222号））

2000年（平成12年）

 営利の目的と刑法六五条適用の要否（判例セレクト'99（別冊付録法学教室234号））

2002年（平成14年）

 偽計競売入札妨害罪の成否（ジュリスト1217号）

2003年（平成15年）

 両罰規定と法人の過失（刑法判例百選Ⅰ　総論〔第5版〕）

 偽計競売入札妨害罪の成否（刑法判例百選Ⅱ　各論〔第5版〕）

2006年（平成18年）

 危険運転致死罪の成立が否定された事例（刑事法ジャーナル3号）

 防衛庁燃料談合事件（平成17年度重要判例解説（ジュリスト臨時増刊1313号））

2008年（平成20年）

 両罰規定と法人の過失（刑法判例百選Ⅰ　総論〔第6版〕）

 偽計競売入札妨害罪の成否（刑法判例百選Ⅱ　各論〔第6版〕）

 銀行による不正融資の融資先の実質的経営者が特別背任罪の共同正犯とされた事例（金融法務事情1847号）

2010年（平成22年）

 不実の抵当権設定仮登記による電磁的公正証書不実記載・同供用罪の成立と横領罪の関係（刑事法ジャーナル22号）

2012年（平成24年）

 村上ファンド事件最高裁決定について（刑事法ジャーナル33号）

Ⅳ　随想・コラム等

1982 年（昭和 57 年）
　日本刑法学会（1982 年）（学会だより）（法学教室 27 号）
1996 年（平成 8 年）
　債権回収と刑事法（巻頭言・法学教室 195 号）
1998 年（平成 10 年）
　問うことを学ぶ（巻頭言・法学教室 219 号）
1999 年（平成 11 年）
　平均的であること（巻頭言・法学教室 227 号）
2000 年（平成 12 年）
　法曹教育の将来（巻頭言・法学教室 233 号）
　進退両難（巻頭言・法学教室 242 号）
2001 年（平成 13 年）
　研究者と教育者（巻頭言・法学教室 249 号）
　法科大学院構想のゆくえ（巻頭言・法学教室 255 号）
2002 年（平成 14 年）
　「良き法律家」とはなにか？（巻頭言・法学教室 261 号）
2003 年（平成 15 年）
　武漢大学訪問記（巻頭言・法学教室 268 号）
　急がば回れ――法律学の学習法（巻頭言・法学教室 274 号）
2004 年（平成 16 年）
　刑法による自国民の保護（巻頭言・法学教室 280 号）
2012 年（平成 24 年）
　独占禁止法における審判制度の廃止（巻頭言・刑事法ジャーナル 32 号）
2013 年（平成 25 年）
　團藤先生の思い出（巻頭言・論究ジュリスト 4 号）

＊著作目録の作成については，佐野文彦氏（東京大学助教）の協力を得た。

あ と が き

　西田典之先生が2013年6月14日に急逝されてから，既に3年半の時間が経過しようとしています。このたび，西田先生に追悼の意を表すべく，刑事法学の論文集を刊行することになりました。先生から教えを受けた研究者・実務家は，国内外に多数おりますし，また，研究会や審議会など，さまざまな機会に先生とつながりのあった方々は数えきれません。もっとも，本書の編集に関しては，主として理論刑法学の分野で，先生から直接に学問上の指導を受けた方を中心に，ごく限られた方にご寄稿をお願いすることにいたしました。これは，大げさなことを好まれなかった先生のお気持ちを，私たちなりに忖度した結果です。ご寄稿いただけなかった方々におかれましては，このような趣旨をご理解いただき，ご海容を乞う次第です。

　先生の研究者としての業績の大きさは，今さら申すまでもありません。先生のご業績は，刑法総論，刑法各論，経済刑法の全般に広がっておりますが，とりわけ刑法各論の体系書は，名著の誉れ高く，版を重ねて多くの読者の支持を集めてきました。また，総論の分野においても，共犯論の研究は他の追随を許さず，わが国の共犯論研究の第一人者として，学界の議論を牽引してこられました。経済刑法の領域についても，コンピュータ犯罪や独占禁止法上の犯罪の解釈論などについて，重要な研究業績を多数上げておられます。さらに先生は，長年にわたって法制審議会刑事法部会の委員・幹事を務められ，刑事立法についても多大な貢献をされました。急逝される直前まで，先生は刑事法（自動車運転に係る死傷事犯関係）部会の部会長を務められ，議論の取りまとめに尽力なさいました。

　本書に収録された論文25篇の内容は，先生のこのようなご業績や問題関心に対応するテーマになっています。論文の行間から，先生のご業績を踏まえつつ，さらに研究を進めていこうとする執筆者それぞれの強い決意を窺うことができるでしょう。

西田典之先生は，ご存命であれば，2017年3月2日に古稀をお迎えになるはずでした。本来であれば，私たちで古稀祝賀論文集を謹呈していたはずが，それがもはや叶わないことは，まさに痛恨の極みです。残された私たちとしては，先生のご遺志を継いで，さらに刑事法の研究に邁進するほかありません。ここに謹んで本書を先生に捧げます。

　最後になりましたが，学内外の用務多端の折，力作をお寄せいただいた執筆者の方々に，心よりお礼を申し上げます。また，本書の出版に際して格別のご配慮を賜りました有斐閣の高橋均氏，土肥賢氏，亀井聡氏，五島圭司氏，山宮康弘氏，石山絵理氏にも深く感謝の意を表します。

　2016年12月

山 口 　 厚
佐 伯 仁 志
今 井 猛 嘉
橋 爪 　 隆

西田典之先生献呈論文集

2017年3月2日 初版第1刷発行

編　者	山　口　　　厚
	佐　伯　仁　志
	今　井　猛　嘉
	橋　爪　　　隆

発 行 者　　江　草　貞　治

発 行 所　　株式会社　有　斐　閣

郵便番号 101-0051
東京都千代田区神田神保町 2-17
電話　(03)3264-1314〔編集〕
　　　(03)3265-6811〔営業〕
http://www.yuhikaku.co.jp/

印刷・株式会社精興社／製本・牧製本印刷株式会社
© 2017, 山口厚・佐伯仁志・今井猛嘉・橋爪隆. Printed in Japan
落丁・乱丁本はお取替えいたします。
★定価はカバーに表示してあります。

ISBN 978-4-641-13918-3

JCOPY　本書の無断複写(コピー)は、著作権法上での例外を除き、禁じられています。複写される場合は、そのつど事前に、(社)出版者著作権管理機構(電話03-3513-6969, FAX03-3513-6979, e-mail:info@jcopy.or.jp)の許諾を得てください。

本書のコピー，スキャン，デジタル化等の無断複製は著作権法上での例外を除き禁じられています。本書を代行業者等の第三者に依頼してスキャンやデジタル化することは，たとえ個人や家庭内での利用でも著作権法違反です。